刑法と行政刑法

香城敏麿著作集 Ⅲ

刑法と行政刑法

香城敏麿著作集 Ⅲ

信山社

はしがき

一　私は、一九六〇年四月に東京地方裁判所の判事補となり、一九六二年八月から八年間法務省刑事局に勤務したほかは、二〇〇〇年八月の定年まで裁判官の生活を送りました。翌年春から獨協大学法学部教授、翌々年春からは同大学法科大学院教授として研究者、教育者の仲間入りをさせていただきましたが、バックボーンは実務家です。

このたび信山社の格別の御好意で出版していただいた本論文集も、こうした実務家の生活をとおして日夜思索し、苦闘した結果とその経験を踏まえた論策を内容としています。古いものもありますが、一実務家の軌跡として御笑覧いただければ嬉しく思います。もとより、その過程で、学会、実務界、出版界等の先輩、同僚、知人から直接、間接に多くの援助を得ていることは申すまでもありません。ここにその一端を記して感謝の意を表することをお許しいただきたいと思います。

まず、御好意を受けるべきかどうか逡巡する私を励まし、出版にまで導いてくださった信山社の袖山貴社長には感謝の言葉もありません。編集、印刷等で親身にお世話になった稲葉文子氏を初めとするスタッフの方々にも厚くお礼を申し上げます。

東大刑事法研究会等で御指導くださった故小野清一郎先生、平野龍一先生、研究会や最高裁調査官室で御教示くださった団藤重光先生、伊藤正巳先生、誌上座談会等を通じて励ましてくださった故芦部信喜先生、法務省での勤務を勧め上司として薫陶してくださった高瀬礼二先生、最高裁調査官として勤務するきっかけを与えてくださった故石田和外最高裁長官、故村上朝一最高裁長官を初めとして、私に関わってくださった皆々様に心から感謝の意を捧げます。

また、これまで私が発表した論文等に対し御論評を賜った諸先生にお礼を申し上げますとともに、在官中のため御論評にお応えすることを控えていた御無礼をお詫びし、今後の研鑽をお誓いしたいと思います。

二 本論文集は、第一巻は「憲法解釈の法理」、第二巻は「刑事訴訟法の構造」、第三巻は「刑法と行政刑法」と題し、別個の法領域を取り扱っていますが、私としては、法解釈、法理解の方法という共通した目標を追い求めてきたつもりです。その際、ロナルド・ドウォーキン教授が提唱して広く用いられるようになった法原理（プリンシプル）という用語を用いている場合がありますが、それは法領域の如何を問わず法の構造を明らかにするには明示黙示の基本的な法の根拠に立ち返り、その優劣関係を解明することによって可能となるという年来の理解と通じており、分析の共通用語としても優れているからです。

もとより、法原理の性質や内容は法領域によって異なります。憲法の場合は、規定の内容が抽象的であるばかりか、相互の優劣関係が外見上明瞭ではありません。そのため、憲法に内在する隠れた法原理を発見する作業が特に重要になると思われます。

これに対し、刑事訴訟法や刑法の場合には、憲法と比較しますと、規定の分析で法原理を発見することは容易ですが、それでも解釈においてこの点は重要な争点になります。例えば、刑事訴訟法において、強制処分法定主義、令状主義、訴因制度、当事者処分権主義等の重要な原則は、重畳的な法原理の総体ですから、それらを解きほぐして初めて全体の構造が明らかになると考えられます。刑法においても、罪刑法定主義、責任主義等の原則については伝統的にほぼ共通した理解がありますが、それでも細部にわたれば理解が分かれていますし、法益論、特に結果や危険が果たす限定機能については今日でも見解に差異が見られます。

私は、こうした基本問題を実務の具体例を通して及ばずながら追究してきました。以下には、各巻ごとにその概要を述べることにします。

三　本巻には、「刑法と行政刑法」という題の下に、刑法の総論、行政刑法の総論、刑法の各論、行政刑法の各論の順にこれまで発表した論稿の中から選んで収録してあります。その意図等について以下に記しておきます。

(一)　近時の刑法をめぐる研究の進展にはめざましいものがあります。その要因には、研究者層の充実など様々なものがあると思いますが、実務に携わった者としては、判例に動きがでてきたことと何らかの関係があると推察しています。

例えば、私が最高裁調査官当時に取り扱った正当防衛に関する判例を一つとっても、学会の反応は驚くほど大きく、すぐれた研究が相次ぎました。そして、それが判例にも影響を及ぼすことになったと思います。刑法の分野では、判例が学説から影響を受けることが多く、また、判例が学説の進展を促す機会が多いのではないかと考えます。

本巻の「一　刑法総論の展開」の部分では、最高裁調査官当時に取り扱った新しい判例のうち、正当防衛、正当業務行為、故意、過失犯における信頼の原則、罪数等に関するものの解説と判例を意識した罪数に関する最近の論稿を収め、「三　刑法罰則の解釈」の部分では、学会から賛否両論のあった判例の解説等を収めました。判例と学説の相互関係をみていく上で参考にしていただければ幸いです。

(二)　刑法の研究が進展したもう一つの要因として、近時、行政罰則に対する関心と研究意欲が高まり、それと呼応して、刑法各論についての本格的な研究が行われるようになったことが挙げられると思います。

実は実務界でも、行政罰則の研究が本格的に始まったのはそう古いことではないのです。法務省刑事局では、すべての行政罰則について各省から合議を受けていますが、行政罰則の問題を総合的に検討する作業が始まったのは、一九六〇年（昭和四〇年）代の半ばでした。これをきっかけとして『行政罰則と経営者の責任』（一九七一年）という本を発表し、その一部は本巻にも収めていただきました。

行政罰則には、実に多様な構成要件があり、行為主体についても、両罰規定を初めとする特殊な規定があり、実行行為についても、組織を前提とする多様なものが含まれており、保護法益についても、結果と危険と総括するにはあまりにも多様なものが含まれています。刑法の罰則ばかりでなく、そうした行政罰則にも目を向けることにより、刑法の研究は飛躍的に高まるのではないかと思ったものでした。

今日、研究者が日常的に行政罰則を研究されるようになったことは、本当に喜ばしい限りです。

本巻には、行政罰則の総論的な論稿と判例研究などの各論的な論稿を収めていただきました。何かの御参考になれば幸いです。

二〇〇五年五月

香城敏麿

目　次

13　白地刑罰法規と刑の廃止

四　行政罰則の解釈

香城敏麿著作集 Ⅲ

刑法と行政刑法

一　刑法総論の展開

一　刑法論の展開

1　正当防衛の意思に関する最高裁判例

〔判　決〕
昭和五〇年一一月二八日最高裁第三小法廷判決（昭和四九年(あ)第二七八六号殺人未遂被告事件）刑集二九巻一〇号九八三頁

〔判示事項〕
防衛の意思と攻撃の意思とが併存している場合と刑法三六条の防衛行為

〔判決要旨〕
急迫不正の侵害に対し自己又は他人の権利を防衛するためにした行為であるかぎり、同時に侵害者に対する攻撃的な意思に出たものであっても、刑法三六条の防衛行為にあたる。

一　事件の概要と経過

本件は、過剰防衛の成否が争点となった殺人未遂被告事件である。一審裁判所は、過剰防衛と認めて被告人を懲役三年、四年間執行猶予の刑に処したが、二審裁判所は、検察官の控訴を容れ、過剰防衛を認めたのは事実誤認であるとして一審判決を破棄し、被告人を懲役二年に処した。これに対し、被告人から上告があったのである。

1　二審判決

1　まず、本最高裁判決が要約して判示しているところによって二審判決の認定した犯罪事実をみると、次のとおりである。

「被告人は、昭和四八年七月九日午後七時四五分ころ、友人のAとともに、愛知県西尾市寺津町五―割一の五付近を乗用車で走行中、たまたま同所で花火に興じていたB（当時三四年）、C、Dらのうちの一名を友人と人違いして声を掛けたことから、右Bら三名に、『人違いをしてすみませんですむと思うか。』『海に放り込んでやろうか。』などと因縁をつけられ、そのあげく酒肴を強要されて同県幡豆郡吉良町の飲食店……でBらに酒肴を馳走した後、同日午後一〇時過ぎころ、右Aの運転する乗用者でBらを西尾市寺津町観音東……E方付近まで送り届けた。ところが、下車すると、Bらは、一せいに右Aに飛びかかり、無抵抗の同人に対し、顔面、腹部等を殴る、蹴るの暴行を執拗に加えたため、被告人は、このまま放置しておけば、右Aの生命が危いと思い、同人を助け出そうとして、同所から約一三〇メートル離れた同市巨海町……の自宅に駆け戻り、実弟F所有の散弾銃に実包四発を装てんし、安全装置をはずしたうえ、予備実包一発をワイシャツの胸ポケットに入れ、銃を抱えて再び前記E方付近に駆け戻った。しかしながら、AもBらも見当たらなかったため、Aは既にどこかに拉致されたものと考え、同所付近を探索中、同所から約三〇メートル離れた同市寺津町観音東一番地付近路上において、Bの妻Gを認めたので、Aの所在を聞き出そうとして同女の腕を引っ張ったところ、同女が叫び声をあげ、これを聞いて駆けつけたBが『このやろう。殺してやる。』などといって被告人を追いかけてきた。そこで、被告人は、『近寄るな。』などと叫びながら西方へ約一一・二メートル逃げたが、同所二番地付近路上で、Bに追いつかれそうに感じ、Bが死亡するかも知れないことを認識しながら、あえて、右散弾銃を腰付近に構え、振り向きざま、約五・二メートルに接近したBに向けて一発発砲し、散弾を同人の左股部付近に命中させたが、加療約四か月を要する腹部銃創及び左股部盲管銃創の傷害を負わせたにとどまり、同人を殺害するに至らなかったものである。」

2　二審判決は、右事実のほか、本判旨と関連する事実について次のとおり判示している。

「被告人は、それまでのBらの粗暴な言動からみて、右AがBらに殺されると思い込み、猟銃を持ち出して、同人らに対抗することを思いつき、同所から約一三〇メートル離れた自宅へ急いでかけ戻り、実弟F所有の四連発散弾銃に狩猟用銃弾四発を装塡したうえ、予備弾一発をもワイシャツの胸ポケットに入れ、かつ、右銃の安全装置をはずして、前記E方前付近路上に引き返したこと、ところが、右Aは、被告人が自宅へかけ戻った直後、独力でBらの手から逃れて、近隣のH方へ逃げ込み、被告人が引き返したとき、Aが殴打されていた場所には、同人もBら三名の姿も見当らなかったこと、そこで、被告人は、付近を捜していたところ、Bらの居宅から人声がしたので、銃を右脇にかかえ、右手指を引き金にかけて、その玄関前に赴き、『Aを出せ、A出てこい』と叫んで、Aを助け出そうとしたこと、そして、玄関先へ出て来たBの妻Gを、左手で払い倒し、なおも家の中に向かって、同様叫んでいたが、前記Dが一瞬姿を見せ、『そんな奴はいない』といったので、四〇メートル余り離れた……路上まで引き返したこと、そのとき、再び右Gに出会い、同女からAの所在を聞き出そうとして、同女の左腕を摑んで、『ちょっとこい』と引張ったりしたところ、同女が悲鳴をあげたため、これを聞きつけたBが『このやろう、殺してやる』などといって、被告人の方へかけ寄って来たので、被告人は、右同女の腕を離し、反対方向へ逃げようとしたが、約五、六メートルで追いつかれそうに感じたため、前記銃を腰付近に構えて、振り向きざま、約五メートルに接近した右Bに向けて発砲したこと……が認められる。」

3　二審判決が過剰防衛の成否に関して判示している部分は、本最高裁判決の要約によってみると、次のとおりである。

「原判決は、被告人の右行為が自己の権利を防衛するためのものにあたらないと認定した理由として、被告人が銃を発射する直前にBから『殺してやる。』といわれて追いかけられた局面に限ると、右行為は防衛行為のようにみえるが、被告人が銃を持ち出して発砲するまでを全体的に考察し、当時の客観的状況を併せ考えると、それは権利を防衛するためにしたものとは到底認められないからであると判示し、その根拠として、㈠　被告人は、Bらから酒肴の強要を受けたり、帰りの車の中でいやがらせをされたりしたうえ、友人のAが前記E方付近で一方的に乱暴をされたため、これを目撃した時点において、憤激するとともに、Aを助け出そうとして、Bらに対し対抗的攻撃の意思を生じたものであり、Bに追いかけられた時点において、同人の攻撃に対する防禦を目的として急に反撃の意思を生じたものではないと認められること、㈡　右E方付近は人家の密集したところであり、時刻もさほど遅くはなかったから、被告人は、Aに対するBらの行動を見て、大声で騒いだり、近隣の家に飛び込んで救助を求めたり、警察に急報するなど、他に手段、方法をとることができたのであり、とりわけ、帰宅の際は警察に連絡することも容易であったのに、これらの措置に出ることなく銃を自宅から持ち出していること、㈢被告人が自宅へ駆け戻った直後、Aは独力でBらの手から逃れて近隣のH方へ逃げ込んでおり、被告人が銃を携行してE方付近へきたときには、事態は平静になっていたにもかかわらず、被告人は、Bの妻の腕をつかんで引っ張るなどの暴行を加えたあげく、その叫び声を聞いて駆けつけ、素手で立ち向ってきたBに対し、銃を発射していること、㈣被告人は、殺傷力の極めて強い四連発散弾銃を、散弾四発を装てんしたうえ、予備散弾をも所持し、かつ、安全装置をはずして携行していることを指摘している。」

2　一審判決

一審判決の認定事実は、前記*1*1の二審判決のそれとほぼ同一である。過剰防衛とした理由の部分を摘記すると、次のとおりである。

「被告人はこのまま放置しておけば右Aの生命は危いと思い同人を助けようとし、……自宅にかけ戻り、弟F所有の散弾銃……に実包四発を装塡しこれを抱えて再び前記E方前付近にかけ戻った」。

「右Bの妻Gをみとめたので、右Aの所在を聞き出そうとして同女の手を引張ったところ、同女が叫び声をあげ、これを聞いて右Bがかけつけてきて『このやろう、殺してやる』などといって追いかけてきたので同人に捕えられれば前記Aと同様の暴行を加えられることが予想されたため、同女の手を離し『近寄るな』等と叫びながら必死に一〇数メートル逃げ、……右Bに追いつかれそうになったところから被告人は自己の身体を防衛するため、右Bが死亡するに至るかも知れないことを認識しながら、敢て、右散弾銃を腰付近に構えて振り向きざま約三メートルに接近した右Bに向けて発砲し」た。

「たしかにBの追跡行為は『急迫不正の侵害』に該り、かつ被告人は『自己の権利を防衛する』意思を有していたものと認められるが、……Bは素手で被告人を追跡していたことが認められるのであるから、たとえそれまでのいきさつを考慮したとしても、なお被告人の所為は『防衛の程度を超えた』との誹を免れない。」

3　上告趣意

弁護人の上告趣意は、原判決には、被告人の行為を防衛行為にあたらないとした点で事実誤認、法令違反があり、誤想防衛の成否を吟味しなかった点でも法令違反がある、と主張した。

二　本判決の判示

本判決は、職権調査をし、全員一致の意見で、防衛の意思の有無の判断に関する法令違反を理由に二審判決を破棄して事件を原審に差し戻した。本判決では、急迫不正の侵害の有無についても職権判断が加えられているが、この部分には、一名の反対意見、一名の補足意見が付されている。

1　防衛の意思について（判示事項）

本判決は、この点につき、前記一1 3に引用したとおり、原判断を要約したうえ、次のとおり判示した。

「しかしながら、急迫不正の侵害に対し自己又は他人の権利を防衛するためにした行為と認められる限り、その行為は、同時に侵害者に対する攻撃的な意思に出たものであっても、正当防衛のためにした行為にあたると判断するのが、相当である。すなわち、防衛に名を借りて侵害者に対し積極的に攻撃を加える行為は、防衛の意思を欠く結果、正当防衛のための行為と認めることはできないが、防衛の意思と攻撃の意思とが併存している場合の行為は、防衛の意思を欠くものではないので、これを正当防衛のための行為と評価することができるからである。

しかるに、原判決は、他人の生命を救うために被告人が銃を持ち出すなどの行為に出たものと認定しながら、侵害者に対する攻撃の意思があったことを理由として、これを正当防衛のための行為にあたらないと判断し、ひいては被告人の本件行為を正当防衛のためのものにあたらないと評価して、過剰防衛行為にあたるとした第一審判決を破棄したものであって、刑法三六条の解釈を誤ったものというべきである。

なお、原判決がその判断の根拠として指摘する諸事情のうち、前記一1 3の㈠㈡㈣は、いずれも被告人に攻撃の意思があったか否か、又は被告人の行為が已むことを得ないものといえるか否か、に関連するにとどまるものであり、また、同㈢も、Aの所在を聞き出すためにした行為であるというのであるから、右諸事情は、すべて本件行為を正当防衛のための行為と判断することの妨げとなるものではない。」

2　急迫不正の侵害について

この点にいては、被告人の発砲直前にBが「殺してやる。」といって被告人を追いかけたことを原判決が急迫不正の侵害にあたると判断しているのか否かをめぐり、見解が分れた。

関根、坂本、江里口、高辻の四裁判官は、原判決はそう判断していると解した。前記一13に引用した判文において、原判決が被告人の行為を「防衛行為のようにみえる」と判断していると要約している部分が、右の解釈を示しているのである。

江里口裁判官は、このことにつき次のとおり補足意見を述べている。

「午後一〇時過ぎの路上で、銃を持った壮年の男から腕を引っ張られた妻の悲鳴を聞き、その夫が駆けつけ、『このやろう。』などといって追いかけてくることは、夫として当然の所為ではあるまいか。その際『殺してやる。』といったことは穏やかではないが、Bは特に凶器を持っていたわけではない。実弾を装てんし安全装置をはずした銃を持った被告人が『近寄るな。』などと叫んで一一メートル余り逃げ、Bがこれを追いかけたからといって、また当夜それまでのBらの無法な行動を考慮にいれても、Bの右行為を正当防衛の要件である急迫不正の侵害とするには、疑問の余地があるのではあるまいか。本件を全体的に考察するとき、私は、被告人の行為が正当防衛ひいては過剰防衛にあたらないとする原審の結論には、むしろ、賛意を覚えるものである。多数意見は、被告人の本件行為が自己の権利防衛のためにしたものとは認められないとする原審の判断について、法令の解釈を誤ったとするものであって、急迫不正の侵害などについては、何ら言及していない。いわんや、急迫不正の侵害の存在を是認するものではない。私は、差戻し後の控訴審において、この点についても審理をつくすことを希望するものである。」

天野裁判官は、右の点につき以下のとおり反対意見を述べ、原判決は「急迫不正の侵害が欠如する趣旨の判断を含めていわゆる諸事情をくわしく記述し」たものであるとし、この結論は肯認できるので上告棄却が相当であると主張した。

「原判決は、前記Bに対する被告人の対抗的攻撃の意思ないし対抗的攻撃意図を強調するの余り、多数意見のいわゆる諸事情の説示に文言の多くを費して判文の内容に解釈の余地を残したことを免れないにしても、本件事案に即してその文意を実質的に検討すれば、その全文を貫く趣旨は、次のように理解してこれを読みとることができるのである。すなわち、

㈠　まず、前記友人Aに対する関係における急迫不正の侵害は、すでに去っていること。

㈡　Bの被告人に対する関係では、……原判決は、被告人の発砲行為が急迫不正の侵害に対して行われたものではなく、したがって、やむことを得ないでしたものではない、と判断しているのであって、この場合には、防衛意思の存在が否定されることによって、正当防衛も過剰防衛も成立することはないとの見解に立っていること。

㈢　かくして、原判決が『結局、被告人の本件行為には、正当防衛の観念をいれる余地はないといわなければならない。そして被告人の行為が正当防衛行為に該らないとする以上、防衛の程度を超えたかどうかを問題とする過剰防衛が成立し得ないことは、いうまでもないところである。』とする結論が、正しい意味をもつことになる。」

三　説　明

1　防衛の意思と攻撃の意思

1　正当防衛又は過剰防衛は、自己又は他人の権利を防衛する「ため」に行ったときに限り認められるのであり、大審院昭和一一年一二月七日判決（刑集一五巻一五六一頁）、最高裁昭和四六年一一月一六日第三小法廷判決（刑集二五巻八号九九六頁）及び通説によると、それには防衛の意思の存在が必要であるとされている。ところで、この防衛の意思がどういう内容のものであるかについては、かねてから論議が多く、急迫不正の侵害が加えられたという事実の認識で足りるか、それともこれに対して防衛しようとする動機（意図）を必要とするか、また、後者であるとした場合に積極的な攻撃の意思が存在しても防衛の意思と認めうるか、が論じられてきた。[(1)] 本件では、他人の生命・身体に対する急迫不正の侵害があり、急迫不正の侵害の要件が疑いもなく充たされている場合につき、防衛の意思

の有無が争われただけに、これまでの判例にもまして右の問題が純粋かつ鮮明に浮び上ることになったのである。(2)

2　前記の昭和四六年最高裁判例は、「刑法三六条の防衛行為は、防衛の意思をもってなされることが必要であるが、相手の加害行為に対し憤激または逆上して反撃を加えたからといって、ただちに防衛の意思を欠くものと解すべきではない」としたうえ、「かねてから被告人が……憎悪の念をもち攻撃を受けたのに乗じ積極的な加害行為に出たなどの特別な事情が認められないかぎり、被告人の反撃行為は防衛の意思をもってなされたものと認めるのが相当である」と判示している。この判例が急迫不正の侵害が加えられているという事実の認識を防衛の意思と解しているものでないことは、攻撃を受けたのに乗じて積極的に加害行為に出た場合には防衛の意思に出たとは認められないと判示しているところからみて、明らかである。(3) その意味で、この判例が防衛の意思の認定につき動機（意図）を考慮していることは疑いないが、どの程度に動機（意図）を考慮しているかについてはさらに検討の必要がある。(4) この点につきかなり広く支持されているとみられる解釈は、右判例が防衛の意思を防衛の動機（意図）そのものとみていると理解し、専ら又は主として防衛の動機で行った場合に限り防衛の意思による行為と認める趣旨であると説いている。(5) この解釈によると、専ら又は主として攻撃の動機で行った場合には、たとい防衛の動機が併存しているときでも、防衛の意思に出たものとは認められないことになる。原判決が攻撃的な意思に出たことを理由に防衛の意思を否定したのは、このような解釈によったものと思われる。しかし、右判例が、攻撃を受けたのに乗じて積極的な加害行為に出たなどの特殊な事情のない限り、防衛の意思に出たものと認めるべきであるとしているところをみると、専ら攻撃の意図に出たような極端な場合の外は原則として防衛の意思を認める趣旨と解する方が妥当であろう。この解釈によると、防衛の意図がある限りは、攻撃の意図が何らかの程度において併存しているときでも、防衛の意思と認められることになる。前記の大審院判例も、専ら憤激のために反撃したときは防衛の意思に出たものとは認められない旨を判示しているのであって、右の解釈によっても矛盾なく理解することができる。

以上のことは、本件判決によって一層明確になった。すなわち、それは、急迫不正の侵害に対し自己又は他人の権利を防衛するためにした行為である限り、同時に攻撃的な意思があっても防衛の意思に出た行為と認めることができると判示し、さらに、防衛に名を借りて侵害者に対し積極的に攻撃を加える行為が防衛のための行為と認められないのは、攻撃の意思を含むからではなく、防衛の意思を欠くからにほかならないと判示しているのである。こうして、判例の立場は、これまで防衛の意思に関して理論上区別されてきた二つの立場、つまり事実の認識と解する立場と防衛の動機と解する立場の中間に位置するものであり、実質的には、「侵害に対応する意思[7]」、「侵害を意識しつつ、これを避けようとする単純な心理状態[8]」、「侵害に対し反撃を加える」意思[9]などと説かれるところに近いということができよう[6]。

3　防衛の意思をどのような内容の意思と解すべきかは、なぜ防衛の意思を正当防衛の要件とするのかという古典的な論議とかかわりあっている。正当防衛が違法性阻却事由とされているのは、急迫不正の侵害を加えたことにより侵害者の生命・身体等の法益が法的保護を失い、これに対し攻撃を加えることが法益侵害の行為でないことになるからではない。侵害者であっても、その法益は常に法益として尊重されるのであるが、被侵害者の権利を防衛する行為の方が重要であるため、法益侵害にかかわらずこれを違法と評価しないにすぎない。すなわち、被侵害者の権利を防衛するために出た行為であることが、違法性阻却を認める契機とされているのであって、単に被侵害者の権利の防衛という効果が生じたことだけがその契機とされているわけではないと解されるのである。もし、権利の防衛という効果が生じたことだけで違法性阻却が認められるものとすれば、権利の防衛が成功しなかったときには、その行為を違法と評価するほかないことになるはずである。ところで、このような意味において防衛の意思が必要であるとした場合、その内容は、侵害に対抗して権利を防衛するために出たという性質を行為に付与するものであれば足り、専ら又は主として防衛の動機に出たことまでを要求するのは過大であるというべきであろう。そのような要求は、被侵害者に対して不当に法益侵害を甘受させるものであって、バランスを失した解釈のように思われるのである。

2 正当防衛における主観的要素の役割

1　防衛の意思を上述したように解した場合、正当防衛の範囲が法の意図したところを超えて不当に拡大することになりはしないか、という疑問が生じえよう。しかし、行為者の主観という要素は、防衛の意思の面ばかりではなく、以下に述べるとおり、他の要件に関しても考慮されるのであり、それによって正当防衛の成立する範囲を妥当なものとすることができる。防衛の意思の面であまりに厳しいしぼりをかけると、本件のように侵害に対抗する意思の存在が明白な場合にも防衛行為が許されないという不自然な結果を生じかねないのである。

2　まず、侵害の急迫性との関係である。かねてから、学説上、相手方を挑発し、侵害を誘発して反撃を加えたような特殊な事情のある場合には、侵害の急迫性が欠ける旨の指摘がなされていたが[10]、昭和五一年(あ)第六七一号同五二年七月二一日決定は、このような見解に沿い、「急迫性を要件としている趣旨から考えて、単に予期された侵害を避けなかったというにとどまらず、その機会を利用し積極的に相手に対して加害行為をする意思で侵害に臨んだときは、もはや侵害の急迫性の要件を充たさないものと解するのが相当である。」との判断を示した。

3　次は、意図的な過剰行為との関係である。この点もすでに学説上明らかにされているところであるが[11]、相手の侵害の程度と明らかに釣合いのとれない過大な反撃を加えてことさらに過剰な結果を生じさせた場合は、過剰防衛として責任の減少を認める理由はないので、過剰防衛の前提となる防衛行為にはあたらないと解するのが相当であろう。過剰防衛は、正当防衛の要件を認識しながら行為に出て、たまたま行きすぎた結果を生じさせた場合に、責任の減少を理由として、刑の減軽・免除を認めるものだからである。判例上未だこの点は明らかにされていないが、今後の重要な検討課題であるといってよい(12)。

(1) 平野龍一・刑法総論Ⅱ二四二頁(昭五〇)、野村稔・後掲補注の論文、山本和昭・後掲補注の論文参照。
(2) 被告人が発砲した直前のBの追跡が急迫不正の侵害にあたるか否かについては、もとより争いがあるが、ここでは被告人が銃を持ち出す際の意思を認定判断する前提としての、Aに対する急迫不正の侵害を対象としているのである。前者の点については、西原春夫・後掲補注の論文参照。
(3) 鬼塚賢太郎・最高裁判所判例解説昭和四六年度二六〇頁。
(4) 野村・後掲九七頁参照。
(5) 野村・後掲九七、九九頁参照。
(6) 平野龍一・前掲二四一頁、所一彦「正当防衛における防衛の意思」ジュリスト三〇〇号二八四頁(昭三九)、野村・後掲九七頁参照。
(7) 荘子邦雄・刑法総論三七六頁(昭四四)。
(8) 大塚仁・注解刑法(昭四六)二一六頁。
(9) 藤木英雄・刑法講義総論(昭五〇)一六六頁。
(10) 平野・前掲二三五頁、大嶋一泰「挑発行為と正当防衛(一)」福岡大学法学論叢一七巻四号五三八頁(昭四八)。
(11) 平野・前掲二四二頁。
(12) 差戻し後の二審判決(名古屋高裁昭和五〇年(う)第五二一号同五二年一月二五日判決、確定)は、被告人の発砲直前にBが被告人を追跡した行為を不正の侵害にも急迫の侵害にもあたらないと判示し、過剰防衛と認めた一審判決を破棄して被告人を懲役二年六月、四年間執行猶予の刑に処した。右の法律評価の部分を次に引用しておこう。
「被告人が自宅から銃を持ち出して、前記E方前付近路上に引き返して来た時には、前記AはBらの暴行から逃がれてその付近に同人らの姿は全くなく、また、Bらの居宅に行って見ても、同所にAが捕えられている気配もなく、Aは、そのころ近くのH方居宅に逃げ込み、Bらの追跡を逃れていたことが明らかであるから、該時点では既に右Aに対する急迫不正の侵害は一応終っていたと認めるのが相当である。そして、右Bが前認定のとおり被告人の方に向って駆け寄って行ったのは、前記Aに対する加害行為とはなんの関係もなく、被告人が、Bの妻Gの手を摑んで引っ張るなどしたため同女が悲鳴をあげ、路上に転倒するのを目撃した前記Bが自己の妻に対し右のような乱暴を働いた被告人を捕えようとして、素手のままその跡を追って行ったものであるから、Bの右行為をもって、これが不正の侵害であるというわけにいかない。もっとも、その際Bが発した『このやろう、殺してやる。』という暴言自体は甚だ穏当を欠き、当夜の同人らの一連の言動から被告人が右Bの報復を極度に怖れていたことは容易に想像し得るが、同人の前記追跡行為は、被告人が自ら招いた結果であり、しかも、Bは、その際なんらの凶器も所持しておらず、素手であったことなどを考慮すると、Bの右暴言を発しながらの追走を不正の侵害とまでいうことはできない。そして、また前掲証拠によると、Bが被告人を追跡して行った場所は、両側に人家が建ち並ぶ公道上であり、しかも、被告人が発砲した際には、被告人とBとの距離はいまだ数メートルあったことなどが認められるので急迫性にも欠けるといわなければならない。」

（補注）　本判決の評釈に、野村稔「防衛の意思と攻撃の意思とが併存している場合と刑法三六条の防衛行為」判例タイムズ三三四号九四頁（昭五一）、山本和昭「正当防衛における防衛の意思と攻撃の意思の併存」研修三三五号五七頁（昭五一）、西原春夫「正当防衛における防衛意思」ジュリスト昭和五一年度重要判例解説一四七頁（昭五二）がある。

2　正当防衛の侵害の急迫性に関する最高裁判例

〔決　定〕

昭和五二年七月二一日最高裁第一小法廷決定（昭和五一年(あ)第六七一号兇器準備集合、暴力行為等処罰に関する法律違反事件）刑集三一巻四号七四七頁

〔判示事項〕

刑法三六条における侵害の急迫性

〔決定要旨〕

刑法三六条における侵害の急迫性は、当然又はほとんど確実に侵害が予期されただけで失われるものではないが、その機会を利用し積極的に相手に対して加害行為をする意思で侵害に臨んだときは失われることになる。

一　事件の概要と経過

1　事案の概要

本件は、いわゆる中核派の学生らが、集会を開こうとして会場を設営中、対立抗争関係にあるいわゆる革マル派の学生らの攻撃を予期して鉄パイプなどを準備し、一回目の同派学生らからの攻撃を実力で撃退した後、ほどなく再度の攻撃のあることを予期してバリケードを築いているうち、案の定攻撃してきた同派学生らに対し鉄パイプで突くなどの共同暴行をした、として六名が起訴された事案である。

公訴事実は、(イ)鉄パイプなどの準備に関する各被告人（計六名）共通の兇器準備集合の事実、すなわち、中核派の

学生ら約一〇数名と共謀のうえ、昭和四六年一二月一八日午後零時ごろから同日午後一時二〇分ごろまでの間、福岡市天神二丁目五番四七号所在の福岡県教育会館内において、かねて対立関係にあった革マル派などの学生らの生命、身体に対して共同して害を加える目的をもって前記中核派の学生らとともに多数の木刀、鍬の柄、ホッケーのスティック、鉄パイプなどを兇器として準備して集合した事実、(ロ)一回目の攻撃を斥けた際の被告人一名の暴力行為等処罰に関する法律違反の事実、すなわち、数名と共謀のうえ、これらの者と共同して、同日午後一時すぎごろ、右教育会館二階において鉄パイプ等で一名の頭部、腰部などを乱打するなどの暴行を加えたとの事実、(ハ)再度の攻撃に対抗した際の被告人一名(A)の暴力行為等処罰に関する法律違反の事実、すなわち、数名と共謀のうえ、これらの者と共同して、同日午後一時一五分ごろ、右教育会館三階において四名に対しこもごも鉄パイプなどを用いて突くなどの暴行を加えた事実の三つであった。

本件判示事項は、(ハ)に関するものである。

2　一審判決

一審判決は(昭和四九年一〇月一九日)、(ロ)の事実とその被告人に対する(ロ)の現場における木刀一本、鉄パイプ三本位の兇器準備集合の限度での(イ)の事実のみを認めて同被告人を有罪とし、他の五名はこれを無罪とした。

(イ)に関する無罪理由は、鉄パイプを準備したと認定することには合理的な疑いが残り、木刀一本、ホッケースティック五本、鍬の柄四本を準備したことは認められるものの、これらを防衛目的以外の積極的な迎撃などに用いる意思すなわち共同加害の目的のあったと認定するには合理的な疑いが残るというのである。

(ハ)に関する無罪理由として、一審判決は、最高裁昭和四六年一一月一六日第三小法廷判決を引用しつつ、「被告人らが革マル派の者達の押しかけて来る態様、時刻、人数等について具体的に知っていたのではなく、ただ漠然とそのような事態のありうべきことを知っていたというだけであるから、前記のように本件革マル派の者らが鉄パイプ等を携行して押しかけて来たことの急迫性が右予期の故に失われるものとは認められない。また、右のように対抗措置をとる準備を備えていたことも、防衛意思およびいわゆる相当性の要件の検討にあたっては十分考慮を要することではあるが、これが本件侵害行為の急迫性を失わせるものではないし、また、「これが防衛意思に基づいてした行為であると考えられないものではなく、一方、被告人らに積極的な攻撃意思のあったことを認定するには、本件全証拠によるもなお合理的な疑いが残る」と判示したうえ、「これが正当防衛行為とならないことが合理的な疑いを越えて証明されない」と結論づけた。

3　二審判決

一審判決に対し、検察官から、事実誤認、法令適用の誤りを理由として全面的な控訴がなされた。被告人Aに関する(ハ)の論旨は、革マル派の襲撃は急迫の侵害ではなく、被告人Aらはこれを機会に積極的な攻撃を加える意図で迎撃したものであって防衛の意思は存しなく、防衛のためやむをえざるに出た行為でもないというものであり、ことに急迫性については、「当初から迎撃意図をもって兇器を準備し、バリケードを築き、態勢をととのえ、かつ、革マル派との闘争機会を持つことをむしろ同派『殲滅』のチャンスであるとして是認し、事前に十分の余裕があったにも拘らず、警察等の援助を求めるでもなく、かえってその援助を拒否し、押しかけて来た革マル派の者に対し、これをはるかに上廻る多人数で積極果敢な攻撃を加えたことが明白である本件に援用し、右革マル派の襲撃をもって、『急迫不正の侵害』であり、これに対する相当な防衛行為である旨判示した本件原判決は、右最高裁判決の趣旨を曲解し、国民の法的確信と乖離する不条理かつ不合理な認定をしたのであって、到底承服できるものではない」と主張した。

二審判決(昭和五一年二月九日)は、検察官の控訴を容れ、前記(イ)の兇器準備集合の点については、鉄パイプ約一〇本を準備したこと及び被告人らに共同加害の目的のあったことの証拠があり、また、前記(ハ)の暴力行為の点については、詳細に事実を認定したうえ、「被告人らに積極的な攻撃ないし加害の意思はなく、専ら防衛意思のみであったとは、到底認め難いところであって、寧ろ、明白に積極的、闘争、加害の意図を肯認し得るところであり、かつ、革マル派の第二の攻撃は被告人らが当然に予想していたところであって、不正の侵害であっても、急迫性はなかったものといわなければならない」と判示した。

4　上告趣意

弁護人は、判例違反、法令違反、事実誤認を理由に上告した。判示事項に関する論旨は、侵害の急迫性について原判断が最高裁昭和四六年一一月一六日第三小法廷判決に違反しているというものであって、「最高裁判所の判例によれば刑法第三六条にいう急迫とは、法益の侵害が現に存在しているか又は間近に押し迫っていることを意味し、その侵害が予め予期されていたものであるとしても、そのことからただちに急迫性を失うものではないと解されている(最高裁判所第三小法廷昭和四六年一一月一六日判決)。右判例の意味するところは急迫の要件としては法益の侵害が現に存在するか又は間近に迫っていること即ち法益の侵害が過去又は未来に属しないことで足り法益の侵害が予め予期できたか否かは正当防衛の他の要件である防衛の意思の存否の判断や法益に対する侵害を避ける為に他にとるべき手段があったか否かという観点から、防衛行為としてやむを得ないものであるか否かの判断においては重要な意味を持ち得ても、急迫性の要件の判断にあたっては何ら意味を持たないということであると考える。そうであれば本件においてBら革マル派の者の被告人Aら中核派の者に対するバリケード越しの攻撃は第一審判決が判示するごとく被告人らが開催しようとする集会の権利に対する現に存在する侵害であり被告人らの生命身体に対する間近に迫った侵害でもあるのでまさに急迫な不正の侵害に外ならない」と主張した。

二　本決定の判示

所論のうち、判例違反をいう点は、所論引用の判例（昭和四五年(あ)第二五六三号同四六年一一月一六日第三小法廷判決・刑集二五巻八号九九六頁）は、何らかの程度において相手の侵害が予期されていたとしても、そのことからただちに正当防衛における侵害の急迫性が失われるわけではない旨を判示しているにとどまり、所論のように、侵害が予期されていたという事実は急迫性の有無の判断にあたって何の意味をもたない旨を判示しているものではないと解されるので、所論は前提を欠き、刑訴法四〇五条の上告理由にあたらない。

しかしながら、所論にかんがみ職権により判断すると、刑法三六条が正当防衛について侵害の急迫性を要件としているのは、予期された侵害を避けるべき義務を課する趣旨ではないから、当然又はほとんど確実に侵害が予期されたとしても、そのことからただちに侵害の急迫性が失われるわけではないと解するのが相当であり、これと異なる原判断は、その限度において違法というほかはない。しかし、同条が侵害の急迫性を要件としている趣旨から考えて、単に予期された侵害を避けなかったというにとどまらず、その機会を利用し積極的に相手に対して加害行為をする意思で侵害に臨んだときは、もはや侵害の急迫性の要件を充たさないものと解するのが相当である。そうして、原判決によると、被告人Aは、相手の攻撃を当然に予想しながら、単なる防衛の意図ではなく、積極的攻撃、闘争、加害の意図をもって臨んだというのであるから、これを前提とする限り、侵害の急迫性の要件を充たさないものというべきであって、その旨の原判断は、結論において正当である。

三　説　明

1　問題の所在

本決定は、刑法三六条における侵害の急迫性の要件を解釈するにあたり被侵害者側の主観的、客観的事情をいかに考慮すべきかという一般的問題に対し、侵害が予期された場合及び積極的な加害意思で侵害に臨んだ場合について解答を示したものである。

右の一般的問題は、これを三つの問題に細分化することができると思う。すなわち、第一に、侵害を予期していただけで侵害の急迫性は失われるか、第二に、侵害を予期したにとどまらずその機会を利用して積極的に相手に加害行為をする意思で侵害に臨んだような場合には侵害の急迫性は失われるか、第三に、侵害を挑発又は誘導したような場合には侵害の急迫性は失われるか、の三つの問題である。

そこで、以下、右の順に検討を進めて第一、第二の問題に関する本決定の判旨の意義を探り、あわせて右判示の立場に批判的な見解を考察することとしたい。

2　侵害の予期と急迫性

1　まず、侵害を予期しながらこれを避けなかった場合、侵害の急迫性の要件が失われるのであろうか。

本決定は、この点につき、「当然又はほとんど確実に侵害が予期されたとしても、そのことからただちに侵害の急迫性が失われるわけではない」と判示している。これは、最高裁判例として最初の判示である。

2　従来の判例をみると、最高裁昭和四六年一一月一六日第三小法廷判決(刑集二五巻八号九九六頁)は、「刑法三六条にいう『急迫』とは、法益の侵害が現に存在しているか、または間近に押し迫っていることを意味し、その侵害があらかじめ予期されていたものであるとしても、そのことからただちに急迫性を失うものと解すべきではない」と判示している。この判示は、他の部分における、「法益に対する侵害を避けるため他にとるべき方法があったかどうかは、防衛行為としてやむをえないものであるかどうかの問題であり、侵害が『急迫』であるかどうかの問題ではない」との判示とあわせ考えるときは、本決定と同様、侵害が予見されたことの一事で直ちに急迫性が失われるものではない旨を示したものと解するのが妥当と思われる。しかし、さらに右判決が、「侵害行為が被告人にとってある程度予期されていたものであったとしても、そのことからただちに右侵害が急迫性を失うものと解すべきではない」とも判示しているところからいって、すくなくとも論理上は、確実に侵害を予期した場合に侵害の急迫性を否定する余地を残していた(1)。本決定は、侵害の予見それ自体では、いかに予見の程度が確実なものであっても、侵害の急迫性を失わせないと明確に判示し、右の疑念を払拭したのである。

3　正当防衛が官憲に対して法的保護を求める余裕のない場合に許される緊急行為であることを極端に重視するならば、侵害が予期され、これにより官憲に対して法的保護を求める余裕が生じた場合には、急迫性の要件が失われると解することも可能であろう。しかし、そうなると、侵害が予期される場合には、当然に侵害からの回避・逃避が義務づけられることになり、被侵害者の社会生活の自由が不当に妨げられる結果となる。もともと、正当防衛を許すか否かは、侵害者の権利侵害行為と被侵害者の対抗行為とを相関的に考察したうえ、対抗行為の違法性阻却を認めるべき状況が存在するか否かを判断して決することである。侵害を予期しながらこれを回避しなかった場合、侵害の急迫性を欠くとして正当防衛を否定するとなると、被侵害者に関し、権利侵害を受けている状況を斟酌せずに回避義務の不履行のみを責めることになり、あまりにも均衡を失し、権利侵害に対抗する防衛行為を権利として許容しようとする正当防衛制度の歴史的起源にも沿わないこととなるであろう。さらに、もし侵害が確実に予期されただけで急迫性が失われるものとすれば、犯人からの抵抗を確実に予期しつつもこれを逮捕しようとする警察官や相手からの攻撃を予期しつつも現に侵害されつつある他人の権利を防衛しようとする者について、正当防衛が否定されることになり、極めて不当である。したがって、本決定のこの点の結論に対しては、恐らく異論がないと思われる。(2)

（1）内田文昭＝長井圓「正当防衛における『急迫』な侵害・防衛の意思の意義と過剰防衛の成否」上智法学論集一六巻三号七五頁、八〇頁は、昭和四六年の判例について、「侵害が確実に予期されていて、十分な反撃が準備されているような場合には、急迫性が欠ける、とする余地をなお残している」と説く。

（2）積極的に本決定と同一の結論を説く学説もある。例えば、注釈刑法(2)のI二二六頁〔藤木英雄〕は、「加害の意図が予期されているからといって、当然に逃避する義務は存しないから、みずから危険を予知していたとしても、その危険が現実化し、侵害行為の着手またはそれと接着した予備的行為の段階に達したときに侵害を排除する行動に出ることは、急迫の侵害に対する排除行為と認めるにつき支障はない」と論じ、荘子邦雄「正当防衛における『急迫』の意義と防衛意思の存否」昭和四七年度重要判例解説（ジュリスト五三五号）一一三頁は、「たとえ行為者が強く予期していたとしても、侵害行為が現実化された時点において侵害の現在性・切迫性を認めうるのであれば、『急迫』と解してよい」と論じる。

3　積極的な加害意思と急迫性

1　それでは、侵害を予期したにとどまらず、侵害の機会を利用して積極的に相手に加害行為をする意思で侵害に臨んだような場合にも、侵害の急迫性の要件は失われないのであろうか。

本決定は、こうした場合を念頭に置き、「単に予期された侵害を避けなかったというにとどまらず、その機会を利用し積極的に相手に対して加害行為をする意思で侵害に臨んだときは、もはや侵害の急迫性の要件を充たさない」と判示している。この点も新しい判断である。

2　右のような状況は、従来の大審院又は最高裁の判例ことに喧嘩闘争の判例にしばしば登場し、ほとんどの場合に正当防衛を否定する理由とされてきた。しかし、これを急迫性の問題として処理した判例は、二例を数えるのみであって、他の判例は、右の状況が刑法三六条の要件のいずれと関連するかを明らかにすることなく、闘争者双方が攻撃及び防禦を繰り返す一団の連続的闘争行為であること(例えば、最高裁昭和二三年七月七日判決・刑集二巻八号七九三頁)、闘争の全般からみてその行為が法律秩序に反するものであること(例えば、最高裁昭和二三年六月二二日判決・刑集二巻号六九四頁)、当初から暴行を加える意思で闘争に臨んでその意思を実現したこと(例えば、大審院昭和五年二月二日判決・刑集九巻一一五頁)などの理由で正当防衛の成立を結論的に否定していた。ところが、これらの後者の判例も、問題となる行為の防衛行為性を否定する趣旨である点では本件決定の立場とまったく同一であって、急迫性の要件を欠くとする趣旨であると理解することもできるし[3]、すくなくともその角度からこれらを再構成することは十分に可能である。そこで、以下、攻撃の意思及び行為の積極性が強い順に状況を次の四つの類型に区分し、判例の立場を概観してみよう[4]。

第一の類型は、相手の侵害を予期し、その機会に積極的に相手に対して加害行為をする意思で侵害に臨み、機先を制して相手に攻撃を開始した場合である。

右のような状況について、最高裁昭和二二年一二月一八日の判決(判例体系30—3巻八九二頁)は、「喧嘩闘争を予測し、兇器を用意して出掛け、相手が暴行を加えようとするのを機先を制してこれに傷害を与え死に致らせた所為は、正当防衛ではない。」と判示している。

第二の類型は、相手の侵害を予期し、その機会に積極的に相手に対して加害行為をする意思で侵害に臨み、相手と同時に攻撃を開始した場合であるが、この場合の適例は見当らない。

第三の類型は、相手の侵害を予期し、その機会に積極的に相手に対して加害行為をする意思で侵害に臨み、相手から先に攻撃を加えられてこれに反撃をした場合である。

右のような状況について、大審院昭和五年二月二八日判決(刑集九巻一一五頁)は、「〔原〕判示ハ被告人ニモ当初ヨリAニ暴行ヲ加フル意思アリ此ノ意思実現シテ同人ヲ傷害スルニ至リシモノナルコトヲ認定シタル趣旨ナリト解スルヲ得ヘシ然ラハ則偶々被告人カAヨリ一撃ヲ先ンセラレタル事実アリトスルモ之ニ対応シタル被告人ノ傷害行為ヲ以テ正当防衛ナリト云ヒ得サルヤ勿論ナリトス」と判示している。大審院昭和八年一〇月一四日判決（刑集一二巻一七七六頁）も同旨である。また、大審院昭和九年二月八日（法律新聞三六九一号一一頁）は、「双方カ各互ニ争闘ヲ為サントスル場合ニ在リテハ縦令其ノ一方カ他方ニ比シテ闘志ニ薄ク相手方ノ攻撃スルヲ俟チテ争闘ヲ為サント構ヘ居タル場合ト雖其ノ反撃ハ最早正当防衛ヲ成スモノニアラスシテ其ノ相手方ニ対スル暴行ノ犯意アリト為スニ妨ケナシ」と判示している。

右の類型については、さらに、急迫性の要件を欠くとして正当防衛の成立を否定した最高裁昭和三〇年一〇月二五日判決（刑集九巻一一号二二九五頁）がある。重要な判例なのでやや詳しくみるのに、「被告人は判示二九日午後一一時頃判示飲食店『A』附近でB兄弟より立ち向って来られ判示Cは傷けられ被告人は逃げたが、又『A』前に引返したところ被告人は再びBより斬りかかって来られたというのであるから、これによれば、被告人が数時間内に更に田中らと対面するにおいては更に攻撃を受ける蓋然性が多い状況にあったものというべく、しかも……、被告人はBらに対面して謝罪させ相手が攻撃して来たらこれに立ち向うべく即ち単なる受働的防衛のためでなく敏速有力にこれに反撃を加えるため日本刀一振を抜身のまま携えDと共に進んで翌三〇日午前二時頃『A』附近に赴きその近くの道路上で叢に身をひそめ傍に日本刀を置いて様子を窺ううちBが出て来て被告人らを認めるや『E』というなり矢庭に出刃庖丁をもって被告人に突きかかって来た」のに対し日本刀で反撃した傷害致死の事案について、正当防衛の成立を否定し、「被告人が右の叢に身をひそめ様子を窺ううちBが出て来て矢庭に出刃庖丁をもって被告人に突きかかって来た際においては、被告人はこのBの不正の侵害については早くから、充分の予期を持ち且つこれに応じて立ち向い敏速有力な反撃の傷害を加え得べき充分の用意を整えて進んでBと対面すべく右叢附近に赴き彼の様子を窺っていた訳であるから、Bのこの不正の侵害は被告人にとっては急迫のものというべからざるものであり、又被告人がBに加えた判示傷害行為は権利防衛のため止むを得ざるに出でたものというべからざるものである」と判示したのである。

第四の類型は、相手の侵害を予期し、防衛のために何らかの準備をし、相手からの攻撃に対し反撃をした場合である。

この場合、その準備が防衛目的によるものであるか、積極的な攻撃目的によるものであるかは、事実認定上微妙であるが、準備の性質、程度、相手及び本人の前後の行動などから前者と認められることもないわけではない。大審院大正一四年六月二七日判決(法律新聞二四二三号五頁)がその適例である。これは、匕首を用いた殺人の事件であって、数日前から被害者のAと仕事上のことで不仲に陥り、当日夕刻口論格闘の末いったんは仲裁されて各自自宅に帰ったものの、「当時Aは其の仲裁に不満なりしと同人の性行を熟知せる被告人は必定Aが押寄せ来るべきを憂慮し護身用として匕首一本を買求め万一に備へ居りたる処同夜十時過頃果然Aが被告人方に来りて外出を強要して止まざるより被告人は右匕首を懐中して防衛の準備を為し相共に外出したるが途中前顕B店前の街路に差蒐るやAは被告人に此の先きのC饂飩屋にて飲酒せんことを強要せしより之を峻拒して帰路に就きたるにAは之に追随し隠し持たる出刃庖丁を揮て背後より突如其の左側背下部を突刺し被告人が驚きて振向くや再度同人の下顎部に切付けたる上尚も切付けんとし攻撃頗る急なりし為被告人は自己の生命身体の防衛上已むことを得ず殺意を決し準備せる匕首を抜き放ち前示の如くAの左胸部其の他数個所に切付け同人を即死せしめた」という事案につき、被告人を正当防衛により無罪とし、その理由として、「凡そ人は法益に対する未来の侵害に付予め防衛行為を行ふは違法たるを免れずと雖其の未来の侵害を慮りて防衛の準備を為すことは固より正当にして毫も非議すべきものに非ず本件被告人がAの非行並仲裁当時の心情を察し其の将来に於て喧嘩の為押寄せ来るべきを憂慮し護身用に匕首を買求め自宅に持帰り箪笥の抽出内に蔵置したるは正に是れ自己の生命身体に対する未来の侵害を慮り防衛の準備を為したるものに外ならずして其の行為自体何等違法性を帯ぶるものに非ざるが故に本件被告人が匕首を買求めて之を蔵置した事実を目して直に喧嘩の準備又は殺人の予備を為したものと解するは正当ならず」、「本件は被告人がAと共に外出の途中判示の場所に於て飯食を強要せられたるより之を峻拒し自宅に引返す際Aが突如背後より被告人の左側背下部を出刃庖丁にて突刺し其の驚きて振向くや再度下顎部に切付けたる場合なれば其の侵害が急迫不正のものたること勿論にして被告人が準備せる匕首を抜き放ちて之に応じたるは自己の生命身体の防衛上已むを得ざるに出でたるものと謂はざるを得ず」と判示したのである。

右の判例と第三類型として掲げた最高裁昭和三〇年一〇月二五日判決との差異については、後の判例に説明が付加されている。すなわち、右大審院の「事案は、被告人は防衛の準備として匕首を懐中してはいたが被害者の飲酒の強要を被告人が峻拒して帰路についた時以後においては、被告人は最早被害者が襲撃して来るであろうことの予想を持っていたとは認められないのに、意外にも被害者が背後から突如突刺したという場合と解すべきであるから、被害者の侵害は被告人にとって急迫なものであったといい得る案件である。しかるに本件の場合は最後にBが『A』方の向い側から出て来て被告人を認めるまで被告人は前示のような状況と意思の下に日本刀を傍らの叢に置いて様子をうかがっていたのであるから、右大審院判決の事案は本件と事案を異にする」というのである。積極的に攻撃を加える意思はなかったと認められる場合には、たとい相手の侵害を予期して護身用の刃物を所持していたときでも、侵害の急迫性は失われないのに対し、積極的に攻撃を加える意思で侵害に臨んだ場合には、急迫性が失われるというわけであろう。

以上の概観から明らかなように、判例は、予期された侵害の機会を利用して積極的に相手に対し加害行為をする意思で侵害に臨んだときは、相手に対する行為を防衛行為とは認めないという立場であり、本最高裁決定は、この立場を急迫性の要件の点から総括したものと理解することができると思う。

なお、以上の考察は、予期されたような侵害とこれに対応する本人の加害意思及び加害行為とを前提としているのであるから、相手の侵害が予期に反して過大であって本人の加害意思及び加害行為との間の均衡を失するような場合には、必ずしも妥当しない。したがって、最高裁昭和二三年七月七日大法廷判決(刑集二巻八号七九三頁)、最高裁昭和三二年一月二二日判決(刑集一一巻一号三一頁)が、喧嘩闘争においてもなお正当防衛が成立する余地がある旨を判示しているのは、本決定のような立場と矛盾するものではないのである。

3　まず、限界的状況である前記の第三類型を対象とし、防衛行為性と急迫性との関係を検討してみよう。この類型では、本人は、相手の侵害を予期し、その機会に積極的に相手に対して加害行為をする意思で侵害に臨み、相手から先に攻撃を加えられてこれに反撃をしたのであるから、相手の行為が不正な侵害であることは明白である。そこで、本人に防衛の意思を認めうる事情があったと仮定しておき、本人の行為を防衛行為にあたるものとすれば、必然的に相手の行為を急迫な侵害と認めることになり、反対に、本人の行為を防衛行為にあたらないものとすれば、必然的に相手の行為を急迫な侵害と認めないことになる。すなわち、本人の行為を防衛行為と認めうるか否かは、相手の行為を急迫な侵害と認めうるか否かの問題にほかならないのである。

それでは、前記第一ないし第三の類型におけるように、相手の侵害を予期し、自らもその機会に相手に対し加害行為をする意思で侵害に臨み、加害行為に及んだ場合、なぜ相手の侵害に急迫性が失われることになるのであろうか。このような場合、本人の加害行為は、その意思が相手からの侵害の予期に触発されて生じたものである点を除くと、通常の暴行、傷害、殺人などの加害行為とすこしも異なるところはない。そして、本人の加害意思が後から生じたことは、その行為の違法性を失わせる理由となるものではないから、右の加害行為は、違法であるというほかはない。それは、本人と相手が同時に闘争の意思を固めて攻撃を開始したような典型的な喧嘩闘争において双方の攻撃が共に違法であるのと、まったく同様なのである。したがって、前記のような場合に相手の侵害に急迫性を認めえないのは、このようにして、本人の攻撃が違法であって、相手の侵害との関係で特に法的保護を受けるべき立場にはなかったからである、と考えるべきであろう。学説上、「急迫性が否定されるのは、おそらく、相手を挑発する行為あるいは攻撃を予想しながら相手に近づく行為が、相手の攻撃を利用してこれを傷けようとしたとみられうる場合に限られるであろう。いわゆる『原因において違法な行為』の法理である」(5)とか、「急迫性をみとめるためには、法秩序の見地に照らして権利保護の必要性をみとめうるばあいでなければならない」(6)とか論じられているのは、本決定の理論的根拠を提供するものとして、特に注目すべきものと思われる。(7)

本人の行為の違法性がその防衛行為性を否定する根拠であるとすると、そのことから、いくつかの重要な結論が導き出されることになる。すなわち、違法性には程度の差がありうるから、相手の侵害の違法性が著しく強い場合には、これとの相関関係において、本人の加害行為に防衛行為性を認める余地が生じる。判例が、喧嘩闘争に関し、法秩序全体の精神に照らして正当防衛を認めるべき場合があると判示しているのは、その意味において正当と思われるのである。また、これとは逆に、相手の侵害の違法性と相関的に考量しても本人の攻撃の違法性を肯定せざるを得ない場合には、本人が積極的に加害意思をもって相手方に出向いたか相手の侵害を待っていたか、又は先に侵害を開始したのは相手か本人かの別なく、相手の侵害の急迫性及び本人の行為の防衛行為性を否定するのが正当であろう。

(3)　現に、荘子邦雄「正当防衛」総合判例研究叢書刑法(1)一四二頁以下では、急迫性の要件の点から喧嘩闘争に関する判例が分析されている。

(4)　荘子邦雄・前掲注(2)論文三四頁以下では、本文とは幾分異なる角度からではあるが、急迫性が問題となる状況を類型化をしたうえでの極めて示唆的な分析、考察がなされている。

(5)　平野龍一・刑法総論Ⅱ二三五頁。

(6)　荘子邦雄・前掲注(2)四二頁、四四頁。

(7) 牧野英一・刑法研究九巻六頁、小野清一郎・刑事判例評釈集六巻九一頁、木村亀二「喧嘩と正当防衛」刑事法の理論と現実。㈠一二三頁などの先駆的な業績も、もとより重要である。

4 侵害の挑発、誘導と急迫性

最後に、相手の侵害を挑発、誘導してこれに反撃を加えた場合、侵害の急迫性の要件が充たされると解すべきであろうか。

本決定は、この点について触れるところはなく、他に適切な先例も見当らないが、学説の大勢は、急迫性の要件としてこれを処理しているか否かは別として、右の場合においては正当防衛の成立を否定しており、判例もこれを否定することは確実なように思われる。(8) すなわち、すでに、3で検討したとおり、右の場合、侵害に対する反撃を防衛行為として承認するとなると、自ら違法に招いた侵害を理由として新たな法益侵害を正当と認めることになって、矛盾であり、挑発、誘導されて侵害行為に出た相手の立場と比較してあまりに均衡を失する結果ともなるからである。

(8) 大嶋一泰「挑発行為と正当防衛㈠」福岡大学法学論叢一七巻四号一頁、平野龍一・前掲注(5)二三五頁、前掲注釈刑法(2)の1二二八頁、荘子邦雄・刑法総論三七七頁など。

5 補論

1 侵害の急迫性の有無は、侵害がなされた時点における客観的な侵害の現在性、切迫性の有無で決すべきであり、それ以前における被侵害者の主観的事情を考慮に入れて決すべきではないとの見解がある。(9)

右の点は、急迫性の要件がいかなる意味において要求されているかについての理解にかかわっているので、あらためてこの点について考えてみるのに、右批判の理論的根拠は、正当防衛の成立要件には、その前提たる急迫不正の侵害という正当防衛状況に関するものと、そのもとでの正当防衛行為に関するものとがあり、前者は行為者の主観に左右されることなく客観的要素を対象として判断しなければならないというにある。(10) しかしながら、急迫不正の侵害の存在という正当防衛状況は、正当防衛行為と切り離された要件ではなく、むしろ行為に正当防衛行為たる性格を付与するための状況上の要件であり、しかも、この状況の存否を判断するにあたっては、必然的に本人の主観を含めた事情をも考慮しなければならないものと思う。

問題を分けて検討してみよう。まず、急迫不正の侵害の存否を判断するにあたり、相手の客観的行為のみならず、その主観的要素をも考慮に入れるべきである点には、異論がないであろう。例えば、相手の行為が正当な職務に基づく逮捕行為か違法な逮捕行為かは、その主観に左右されることであり、また、相手の侵害が切迫し又は継続するか否かは、その侵害の意思又は継続意思によって決定されることだからである。次に、本人の反撃が、相手の急迫不正の侵害に対してなされたものか、相手の正当防衛行為に対してなされたものかが争われた場合を想定しよう。この場合、本人の反撃が正当防衛にあたるか否かを判断するには、相手と本人の行為のいずれが急迫不正の侵害であったかを決しなければならず、そのためには、先に述べたとおり、相互に主観的要素を含めた状況的事情を参酌しなければならないことになる。このことは、急迫不正の侵害という要件を判断するにあたっては、相手すなわち侵害者の主観的、客観的事情ばかりでなく、本人すなわち被侵害者の主観的、客観的事情をも相関的に考慮しなければならないことを示すものである。そして、右のような相関的な判断はまた、急迫不正の侵害の存否の判断にあたり、論理的に常に必要なことでもある。ここに、急迫性の要件の判断にあたり、本人の主観的要素を含めた事情を考慮する根拠があり、かつ、その判断を、本人と相手の違法性の程度の相関的考量によって決すべきものと解する根拠があると思う。

2　侵害の機会を利用して積極的に相手に対し加害行為をする意思で侵害を臨んだ場合でも、侵害の急迫性は失われず、防衛の意思又は防衛行為の相当性が失われることがあるにとどまる、という見解がある。この見解には、さらに、本決定と同様の結論を右のような別の要件の解釈で達成しようというものと、本決定の結論よりも防衛行為の範囲を広く認めようとするものの二つがあるが、後者についてはすでに1でほぼ検討を済ませたので、以下では前者を中心に考察をしておこう。

まず、防衛の意思の問題として処理すべきであるとの見解[11]についてみよう。確かに、典型的な喧嘩闘争におけるように、双方が最初から闘争の意思で同時に闘争を開始した場合には、防衛の意思を否定すべきであろう。また、防衛に名を借りて侵害者に対し積極的に攻撃を加える場合にも、防衛の意思を否定すべきであろう（最高裁昭和五〇年一一月二八日判決・刑集二九巻一〇号九八三頁）。しかし、相手からの第三者に対する侵害が開始された機会に、本人が第三者の権利を防衛するとともに積極的に相手に加害行為をする意思で行動したような場合、あるいは、予期された侵害が現実化した際に、この機会を利用して積極的に相手に加害行為をする意思を固めて行動をしたような場合には、防衛の意思がまったく欠けるものとはいいがたい。この場合、攻撃の意思と防衛の意思とが併存する場合又はすくなくとも攻撃の意思が上廻るときには防衛の意思がないと解すれば、防衛の意思を否定することになるが、これでは不当に正当防衛の範囲を限定してしまうことになるであろう。[12]また、前記のような状況のもとでも相手の侵害の急迫性が肯定されるとすると、相手の侵害が先んじた場合には、何らかの程度の反撃が正当化され、等しく闘争の意思で臨んだ本人と相手のうち偶々攻撃に遅れをとった側に正当防衛又は過剰防衛を肯定する結果になるので、甚しく不当であろう。

次に、相当性の問題として処理すべきであるとの見解を検討してみよう。この場合、相当性を防衛行為の程度の問題と理解する通説の立場に立つときは、不当に正当防衛又は過剰防衛の成立を認めることになる。また、相当性を防衛行為の程度の問題とは別の要件として捉える立場に立つときも、[13]防衛の意思として処理するのと同様の難点を含むように思われる。

(9)　例えば、内田文昭＝長井圓・前掲注(1)七九頁、曾根威彦「刑法三六条における侵害の急迫性」判例評論八八六号一六一頁など。

(10)　曾根威彦・前掲注(9)一六一頁。

(11)　例えば、藤木英雄・前掲注(2)二二六頁、二二八頁は、このアプローチを採用している。

(12)　最高裁判所判例解説刑事篇昭和五〇年度二八一頁(本書*1*論文)参照。

(13)　佐伯千仭・三訂刑法講義(総論)二〇三頁は、みずから招いた侵害に対する防衛行為の可否の問題についてこのアプローチを採用し、中義勝・刑法総論一三七頁は、容易に回避しうるのにわざわざ迎撃したような場合についてこのアプローチを採用している。

(補注)　本決定の評釈として、東條伸一郎「予期された侵害とその急迫性」研修三五七号三〇八頁、曾根威彦「刑法三六条における侵害の急迫性」判例評論二三三号四四頁(判例時報八八六号一五八頁)、小暮得雄「正当防衛における侵害の『急迫性』」昭和五三年重要判例解説(ジュリスト六九三号)一五九頁があり、本決定の評釈を含む論説として、荘子邦雄「正当防衛における急迫性と防衛意思」司法研修所論集六二号二四頁がある。さらに、団藤重光・刑法綱要総論(改訂版)二一五頁に本決定の判旨が学説として取り入れられている。

3　弁護活動としてした名誉毀損行為と刑法三五条に関する最高裁判例

〔決　定〕

昭和五一年三月二三日最高裁第一小法廷決定（昭和四六年(あ)第七五八号名誉毀損被告事件）刑集三〇巻二号二二九頁

〔判示事項〕

一　名誉毀損の摘示事実につき真実と誤信する相当の根拠がないとされた事例

二　弁護人が被告人の利益擁護のためにした行為と刑法上の違法性の阻却

三　弁護人が被告人の利益擁護のためにした名誉毀損行為につき正当な弁護活動として刑法上の違法性が阻却されないとされた事例

〔決定要旨〕

一　被告人以外の特定人が真犯人である旨の名誉毀損の摘示事実（判文参照）については、本件に現われた資料に照らすと、真実と誤信するのが相当であると認めうる程度の根拠は、存在しない。

二　弁護人が被告人の利益を擁護するためにした行為につき刑法上の違法性の阻却を認めるためには、それが弁護活動のために行われたものであるだけでは足りず、行為の具体的状況その他諸般の事情を考慮して、法秩序全体の見地から許容されるべきものと認められなければならないのであり、かつ、その判断にあたっては、その行為が法令上の根拠をもつ職務活動であるかどうか、弁護目的の達成との間にどのような関連性をもつか、弁護を受ける被告人自身がこれを行った場合に刑法上の違法性の阻却を認めるべきかどうかの諸点を考慮に入れるのが相当である。

三　被告人以外の特定人が真犯人であることを広く社会に報道して、世論を喚起し、被告人を無罪とするための証拠の収集につき協力を求め、かつ、最高裁判所の職権発動による原判決の破棄ないしは再審請求の途をひらくため、右の特定人が真犯人である旨の事実摘示をした名誉毀損行為(判文参照)は、弁護人の正当な弁護活動として刑法上の違法性を阻却されるものではない。

一　事件の概要と経過

1　事実関係

本件は、丸正名誉毀損事件と呼ばれている。その事実関係は、本決定の要約によると、次のとおりである。

「原判決が是認する第一審判決の認定によると、被告人及び相被告人であったA(以下、単に被告人らという。)が同判決判示の事実を公表するに至った経過は、以下のとおりである。

被告人らはいずれも弁護士であるところ、被告人Bは、東京高等裁判所に係属したCらに対する強盗殺人被告事件(いわゆる丸正事件)の控訴審の弁護を担当し、その審理においてCら両名の冤罪を主張して第一審判決の破棄を求めたが、昭和三三年一二月九日控訴が棄却されたので、Cらとともに上告して引き続き弁護を担当することになった。そして、弁護を担当した当初からCらが犯人であることに強い疑念を抱いていたところから、事件が上告審に係属した後、Aに事情を説明して弁護に加わってもらい、共同して事件記録及び証拠物を新たな観点から検討した結果、ともども真犯人は被害者D子(以下、単にD子という。)の兄E(以下、単にEという。)とその妻F、弟Gら同居の親族であるとの見解を抱くに至った。そこで、被告人らは、その趣旨を記載した上告趣意補充書を共同で作成したうえ、これを昭和三五年三月二八日最高裁判所に提出する一方、最高検察庁検察官に対してもその写を提出し、真犯人は内部の者であると思われるから事件につき再捜査をされたい旨を申し入れた。ところが、その翌日、

Aが、懇意の最高裁判所司法記者クラブ所属の新聞記者から、最高検察庁では再捜査をする意思がないといっていた旨聞知したので、被告人らは、協議のうえ、最高検察庁などの捜査機関が再捜査に乗り出さない限り、証拠資料を収集する組織と権限をもたない弁護人としては到底自らの努力のみではCらの冤罪を晴らすことはできないと判断し、このうえは新聞の報道などの方法によって真犯人がEら内部の者であることを世人に訴えて世論を喚起し、冤罪の証拠の収集に協力を求め、ひいては最高裁判所の職権発動による原判決破棄を促すことを企図し、第一審判決判示第一のとおり、最高裁判所内の司法記者クラブ室に各社の新聞記者を集めたうえ、こもごも上告趣意補充書の内容を説明し、記者の質問に答え、あるいは死体及び犯行現場の写真を展示するなどし、D子はCらによって殺害されたものではなく、E及びF又はそのほか同夫婦と意思を通じた者が就寝中のD子を絞殺したうえ犯行現場を偽装するため死体に丸正運送店洋服部の店先に運んだものである旨発表した。そのため、被告人らは、同年五月二日Eから名誉毀損罪で告訴されたので、これに対し防禦する必要に迫られるとともに、同年七月一九日前記被告事件につき上告棄却の決定を受けたので、裁判所の通常の審理によってCらの冤罪を証明する途を失ったところから、協議のうえ、先に新聞記者に発表した事実の詳細を一般に公表して、冤罪を証明する資料の収集につき世人の協力を求め、再審請求の途をひらくほかはないとの結論に達し、第一審判決判示第二のとおり、E、F及びGの三名(以下、単にEらという。)が就寝中のD子を絞殺し、これを丸正運送店出入りのHトラック急送株式会社(以下、単にHトラックという。)のトラック運転手らの犯行であるかのように偽装するため死体を同店洋服部の店先に運び出すなどした旨を記載した『告発』と題する単行本を共同執筆し、七、〇〇〇部を出版してうち約四、〇〇〇部を発売頒布した。(1)」

「被告人らが本件の第一審以来事件の真相として主張しているEらの犯行の模様は、以下のとおりである。

Eらは、D子を殺害することを共謀し、昭和三〇年五月一一日午後一一時ころ、丸正運送店階下の六畳間に就寝中のD子の不意を襲って共同して同女の抵抗を制圧し、仰向きのままこれを絞殺し、その顔面に付着した鼻腔出血が凝固するまで押しつけた後、両脚を縛り、同店出入りのHトラックの運転手らの犯行であるように装うため、翌一二日午前零時過ぎころ、既に硬直が生じていた死体を同店運送部の土間の方に運搬するつもりで洋服部の店先の四畳間まで運んだ際、仰向きになっていたD子の死体をうつ向きにしてしまい、鼻腔内の血液が畳の上にこぼれたため、やむなく死体をその場にうつ伏せにしたまま放置してそこが殺害現場であるように装うことにし、D子の排尿で汚れた同女の寝床のシーツを取り除き、現金入りの同女の鞄を死体の傍に置くなどの偽装工作を施した」。

(1)　丸正事件の一、二、三審判決は、判例時報二九〇号五一頁、六一頁、六九頁にそれぞれ掲載されている。

2　一審判決

一審裁判所は、丸正事件で取り調べられた全証拠を採用したほか、あらたに三〇名の証人に対する延四五回の証人尋問をするなど詳細な証拠調べをしたうえ、被告人らを有罪と認定し、各禁錮六月、一年間執行猶予の刑に処した。判示は極めて詳細なので、その結論的部分のみを摘記すると、(イ)　真実性の証明については、「不明確な事実、合理的な疑いを容れる余地のある蓋然性しかない事実ないし証拠価値の乏しい証拠等を如何に多く積み重ね総合しても、それだけで直ちに主張事実が合理的な疑を容れる余地のない蓋然性を帯びて来るとか、証拠価値を増して来る筋合ではなく、ただこの場合他に疑いを解消することのできる証拠ないし証拠価値を増強する証拠など強力なものが加わって、これらを総合すれば主張事実を肯認できる場合のあることは言を俟たないところである。ところが本件では以上に検討したように臆測の範囲を出でない事実と疑いをさしはさむ余地のある事実ないし証拠等は存在しても前に述べたような意味の強力なものは発見できなかったのであるから、結論は否定的とならざるを得ない。それ故被告人両名の丸正事件の犯人はE、F、Gの三名と摘示した事実の真実性は証明十分とは認められない。」、(ロ)　故意阻却の主張については、「行為者がただ主観的に摘示事実を真実であると信じていたとしても、それだけで直ちに故意の成立が否定されるものではないけれども、ただ行為者がかかる誤信に陥るについて相当の理由があると認められる場合には、何人についても当初から違法の意識を全く期待できない筋合であって、その行為者の認識に道義上非難すべき点を見出し難いから、かかる場合は行為者の故意を阻却し、罪を犯す意思のないものと解するのが相当である。」、「被告人両名の前記の誤信は証拠価値の評価の誤りと証拠の蒐集の不充分であったことに由来するもので、いやしくも弁護士として通常の法律的知識経験を有するものであれば、かかる証拠価値の評価の誤りを避け、証拠資料の蒐集の十全を期し得たものといわなければならない。それ故当然行うべき証拠の蒐集をせず、単に前記証拠のみからEらが犯人であると即断し自分らが冤罪と信ずるCらの救出に急なあまり前判示事実の摘示に及んだのは軽率な行動であったというのほかはなく、誤信については到底相当な理由があるということはできない。」、(ハ)　弁護活動としての正当性については、「被告人の利益擁護のためにした行為であっても、それが弁護人としての訴訟上の権限に基づく行為によるものでないかぎり、それは正当な弁護権の行使ということはできないから、名誉毀損罪の違法性を阻却する理由とはならない。そこでこれを本件についてみるに、被告人両名がなした前判示の各名誉毀損行為はCら両名の冤罪を晴らすための救済活動の一環として、当該事件の審理の場を離れ訴訟外においてなされたものであることは前記認定のとおりであって、訴訟上の権限に基づいてなされたものではないから、正当な弁護権の行使の範囲を超えるものといわなければならない。」というのである。(2)

なお、一審判決後、二審判決前に、真実性についての誤信と犯罪阻却に関する後記昭和四四年六月二五日大法廷判決が出た。

(2)　一審判決の批評に、福田平・判例評論四二二号六七頁、青柳文雄・判例タイムズ一六巻一一号二頁がある。

3　二審判決

控訴審裁判所は、一三名の証人に対する延一七回の証人尋問を含む証拠調べを重ねたうえ、検察官（量刑不当の論旨のみ)、被告人双方の控訴を斥けた。そして、(イ)真実性の証明はなされていない、(ロ)故意阻却については、「行為者において、行為の当時自己が公然摘示した事実が真実であると信じ、かつ、そのように信じるについて相当な事由があったと認められるときは、行為者に故意がないこととなり、名誉毀損罪は成立しない」が、被告人らは、いずれも「原判示第一の犯行当時においては、右強盗殺人被告事件の第一、二審において右両名を有罪とする判決の言渡しがあったことを、また原判示第二の『告発』発行の当時においては、上告棄却の決定により右事件の有罪判決がすでに確定していることをそれぞれ知しつつしていたものと認められるばかりでなく、右犯行当時、本件被害者らを右強盗殺人の犯人と認めるに足りる新たな証拠資料を入手していたというような特段の事情があったわけでもないことが記録上明らかであるから、本件各犯行当時、被告人らにおいて、本件被害者E ら三名を右強盗殺人事件の真犯人であると信じていたものとは認め難く、また仮に被告人らがそう信じていたものとしても、そう信じるにつき相当な事由があったものとは認められない」、(ハ)弁護活動としての正当性については、「たとえ被告人のためであっても、弁護人が訴訟手続の場以外の場においてなす行為は、その訴訟手続の場における弁護人の行為とは区別して評価すべきものであって、前者の行為がなんらかの刑罰法令に触れる場合は、訴訟手続の場におけるものとは異なり、弁護人において被告人の利益擁護のためなしたものであるからといって、その罪責を免れうるものと解することはできない。刑事訴訟法において一定の訴訟手続が定められている以上、弁護人は、その手続内において被告人の利益の保護を図るべきであって、その手続を離れてなした行為は、それが禁止されていない場合は格別、本件のように他人の名誉を毀損するような場合は、所論のように上告審において十分な審理を受け、検察庁の捜査を促し、または再審の請求をするについて必要な新証拠の発見が困難であって、これが収集に一般社会の協力を得るため必要であるというような理由があったとしても、正当行為としてその違法性を阻却されるものとはいうことはでき」ない、とした(3)。

（3）　二審判決の批評に、竹内正・ジュリスト五〇九号一四七頁がある。

4　上告趣意

弁護人、被告人の上告趣意は、詳細かつ多岐にわたるが、主要な論点をあげると次のとおりである。

1　刑法二三〇条ノ二にいう「真実ナルコトノ証明」は、合理的な疑いをいれない程度のものであることを要せず、証拠の優越の程度で足りると解すべきである。

2　本件の場合、右の「真実ナルコトノ証明」がある。

3　本件の場合、昭和四四年六月二五日大法廷判決（刑集二三巻七号九七五頁）にいう、「行為者がその事実を真実であると誤信し、その誤信したことについて、確実な資料・根拠に照らし相当の理由がある」場合にあたるというべきである。

4　本件行為は、弁護人が刑事被告人らの利益を擁護するためにした正当な弁護活動として、違法性を阻却される。

5　本件行為は、緊急避難にあたる。

6　丸正事件における確定判決の事実認定は、本件における事実認定を拘束するものではない。

7　原判決には理由の不備・遺脱がある。

二　本決定の判示

上告審係属中に死亡したA被告人に対しては本決定と同日付で公訴棄却決定があり、B被告人に対してのみ本上告棄却決定があった。その判示を、判示事項**一**の部分（前記上告趣意3と2に関する判示をあわせて含むもの）、**二**、**三**の部分（上告趣意4に関するもの）、その他の部分に分けて紹介する。

1　真実性及び真実性に関する相当な根拠の存否について（判示事項一）

「第一の争点は、被告人らの主張する事実を真実と認めることのできる証拠又はこれを真実と誤信するのが相当であると認めうる程度の確実な資料、根拠が存在するかどうかである。

㈠　右の証拠又は根拠として最も重要なものは、いうまでもなく真犯人がEらであることに直接結びつくものであるが、そのほか真犯人がCらではないことに結びつくものも、考慮に入れなければならない。けだし、Cらの無罪を証明することができても、それはEらが真犯人であることを直ちに証明することにならないことは当然であるが、間接的にその証明に役立つ場合がありうるからである。さらに、この問題を考えるにあたっては、真犯人がCらであることに直接結びつく証拠又は根拠をも考慮しなければならない。思うに、真犯人がCらであることの証拠が存在するにかかわらず、Eらが真犯人であること、又はEらが真犯人であるとの誤信が相当の根拠に基づくものであることを立証するためには、Cらの有罪を断定するのに供された証拠をも総合判断したうえ、これを克服する立証をする必要があるからである。このことは、Cらに対する有罪の確定判決の認定事実に拘束力を認めるものではなく、真実性又は相当な根拠の有無の判断に関連をもつすべての証拠を考慮すべきことの当然の帰結である。

㈡　弁護人ら及び被告人らは、Eらが真犯人であることに結びつく証拠又は根拠があるとして、概要⑴ないし⑷のような指摘をしている。

⑴　Eらは、D子が丸正運送店の経営の実権をもち経済的にも恵まれていることに対し羨望、不満をつのらせ、その経営の実権と現金を奪うため殺害に出たと認めるべき事情がある。

⑵　事件後に被害届が出されていたD子の定期預金証書三通が事件の半年後にGの居住する同人の母I（以下、単にIと呼ぶ。）方の居宅内で発見されており、Gの犯行への加担の事実が明らかである。

⑶　Eらの行動には、㈠　E、Fが、二階にいながら犯行に気付いていないと供述していること、㈡Eが、D子

の脚の紐を解きながら、頸の絞条を解かなかったこと、(ハ)　Eが、死体に向って「D子、D子」と呼びかけていること、(ニ)　Gは、事件現場にいったん来た後I宅に早々と戻ったこと、などの不審な点が多い。

(4)　Gが事件の前に食べていた落花生の薄皮が死体に付着していた。

そこで検討するに、原判決及びその是認する第一審判決が、右の諸点をも含めて検討したうえ、Eらを真犯人であると積極的に認めるに足りる証拠又は真犯人と誤信するのが相当と認められる積極的な根拠があるとは到底いえないと判断したのは、正当としてこれを支持することができる。すなわち、(1)に関しては、EらとD子の収入にかなりの差があったものの、常に感情の対立葛藤が存在していたわけではないし、Eらに営業の実権を奪う意図があったことを認めうる証拠もなく、Eらに殺害の動機があるとする主張は、臆測の域を出ないものというほかはない。また、(2)に関しては、Gが定期預金証書を隠匿したと認めるべき証拠がないばかりではなく、このことをめぐる経過は、D子が持っていた証書が見当らなかったところから被害届が出されたが、その後I宅の押入れからこれが発見されたため、警察に提出されたというにすぎず、Gの犯行への加担の証拠となるものではない。さらに、(3)に関しては、(イ)ないし(ニ)の事実は、必ずしもEらを真犯人と推定するに足る不審な行動とみることはできない。(4)に関しても、Gは、事件の前に丸正運送店で落花生を食べていたのであるから、G自身が犯行に加担しなくても死体に落花生の薄皮が付着する可能性が十分にあったものということができ、これをもってGの犯行の証拠と断ずることはできない。

要するに、以上の点は、Eらの犯行を積極的に証明するに足りないことはもとより、これを間接的に推測するに足りるものでもなく、他にこの判断を左右するに足りるだけの証拠は存在しない。

(三)　他方、弁護人ら及び被告人らは、真犯人がCらではなく内部の者であることをうかがわせる証拠又は根拠があるとして、概要(1)ないし(4)のような指摘をしている。

(1)　(イ)　五月一二日の午前二時半ころ最初に死体を発見したHトラックの助手Jが、死体はうつ伏せで両脚の膝から下をほぼ垂直に上にあげていたと供述していること、(ロ)　医師Kが、死体解剖の結果、胃の内容物の消化状態から判断すると死亡時刻は食後三、四時間、胃粘膜の性状を考慮に入れると食後五時間と推定されると鑑定していること、(ハ)　死体発見直後に現場に駆けつけたD子の母Iが、「まあ、この子は冷たいよ。」といったこと、(ニ)　同日午前一時ころ丸正運送店の前を通りがかったMが、同店洋服部の内側から表ガラス戸に沿って引いてあったカーテンを通じて洩れる薄ぼんやりとした電灯の光を目撃していること、を併せ考えると、犯行時刻は、同日の午前一時すぎではなく、前日の午後一一時ころであると認めるのが合理的である。すなわち、一二日午前二時半ころに既に死体の硬直が始まり、かつ、死体の温度低下が相当進んでいたところから判断すると、死後三時間は経過していると認めるのが相当であり、このことは、胃内容からする死亡時刻の推定及び一二日午前一時すぎころには店内が点灯されていて犯行が行われていなかったと認められることとも合致する。してみれば、一一日午後一一時ころに沼津市内にいたCらの犯行でないことは明らかであり、内部の者の犯行と推定するのが合理的である。

(2)　犯行場所は、Bの自白にあるように死体が発見された四畳間に続く土間ではなく、D子の寝室の六畳間であると認めるのが相当である。すなわち、(イ)　現場が乱れておらず、死体の足の裏も汚れていないことから判断すると、殺害現場は土間であるとは考えられないこと、(ロ)　死体の顔面及び四畳間の畳の上の血痕から判断すると、D子は、Bの自白にあるように、立った状態で絞殺されたものではなく、仰向きのまま一〇分間以上も押えつけられたまま絞殺され、その後死体の移動中に四畳間でうつ向きにされたとみるのが合理的であること、(ハ)　六畳間のD子の寝床にシーツがなかったことから判断すると、絞頸痙攣時に生じた排尿のため汚れたシーツを内部の者が取り除いたものと推定するのが相当であること、がその根拠となる。

(3)　右の犯行は、二名では実行できるものではなく、すくなくとも三名を要すると認めるのが相当であり、このことは、(イ)　鑑定人Oが、「犯人の人数が複数であり、三人以上とみるのが自然である」と鑑定していること、(ロ)D子の抵抗の物音を聞いた者がいないこと、とも一致する。

(4)　犯行現場には、D子がHトラックの運転手を応待する際に殺害されたことを示す痕跡があるが、それらはいずれも不自然なものであって、偽装工作と認めるのが相当である。

しかしながら、原判決の是認する第一審判決が、これらの諸点はすべてCらの犯行であることに疑念を生じさせ、又は内部の者の犯行であることをうかがわせるものではないと判断しているのは、正当として支持することができる。右の指摘のうち、最も留意を要するのは、死亡時刻に関する(1)の点である。すなわち、死体がJの供述するような状況にあったとすれば、その発見時に既に硬直が始まっており、死亡時刻が一二日午前一時すぎより相当早いと推定することも可能であって、被告人らがこの点を重視したのは、無理からぬからである。しかしながら、Jと同時刻ころに死体を目撃したHトラックの運転手K及びEは共に、死体が右半身を下にして横たわり、両膝がくの字形に折れ曲がっていたと供述しており、死体の傾き方や両膝の曲がり方についての目撃者の供述がくい違っているばかりでなく、うつ伏せで両脚の膝から下を上にあげるというJの供述に近い状態は、死体の硬直が始まっていなくても生じえないものではないから、同人の供述を根拠として死体の硬直が始まっていたと断定するのは、早計である。むしろ、一二日午前三時ないし三時半ころまでの間に撮影された死体の写真によると、死体は仰向きの状態で、左脚は膝の部分をほぼ真直ぐに伸ばし、右脚は膝をくの字形に折り曲げて左脚の下に組み敷かれていたことが明らかであるから、同時刻ころには未だ死体の硬直が始まっていなかったものと認めるのが相当である。被告人らは、この点に関し、右時刻ころに死体の硬直が認められないのは、Eが死体の硬直をJらに発見され、内部の犯行であることが発覚するのをおそれて、死体を仰向きにし、両下肢を縛ってあった腰紐を解く際に硬直を緩解したからであると推定する。しかしながら、硬直を緩解するには膝関節を伸ばすなどして筋肉をもみほぐす必要があるのに、Eがこれらの動作に出たことはなく、また、Eがこのような法医学的知識に基づいて意図的に硬直を解いて犯行時刻をまぎらわしたとみるのは不自然であって、右の推定は合理的でない。しかも、犯行時刻が問題となってはおらず、Cらへの嫌疑も生じていない最初の時点において、Eが死亡時刻を遅らせるような作為をする必要があったとは、到底考えられない。結局、右の推定は、死亡時刻が一二日午前一時すぎころとすると、Cらを真犯人と認定するほかないので、真犯人は内部の者であるという主張との矛盾を避けるためになされたものとみざるをえない。原審においてPがJと同旨の供述をしていることも、右の判断の妨げとなるものではない。胃内容の消化状況からの死亡時刻の推論も、他の複雑な事情により変わりうるのであって、正確なものとはいえない。さらに、Iは、その発言に関し、「生きている人間に比べて冷いと感じたからであって、死体には温度は未だ残っていた」旨を供述しているのであるから、その発言をもって死亡時刻を一一日午後一一時ころと認定する証拠とすることはできない。一二日午前一時ころ薄ぼんやりとした光が内部からもれていたという点も、内部の者の犯行の証拠と断ずることはできない。(2)(イ)に関しては、被害者は隻腕の女性であるから、抵抗がさほど激しくなかったと考えることもできるし、コンクリート張りの土間であるから、足の裏が汚れていないことも不自然ではない。(2)(ロ)に関しては、血痕の状態からは、被害者が痙攣時に仰向きであったことを認めうるにとどまり、絞頸時に仰向きであったことを推定することはできない。(2)(ハ)、(3)(イ)、(ロ)、(4)に関しても、Cらが真犯人であることと矛盾する点はない。(3)(イ)のO鑑定人の鑑定は、一定の条件を基にした推論にとどまるのである。

結局、Cらの犯行であることの一応の反証として、前記(1)(イ)に記載するようなJの供述があるものの、他の証拠と総合判断するときは十分な反証ということはできず、ほかにCらの犯行であることに疑念を生じさせ、又は内部の者の犯行をうかがわせるに足りる証拠は存在しないというほかはない。

(四)　さらに、留意を要するのは、Cらが有罪判決を受けるについては、合理的な疑を容れる余地のない程度に十分な証拠が存在していたことである。詳細にその内容を説示するまでもないが、Bが犯行を全面的に自白しており、その自白には客観的な裏付けがあり、かつ、任意性が認められること、及び五月一二日午前一時一五分ころ、丸正運送店から四〇メートル位離れた極東商会前にHトラック所属のトラックが一台駐車しており、乗員がいなかった事実が、偶々その傍を通りかかったタクシー運転手のQとトラック運転手のRによって目撃されており、かつ、同時刻ころこの場所に駐車する可能性のあったHトラック所属のトラックはCらの乗車するトラック以外になかったことが証拠上明らかであることは、Cらの犯行を証明する極めて重大な事実として、ここに特記しておくべきであろう。目撃者であるQが、以前Hトラックに勤務していた者であって、その観察に誤りがあるとは思われないことも、付言しておきたい。

(五) 以上を総合すると、丸正事件がCらの犯行であることについては、合理的な疑いを容れる余地のない証拠があるのに対し、Eらの犯行であることについては、合理的な疑いを容れることのできない証拠はもとより、証拠の優越の程度の証拠すら存在しないものと判断せざるをえない。また、被告人らがその摘示した事実を真実であると信ずることについても、それを相当であると認めうる程度に確実な資料、根拠があるとはいえない。」

2　名誉毀損行為と弁護活動の正当性について（判示事項二、三）

「第二の争点は、被告人らの本件行為が、Cらの弁護人としてその利益を擁護するためにした正当な弁護活動であるかどうかである。

(一) 名誉毀損罪などの構成要件にあたる行為をした場合であっても、それが自己が弁護人となった刑事被告人の利益を擁護するためにした正当な弁護活動であると認められるときは、刑法三五条の適用を受け、罰せられないことは、いうまでもない。しかしながら、刑法三五条の適用を受けるためには、その行為が弁護活動のために行われたものであるだけでは足りず、行為の具体的状況その他諸般の事情を考慮して、それが法秩序全体の見地から許容されるべきものと認められなければならないのであり、かつ、右の判断をするにあたっては、それが法令上の根拠をもつ職務活動であるかどうか、弁護目的の達成との間にどのような関連性をもつか、弁護を受ける刑事被告人自身がこれを行った場合に刑法上の違法性阻却を認めるべきかどうかという諸点を考慮に入れるのが相当である。

(二)　これを本件についてみると、弁護人が弁護活動のために名誉毀損罪にあたる事実を公表することを許容している法令上の具体的な定めが存在しないことは、いうまでもない。

また、原判決及びその是認する第一審判決の認定によると、被告人らは、Eら三名が真犯人であることを広く社会に報道して、世論を喚起し、Cら両名を無罪とするための証拠の収集につき協力を求め、かつ、最高裁判所の職権発動による原判決破棄ないしは再審請求の途をひらくため本件行為に出たものであって、Cらの無罪を得るために当該被告事件の訴訟手続内において行ったものではないから、訴訟活動の一環としてその正当性を基礎づける余地もない。すなわち、その行為は、訴訟外の救援活動に属するものであり、弁護目的との関連性も著しく間接的であり、正当な弁護活動の範囲を超えるものというほかはないのである。

さらに、既に判示したとおり、被告人らの摘示した事実は、真実であるとは認められず、また、これを真実と誤信するに足りる確実な資料、根拠があるとも認められないから、たとえCら自身がこれを公表した場合であっても、名誉毀損罪にあたる違法な行為というほかはなく、同一の行為が弁護人によってなされたからといって、違法性の阻却を認めるべきいわれはない。

その他、本件行為の具体的状況など諸般の事情を考慮しても、これを法秩序全体の見地から許容されるべきものということはできない。」

3　その他の点について

前記上告趣意1は、大阪高裁昭和二五年一二月二三日判決（高裁判決特報一五号九五頁）が、名誉毀損罪における他人の犯罪行為の真実性の証明に関し、「形式的には犯罪の証明は不十分であっても健全な常識にてらし一応犯罪容疑の存在を推測させるだけの客観的な情況の存在が明らかになればいわゆる真実性の証明ありと解するのが相当である」と判示している点をとらえて、判例違反を主張したが、右の判例は昭和三四年五月七日第一小法廷判決（刑集一三巻五号六四一頁）によって変更されている旨判示された。これは、合理的な疑を容れない程度の証明を要するとした趣旨と解される。

上告趣意6は、「確定の有罪判決により認定された事実は、再審の手続によるほかは、法律上これを動かす手段はないのであるから、本件において右確定判決の事実認定の当、不当を論ずることはとうてい許されない」との原判決の判示をとらえ、丸正事件の確定判決の事実認定が本件における事実認定を拘束するというのは不当であると非難したが、本決定は、原判決は所論のような判示をしているものとは解されないと判示し、さらに前記**1**の部分においてこの点について詳細にふれている。

上告趣意5、7については、不適法な理由とされたのみで、実体についての判断は示されていない。

三　説　明

1　真実性に関する相当の根拠について（判示事項一）

1　行為者が真実と信じる事実を摘示し、それが真実であることの証明がつかない場合には、行為者の刑事責任はどうなるであろうか。昭和四四年六月二五日大法廷判決（刑集二三巻七号九七五頁）は、かねてから論議の多かった右の問題をとりあげ、従来の判例を変更して、「刑法二三〇条ノ二の規定は、人格権としての個人の名誉の保護と、憲法二一条による正当な言論の保障との調和をはかったものというべきであり、これら両者間の均衡と調和を考慮するならば、たとい刑法二三〇条ノ二第一項にいう事実が真実であることの証明がない場合でも、行為者がその事実を真実であると誤信し、その誤信したことについて、確実な資料、根拠に照らし相当の理由があるときは、犯罪の故意がなく、名誉毀損の罪は成立しないものと解するのが正当である。」と判示した。そして、昭和四六年一〇月二二日第二小法廷決定(刑集二五巻七号八三八頁)は、松川事件第一審裁判長に対する名誉毀損事件において、「資料が現に係属中の刑事事件の一方の当事者の主張ないし要求または抗議に偏するなど断片的で客観性のないものと認められるときは、これらの資料に基づく右誤信には相当の理由があるものとはいえない。」と判示した。本決定は、右の「相当の理由」に関する三番目の判例にあたる。

2　ところで、右大法廷判決に関して残されている重要な論点は、どのような性質・程度の資料・根拠が存するときに相当の理由があるといえるか、である。この論点はまた、右判決の免責事由がいかなる法律的根拠に基づくものかという争点と関連している。

右判決が認めた免責事由の法律的根拠については、(イ)違法性阻却事由の錯誤を法律の錯誤と解し、責任説の立場から、その錯誤が避けられなかった場合には責任を阻却するが、その錯誤が避けえられた場合には責任は阻却されず名誉毀損罪として処罰されるとの見解(福田平「名誉毀損罪における事実の証明」刑法判例百選一七六頁)によったとする説、(ロ)違法性阻却事由の錯誤は法律の錯誤であって、客観的根拠による錯誤は故意を阻却するが、過失があるときは故意を阻却せず処罰を免れないとの見解(小野清一郎・刑罰の本質についてその他一六三頁)を採用したとする説、[4](ハ)事実が証明の可能な程度に真実であったことを構成要件該当性阻却事由と解し、行為者が証明可能な程度の資料・根拠をもって事実を真実と誤信した場合には故意を阻却するとの見解(団藤重光「名誉毀損罪と事実の真実性」刑法と刑事訴訟法との交錯七七頁)を採用したとする説、(ニ)(ハ)を修正して、事実が証明の可能な程度に真実であったことを違法性阻却事由と解し、行為者が証明可能な程度の資料・根拠をもって事実を真実と信じた場合には責任形式としての故意を阻却するとの見解（大塚仁・刑法各論上二五四頁）を採用したとする説、(5) ㈭事実の真実性を裏づけるに足りる確実な根拠・資料の存在を認識したことにより真実性を誤信したときは、刑法二三〇条ノ二の事実証明による違法性の阻却が認められない場合でも、正当行為（権利行使）として違法性が阻却されるとしたとの説（藤木英雄「事実の真実性の誤信と名誉毀損罪」法学協会雑誌八六巻一〇号一一二三頁）、㈬刑法二三〇条ノ二による真実性の証明は処罰阻却事由であり、これとは別に、名誉毀損罪を真実かどうか明らかでない事実を故意又は過失で摘示するという「危険な」行為の処罰規定と解し、資料収集義務履行を免責事由として認めたとしたとの説（平野竜一「刑法各論の諸問題」法学セミナー一九七二年一一月号七七頁）などがある。これらの諸説は、いずれも右判例があらたな法原則を判示するにあたって考慮した諸事情をふまえつつ、これと刑法上の原理とを調和させようとするものであって、右判例の法律的解明にとって有力な手がかりを提供するものであることは疑いない。しかしながら、他面、㈠、㈡については、違法性阻却事由に関する錯誤を法律の錯誤と解する点において判例の立場と調和しないのではないか、㈢、㈣については、訴訟法上の事実と実体法上の事実とを混同しているのではないか、また、行為時に証明可能な程度に真実であったことの証明があればよいことになり法律の文言とくい違うのではないか、などの諸点が指摘されており、㈭、㈬についても、「故意を阻却する」との判例の文言と調和しないという問題がなお残っているので、前記判例がこれらのいずれを採用したものであるかを直ちに確定することは困難なように思われる。今後の学説、判例の進展が期待されるところである。

ただ、前記のいずれの説に従って判例を運用していくかによって、免責のために必要とされる「確実な資料・根拠」の性質・程度に差異が生ずることには、留意をしておくべきであろう。すなわち、事実が証明の可能な程度に真実であったことを阻却事由と解する㈢又は㈣の説によるときは、行為時において真実性を証明することが可能な程度の証拠の存在することが必要となるから、例えば目撃証人が死亡したり、確実と思われた証拠が思いがけず虚偽であったりして真実性の証明がつかないような場合には、行為時には証拠があったとして無罪となるものの、伝聞を信用して行為に出たような場合には、たとえ捜査官の発表を信頼したときでも、実際に真実性の証明がつくか証拠の収集ができるかしない限りは、有罪を免れないこととたり、かなり免責の範囲が限定されるようにも思われる。これに対し、過失の有無を問題とする(イ)、(ロ)、(ホ)の諸説によるときは、行為者が真実と信ずるについての相当性の有無が重点となり、必ずしも証拠の存在は必要ではないので、その点では免責の範囲が広くなる可能性がある反面、真実か否かを確認する注意義務というものには事柄の性質上限度がないので、あまりにそれを厳格に解するときは、逆に免責の範囲が極端に狭くなるおそれもある。(ヘ)の説は、単なる過失ではなく、資料収集義務の履行を必要としており、義務内容は具体化されているが、その範囲についてはなお見解の分れる可能性があると考えられる。結局、免責を肯定する根拠の本質に照らしつつ、「確実な資料・根拠」の性質、程度につき、なお考究を進める必要があると考えられる。

(4) 鬼塚賢太郎・最高裁判所判例解説昭和四四年度二六〇頁は、(イ)又は(ロ)を採用したものと推測している。
(5) 福田平・注釈刑法補巻(1)二二九頁は、(ハ)又は(ニ)(特に(ニ))を採用したものと解している。

3 本決定は、上述した論点につき確定的な法律判断を加えることなく、具体的事実に即しつつ、摘示事実の真実性についての資料・根拠が十分でないことを説示するにとどめている。これは、ひとつには小法廷における判断であることが考慮されたためであろう。また、本件一、二審判決が指摘しているように、本件においては、丸正事件の審理にあらわれなかった新たな証拠により内部犯行説が主張されたのではなく、右の審理にあらわれた証拠についての独自の分析評価に基づいて右事件の一、二審判決の認定が誤りであって内部犯行とみるのが正しいものと主張されたという事案の特殊性とも無関係ではないであろう。

2　名誉毀損行為と弁護活動の正当性（判示事項二、三）

1　真実性の証明又は相当の理由の存在による免責が認められない場合であっても、正当な弁護活動として刑法三五条により違法性が阻却されるときがあることは、いうまでもあるまい。問題は、その違法性阻却の認められる範囲いかんである。

2　弁護人の弁護活動に関連する言辞が名誉毀損罪に問われた事例は本件をもって嚆矢とするようであるが、刑事被告人の法廷における発言が名誉毀損罪にあたるとされた先例は二つある。

大審院大正一五年五月二二日判決（刑集五巻一八五頁）は、村収入役であった被告人が、業務上横領被告事件の公判において、横領したとされている金員の一部は助役が窃取したものであると主張し、名誉毀損罪に問われた事案について、「被告人ノ有スル防禦権ノ行使ハ固ヨリ絶対無限ニ非ス其ノ供述ハ真実ニ適合スルモノタルコトヲ要ス若シ夫レ虚偽ノ事実ヲ供述シテ第三者ノ名誉ヲ毀損スルカ如キハ是レ権利ノ濫用ニシテ其ノ行為ノ違法ヲ阻却スルモノニ非サルヤ言ヲ俟タス原判決ノ認定シタル事実ニ依レハ被告人ハ……横領金額ノ一部ヲ否認シ以テ其ノ刑責ヲ軽カラシメント欲シ該金額ノ内二千六百圓余ハ同役場助役A某ニ於テ窃取シタルモノナル旨ノ虚偽ノ事実ヲ陳述シタリト云フニ在リテ其ノ行為タルヤ不法ニA某ノ名誉ヲ毀損シ防禦権行使ノ範囲ヲ超脱シタルモノナルヲ以テ原判決カ右被告ノ行為ニ対シ刑法第二百三十条ヲ以テ問擬シタルハ相当ナリ」と判示している。

最高裁昭和二七年三月七日（刑集六巻三号四四一頁）は、詐欺罪で告訴したことによる誣告被告事件の公判廷において、被告人が告訴の内容は正確であったと主張して名誉毀損罪にも問われた事案について、「被告人は被告人と白米売買の契約をしたものはMでないこと、すなわち被告人が同人に対して詐欺の告訴をしたのは人違いであったことに気付いていながら判示公判廷において、真意に反して欺罔の主張をした公然虚偽の事実を摘示して死者であるMの名誉を毀損したというのであるから、もとより、被告人としての防禦権の範囲を逸脱したもの、被告人の防禦権の濫用とみとめるべきであって、原判決が名誉毀損罪の成立をみとめたのは正当である。」と判示している。

3　正当な弁護権の行使として違法性が阻却される範囲を決定するためには、他の権利行為を根拠とする違法性阻却の場合と同様に、弁護権本来の内容に含まれる内在的行為とそれを実効あるものとし又は意義あるものとする手段的行為とを区別することが必要だと考えられる。内在的行為については、それ自体が権利であるから、原則として、違法性の阻却が認められるべきであるのに対し、弁護権の手段的行為については、手段の面での正当性の存在も要求されるため、それが弁護権の行使のために必要なものであり、かつ、法秩序全体の精神からみて許容される相当な方法と認められる限度で、違法性の阻却が認められるにとどまるからである。

本決定は、正当な弁護活動として違法性阻却を認めるためには、それが法令上の根拠をもつ職務活動であるかどうか、弁護目的の達成との間にどのような関連性をもつか、弁護を受ける刑事被告人自身がこれを行った場合に刑事上の違法性阻却を認めるべきかどうかの諸点を考慮に入れるのが相当である、と判示している。法令上の根拠をもつ職務活動かどうかの検討は、その行為が上述した弁護権の内在的行為にあたるか否かの検討にほかならない。刑事被告人自身がその行為を行った場合に違法性阻却を認めるべきか否かの検討も、法令上の根拠をもつ弁護活動といえるかどうかの検討の一場面である。これに対して、その行為が弁護目的の達成との間にどのような関連性をもつかの検討は、上述した弁護権の手段的行為として違法性阻却を認めるべきか否かを決するための前提として必要なものである。

4　名誉毀損にあたる事実摘示については、事柄の性質上、弁護権の内在的行為にあたるとして違法性阻却を認める余地は、ほとんどない。しかしながら、弁護権の手段的行為としてその違法性阻却を認める余地は、十分にあるように思われる。

本決定は、この点に関し、一、二審判決と同様、訴訟上の行為と訴訟外の行為の区別を重視している。「李得賢らの無罪を得るために当該被告事件の訴訟手続内において行ったものではないから、訴訟活動の一環としてその正当性を基礎づける余地もない」と判示しているところがそれであって、この判示は、訴訟手続内の行為であれば常に正当と認めうるわけではないにしても、正当と認めうる場合がありうることを示唆したものと解されるのである。

英米法では、訴訟内活動については、議会活動と同様に、絶対的な免責が与えられている。(6) しかし、それは訴訟内活動であれば常に違法性がないとされているからではなく、これに絶対的な免責を認めることにより十全な訴訟内活動を確保しようとする政策的配慮から認められているものである。したがって、わが国において違法性阻却という手法によりこれと同様の広汎な免責を肯認することは困難であるが、具体的事情によって違法性阻却を認めるべき場合があることは、当然である。例えば、被告人の有罪を立証するために提出された証拠の証明力を争うため、他の特定人の犯行と想定しても証拠上矛盾はなく又はその方がより合理的である旨を主張することは、事案により当然に許されるものといわなければならない。また、反対尋問等の過程である程度名誉毀損的な事実摘示に及ぶことも、直ちにこれを違法ということはできないであろう。ただ、こうした場合は、正当な弁護権を十分に実現し又は意義あるものとするための手段として許容されるものとみるのが相当であって、実現し又は意義あるものとすべき正当な弁護権が存在しないときには、もはや許容される前提を欠くものというべきである。前記の二判例が、自己の刑責を免れるためにした訴訟内発言をあえて名誉毀損罪に問うたのは、それらが積極的かつ故意に虚偽の事実を述べた事案であって、証拠の証明力を争うなどの正当な防禦権の一環としてその正当性を基礎づける余地がなかったからである、と理解することができよう。

訴訟外行為については正当な弁護活動と評価される可能性が低いのも、それと正当な弁護権との関連性が一般に稀薄であるからである。もともと、名誉の保護と言論の保護等との調和は、法律上、真実性の証明などの形で維持することが予定されており、具体的かつ個別的な利益考量によりあらためてその調和を図る余地にとぼしいのであるから、弁護活動として行われた行為について違法性阻却を認めるにあたって、弁護権との具体的かつ密接な関連性の存在が要求されることも、やむをえないところと思われる。

（6）　W. L. Prosser, Torts 4th ed. pp. 777–781.

（補注）　本決定の評釈に、庭山英雄「刑事弁護の限界をめぐって」ジュリスト六一六号五〇頁、野村二郎「刑事裁判の弁護」前同号五四頁がある。

（追記）　本決定の評釈として、右の後、船山泰範・日本法学四二巻二号八二頁、平野龍一・警察研究四八巻一〇号七八頁が出た。

4　公衆浴場無許可営業罪の故意に関する最高裁判例

〔判　決〕

平成元年七月一九日最高裁第三小法廷判決（昭和六〇年(あ)第一五九一号公衆浴場法違反被告事件）刑集四三巻七号七五二頁

〔判示事項〕

公衆浴場法八条一号の無許可営業罪における無許可営業の故意が認められないとされた事例

〔判決要旨〕

会社代表者が、実父の公衆浴場営業を会社において引き継いで営業中、県係官の教示により、当初の営業許可申請者を実父から会社に変更する旨の公衆浴場業営業許可申請事項変更届を県知事宛に提出し、受理された旨の連絡を県議を通じて受けたため、会社に対する営業許可があったと認識して営業を続けていたときは、公衆浴場法八条一号の無許可営業罪における無許可営業の故意は、認められない。

一　事案の概要と経過

1　被告会社は、静岡市において個室付の特殊公衆浴場を営んでいたものであり、被告人は、その代表取締役等として経営全般を掌理していたものであるが、被告人において、被告会社の業務に関し、静岡県知事の許可を受けないで、昭和四一年六月六日から昭和五六年四月二六日までの間、業として公衆浴場を営んだとして起訴された。

2　本件には次のような特異な事情があった。この公衆浴場は、もともと被告人の実父が昭和四一年三月一二日に個人名義で知事の営業許可を受けて営業を開始したものであるが、三月足らずで被告人が中心の被告会社で実質上経営するようになった。ところが、昭和四七年に実父の健康が悪化したため、被告人は、実父名義の営業許可を被告会社名義に変更したいと考えたが、昭和四一年の風俗営業法の改正により、既存の営業のほかは一定区域における個室付浴場の営業が禁止されて本件浴場もその禁止場所にあたることになり、これに伴い、個室付浴場の営業が禁止されている場所では新規の公衆浴場法上の営業許可もしない扱いがされるに至った。しかも、公衆浴場法では、営業名義の変更は許されておらず、新規に許可申請をしなければならないとされているため、被告人は、県議を通じ、被告会社の営業を継続できるようにしてほしいと県に陳情した。その結果、県の係官から、実父による最初の許可申請は設立中の被告会社の代表者の資格でしたものであるとして申請者の名義変更届を提出するようにとの教示を受けた。被告人は、この教示に従って昭和四七年一一月一八日付で変更届を知事宛に提出して同年一二月一二日知事により受理され、その旨の連絡を県議を通じて受けて従前同様の営業を続けていた。

3　一、二審判決は、右の変更届受理には明白重大な瑕疵があって無効であるから、これにより被告会社が営業許可を受けたとはいえず、また、被告人には変更届受理後も無許可営業であることについての認識があったとした。

4　上告趣意は、変更届受理により営業許可があったと解すべきであるし、被告人には無許可営業の故意がなかったなどと主張した。

二　最高裁判決の判示

最高裁は、上告趣意の主張は不適法であるとしたが、職権で調査し、事実誤認を理由に原判決及び第一審判決を破棄して被告人両名に無罪を言渡した。

「しかしながら、変更届受理によって被告会社に対する営業許可があったといえるのかどうかという問題はさておき、被告人が変更届受理によって被告会社に対する営業許可があったと認識し、以後はその認識のもとに本件浴場の経営を担当していたことは、明らかというべきである。すなわち、記録によると、被告人は、昭和四七年になりAの健康が悪化したことから、本件浴場につき被告会社名義の営業許可を得たい旨を静岡県議会議員B（以下「B県議」という。）を通じて静岡県衛生部に陳情し、同部公衆衛生課長補佐Cから変更届及びこれに添付する書類の書き方などの教示を受けてこれらを作成し、静岡市南保健所に提出したのであるが、その受理前から、同課長補佐及び同保健所長Dらから県がこれを受理する方針である旨を聞いており、受理後直ちにそのことがB県議を通じて連絡されたので、被告人としては、この変更届受理により被告会社に対する営業許可がなされたものと認識していたこと、変更届受理の前後を問わず、被告人ら被告会社関係者において、本件浴場を営業しているのが被告会社であることを秘匿しようとしたことはなかったが、昭和五六年三月に静岡市議会で変更届受理が問題になり新聞等で報道されるようになるまでは、本件浴場の定期的検査などを行ってきた静岡市南保健所からはもちろん誰からも被告会社の営業許可を問題とされたことがないこと、昭和五六年五月一九日に静岡県知事から被告会社に対して変更届ないしその受理が無効である旨の通知がなされているところ、被告会社はそれ以前の同年四月二六日に自発的に本件浴場の経営を中止していること、以上の事実が認められ、被告人が変更届受理によって被告会社に対する営業許可があったとの認識のもとに本件浴場の経営を担当していたことは明らかというべきである。なお、原判決が指摘する昭和四一年法律第九一号による風俗営業等取締法の改正、同年静岡県条例第五六号による同県風俗営業等取締法施行条例（昭和三四年同県条例第一八号）の改正、昭和四二、三年ころの被告人による顧問弁護士に対する相談、B県議の関与などの諸点は、右認定を左右するものではない。

してみると、本件公訴事実中変更届受理後の昭和四七年一二月一二日から昭和五六年四月二六日までの本件浴場の営業については、被告人には「無許可」営業の故意が認められないことになり、被告人及び被告会社につき、公衆浴場法上の無許可営業罪は成立しない。また、変更届受理前の昭和四一年六月六日から昭和四七年一二月一二日までの本件浴場の営業については、右罪の公訴時効の期間は刑訴法二五〇条五号、公衆浴場法八条一号、一一条により被告人及び被告会社の双方につき三年であるところ、検察官が本件公訴を提起したのは昭和五六年九月一一日であるから、公訴時効が完成していることが明らかである。」

「本件については、当審において自判するのが相当であるところ、本件公訴事実中公訴時効が完成している部分については、一罪の一部として起訴されたものであるから、主文において特に免訴の言渡を必要としないので、被告会社及び被告人に対し無罪の言渡をすべきものである。」

三　説　明

1　本件における無許可営業の故意と事実の錯誤

(一)　前提問題

1　公衆浴場二条一項は、「業として公衆浴場を経営しようとする者は……都道府県知事の許可を受けなければならない」と規定し、その営業許可を許可申請者に限り効力を有するいわゆる人的許可とする趣旨を明らかにしている(これに対し、例えば道路運送車両法五八条一項は、自動車検査証の交付につき、対象車両について効力を有する物的許可とする趣旨を文言上明らかにしている)。したがって、公衆浴場の営業を承継した場合でも、法に特別の規定がない限り、従前の営業許可の効力は承継人に及ばず、承継人は、新規に営業許可を受けなければならないことになる。右の特別の規定としては、昭和六〇年に新設された公衆浴場法二条の二があり、営業者について相続又は合併があったときは相続人又は存続法人等が当然に営業者の地位を承継し、新規の営業許可を必要としないとされている。本件の場合には、被告会社は一種の営業譲渡により個人の営業を承継したのであるから、営業許可を承継することができず、新規に営業許可を受ける必要があった。

2　他方、公衆浴場の営業許可の申請書に記載した事項に変更があった場合については、公衆浴場法施行規則四条の定めがあり、一〇日以内に届出を要することとされている。しかし、右の変更届で処理される事項は、申請者に関しては、「申請者の住所、氏名及び生年月日（法人にあっては、その名称、事務所所在地、代表者の氏名及び定款又は寄付行為の写し）」に限定されており（同規則一条）、申請者の人格に変動があった場合を含んでいない。したがって、かりに被告会社が営業を承継した時点で、許可の申請者を被告人の実父から被告会社に変更する旨の許可申請事項変更届を知事に提出して受理されたとしても、実父に対してなされた営業許可が被告会社に承継されることはなく、受理の有効無効を論ずる余地もないことになる。このことは被告人も認識していたようである。

しかし、被告人が県の係官から受けた教示は、右のような単純な方策ではなく、「被告人の実父が最初許可申請をしたときには実際には設立中の被告会社の代表者として行動していたのに、間違って個人名義で許可申請をしてしまったので、さかのぼって許可申請者の名義を実父名から被告会社に訂正してもらいたい」旨の公衆浴場業営業許可申請事項変更届を提出し、添付書類として、「実父名義で許可を受けたが、実は近親者による社団を設立していて、その代表者の資格で許可を申請したものであり、間もなくの昭和四一年六月に被告会社が成立しており、これらの届出が遅れたことを詫びる」旨の始末書と法人格なき社団の定款を提出するようにというものであって、その際、あわせてそれらの原稿を示され、清書して提出するようにいわれたというのである。被告人は、この教示に従い変更届を県知事宛に提出して受理され、その結果公衆浴場台帳の記載がその旨訂正された。このような変更届受理の効力いかんは、行政法上の一個の問題であり、一、二審においては最大の争点であったが、最高裁判決は、この点の判断を留保し、無許可営業罪の故意の点で事案を解決した。

㈡　無許可営業の故意と事実の錯誤

1　一、二審判決は、被告人には変更届受理後も無許可営業の認識があったとしたのに対し、最高裁判決は、変更届受理により被告会社に対する営業許可があったといえるかどうかの問題はさておき、被告人が変更届受理によって被告会社に対する営業許可があったと認識し、以後はその認識のもとに本件浴場の経営を担当していたことは明らかであるとした。被告会社に対し営業許可があったといえなくても、被告人にはその営業許可があったとの認識があったというのであるから、最高裁判決は、被告人に許可についての事実の錯誤があったことを認めたことになる。二審判決との差異は、変更届受理の効力についての誤信が法律の錯誤にとどまるか、事実の錯誤になるかについての判断の相違に由来するものと考えられる。

2　二審判決は、被告人が許可名義の変更について検討を依頼した会社の顧問弁護士から、この許可は人的許可であるから名義の変更は不可能である旨告げられていること、被告人が県議を通じて県の部長に働きかけ、課長補佐などの教示により、実在しない被告会社の定款を被告人が自ら作って添付したうえ変更届を県に提出し、受理してもらったこと、被告会社に対して許可証の交付がなされていないことなどの経緯からすると、変更届が無効であることについて被告人は認識を有していたものと認められると判示する。次いで、二審判決は、被告人に無許可営業の認識がなく、違法性の意識の可能性もなかったとの主張に対し、被告会社が営業許可を受けていないことを認識していたことは明らかであり、変更届受理の事実などを考慮に入れても違法性の意識の可能性がなかったといえないことも明らかであると判示する。これは、被告人には被告会社に対する正規の営業許可がなかったとの認識があったから、無許可の点の自然的事実の認識としては欠けるところがなく、また、かりに被告人が変更届受理により被告会社に営業許可があったと誤信していたとしても、その誤信は法律の錯誤であるとした趣旨と解される。

3　これに対し、最高裁判決は、被告人は、昭和四七年になって実父の健康が悪化したことから、本件浴場につき被告会社名義の営業許可を得たい旨を県議を通じて県に陳情し、担当課長補佐から変更届及びこれに添付する書類の書き方などの教示を受けてこれらを作成し、保健所に提出したのであるが、その受理前から、同補佐及び同保健所長らから県がこれを受理する方針である旨を聞いており、受理後直ちにそのことが県議を通じて連絡されたので、被告人としては、この変更届受理により被告会社に対する営業許可がなされたものと認識していたこと、変更届受理の前後を問わず、被告人ら被告会社関係者において、本件浴場を営業しているのが被告会社であることを秘匿しようとしたことはなかったが、昭和五六年三月に市議会で変更届受理が問題になり新聞等で報道されるようになるまでは、本件浴場の定期的検査などを行ってきた保健所からはもちろん誰からも被告会社の営業許可を問題とされたことがないこと、昭和五六年五月一九日に知事から被告会社に対して変更届ないしその受理が無効である旨の通知がなされているところ、被告会社はそれ以前の同年四月二六日に自発的に本件浴場の経営を中止していること、以上の事実が認められ、被告人が変更届受理によって被告会社に対する営業許可があったとの認識のもとに本件浴場の経営を担当していたことは明らかというべきであり、二審判決が指摘する被告人による顧問弁護士に対する相談、県議の関与などの諸点は、右認定を左右するものではないと判示しているのである。これは、たとえ被告会社に対し正規の営業許可はなかったとの自然的事実の認識があったとしても、県知事の変更届受理という特異な事情が介在したため、被告人がこれにより被告会社に対し営業許可があったと認識するに至ったときは、変更届受理が法律上無効であったとしても、事実の錯誤として故意を阻却するという趣旨と解される。

4　法律の錯誤と事実の錯誤の区別に関して最も問題となるのは、本件のように、自然的な意味での事実の認識は存在していたのに、何らかの事情から、その事実が刑罰規定に触れることを知らなかった場合である。

右の場合のうち、判例が法律の錯誤としているのは、自然的な意味での事実の認識と当時の状況とをあわせて考慮すると、少なくとも未必的、概括的には構成要件該当事実を認識していたと判断される場合である。例えば、大審院当時のむささび・もま事件(大正一三年四月二五日判決・刑集三巻三六四頁、後記⑬の判例)は、その地方で「もま」と俗称されている獣を禁猟獣である「むささび」であることを知らずに捕獲した場合には法律の錯誤であるとしているが、これは、そのときの状況のもとで構成要件該当事実の俗称を知っていたときには、故意の成立に必要な程度の事実の認識があったと判断しうるとしたものであろう。最高裁判例であるメタノール事件（昭和二三年三月二〇日第二小法廷判決・刑集二巻三号二五六頁、後記⑭の判例、昭和二三年七月一四日大法廷判決・刑集二巻八号八八九頁、後記⑮の判例）、チャタレー事件（昭和三二年三月一三日大法廷判決・刑集一一巻三号九九七頁、後記⑯の判例）なども、これと同様の理由で法律の錯誤に当たるとした先例とみることができる。

これに対し、前記の場合のうち、判例が事実の錯誤としているのは、自然的な意味での事実の認識は存在していたものの、それが構成要件事実に当たるという意味の認識を妨げる特異な事情が介在していたため、故意の成立に必要な程度に事実の認識があったとは判断できない場合である。例えば、大審院当時の狸・むじな事件（大正一四年六月九日判決・刑集四巻三七八頁、後記⑰の判例）は、「むじな」が禁猟獣の狸と同じもので、その別称の獣であったのに、古来の習俗上、狸とは別の獣であると思って捕獲した場合につき、事実の錯誤に当たるとした。これは、古来の習俗という特異な事情が介在したため、狸を目のあたりにしながら、それが狸であるとの意味を認識することができなかったからであろう。もっとも、この場合、刑罰規定の意味を正解し、「むじな」と呼ばれていた獣が禁猟獣の狸に当たることを認識していさえすれば、刑罰規定に触れることを避けえたのであるから、法律の錯誤もあったと見ることができるが、それと同時に事実の錯誤があったときは、事実の錯誤として故意を阻却すると解すべきものとしたのであろう。最高裁判例である寺院規則事件（昭和二六年七月一〇日第三小法廷判決・刑集五巻八号一四一一頁、後記⑱の判例）、無鑑札犬事件（昭和二六年八月一七日第二小法廷判決・刑集五巻九号一七八九頁、後記⑲の判例）も、同様の先例である。本判決はこれにつぐ判例であって、行政処分という特異な事情が介在したことを理由として事実の錯誤を認めた点に特質がある。

構成要件該当事実に対応する自然的事実(又はその重要な部分)を認識していた場合、通常、故意に必要な事実の認識があったと認定されるのは、特異な事情のない限り、それにより構成要件に該当するとの判断に至る手がかりが与えられていて、少なくとも未必的故意があると認められ、したがって、刑罰規定に触れることを避けえたと認められるのに、そうしなかったからであろう。そうすると、自然的事実の認識があった場合でも、その正確な意味の認識を妨げる特異な事情があったときは、故意に必要な事実の認識がなかったと考えるのが相当であろう。

2 法律の錯誤と事実の錯誤に関する判例の概観

(一) はじめに

1 この機会に、法律の錯誤と事実の錯誤の区別に関する大審院以来の判例を試論的に整理し、本判決の位置付けをしてみたい。

2 判例によると、構成要件該当事実の認識つまりは故意は十分に存在していたが、刑罰規定の存在、内容又は意味の認識に欠けるところがあったため、自己の行為が刑罰規定に触れることを知らなかった場合には、法律の錯誤であると解されている。これに対し、刑罰規定の存在、内容及び意味の認識は十分であったが、自己の行為が刑罰規定に触れることを知りうる程度の構成要件該当事実の認識つまりは故意が存在していなかった場合には、そのことが生じた原因、経緯のいかんを問わず、事実の錯誤になると解されている。

3 法律の錯誤と事実の錯誤との区別は、次の四点につきいかなる立場を採るかにより決せられるものと考えられる。

第一点は、国民が刑罰規定の意味(以下、存在、内容を含めて単に意味ともいう)をどの程度まで認識していることを前提として故意の成否を考えるかである。その程度が大きければ大きいほど、故意の成立に必要な事実の認識の程度が小さくなるという関係にあるから、この点の立場をいかに定めるかは、故意の成否にとって決定的に重要である。

第二点は、故意の対象となる構成要件該当事実は何かである。犯罪の要件の中には、故意の対象となる構成要件要素に属さない違法要素又は処罰条件がある。また、構成要件要素であっても、評価的要素を含むものがあり、その中には、評価的事実自体を要件としている場合と、評価の前提となる記述的事実を要件としている場合とがある。

第三点は、故意の成立を認めるには、構成要件該当事実をどの範囲まで認識していることを要するかである。構成要件該当事実の全体を認識していることを要するのか、その重要な部分を認識していれば足りるのかである。

第四点は、どのような状況のもとで、どの程度の事実を認識していた場合に、その状況と事実とを総合して故意の成立に必要な程度の事実の認識があったと認定することができるかである。

法律の錯誤と事実の錯誤との区別に関する判例であっても、その争点は一様ではないから、それぞれの判例につき、右の点のうちのいずれが真の争点であったかを明らかにしなければ、判例の十分な評価は下しえないと思われる。そこで、以下、これら四点の順に、それらが主として問題となった判例を検討していくこととしたい。(1)

(1)　法律の錯誤と事実の錯誤の区別については、優れた研究が集積しており、教科書を除く戦後の研究のうち、判例の総合的研究を含むものを挙げただけでも次のとおりである。しかし、本解説は、学説の検討を目的とするものではないので、その引用も必要最小限のものにとどめる。

(1)　阿部純二「事実の錯誤と法律の錯誤の区別」法セ三三三号一一四頁(昭五七)、三三四号一三〇頁(昭五八)

(2)　石井徹哉「故意の内容と『違法性』の意識」早稲田法学会誌三九巻一頁(平元)

(3)　内田文昭「『たぬき・むじな』事件と『もま・むささび』事件について」研修四六五号三頁(昭六二)

(4)　亀山継夫「覚せい剤原料譲渡罪の成立に必要とされる故意の内容」藤永幸治外・刑法判例研究四九三頁(東京法令出版、昭五六)

(5)　川端博・正当化事情の錯誤二九頁以下(成文堂、昭六二)

(6)　木村亀二「包摂の錯誤」刑法の基本概念二〇三頁(有斐閣、昭二四)
(7)　佐久間修・大塚仁外編・大コンメンタール刑法二巻六一六頁以下(青林書院、平元)
(8)　齋藤信宰・刑法における錯誤論の研究九一頁以下(成文堂、平元)
(9)　洲見光男「意味の認識」早稲田大学大学院・法研論集三〇号二〇九頁(昭五八)
(10)　同「『あてはめ』の錯誤と故意―行政犯における事実認識を含めて―」早稲田大学大学院・法研論集四七号一〇九頁(昭六三)
(11)　荘子邦雄「特別刑法犯と責任」注釈特別刑法第一巻三七九頁、特に三九九頁以下(立花書房、昭六〇)
(12)　齋野彦弥「故意概念の再構成」刑法雑誌二八巻三号五五頁(昭六三)
(13)　田中久智「規範的構成要件要素の研究」法政研究三一巻五・六号四一七頁(昭四〇)
(14)　内藤謙「事実の錯誤と違法性の錯誤の区別」法教九一号九三頁、九二号五七頁(平元)
(15)　中義勝・輓近錯誤理論の問題点(法律文化社、昭三三)
(16)　長井長信「規範的構成要件要素の錯誤」刑法雑誌三〇巻三号四一頁(平二)
(17)　中山研一「規範的構成要件要素の錯誤」ロースクール五三号八〇頁
(18)　西田典之「違法性の錯誤」町野朔外著・考える刑法一四三頁(弘文堂、昭六一)
(19)　萩原玉味「事実の錯誤と法律の錯誤の限界」現代刑法講座二巻三三七頁(成文堂、昭五四)
(20)　林幹人「抽象的事実の錯誤」上智法学論集三〇巻二・三合併号二三五頁(昭六二)
(21)　福田平「事実の錯誤と法律の錯誤」総合判例研究叢書(16)(有斐閣、昭三六)
(22)　同「行政犯における事実の認識」目的的行為論と犯罪理論一五七頁(有斐閣、昭三九)
(23)　同・行政刑法(新版)一六七頁以下(有斐閣、昭五二)
(24)　福田平＝大塚仁・対談刑法総論(下)七七頁以下(有斐閣、昭六二)
(25)　藤木英雄「事実の錯誤と法律の錯誤との限界」刑法講座3(有斐閣、昭三八)
(26)　前田雅英「実質的・機能的犯罪理論と故意概念」司法研修所論集八一号一頁(平元)

(二)　刑罰規定の認識の必要程度

1　構成要件該当事実は認識していたが、刑罰規定の存在、内容又は意味を認識していなかったために刑罰規定に触れた場合には、その認識の欠如は、判例上、常に法律の錯誤になると解されている。

2　まず、刑罰規定の存在そのものを認識していなかったために刑罰規定に触れた場合については、次の①②の判例がある。

①　大審院大正一三年八月五日判決（刑集三巻六一一頁）　関東大震災の六日後、大正一二年勅令第四〇五号が発布され、震災に際し暴利を得る目的で生活必需品の買占め、売惜しみ、不当な価格での販売をした者は、三年以下の懲役、三〇〇〇円以下の罰金に処せられることになった。被告人は、震災の一〇日後に灯油を不当な価格で販売したとして処罰された。上告趣意は、震災による交通途絶のため、被告人は勅令が発布されたことを知らなかったので犯意はないと主張したが、本判決は、「被告人カ本件行為ノ当時該勅令ノ発布ヲ了知セス又了知シ得ヘカラサル状態ニ在リタルトスルモ苟モ同勅令ノ内容ニ該当スル行為ヲ認識シテ之ヲ実行スルニ於テハ犯意ナシト謂フヘカラス其ノ行為ガ法令ニ違反スルコトヲ認識セルヤ否ヤハ固ヨリ犯罪ノ成立ニ消長ヲ来ササルモノトス」と判示した。

②　最高裁昭和二六年一月三〇日第三小法廷判決（刑集五巻二号三七四頁）　昭和二一年六月一九日に麻薬取締規則（厚生省令第二五号）が公布施行されたが、被告人は、それ以前から所持、使用していたモルヒネを同日以降も所持、使用していたところから、同日以降の行為について処罰された。上告趣意は、被告人は現実に右規則のあることを知らず、また、知ることもできなかったのであるから、違法性の意識はなく、したがって犯意がなかったと主張したが、本判決は、「犯罪の構成に必要な事実の認識に欠くるところがなければその事実が法律上禁ぜられていることを知らなかったとしても、犯意の成立を妨げるものでない」、「刑罰法令が公布と同時に施行されてその法令に規定された行為の違法性を認識する暇がなかったとしても犯罪の成立を妨げるものではない」と判示した。

これら①②の判例は、刑罰規定の存在そのものについては国民において当然これを認識しているべきであり、これを認識していなかったときには単なる法律の不知（刑法三八条三項）にとどまるとの立場を採っていることが明らかであろう。

3　次に、刑罰規定の存在は認識していたが、その内容を認識していなかったため刑罰規定に触れた場合については、次の③の判例がある。

③　最高裁昭和三四年二月二七日第二小法廷判決（刑集一三巻二号二五〇頁）　当時の物品税法一八条一項一号は、政府に申告しないで第一種の物品を製造した者を五年以下の懲役、五〇万円以下の罰金又はその併科刑に処する旨を規定し、同法一条は、物品税を課する第一種の物品の指定の中に「遊戯具」を含めていた。被告会社は、木工類の製造販売業を営んでいたが、その代表取締役において、会社の業務に関し、副産物である木切れを利用した幼児用のブランコ、歩行器等の遊戯具を政府に申告しないで製造したため、処罰された。しかし、その代表取締役は、右の物品が課税物品であって、製造につき申告を要するものであることを知らなかったため、上告趣意は、事実の錯誤になると主張した。本判決は、「本件製造物品が物品税の課税物品であること従ってその製造につき政府に製造申告をしなければならぬかどうかは物品税法上の問題であり、そして、行為者において、単に、その課税物品であり製造申告を要することを知らなかったとの一事は、物品税法に関する法令の不知に過ぎない」と判示した。[2]

本件の場合、代表取締役は、問題のブランコ等が「遊戯具」に当たるという社会的意味の認識も、物品税法というものが存在していることの認識も当然に有していたが、物品税法が「遊戯具」を課税物品として指定しているという規定の内容の認識は有していなかった。それにもかかわらず、本件判例が被告人に故意が成立するとしたのは、「遊戯具」が課税物品であることは財物の「他人性」と異なり構成要件要素とされていないことに留意し、また、国民が刑罰規定の存在のみならず、その内容についても認識しておくべきことを前提として故意の成否を決するという立場を採っているからである。

4　さらに、刑罰規定の存在と内容とを認識していたが、その意味を誤解していた場合については、次の④の判例がある。この場合は、狭義のあてはめの錯誤に当たる。

④　大審院大正一一年一一月一七日判決（刑集一巻六六六頁）　当時の医師法一一条は、免許を受けずに医業をした者を五〇〇円以下の罰金、一〇円以下の科料に処する旨を規定していた。被告人は、トラホームの患者に対し、眼病を診査し、ピンセットを使用して患部の顆粒を取り去る医業をしたとして処罰された。上告理由は、被告人としてはその行為が医業に属していないと思っていたから犯意を欠くと主張した。本判決は、被告人の行為は医業に当たるとしたうえ、「行為者ニ於テ自己ノ従事スル行為カ医業若ハ医術ナルコトノ認識ヲ有スルコトハ素ヨリ其ノ犯罪ノ成立ニ必要ナラス」と判示した。(3)

被告人は、「医業」に当たる具体的な事実をそれとして認識していながら、「医業」という構成要件の意味を誤解していたため、その具体的な事実が構成要件に当たらないと誤解して違法行為に出たにすぎず、構成要件の意味を正解していたとすれば、違法行為を避けることができたのである。

㈢　構成要件要素か否かの判断

1　故意の対象となる構成要件該当事実が何かは、通常構成要件の規定自体から明らかであるが、いわゆる規範的構成要件事実などについては必ずしも明らかでないことがある。

ところで、この問題には面を異にする二つの問題が含まれている。その一は、ある事実が故意の対象となる構成要件要素に含まれるか否かが問題となる場合であり、その二は、構成要件要素であっても、法的評価その他の規範的評価にかかわる要素である場合において、評価自体が故意の対象であるのか、評価の基礎をなす記述的事実が故意の対象となるのかが問題となる場合である。

2　ある事実が故意の対象となる構成要件要素か、その対象とならない違法要素又は処罰条件かに関しては、次の⑤の先例がある。

⑤　最高裁昭和五二年九月一九日第一小法廷決定(刑集三一巻五号一〇〇三頁)　本判例は、「道路交通法一一九条一項七号の二に規定する酒気帯び運転の罪の故意が成立するためには、行為者において、アルコールを自己の身体に保有しながら車両等の運転をすることとの認識があれば足り、同法施行令四四条の三所定のアルコール保有量の数値まで認識している必要はない」と判示した。

これ以前にも、旧道路交通法一一七条の二第一号に規定する酒酔い運転の罪について、「行為者において、飲酒によりアルコールを自己の身体に保有しながら車両等を運転することの認識があれば足り、そのアルコールの影響により正常な運転ができないおそれのある状態に達していることまで認識している必要はない」とした最高裁昭和四六年一二月二三日第一小法廷判決(刑集二五巻九号一一〇〇頁)があった。

そのほか、前記③の物品税法事件は、ある物品が物品税法の課税物件であることについての錯誤は法律の錯誤であると判示しているが、これは、課税物件であることは故意の対象となる事実でないことを判示したものにほかならない。

3　ある事実が故意の対象となる構成要件要素であることに争いはないが、その事実の内容が法的評価その他の規範的評価自体であるのか、評価の基礎をなす記述的事実であるのかが争われることがある。その典型例としては、⑥の判例を指摘することができよう。

⑥　最高裁昭和三二年一〇月三日第一小法廷判決(刑集一一巻一〇号二四一三頁)　裁判所執行吏である被告人は、強制執行をするに際し、既に市収税吏員によって滞納処分として行われていた差押の差押調書に差押財産の数量等の重要な事項の記載がなくて国税徴収法に違反しており、また、差押財産の価格が滞納税額を著しく超えており、さらに、一般債権者の強制執行を免れさせる目的でなされた違法処分であると考えたことから、差押が無効であると誤信し、その差押の標示(封印)を破棄して刑法九六条の封印破棄罪で処罰された。上告趣意は、このような場合

には差押の標示を損壊する故意があるとはいえないと主張した。しかし、本判決は「刑法九六条の公務員の施した差押の標示を損壊する故意ありとするには、差押の標示が公務員の施したものであること並びにこれを損壊することの認識あるを以て足りる」としたうえ、「市収税吏員によって法律上有効になされた本件滞納処分による差押の標示を仮りに被告人が法律上無効であると誤信してこれを損壊したとしても、それはいわゆる法律の錯誤であ」ると判示した。

公務員が施した差押の標示であっても、標示に無効事由がある場合、すなわちその差押が無効であり、又はその差押が取消されていれば、封印破棄罪の保護の対象とはならないであろう。したがって、同罪の故意の対象事実の中には、差押の標示に有効事由が備わっているという事実も含まれており、無効事由があると誤信したときは事実の錯誤になるものと解さなければならない。しかし、差押の標示に有効事由が備わっているという点の認識は、特段の事情がない限り、その差押の標示が公務員の施したものであることの認識があれば当然に存在すると考えられるので、実際上は、差押の標示の無効事由について誤信があるか否かを問題とすれば足りる。ところが、本件上告趣意にいう差押の瑕疵は、差押の無効を導く事由には当たらず、差押の標示を導く事由にならないから、その瑕疵があるため差押又はその標示が無効であると誤信した錯誤は法律の錯誤にとどまる。

右の判例との関連において、事実の錯誤に当たる余地があるとした⑦大審院大正一五年二月二二日判決（刑集五巻九七頁）を見よう。この判例は、封印破棄罪の規定につき、「封印又ハ差押ノ標示カ効力ヲ失ハサル前ニ於テ権利ナクシテ之ヲ損壊シ又ハ其ノ他ノ方法ヲ以テ封印又ハ標示ヲ無効タラシメタル行為ヲ其ノ構成要素ト為シタルノ趣旨ニシテ民事訴訟法其ノ他公法ノ規定ニ依リ差押ノ効力ナキニ至リタルモノト解スヘキ場合又ハ封印等ノ形式存スルモ之ヲ損壊スルノ権利アルト認メタル場合ニ於テハ本罪ノ構成要素ヲ缺クモノナリ」と判示したうえ、被告人が、本件差押事件につき仲裁の労を採った者から、同人において債務を弁済したので差押物件の封印を剥離してよいといわれたため、剝離した旨の上告理由を引きつつ、このような場合においては、「被告人ハ仲裁人ノ弁済ニ因リテ差押ハ効力ナキニ至リ差押ナシト誤信シタルカ又ハ封印及標示ヲ剝離スルノ権利アリト誤信シタルヤ否ノ事実ヲ審及シ以テ其ノ錯誤ハ本件犯罪ノ構成要素ニ関連スルカ為犯意ナキニ帰着スヘキヤ否ヲ確定セサルヘカラス」として原判決を破棄して原審に差戻した。差押の効力は、差押が取消されて初めて失われるものであって、債務が弁済されただけで直ちに失われるものではない。また、差押の封印等を損壊する債務者の権利は、差押の取消が債務者に通知されるなどして初めて生じるものであって（現行の民事執行規則一二七条参照）、債務が弁済されただけで直ちに生じるわけではない。しかし、被告人が、債務の弁済により差押の効力が失われたと誤解したのではなく、それにより差押そのものが取消されたと誤解したものとすれば、その錯誤は事実の錯誤になる。本判例がこのことを判示したものと解すれば、前記の最高裁の判例との間に矛盾はないことになる。(4)

なお、財産犯における財物の他人性については、他人性を基礎づける事実について錯誤があった場合のみならず、民事法の誤解などにより他人性自体について錯誤があった場合についても事実の錯誤に当たると解されているので、このことと封印破棄罪についての右の結論との間には違いがある。これは二つの罪の構成要件上の違いに起因する。すなわち、財産犯は、他人の財物であると認識しながら犯行に出る場合を処罰する趣旨の罪であって、財物の他人性を基礎づける事実を認識しながら犯行に出る場合のみを処罰する趣旨の罪ではない。したがって、民事法の誤解などから、他人性について事実の裏づけを欠いた誤信に陥った場合でも、事実の錯誤になる。これに対し、封印破棄罪は、差押の標示の有効事由を基礎づける事実を認識しながら標示を破棄することを処罰する趣旨の罪と解するほかはないから、その事実の認識に欠けるところがない限り、故意は成立し、単に差押の標示が無効であると誤信しただけでは、法律の錯誤にとどまることになる。

（2）　藤木英雄・刑法講義総論二二〇頁（弘文堂、昭五〇）、福田（1）⑶一七二頁以下、内藤・（1）⒁九二号六二頁も、本判例の場合は法律の錯誤に当たるという。

（3）　福田・（1）㉑四五頁も、本判例の場合はあてはめの錯誤に当たるという。

（4）　ほぼ同旨、内藤・（1）⑭九二号五七頁以下、亀山・（1）⑷六一頁。

㈣　構成要件該当事実の要認識範囲

1　次に、故意の成立に必要な構成要件該当事実の認識の範囲いかんが主たる争点となる場合を検討しよう。この場合の判例は、必要とされる範囲の事実の認識があったときと、その認識がなかったときとを区別し、認識があったときには、自己の行為が刑罰規定に触れないと思っていても常に法律の錯誤にとどまり、認識がなかったときには、行為の状況いかんにより事実の錯誤又は法律の錯誤になると判断している。

ところで、故意の成立を認めるには構成要件該当事実のうちどの範囲の事実を認識していることを要するかという問題には、側面を異にする二つの問題が混在しているように思われる。その一は、理論上故意の成立を認めるために必要な認識の対象事実の範囲は何かという問題であり、その二は、事実の認定として故意特に未必的ないしは概括的な故意の成立を認めるために必要な事実の認識の範囲は何かという問題である。後者は、どの範囲の事実の認識があったことの証拠があれば故意の成立を認めうるかという立証上の経験則の問題であり、後の㈤で取り上げるべき問題である。そこで、ここでは前者の問題のみを取り上げる。

2　故意の成立に必要な事実の認識範囲については、学説上、当該構成要件の違法性の意識を喚起しうる重要な事実であるとする見解が支配的なようである。しかし、判例は、そのような見解を採らず、当該構成要件の該当事実そのものを認識していることを要し、その一部である違法性の意識を喚起しうる範囲の事実を認識していることは故意の成立を認める証拠にとどまるとの見解に立っていると解される。この点は、次に挙げる⑧の判例の文言からうかがわれるばかりか、判例全体の当然の前提になっているところと思われる。

⑧　最高裁昭和二四年二月二二日第三小法廷判決（刑集三巻二号二〇六頁）　有毒飲食物等取締令一条は、メタノールを含有する飲食物の販売、譲渡、製造、所持を禁止し、四条は、その違反を処罰していた。原判決は、本件品物についての被告人の故意に関し、「右品物がメタノールであるとのはっきりした認識はなかったが、之を飲用に供すると身体に有害であるかも知れないと思ったにもかかわらずいずれも飲用に供する目的で」所持、販売したと判示した。最高裁は、「原判決は被告人の本犯行を故意犯として処罰したのであるから、判示の『之を飲用に供すると身体に有害であるかも知れないと思った』事実を以て被告人は本犯行について所謂未必の故意あるものと認定したものと解せざるを得ない。しかしながら身体に有害であるかも知れないと思っただけで（メタノールであるかも知れないと思ったのではなく）はたして同令第一条違反の犯罪についての未必の故意があったと言い得るであろうか。何となれば身体に有害であるものは同令第一条に規定したメタノール又は四エチル鉛だけではなく他にも有害な物は沢山あるからである。従ってただ身体に有害であるかも知れないと思っただけで同令第一条違反の犯罪に対する未必の故意ありとはいい得ない道理であるから原判決は被告人に故意があることの説示に缺くるところがあり、理由不備の違法がある」と判示した。(5)

右判例は、まず、本罪の故意の対象がメタノールという種概念であって、身体に有害な品物というような、その特徴の一部を示す上位の類概念ではないことを明らかにしている。次に、右判例は、身体に有害な品物というような類概念を認識しているときには、事情のいかんにより、種概念であるメタノールであることを未必的に認識していることの証拠となりうることを認めている。さらに、右判例は、身体に有害な品物であるという類概念を認識していただけで、直ちにメタノールという種概念を未必的に認識していたとはいえないことを明らかにしている。

最後の点は、身体に有害な品物という認識があるだけでは、直ちに違法な品物という認識には結びつかないからであって、かりに身体に有害な法規制物ないしは違法薬物というような類概念を認識していた場合であれば、右判例もメタノールという種概念の未必的故意(複数の違法薬物の未必的認識という意味でこれを概括的故意と呼ぶことができよう)の成立を認めたであろう。現に、⑨最高裁平成二年二月九日第二小法廷決定(裁判集刑事二五四号登載)は、「原判決の認定によれば、被告人は、本件物件を密輸入して所持した際、覚せい剤を含む身体に有害で違法な薬物類であるとの認識があったというのであるから、覚せい剤かもしれないし、その他の身体に有害で違法な薬物かもしれないとの認識はあったことに帰することになる。そうすると、覚せい剤輸入罪、同所持罪の故意に欠けるところはない」と判示している。

3　構成要件要素である種概念が故意の対象であるということは、故意の成立には、構成要件に該当する自然的事実を認識しているだけでは足りず、それが構成要件に該当するとの判断を下しうるだけの社会的意味を認識していなければならないことを意味する。この点で通説の説くところと一致している。もっとも、社会的意味という言葉は、多義的であり、論者により意味を異にするが、判例の立場でこれを定義するとすれば、刑罰規定を理解していることを前提としたうえで、その要件に当たることを識別しうる程度の意味の認識であるということができよう。

社会的意味の認識は、自然的事実の認識から間接に生ずる場合と直接これを示す事実から認識する場合とがある。まず、前者についてみると、自然的事実の認識には、多かれ少なかれ、社会的意味が伴っている。例えば、人を目のあたりにすれば、目が不自由であるというような特異な事情でもなければ、当然これを人であると認識することができる。しかし、覚せい剤のような場合には、通常人がこれを目のあたりにしても、通常、外形からは覚せい剤という意味を認識することができず、したがって、その点の故意の成立を認めるには、日ごろ覚せい剤を取扱っていることなどの特別の事情の存在が必要である。次に、直接社会的意味の認識に至る場合についてみると、これにも様々な場合がありうる。例えば、構成要件該当事実の名称(例えば、覚せい剤という名称)を認識しているときは、同名異物であると誤解するような特異な事情でもなければ、その社会的意味を認識しているというべきである。しかし、俗称(例えば、シャブ)などについては、その俗称の社会的意味を認識しうる立場にある者でなければ、直ちにその社会的意味(覚せい剤であること)を認識していたとはいえないであろう。

以上のように、社会的意味を完全に認識するには至らず、その一部のみを認識するにとどまる場合には、それ自体で故意の成立が認められるわけではなく、故意を認定しうる証拠があるにとどまるものとすると、その認識があっても、他の行為の状況いかんにより、故意が成立せず、事実の錯誤となる場合が生じうることになる。この点は、後の㈤で詳しく述べることにする。

4　故意が成立するには構成要件該当事実を種概念として認識していなければならないものとすれば、薬物犯罪の抽象的事実の錯誤に関する最高裁判例との関連が問題とされよう。すなわち、最高裁判例は、(イ)麻薬(ヘロイン)を覚せい剤と誤認して輸入した場合につき麻薬取締法の麻薬(ヘロイン)輸入罪の成立を認め⑩昭和五四年三月二七日第一小法廷決定・刑集三三巻二号一四〇頁)、(ロ)右と同様の場合につき関税法の軽い覚せい剤無許可輸入罪の成立を認め(イ)と同一判例)、(ハ)麻薬(コカイン)を覚せい剤と誤解して所持した場合につき麻薬取締法上の軽い一般麻薬所持罪の成立を認めている⑪昭和六一年六月九日第一小法廷決定・刑集四〇巻四号二六九頁)。これらの判例に関しては、検討を要する点が多いが[6]、故意の成否に関していえば、刑の重い罪の事実認識があるときには、軽い罪と共通する類概念の認識が含まれているので、軽い罪の未必的ないしは概括的認識があることになると説明することができよう。

(5)　田中・(1)⒀五八九頁は、本判例を支持する。
(6)　安廣文夫・最高裁判所判例解説刑事篇昭和六一年度七七頁以下で詳細な検討がなされている。

㈤　構成要件該当事実の認識の立証

1　法律の錯誤か事実の錯誤かが激しく争われるのは、㈣4で述べたような構成要件該当事実の全体にわたる認識つまりは種概念の認識があったことの証拠がなく、その一部の事実の認識つまりは類概念の認識があったことの証拠しかない場合である。このような場合には、認識していた一部の事実と行為の状況とをあわせて考え、故意の成立に必要な程度の事実の認識があったと認定しうるかが問題となるからである。

判例は、右のような場合につき、あるときは法律の錯誤であるとし、あるときは事実の錯誤であるとしているが、それは、故意の成立には違法性の意識を喚起しうる手がかりとなる重要な事実の認識があるだけでは足りず、構成要件該当事実全体についての認識が必要であるとの立場を採っているからである。もし、右の程度の重要な事実の認識があれば足りるとすれば、判例が事実の錯誤に当たるとした事案を合理的に説明することはできないと思われる。

認識していた一部の事実と行為当時の状況とをあわせて考慮すると、少くとも未必的ないしは概括的には構成要件該当事実を認識していたと認定しうる場合がある。このような場合において、刑罰規定に触れる行為に出ているときには、刑罰規定の意味に誤解があったことなどが行為の原因であって、事実の錯誤が原因ではなかったと考えるほかはないから、その錯誤は法律の錯誤にとどまる。

これに対し、認識していた一部の事実が右と同一であっても、行為当時に特異な状況が介在し、その事実から構成要件該当事実を認識することができない場合には、事実の錯誤があったと考えるのが妥当となる。

2　まず、法律の錯誤に当たるとされた判例から検討しよう。

⑫　大審院大正四年一〇月二二日判決（刑録二一輯一六五七頁）　新聞紙法四一条は、安寧秩序を紊し又は風俗を害する事項を新聞紙に掲載した発行人、編輯人を六月以下の禁錮、二〇〇円以下の罰金に処する旨を規定していた。被告人は、発行人兼編輯人をしていた新聞紙に「秘セラレタル明治陰謀史ノ一節」と題する記事を掲載し、これが安寧秩序を紊すものであるとして処罰された。上告理由は、被告人に安寧秩序を紊す意思があったことを認定

しないで有罪としたのは違法であると主張したのに対し、本判決は、「苟クモ安寧秩序ヲ紊乱スル記事ヲ新聞紙ニ掲載シタル以上ハ掲載者自ラ其記事ヲ以テ安寧秩序ヲ紊乱スルモノニ非スト思惟セルト雖モ尚ホ犯罪ノ成立ヲ妨ケサルヲ以テ本論旨ハ理由ナシ」と判示した。

右の場合、被告人は、自然的事実である記事の内容を認識し、それが安寧秩序を紊乱するものであるという社会的意味を認識する手がかりを与えられていながら、あえてその記事を掲載したのであるから、少くとも同法違反罪の未必的故意を有していたものということができる。

⑬　大審院大正一三年四月二五日判決（刑集三巻三六四頁）　むささび・もま事件判決である。被告人は、狩猟禁止期間中に捕獲を禁じられた鼯鼠（むささび）を捕獲した際、それが被告人の地方で「もま」と俗称されている獣であって禁猟獣である「むささび」とは知らなかった。上告理由は、事実の錯誤に当たると主張したのに対し、本判決は、「鼯鼠ト『もま』トハ同一ノ物ナルニ拘ラズ単ニ其ノ同一ナルコトヲ知ラス『もま』ハ之ヲ捕獲スルモ罪ト為ラスト信シテ捕獲シタルニ過キサル場合ニ於テハ法律ヲ以テ捕獲ヲ禁シタル鼯鼠即チ『もま』ヲ『もま』ト知リテ捕獲シタルモノニシテ犯罪構成ニ必要ナル事実ノ認識ニ何等ノ欠缺アルコトナク」と判示した[7]。

被告人は、捕獲する獣が「もま」と呼ばれているものであることを認識していた。そして、「もま」は、「むささび」の俗称であって社会的意味の認識に至る手がかりであった。また、被告人は、「もま」が「むささび」とは別のもので、捕獲が許される獣であると誤解していたわけではなく、単に「むささび」という名称を知らなかったにとどまる。このような場合、狩猟にたずさわる誠実な法の順守者であれば、捕獲しようとする獣が禁猟獣に含まれていないかを思いめぐらすことにより、当然それが禁猟獣であることの認識に立ち至ったはずである。そうすると、被告人は、禁猟獣ではないとの認識を持たずに、まんぜん捕獲に出たものというほかないから、未必の故意を有していたとみるのが相当である。

⑭　最高裁昭和二三年三月二〇日第二小法廷判決（刑集二巻三号二五六頁）　有毒飲食物等取締令は、飲食に供する目的をもってメタノールを販売、譲渡、製造、所持することを禁止し、その違反に対し三年以上一〇年以下の懲役、二千円以上一万円以下の罰金の刑を設けていた。被告人は、ドラム缶に白ペンキでメタノールと書いてあった自動車用燃料のメタノールを飲料用に譲渡して処罰された。本判決は、「被告人は、本件メタノールをメタノールであることを知って譲渡したのであるから、原判決が、被告人の右の所為を前記勅令第一条の違反罪に問擬したのは、まことに正当である」と判示した。

右判例は、その判文を形式的に見ると、メタノールという構成要件の名称を認識していることがすなわち事実すなわち社会的意味の認識であると判示したようにも読めるが、もちろんそういう趣旨ではないであろう。メタノールという名称を知っていても、同名異物を思い浮べていた場合には、社会的意味の認識はない。ただ、そういう誤解をうかがわせる特別の事情がない限り、構成要件の名称を知っていれば、少くとも未必的には事実の認識があるという趣旨であろう。そればかりか、被告人は、「飲料用に流通している有毒な物質」であるとの認識を持っていたのであるから、故意が成立するのは当然である。

⑮　最高裁昭和二三年七月一四日大法廷判決（刑集二巻八号八八九頁）　被告人は、有毒なメチルアルコールであるという認識のもとにメタノールを飲料用に所持し、その一部を譲渡して、処罰された。本判決は、「『メチルアルコール』であることを知って之を飲用に供する目的で所持し又は譲渡した以上は、仮令『メチルアルコール』が法律上その所持又は譲渡を禁ぜられている『メタノール』と同一のものであることを知らなかったとしても、それは単なる法律の不知に過ぎないのであって、犯罪構成に必要な事実の認識に何等欠くるところがない」と判示した。

右判例は、その判文を形式的に見ると、メタノールという法律上の名称の別称であるメチルアルコールという名称さえ認識していれば故意の成立に十分であり、別称の認識が事実の認識そのものであると判示しているようにも読めるが、もちろんそうではないであろう。メチルアルコールが「飲料用に流通している有毒な物質」であるとの認識が一般的であり、被告人にもその認識があったという当時の状況を前提としたうえ、メチルアルコールであることを知ってこれを飲料用に所持、譲渡した以上、禁止されたメタノールの所持、譲渡であることを少くとも未必的には認識していたというべきであり、これを知らなかったのは法律の錯誤であると判示したものであろう。

⑯　最高裁昭和三二年三月一三日大法廷判決（刑集一一巻三号九九七頁）　チャタレー事件判決である。上告趣意は、本件訳書の出版が警世的意図に出たものであるから犯意がないと主張したのに対し、本判決は、「刑法一七五条の罪における犯意の成立については問題となる記載の存在の認識とこれを頒布販売することの認識があれば足り、かかる記載のある文書が同条所定の猥褻性を具備するかどうかの認識まで必要としているものではない」と判示した(8)。

本判決が「問題となる記載の存在の認識」で足りるとした点に対しては、単に文字という自然的事実の認識があるだけでは、「猥褻」という法的概念に対応する社会的意味の認識があるとはいえないとの批判が多い。文字を認識しただけでは、難解な漢語や符丁が用いられている場合を考えると明らかなように、猥褻性を認識することができない場合があるから、この批判には首肯すべきところがある。ただ、本判決が特に「問題となる」記載の存在の認識と判示しているのは、「みだらな性描写」ないし「エロ本的なもの」の記載が存在するという認識を当然に予定している趣旨と理解されるのであり、したがって、本判決は、そのような認識がある以上、原則として、刑法にいう猥褻という概念に対応する社会的意味を少くとも未必的には認識していたと認めうることを判示した趣旨と理解することができよう。

3　次に、事実の錯誤に当たるとされた判例を検討しよう。

⑰　大審院大正一四年六月九日判決（刑集四巻三七八頁）　狸・むじな事件である。被告人は、狩猟禁止期間中

に捕獲を禁じられた狸を「むじな」という別の獣と思って捕獲したが、「むじな」は狸の別称で、両者は同一であるため、狩猟法違反で処罰された。しかし、狸、「むじな(貉)」の名称は古来並存しており、わが国の習俗上両者を別物と思って怪しまず、被告人も狸は「あなぐま」のことであると誤信していた。本判決は、この事情を重視し、「本件ノ場合ニ於テハ法律ニ捕獲ヲ禁スル狸ナルノ認識ヲ欠缺シタル被告ニ対シテハ犯意ヲ阻却スルモノトシテ其ノ行為ヲ不問ニ付スルハ固ヨリ当然ナリ」と判示し、事実の錯誤を認めた(9)。

本件の場合、被告人は、狸を目のあたりにしながら、古来の習俗に災いされて、それが狸という社会的意味をもつ獣であるとの認識を持ち得なかった。それは、近眼であったため狸を狐と見誤ったのに近い。もちろん、右の二つの場合には違いがある。本件の場合には、古来の習俗に災いされて、狸という刑罰規定上の概念にも誤解が生じており、これを正解していさえすれば、捕獲を避けることができたのに対し、狸を狐と見誤った場合には、刑罰規定上の概念の誤解はなく、かつ、誤解がなかったにもかかわらず捕獲を避けることができなかった。したがって、前者については、あてはめの錯誤と解する見解も当然生じるが、そこでは古来の習俗という特異な事情が介在したことから狸というものの社会的意味にも誤解が生じたため、狸を狸と認識することができなかったことを重視すべきである。すなわち、刑罰規定の存在を知らず、又は、その意味を誤解していた場合でも、構成要件該当事実の誤認があったときには、事実の錯誤に当たるのであるから、刑罰規定の意味を誤解し、同時に構成要件該当事実を誤認した場合にも、事実の錯誤に当たると解すべきである。

⑱　最高裁昭和二六年七月一〇日第三小法廷判決(刑集五巻八号一四一一頁)　当時の宗教団体法により認可されていた法華経寺寺院規則によると、「後任総代は現任総代の同意を得て住職之を指名す」とあるのに、被告人は、連合国最高司令部の覚書の趣旨により同法も同規則も明らかに失効したと誤信し、同規則所定の手続によらないで新総代を選任し、これら新総代によって新寺院規則を制定させて寺院登記簿に変更登記させ、公正証書原本不実記

載、行使罪で起訴された。本判決は、原審変更登記事項がたとえ虚偽不実であっても、被告人はその認識を欠いたことにおいて刑法一五七条一項の罪の構成要素たる事実の錯誤を生じたと判断したのを支持し、「かかる事実に立脚する以上、被告人が右錯誤したことについて相当の理由の有無を問わず犯意を阻却する」と判示した(10)。

被告人は、記載事項の「虚偽性」という構成要件該当事実の認識を欠いていたのであるから、それが寺院規則という法令の誤解から生じたものであっても、事実の錯誤として故意がなかったというほかはない。

⑲　最高裁昭和二六年八月一七日第二小法廷判決（刑集五巻九号一七八九頁）　県の規則に、飼犬証票がなく、かつ、飼主が分明でない犬は無主犬とみなす旨の規定があったが、これは、警察官等が獣疫その他危害予防のため必要な時期に無主犬の撲殺を行う旨の規定との関係で設けられたものであって、私人がその犬を撲殺することを容認したものではなかった。しかし、被告人は、右の規定を誤解し、鑑札をつけていない犬は他人の飼犬であっても無主犬とみなされるものと誤信して撲殺し、窃盗、器物毀棄罪で処罰された。本判決は、「本件は被告人において右錯誤の結果判示の犬が他人所有に属する事実について認識を欠いていたものと認むべき場合であったかも知れない」と判示し、破棄差戻した(11)。

この場合、鑑札のない犬については飼主の所有権が否定されると誤解していたとすれば、それは、犬が他人の所有物であるという事実についての錯誤となり、故意を阻却するというべきである。もっとも、被告人は、「その犬が首輪をつけていた」ことを認識しており、したがって、犬の他人性を基礎づける社会的意味を認識していたと推認されるので、故意の成立を肯認すべきであるという見解がある(12)。確かに、犬が首輪をつけていたという事実から、その犬が他人の飼犬であったという社会的意味の認識に至ることは認められるが、本件の場合には、警察規則により、他人の飼犬でもその所有権が否定されたとすれば、他人の物ということはできないのであるから、そのように誤解した場合には事実の錯誤として故意の成立を否定すべきである(13)。

4　事実の錯誤に当たると解されるのは、結局、次の三つの類型のいずれかの場合であろう。

第一の類型は、人を獣と見誤ったり、賍物を正常な品物と誤解したときのように、構成要件該当事実の認識を完全に欠いている場合である。

第二の類型は、構成要件該当事実を目のあたりにするなどして社会的意味を認識する機会が与えられていながら、それが構成要件該当事実であることを認識するのに必要な特殊な知識、経験を欠いていたため、その認識を欠くに至った場合である。例えば、覚せい剤を目のあたりにしても、通常の人は、これを覚せい剤であると認識することはできないので、それだけで事実の認識があったとはいえない。この場合も、刑罰規定の意味の認識水準として、特殊な知識、経験に基づく認識を要求すれば、事実の認識があったといいうるので、錯誤があっても法律の錯誤となるであろうが、このような結論は明らかに不当である。この場合の適切な判例がないのは、当然に事実の錯誤に当たると解されているため、起訴事案がないからであろう。

第三の類型は、非刑罰法規の誤解などの特異な事情が介在したため、構成要件該当事実を目のあたりにするなどして社会的意味を認識する機会が与えられていながら、その事実の存在を認識することができなかった場合である。⑰ないし⑲の判例は、その例であり、本件最高裁判決も、これに一例を加えたものといえよう。

(7)　後に述べる「狸・むじな事件判決」(⑰の判例)においては事実の錯誤が認められていることとの対比で本判決をいかに理解すべきかが争われている。両事件とも事実の錯誤が問題となりうる事件ではあるが、「狸・むじな事件」の場合には社会的意味の認識が不十分であったため故意が阻却されるとされたのに対し、「むささび・もま事件」の場合には社会的意味の認識に欠けるところがなかったため故意の成立が認められたと理解する見解として、平野龍一・刑法総論Ⅰ一七三頁(有斐閣、昭四七)、藤木英雄・(2)二二一頁、同・新版刑法演習講座一三六頁以下(立花書房、昭四五)、中山研一・刑法総論三六六頁以下(成文堂、昭五七)、前田雅英・刑法総論講義三一九頁以下(東京大学出版会、昭四三)などがある。内田・(1)⑶は、同様の立場から詳細に両判決を分析し、「むささび・もま事件判決」では「もま」という俗称の認識があることにより「むささび」であることの未必的認識の存在を認めた趣旨であると説き、本稿と同様の立場を採る。なお、結論的には「むささび・もま事件」においても事実の錯誤を認めるのが相当であったとしつつも、上記と同様の立場から示唆的な分析を加えたものに、西原春夫、刑法総論四二一頁以下（成文堂、昭五二）、川端・(1)⑸二九頁以下がある。

(8)　前田・(1)㉖一六一—一七頁は、チャタレー事件判決につき、「刑法一七五条所定の猥褻性の認識」までは要らないと判示したにとどまり、「社会的意味の認識としての猥褻性の認識」つまりは「一般人ならばこれを猥褻であると考えるであろうという認識」まで要らないことを積極的に判示したわけではないと解することが可能であると説く。また、洲見・(1)⑽一二一頁以下は、「『猥褻性』については、当該文書がもっている猥褻性を基礎づける『文学的・言語学的意味』の認識があればその違法性の意識が喚起され得ると考えられるので、その認識があれば足りる」と説く。

(9)　(7)参照。

(10)　内藤・(1)⒁九二号六〇頁も、本判決の場合は事実の錯誤に当たるとしている。

(11)　平野・(7)一七二頁、内藤・(1)⒁九一号九七頁以下など、本判決の結論を支持する学説が支配的である。

(12)　洲見・(1)⑽一二二頁。

(13)　阿部・(1)⑴三三四号一三一頁は、「被告人にはたしかに一般的な『他人性』の認識があったが、それが警察規則の誤解により得られた『無主犬とみなされる』という認識により打ち消され、結局のところ『他人の物ではない』という判断に到達したとすると、これはやはり故意を阻却する事実の錯誤といわざるを得ないであろう。この事例をみると、規範的要素に関する素人的認識は、必ずしも故意を肯定する方向だけではなく、否定する方向にもはたらくことがわかる。」と説くが、これは本稿の理解と方向を同じくするものであろう。

㈥　補　論

1　判例が採る故意の考え方については、自然的事実の認識で足りるとしているとの批判あるいは自然的事実の認識で足りるとしたものがあるとの批判がある。しかし、判例は、一貫して、自然的事実の認識のみでは足りず、社会的意味の認識を必要としているとの立場に立っていると解される。すなわち、たとえ自然的事実を認識していても、その社会的意味の理解に至らず、そのため、誠実な法順守者であっても刑罰規定に触れることを避け得なかったような場合には、故意の成立を認めていない。

2　ただ、判例は、刑罰規定の存在、意味又は内容を認識していれば当然に刑罰規定に触れることを避け得るような場合においてまで、その認識の欠如を事実の錯誤として取扱うべきであるという見解については、これを拒絶している。刑罰規定に対する認識の程度に応じ、相対的に故意の対象になる事実の範囲に広狭を生じさせることは、法順守に不誠実な者を利するばかりか、法的安定を甚だしく害し、かつ、いたずらに故意の認定を困難にするからであろう。

3　もっとも、自己の行為が違法であることを意識する可能性がなかった場合には、不可避な行為を処罰することはできないという不文の法原理により、責任の領域で処罰を避けるべきであろうし、判例もまた、その余地を閉ざしていないと考えられる。そのことは、過失犯の領域においては、結果回避の可能性がなかった場合には過失責任を問わないという形ですでに広く肯認されているし、故意の領域においても、例えば、両罰規定により従業者を処罰する際、営業者から委任されて行う義務履行の代行が営業者の果すべき責任の懈怠（義務履行に必要な資金、人員の提供の拒否など）により不可能であったときには、もともと代行義務が生じないため処罰ができないと解されていることにも表われている。また、一般に不作為犯の場合、刑法上の作為義務の履行が不可能であった場合には、不作為の責任を問うことができないと解されているのも、同様の考えに出たものであろう。ただ、どのような場合に故意責任を否定するのが妥当か、その理論構成をどうするかについては、あげて今後の課題として残されているというべきであろう。(14)

（14）　前田・(7)三四一頁以下参照。

3　一部免訴、一部無罪の事由がある場合の処理

(一)　本判決の主文の処理

被告人に関し、本件公訴事実中、(イ)　変更届受理前の昭和四一年六月六日から昭和四七年一二月一二日までの本件浴場の営業については、無許可営業の故意があり、公衆浴場法の無許可営業罪が成立し、(ロ)　変更届受理後の昭

和四七年一二月一二日から昭和五六年四月二六日までの本件浴場の営業については、無許可営業の故意が認められず、同罪が成立しないことになる。しかし、(イ)の部分については、公訴時効が完成しているので、免訴とし、(ロ)の部分については、無罪とすべきところ、(イ)の部分は一罪である無許可営業罪の一部として起訴されたため、本判決の主文では、単に「被告人は無罪」とされている。

被告会社についても、同様の処理がされている。

このように、一罪の一部に免訴、残りの部分に無罪の事由がある場合、主文をどうすべきかについては、これまで最高裁の判例がなく、本判決の処理は、この点でも先例として注目される。

(二)　検　討

1　科刑上一罪の一方に免訴等の事由があり、残りの部分に無罪の事由がある場合の主文の処理については、単に無罪とのみ判示すべきであるとするのが通説である。(15) 公訴事実の一部に実体裁判をすべき適格がある場合には、公訴事実全体がその適格を有することになるので、その一部が有罪と判断されるときは、一罪の一部が無罪、残部が有罪の場合と同様、主文で有罪の判断のみが示されるべきであるというのである。この考え方によると、本件のように、一罪の一部に実体裁判をすべき適格がなく、残部にその適格があるときも、主文においては、残部についての有罪、無罪等の判断のみが示されるべきことになろう。

2　判決における主文と理由(刑訴規則三五条二項)の区別は、現行法上、有罪による刑の言渡その他刑の免除、無罪、免訴、公訴棄却等の言渡等(刑訴法三三五条、三三四条、三三六条ないし三三八条等)の形で示される公訴事実に対する結論的判断とこれらを基礎づける理由(刑訴法三七八条四号、四四条)との区別であると解される。そして、有罪、無罪等の言渡は、各被告事件について、いずれかの一つが選択され、それに基づいて効果が生ずることが予定されており(刑訴法三四五条参照)、また、有罪による刑の言渡は、無罪、免訴、公訴棄却に優先して適用されることが予定されているものと解される。そうすると、本件のように、一罪の一部につき免訴とすべき事由があり、残部に有罪とすべき事由があるときは、主文において有罪による刑等の言渡のみがなされるべきものと解される。もとより、主文で有罪により刑等の言渡がなされる場合でも、一罪の一部に免訴等の事由があるときは、理由においてその根拠が示されるべきであるが、それは裁判に理由を付するという別個の法的要請に基づくものである。

(15)　柴田孝夫・註釈刑事訴訟法第三巻四八九頁、五二〇頁(立花書房、昭五六)、松尾浩也外・条解刑事訴訟法(増補補正版)七三一頁(弘文堂、昭六三)を参照。

(付記)　本件は安廣文夫前調査官の調査を引継いだものである。

(補注)　法曹時報に本解説を掲載した後、本件に対する評釈として、川端博・法セ四二四号一二四頁、前田雅英・法セ四二六号九八頁、大谷實・判例評論三七九号二三頁が出たほか、本件に対する評釈を含む故意の研究として、秋葉悦子「覚せい剤取締法違反罪の故意(一)(二)」警察研究六一巻九号三六頁、一〇号三四頁、町野朔「意味の認識について(上)(下)」警察研究六一巻一一号三頁、一二号三頁が出た。

5　交通事故の過失と信頼の原則に関する最高裁判例

〔判　決〕

昭和四五年一一月一七日最高裁第三小法廷判決（昭和四五年（あ）七一一号、業務上過失致死被告事件）刑集二四巻一二号一六二二頁

〔判示事項〕

行為者の交通法規違反と信頼の原則

一　事件の概要と経過

被告人は、普通貨物自動車を運転して、幅員約五・六メートルの舗装された県道の道路中央から右の部分を時速五〇ないし六〇キロメートルで進行中、県道とその左方に接続する幅員約二メートルの舗装されていない農道とで形成する交通整理の行われていない丁字形の交差点にさしかかり、これを通過しようとした。被告人は、交差点の手前約三七・五メートルに達したとき、交差点の手前約七・六メートルの農道上を自動二輪車に乗り時速二五ないし三〇キロメートルで交差点に向って進行してくる被害者Mを発見したが、Mが交差点の手前でいったん停止して自車に進路を譲ってくれるものと思い、進路を道路中央から右の部分にとったまま同一速度で進行したところ、被害車両がいったん停止することなく交差点に進入して被告人車両の前方で右折を開始したため、急制動の措置を講じたが及ばず、Mが右折を終った地点で自車前面を被害車両の前部に衝突させてMを死亡させた。一審判決は、明らかに広い道路を進行していた被告人が被害車両の方で進路を譲ってくれるものと信頼したのは無理もなく、被害

車両が自車の直前をさえぎって危険な右折の挙に出ることまで予測して徐行する義務はなかったと判示し、無罪を言渡した。原判決は、Mは被告人車両に気づかない様子であったし、かりに気づいていたとしても、被告人車両が道路の左側を進行していればその前方を横切って右折することが不可能ではなく、そのため県道上に進出して右折を図るおそれがあったのであるから、被告人としては、当然そのことを予測したうえ、被害車両の動静に留意し、減速徐行した後、自車を道路左側の正常な進行位置に移行するなどして進路の安全を確認しながら進行し、被害車両との衝突を回避する注意義務があったと判示し、破棄有罪とした。最高裁判所は、職権調査のうえ、法令解釈の誤り及び事実誤認を理由に破棄無罪とした。

二　本判決の判示

「Mの通行していた農道の幅員は、約二メートルであるのに対し、被告人の通行していた県道の幅員は、約五・六メートルであるというのであるから、後者が明らかに広いものであることは多言を要しないところである。また、被告人がMを発見した地点から交差点の入口までの距離は約三七・五メートルであり、Mの自動二輪車の末尾が、その発見された地点から、右折のため交差点を斜めに横切って県道の中央付近を通過するまでの距離は計算上約一五メートルとなるはずであり、しかも、被告人の車両の速度は少なくともMの自動二輪車のそれの二倍を下らない五〇ないし六〇キロメートルであったのであるから、原判決がいうように被告人が道路の中央から左の部分を通行していたとしても、Mが被告人の車両の前を横切ろうとすれば、被告人としては、衝突のおそれがあるのであるから、どうしても急停車の措置をとらざるをえないことになって、被告人の車両の進行が妨げられることになるわけである。そして、このように、幅員が明らかに広い道路から交差点を通過しようとしている車両の交差点における正常な進行が妨げられる場合には、その車両は、道路交通法三六条三項にいう『幅員が広い道路から当該交差点に入ろうとする車両等』にあたるものと解すべきであるから、Mとしては、同条二項により交差点の入口で徐行し、かつ、同条三項により被告人の車両の進行を妨げないように一時停止するなどの措置に出なければならなかったのであり、これに対応して、被告人は同条四項により前記三五条三項の左方車両優先の規定の適用から免れる立場にあったものといわざるをえない。したがって、被告人が、Mがいったん停車して自車に進路を譲ってくれるものと信じたのは自動車運転者として当然のことであり、これを不注意であるということはできない。このようなわけであるから、被告人が、当時、道路交通法一七条三項に違反して道路の中央から右の部分を通行していたことは、右の結論に影響を及ぼすものではない。もちろん、被告人が道路の中央から左の部分を通行していたとすれば、あるいは本件のような事故は起こらなかったかもしれない。この意味で、右道路交通法違反とMの死亡との間には条件的な因果関係はあるが、このような因果関係があるからといって、ただちに過失があるということができないことは、あえて多言を要しないところである。本件では、Mがいったん停止して被告人の車両に進路を譲るべきものであったのであるから、被告人が道路の中央から右の部分をそのままの速度で進行したからといって、衝突死傷の結果が発生するおそれはなかったのであり、したがってまた、これを認識すべき注意義務もなかったのである。

なお、被告人が、Mをみた際、その態度などから被告人の車両の前方で右折するかもしれないと思われるような特別の事情が看取された場合には、被告人としてもこれに対応する措置をとる義務があることはいうまでもないが、記録によると、本件は、晴天無風の日の昼間の、しかも見とおしのよい場所でのことであり、右のような特別の事情の認むべきものは存在しない。ただ、原判決は、前記のとおり、Mは被告人の車両に気づかない様子であったと判示しているが、記録によると、Mが下を向くような形で進行していたというだけのことであって、右のような特別の事情にあたるものとは思われない。

以上のような次第であって、本件被告人のように、交差する道路(優先道路を除く。)の幅員より明らかに広い幅員の道路から、交通整理の行なわれていない交差点にはいろうとする自動車運転者としては、その時点において、自己が道路交通法一七条三項に違反して道路の中央から右の部分を通行していたとしても、右の交差する道路から交差点にはいろうとする車両等が交差点の入口で徐行し、かつ、自車の進行を妨げないように一時停止するなどの措置に出るであろうことを信頼して交差点にはいれば足り、本件Mのように、あえて交通法規に違反して、交差点にはいり、自車の前で右折する車両のありうることまでも予想して、減速徐行するなどの注意義務はないものと解するのが相当である。」

三　評　釈

1　本判決は、昭和四二年一〇月一三日第三小法廷判決（刑集二一巻一三号一五二五頁）に続き、行為者に事故との間に条件関係のある交通法規違反があった場合になおも信頼の原則の適用を認めて過失を否定した二度目の判例である。行為者に事故との間に条件関係のある交通法規違反がある場合にも信頼の原則を適用することが許されるのか、許されるとすればその要件は何かについては、かねてから論議が多いが、本判決は、この問題に新たな検討資料を提供したものであって、注目に値する判例といってよい。

2　行為者に事故との間に条件関係のある交通法規違反がある場合には、その違反が事故の原因をなしているか否かを問わず、およそ信頼の原則の適用を認めるべきではないという見解がある。すなわち、信頼の原則は、人の死傷という法益侵害の結果を惹起しながら、相手方の法規に従った適切な行動を信頼することに免責という法的効果を与えるものであるから、信頼の原則の適用を受ける者の行為に社会的に非難を受ける要素のないこと、つまりは社会的相当性があることを前提とすべきは当然であり、また、相手方にも行為者が法規に従った適切な行動をとるものとの信頼があるから、行為者に対してだけ信頼の原則の適用を認めるのは妥当でなく、かつ、かりに社会的相当性の有無を結果に対する起因力の有無によって判別すべきものとすれば、客観的、類型的な判別が不可能となって、具体的、個別的な状況に立入った判別をするほかないことになり、信頼の原則の働く余地が失われる結論になる、というのである（土本武司「過失犯理論の動向と実務（一二）」警察研究五四巻五号二三頁、特に四四―四六頁、三ッ木健益「交通法規に違反した車両運転者と信頼の原則」法律のひろば二四巻四号五〇頁）。この見解に従うと、本件の場合、被告人は道路の右側を通行するという法規違反を犯していてその行為に社会的相当性が認められず、しかも、その違反がなければ事故を惹起しなかったとも考えられるのであるから、もっぱら被害者の方で適切な事故防止の措置をとるものと信頼して右側通行を続けたのは不当であり、被害者が適切な措置をとると信ずべき特別の理由があったときのほかは、右側通行をした被告人にも過失があったと判定されることになるであろう。本件の原判決も、この見解とほぼ同旨と思われる。

しかしながら、行為者に交通法規違反があり、しかも、その違反と事故との間に条件関係がある場合であっても、明らかに信頼の原則を適用してよい場合がある。例えば、本件と同様の状況において、被告人が右側通行ではなく無免許運転又は酒気帯び運転の法規違反をしていて事故が発生したとしよう。この場合、被告人が無免許運転又は酒気帯び運転をしていなかったとすれば、事故は発生しなかったはずであるから、右の交通法規違反と事故との間には条件関係があり、しかも、被告人の行為には社会的相当性が認められないことになる。しかし、その場合でも、相手方が広路優先の原則を守っていれば事故は発生しなかったのであり、かつ、相手方は被告人が無免許運転又は酒気帯び運転をしていたと否とにかかわらず広路優先の原則を守るべきであったのであるから、被告人に対し信頼の原則を適用すべきことは明らかであろう（片岡聡・最高裁判例にあらわれた信頼の原則一一〇―一一三頁参照）。もと もと、最高裁判所の判例が認める信頼の原則は、専ら相手方に義務違反があったことを理由として、義務違反のない行為者を免責するという原則ではなく、相手方において事故を惹起する危険な行動に出ない蓋然性が高く、そのため、これを信頼して行った行為者の行為に実質的な危険性が認められないことを理由として、行為者を免責する原則なのであり（平野龍一・刑法総論Ⅰ一九七―一九八頁参照）、それゆえにこそ、判例は、本判決を含めて行為者は交通法規違反があっても信頼の原則の適用が直ちには否定されないとの立場を維持する一方で、例えば、交通整理が行われておらず、見とおしも悪く、交差する双方の道路の幅員がほぼ等しいような交差点において、入口に一時停止の道路の標識と停止線の表示がある道路を進行する車両の運転者がこの義務に違反して高速度で交差点を突破し、事故を惹起した場合につき、これと交差する道路を徐行義務を怠って進行した行為者に対しては信頼の原則の適用を認めず（昭和四三年七月一六日第三小法廷判決、刑集二二巻七号八一三頁）、徐行義務を守った行為者に対しては信頼の原則の適用を認めて実質的な危険に着目した区別をしているのであるから（昭和四三年一二月一七日第三小法廷判決、刑集二二巻一三号一五二五頁）、行為者に事故との間に条件関係のある交通法規違反があるという理由だけで、直ちに信頼の原則の適用を否定するのは、こうした判例の信頼の原則に関する基本的立場と調和しないというべきであろう。そうとすれば、問題は、信頼の原則の適用を否定すべき交通法規違反はいかなるものかということになる。

もっとも、前記の見解が指摘するとおり、相手にも行為者が法規に従った適切な行動をとるものとの期待があり、行為者がこの期待に反して行動することにより事故発生の危険が増大する場合があるから、行為者の法規違反の有無及びその態様は、行為者の過失の有無と無関係ではありえない。また、信頼の原則が適用されるか否かは、客観的、類型的に判断されなければならないから、交通法規違反をした行為者に対して信頼の原則の適用を認めるにしても、適用を認めるか否かの判断基準は、客観的、類型的なものでなければならない。前記の見解は、こうした留意点を示唆する点において、立場の違いを越えた価値を有している。

3　通説的見解は、行為者に交通法規違反があっても、それが事故の条件を超えてその原因をなした場合のほかは信頼の原則の適用を認めるべきであると解しているが、行為者の交通法規違反が事故の原因をなしたか否かを判断する基準については、見解が一致しておらず、大別して三つに分れている。

第一の見解は、加害車両の運転者の交通法規違反が事故の結果発生の可能性を刑法上無視しえない程度に増加させた場合には、その違反は事故の一因をなしており、信頼の原則を適用することが許されず、右の増加が刑法上無視しうる程度を超えていない場合には、その違反は事故の一因をなさず、信頼の原則を適用することが許されるというものであり、かつ、右の可能性の増大の有無を判断するにあたっては、当該事案の事実面、心理面から判断すべきであり、特に、加害車両が交通法規違反をしている場合には、通常の場合以上に自己の安全を確保する方法をとるであろうという期待ないし信頼が生じ、この期待ないし信頼から加害車両が敢えて法規違反の行動に出る可能性があることを考慮すべきであるというのである(小田健司「判例にあらわれた『信頼の原則』」判例タイムズ二二〇号八三頁、内藤謙「信頼の原則―行為者に交通法規違反がある場合に適用された事例」刑事判例評釈集二九巻二三三頁)。この見解によると、本件の場合、被告人車両が右側通行をした違法は、被害車両の運転者に対し、右折をすれば右側通行を続ける被告人車両の真正面に進出してより一層衝突の危険を生じさせるという危惧感を与える点では、むしろ右折を抑止する原因になったとも考えられる反面、違法な右側通行を続けている被告人車両の方で徐行など一層の安全確保の措置をとって、事故を防止するであろうとの期待ないし信頼を与える点では、右折を誘発する要因になったと考えられるのであって、全体としては、恐らく被告人車両につき信頼の原則を適用することに疑問をさしはさむべき状況とみられるであろう。

右の見解が事故発生の危険性の増大に着目する基本構想には、もとより異論はない。しかしながら、この危険性の増加を、行為者に法規違反がない状況での危険性を基準として判定し、かつ、これを当該事案の下における事実面、心理面から判断して、その違反が加害車両と被告人車両の進行上の法的な優劣関係に変動を及ぼすものか否かの観点を軽視し、そのため信頼の原則の適用の有無についての判断を著しく主観的かつ不安定なものとしていると ころには疑問を抱かざるをえない。すなわち、信頼の原則は、本来、交通法規上又は条理上被告人車両が被害車両に優先して進行することが許される場合に初めてその適用が問題とされるべきものであるから（片岡・前掲書六四頁以下、拙稿・最高裁判所判例解説・刑事篇昭和四九年五六頁以下参照）、行為者の法規違反によりその進行上の優先関係が失われたときには、信頼の原則を適用することが許されないことになる反面、行為者の法規違反にかかわらずその進行上の優先関係に変動が生じないときには、その優先関係を無視して被害車両が進出すると予見される特別の事情が生じていない限り、依然として信頼の原則が適用されることになるはずであり、右の見解が指摘する、被害車両運転者に及ぼす心理的影響などを通した危険性の増加は、この特別の事情の有無を判断する際に考慮すれば足りると考えられるからである。

4　行為者の交通法規違反が事故の原因をなすものか否かの判断基準についての第二の見解は、行為者の交通法規違反と事故の発生との間に相当因果関係がない場合、より具体的には、行為者の違反が他の交通関与者にとって既成事実となり、他の関与者がその違反を考慮に入れて行動していると考えることが相当な場合と、行為者の違反の有無にかかわらず、およそ相手方の適切な行動を信頼するのが相当である場合には、信頼の原則を適用することが許される、というものである（西原春夫・交通事故と過失の認定八三頁以下）。この見解によると、本件の場合、かりに被害車両が被告人車両に減速を強いずにその前方を通り交差点内で右折しえたのであれば、被告人車両としてもこれを予見することが可能であったはずであるから、従前の右側通行を変えなかったことは過失の内容をすというべきであるが、被害車両は実際には被告人車両の前方を通り抜けて右折することが不可能ないし相当困難であったのであるから、待避すべきであったのであり、その反射効として被告人車両としてはその待避を信頼しえたから、たとえ事後的に認定すれば被告人車両が左側を通行していれば事故は発生しなかったというような事情があったとしても、その右側通行は過失の内容をなすものではないということになる(西原・前掲書一三六―一三七頁)。

右の見解が、行為者に交通法規違反がある場合を含む信頼関係の成否を判断基準に導入した点は、卓見であり、判例の趣旨にも近く、全面的にこれに賛意を表することができる。また、右の見解が示す本件への適用上の説明も、概ね正当と思われる。しかしながら、右のような信頼関係が成立するための一般的要件の点には、なお解明すべき余地が残されている。また、行為者の違反が交通関与者にとって既成事実となっている場合を、信頼の原則の適用が維持される他の基準にあげている点も、被害車両の過失を認定する基準となるにとどまり、行為者の過失を否定しうる基準となるものではなく、むしろ、右の見解が呈示する前者の基準の方向で統一するのが妥当と考えられる。

5　行為者の交通法規違反が事故の原因をなすものか否かの判断基準についての第三の見解は、加害車両の運転者に交通法規違反があっても、加害車両の被害車両に対する通行上の優位が失われず、かつ、衝突事故発生の危険性の程度が著しく低い場合には、信頼の原則を適用してよいが、右の交通法規違反により、加害車両の被害車両に対する通行上の優位が失われ、あるいは、その違反が被害車両をして加害車両の進路に進入させる誘因となって、事故を発生させた場合には、信頼の原則を適用することができない、というものである(片岡・前掲書一〇五頁以下、特に一一二―一一三頁。坂本武志・最高裁判所判例解説刑事篇昭和四二年二七一頁以下、昭和四五年三一〇頁以下も同旨と思われる)。この見解に従うと、本件の場合、かりに被告人が道路の左側部分を進行していれば、交通法規上被害車両は被告人車両に進路を譲る必要がなく、その進路直前を横切って右折をすることが許されることになっているのであれば、被告人としても、被害車両が自車の進路直前を横切って右折することを予想して事故回避の措置をとるべきであったことになろうが、交通法規上にはそのような定めはなく、被害車両は、被告人車両の進路が道路の左側部分であるかにかかわりなく、常に一時停止し、被告人車両の進路を妨害してはならない立場にあったのであるから、被告人車両が道路の右側部分を通行したからといって、そのことにより被告人車両の優先権が失われるものではなく、事故発生の予見可能性を生ぜしめないから、被告人の通行区分違反は信頼の原則の適用を否定する事由となるものではない、ということになる（片岡・前掲書一一八―一一九頁）。

右の見解は、第二の見解を更に発展させ、車両進行上の優劣関係に着目して統一的な判断基準を呈示している点で、基本的に正当なものということができる。残る課題は、行為者の交通法規違反による車両進行上の優劣関係への影響をいかなる統一的な判断基準により判定すべきかを解明し、信頼の原則の本質に迫ることである。

6　そこで、以下、上述の考察を基礎として、行為者の交通法規違反と信頼の原則との関係をめぐる前記の二つの基本点について私見を述べておくことにしたい。

第一点は、行為者が交通法規違反をすることにより、違反をしない場合に認められる行為者の車両進行上の優先順位にいかなる変化が生じるかについてである。信頼の原則は、行為者が車両進行上優先の順位を与えられ、相手方が劣位の順位を与えられている場合において、行為者が相手方においてこの進行上の順位を守ると信頼しうる十分な理由があるときには、これを信頼して行動しても事故を発生させる実質的な危険性がないとの判断に基づいている。そして、この車両進行上の優劣関係は、主として交通法規によって定められているから、行為者が交通法規違反をした場合の優劣関係の変動も、右の交通法規の要件がいかに定められているか、その要件中に行為者の交通法規違反の有無が含められているかを検討することによって明らかになるはずである。ところで、交通法規中の優劣関係の定めには、青信号・赤信号による交通規制のように車両の運転状況と直接関係しない定めと、適切な右左折準備態勢に入った車両と後方車両との関係の規制のように車両の運転状況と相関的な定めの二種類がある。そして、前者の場合には、行為者の交通法規違反により法規に定められた進行上の優劣関係に変動をもたらすことはあり得ないが、後者の場合には、各法規の定める要件いかんにより、行為者の交通法規違反が進行上の優劣関係に変動をもたらすことがありうる。特に議論の多い場合について略記すれば、次のとおりである（なお、赤色点滅信号と黄色点滅信号の交差点での信頼の原則については、拙稿・最高裁判所判例解説刑事篇昭和五〇年一一三頁（本書**6**論文）参照）。

(1)　本件で問題とされている広路優先の定め（道路交通法三六条二項）では、狭路を通行する車両等は明らかな広路を「通行する車両等」の進行妨害をしてはならないとされている。これは、広路を進行する車両全体に進行上の優先順位を付与し、狭路を進行する車両にこれを尊重すべきことを義務づけて、事故の発生を防止する趣旨に出た規定であるから、たとい広路を進行する車両が本件の被告人車両のように右側通行の違反をしているとしても、狭路の車両がその進行を妨害しないよう義務づけられるのは明らかである。もともと、この種の義務は、走行車両の実際の状況のもとで、これに対応して適切な内容が定まる義務なのであるから、法規に従った右側通行の車両のみに注意を向けて行動しただけでは不十分であり、適法に右側通行が許される場合のあること（道路交通法一七条四項）をも考慮すると甚だ危険である。そうとすれば、明らかな広路の通行車両が違法に右側通行をしていることは、この場合の車両進行上の優劣関係に影響を及ぼさない事実であるということになる。本件の場合、被告人車両が左側通行をしていたとすれば被害車両がその直前を横切って右折し切っていた可能性のあることは否定できないが、それは現実の通行状況を見て危険のないよう右折することを義務づけている前記規定の下では極めて不当で危険な行動ということになるのであり、被告人車両の右側通行に誘発されてかえってその正面に進出したとみるのも不自然である。その意味で本判決は正当ということができる。

(2)　交差点で右折しようとする車両とこれを追越そうとする後続車両との関係については、右折しようとする車両ができる限り道路の右側端に寄って進行しているときは、後続車両はその左側を通行しなければならないものと定められている（道路交通法三四条四項、二八条二項）。この定めは、右折車両が右折の合図（同法五三条）をして後続車両に右折の意思を伝えることを当然に前提としていると解されるから、結局、右折の合図をして道路の右端に寄って進行している車両があるときは、後続車両はその右側を右折車両に譲るべきものとして優劣関係を定めた趣旨と解することができる。そして、このような優劣関係の守られることが車両運転者の間で広く承認されている以上、かりに右折車両が交差点中心直近の内側を右折する義務(同法三四条二項)に違反して手前で右折を開始したとしても、適切な右折態様をとっている限り、道路右側の進行について有していた後続車両との間での優先順位には変動を生じないから、その右方を違法に追越そうとした後続車両と事故を起しても、過失があったということはできない。

(3)　交差点での右折車両と対向直進車両との関係については、右折車両は直進車両の進行妨害をしてはならないと定められている(道路交通法三七条)。この場合、右の義務があくまでも現実の交通状況に即応して定められているものである以上、直進車両に法定速度違反があるときの優劣関係は、速度違反がない場合のそれと変りはなく、右折車両は、たとい速度違反の直進車両であっても、これに対して進路を譲るべきである。法規自体、「当該車両等の進行妨害をしてはならない」と広い文言で定め、直進車両に速度違反がある場合の優劣順位の変更についてすら触れていない以上、その趣旨が右のようなものであることは明らかであり、これに反した解釈は事故を誘発することになるであろう。もっとも、右折を開始する時点において進行妨害が起こらないと判断され、これが現場の状況からみて相当であったのに、異常な高速で直進車両が突っ切ろうとしたため事故が起ることもありうるが、そのようなときには法規にいう進行妨害があったということはできないと解すれば足りるのである。

第二点は、車両進行上の優劣関係、相手の適切な行動に対する信頼、事故発生の危険性の三者の相互関係についてである。車両進行上の順位には、青信号・赤信号の交差点におけるように優先・劣位の関係がある場合と双方が赤信号を表示している全赤信号の交差点におけるように対等の関係がある場合とがある。そして、優先・劣位の関係が明確な場合には、優先順位に立つ車両は、相手方車両が自車の優先的進行を容認し、かつ、自車の進行を妨害するなどの不適切な行動をとらないと信頼して進行することができ、これに対応して、劣位に立つ車両は、優先車両の進行を容認して不適切な行動を差し控えることになり、事故発生の蓋然性は甚しく低いものとなる。これに対し、例えば全赤信号の交差点における車両は、交差車両が赤信号にって進行を差し控えるという期待をもつであろうが、この期待は自車の進行を容認するとの期待を含むものではなく、したがって、相手方車両の方でも同様の期待をもって、自車が進行しても事故は生じないと考え違法な進行を図る危険がある。優先順位をもたない車両の期待は、このようにして事故発生の蓋然性を十分に低下させないがゆえに、信頼の原則の適用を受ける資格のある信頼とはなり得ないのであり、単に赤信号の無視という違法があるが故に信頼の原則の適用を否定されるわけではないのである。行為者に交通法規違反がある場合に信頼の原則の適用が否定されるのも、その違反により車両進行上の優先順位が失われ、信頼の原則の適用を受ける前提となる信頼関係が成立せず、これを通して事故発生の実質的危険が生じるからにほかならず、単に行為者に義務違反があるからではないと考えられるのである。

6　交通事故の過失と道路交通法の義務（明らかな広路・赤色燈火点滅信号）に関する最高裁判例

〔決　定〕

昭和五〇年九月一一日最高裁第一小法廷決定（昭和四九年(あ)第一六一八号業務上過失傷害被告事件）刑集二九巻八号五七六頁

〔判示事項〕

一　道路交通法三六条二項にいう明らかに幅員の広い道路の意義

二　交差点において赤色の燈火の点滅信号を表示する道路を進行する車両の運転者の注意義務

〔決定要旨〕

一　道路交通法三六条二項にいう明らかに幅員の広い道路とは、交差点を挟む前後を通じて、交差点を挟む左右の交差道路のいずれと比較しても明らかに幅員の広い道路をいい、その一方のみと比較して明らかに幅員の広い道路は含まない。

二　赤色の燈火の点滅信号を表示する道路を進行する車両の運転者は、交差道路が黄色の燈火の点滅信号を表示している交差点においては、所定の停止位置で一時停止し、再度発進して交差点に進入するにあたっては、交差道路上の交通の安全を確認し、接近してくる車両との衝突の危険を回避するためその進行妨害を避けるなど所要の措置をとるべき注意義務がある。

一　事件の概要経過

1　業務上過失傷害被告事件である。本決定は、原判決及びその是認する第一審判決の事実認定を、次のとおり要約して判示している。

「㈠　本件事故の現場は、佐賀県唐津市方面から小城町方面に通ずる東西道路（国道二〇三号線）と多久市番所方面から武雄市方面に通じる南方道路が交差する左右の見とおしのきかない交差点であること、㈡　東西道路の車道の幅員は、一〇・一メートル、南北道路の車道の幅員は、交差点からみた北方道路において六・二メートル、南方道路において九・一メートルであること、㈢　東西道路の信号機は、黄色の燈火の点滅を表示し、南北道路の信号機は、赤色の燈火の点滅を表示していたこと、㈣　被告人は、昭和四八年二月一〇日午後九時五分頃、普通乗用自動車（以下被告人車と略称することがある。）を運転して北方道路を南方に向け本件交差点にさしかかり、その入口で対面信号機の赤色の燈火の点滅表示に従って一時停止した際、右方の西方道路を時速約五五キロメートルで交差点に向って進行してくるM運転の普通乗用自動車（以下M車と略称することがある。）を約五〇メートルの距離に認めたが、その前を通過することができると考えて時速約五キロメートルで発進し交差点内に進入したところ、右Mは、被告人車が一時停止したのを認め、自車を先に通過させてくれるものと思って減速徐行せずに交差点に進入したため、被告人車が一時停止位置から約五・四メートル進入した地点でその右側に衝突するに至ったことが明らかである。」

2　一審判決は、被告人は、M車を「右斜め前方約五〇メートルの地点に認めたのであるから、同車の動静に十分注意し、安全を確認しながら、進行すべき注意義務があるのにこれを怠り、自車が先に通過できるものと軽信し、その動静に注意せず、進路正面を見ながら時速約五キロメートルで発進した過失」があるとし、被告人を罰金一万五、〇〇〇円とした。

3　原判決は、被告人の控訴を斥けた。本決定は、原判決の過失に関する判示を、次のように要約して示している。

「㈠　被告人は、赤色の燈火の点滅表示に従って一時停止した後、再度発進して交差点に進入するに際しては、交差道路の交通の安全を確認し、接近してくる車両があるときには衝突の危険を回避するための措置を講ずべきであり、㈡　特に、M車が進行する東西道路の信号機は、黄色の点滅信号を表示しているのに対し、被告人車の進行する南北道路の信号機は、赤色の点滅信号を表示しており、また、M車の進行する西方道路は、被告人車の進行する北方道路に比し、幅員が明らかに広いのであるから、M車が徐行したとしても被告人車はM車の進行を妨げてはならない関係にあるうえ、㈢　被告人がM車を認めた際には、既に同車は右方約五〇メートルの地点を時速約五五キロメートルで進行していたのであるから、被告人としては自車の発進を見合わせM車の通過を待って交差点に進入すべき業務上の注意義務があり、M車より先に通過できるものと軽信して発進したのは右の注意義務を怠ったものというべきである、と判示した。」

4　弁護人の上告趣意は、判例違反、法令違反、事実誤認を主張した。

二　本決定の判示

1　上告趣意はすべて適法な上告理由にあたらないとしたうえ、所論にかんがみ職権により法律判断を示すとして、過失に関する前記の原判断について判示した。

2　判示事項**一**についての判示は、「明らかに幅員の広い道路」に関する原判断についてのものである。

「道路交通法三六条二項にいう「明らかに幅員の広い道路」とは、交差点の入口で、交差点を挟む前後を通じて、交差点を挟む左右の交差道路のいずれと比較しても明らかに幅員の広い道路をいい、その一方のみと比較して明らかに幅員の広い道路は含まないものと解すべきであるから、原判決がM車の進行する幅員一〇・一メートルの東西道路と被告人車の進行する幅員六・二メートルの北方道路のみを比較して前者が明らかに幅員の広い道路にあたると判断し、幅員九・一メートルの南方道路との比較をしなかったのは、法令に違反するものというほかない。」

3　判示事項二は、赤色燈火点滅信号に関する原判断についてのものであって、その判示は次のとおりである。

「交差する道路の一方の信号機が赤色の燈火の点滅信号を表示し、他方の信号機が黄色の燈火の点滅信号を表示している交差点においては、赤色の燈火の点滅信号を表示する道路を進行する車両の運転者は、所定の停止位置において一時停止する義務を負うのはもとよりのこと（道路交通法施行令二条一項参照）、再度発進して交差点に進入するにあたっては、交差道路上の交通の安全を確認し、接近してくる車両との衝突の危険を回避するためその進行妨害を避けるなど所要の措置をとるべき義務があるものというべきである。道路交通法四三条は、交通整理の行われていない交差点において、道路標識等により一時停止すべきことが指示されているときは、車両は、所定の停止位置で一時停止するほか、交差道路を通行する車両の進行妨害をしてはならない旨を明定しているが、このような義務は、赤色の燈火の点滅信号により一時停止が義務づけられる車両の運転者もまた、一時停止の義務に当然に伴うものとして、負うものと解するのが相当である。けだし、そのように解さなければ、赤色の燈火の点滅信号が一時停止を義務づけている実質的な意味が失われるばかりでなく、道路交通法の他の規定（特に三六条一項）との関係から、赤色の燈火の点滅信号により一時停止を義務づけられている車両の運転者の方が黄色の燈火の点滅信号を表示した交差道路の進行車両より優先的に進行を許容される場合を生じ、これにより道路交通上の安全を確保することができないことになるからである。原判決は、これと同旨の見解に立ち、右のごとき注意義務を認めたうえ、これに違反した被告人に過失を認めた点で正当であり、前記の法令違反は、その結論に影響を及ぼさないものということができる。」

4　前記㈢の原判断については、次のとおり判示されている。

「一時停止した際、被告人が右方約五〇メートルの地点を時速約五五キロメートルで進行してくるM車を認めたからといって、その事実のみから直ちに被告人に自車の発進を見合わせるべき注意義務が生ずるということはできないから、原判決のこの点に関する判示にも妥当を欠くものがある。」

三　説　明

1　前提となる法律関係

1　一方が赤点滅で他方が黄点滅の信号のある、左右の見通しがきかない交差点で起った衝突事故の事案である。

2　赤点滅の信号は、停止位置で一時停止をすることを命じ、黄点滅の信号は、他の交通に注意して進行することを許すものである(道交法施行令二条一項)。

黄点滅の信号の意味については、「なんら特殊な運転方法ないし注意義務を課するものではない」(最判三小昭和四八年五月二二日刑集二七巻五号一〇七七頁)と解されており、また、「当該信号設置場所における道路の広狭、優先関係、見とおしの良否、車両または歩行者の往来状態等の諸般の事情に応じて、当該場所を進行する自動車運転者に対し、道路交通の安全と円滑を図る見地から課せられる交通法令上の各種義務および運転業務上の注意義務をはたすにつき、いっそうの留意を喚起するにあるものと解すべきである」(最判一小昭和四八年九月二七日判例時報七一五号一一二頁)と判示されている。

このように、右の二つの信号は、「進め」「止まれ」などを表示して交通規制を行うものではないので、この二つの信号のある交差点は、「交通整理の行なわれていない交差点」にあたると解されている(最決一小昭和四四年五月二二日刑集二三巻六号九一八頁)。したがって、この交差点については、道交法三六条、四二条、四三条の適用が問題となる。

3　被告人車が進行していた道路も、M車が進行していた道路も、道交法三六条二項にいう優先道路ではない。

4　以上により、被告人車は、停止位置において一時停止をし（道交法四条一項、道交法施行令二条一項）、交差点に入ろうとするときは徐行する（道交法四二条一号）という義務を負い、他方、M車は、他の交通に注意して進行し（道交法四条一項、道交法施行令二条一項）、交差点に入ろうとするときは徐行する（道交法四二条一号）という義務を負うていることになる。たとえM車の通行している道路が、「幅員が明らかに広いものであるとき」（道交法三六条二項）であっても、右の交差点におけるM車の徐行義務が免除されるものではない。かつて、判例（最判三小昭和四三年七月一六日刑集二二巻七号八一三頁、最判二小昭和四三年一一月一五日判例時報五四一号八四頁、最判二小昭和四四年五月二日判例時報五五四号九四頁、最判二小昭和四四年一二月五日判例タイムズ二四一号一八〇頁）は、幅員が明らかに広い道路を進行する車両に徐行義務はない旨を判示しているが、昭和四六年法律第九八号（昭和四六年一二月一日施行）による道交法の改正により、四二条一号のかっこ書で、「交差点において交通整理が行なわれている場合及び優先道路を通行している場合」にのみ徐行義務が免除されることが明記されたので、改正後は従前の判例の解釈を維持することができないことになったのである。(1)

5　「交通整理の行なわれていない交差点」では、通行道路の幅員よりも交差道路の幅員が明らかに広い場合の車両は、原則として、交差道路を通行する車両の進行妨害をしてはならない（道交法三六条二項）。判示事項一は、この明らかに幅員の広い道路にあたるかどうかの判断基準に関するものである。

6　前記のとおり、交通整理が行われておらず、かつ、左右の見通しのきかない交差点に入ろうとするときは、徐行しなければならない（道交法四二条）。また、交通整理が行われていない交差点又はその手前の直近に一時停止の道路標識等があるときは、停止線で一時停止するほか、交差道路を通行する車両の進行妨害をしてはならない一時停止の義務に伴うものとして、被告人は、右の道路標識等があるときと同様に、交差道路を通行する車両の進行妨害をしてはならない義務を負うものと解すべきかどうか、が判示事項二の論点である。

（1）小池康雄「改正道路交通法の逐条解説（四）」警察研究四三巻六号七〇頁、朝岡智幸「交差点における他の車両等との関係」判例タイムズ二八四号一八二頁も同旨。

2　明らかに幅員の広い道路（判示事項一）

1　交差する東西道路は東西を通じて幅員が一〇・一メートル、被告人車が進行していた北方道路の幅員は六・二メートル、その先の南方道路の幅員は九・一メートルであった。原判決は、被告人車が進行していた北方道路の幅員と交差する東西道路の幅員とを比較し、後者が明らかに広いと判断した。このような比較をした理由は説明されていないが、考えられる理由としては、道交法三六条二項が「その通行している」道路の幅員と交差道路の幅員とを対比して規定していることがあげられよう。しかしながら、本決定は、このような比較を違法とした。

2　明らかに幅員の広い道路の意義について一般的に判示した二つの最高裁判例がある。最判三小昭和四五年一一月一〇日（刑集二四巻一二号一六〇三頁）は、「道路交通法三六条二項にいう道路の幅員が明らかに広いものとは、交差点の入口から、交差点の入口で徐行状態になるために必要な制動距離だけ手前の地点において、自動車を運転中の通学の自動車運転者が、その判断により、道路の幅員が客観的にかなり広いと一見して見分けられるものをいう」とし、最判二小昭和四七年一月二一日（刑集二六巻一号三六頁）は、右にいう道路とは、「歩道と車道の区別がある道路においては、車道をいう」としているのである。本決定は、これらの判例を前提としたうえ、新たな論点に即して前記の概念の意義を明らかにしたものである。

右最判二小昭和四七年一月二一日は、本決定における論点に関連のある判示もしている。すなわち、その判決要旨は、「歩道と車道の区別がなく、その幅員が交差点の車側では約七・九メートル、西側では約五・八メートルであるほぼ東西に通じる道路(以下、東西道路という。)と、歩道と車道の区別があり、車道の幅員が約九メートル、その両側にある歩道の幅員がそれぞれ約四・五メートルであるほぼ南北に通じる道路(以下、南北道路という。)とが十字型に交わる交差点においては、東西道路の交差点東側の幅員と南北道路の車道の幅員との差は約一・一メートルにすぎず、東西道路の幅員よりもこれと交差する南北道路の幅員が明らかに広いものとは認められない。」というのである。(2) これは、「東西道路の幅員よりもこれと交差する南北道路が明らかに広いものとは認められない」としているところからすると、本決定と同様に、東西道路と南北道路とをそれぞれ一体のものとして考察しているようであるが、その事案をみると、被告人車の進行していた北方道路とその先の南方道路の幅員がいずれも九メートル、被害者の車両が進行していた東方道路が七・九メートル、その先の西方道路が五・八メートルであるから、現に被害者の車両が進行している東方道路と南方道路の各幅員とを比較して南北道路を明らかに幅員の広い道路とはいえないと判断したものと解する余地もある。したがって、この点の解決はその後の判例に委ねていたものというべきであった。

3　本決定の判旨の根拠は三つあると考える。

まず、道路の幅員が明らかに広いかどうかは、前述したとおり、交差点の入口から、交差点の入口で徐行状態になるために必要な制動距離だけ手前の地点において、車両を運転中の通常の運転者が、その判断により、道路の幅員が客観的にかなり広いと一見して見分けられるものをいうから、その要件は、迅速かつ誤りのない判断ができるように定めておく必要がある。しかも、右の判断は、狭い道路ばかりでなく、すべての道路を進行する車両の運転者に要求されるのであるから、一義的に判断することができるように配慮することが望ましい。ところが、原判決のように解すると、交差道路の左側との関係では優先するが右側との関係では優先しないといった、相対的な優劣関係が生じ、迅速かつ明確な判断が妨げられ、ひいては交通の安全が損われるおそれがある。

また、前記のとおり、昭和四六年法律第九八号により改正される以前の道交法四二条のもとでは、明らかに幅員の広い道路を進行する車両は、交通整理の行われていない交差点において徐行する義務はないと解されていたので、本決定の判示のように、交差する道路をそれぞれ一体のものとして、明らかに幅員の広い道路か否かを判断するほかはなかった。交差道路の左方との関係では徐行義務はあるが、その右方との関係では徐行義務はない、といった相対的な徐行義務は、意味をなさないからである。ところが、道交法三六条二項は、右の改正の前後を通じて改正されていない。してみれば、道交法四二条の改正にかかわらず、同法三六条二項の解釈としては、従前と同様に、交差する道路をそれぞれ一体のものとして判断するのが相当である。

さらに、本決定の判旨は、道交法三六条二項が単に「交差道路」の幅員を比較すべきものと規定していることともよく調和するように思われる[3]。

（2）　北川弘治・最高裁判例解説昭和四七年度二事件解説参照。

（3）　朝岡・前掲論文一七九頁も結論同旨。

3　赤点滅の信号の注意義務（判示事項二）

1　赤点滅の信号が、一時停止を義務づけるものであることは規定上明白であるが、さらに黄点滅の信号のある交差道路を進行する車両の進行妨害を避止する義務を負わせるものかどうかは規定上は明らかでない。原判決は、これを積極に解した。

2　本決定がこれを積極に解した根拠は、前掲の判文に示されているので、ここでは補足的に説明するにとどめたい。

昭和四六年法律第九八号による道交法の改正により、道路標識等の規制に関する同法四三条に後段が付加され、

「一時停止車は交差道路の車両の進行妨害をしてはならない」と明定されるに至ったが、赤点滅の信号による一時停止については、同様の規定が設けられなかった。その理由は明らかでないが、赤点滅の信号は、黄点滅の信号とともに用いられるほか、交差道路の双方に用いられる場合があり、後の場合に進行妨害避止義務を負わせるのは相当でないことを考慮すると、右の措置も、必ずしも不合理なものということはできない。すくなくとも、右の法改正から反対解釈をし、赤点滅の信号につき黄点滅の信号との関係で進行妨害避止義務のあることを否定したものと解するのは妥当であるまい。

一時停止義務を課しながら、これとあわせて進行妨害避止義務を課さないという立法も、ありえないわけではない。しかしながら、交差点における一時停止義務は、安全の確認を十分にさせるとともに、交差道路の進行車両との接触を避けさせるために課すものであるから、交差道路の車両が進行することを許されている場合には、特別の理由のない限り、その進行を妨害しない義務をもあわせて義務づけているものと解するのが合理的である。黄点滅の信号の場合には、注意して進行することが許されているのであるから、赤点滅の信号に対面した車両にその進行妨害を避止する義務があると解するのは、右の意味で相当なものというべきである。

このように解さなければ、本決定が判示するように、道交法の他の規定（特に左方車優先を規定した三六条一項）との関係から、赤点滅の信号により、一時停止を義務づけられている車両の方が、黄点滅の信号の対面車両の方より優先的に進行を許容される場合を生じ、交通の安全を確保することができないことになろう。

3　本決定の解釈にも、異論はある。赤点滅信号は、一時停止標識等とともに、それに対面する車両のみを規制するものであり、交差道路からこれを見ることは容易でないから、これに進行妨害避止義務を認めて交差道路に優先通行を許すのは妥当でない、というのである(4)。しかしながら、赤点滅の信号は、交差道路からも見ることは困難ではないし、この信号の対面車両に進行妨害避止義務を認めても、交差道路の進行車両の徐行義務を免除することにはならず、交通の危険を増大させるものとは思われない。飯田簡裁昭和四八年九月二五日判決(判例タイムズ三〇四号二九六頁)は、前記の法改正前の赤点滅、黄点滅の信号の交差点につき、黄点滅の信号の道路を優先道路と同じものと解したが、これは行き過ぎであって、本決定はそこまでを予定しているものではない。

4　最判三小昭和四八年五月二二日(刑集二七巻五号一〇七七頁)との関連を検討しておこう。この判例は、「自車と対面する信号機が黄色の燈火の点滅を表示しており、交差道路上の交通に対面する信号機が赤色の灯火の点滅を表示している交差点に進入しようとする自動車運転者としては、特段の事情がない本件では、交差道路から交差点に接近してくる車両があっても、その運転者において右信号に従い一時停止およびこれに伴なう事故回避のための適切な行動をするものと信頼して運転すれば足り、それ以上に、本件Aのように、あえて法規に違反して一時停止をすることなく高速度で交差点を突破しようとする車両のありうることまで予想した周到な安全確認をすべき業務上の注意義務を負うものでなく、当時被告人が道路交通法四二条所定の徐行義務を懈怠していたとしても、それはこのことに影響を及ぼさないと解するのが相当である。」と判示した。この判例については、賛否両論があり、解釈も分れているが[5]、私見によると、その根拠は、赤点滅の信号に対面する車両の運転者は「当然の事理」として「一時停止および事故回避のための適切な行動をする」義務を負うという点に求められており、その意味で右判例は、本決定と共通の立場に立っているのである。そして、右判例は、信頼の原則の適用に関しては、「特段の事情の認められない本件において、被告人が、交差道路を進行してくる現認できない車両は当然交差点直前で一時停止するから衝突の危険はないものとして、徐行することなく交差点に進入したとしても、これをもって不注意であるということはできない。」と判示されていることからすると、交差道路の車両が一時停止することを期待しそれに対応した進行態度をとればよいという限度で徐行義務を緩和したものと解することもできるであろう。

5　赤点滅、黄点滅の信号のある交差点は交通整理の行われているものにあたるという学説[6]は、赤点滅の信号に対面する車両に進行妨害避止義務を課すことに、その実質的なねらいのひとつがあった。その点で、右の学説と本決定とは、地盤を共通にするところがある。しかし、本決定は、黄点滅の信号に対面する車両の徐行義務を免除するものとは判示していない点で、右の学説との間になお距離を置いている。

赤点滅、黄点滅の信号が交通を規制するものであることは明らかであるが、そのことは当然に交通整理をするものであることを意味しない（道交法四条参照）。また、一方の道路の進行車両が進行妨害避止義務を負い、その結果として、他方の道路の進行車両が優先的に通行することができるという状態も、交通整理が行われていることを意味するものではない（道交法三六条二項、四三条三項参照）。そして、赤点滅の信号の対面車両が、一時停止のほか、進行妨害避止義務を負うものと解しても、その義務の内容は、交差道路の通行車両の状況に応じて変りうるものであるから、原則として車両が信号のみに頼って進行することができるわけではない。してみれば、赤点滅、黄点滅の信号のある交差点においては、青色、赤色の信号のある交差点の場合と違って、一定の状況のもとで徐行を義務づける道交法三六条三項、四二条の適用が排除されるものではないと解するのが妥当であろう。このことはまた、赤点滅の信号は、右各条項等の義務と矛盾しない状況においてのみ使用することを意味している。

6　最後に、本決定と、見とおしのきかない交差点における信頼の原則の適用との関係についてふれておきたい。交差道路の進行車両に進行妨害避止義務が課されるからといって、黄点滅の信号に対面する車両が、そのことを信頼して法律上義務づけられた徐行をしないでよいものでないことは、上述したとおりである。ただ、その徐行は、「交差道路からすでに交差点に入った車両や交差点の直前で一時停止し、発進して交差点に入ろうとしている車両」があるかどうかを確かめ、かつ、それらの車両との衝突を避けるために必要な程度のものでよい（前掲最判三小昭和四八年五月二二日参照）。そして、一時停止線付近で交差点に進入しようとする車両がないことを確認した後は、すみやかに交差点に進入すれば足り（一時停止の標識がある場合についての最判三小昭和四三年一二月一七日刑集二二巻一三号一五二五頁参照)、一時停止もせずに交差点に進入してくるような車両があることまでも予想した周到な安全確認をすべき注意義務はない(右最判三小昭和四八年五月二二日参照)。もし、交差点に進入しようとする車両があるときは、その車両が進行妨害避止義務を守る態度に出ることを確認した後、すみやかに交差点に進入すれば足りるであろう。(7)

赤点滅の信号に対面する車両は、一時停止をするほか、交差道路の通行車両の進行妨害をしない義務を負うが、それらの義務を果した以上、制限速度をはるかに超えるスピードで交差点に進入してくる車両のあることまでも予想した周到な安全確認をする義務までは負わない(一時停止の道路標識がある場合についての最判三小昭和四八年一二月二五日判例時報七二六号一〇七頁参照)。(8)

(4) 朝岡・判例タイムズ三〇四号九〇―九一頁。
(5) 柴田孝夫・最高裁判例解説昭和四八年度一〇事件解説、田尾勇・判例評論一八一号、朝岡・前出判例タイムズ三〇四号、西原春夫・ジュリスト五六五号、岡野光雄・ジュリスト五七五号参照。
(6) 西原・交通事故と過失の認定一六三頁以下。
(7) 片岡聰・最高裁判例にあらわれた信頼の原則八一頁、一八二頁は、一般に徐行義務が免除されると論ずる。
(8) その評釈に、秋山賢三・ジュリスト五七九号がある。

7　罪数（覚せい剤とその原料の所持）に関する最高裁判例

〔決　定〕
昭和五〇年一月二七日最高裁第二小法廷決定（昭和四八年(あ)第一九八四号覚せい剤取締法違反被告事件）刑集二九巻一号二二頁

〔判示事項〕
覚せい剤の所持罪と覚せい剤原料の所持罪とが併合罪の関係にあるとされた事例

〔決定要旨〕
覚せい剤（粉末〇・四三七グラム）を自宅でテレビの上に置いて所持する罪と、覚せい剤原料（粉末〇・七六一一グラム）を自宅で着衣のポケットに入れて所持する罪とは、併合罪の関係にある。

一　事件の概要と経過

(一)　一審は、第二の罪として次の二つの事実を認定し、これを併合罪とした。

「(一)　昭和四七年一一月一六日頃、東京都渋谷区代々木四丁目……の当時の被告人方において、覚せい剤であるフェニルメチルアミノプロパン塩酸塩を含有する粉末〇・四三七グラムを所持し、

(二)　昭和四七年一一月一六日頃、群馬県伊勢崎市今泉町一、二六〇番地伊勢崎警察署内において、覚せい剤原料である一―フェニル―二―メチルアミノプロパノール―一の塩酸塩を含有する粉末〇・七六一一グラムを所持し」た。

㈡　原審は、右の第二の㈠及び㈡の罪は包括一罪又は観念的競合の関係にあるのに併合罪とした一審判決の法令適用は誤っている旨の弁護人の控訴趣意を斥け、次のように判示した。

「原判決挙示の関係証拠によれば、原判示第二の㈡の事実は、被告人が、昭和四七年一一月一六日午前九時四〇分ころ、原判示第二の㈠記載の場所で逮捕され、同日午後三時ころ伊勢崎警察署に押送されて来たときに被告人のポケット内に覚せい剤原料を所持していたのが発見されたものであることが認められ、そうだとすれば、被告人は、原判示第二㈠記載の日時場所において、すでに右覚せい剤原料を所持していたものと認むべきことは、所論のいうとおりである。しかし、関係証拠によると、原判示第二㈠の覚せい剤は、右日時場所において家宅捜索を受けた際に、テレビの上から発見され、押収されたものであることが明らかであり、他方原判示第二㈡の覚せい剤原料は、前記のとおり、被告人がポケットの中に所持していたものであるから、右家宅捜索の時点において、同じ家屋内で、原判示第二㈠の覚せい剤と同第二㈡の覚せい剤原料を所持していたとしても、所持の態様に差異があり、これらを一か所にまとめて所持していた場合のように、その全体を一個の所持と見ることはできず、それぞれ別個の所持と評価すべきものである。原判示第二の㈠および㈡の各罪を併合罪として処断した原判決には、法令の適用の誤りは存しない(1)」。

㈢　弁護人の上告趣意は、原審の所持の個数に関する解釈は、昭和二四年五月一八日大法廷判決の所持の個別性についての判示、すなわち、「その行為乃至容態の形態を、内心的、物理的、時間的、空間的関係はもとよりその他各場合における諸般の事情に従って仔細に考察して、通常人ならば何人も首肯するであろうところ、すなわち社会通念によって、それが人と物との間に存する実力支配関係を客観的に表明するに足る個別性を有するか否かを究め、そこに一個の所持があるか、数個独立の所持があるかを決定しなければならない。例えば人がその自宅に多数の所有物を漫然と保管するとき、そこに何等特別の事情の存在しない限り包括的に一個の所持があると見て差支えない場合が多いであろう。これに反して或る種の物を特に他の物と区別しこれを秘密室に隠匿保管しているような場合にあっては、犯罪捜査というような立場からは、その物の所持を他の物の所持と区別して観察する必要があるのではあるまいか。」との判示と相反する判断をしたと主張し、さらに、ズボンのポケットをも当然捜索することができたのにこれを怠って覚せい剤原料を発見できなかったのは捜索の不手際であり、この非を被告人の不利益に転嫁して併合罪とするのは正義に反すると論じた。

二　本決定の判示

所論引用の判例は本件とは事案を異にし適法な上告理由にあたらないとしたうえ、職権により次のとおり判示した。

「原判決の認定する事実関係のもとでは、被告人方で捜索がされた時点においても、第一審判決判示第二の㈠の覚せい剤を所持する罪と同判示第二の㈡の覚せい剤原料を所持する罪とは、別個独立に成立し、両罪は併合罪の関係にあったものと認めるのが相当であるから、同判示第二の㈠及び㈡の両罪を併合罪の関係にあるとした原判決の判断に法令違反はない。」。

三　説　明

㈠　被告人は、自宅で捜索押収を受けるとともに、その場で逮捕されて警察署まで押送されたのであるから、警察署で被告人の身体から押収された物であっても、特段の事情のないかぎり、自宅で身体ともども押収されたものとみて、自宅で発見、押収された物とあわせて、それらの所持の罪数を考えるべきものであろう。本決定が、警察署で着衣内に覚せい剤原料を所持していた事実を自宅でこれを所持していた事実と切り離して別個の所持と評価することなく、後者を正面から考察の対象としてとりあげ、これと自宅での覚せい剤の所持との罪数関係を検討したのは、右のような点を考慮した結果と思われる。ところで、この罪数関係については、(イ)被告人が自宅において、テレビの上に置いて覚せい剤を所持していた罪と着衣に入れて覚せい剤原料を所持していた罪とは、一罪か二罪か、(ロ)二罪とすれば、観念的競合(一所為数法)か併合罪か、という二つの問題がある。

(二)　覚せい剤の所持と覚せい剤原料の所持とは、対象物件が異なり、別の条文により禁止されており、違反罪の法定刑も違っているから、両方の所持を単純一罪とみるのは困難であり、また、本件のような場合に、これを包括一罪とする特別の理由もないと思われる。

(三)　右の二つの所持が刑法五四条にいう「一個の行為」にあたるか否かを判断するにあたっては、前提として、所持罪の性質について検討しておく必要がある。以下、その問題を検討したうえ、「一個の行為」にあたらないとした本決定の根拠について考察することとしたい。

1　判例によると、不法所持罪における所持とは、人が物を保管する実力支配関係を内容とする行為をいう。[2]そして、通常は、同一物についてはその実力支配関係が存続するかぎりひとつの所持が継続するが、(イ)同一時点における態様を異にする保管がある場合(例えば、自宅、友人宅、着衣内に別個に保管している場合)、(ロ)同一物につき時間を異にし、かつ、態様を異にする保管がある場合(例えば、同一物を自宅から友人宅へ、さらに着衣内に移した場合)、(ハ)右の(イ)(ロ)が組合わさった場合(例えば、A、Bを自宅で一括保管した後、A、Bをそれぞれ別の場所で保管した場合)には、確定判決の既判力の範囲又は罪数の関係で数個の所持があるとすべきときがあり、「社会通念によって、それが人と物との間に存する実力支配関係を客観的に表明するに足る個別性を有するか否かを究め、そこに一個の所持があるか、数個独立の所持があるかを決定しなければならない[3]」。そして右の(イ)の場合はもとよりのこと、(ロ)、(ハ)の場合にも、所持の態様を異にするごとに通常別個の所持があるものと解される。[4]

このような考え方、特に右の(ロ)、(ハ)の場合において態様を異にする所持があるごとに別個の所持が認められるとする点に対しては、所持罪は継続犯であるから同一物については原則として一個の所持罪しか成立しないとする立場からの批判的見解が有力である。[5] しかしながら、所持の開始とこれに直接続くその物の保管とを一罪とすべきことは当然としても、その後の別個の意思に基づく時間的、場所的に別個の態様の所持がある場合にまで所持の開始から続く一個の所持しかなく全体が一罪であると解すべき格別の根拠はないように思われる。継続犯であることと、どこまでを一個の継続犯とみるかとは、別個の問題であって、ただ特別の事情のないかぎり、包括的に一罪として処理すべき場合が多いというにすぎないと考えられる。[6] 所持罪による有罪の確定判決があった後、同一物を所持した場合には、異論なく別個の所持罪が成立するものと解されているが、これは訴訟法上の理由からではなく、むしろ実体法上二罪であるものが包括的に一罪と評価すべきでない特別の事情が生じた結果二罪とされたにすぎないものと解されるのである。

2　さて、覚せい剤の所持と覚せい剤原料の所持とを二個の行為とみて併合罪として処理するか、「一個の所為」とみて観念的競合として処理するかは、二つの所持を一個の行為とみるべき事情があるかどうかという問題である。昭和四九年五月二九日大法廷判（刑集二八巻四号一一四頁ほか）[7] は、刑法五四条の「一個の行為」とは、「法的評価をはなれ構成要件的観点を捨象した自然的観察のもとで、行為者の動態が社会的見解上一個のものとの評価をうける場合をいう」と判示している。この定義は、数個の罪名に触れる行為についてのものであって、所持罪の罪数の定め方に関する前記の判例の定義とは意味が異なるが、両者は密接に関連している点もある。すなわち、「一個の行為」の判断にあたり自然的観察を重視するとすれば、二つの物の所持に関し所持の場所などからみたその個別性が重要性をもつこととなるのは明白であり、原則として、態様を異にする二個の所持があると認められる場合には、「一個の行為」にあたらないと判断すべきものと解されるからである。[8] 本件の場合、自宅内とはいえ、覚せい剤はテレビの上に置かれていたのに対し、覚せい剤原料は着衣に入れられていたのであって、いずれも小さな紙包み入りであることをも考慮するときは、かりに両者が同じ覚せい剤であったとしても二個の所持があると解するのが妥当な場合であり、したがってまた、自然的観察のもとで二つの所持を「一個の行為」にあたらないものとみるのが相当と考えられる。二審判決が、所持の態様を異にすることを根拠として「一個の行為」にあたらないと判断し、また上告趣意が、所持罪の個数に関する判例を引用して「一個の行為」にあたると主張したのは、右の意味で、問題の核心にふれるものがあるといえるであろう。

ところで、二つの物を同一の場所に保管して所持する場合であって、同一種類の物については一個の所持しかなく、また異種類の物については自然的観察のもとで一個の所持しかないと認められるときでも、社会的見解上「一個の行為」という評価をうけないことがあるように思われる。例えば、同じ引出しの中に別個に入手した拳銃と麻薬とを保管して所持する場合には、社会的見解からいうと、二つの所持が同時に存在するにすぎず、観念的競合と評価すべきではないと考えられるのである。すなわち、同一の場所での二つの所持を社会的見解上「一個の行為」と評価するためには、同一ケース内に拳銃と実包とを所持する場合とか拳銃と麻薬とが入った包みを他から受取ってこれを握持している場合のように、それらを統一的な一個の実力支配とみることのできる特別な社会的関係が存在しなければならないと解されるのである。伊達秋雄・想像的併合罪論二四九頁以下が、観念的競合と認めるべき「同時所持とは、所持の場所、方法並に物件の性質等からみて、その数個の物件を全く同一の握持状態において不分離的単一的に所持する場合をいい、然らざる以上、たとえ同時に所持していても単なる同時犯とすべきであろう。」と説くのも、同旨と解される。本件の場合、このような見解からいっても、観念的競合と評価すべきでないことは、明らかである。

構成要件的評価を重視する前記判例中の岡原裁判官の少数意見からみても、以上の結論が支持されることは、疑いないであろう。

本決定は、二つの所持を併合罪としたことの根拠についてはふれるところがなく、すべて将来の判例にこれを委ねている。しかしながら、よく起りうる型の事案につき、岡原裁判官を含む全員一致の意見として、自然的観察のもとで社会的見解上一個の行為とは評価すべきでないことが示された点で、先例として十分に参考となるものと思われる。

3　不法所持罪につき観念的競合を認めた最高裁の判例には、銃砲と実包との所持に関する二例がある。昭和四〇年(あ)第二一六七号同四一年四月七日一小決(裁判集刑事一五九号一一頁)は、拳銃二丁と実包を一括所持した事案につき、「拳銃二丁の所持につき銃砲刀剣類等所持取締法違反の包括一罪に、実包の所持につき火薬類取締法違反の罪に問擬し、両者を一個の行為にして数個の罪名にふれるものであるとした判示は正当である。」とし、昭和四三年(あ)第一五六六号同年一二月一九日一小決(刑集二二巻一三号一五五九頁)[9]は、「銃四挺および弾丸実包約三三発を自宅事務所の一カ所に収納して所持していた事実を認定して判示したものと認められるから、被告人の所為のうち、銃四挺の不法所持の点は銃砲刀剣類等所持取締法違反の包括一罪を、弾丸実包約三三発の不法所持の点は火薬類取締法違反罪を、それぞれ構成し、両者は刑法五四条一項にいう一個の行為で数個の罪名に触れる場合にあたるものと解すべきである。」と判示している。これらの判例が、前記大法廷判決の判旨に適合するものであることはいうまでもない[10]。

(1)　被告人の供述によると、次のような事実関係にある。逮捕、押収を受ける三日前の夜、Kが自宅を訪れ、ビニール入りの覚せい剤粉末五グラムを買ってほしいと頼むので、八万円で買い、テレビの上に置いて使用していた。その際、Kが「この覚せい剤(右五グラムの分)は純度のいいやつだからこれを混ぜるといい」といって、薬包紙に包んだ覚せい剤原料一グラム位をただでくれたが、良い薬があるうちは使う気にならないので、使い終ってから使用しようと思いポケットに入れておいた。テレビの上にあって押収を受けた覚せい剤は前記のものの残料であり、警察署で任意提出したのは右の覚せい剤原料である。

(2) ① 昭和二三年(れ)第五二五号同年九月二一日三小判(刑集二巻一〇号一二一三頁)は、「銃砲等所持禁止令にいわゆる「所持」とは自己の支配し得べき状体に置くことをいうのである。」とした。

② 昭和二三年(れ)第九五六号同二四年五月一八日大法廷判(刑集三巻六号七九六頁)は、占領軍物資の不法所持に関し、「物の所持とは、人が物を保管する実力支配関係を内容とする行為である。人が物を保管する意思を以てその物に対し実力支配関係を実現する行為をすれば、それによって物の所持は開始される、そして一旦所持が開始されれば爾後所持が存続するためには、その所持人が常にその物を所持しているということを意識している必要はないのであって苟くもその人とその物との間にこれを保管する実力支配関係が持続されていることを客観的に表明するに足るその人の容態さえあれば所持はなお存続するのである。だから所持は人が物を保管するためその物に対して実力支配関係を開始する行為と、その実力支配関係の持続を客観的に表明する容態とから成り立っているというべきである。」とした。

③ 昭和二三年(れ)第一八三一号同二四年五月二六日一小判(刑集三巻六号八六九頁)は、「銃砲等所持禁止令……に所謂所持とは、かかる物件に対しこれが保管につき支配関係を開始しこれを持続する所為をいうのである。」とした。

④ 昭和二五年(れ)第一一一八号同年一〇月二六日一小判(刑集四巻一〇号二一九四頁)は、占領軍物資の不法所持に関し、「物の所持とは人がその実力支配下に物を保管する行為をいうのであるから、人が物を保管する意思をもってこれに適応する実力支配関係を多少の時間継続して実現する行為をすれば、それによって物の所持は成立するのである。そして一旦成立した所持が爾後存続するためには、その所持人が常にその物を所持することを意識している必要はないのであって、苟くもその人とその物との間にこれを保管する実力支配関係が持続されていることを客観的に示めすに足るその人の容態さえあれば、所持はなお存続するものといわなければならない。」とした。

⑤ 昭和三〇年(あ)第二三一一号同年一二月二一日大法廷判(刑集九巻一四号二九四六頁)は、「覚せい剤取締法一四条の「所持」は、人が物を保管する実力支配関係を内容とする行為をいうのであって、その実力支配関係の持続する限り所持は存続するものというべく、かかる関係の存否は、各場合における諸般の事情に従い社会通念によって決定される。」とした。

(3) 前出昭和二四年五月一八日大法廷判。

(4) 判例は、注三の判旨に従って、次の場合に別個の所持が認められるとした。

① 注三の判例は、官憲の捜査を免れる目的で所持を禁止されている占領軍物資の一部をことさらに分割隠匿した事案につき、隠匿した物資の所持と残りの物資の所持とは別個独立の所持になるとした。

② 昭和二五年(あ)第一四八号同年七月一四日二小判(裁判集刑事一八号八六三頁)は、「本件において麻薬の取得が同時であっても、後になって態々麻薬の所持を分割して一は被告人自身で直接に所持し他はMに保管させて間接に隠匿所持したものであっ

て、原判決がかかる状況の下においては社会通念上二ヶの所持があると見るのを相当とする旨を判示したのは正当」とした。

③　昭和二八年(あ)第二七七五号同三〇年七月一九日三小判(刑集九巻九号一八八五頁)は、かねて自宅に保管していた麻薬を持ち出し、これを二個に分割し、その一方を他人に交付し、他方を自宅外の場所に隠匿した場合には、別個独立の所持罪が成立する、旨を判示した。

(5)　柳原幸雄・刑法雑誌一巻二号三四〇頁、小野清一郎・刑事判例評釈集一一巻二四七頁、香川達夫・包括的一罪(総合判例研究叢書刑法一三)八〇頁、安村和雄・判例タイムズ一一七号三二頁など。なお、吉丸真・刑事判例評釈集一七巻二〇六頁参照。

(6)　包括的一罪についての最近の示唆的分析に平野竜一・刑法総論Ⅱ四一一頁以下がある。

(7)　高木典雄・昭和四九年度解説11、12、本吉邦夫・同14各参照。

(8)　但し、両方とも覚せい剤であるときには、包括的一罪と解する余地がある。

(9)　大久保太郎・昭和四三年度解説50参照。

(10)　東高判昭和四一年六月二七日(東高刑時報一七巻六号一〇五頁)も、蒐集の目的で、別個の入手先から別個の時期に刀剣九振を入手して自宅に保管していたのを包括的一罪としている。

8　罪数概論

一　本稿の趣旨

罪数論は、刑法や刑事訴訟法を運用する実務家にとっては正確な法適用を行うための必須の課題であり、研究者にとっては説得力のある解釈立法論を提唱するための試金石である。

しかし、実務を経験した者であれば容易に思いあたることであるが、罪数論は、他の法解釈運用以上に困難を感じることの多い分野である。それは、刑法には罪数の決定についての総括的な定めがなく、各罰則の趣旨と刑法全体の構造に照らして明らかにするほかないため、刑法全体を解明して初めて理解ができるという側面をもつからであろう。しかも、罪数論は、判例によって統一的な枠組みを明らかにすることの難しい個別性の濃い分野であり、研究者にとってもグランド・セオリーを樹立することが困難な主題であるように思われる。

こうした状況は、法科大学院の発足が間近に迫り、大学院において一応の実務のイメージを与えなければならない今日において、喫緊に対策を立てることを要請するものと考えられる。

罪数関係には、大別して一罪のみが成立する場合と数罪が成立する場合の二種類があるが、刑法は、いかなる場合に一罪又は数罪が成立するかを明らかにしておらず、それが明らかになったことを前提として、数罪が成立する場合を広く併合罪と呼び、これを科刑上一罪(五四条)、狭義の併合罪(四五条)、単純数罪(四五条の併合罪にあたらないもの)の三種類に区別して科刑上の処理方法を規定し、併せて関係規定を置いているのみである。

そこで、本稿では、一罪が成立する場合と数罪が成立する場合との区別から検討を進め、次いで数罪が成立する場合の問題とその余の問題の検討に進むことにする。その際、筆者の理解にとどまるが、最高裁判例を中心とする判例理論をできる限り明快に分析した上、集積されている学説の批判や対応について一応の検討をすることとしたい。さらに進んだ論策は今後の課題としたい。

（注）　奈良俊夫教授は、つとに罪数論の重要性を説かれ、多くの業績を挙げられた。『概説刑法総論　第三版』三三六頁以下、「いわゆる包括一罪の再検討序説」研修四七一号三頁「一罪と数罪」研修四七九号七頁、「法益論からみた罪数論」『下村先生古稀祝賀論文集　上巻』二四九頁等。同教授はまた、来春開校が予定されている本学の法科大学院についても献身的に尽力された。そこで、同教授に献呈される本稿においては、本学の法科大学院で参酌される場合があることをも意識しながら、自説の立場からの試論ではあるが、学生が容易にイメージをもつことのできる形で罪数論を呈示してみることとした。

　近時、罪数に関する学説の進展には目覚ましいものがある。例えば、団藤重光・刑法綱要〔第三版〕四〇九頁、平野龍一・刑法総論Ⅱ三四一頁以下、『注釈刑法総論(3)』五一九頁以下（高田卓爾担当）、村崎清一「刑法における法条競合論」金沢大学法文学部論集法学篇一四号一頁、丸山雅夫「いわゆる『狭義の包括一罪』における『一罪』性」判例評論三五九号一六頁、三六一号九頁、山火政則「法条競合の諸問題」神奈川法学七巻一号一頁、七巻二号一三頁、同・判例刑法研究四巻二七三頁（同氏担当）、注釈特別刑法一巻五四〇頁（同氏担当）、鈴木茂嗣「罪数論」『現代刑法講座三巻』三〇三頁、中山善房『大コメ刑法四巻第二版』一六四頁以下、中谷雄二郎・判例評論一二四二号三頁、一二四四号九頁、同『大コメ刑法四巻第二版』二八四頁以下、林幹人「罪数論」法セミ四一八号七九頁、四一九号八六頁、同『刑法総論』四五二頁以下、虫明満・包括一罪の研究、前田雅英「一罪と数罪」『刑法基本講座四巻』二七二頁、同『刑法総論講義第三版』二八七頁以下、町野朔＝安村勉「特別刑法と罪数」上智法学論集三九巻一号二四九頁、町田朔「法条競合論」『平野龍一先生古稀祝賀論文集上巻』四一三頁、大谷實『新版刑法講義総論』五〇一頁以下、川端博『刑法総論講義』五九九頁以下、野村稔『刑法総論補正版』四四一頁以下、山中敬一『刑法総論Ⅱ』八九一頁以下、佐久間修『刑法講義〔総論〕』四一一頁以下、山口厚『刑法総論』三一六頁以下など。なお、本稿脱稿後、井田良「罪数と犯罪競合」現代刑事法二〇〇三年六月号八六頁に接したが、本稿ではその優れた内容に触れることができなかった。他日、こうした業績に答えることを期したい。

　以下において右記の文献を引用する場合には、特定を害しない限り姓のみで行うことをお許し願いたい。

二　一罪が成立する場合

1　一罪か数罪かを判断する方法

㈠　判断の二段階

ある行為が一罪を成立させるか数罪を成立させるかを判断するには、次の二つの段階を経ることになる。

第一の段階は、単一の構成要件に該当する行為がある場合において、それがいかなる数の罪を成立させるかを判断する段階である。この段階においては、一個の罪が成立するのか、数個の罪が成立するのかが判断の課題になるが、この判断を行うためには、一個の罪が成立する場合においても単純一罪、狭義の包括一罪及び広義の包括一罪と学説で呼ばれている三種類があることと、それらがいかなる根拠で一罪を成立させることになるのかについて検討をしておかなければならない。

第二の段階は、問題となる行為がいかなる種類の罪を成立させるかを判断する段階であって、実務上は第一の段階に先立って経るものである。ある行為が複数の構成要件に該当している場合には、その全部の罪を成立させるのか、そのうちの一部のみを成立させるのかを常に判断する必要がある。ここでは法条競合が問題となる。

以上の二つの段階を経て、単一の種類の一つの罪が成立すると判断される場合には一罪が成立することになり、複数の種類又は複数の数の罪が成立すると判断される場合には数罪が成立することになる。

㈡　一罪又は数罪が成立するということの意味

単一の罪についてであれ、複数の罪についてであれ、二罪(以下、説明の便宜上数罪を二罪に単純化しておく)が成立すると判断することは、それらの罪が刑法上両立するものと判断することであり、一罪しか成立しないと判断することは、他にも構成要件に該当する事実がある場合でも刑法上はそれらが両立しないものと判断することにほかならない。

ある行為に対して刑法上一罪しか成立せず、二罪が両立することはないと判断される場合には、さらに二つの場合が区別される。その一は、一罪が行為の全体を対象として成立するため、分割した二罪が成立しない場合である。前記一の罪の数の判断において一罪しか成立しないと判断されるのは、このような場合にあたるからである。このことは、単純一罪、狭義の包括一罪及び広義の包括一罪のすべてについてあてはまる。その二は、一罪が優先的に成立するため、刑法上他の罪の成立が排除される場合である。前記二の罪の種類の判断において一罪しか成立しないと判断される場合、すなわち法条競合(さらに、これに不可罰的事前事後行為を含めない見解においてはその行為)と判断されるのは、このような場合にあたるからである。この場合、両立しないために成立しないとされる罪に該当する行為は、成立する罪に該当する行為と同一であるときと別個であるときとがある。

(三)　両立、非両立を決定する要因と基準

罪数を決定する要因ないしは基準については、構成要件基準説、結果基準説、行為基準説、意思基準説、二重評価基準説などの種々の学説がある。

これらの学説は、小野清一郎博士の構成要件基準説すなわち「一罪・数罪は、刑法各本条その他刑罰法規における構成要件を標準として決すべきものである。即ち構成要件を一回充足する事実があれば一罪であり、二回充足する事実があれば二罪である」「どれだけの事実があれば一回の構成要件充足であるのかは、全く刑罰法規の解釈適用の問題である。其の解釈適用上、犯意・行為・結果などを参酌しなければならないが、しかしその一つだけから形式論理的に問題を解決することはできない。構成要件における法律的定型こそは問題の核心なのである」という見解(小野・総論二六五頁)との対決をとおして発展してきた。そして、判例も、大筋においてこうした学説の進展を考慮しながら展開してきたものと理解される。そこで、以下、学説の現況を参酌しつつ、判例の考え方を集約し、

私見を述べることとしたい。

罪数は、単一の要因で決定されるものではなく、構成要件を中心とする刑法(刑罰法規)全体の構造を参酌して決定されるものである。そして、その判断は、以下の三つの観点から順次検討を進めて決定するのが妥当であり、判例もこの方向で展開しているものと考えられる。

(1) 構成要件の包括性と要素

構成要件の包括性には大別して三種類がある。すなわち、①各一個の犯意、行為及び結果がある場合に構成要件に該当すると予定されているもの、②同種行為の反復が予定されており、それぞれの行為が構成要件に該当しているのに、予定されている範囲全体の行為が一個の構成要件に該当することになるもの、③一個の構成要件の中に数個の行為態様が規定されており、そのいずれかの行為があれば構成要件に該当する場合において、これにあたる一連の数個の行為があるときに、全体の行為が一個の構成要件に該当することになるものである。①は単純一罪、②は集合一罪、③は狭義の包括一罪と呼ばれている。以上のことからも明らかなとおり、ある行為が構成要件に該当することは、犯罪が成立するための要件であるにとどまり、それ以後の構成要件に該当する行為を別罪とする要件であるわけではない。どこまでの行為について一罪が成立するかは、その構成要件がどこまでの行為を一罪として予定しているかによって決まることである。

他方、構成要件の要素には、犯意、行為及び結果(法益侵害又はその危険)がある。前記①の単純一罪の場合、その構成要件は、一定の法益侵害又はその危険をもたらすたびに処罰をする趣旨と解せられるから、これに該当する犯罪の個数は、基本的には、法益侵害又はその危険つまりは結果の個数によって決まるといってよい(中山一七三頁参照)。もっとも、明らかに別個の行為がある場合には結果も別個になるので、行為も犯意も罪数の決定にあたり重要な役割を果たす。②の集合一罪と③の狭義の包括一個の場合、その構成要件が予定している範囲の行為か否かが罪数決定の決め手となるから、犯意と行為が重要な役割を果たすことはいうまでもないが、結果もまた一定の役割を果たす。

(2)　広義の併合罪(特に科刑上一罪と狭義の併合罪)との対比

第一の構成要件の観点からみると数個の犯罪が成立していると認めるのが自然であるのに、これを狭義の併合罪として処理することに支障があり、又は科刑上一罪との対比上科刑の均衡を失することになるような場合に、一罪として包括的に評価することがある。

長期にわたり保管金を横領し、接続犯とは認められない場合であって、個別の横領行為が明確ではないようなときが前者であり、偽造文書を行使し、詐欺をした場合であって、たまたま文書の提示が詐欺の結果にわずかに遅れたようなときが後者である。

(3)　刑法(刑罰法規)における構成要件の規定の仕方

一般に、一罪か数罪かは罪として両立しないかどうかによって決せられるが、特に異なる罪の成否が問題となる場合には、問題となる罪に優先劣後の適用関係があるため法条競合として優先適用関係にある罪のみが成立するときと、その関係がないため併合罪として数罪が両立するときとを区別しなければならない。そのためには、個々の構成要件の仕組みやその結果、行為、犯意などの要因に着目するばかりではなく、刑法全体の構造に着目する必要がある。例えば、既遂罪のほかに予備罪が成立するか否か、事後行為又は随伴行為が不処罰であるか否かなどの問題は、こうした全体的な判断を経なければ決定されないと考えられるのである。

以上のとおり概観した方法を基礎として、順次判例を引きながら一罪、数罪の区別を具体的に明らかにしていきたい。

2 単純一罪

(一) 意 義

各一個の犯意、行為及び結果により一罪が成立するものと予定されている構成要件につき、これに該当する犯罪が一回行われた場合、単純一罪と呼ばれる。

集合犯及び狭義の包括一罪の場合も広義の包括一罪と対比する意味で単純一罪と呼ばれることが多いが、ここでは罪数関係を理論的に分析するため、構成要件の包括性がもっとも狭いものについて単純一罪と呼ぶことにしたい。また、法条競合により一罪が成立する場合にも単純一罪となるが、これは説明の便宜上別個に取り扱うことにしたい。

(二) 単純一罪の範囲

(1) 典型的な単純一罪

通常の構成要件は、各一個の犯意、行為、結果がある場合にこれに該当するものと予定されている。そして、それらの構成要件は、一定の法益侵害又はその危険を防止するために定められているから、これに該当する犯罪事実の個数は、基本的には、法益侵害又はその危険をもたらした個数すなわち結果の個数によって決まるといってよい。

結果の個数は、法益に即して数えられるものである。また、何が法益であるかは、各構成要件の解釈をとおして明らかになることである。生命、身体、自由、名誉、秘密などの一身専属的な保護法益については、帰属主体である被害者ごとに一罪が成立し、占有を保護法益とする窃盗罪、恐喝罪などの財産上の侵奪罪については、占有ごとに一罪が成立することなどは、この解釈の帰結であり、判例、学説上ほとんど異論がない。

ただ、法益が確定されても、結果の個数は、一義的に決まるものではない。例えば、ある人を殺害するためピストルを一発発射し、ねらいを外したため続いてもう一発発射した場合、結果は一個であるというのが通常の解釈であろうが、死の危険を二回生じさせたとして二個ということもできないわけではない。もし二発目の発射が別の日であれば、結果は二個といわざるを得ないのであるから、結果が一個であるという結論は、死の危険を抽象化した上、一個の犯意に基づく一連の行為であることに根拠を求めるほかないであろう。

結局、犯意も行為も別個とはいえない場合に初めて結果も一個ということになるのであって、犯罪の個数は、犯意、行為及び結果を総合して決することになる。そして、ここで典型的な単純一罪と呼ぶのは、結果が単一であることについて解釈に分かれが生じず、何人も単一の結果であると承認するような場合である。

(2)　接　続　犯

同一の構成要件に該当する行為が接続して行われ、それが単一の結果に向けられている場合、接続犯と呼ばれる単純一罪が成立する（中山一八三頁、虫明二三四頁以下参照）。例えば、同一の機会に同一の被害者を続けて数回殴打した場合、銀行の集金人が数日にわたって集金した金を少しずつ横領した場合、一晩に数回同じ場所から窃盗をした場合などである（最判昭二四・七・二三刑集三巻八号一三七三頁は、二時間余りの間に、三回にわたり、同一の倉庫内から米俵合計九俵を窃取した場合を一罪とした）。

このような場合、数回の構成要件に該当する行為がありながら、なぜ一罪しか成立しないのか、この場合には結果は数個あるのではないか、ということが問題になろう。先にも述べたように、ある行為が構成要件に該当することは、犯罪が成立するための要件であるにとどまり、それ以後の構成要件に該当する行為を別罪とする要件であるわけではない。どこまでの行為について一罪が成立するかは、その構成要件がどこまでの行為を一罪として予定しているかによって決まることである。そして、構成要件に結果が明示されている罪（例えば、殺人罪）の既遂犯の場合、その結果（例えば、殺人罪における特定の人の死）に向けられた数個の行為があっても、全体として一罪しか成立しないことは疑いがない。未遂犯の場合も、犯罪の実行に着手してこれを遂げなかったときに成立するものであるから(四三条)、実行に着手してから終了するまでの数個の行為は全体として一個の犯罪を成立させ、その結果も一個と考えられているということができる。挙動犯についても、同様であって、同一の機会における単一の法益に向けられた数個の行為は、全体として一括評価を受け、そのことにより結果も一個になると考えられる。

どの犯罪にも始まりから終わりまでの間に幅があり、その同一の機会に数個の行為が行われても、単一の結果に向けられている限り、全体として一括評価を受け、そのことにより結果も一個になると考えられるのである。前記の例についていうと、単一の身体的な安全、保管関係、占有関係に対してもたらされる危険又は侵害であると考えられるところから、同一の機会に行われた数個の行為が一括評価を受け、一罪の部分を構成することになるのである。また、そのような状況がある場合において、接続犯が成立すると解せられるのである。

(3)　継続犯

監禁罪(二二〇条)、不法所持罪(麻薬六四条の二、覚せい四一条の二、銃砲三一条の三など)のように、一定の法益侵害の状態が継続する間その犯罪が継続するものと予定されている犯罪を継続犯と呼んでいる。

この場合、複数の同種法益侵害が連続する場合であって、包括一罪であると解する見解も有力であるが、最初の法益侵害行為が継続していると認められる限り、構成要件が予定している犯罪の行為は不可分の一個であり、したがって、その結果も一個であると考えられるので、単純一罪と解する方が妥当であろう。

3　集合犯

(一)　意　義

構成要件自体が同種行為の反復を予定している場合において、それぞれの行為が構成要件に該当しているのに、構成要件が予定している範囲全体の行為について一罪が成立するとき、集合犯又は集合一罪と呼ばれている(高田五三九頁以下、山火・判例刑法研究二七三頁以下、虫明二三八頁以下参照）。どこまでの行為について一罪が成立するかは、その構成要件がどこまでの行為を一罪として予定しているかによって決まることであるから、集合犯の場合に数個の行為があっても一罪が成立することは、当然である。この場合に数罪が成立するのは、集合犯の予定している行為が別個に行われた場合である。

㈡　集合犯の範囲

集合犯には大別して次の二つの類型がある。

(1)　常　習　犯

常習賭博罪（一八六条一項）のような場合、常習として行われたと認められる限り、数行為が一罪を成立させることは明らかである（同罪につき大判明四四・一一・二四録一七巻八頁、最判昭二六・四・一〇集五巻五号八二五頁など）。

(2)　職業犯、営業犯

所定の行為を反復継続して行う意思で行為を行うことを構成要件とする罪が職業犯、それに営利の目的を伴うものが営業犯と呼ばれている。その意思で行為をすれば一回の行為であっても構成要件に該当するが、反復継続して行為をしても一罪しか成立しない。わいせつ物頒布等罪（一七五条、同罪につき大判昭一〇・一一・一一集一四巻一一六五頁、最判昭三四・三・五集一三巻三号二七五頁）、医師法の無免許医業罪（一七条違反）、公職選挙法の法定外文書頒布罪（一四二条違反）などが前者にあたり、貸金業等の取締に関する法律の無免許貸金業罪（五条違反）、宅地建物取引業法の無免許営業罪（五条違反）などが後者にあたる。

4　狭義の包括一罪

㈠　意　義

一個の構成要件の中に数個の行為態様が規定されており、そのいずれかの行為に該当すれば構成要件に該当することになる場合において、これに該当する一連の数個の行為が行われたときには、全体の行為が狭義の包括一罪として一罪を成立させる（高田五四七頁以下、丸山、山火・判例刑法研究八二二頁以下、虫明二四三頁以下参照）。

㈡　狭義の包括一罪の範囲

例えば、収賄罪（一九七条）において、賄賂を要求し、約束し、次いで収受した場合、いずれもが犯罪となり、その全体が包括して一罪を成立させる。これらの行為は、相互に手段・目的、原因・結果の関係にあるが、予備、未遂、既遂のように後の行為の補充として前の行為が処罰対象にされているのではなく、いずれもが公務の公正と公正感を損なうところから、要求から収受までの各行為をすべて処罰の対象とする趣旨である。そして、それらの行為が同一の賄賂に関する一連のものである限り、同一の法益を侵害するものであるため、別個の罪とはせずに、全体を一個の罪として処罰する趣旨であると解せられる（大判昭一〇・一〇・二三刑集一四・一〇五二）。このような関係は、犯人蔵匿等罪（一〇三条）において、同一犯人を蔵匿した後、引き続いて隠避した場合（大判明四三・四・二五刑録一六・七三九）、逮捕及び監禁罪（二二〇条）において、同一人を逮捕し、引き続いて監禁した場合（大判大六・一〇・二五刑録二三・一一三一）、盗品譲受け等罪（二五六条）において、盗品である映写機四台を売却のため預かり、運搬し、うち二台は売却の斡旋に成功したが、二台は失敗した場合につき、包括的に観察して運搬牙保罪の包括一罪が成立するとした）についても成立する。

さらに、同様の関係は、一項詐欺（二四六条一項）と二項詐欺（二四六条二項）の関係（大判大四・四・二六刑録二一・四二二、大判大七・二・一二刑録二四・七一、大判大一二・一二・八刑集二・九三四）、一項恐喝（二四九条一項）と二項恐喝（二四九条二項）の関係（大判明四五・四・一五刑録一八・四六九、大判大八・五・一九刑録二五・六五七）、一項強盗（二三六条一項）と二項強盗（二三六条二項）の関係のように、同一の犯罪の客体を分割して規定している場合にも認められる。

これらの場合には、構成要件が複合的に構成されており、全体も各行為態様の部分も構成要件となると解せられるのである。

5 広義の包括一罪

㈠　意　義

包括一罪という概念は、さまざまに用いられており（中山一九九頁以下、虫明一一三頁以下参照）、最も広くは、構成要件に該当する行為が二個以上あるのに一罪とする場合に用いられ、接続犯、継続犯、集合犯、狭義の包括一罪、吸収関係もその一部とされている。しかし、ここでは、最も狭く、これら既存の包括的な概念では説明が困難な事案を一罪として処理する場合に用いることにしたい。

それは、主として広義の併合罪（特に科刑上一罪と狭義の併合罪）との対比という観点から一罪とされるものであり、数個の構成要件該当行為があっても、併合罪もしくは科刑上一罪として処罰することに障害があるため単純一罪として処罰するのが妥当である場合又は犯罪の性質に照らし、犯意の継続を条件として一罪とすることが妥当と認められる場合である。これには大別して下記の四種類が区別されると思う。

㈡　広義の包括一罪の範囲

(1)　結果の個数が不特定である場合の包括一罪

例えば、時限装置の爆発物をビルに仕掛けて不特定多数人を殺害しようとしたが、未然に爆発物が取り除かれて未遂に終わった場合、被害者の個数は確定できないため、一個の殺人未遂罪が成立するとして処理するほかはない。そして、このような処理を不当とする理由は見当たらない。

多数の警察官が密集して警備にあたっているとき、その中に投石したがあたらなかった場合、複数人の警察官に対する公務執行妨害罪が成立しているはずであるが、これを特定するのは困難であるばかりか、不自然でもあるため、一個の公務執行妨害罪として処理するのが実務である。この場合、全体の警察官が一個の統一的な公務を執行中であったとして一罪の成立を認めるのが近時の実務の説明であり、学説もこれを支持するが、このような場合でも警察官個々人の公務は現存しているはずであるから、被害を受けた公務が一個であるという説明はこうした事態に対処するための工夫という感を免れない。むしろ、観念的に複数の公務が妨害されていたとしても、縮小的に一罪として処理することは当然に許されていると解するのが相当と思われる。

(2)　個々の構成要件該当行為を確定しがたい場合の包括一罪

窃盗罪又は横領罪が接続犯の一罪として成立する場合のあることは前述したが、例えば、その成功に自信を深め、次々と被害金を大きくし、発覚防止の手口にも工夫をこらしたような場合、あらたな犯意に基づく数個の罪が成立していると解すべきことがある。しかし、個々の犯行を特定することができないときには、全体を一個の窃盗罪又は横領罪として処理するほかはない。

このような場合、無罪とするのは明らかに不当であろう。併合罪と認定することは、併合罪加重をするときの要件であるから、検察官がその立証責任を果たせない事情があるときは、縮小的に一罪として処理するのを不当とする理由はなく、かえって自然な処理であるように思われる(中山二〇三頁以下は、刑罰適用上の合目的配慮から、「一回の処罰でまかなってよい」場合に包括一罪が成立すると指摘する。これは実務的なセンスの一面を鋭く指摘したものであるが、犯罪論としての説明が必要であり、かつ、可能な場合と思われる。虫明一八四頁は、「判例が、個別的行為の確定が不可能な場合に、容易に一罪性をみとめてしまうという逆転した思考方法をとっているのではないか、という疑いを払拭しきれない」と述べているが、逆転した思考方法という必要はないと思われる)。

(3)　併合罪加重が不当な場合の異種犯罪の包括一罪（混合的包括一罪）

判例の中には、異種類の犯罪について全体を包括一罪として処理した事例がある。これらは、(1)(2)の考え方を異種類の犯罪に適用したものと理解することができるであろう。

①　最高裁判例（最決昭六一・一一・一八刑集四〇巻七号五二三頁）は、窃盗罪又は詐欺罪といわゆる二項強盗による強盗殺人未遂罪とが全体として包括一罪を構成する場合があることを判示した。すなわち、甲と乙が、当初は丙を殺害してその所持する覚せい剤を強取することを計画したが、その後計画を変更し、共謀の上、まず甲が、覚せい剤取引の斡旋にかこつけて丙をホテルの一室に呼び出し、別室に買い主が待機しているように装い、覚せい剤の売買の話をまとめるためには現物を買主に見せる必要があると申し向けて丙から覚せい剤を受け取り、これを持ってホテルから逃走した後、間もなく、乙が丙のいる部屋に行って丙を拳銃で狙撃したが、殺害の目的を遂げなかった事案について、いわゆる一項強盗による強盗殺人未遂罪は成立しないとした上、上記のように判示したのである。

最高裁は、甲が覚せい剤を持って逃走し、丙の覚せい剤に対する支配が完全に失われた時点で、乙が丙を殺害しようとしたことが明らかな場合であっても、包括一罪となると判示しているようであるが、そのような場合であれば、窃盗罪又は詐欺罪と二項強盗による強盗殺人未遂罪の併合罪とすればよいのであって、包括一罪とする必要はないように思われる。しかし、甲が覚せい剤を持って逃走したとはいえ、さほど時間がたっておらず、その仲間の乙が残っている時点であったから、乙が二項強盗に着手した時点においては、丙の覚せい剤に対する支配は完全には失なわれていなかったと解する余地もあるように思われる。このような微妙な事案においては、実質上被告人に有利に二項強盗による強盗殺人未遂と認定した上、そのことにより窃盗罪又は詐欺罪との関係が被告人にとって不利な併合罪となるという結論を避けるため、包括一罪となるという処理をすることが許されるものと解せられる。結局、この場合には、前記(2)の場合の一類型と考えるのが妥当と考えられる。

②　高裁判例（名古屋高判平三・七・一八判時一四〇三号一二五頁）は、自転車に乗って信号待ちをしているときに、自転車の前籠からバッグを窃取し、これに気づいた被害者に手をつかまれると、その腕を路上に引っ張って路上に転倒させ（第一事実）、さらに、車で逃走しようとする際、車の前に立ちはだかった被害者に車を衝突させて転倒させ（第二事実）、加療三週間の傷害を負わせたという事案について、第一事実の暴行は未だ事後強盗の着手ではなく、第二事実の暴行で事後強盗の着手があったと認められるが、傷害が第一事実、第二事実のいずれから生じたかが特定できないとした上、事後強盗罪と傷害罪の包括一罪とした。

この場合、傷害が第一事実の暴行のみから生じたときには、傷害罪と事後強盗罪の併合罪となり、第二事実の暴行のみから生じたときには、事後強盗による強盗傷人罪一罪となり、第一事実、第二事実の両方の暴行から生じたときには、強盗傷人罪一罪となるであろう。しかし、そのいずれとも確定できないのであるから、傷害罪と事後強盗罪とが成立すると解することになる。この判例は、その後の罪数処理について傷害罪と事後強盗罪の包括一罪という見解をとった。その点については見解が分かれようが、この判例の考え方の基礎に前記(2)のような理解があることは明らかであろう。

③　高裁判例（東京高判平七・三・一四判時一五四二号一四三頁）は、銀行預金に質権を設定する意思がないのにあるように偽ってノンバンクから融資金を騙取しようとし、銀行支店長名義の質権設定承諾書を偽造し、ノンバンクの係員にこれを交付したが、係員の事務上の手違いで、交付の前に融資金が振り込み送金されたという事案において、有印私文書偽造罪、同交付罪、詐欺罪の包括一罪を認めた。通常の事務手続が行われていれば牽連一罪となるはずであるから、たまたま事務的手違いがあっただけで併合罪とするのは妥当でないというのである。

この場合には、承諾書の交付が融資金の交付にとって必要不可欠な前提であったというのであるから、手違いで融資金の交付が先になった後、直ちに承諾書の交付があったような場合には、被告人にとって有利な認定をした上で牽連犯を認めてよいと思われるが（只木誠・判例評論四一一号五一頁、稲葉一生・研修五七二号二五頁参照）、その点の認定に疑念があったとすると、前記(2)の考え方により被告人にとって有利な罪数処理をすることも不当とはいえないであろう。

(4)　連続一罪的（接続犯的）包括一罪

判例の中には、接続犯として単純一罪の成立を認めるほどには一罪性が明白ではなく、併合罪として処理することも可能であるが、併合罪加重をする積極的な事情も認められないという場合において、包括一罪を認める例がままある。このような場合、判例は、しばしば、罪名の同一性、保護法益の同一性、日時場所の近接性、機会の類似性、方法の類似性、犯意の継続などの事情を根拠として包括一罪となることを説明している（虫明一一三頁以下、安村二八八頁以下参照）。

接続犯について述べたとおり、ある行為が構成要件に該当することは、犯罪が成立する要件であるにとどまり、それ以後の構成要件に該当する行為を別罪とする要件であるわけではない。どこまでの行為について一罪が成立するかは、その構成要件がどこまでの行為を一罪として予定しているかによって決まることである。

接続犯と認められる典型的な場合は、窃盗罪、暴行罪のように、占有の侵害、身体の安全への侵害という行為により一罪が画されるが、厳密に一個の行為ごとに一罪が画されるわけではない犯罪について、同一の機会に接続して行われた行為を限度として、一罪の成立が認められる場合である。これと同じようなことは、必ずしも行為ごとに一罪が画されるわけではない犯罪については、一層あてはまるのであって、そのような犯罪においては、必ずしも同一の機会に行われた行為でなくても、一罪と認められる場合があるというべきである。このような犯罪の場合には、特に一回の犯罪であるか否かが重要となるから、原則として犯罪が継続していることが一罪と認めるための要件と解すべきであり、日時場所の近接性、機会の類似性、方法の類似性などは、犯意の継続を認定するための資料となるにとどまると解すべきであろう。

最高裁判例が、同一の児童に対する児童福祉法違反行為(淫行させる行為)を反復継続した場合について、包括一罪になるとし(最判昭三〇・一二・二六刑集九巻一四号三〇一八頁)、麻薬施用者免許を有する医師が同一の麻薬中毒患者に対し反復継続して施用のため麻薬を交付した旧麻薬取締法二七条、六五条一項違反行為(施用のための交付)の場合について、包括一罪になるとし(最判昭三二・七・二三刑集一一巻七号二〇一八頁)、商標法七八条違反(商標権侵害)行為を継続した場合について、登録商標ごとに包括一罪になるとしたのは(最決昭四一・六・一〇刑集二〇巻五号四二九頁)、このような意味で正当であったと思われる。横領行為について、接続犯と認められた場合のほか、犯意が継続する場合について、かなり広い範囲で実務上包括一罪が認められているのも、同様の意味で正当というべきであろう。

6 法条競合による一罪

(一) 意義

ある行為が二個以上の構成要件に該当しながら、そのうちの一個の構成要件が優先的に適用され、他はこれに劣後する関係に立つため、優先的に適用される構成要件による一罪のみが成立する場合、法条競合の関係に立つと定義しておきたい(法条競合については、平野四〇九頁以下、村崎・前掲論文、高田六一一頁以下、山火・前掲神奈川法学、虫明二九頁以下、町野二五一頁以下など参照)。

もっとも広く法条競合を理解する見解は、法条競合に特別関係、補充関係、択一関係、吸収関係の四種類を認めるが、択一関係を独立に認める意味がないとする見解あるいは吸収関係と他とは一罪になる根拠を異にするため吸収関係を除くべきであるとする見解が有力である。

法条競合の中心的問題点は、このような場合を法条競合と呼ぶか否か、また、法条競合の中に何を含めるかは別にして、このような場合に、なぜある構成要件の罪のみが成立し、他の構成要件の罪が成立しないことになるのかである。この点については、特別関係、補充関係、択一関係については、二罪の成立を認めると同一の行為を二重評価することになるためであるという説明（平野、虫明説）が今日では支配的であり、正当と思われる。それでは、どのような場合に二罪の成立を認めることが二重評価になるのか。この点については、構成要件間の概念的包摂関係がある場合であるという見解がある（虫明五一頁以下）。このような見解に立つと、択一関係（交差関係）については、そもそも法条競合の関係ではなく、吸収関係についても、二罪の成立を認めることが二重評価になるわけではないが、不法内容などからみて一方の罪の成立を認めると他方の罪の成立を併せて認めた場合と同様の結果になるため、一方の罪の成立のみを認めるものであり、実質的には共罰関係であり、科刑上一罪の関係にほかならないという説明になる。この説明は、魅力的ではあるが、一方の罪によって他方の罪が併せて評価されるのであれば、両罪の成立を認めることは二重評価になるはずである。特別関係などのように二つの構成要件が重なるときには、二重評価になることが明白であるという違いはあるが、択一関係や吸収関係の場合にも、二つの構成要件の間にそのような関係があることが確認された後は、二つの罪の成立を認めることは二重評価になるというべきであろう。二つの構成要件に該当しながら、一罪しか成立せず、二罪は両立しないということは、結局は二罪の成立を認めると二重評価になることを肯定することであると考えられる。

この点については、また、構成要件の概念的包摂関係という基準を排し、法益の質的同一性という基準を提唱する学説がある。すなわち、「複数の刑罰法規の保護法益が同一であるとき、それらは法条競合の関係に立つ。刑罰法規は保護法益のために存在するのであるから、一つの法益を侵害・危殆化する一つの行為事実があるときには、それを保護するためには一つの刑罰法規を適用すれば足りるのであり、複数の刑罰法規を適用・処罰することは憲法(三九条第二文)の禁止する二重処罰となるからである」と説く(町野五一頁以下)。この見解は、吸収関係を法条競合に含めず、特別関係、補充関係、択一関係(交差関係)を法条競合とする場合には、正当であると思われる。ただ、吸収関係を法条競合に含めるときは、必ずしも保護法益の質的同一性がない罪についても法条競合を認めることになり、しかも、その場合を含め、二罪の成立を認めることは二重処罰になり、むしろ二重処罰になると考えられる二つの罪の間に法条競合の関係を認めることになる。

そうすると、構成要件の概念的包摂関係、保護法益の質的同一性、不法責任内容の同質性(林二五七頁)などを考慮要素とする構成要件の包摂関係をもって法条競合の存否の基準とし、そのような包摂関係がある場合に二罪の成立を認めることは二重処罰になって許されないと考えるのが妥当ではなかろうか。

最高裁の判例の中には、法条競合か否かの判定に関し、刑罰法規の目的と取締対象となる行為の範囲の同一性(旧たばこ専売法六五条の二、七一条一号の無許可たばこ包装製造罪と刑法一五五条一項の公図画偽造罪との間に法条競合の関係を否定した最判昭三三・四・一〇刑集一二巻五号七四三頁)、あるいは、構成要件の仕組み、制裁の主旨対象、保護法益、処罰の実質的理由(預金等に係わる不当契約の取締に関する法律三条の罪と刑法二四七条の背任罪とを併合罪とした最判昭五〇・四・三刑集二九巻四号六三頁)などを挙げるものがあるが、それらは法条競合の存在を判断する基準とされているものではなく、二つの罪の間に上述したような二重処罰となる関係の存在つまりは法条競合の存在があるか否かを判断するための考慮要素にとどまるものと解せられる。

(二) 特別関係

特別関係とは、横領罪(二五二条)と業務上横領罪(二五三条)のように、行為が一般法の構成要件に該当すると同時に、特別法の構成要件にも該当する場合をいう。一般法の円の中に特別法の円が含まれている関係である。この場合、特別の要件を持つ特別法を一般法に優先して適用するのが法の趣旨であり、これと併せて一般法を適用すると二重処罰となるので、特別法のみの一罪が成立することになる。

特別法には、加重構成要件を定めたものと減軽構成要件を定めたものとがある。前者には、業務上横領罪のほか、賭博罪（一八五条）に対する常習賭博罪（一八六条一項）、強制猥褻罪（一七六条）に対する強姦罪（一七七条）などがあり、後者には、殺人罪（一九九条）に対する同意殺人罪（二〇二条）、窃盗罪に対する森林窃盗罪（森林法一九七条、一九八条）などがある。

㈢　補充関係

補充関係とは、既遂罪（基本法）と未遂罪（補充法）、殺人罪（一九九条、基本法）と傷害罪（二〇四条、補充法）のように、行為が基本法の構成要件に該当すると同時に、補充法の構成要件にも該当する場合をいう。補充法の円の中に基本法の円が含まれている関係である。この場合、基本法を補充法に優先して適用するのが法の趣旨と解せられ、これと併せて補充法を適用すると二重処罰になるので、基本法のみの一罪が成立する。

補充関係には、規定に明示されているものと、黙示のものとがある。前者の例としては、「傷害の罪と比較して、重い罪により処断する」と規定されている場合（二一八条二項、二二四条二項など）がある。

特別関係と補充関係とは実質は同じであり、優先する規定を中心にいうと特別関係になり、劣後の規定を中心にいうと補充関係になる。ただ、特別関係の場合には、一般法が先に規定され、特別法が一般法に特別の要件を付加する形で後に規定されるのが通常であるため、法条競合の関係に立つことが明らかであるのに対し、補充関係の場合には、基本法が先に規定され、補充法が後に規定されるのが通常であるため、補充法の要件は基本法を排除する形で規定されることがあり、そのため補充規定ではあるが法条競合とはならない場合が生じる。例えば、現住建造物放火罪（一〇八条）、非現住建造物放火罪（一〇九条）、建造物等以外放火罪（一一〇条）は、順次補充関係にあるといわれることがあるが、それぞれの罪は客体が他を排除する形で規定されているので、競合的に構成要件に該当することはなく、したがって、補充規定ではあるが法条競合の補充関係にはないというべきである。損壊罪についての二五八条ないし二六一条についても同様である。このような場合には、法条競合の吸収関係であるというべきである。

㈣　択一関係

択一関係とは、横領罪(二五二条)と背任罪(二四七条)のように、一方の罪が成立すると他方の罪が成立しない相互関係にある場合をいう。二つの円が交差する関係にあり、重なる部分については理論上いずれの罪も成立しており、ただ両立しない関係にあるにとどまる。未成年者誘拐罪(二二四条)と営利誘拐罪(二二五条)についても同様である(平野四一一頁)。このように交差する場合にも特別関係が成立すると考えると、択一関係を独立して認める必要はないが、特別関係を前記のように内包される二つの円のような関係であると定義すると、択一関係を独立して認める必要がある。そればかりか、択一関係の場合には、二つの罪がそれぞれの意味を持っており、相互の共通性から両立しない関係に立つにとどまるから、これを特別関係とは別に認めるのが妥当である。

㈤　吸収関係

⑴　意　義

吸収関係とは、強盗罪(二三六条)と強盗予備罪(二三七条)のように、重い罪が成立するときは軽い罪は成立せず、軽い罪は重い罪の犯情として考慮されることになる場合をいう(平野四一三頁、同・警研六四巻五号三頁)。二つの円が交差せずに離れた関係にある場合といってよい。

このような関係にあるところから、両罪の成立を認めても二重処罰にはあたらないとし、これを法条競合とはせずに科刑上一罪(平野前掲)又は包括一罪(虫明一〇五頁以下)とする見解が有力である。しかし、吸収される軽い罪が吸収する重い罪によって同時に処罰されるのであるから、重い罪で処罰した後で軽い罪を再度処罰すれば二重処罰にあたることになる。軽い罪の構成要件は、明記されてはいないが、重い罪の構成要件に付随し、隠れた構成要件として規定されていると考えられるのではなかろうか。そして、このことは、吸収関係を説明する上で重要と思われる。すなわち、法条競合は、特別関係、補充関係、択一関係及び吸収関係を含めて、適用法規の優先関係の問題であり、優先規定のみが適用されるのは、それによって劣後規定による処罰も行われるからである。これを裏から表現すれば、劣後規定は、どの関係においても、優先規定が適用されない場合に初めて適用される補充規定であるということになる。

補充規定には立法上いろいろの定め方がある。特別関係においては一般法、補充関係においては補充法、択一関係においては軽い罪、吸収関係においては吸収する重い罪であるが、それ以外にも補充規定はある。先に補充関係で述べたように、現住建造物等放火罪（一〇八条）、非現住建造物等放火罪（一〇九条）、建造物等以外放火罪（一一〇条）の各規定は、それぞれ現住建造物、非現住建造物、その他のものというように固有の客体を持っているので、競合して適用されることはない。したがって、それらは補充関係ではないとみるのが妥当であるが（虫明七六頁以下）、順次補充規定となるものであることは明らかである。立法上は、建造物等以下放火罪を物に対する放火罪の一般規定とし、他を特別規定の形で規定することもできるが、現在の形の方が明快であるところからそのように規定されたものと考えられる。損壊罪についての二五八条から二六一条の規定についても同様である。そうすると、現住建造物等放火罪のような優先関係に立つ規定は、劣後にある規定の実質的な被補充規定ないしは特別規定であり、実質的な補充規定ないしは一般規定を隠れた形で併せて規定しているものと解せられる。

共罰的事前行為、共罰的事後行為、付随行為などの吸収関係にある行為は、すべて右のような実質的な補充規定ないしは一般規定であり、そのために吸収されることになると解せられる。

(2)　共罰的事前行為（不可罰的事前行為）

例えば、殺人予備罪(二〇一条)は、殺人の実行に着手した後は適用する必要がなく、実行に着手しない場合でも処罰するために設けられた補充規定である(高田五六五頁参照。なお、未遂罪も既遂罪の補充規定であるが、補充関係に立つのでここでは除外してよい)。

公職選挙法の交付受交付罪(二二一条一項五号)と供与罪(同一号)との関係について、いったん成立した交付受交付罪は後の供与罪に吸収されるとされているが(最判昭四三・三・二九刑集二二巻三号一五三頁、最決昭五九・一・二七刑集三八巻一号一三六頁)、この場合も共罰的事前行為と認められたものと解せられる。

(3)　共罰的事後行為(不可罰的事後行為)

窃盗犯人が盗品を損壊したような場合、窃盗罪が成立するときは別に器物損壊罪(二六一条)は成立しない。窃盗罪は、その後に犯人が盗品を処分することを予定して定められているので、窃盗罪で併せてこれを処罰することになるからである。器物損壊罪は窃盗罪等の犯人以外の者に適用される補充規定であると解せられる(共罰的事後行為の論議については、平野四一一頁以下、高田五六六頁以下、中山四九頁以下、虫明二五五頁以下、阿部純二・判例刑法研究四巻二四三頁以下参照)。

(4)　随伴行為

主たる犯罪に通常随伴して生じる従たる犯罪であって、主たる犯罪によって併せて評価されていると解せられるものについては、主たる犯罪に吸収される(山火・前掲神奈川法学七巻二号一三頁以下、平野四一五頁、虫明二四七頁以下参照)。その例として、殺人によって被害者の着衣を損壊した場合の器物損壊罪が通常挙げられる(ただし、中山三〇頁以下は別罪が成立するという)。

三　科刑上一罪となる場合

1　概　要

数罪が成立するのに、これを狭義の併合罪として加重はせず、その中の最も重い刑によって処断する場合を講学上科刑上一罪と呼ぶ。刑法四五条一項の前段と後段は、一個の行為が二個以上の罪名に触れる場合（観念的競合と呼ぶのが通常であるが、想像的競合、一所為数法とも呼ぶ）と犯罪の手段又は結果である行為が他の罪名に触れる場合（牽連犯と呼ぶ）をそれぞれ科刑上一罪にあたると規定している。

観念的競合及び牽連犯を科刑上一罪とする理由については、種々の見解があるが、科刑上一罪は一罪と数罪との中間的な処理をするものであるから、基本的には、一罪と数罪を区別する理由と共通するところがあるはずである。同一の結果を生じさせた場合でも、一回の犯罪による場合より二回の犯罪による場合の方が犯情が重いので、行為の回数を重視し、併合罪として刑が加重される。そうとすると、一個の行為によって二個の犯罪を犯した観念的競合の場合には、二回の犯罪を犯したとして併合罪加重をするより、一回の行為により犯したことを重視して一回の犯罪を犯したと同様の処理をする方が一貫していることになる。

各犯罪が目的と手段又は原因と結果の関係にある牽連犯の場合には、それらを一つの特別類型の犯罪と規定することも、通常の犯罪と同様に併合罪として扱うことも、現在の規定のように科刑上一罪として扱うことも可能である。そして、現行法が牽連犯を科刑上一罪としたのは、犯罪類型としては別個のものと規定しつつも、全体が一回の犯罪として犯されることが通常と認められる場合であることを考慮し、一回の犯罪による場合と同様の処理をすることが妥当と判断したからにほかならない。そうとすると、牽連犯と認められるのは、各犯罪類型の間に目的と手段又は原因と結果の関係があると予定されている場合に限られるように思われる。

2 観念的競合

(一) 概　要

(1) 科刑上一罪とする根拠

等しく二罪が成立するのに、「一個の行為」による場合の方が「二個の行為」による場合より軽く処罰されるのはなぜか。それは、同一の金額の盗品を一回の窃盗で窃取した場合より二回の窃盗で窃盗した場合の方が併合罪として重く処罰されるのと同様、犯罪行為が一回より二回の方が違法性も責任も重いと考えられるからであろう。そうとすると、「一個の行為」とは、二罪を成立させる行為がありながら、それらが一回の犯罪行為と認めることができるからであって、単に二罪を成立させる行為がどこかの部分で重なり合っているからではないことになる。つまり、実行行為に重なり合いがあれば、行為を一回すなわち一個と認めるのに役立つが、重なり合いがあるからといって直ちに行為が一回すなわち一個になるわけではなく、逆に実行行為に重なり合いがなくても、二罪を成立させる行為が一回すなわち一個の犯罪行為であると認め得る場合があることになる。

近時の有力説の中には、観念的競合の場合に併合罪加重をしない根拠を反対動機の形成の機会が一回しかなく、併合罪加重をするほどに責任が重くないことに求める見解がある(安村二六六頁以下)。確かに、別の犯罪に出ないという反対動機の形成を行為者に期待できないで二罪を犯した場合には、一個の行為によるものと認められるが、観念的競合をそのような場合に限定するのは狭すぎるように思われる。すなわち、二つの犯罪の実行の着手時期にずれがある場合には、二つ目の犯罪の実行に着手する際に常に反対動機を形成する機会があり、たとい二つの犯罪の実行行為が重なる場合でも観念的競合の成立が否定されることになるからである。

(2) 判例の見解

判例の定義によると、「一個の行為」とは、「法的評価をはなれ構成要件的観点を捨象した自然的観察のもとで、行為者の動態が社会的見解上一個のものと評価を受ける場合をいう」とされている(最大判昭四九・五・二九刑集二八巻四号一一四頁、一五一頁、一六八頁)。ここにいう「行為者の動態が社会的見解上一個のものと評価を受ける場合」というのは、先の表現を用いると、社会的見解上、すなわち社会の一般的見解において、行為の動態が一回の犯罪行為と評価されるような場合を意味するものと解せられる。そして、このような見地からすると、行為の動態は、「法的評価をはなれ構成要件的観点を捨象した自然的観察のもとで」評価され、また、その範囲は、実行の着手時から既遂時ないしは終了時までに限られず、実行行為の前後にまたがるものが広く含まれることになる。

それまでの判例は、「一個の行為」の定義を下してはいなかったが、その底流には、構成要件的な行為に重なりがある場合という考えがあったように思われるので、新しい判例の下では、「一個の行為」と認められる範囲が従前よりやや広くなる可能性がある反面、構成要件的な行為に重なる部分があっても観念的競合とは認められないこともあるので従前よりその範囲が狭くなる可能性もある。

これに対し、前記の学説は、「一個の行為が数個の罪名に触れる」という場合の「行為」は構成要件の評価の対象となる行為であって、構成要件の評価を受けた行為ではないから、最高裁判例が観念的競合の判断の対象である行為について構成要件的観点を捨象すべきであるとしたのは正当であるとする反面、構成要件の評価対象から外れた行為がその「罪名に触れる」ことはありえないので、一個の行為か否かを自然的観察あるいは法的評価を離れた社会的見解によって判断すべきであるとしたのは正当ではないとする。しかし、その立場を徹底すれば、構成要件の評価を離れた行為を判断の対象としても考慮する意味はなく、二つの犯罪の構成要件該当行為に重なり合いがある場合という旧来の判例の立場と同じ主張になり、ひいては、反対動機の形成の機会という基準ではなく、行為の重なり合い自体に観念的競合の根拠を求めることになるのではなかろうか。

もっとも、判例がいう基準は抽象的であり、「観念的競合の成否の判断を最高裁の有権的解釈に委ねるものであ」

るという批判には、耳を傾けるべき点があると思われる。そして、この批判に答えるには、二つの構成要件該当行為に重なり合いがない場合でも一個の行為であると認められるのはいかなる条件が整ったときをいうのかを明らかにしなければならない。最高裁の判例を通じて認識されるその条件とは、以下に述べるとおり、ある犯罪の実行行為のほか、犯罪として規定されているか否かを問わず、その犯罪の予備及び未遂の行為を含む行為に重なり合いがある場合をいうものと解せられる。法条競合の吸収関係の場合、既遂罪で処罰すれば、直接の犯罪行為として認定されない未遂及び予備も実質上同時に処罰することになると理解されるが、そのことは、予備、未遂の段階から実質上犯罪が開始されていることを認めることにほかならない。

以下、最高裁又は大審院の判例の中から、観念的競合を認めた代表例と、認めなかった代表例を概観した上、判例に対する批判を考察し、判例の考えに迫ってみたい。

㈡　観念的競合となる場合

これまで最高裁又は大審院の判例において観念的競合と認められたものは、概ね次の三つの類型に分けることができると思われる。

⑴　二つの罪の実行行為がほとんど全部重なっているとき

例示的に判例を挙げてみよう。こうした場合には、一回の犯罪行為であることが明らかであるから、観念的競合となることに争いはない。

①　一個の脅迫行為で数人の公務員の公務の執行を妨害したときに成立する公務員の数の公務執行妨害罪（九五条）（最（大）判昭二六・五・一六集五巻六号一一五七頁）

②　一個の暴行で公務員の公務の執行を妨害し、傷害を負わせたときに成立する公務執行妨害罪（九五条）と傷害罪（二〇四条）（大判明四二・七・一録一五輯九一〇頁）

③　仮差押の表示のある物件の保管者がこれを売却する意思で取り出したときに成立する封印等破棄罪（九六条）と横領罪（二五二条）（大判昭一四・七・二八集一八巻四五一頁）

④　数人の犯人をハイヤーで一緒に逃走させて隠避した上、旅館にかくまって蔵匿したときの犯人ごとに成立する犯人蔵匿等罪（一〇三条）（最判昭三五・三・一七集一四巻三号三五一頁）

⑤　死体のある家屋に放火して家屋と死体を焼毀したときに成立する放火罪（一〇八条、一〇九条等）と死体損壊罪（一九〇条）

⑥　鉄瓶に毒を混入して数人を殺害しようとしたときに被害者ごとに成立する殺人未遂罪（一九九条、二〇三条）（大判大六・一一・九録二三輯一二六一頁）

⑦　同一日時場所の運転行為によって成立する無免許運転罪（道交法一一八条一項一号、六四条）と酒酔い運転罪（道交法一一七条の二第一号、六五条一項）又は車検切れ自動車運行供用罪（道交法一〇八条一号、五九条一項）（前者は最（大）判昭四九・五・二九集二八巻四号一五一頁、後者は最決昭四九・五・二九車検切れ二八巻四号一六八頁）

⑧　選挙運動期間前に選挙に関して戸別訪問をしたときに成立する事前運動罪（公職選挙法二三九条一項一号、一二九条）と戸別訪問罪（二三九条一項三号、一三八条）（大判昭三・一・二四集七巻六頁）

⑨　不正な電気機器を電話機に取り付けて信号の送出を妨げ、電話料金算出の基礎になる度数計の作動を妨げたときに成立する有線電気通信法違反罪（有線電気通信法）と偽計業務妨害罪（刑法二三三条）

(2)　手段と結果の実行行為を持つ二つの罪の手段がほとんど全部重なっているとき

例えば、詐欺罪では、欺罔行為も騙取行為も実行行為であるが、かりに一個の欺罔行為で二個の騙取行為が行われたとしても、犯罪行為は一個であり、一罪である。そうとすると、同一の欺罔行為で数人から別個に騙取したとしても、犯罪行為は一回と考えるのが相当であろう。こうした場合の判例を以下に例示的に挙げてみよう。

① 婦女を強姦する目的で、殺意をもって暴行し、婦女を姦淫するとともに殺害したときに成立する強姦致死罪（一八一条）と殺人罪（一九九条）（最判昭三一・一〇・二五集一〇巻一〇号一四五五頁）

② 数人に対して一個の欺罔行為をし、時期を異にして数人から金員を騙取したときに成立する被害者ごとの詐欺罪（二四六条）（大判明四四・四・一三録一七輯五五二頁）

③ 数人に対して一個の脅迫行為をし、その場で数人から金員を喝取したときに成立する被害者ごとの恐喝罪（二四九条）（最判昭二六・一二・二五集五巻一三号二六一三頁）

④ 数人の被害者に匕首を突き付けて脅迫し、その場で数人から所持金を強奪したときに被害者ごとに成立する強盗罪（二三六条）（最判昭二二・一一・二九集一巻三六頁）

(3) 一つの罪の実行行為が他の罪の実行行為と接着する予備的行為又は未遂的行為と重なる関係にあるとき

この場合の代表例は、次のとおりであるが、これについては、観念的競合とすることに異論もある。

① 覚せい剤を陸揚げした後、これを携帯して通関線を突破しようとしたときに成立する覚せい剤輸入罪（覚せい剤一三条、四一条）と無許可輸入未遂罪（関税一一一条）（最判昭五八・九・二九刑集三七巻七号一一一〇頁。大麻についても最判昭五八・一二・二一刑集三七巻一〇号一八七八頁は同旨）

(4) 二つの不作為の罪の実行行為に接着する予備的行為又は未遂的行為が重なる関係にあるとき

この場合の代表例は、次のとおりであるが、これについては異論もある。

① 自動車運転者が事故で他人を負傷させたのに救護義務も報告義務も怠った場合に成立する救護義務違反罪（道交法一一七条、七二条一項前段）と報告義務違反罪（道交一一九条一項一〇号、七二条一項前段）（最大判昭四一・九・二二刑集三〇巻八号一六四〇頁）

㈢ 観念的競合とならない場合

二つの罪に重なる部分があるのに観念的競合にはならないとされた代表例は、不法所持罪、無免許運転罪などの継続犯とその一時点で成立する他の罪との間である。

① 不法に所持する銃剣を用いて人を殺害した場合に成立する銃剣不法所持罪(旧銃砲等所持禁止令一条、二条)と殺人罪(刑法一九九条)(最判昭二六・二・二七刑集五巻三号四六六頁)

② 酒酔運転(道交一一七条の二第一号、六五条一項)とその一時点、一場所において成立する業務上過失致死罪(刑法二一一条)(最大判昭四九・五・二九刑集二八巻四号一一四頁。重過失傷害罪についての最決昭五〇・五・二七刑集二九巻五号三四八頁も同旨)

③ 無免許運転罪(道交一一七条の二、六四条)とその一時点、一場所において成立する速度違反罪(道交一一八条一項、二二条一項)又は信号無視罪(道交一一九条一項一号の二、七条)(最決昭四九・一一・二八刑集二八巻八号三八五頁)

㈣ 判例に対する批判と検討

㈡と㈢に挙げた判例に対する主要な批判を取り上げて検討しておこう。

(1) 観念的競合を認めた判例に対する批判

前記㈡に挙げた判例のうち、(1)(2)については一般的には異論はみられないが、(1)の⑧の判例、つまり選挙運動期間前に選挙に関して戸別訪問をしたときに成立する事前運動罪と戸別訪問罪とを観念的競合としたもの(同様に、最判昭四三・一二・二四刑集二二巻一三号一五六七頁は、戸別訪問罪とその際の法定外文書頒布罪とを観念的競合とし、最判昭三六・五・二六刑集一五巻五号八七一頁は、戸別訪問罪とその際の供与罪とを観念的競合としている)については異論がある。すなわち、戸別訪問罪は選挙人方を訪れて面会を求めれば足りるとしながら、その行為と重ならない、後に行われた法定外文書頒布罪等と戸別訪問罪とを観念的競合とするのは不当であるというのである(安村二七〇頁以下など)。

戸別訪問罪は、戸別訪問という形で選挙運動をすることを処罰するものであるから、選挙運動のために選挙人に面会を求めることも、その後の投票依頼、法定外文書頒布、供与などの選挙運動とともに選挙運動の一環をなすものとみることができる。そうすると、戸別訪問とその際の選挙運動とは行為において重なる関係にあるといってよいと思われる。

(3)の①の判例に対しても批判がある。この判例は、覚せい剤を陸揚げした後、これを携帯して通関線を突破しようとしたときに成立する覚せい剤輸入罪と無許可輸入未遂罪とを観念的競合としたものであるが、前者は陸揚げした時点で既遂になり、後者はその時点では未遂にならないと解するときは、行為の重なりがないことになるので、観念的競合とするのは不当であるというのである（安村二七一頁など）。

覚せい剤を陸揚げした時点では未だ無許可輸入罪の実行の着手がないとしても、陸揚げする行為は、これに接着するものであって、予備的行為とみるのが相当であるから、行為者の動態は社会的見解上一個のものとみることができる。

(4)の①の判例に対しても批判がある。すなわち、この場合には、二つの行為でなければ二つの作為義務を履行できない場合であるから、行為の数だけの反対動機形成の機会があるので、併合罪とすべきであるというのである（安村二六七頁以下など）。

しかし、ひき逃げをする意思で現場を立ち去る行為は、すくなくとも二つの作為義務を履行しないという行為の予備的又は未遂的な行為というべきであるから、行為者の動態は社会的見解上一個のものというべきである。

(2)　観念的競合を認めなかった判例に対する批判

判例が観念的競合とはならないとした前記㈢の①ないし③の判例に対しては批判がある。すなわち、銃剣の不法所持と殺人、無免許運転と速度違反などにおいては、殺人又は速度違反の時点では行為が重なり合っているから、観念的競合を認めないのは不当であり、そこから生じる不当な結果はかすがい効果を限定することで避けるべきであるというのである(安村二七〇頁など)。かすがい効果の問題は後に**4**で検討することとし、観念的競合の成否についてのみ検討すると、判例には十分な根拠があるように思われる。すなわち、殺人の実行行為は、銃剣を用いて殺害行為をすることであり、銃剣の不法所持は、銃剣を実力支配の下においていることである。したがって、銃剣を用いた殺害行為をすることが銃剣の不法所持になるわけではない。そうすると、両罪は、同時犯となるにとどまるというべきである。また、無免許運転と速度違反とは、それぞれ独立に成立する罪であって、無免許運転行為が速度違反行為となるわけではなく、その逆も同様である。このような場合には、単に一時点で運転行為が重なっていたとしても、それは速度違反の形で無免許運転をしたものということはできず、単に一時点で無免許運転のほかに速度違反をしたにとどまるというべきであるから、行為者の動態は社会的見解上一個のものではなく、同時犯となるにとどまるというべきである。もっとも、終始無免許運転と速度違反とが重なっていたような場合には、速度違反の形で無免許運転をしたものとみるのが社会的見解上妥当であるから、観念的競合になるものというべきであろう。

3　牽連犯

前述したとおり、各犯罪が目的と手段又は原因と結果の関係にある牽連犯の場合には、それらを一つの特別類型の犯罪と規定することも、通常の犯罪と同様に併合罪として扱うことも、現在の規定のように科刑上一罪として扱うことも可能である。そして、現行法が牽連犯を科刑上一罪としたのは、犯罪類型としては別個のものと規定しつつも、全体が一回の犯罪として犯されることが通常と認められる場合であることを考慮し、一回の犯罪による場合と同様の処理をすることが妥当と判断したからにほかならない。そうとすると、牽連犯と認められるのは、各犯罪類型の間に目的と手段又は原因と結果の関係があると予定されている場合に限られるように思われる。

いかなる場合に牽連犯の成立を認めるべき「通常性」があるかについては、若干の見解の相違がある(この点については、安村二七一頁以下を参照)。一方の犯罪が当然に他方の犯罪の手段又は結果として犯されるものと予定して設けられた場合には、一般にこの通常性が認められている。そのほかの犯罪の場合でも、二つの行為が時間的に接着して行われたとき、又は同一の機会に行われたときには、牽連犯を認めるべきであるという見解がある(安村・前掲)。その例として、覚せい剤の製造とこれに必然的に伴う一時的所持との関係が挙げられる。しかし、この場合には、判例が採るように所持は重い製造罪に吸収されると解する方が妥当と思われる(最判昭和三一・四・二四刑集一〇巻四号六二五頁)。吸収されないような所持であれば、所持を製造とは別個に処罰するという立法的な判断に従い、併合罪として処理するのが妥当と思われる。

4 かすがい効果

(一) 判例

本来併合罪の関係にある犯罪(A罪、B罪など)が第三の犯罪とそれぞれ科刑上一罪(観念的競合又は牽連犯)の関係にある場合に、この第三の犯罪がかすがいとなって全体が科刑上一罪とされることがある。これをかすがい効果又はかすがい現象という。かすがい効果を認めた代表的な判例を挙げると、次のとおりである。

① 住居に侵入して三人を殺害した場合に成立する住居侵入罪(刑法一三〇条)と三個の殺人罪(一九九条)の場合(最決昭二九・五・二七刑集八巻五号七二一頁)。

② 他数回にわたり女性に売春婦としての就業を斡旋し、雇主から紹介手数料を受領して利得した場合に成立する集合犯としての中間搾取罪(労基六条)と女性ごとに成立する職業安定法違反罪(六三条二号の公衆道徳上有害な業務

に就かせる罪）の場合（最判昭三三・五・六刑集一二巻七号一二九七頁）。

③　立候補届出前に数十人を戸別訪問し、それぞれ金員等の供与又は供与の申込みをした場合に成立する包括一罪としての戸別訪問罪（公選一三八条一項、二三九条三号）と事前運動罪（公選一二九条、二三九条一項一号）、供与罪（公選二二一条一項一号）との場合（最判昭三六・五・六刑集一五巻五号八七一頁）。

④　選挙運動期間前に数人の選挙人に投票を依頼し、それぞれ金員を供与し又は供与の申込みをした場合に成立する事前運動罪（公選一二九条、二三九条一項一号）及び供与罪（公選二二一条一項一号）との間にかすがい効果を認めず、個々の供与罪とその際の事前運動罪とが観念的競合の関係に立ち、それらは併合罪となるとした事例（最判昭和三五・四・二八刑集一四巻六号八二二頁、最判昭四〇・三・一二裁判集刑事一五五号三一頁）。

①は、ZA、ZBなどが牽連犯の関係にある場合にZをかすがいとして全体を牽連一罪としたものであり、②③は、集合犯であるZの一部に本来併合罪であるABなどの罪が観念的競合の関係で成立する場合にZをかすがいとして観念的競合による一罪を認めたものであり、④は、同じような場合に、観念的競合による一罪を認めず、ABなどと重なり合うZ1、Z2などとの間にのみ観念的競合の関係を認め、AZ1、BZ2などの併合罪としたものである。

㈡　観念的競合一罪の判例に対する批判と検討

この点の判例については、前記㈠の②③と④との間に整合性があるか否かが問題になる。そこで、まず④についてみると、個々の供与罪とそれによる事前運動罪とが観念的競合の関係に立つことは確定した判例である。また、各供与は、それ自体が事前選挙運動にあたり、実行行為の重なりがあるから、それらの間に観念的競合を認めるほかはなく、そう解しても、継続犯の一部において成立する別罪との間に観念的競合の関係を認めない判例との間に不整合はない。問題は、二度目の供与があった場合において、それにより事前運動罪の罪数がどうなるかである。

すなわち、通常は集合犯として処理される事前運動罪が併合罪関係に立つ供与罪の成立によって分断されるのかである。④の判例は、そう解し、事前運動禁止の「規定は、常時選挙運動が行われることに伴う弊害を防止し選挙の公正を期するため選挙運動の期間を制限したに過ぎないものであるから、買収犯の如く法定の期間内であると否とに拘らずそれ自体違法な選挙運動行為が数個ある場合には、事前運動の場合でも各行為毎に犯罪が成立する」と判示する。これは、併合罪となる罪が成立するときには、これを併合罪として処理することの要請が法律上優越し、その結果、かすがい効果をもたらす集合犯の一罪性が否定されることを判示したものと解するほかないであろう。

そうなると、②③と④の判例との間には不整合があるといわざるを得ないように思われる。今後の判例の展開が注目される。

㈢ 牽連一罪の判例に対する批判と検討

前記㈠の①の判例、すなわち住居侵入と三つの殺人を牽連一罪とした判例に対しては、異論が多い。本来併合罪となるはずの三つの殺人が住居侵入を伴うために牽連一罪になり、併合罪加重を免れるのは不当であるというのである。そして、そのような結果を避けるために種々の見解が表明されてきた(山火五七六頁、山中五六頁以下、中野次雄・刑事裁判の諸問題一二五頁以下など参照)。

この批判は、傾聴に値する。近時の学説には、牽連犯を認めるには各犯罪との間に通常性が存在しなければならないが、右の判例の事案では、住居侵入と最初の殺人との間には通常性があるとしても、住居侵入と第二、第三の殺人との間には通常性は認められないとし、住居侵入と第一の殺人についてのみ観念的競合の関係を認め、これと第二、第三の殺人とは併合罪の関係を認めるものがある(安村二九九頁)。これは、検討に値する見解である。

観念的競合一罪についての前記の理解をこの場合に用いると、併合罪となる罪が成立するときには、これを併合罪として処理することの要請が法律上優越し、その結果、かすがい効果をもたらす集合犯の一罪性が否定されることになるという説明がここでも妥当することになろう。いずれにせよ、この点についても判例の展開が注目される。

四　共犯の罪数

1　一罪と数罪の成否

㈠　教唆犯・幇助犯の場合

狭義の共犯（教唆犯・幇助犯）の罪数が一罪か数罪かは、幇助行為の個数によってではなく、正犯の罪の罪数に従って決定される。このことは、大審院当時からの支配的な見解であったが、最高裁判例（最決昭五七・二・一七集三六・二・二〇六。その研究に、佐藤・判解刑昭和五七年六〇頁、西田・警研五五巻九号七七頁、大越・ジュリ昭和五七年度重判解一六六頁）は、幇助犯についてそのことを明言した。すなわち、甲ほか五名は、共謀の上営利の目的で二回にわたり覚せい剤を密輸入したが、被告人は、それに先立ち甲の依頼によりその仕入れ資金となる現金を銀行保証小切手に替えて甲に手渡し、甲らの犯行を幇助したという事案について、「幇助犯は正犯の犯行を幇助することによって成立するものであるから、成立するべき幇助罪の個数については、正犯の罪のそれに従って決定されるものと解するのが相当である」、「たとえ被告人の幇助行為が一個であっても、二個の覚せい剤取締法違反幇助の罪が成立すると解すべきである」と判示したのである。学説にも異論はみられない。

共犯は、それぞれの正犯が成立するごとに成立するものであるから、共犯の罪の数は、正犯の罪の数に応じて決定されるのは当然である（なお、共犯の罪数については、『大コメ刑法　第二版』四巻二二一頁以下〔中山〕、同五巻五六三頁以下〔佐藤〕、同五巻一七五頁以下〔安廣〕、同五巻五三四頁以下〔堀内＝安廣〕参照）。

㈡　共同正犯の場合

ある罪の共同正犯が成立している場合、共同正犯者の数だけの罪が成立していると考えるべきか、一罪のみが成立していると考えるべきかが争われている。学説は、共同正犯は数人による数罪であると解して前者の見解を採るものが多いが、判例は、共同正犯は数人による一罪であるとして後者の見解を採っており、倒えば、踊り子と客が組になって二組で公然わいせつ行為をしたのを幇助した事案において、一個の公然わいせつ行為を幇助したものと解している(最判昭五六・七・一七集三五巻五号五六三頁)。共同正犯者は共同正犯者全員の行為で犯罪を犯したとされるのであるから、幇助者が数人の共同正犯者を幇助した場合にその数だけの幇助罪が成立すると解することは、幇助者に関して同一の共同正犯行為を共同正犯者の数だけ重複して評価することになる。したがって、それぞれの共同正犯者に関して一罪が成立することに着目して、共同正犯は数人による数罪であると表現するとしても、幇助者に関しては数人による一罪であると解するのが妥当と考えられる。

2 科刑上一罪の成否

(一) 教唆犯・幇助犯の場合

最初に挙げた最高裁判例は、幇助罪に関し、幇助罪が数個成立する場合において、それらが刑法五四条一項にいう一個の行為によるものであるか否かは、幇助行為それ自体についてみるべきである旨を判示した。すなわち、「幇助犯における行為は幇助犯のした幇助行為そのものにほかならない」、「被告人の幇助行為は一個と認められるから、たとえ正犯の罪が併合罪の関係にあっても、被告人の二個の覚せい剤取締法違反幇助の罪は観念的競合の関係にあると解すべきである」というのである。これは、大審院の主流の見解を変更したものと理解されている(佐藤・前掲解説七一頁)。また、この判示は、教唆犯についても当然適用されることになる。

この判示については検討を要する問題点が多い。第一は、この判例が採った共犯行為基準説と観念的競合に関する一般的な基準との関係である。この一般的な基準は、可罰的行為ではなく自然的行為が判断の対象とされるべきことを明らかにしたものであって、共犯行為基準説はこれを共犯行為に適用したものであるという理解がある(西田八二頁)。共犯行為が一個である場合に一個の行為と認めるという点では、この理解は正当と思われるが、その場合に限って一個の行為と認めるとするのがこの判例の立場であるのか、また、それが観念的競合に関する一般的な判例の立場と考えるべきかについては、なお検討が必要であろう。

そこで、第二の問題は、共犯の「一個の行為」の判断について正犯行為がどのような意味をもつかである。共犯は、正犯の成立を待って処罰されるものであり、その構成要件は、正犯行為と共犯行為との複合的なものである。そうとすると、共犯の「一個の行為」を判断する際には、共犯行為と正犯行為の双方をその判断の対象とするのが正当であり、そのいずれかが自然的行為という観点から「一個の行為」と認められる場合には観念的競合の成立を認めることができると考えられる。すなわち、共犯行為が二個であって、二罪を対象としている場合であっても、正犯がこの二罪を一個の行為で実行したときは、共犯についても一個の行為として観念的競合を認めてよいと考えられるのである(牽連犯についても同様である)。

第三は、共犯行為基準説によると、特に教唆犯の場合には、観念的競合の範囲が広がり過ぎ、不当ではないかである。例えば、正犯に対し別個の場所での殺人と窃盗を同一機会に教唆し、正犯がそのとおりに実行したときに観念的競合になるとすれば、まったく関連のない二つの正犯行為を同時に捜査起訴する必要が生じ、不当ではないかというのである(西田八三頁、安廣・前掲五一〇頁以下)。これは、共犯行為基準説の問題というより、むしろ、同一の機会に行われたことから教唆行為・幇助行為を「一個の行為」にあたるとすることとの問題である。

物理的な幇助行為の場合、例えば、正犯が二人を殺すのに用いるピストルを提供した場合、正犯が住居に侵入して殺人をするに際して戸の鍵を開けておいた場合(大判大六・一〇・一録二三輯一〇四〇頁は、このような事案であり、各幇助罪の牽連犯とした)、三名の正犯が不法退去するに際して自分の漁船に三名を乗せて幇助した場合(最大判昭三〇・一〇・二二集九巻一一号二二五九頁は、このような事案であり、観念的競合を認めた）、正犯が二回覚せい剤を密輸入するに際してその購入資金を一括して提供した場合（前掲最決昭五七・二・一七は、これと同種の事案である）などの場合には、帮助行為自体が一個の行為であるとみるべきことが明らかであるから、観念的競合の成立を認めるべきであろう。

これに対して、教唆行為の場合には、たとえ同一の機会に同一人に対し別個の二個の犯罪を教唆し、又は同一の機会に二人に別個の二個の犯罪を教唆したとしても、原則として、二個の教唆犯が同時犯として成立するにとどまり、一個の行為にはあたらないというべきである。このような場合に一個の行為となるのは、正犯に対し同一の機会に二個の犯罪を犯すことを教唆したような特別の場合に限られるであろう。

この点で興味を引くのは、大審院の判例である。すなわち、例えば、同一の機会に二人に対しそれぞれ殺人を教唆した場合につき、たとえ教唆が同時に出たときでも二個の教唆罪が成立することはいうまでもないとし（大判明四四・一一・一〇録一七輯一八六五頁）、同時に数人を教唆してそれぞれ偽証させた場合につき、併合罪が成立することは明らかであるとし（大判大五・六・三〇録二二輯一二一〇頁）、他方において、正犯に対し同時に二人以上を傷害するように特に明示して教唆してそのとおりに実行させた場合につき、一個の教唆行為で二個の傷害罪を犯させたもので、観念的競合にあたるとしている（大判大一二・一〇・二二録一九輯一〇〇〇頁）。これらは、共犯は正犯と同一の責任を負うという見解が基礎にある判例ではあるが、その実務的な行為の個数判断は今日でも参考にされるべきであろう。精神的な帮助行為についても、以上の考え方が原則として妥当すると考えられる。

一個の行為の判断基準についてこのような限定を加えるならば、教唆行為・帮助行為が一個である場合に観念的競合の成立を認めても、決して不当ではないというべきであろう。

第四は、一個の行為を判断する際の実際的な基準をどこに求めるべきかである。この点で注目されるのは、「観念的競合における一個の行為とは、分割することが不可能な行為、いいかえると一つの行為だけをして他の行為をしないことが不可能な場合を指す。これによれば、一般的にいって、物理的方法による加功（通常は幇助）においては、一個の行為と認められる場合が多いが、精神的方法による加功（その典型が教唆）については問題がある。例えば、二人を前にして同時に偽証を教唆した場合を考えると、その中の一人だけに向かって教唆し他の一人には教唆しないということもできたのであるから、一個の行為ではなく、二個の教唆行為が同時に行われたとみるのが正しい」という見解である（中野・前掲九四頁）。

この見解については、例えば三人の不法退去行為を幇助した事案の場合でも、一人だけを乗船させて他を断ることも可能であるから、行為は分割が可能であって、この基準によると観念的競合とされている事案の多くが分割可能になって観念的競合が否定されることになるという批判がある（西田八四頁）。なるほど、事実上分割が可能であったか否かを基準とすれば、この批判が指摘するとおり、当然一個の行為と認められるべき事案でもそれが認められないことになるであろう。しかし、前記の分割不可能説の重点は、次の点にあるのではなかろうか。すなわち、一個の正犯又は共犯の行為をすることにより、同時に他の正犯又は共犯の行為をもすることになるような場合には、一個の行為にあたり、観念的競合となるが、そうでない場合には、一個の行為にはあたらず、観念的競合とならない、という点を強調することである。

このような理解によると、例えば三人の不法退去行為を幇助した事案の場合、自分の漁船に乗せて一人の不法退去行為を幇助する行為は、当然、同時に他の二人の不法退去行為を幇助する結果になっており、二人の関係では幇助行為にはならないというわけにはいかないから、その幇助行為は一個の行為であり、当然観念的競合になるというべきである。これに対し、二人に対し同一の機会に別個の犯罪を教唆したような場合は、一人に対する教唆行為が同時に他の一人に対する教唆行為となるわけではなく、たまたま同一の機会に行った教唆行為の結果二人の正犯が犯意を生じて実行に及んだとしても、その教唆行為は同時犯となるにとどまるというべきである。分割不可能説をこのような意味での行為の効果の分割の可能不可能を重視する見解と理解するならば、それは正当と考えられる。

(二) 共同正犯の場合

共同正犯の場合、一個の行為か否かの判断の対象となる行為は、自然的行為の観点からは、共謀のみであるから、共謀行為が一個であれば、その内容となる犯罪行為が複数であっても、観念的競合とすべきであるという見解がある(西田八四頁)。

すでに検討したとおり、「一個の行為」とは、二罪を成立させる行為がありながら、一回の犯罪行為と認め得る場合をいうのであり、単に二罪を成立させる行為がどこかの部分で重なり合っているからではない。判例が、「一個の行為」の判断について自然的行為を対象とすべきことを強調するのは、そのためであって、本人がした事実的な行為のみを対象とすべきことを説くものではないと考えられる。

共謀共同正犯の場合、処罰の対象となるのは、共謀行為ではなく、共謀に基づいてした実行行為である。したがって、その場合の一個の行為の判断は、実行行為の中に観念的競合とすべきものがあるか否かの判断にほかならず、例えば、共同正犯者が一回の爆発行為で二人を殺害したような場合に、共謀者についても、一個の行為による二個の殺人として観念約競合を認めることになるというべきである。

五 数罪が成立する場合の処理

1 刑法第九章の構成

刑法第九章は、四五条から五三条において、数罪が成立する場合のうち、併合罪となるものについての処理の方法を規定し、五四条において、観念的競合と牽連犯となるものを科刑上一罪とすることを規定している。単純一罪

については もとより、単純数罪についても規定していないが、併合罪又は科刑上一罪にあたらない場合には、それらの処理方法によらないことになるので、個別に刑を科することになる。

四五条においては、併合罪となるものの範囲を規定する。次いで、四六条においては、一つの罪について死刑、無期懲役、無期禁錮に処する場合の吸収主義を規定し、四七条においては、併合罪中二個以上の有期懲役、有期禁錮に処する場合の加重単一刑主義を規定し、四八条においては、罰金と他の刑との併科主義と二個以上の罰金との加重単一刑主義を規定している。さらに、四九条から五二条においては、四六条ないし四八条までの処理の結果として二つ以上の罪に対して一つの罪による刑、一つの刑又は二つ以上の刑が科されることがあるところから、没収、余罪、刑の執行又は大赦の処理について規定している。最後に、五三条においては、拘留又は科料について完全な併科主義を規定している。この場合には、原則として四六条ないし四八条の処理に伴う問題が生じないので（五〇条の余罪の問題は生じ得るが）、その処理を規定した後に規定が置かれている。

以上の構成からみると、第九章の規定は、四五条から順に適用上の優先関係があり、罰金と拘留、科料の併科が四八条と五三条に重複規定されているような場合には、前の規定が優先適用されるものと解せられる。

2　併合罪の範囲の確定

㈠　概　要

四五条は、第九章にいう併合罪の範囲を確定するための原則を定めている。しかし、その原則に従って確定される併合罪の範囲は、必ずしも四六条以下の各規定における併合罪の範囲と一致するわけではなく、それより広い場合がある。四六条以下の条文においては、四五条における併合罪のうちから、それぞれ特定の場面に当てはまるものが取り出され、それらを対象として併合罪という概念が用いられているからである。

併合罪の概念は、内容を厳密に読み取るには相当複雑な作業が必要である（戸田弘「併合罪と罰金刑以下の確定裁判」刑事裁判の課題一九七頁参照）。そこで、詳細は後日の検討に委ね、ここでは、実務的な観点から、その概要を説明しておくこととしたい。

併合罪の範囲は、大別して四つの場面で確定する必要が生じ、それぞれの場面で異なる場合が生じる。

第一は、理論上併合罪となり得る範囲を予め確定しておく場面である。四五条は、このような場面に備え、併合罪の範囲を確定するための原則を定めたものであって、ここにいう併合罪には、確定判決を経た罪、確定前の起訴された罪、起訴前の罪、未発覚の罪のいずれもが含まれる。四六条以下における併合罪の範囲は、この四五条の原則で定められた併合罪の範囲を超えることがない。

第二は、裁判所が起訴事件に対して判決をする場面である。これには、さらに併合罪について法令を適用して処断刑を得る場面（四六条ないし五〇条、五三条）と併合罪のうちの余罪（確定裁判を経ていない罪）について判決をする場面（五〇条）の二つがある。

第三は、併合罪について二個以上の裁判があった場合に刑を執行する場面（五一条）である。

第四は、併合罪について処断された者がその一部の罪について大赦を受けた場合に残りの罪について刑を定める場面（五二条）である。なお、科刑上一罪（観念的競合及び牽連犯）となる罪は、併合罪の処理にあたって一罪に準じて取り扱われる（五四条）。

以下、順次これら四つの併合罪の範囲を説明しておきたい。

㈡　理論上の併合罪の範囲

確定裁判を経ていない二個以上の罪（犯行Ａ・Ｂなど。以下犯行の順にアルファベットで示す）が存在する状態になった場合に併合罪が成立する（四五条前段）。この場合の確定裁判とは、一事不再理効が発生している裁判をいい、罰金の裁判であろうと、禁錮以上の刑であろうと差し支えない。A・Bが初めての二個の罪である場合でも、ある罪について確定裁判があった後、A・Bの犯行があった場合でもよい。

確定裁判を受けない罪が二個ある状態が生じて、併合罪が成立した後、C・Dと次々と罪が犯されると、併合罪の内容は次第に広くなっていくが、そのうちの一個又は数個について罰金以下の確定裁判があっても、併合罪の範囲は確定されない。そして、併合罪の内容に含まれる罪のどれかについて最初に禁錮以上の裁判が確定したときに、初めて併合罪の範囲が画され、その裁判の罪とそれ以前に犯された罪とが、罰金以下の確定裁判の罪を含めて併合罪となる（四五条後段。例えば、Cについて禁錮以上の確定裁判があるとA・B・Cが併合罪になる）。禁錮以上の確定裁判の後に犯された罪が二個以上あれば、あらたに併合罪が成立し、それらの罪のいずれかにつき禁錮以上の確定裁判があると併合罪の範囲がまた確定する。

㈢　法令を適用する場面での併合罪の範囲

起訴事件に対して裁判所が裁判をし、法令を適用する際には、㈡にいう併合罪のすべてを併合罪として処理するわけではない。審理裁判所は、後日併合罪の一部であると判明する罪であっても、他の裁判所で審理中の事件を併合罪の一部と認定することはできず、また、罰金以下の確定裁判の罪については審理中の罪と統一的に処理する必要はないので、処断刑を得るに必要な限度、つまり自ら審理して成立を認めた罪と確定裁判の罪に着目して併合罪の範囲を確定しておけば足りる。まず、禁錮以上の刑に処する確定裁判がないときは、四五条前段により、審理している数罪を併合罪とする。次に、禁錮以上の刑に処する確定裁判があり、その前に犯した罪が一個あるときは、四五条後段により、その罪と確定裁判の罪とを併合罪とする。さらに、禁錮以上の刑に処する確定裁判があり、その前に犯した罪が二個以上あるときは、四五条前段、後段により、それらの罪と確定裁判の罪とを併合罪とする。

㈣　刑の執行する場面での併合罪の範囲

五一条は、併合罪について二個以上の裁判があったときに執行すべき刑を調整することを規定している。この場面における併合罪の範囲は、二個以上の確定裁判の罪の範囲であり、㈡の併合罪の余罪がその後に確定すれば、その都度執行すべき刑の範囲を確定することになる。

㈤　一部の罪について大赦があった場面での併合罪の範囲

五二条は、併合罪について処断された者がその一部につき大赦を受けたときは他の罪について改めて刑を定める旨を規定している。この場面での併合罪の範囲は、一個の刑を科せられている場合の併合罪の範囲をいう。

3　併合罪の処断刑の決定

㈠　処断刑の決定手順

「処断刑」には、①科刑上一罪の処断刑、②併合罪の処理をする以前の各罪の処断刑、③宣告刑の範囲を画する処断刑の三つの意味がある。①は、科刑上一罪において最も重い刑とされたもの(五四条)をいう。②は、刑種の選択、再犯加重(七二条一号、五六条ないし五九条)、法律上の減軽(七二条二号、六八条)をしたものをいう(最判昭二四・八・一八集三巻九号一四五五頁参照)。③は、さらに併合罪加重(七二条三号)、酌量減軽(七二条四号、六六条ないし六七条)をしたものをいう。

①と②は、広義の併合罪に含まれる各罪の処断刑であり、③は、それらの各処断刑を前提として決められる宣告刑の許容範囲としての処断刑であって、その順で処断刑が導かれることになる。以下、その手順の留意点を概観しておくこととする。

㈡　科刑上一罪の処断刑の決定

科刑上一罪(観念的競合、牽連犯)については、「最も重い刑により処断する」と規定されている(五四条)。刑の軽重の判断は、一〇条の規定によって行う。問題は、その軽重を罪の法定刑を比較して行うか、罪の処断刑を比較して行うかである。

有期の懲役又は禁錮にあたる数罪について併合罪加重する場合(四七条)には、再犯加重及び法律上の減軽をした後にこれを行うのであるから(七二条)、「最も重い罪について定めた刑」とは、こうした処理をした後の処断刑を意味し、したがって、いわゆる重点的対照主義(選択刑又は併科刑を考慮せずに重い刑種を比較するという原則)によることになるのは当然である。これは、各罪の具体的犯情を考慮した上で最も重い罪になる処断刑を基準とし、これに一定の加重をして併合罪の処断刑を導くことにほかならない。

これに対し、科刑上一罪の場合には、再犯加重や法律上の減軽をする前に刑を決定し、その後でこうした処理をするのであるから、「最も重い刑により処断する」とは、法定刑が最も重い罪により処理するという意味になる(最判昭二八・四・一四集七巻四号八五〇頁)。これは、科刑上一罪がその全体を一つの罪として処断するという原則に基づいていることからみて、当然のことである。ただ、法定刑を比較する場合でも、全体的対照主義(重い刑種のほか選択刑及び併科刑をも考慮するという原則)によるべきか、重点的対照主義によるべきかは、別個に判断されるべき事項である。そして、最高裁判例は、この場合には刑法施行法(明治四一年法律二九号)三条三号が適用されるとして、重点的対照主義によるべきであると判示している(最判昭二三・四・八集二巻四号三〇七頁)。

この見解に対しては批判が多い(中谷・前掲三六二頁以下参照)。特に、最も重い刑の罪に法律上の減軽事由があるため、上限が軽い罪の刑より軽くなる場合、前者の罪の選択刑である罰金の額が後者の罪の選択刑である罰金の額より低く、罰金が選択される場合などには、最も重い刑の罪があるために軽い罪のみのときより軽く処断されるという不都合を招く。そこで種々の解釈論が試みられているが、重点的対照主義とは最も重い刑種についての上限を定める原則にとどまり、その罪の法定刑によることまでは意味しないと解すれば、上記のような不都合を招くことはなく、軽い罪の刑が上限となることになる。最高裁判例(前掲最判昭二八・四・一四、最判昭三二・二・一四集一一巻二号七一五頁)は、最も重い罪の刑により処断するとは、最も重い刑を定めている法条の下限の刑が軽い刑を定めている法条の下限より軽い場合には各法条中最も重い下限の刑よりも軽く処断することはできないという趣旨を含むと判示しているが、これは、実質上このような考え方によったものと解される。

㈢　併合罪を構成する各罪の処断刑の決定

再犯加重、法律上の減軽の事由があるときは、その順で、併合罪加重の前に行う(六二条)。その際には、加重、減軽の前に刑の選択を行わなければならない(五六条、六九条)。加重は、長期が二〇年を越えることができず、越えるときは二〇年とする(一四条)。法律上の減軽事由が二個以上あっても、減軽は一回しかできないが(六八条)、それらの事由を全体として減軽をし、量刑上も考慮するので、減軽事由は明らかにしておく必要がある(刑訴三三五条二項参照)。加重、減軽の事由がない罪については、次の併合罪の処断刑を決定する前に刑の選択を行う。このようにして各罪の処断刑が決定されることになる。

㈣　併合罪の処断刑の決定

併合罪のうち、四五条前段の併合罪及び四五条後段の併合罪であって確定裁判を経ていない罪が二個以上ある場合には、これらについて処断刑を決定する(五〇条)。処断刑の決定は、各罪の処断刑の刑種によって異なる。

併合罪のうちの一罪について死刑に処するときは、没収以外の刑を科さない(四六条一項)。

併合罪のうちの一罪について無期懲役又は無期禁錮に処するときは、罰金、拘留、没収以外の刑を科さない(四六条二項)。

併合罪のうちの二個以上の罪について有期の懲役又は禁錮に処するときは、併合罪加重をする(四七条)。この場合にも一四条の制限がある。

併合罪のうちに罰金に処する罪があるときは、死刑に処する罪があるときを除き、（その他の懲役、禁錮、拘留とともに）罰金を併科し、罰金の合算額以下で処断する（四八条）。罰金に処する罪とは、①法定刑が罰金のみである罪、②罰金が選択刑として法定されていて、それが処断刑に選択された罪、③罰金が併科刑として法定されている罪をいう。

拘留、科料は、死刑、無期以外の刑とは併科し、二個以上の拘留、科料は、それぞれ併科する（五三条）。

没収は、他のいかなる刑とも併科し、二個以上の没収も、併科する（四九条）。

㈤　酌量減軽

以上の手順で導き出された没収以外の刑の最下限より刑を軽くする必要がある場合には、酌量減軽をすることができる（六六条、七一条、六八条三号）。ここまでの手順で導き出された刑が宣告刑の前提となる処断刑であり、その範囲で宣告刑が決定される。

4　その他の措置

併合罪について特別の措置が採られていることから、併合罪に係る二個以上の刑の執行について特別の配慮がされている（五一条）。また、一部に大赦があった場合には、執行する刑を定める必要があるため、他の刑を定めることとされている（五二条）。

9　追徴（漁業法）に関する最高裁判例

〔決　定〕
昭和四九年六月一七日最高裁第一小法廷決定（昭和四七年(あ)第一五七二号漁業法違反被告事件）刑集二八巻五号一八三頁

〔判示事項〕
漁業法一四〇条により追徴することができる漁獲物の価額

〔決定要旨〕
漁業法一四〇条により追徴することができる漁獲物の価額は、客観的に適正な卸売価格をいう。

一　事件の概要と経過

農林大臣の許可を受けないで、オホーツク海域において、動力漁船（総トン数二五二・四八トン）により、流し網を使用して、さけ・ます四九、五一五尾を採捕し、もって指定漁業である中型さけ・ます流し網漁業を営んだという漁業法一三八条四号の罪（同法五二条一項、漁業法第五二条第一項の指定漁業を定める政令一項一三号違反）の事件である（四名の被告人のうち一名については、包括一罪の関係に立つもうひとつの同種の罪がある。）。

一審は、有罪とし、二名の被告人を懲役一〇月に、二名の被告人を懲役八月に処したほか、漁業法一四〇条を適用して、被告人らから金三、三八二万四、七一二円を各追徴する旨を言渡した。

原審は、被告人らの量刑不当の主張をいれ、各人の追徴額を漁獲物の価額の四分の一弱の八〇〇万円ずつとするのが相当であるとして、一審判決を破棄し、一審判決と同じ懲役刑のほか、被告人らから各八〇〇万円を追徴する旨を言渡した。

上告趣意は、原判決による漁獲物の価額の認定を非難した。すなわち、原判決は、被告人TがK水産株式会社（水産物卸売業者）に本件漁獲物の加工・販売を委託し、同会社がこれを加工し箱詰めにして消費地に運送したうえ小売業者に販売した代金三、三八二万四、七一二円をそのまま漁獲物の価格と認定したが、この代金の中には右会社において差引いた加工及び販売諸掛合計七二二万七、九一五円が含まれており、残額を本件漁獲物の価額と認定すべきであるから、原判決は過大な追徴をしたもので憲法二九条に違反し、かつ事実を誤認し、法令に違反している、と主張した。

二　本決定の判断

憲法二九条違反をいう点は、実質は事実誤認、単なる法令違反の主張にすぎないとしたうえ、次のように判示した。

「所論に鑑み職権で判断するに、漁業法一四〇条により追徴することができる漁獲物の価額は、客観的に適正な卸売価格をいうものと解するのが相当であり、これと結論を同じくする原判断に法令違反はない。」

三　説　明

㈠　漁業法一四〇条は、「第百三十八条又は前条の場合においては、犯人が所有し、又は所持する漁獲物、製品、漁船及び漁具は、没収することができる。但し、犯人が所有していたこれらの物件の全部又は一部を没収することができないときは、その価額を追徴することができる。」と規定している。本決定は、この規定のうち、漁獲物の追徴につき、その価額の算定基準を示した新しい判例である。

漁獲物の任意的没収は、右の規定がなくても、刑法一九条一項三号によりすることができるし、その価額の任意的追徴も、同様に、同法一九条の二によりすることができるが、漁業法の沿革的理由などから、同法に任意的没収・追徴の規定が存置されているのである。(1)

(二)　記録によると、被告人らは、被告人Tを通じて、本件の密漁さけ・ますの販売を水産物卸売業者であるK水産株式会社に委託し、同会社がこれに簡単な加工をし箱詰めにしたうえ、消費地に運送し、小売業者に対し東京における卸売価格を建値とした三、三八二万四、七一二円で卸売りし、その代金から加工・販売諸掛を差引いた約二、七〇〇万円を被告人Tに支払った、というのである。原判決は、被告人Tにおいて本件さけ・ますを右会社に転売した旨を判示しているが、その実質は右のようなものである。

(三)　一般に、没収にかわる追徴は、没収対象物と等価値の金員を納付させることにより、没収と同様の法目的を達成しようとする制度であるから、追徴すべき物の価額は、没収不能の原因である処分行為などによって犯人が現実に利得した金員ではなく、その物の客観的に適正な価格によって算定すべきであることは、明らかであろう。最高裁昭和三一年一二月二八日第二小法廷判決(刑集一〇巻一二号一八一二頁)及び同三三年四月一七日第一小法廷決定(刑集一二巻六号一〇五八頁)は、たばこ専売法七五条二項の追徴額につき「その物件の客観的に適正な価額」を意味すると判示しているが、(2)この基準は追徴一般にあてはまるものと解されるのである。本決定が漁業法一四〇条の漁獲物の追徴額につき「客観的に適正な」卸売価格をいうと判示したのも、右のような考え方に基づくものと思われる。

このように、物の価額を客観的に適正に評価する場合にも、評価の仕方によっては、異った評価額がでることがある。たとえば本件において、上告趣意は、卸売価格から卸売人の販売手数料を差引いた金額を価額と認定すべきであると主張しているが、これは必ずしも被告人らが本件漁獲物を処分して得た利得を基準とすべきであるとしているものではなく、客観的に適正な生産者価格ないしは卸売人の仕入価格を基準とすべきであるとしている趣旨とも理解されるのである。そして、この見解は、追徴の根拠となる漁業法違反の罪が漁獲物の生産段階における規制を目的としたものであり、かつ、生産段階における処分価格が右の生産者価格ないしは仕入価格と一致する点を考えると、必ずしも理由がないわけではない。しかしながら、㈠追徴の価額は、前述のとおり、一般的な処分を前提として算定すべきものであって、右のように生産者による処分に重点をおいて算定するのは妥当でないこと、㈡価額という用語が通常はその物の流通市場における流通価格の意味に用いられており、他の法令についての判例においてもそう理解されていること、(3) ㈢旧関税法八三条一項が追徴額を「物の原価」と定めていたのを新関税法一一八条二項が「犯罪が行われた時の価格」と改めたように、価格(価額)と原価とを区別して用いている立法例があることを考えあわせると、(4) 右の生産者価格ないしは仕入価格により算定するのは相当でなく、流通価格により算定するのが相当であると考えられる。

流通価格によるとして、これに卸売価格と小売価格の二つがある場合には、そのいずれ基準とすべきかが問題となる。これは、追徴の一般的な性質から一義的に決定することができるものではなく、それぞれの法律の趣旨から個別的に結論を導き出すほかないであろうが、類型的に考察するかぎりでは、その法令が、卸売を経て小売に至る流通過程を予定している物について追徴を規定しているときには、卸売価格をもって価額とし、消費を予定した物について追徴を規定しているときには、小売価格をもって価額とするのが相当であると考えられる。この点について判示した判例はないが、最高裁昭和三五年二月二七日第二小法廷決定(刑集一四巻二号一九八頁)が、(5) 前者の類型に属する関税法の密輸貨物についてはその国内卸売価格を価額とし、他方前掲昭和三一年一二月二八日第二小法廷判決が、後者の類型に属するたばこ専売法違反の犯則物件について、(6) また昭和四三年九月二五日大法廷判決(刑集二二巻九号八七一頁）が、同じ類型に属する賄賂罪の賄賂について、[7] いずれも小売価格を価額とする趣旨を明示又は黙示に示しているのは、右のような考え方を背景とするものと理解することができよう。漁獲物の追徴額を卸売価格であるとした本決定の根拠も、漁獲物の漁獲段階を規制する罰則に関する追徴であり、かつ、漁獲物が通常は卸売、小売という流通過程を経て処分されるものである点に、求めうるように思われる。

なお、密漁者が卸売価格を超えた利得を得たときは、超えた部分につき刑法一九条の二を適用してこれを追徴することが可能であろうが、この点については未だ判例はない。

（1）　旧旧漁業法（明治三四年法律第三四号）二六条は、次のとおり必要的没収・追徴を規定していた。
「①　免許ニ依ラスシテ免許ヲ受クヘキ漁業ヲ為シタル者ハ百圓以下ノ罰金ニ處ス免許ノ停止中又ハ免許ノ條件若ハ制限ニ違背シテ漁業ヲ為シタル者亦同シ
②　前項ノ場合ニ於テハ漁獲物及何人ノ所有ヲ問ハス漁具ヲ没収ス但シ没収スヘキ漁獲物ヲ既ニ譲渡シ又ハ消費シタルトキハ其ノ代金ヲ追徴ス」
　旧漁業法（明治四三年法律第五八条）五八条は、次のとおり任意的没収・追徴を規定していた。
「①　左ノ各號ノ一ニ該當スル者ハ千圓以下ノ罰金ニ處ス
一　免許ニ依ラス若ハ漁業ノ停止中第四條又ハ第六條ノ漁業ヲ為シタル者
二　免許漁業ノ制限又ハ免許ノ條件若ハ制限ニ違反シテ漁業ヲ為シタル者
三　専用漁業ノ停止中其ノ漁場ニ於テ停止シタル漁業ヲ為シタル者
②　前項ノ場合ニ於テハ犯人ノ所有シ又ハ所持スル漁獲物、製品及漁具ハ之ヲ没収スルコトヲ得但シ犯人ノ所有シタル前記物件ノ全部又ハ一部ヲ没収スルコト能ハサルトキハ其ノ價額ヲ追徴スルコトヲ得」
　現行法の下でも、漁船、船具の任意的追徴に関しては、刑法の原則が拡張されている。
（2）　吉川由己夫・最高裁判所判例解説刑事篇昭和三一年度四四六頁、高田義文・同解説昭和三三年度四二九頁参照。
（3）　たばこ専売法に関する前記二判例のほか、関税法一一八条二項に関する昭和三五年二月二七日第二小法廷決定（刑集一四巻二号一九八頁）参照。
（4）　新関税法については注三の判例、解説、旧関税法については昭和三二年二月一四日第一小法廷判決（刑集一一巻二号七二七頁、松本勝夫・最高裁判所判例解説刑事篇昭和三二年度一〇七頁）参照。

(5)「国内卸売価格(関税及び内国消費税込)をいうものと解すべきである」と判示している。田原義衛・最高裁判所判例解説刑事篇昭和三五年度六一頁参照。

(6)「当該物件が日本専売公社によって定価の公示された製造たばこ(輸入製造たばこを含む)にあたると認められるものについては、その価格により、公示された定価のないものについては、客観的に適正と認められる価額によるとするのを相当とする」と判示している。

(7)この判例は、賄賂の価額の算定基準時についてのものであるが、その市場における取引価格を価額とみたうえで算定基準時を論じている点において参考になろう。千葉裕・最高裁判所判例解説刑事篇昭和四三年度二六六頁参照。

(追記)本件の判例評釈に太田幸夫・警察研究四六巻八号六五頁がある。

二　行政罰則と刑法総論との交錯

10 行政罰則と経営者の責任──労働者保護法規を中心に──

はじめに

一　行政法規においては、国民に対し一定の命令・禁止を規定し、これに従う義務を設定するとともに、その義務の履行を確保するため、義務に違反する者に対して一定の刑罰を科することとしているのが普通である。この行政刑罰に関する法規を一般に行政刑法又は行政罰則と呼んでいる。行政刑法に対しても原則として刑法の適用があることは疑いないが、特別の規定により、刑法とは異なった取扱いがなされる場合が少なくなく(1)、法規の内容及び形式の特殊性などから、刑法の原理を適用するにあたり留意を要する場合も多い。行政罰則の解釈、運用にあたり困難な問題が生ずるのは特に後者の場合である。本小論はこの点を主題とし、労働者保護法規の罰則を素材としながら、行政刑法の解釈上の主要な問題点について検討を試みたものであるが(2)、はじめに、採りあげる論点を簡単に述べておくこととしよう。

二　行政罰則の解釈、運用にあたって直面する問題には、大別して三つの種類があるように思う。第一は、法律上の義務に違反する事実があるか否かという問題であり、第二は、違反の事実がある場合に誰がその違反について刑事上の責任を負うのかという問題であり、第三は、その責任を負う者がどのように処罰されるのかという問題である。

第一の問題は、行政法規がどういう内容の義務を課し、どういう状態を義務違反と評価しているのかという、実体法規の内容の問題であり、行政刑法の側面からいうと各論にあたる。行政法規の内容が複雑多岐にわたる結果、この点を明らかにするには、相当の困難を伴う。

第二の問題は、行政法規が誰をその義務規定の義務者と定めているのかという犯罪の主体の問題と、その義務者の行為が義務規定に違反しているのか否かという犯罪の実行行為の問題に分れる。これは行政刑法における総論の問題といえよう。さらに、前者については、①義務規定において義務者の範囲はどのように定められているか、②当該義務違反につき刑事責任を負う立場にある義務者は誰かという二つの基本的な論点を指摘することができ、後者については、③その義務者に義務違反の実行行為が認められるか、④その義務者に故意、過失が認められるかという二つの主要な論点を指摘することができよう。

第三の問題は、義務違反行為についてどのように罰則を適用していくかというものであって、犯罪の始期、終期、犯罪の個数及び競合の問題がその中心をなすであろう。行政刑法における総論と各論の双方にまたがる領域であるといってよいであろう。

この小論においては、義務違反につき誰が刑事責任を負うのかという第二の問題に焦点をあて、一において、そのうち前記①②の犯罪の主体の問題を検討し、二において、前記③の実行行為の問題を検討し、三において、前記④の故意、過失の問題を検討する。

三　行政刑法において犯罪の主体が特に問題となるのは、義務規定の定め方が特殊であることに原因がある。行政法規を義務の主体に関連して分類すれば、一般国民を義務者としてその行為を規制しようとするものと、一定の事業に関連する行為の規制を目的として法人又は自然人の事業主を主な義務者とするものに二分できる。たとえば道路交通法などが前者に属し、各種の事業法など多くの行政法規が後者に属する。

前者の規定の場合には、その違反の罪も非身分犯であり、両罰規定もない。これに対し、義務者を限定する後者の規定の場合には、おおむね義務の主体を事業の主体である事業主と定め、その罰則も事業主に適用される身分犯として構成するのを原則とする一方、ほとんど例外なしに両罰規定の定めを設け、事業に関して行為をする従業者にも義務規定の遵守を命じてその違反につき従業者をも処罰することとし、あわせてその違反行為を防止するための注意を尽くさなかった事業主をも処罰することとしている。そのため、前者の場合には、規定に違反する事実が生じたときは、違反した者が犯罪を犯した者として処罰されることが明らかであるが、後者の場合には、義務規定に違反する事実が生じても、その違反について誰が刑事責任を負うかは必ずしも明白ではなく、義務規定に違反するような行為をした者がその規定に違反しうる立場にある義務者であることをまず確定する必要がある。

このようにして事業に関する規制を目的とした法規の罰則については、まず一般に事業主と従業者がそれぞれどの規定に基づいて義務を負うものと定められているかを明らかにし、ついでどのような条件がある場合に具体的に事業主または特定の従業者がどの規定により義務の履行を命ぜられ、その違反について刑事責任を負うのかを明らかにする必要がある。犯罪の主体となりうる者の範囲と現に犯罪の主体とされる者の特定が二重に問題となるわけである。

事業主が法人であるときには問題はさらに複雑になる。法人が犯罪の主体となりうるか、どの規定に基づいて、どのような条件で法人自体が処罰されるのかについて、自然人の事業主の場合とは異なった考察が必要となるのである。

四　行政刑法において犯罪の実行行為性が特に問題となる主な理由は、第一に、その構成要件の規定の形式が特殊であること、第二に、義務の主体が事業主と従業者の双方に及んでいること、第三に、実行行為の定めが刑法に比して多様であり、共犯的な行為をも実行行為としている場合のあることである。

すなわち、第一に、行政法規においては、まず一定の命令・禁止の実体規定を置き、これに違反する者を処罰する旨を規定するという形で罰則が定められている。そこで、命令規定及び禁止規定がそれぞれどういう行為を要求しているかを明らかにしなければ、その違反の内容は何かを知ることができないのである。

第二に、行政法規においては、事業主が本来の義務者であり、従業者は、事業主の業務に関し事業主から与えられた権限に基づいて行為をする限度で義務を負い、義務違反により処罰されるにとどまる。義務規定がこのような特殊な構造にある結果、事業主が自らの手で実行行為をしないときでも、従業者に対し違反行為をするよう指示、命令をして違反行為をさせたときは、これを事業主の実行行為と評価できる場合があるのではないかという問題がある。故意ある身分ある道具を用いた間接正犯の成立が考えられるのではないかという問題である。

第三に、事業に関する行政法規の中には、単に個人的な行動を規制するにとどまらず、一定の機能を果すことを規制する場合がある。このような場合、直接の行為をした従業者らではなく、もしくはこれら従業者らとあわせて、事業主が実行行為者として処罰されることがありうるのである。

第二、第三は、他人の直接的な行為により事業主の処罰が問題となる場合であって、伝統的な刑法理論の面から特に慎重な検討を必要としよう。

五　故意、過失が問題となるのは、行政罰則が刑法犯のようないわゆる自然犯とは異なった内容を有しているという理由からばかりではない。一定の事業主に対し一定の作為、不作為の義務を課し、その違反を処罰することとしている場合の事実の認識ないしは故意については、その認定にあたり刑法犯のような刑罰規定の要件事実の場合とは異なった考察が必要である。また両罰規定により事業主に過失責任を課す場合にも、事業組織ないしは企業という組織を背景とした注意義務が問題となるだけに、刑法犯における過失の認定とは違った考慮が必要である。

六　労働者保護法規とは、労働者の安全や福祉を維持、増進させることを目的とした法規を便宜上総称したものであって、労働基準法、船員法、鉱山保安法、職業安定法などがその中心をなしている。

この種の法規は、労働者の保護のため雇用主などの事業主に対し多様な内容の命令・禁止をするとともに、これを担保するため広範な罰則を用意している。さらに、法規の実効性を確保するため、行政監督権と司法捜査権をあわせ有する労働基準監督官、船員労務官、鉱務監督官などの制度を設けている。そこで、この種の罰則の運用は、税法などとならび、他の事業に関する行政罰則に比し格段に活溌であり、それだけに、これまでの運用の過程において問題が提起されることが多かったのである。

以下の論述は以上のような問題点をふまえつつ進められることになる。

（1）　福田平・注釈刑法⑴五七頁以下参照。

（2）　行政刑法における各種の論点についての貴重な労作は今日においては必ずしも少なくないが、特に行政刑法一般につき総合的に問題点を論じているものとして、美濃部達吉・行政刑法概論、八木胖「行政刑法」刑事法講座一巻、福田平・行政刑法（法律学全集）があげられよう。文献の引用は最後のものに詳細である。租税刑法に関する河村澄夫・税法違反事件の研究（司法研究報告書四輯八号）、板倉宏・租税刑法の基本問題、堀田力「租税ほ脱犯をめぐる諸問題」法曹時報二二巻二号以下などの文献も行政刑法一般にとって有益である。

一　犯罪の主体と適用罰則

1　概　要

㈠　法的義務者と犯罪主体の分離

労働者保護法規も、他の行政法規と同様、一定の命令・禁止を規定し、これに従う義務を設定するとともに、義務の履行を確保するため、その義務に違反する者に対して一定の刑罰を科することとしているのが普通である。命令・禁止をうけ、これに従う義務を負う者は、一般に、法律により一定の身分のある者に特定されている。事業主及びそのために行為をする従業者がこれである。したがってこれらの義務の違反に対する罰則は、義務者である事業主または従業者についてのみ適用される身分犯であるのが通常である(1)。ところで、法規により義務を課される者と、義務違反の状態が生じた場合に刑罰を科される者とは必ずしも一致しない。法規により命令・禁止をうける義務者でなければ共犯規定によるときのほかは義務違反につき刑罰を科されることはないが、逆に規定上の義務者のすべてが常に義務違反の状態につき刑罰を科されるわけではない。そこで、以下、事業主と従業者にわけて、この関係を概観し、**2**以下においてその詳細を検討することとしよう。

(1) 法人の処罰、事業主処罰、及び従業者処罰をめぐる一般的な論議及び文献は、八木胖・業務主体処罰規定の研究、福田平・行政刑法(法律学全集)五三頁以下、同・注釈刑法(1)六〇頁以下、金沢文雄・法人の刑事責任・両罰規定(総合判例研究叢書)に詳細である。

㈡　事業主の義務と刑事責任

労働者保護法規により命令・禁止をうけ、これに従う義務を負う者は、第一次的には事業主である。労働基準法における事業主(一〇条、一一九条参照)、船員法における船舶所有者(五条参照)、鉱山保安法における鉱業権者(二条一項参照)などがこれである。事業主には、自然人と法人とがあるが、そのいずれであっても、法規により事業主の義務とされている場合には、義務の主体であることに変わりはない。この事業主の義務は、事業主がその従業者に義務の履行を委任した場合も、民事上、行政上は消滅することはない。委任をうけた従業者が義務の履行を怠ったときは、民事上、行政上は事業主の義務不履行と評価され、その責任が追及されるのである。しかしながら、刑罰規定の適用に関しては、事業主が義務の不履行について常に責任を追及されるわけではない。事業主が刑事責任を追及されるのは、自ら義務を不履行したと評価できる、次の二つの場合に限定される。

第一は、事業主が法規により課されている本来の義務に自ら違反して作為又は不作為をした場合である。作為義務を自ら履行すべき立場にありながら果さなかったとき、あるいは不作為義務に違反して自ら禁止された行為をしたときがこれである。たとえば、自ら経営を担当している個人事業主が毎月一定日に賃金を支払うべき作為義務

（労働基準法二四条一項）に違反して賃金を支払わなかったり、法定の除外事由にあたらない限り一日八時間を超えて労働させてはならない不作為義務（労働基準法三二条一項）に違反して一日九時間の労働をさせたときは、事業主が自ら義務に違反した点で刑事責任を免れない。ただ事業主が自ら義務に違反したと評価できるか否かについては、事業主が自然人の場合と法人の場合とでは異なった考慮が必要である。

まず自然人である事業主については、その行為も犯意も考えられるから、事業主自らが違反行為をしたか否かを一般の犯罪の場合と同様に判断することができる。

これに反し法人である事業主については、自然人と同様の意味における行為や犯意を考えることができない。そこで法人はおよそ犯罪の主体となりえないという見解もあるが、わが国の法律及び判例は、一定の場合に法人も犯罪の主体となりうるものと認め、法人の代表者の行為と故意・過失を法人のそれらとみなしていると解されるのである。両罰規定のうち、法人の代表者が違反行為をしたときには法人である事業主に対しても各本条の罰金刑を科する旨を規定する部分は、法人の代表者の違反行為により法人自体が違反行為をしたことになり、法人も犯罪の主体となることを規定したものである。

事業主が義務の不履行につき刑事責任を問われる第二の場合は、従業者が各本則に違反する行為をしないよう、事業主として右従業者の選任、監督その他違反行為を防止するために必要な注意を尽くすべき義務に違反した場合である。通常、両罰規定により事業主が処罰されるのは、この過失義務違反としてである。事業主が法人であるときは、その代表者について過失の有無が判断される。代表者の過失が法人の過失とされるのである。この点においても、わが国の立法および判例は、法人について犯罪主体を肯定していると解されるのである。

(三) 従業者の義務と刑事責任

労働者保護法規は、他の多くの行政法規におけると同様、事業主のほかに、事業主のために行為をする従業者をも義務の主体と定めている。事業主の代表者、代理人、使用人その他の従業者の義務を設定する立法の仕方には、二つの型がある。

第一の型は、事業主の義務を設定する規定の中で従業者の義務をも同時に設定する仕方である。たとえば労働基準法は、使用者に対し各種の命令・禁止をしているが、この場合の使用者は「事業主又は事業の経営担当者その他その事業の労働者に関する事項について、事業主のために行為するすべての者をいう」と定めているのである（一〇条）。

第二の型は、本則においては事業主に対し命令・禁止をする一方、両罰規定によって、事業主のために行為する従業者にまで義務者を拡張する仕方である。たとえば船員法は、船舶所有者に対し各種の命令・禁止をするとともに、両罰規定において、従業者が船舶所有者の業務に関し違反行為をしたときは、この行為者を罰するものと定め（一三五条一項）、鉱山保安法も、鉱業権者を本来の義務者と定めつつ、両罰規定において従業者を行為者として罰することとしている（五八条）。

これら二つの型は、立法形式上に差異はあるが、その法的な意味や効果は異ならない。

㈣　事業主と従業者の刑事責任の関係

以上述べたように、労働者保護法規は、事業主も従業者も義務の主体となりうるものと定めている。それでは、具体的に義務違反の状態が生じたときには、そのうちの誰がその違反につき刑事責任を負うこととなるのか。一般的にいえば、それは法律上の義務を履行すべき責任を負い、これに違反した者であるが、やや具体的にいえば次のとおりである。

まず、従業者に対し刑事責任を追及するには、その従業者が事業主のために違反行為をした場合に限られる。違反行為が、不作為義務に違反する作為的行為であるときは、この認定は比較的容易である。その従業者にその行為を行なう権限が与えられていない場合にも、事業主のために行なった行為と評価できる限り、従業者の責任は免れない。これに対し、作為義務に違反する不作為的行為につき従業者の刑事責任を追及するには、その従業者に作為義務が存在することがまず認定されなければならない。作為義務を認定するには、その従業者が、事業主のためにその法律上の義務を履行すべき任務を事業主から負わされていることが必要である。事業主から従業者に対し法的義務を履行すべき旨の委任がなされていなければ、本来事業主の負うべき作為義務を従業者が負う理由はない。たとえば賃金の支払を担当していない一般の従業者が共犯規定によらずして賃金不払罪に問われるはずはないのである。これを義務履行の委任とよぶ。義務履行の委任は、事業主が特定の義務の履行を従業者の任務と定めるだけでは十分ではなく、義務の履行を可能とするためのその他の条件をも満たさなければならない。たとえば賃金の支払義務についていえば支払うべき賃金を担当従業者に与えることも必要である。これを権限の付与とよぶ。

正当に義務履行の委任が行なわれているときは、委任により事業主のために義務を履行する任務を負う従業者が義務者であって、事業主はその選任、監督につき注意義務を負うが、本来の義務は免れる。

事業主が本則の義務を怠ったとして刑事責任を追及される場合は三つある。

第一は、従業者に義務の履行を委任していない場合に、事業主自らが義務に違反する行為を行なったときである。

第二は、従業者に義務履行の委任をしているが、その履行に必要な権限を従業者に与えていない場合に、義務違反が生じたときである。

第三は、有効な義務履行の委任がなされていても、事業主自体に違反行為があると評価できる場合である。事業主が不作為義務に違反した場合、又は従業者（法人の代表者を除く）に義務履行の委任がなされたのち、事業主（法人のときは代表者）が、従業員による義務違反が行なわれようとし、もしくは違反が継続しているにかかわらず、これを放置し、あるいは従業者に違反行為を指示するなどの行為にでた場合などである。従業者に義務の履行を委任することにより、事業主がその本来負う義務の履行を免れうるのは、一般に義務履行の委任により従業者が事業主のために義務を履行するものと期待され、事業主に対しては、従業者の義務の履行を注意監督する義務を課せば足りるからである。両罰規定が、従業者が事業主のために違反行為をしたときは、従業者を行為者として処罰し、事業主に対しては右の注意監督義務を怠った場合に過失責任のみを追及することとしているのは、そのためである。ところが事業主が従業者に違反行為を指示し、又は故意にその違反行為を黙認するときは、従業者による義務の履行に期待して事業主に義務の履行を免れさせるべき場合ではなく、事業主本人に義務の履行を要請すべき場合である。違反行為の指示、黙認は、事業主が義務を履行すべき場合に、従業者をして違反行為をなさしめるものであって、事業主自らの違反行為と評価しなければならない。労働基準法一二一条二項などが、「事業主が違反の計画を知りその防止に必要な措置を講じなかった場合、違反行為を知りその是正に必要な措置を講じなかった場合又は違反行為を教唆した場合においては、事業主も行為者として罰する」と規定するのは、この趣旨を示したものと解される。従業者が違反行為をした場合に、事業主が、両罰規定により、注意監督の義務違反により過失責任を追及されることがあることはいうまでもない。

2　事業主の刑事責任

(一)　問　題　点

すでに述べたように事業主が刑事責任を追及される場合には二つの類型がある。本則により事業主に課されている義務に違反した場合と、事業主の業務に関して従業者が違反行為をした点につき両罰規定に基づき注意義務違反により過失責任を問われる場合がこれである。第一の場合については、従業者が、違反行為者として現われることが多いので、これとの関連で、事業主自体が本則違反により処罰されるのはどのような条件のもとにおいてであるかが中心の問題となる。この問題はまた、第一の場合の事業主の本則違反の責任と第二の場合の事業主の両罰規定による責任との関係をどう理解するかに深くかかわる。そこでまず、この点から検討を始め、ついで第一と第二の場合のそれぞれの責任についての問題をとりあげることにしたい。

㈡　本則違反の責任と両罰規定による責任との関係

(1)　まず両罰規定による事業主の責任の根拠を考察しよう。最判大法廷昭三二・一一・二七(刑集一一・一二・三一一三)は、両罰規定により事業主が処罰される根拠につき、従業者の選任、監督その他その違反行為を防止するために必要な注意を尽くさなかった事業主の過失を処罰するものであると判示した。この注意監督上の義務は、どのような根拠に基づき、どの範囲で認められるものであろうか。

事業主が注意監督上の義務を怠ったことを理由に処罰をされるのは、両罰規定が設けられた結果であって、両罰規定がなければ処罰をされないことは疑いがない。問題は、この処罰の基礎とされている注意義務そのものが、両罰規定により創設されたものか[1]、事業主が当然に負うものか[2]という点にある。この問題は、さらに、事業主の注意義務が両罰規定により創設され、あるいは事業主が当然に負うものとされる基礎はなにかという問題と深く関連する。この点に関し、「業務主体はその事業の経営者主宰者たる地位にあるのであるから、その業務全般において一切違反行為無からしむべく注意監督するの義務、換言すれば、総ての従業者等をして一切違反行為を為さしめないよう万全の注意監督を為すべき義務を負うて」いるという見解がある[3]。しかし、事業の経営者、主宰者たる地位にあることから、直ちに、両罰規定の前提とされている注意義務が生じ、あるいは両罰規定によって、これを創設する基礎が生ずるものと解するのは妥当ではない、のちに明らかにするように、事業主は、従業者のすべての種類の違反行為について両罰規定により責任を問われるわけではなく、従業者が事業主の「業務に関して」若しくは事業主の「ために」違反行為をした場合に始めて責任を問われるのである。すなわち従業者が業務を遂行する過程で果すべき法律上の義務に違反した場合であっても、その義務が事業主の業務に関するものであるときに初めて事業主が処罰されるのであって、その義務が従業者本人に対して課されたものであるとき(たとえば労働基準法四四条、労働安全衛生規則による保護具の着用義務など)は、事業主の責任は問題とならないのである。このように、従業者が事業主の業務に関して違反行為をした場合にのみ事業主が注意義務違反の責任を問われることは、両罰規定による事業主の責任が、事業の経営者、主宰者たる地位から直ちに導きだされるものでないことを物語る。両罰規定が事業主の業務に関し従業者が違反した場合に事業主の過失責任を問うこととしているのは、この場合の従業者の違反した義務が、もともと事業を行なうについて事業主に対して課されたものであり、これを事業主に代わって履行するよう委任された従業者が履行せず、その履行につき事業主に過失があったからにほかならない。

労働者保護法規においても、命令・禁止をうけ、これに従う義務を負うのは第一次的には事業主である。労働基準法における事業主(一〇条、一一九条参照)、船員法における船舶所有者(五条参照)、鉱山保安法における鉱業権者(二条一項参照)などがこれである。ところが、法規は、これら事業主に対し自らの手でその義務を履行すべきことを要求してはおらず、従業者にその義務の履行を委任することを認めている。すなわち、両罰規定が、従業者が事業主のために違反行為をしたときは、その従業者を行為者として処罰することとし、事業主に対しては注意義務違反を理由として過失責任のみを問うこととしているのは、右に述べたように従業者に対する義務の履行の委任を是認し、これを前提として規定されたものとみるほかはないのである。義務履行の委任がなされなければ従業者は義務者とはならず、義務違反の責任を問われることもない。従業者は、事業主の業務を分担し、その負う義務の履行を代行する限りにおいて法的義務の違反行為者となりうるのである。逆に事業主から従業者に対し義務履行の委任がなされれば、委任をうけた従業者が義務履行の責任を負うこととなり、事業主は原則としてその責任を問われることはない。しかし、従業者に対する義務履行の委任により、事業主が、本来負うている義務につき履行上の責任をいっさい免れるものと解するのは妥当でない。自らに代わって義務の履行にあたる従業者につき、その義務違反を防止するよう注意を払う義務が、義務履行の委任にともなって、当然に事業主の側に生ずるものと解さなければならない。事業主は、この注意義務を負うが故に、義務の履行を従業者に委任して、自らの義務履行の責任を免れることが可能となるのである。このように、事業主の注意義務が、義務履行を従業者に委任することによって生ずるものとすれば、それは両罰規定をまって初めて生ずるものでなく、両罰規定の有無にかかわらず当然に事業主が負うものといわねばならない。

(2)　つぎに事業主が本則違反により処罰される場合と両罰規定により処罰される場合の区別につき検討しよう。事業主が従業者の違反行為を知っているときに事業主がどちらの責任を負うか、という問題が重要である。

労働基準法一二一条二項は、この点に関連し、「事業主が違反の計画を知りその防止に必要な措置を講じなかった場合、違反行為を知りその是正に必要な措置を講じなかった場合又は違反行為を教唆した場合においては、事業主も行為者として罰する」と規定し、船員法一三五条二項は、「船舶所有者が前項に定める違反行為の計画を知ってその防止に必要な措置をしなかったとき、違反行為を知ってその是正に必要な措置をしなかったとき、又は違反行為を教唆したときは、船舶所有者も行為者として処罰する」と規定する。これらの規定の個々の要件の解釈はさておき、その趣旨については、本則違反の正犯とは解されない場合ではあるが、重大な注意義務違反であることにかんがみ、本則違反の行為者と同一の罰則により事業主を処罰する趣旨であると解するのが一般的である(4)。本則違反の行為者として処罰する趣旨の規定と解する立場からも、直接に違反に加功しないのに故意だけで行為者とするのは妥当でなく、一般の両罰規定において同様に解することはできないとか(5)、徒らに思想の混乱を表わした規定であるとの批判(6)がなされている。しかしこれらの見解についてはなお検討の余地があるように思う。

判例によれば、両罰規定による事業主の処罰は、注意義務違反を理由とする過失責任によるものであった。ところが右の規定に挙げられている場合は、いずれも事業主に故意のある場合である。したがってこれらの場合に、単に両罰規定により事業主の過失責任を追及するのは正当でない。そこで、これらの場合には、違反行為をことさらに防止しないことにより結果を成立せしめたのであるから、不真正不作為犯の理論によって、直接本則の罪の教唆、幇助などに該当するとする見解が生ずる。(7)しかしながら、これらの場合には、本則の義務は本来事業主の義務と定められているのであるから、事業主が違反行為を指示、認容したときには単に不作為による教唆、幇助の責任にとどまるものと解すべきではなく、まさに正犯というべきである。事業主がその負うている義務の履行を従業者に委任することにより、自らの手で履行すべき責任を免れ、処罰をうけないのは、義務の履行を従業者に委任することにより、従業者がその義務を履行するものと期待され、たとえ従業者に義務の不履行があっても事業主は義務を履行すべき者ではなく、したがって義務に違反したといえない結果その責任を追及しえないからである。ところが、事業主が従業者に違反行為を指示し、あるいは故意にその違反行為を黙認するときは、従業者による義務の履行が期待されないのであるから、従業者に義務履行の委任をしたという事実のみで、事業主は義務履行の責任を免れるわけにはいかず、すすんで従業者による義務違反を防止し、あるいは従業者に代わって義務を履行する責任を負うものといわねばならない。この場合には、事業主もまた義務者と解さなければならないのである。義務者(身分者)が非義務者(非身分者)を教唆して違反行為をさせた場合、義務者が正犯として処罰されることは広く承認されている。同様に、義務者である事業主がその義務の履行を従業者に委任しながら、その不履行を教唆した場合も、自らの義務を第三者の手を通じて不履行したものとして、事業主は正犯の責任を負うものと解すべきである。補助者を用いて事業主がその義務を怠った場合と区別する理由はないからである。委任をうけた従業者も、もちろん違反行為者として処罰を免れないが、従業者の違反行為が同時に事業主の違反行為と評価されるのである。事業主が、従業者の違反行為を知りながらこれを防止、是正しない場合も、黙認行為により、従業者の行為を通じて自らその義務に違反したものと評価しなければならない。

以上のように解するならば、前記の各規定は、事業主が本則違反の正犯として処罰される場合を確認的に規定したものとなる。これらの規定が、単に事業主に各本条の刑罰を科するものとはせず、「事業主も行為者として処罰する」と規定しているのは妥当であるといわねばならない。事業主が法人であるときは法人の代表者が行為者として処罰されるのは（労働基準法一二一条一項、船員法一三五条一項の各但書参照）、それが本来法人のために義務を履行すべき者であるからであって、当然である（法人はさらに罰金を科される）。

このようにして、事業主に故意があるときは、本則違反の問題であり、事業主に故意がなく過失があるにとどまるときは、両罰規定の問題であることが明らかとなった。そこで以下、この二つのそれぞれの場合についての問題を検討することとしよう。

（1） たとえば金沢文雄・法人の刑事責任・両罰規定六七頁は、「業務主の注意監督上の作為義務は両罰規定によって基礎づけられていると見るべきであるから、業務主の不作為犯の成立は両罰規定を離れては考えられない」とされる。
（2） たとえば八木胖・業務主体処罰規定の研究八四頁、二五五頁はこの見解をとるようである。
（3） 注（2）八四頁。
（4） たとえば神山欣治・労働刑法の研究二五四頁、吾妻光俊・労働基準法（新コンメンタール）五三九頁。
（5） 金沢・注（1）六七頁。
（6） 八木・注（2）一四四頁。
（7） 八木・注（2）一四四頁参照。金沢・注（1）六八頁は、単に故意があるだけで実行行為への加功がない場合には共犯の成立は否定すべきではなかろうか、とされる。

(三) 本則違反による事業主の処罰

(1) 自然人である事業主本人が本則違反により処罰されるのは、大別して次の三つの場合である。

(a) 第一は、従業者に対し義務の履行を委任していない場合に、事業主本人が義務違反をした場合である。この場合には事業主本人が義務履行の責任を負い、その不履行につき刑事責任を問われるのは当然のことといわなければならない。

(b)　事業主本人が本則違反により処罰される第二の場合は、事業主が従業者に義務履行の委任をしているが、事業主がその履行をなすに必要な権限を従業者に与えていない場合である。この場合には有効な義務履行の委任があったとはいえないから、義務者はいぜんとして事業主本人であって、従業者は義務者とはならない。したがって、義務(ことに作為義務)に違反する行為があったときは、事業主本人が処罰されることとなる。たとえば、事業主が経理担当者である従業者に賃金の支払事務を担当させながら、賃金にあてるべき資金も、これにかわるべき資金調達の権限も与えず、その結果賃金が不払いとなったときは、義務履行の委任があるのみで、権限の付与がない点で、有効な義務履行の委任があったものとは解されず、事業主本人がその賃金不払いの責任を負うものというべきである。

(c)　事業主本人が本則違反により処罰される第三の場合は、有効な義務履行の委任がなされていても、事業主本人が義務違反の行為をしたと評価できる場合である。この場合はさらに二つに類別することができる。一は、事業主本人が、不作為義務(禁止)に違反して作為をしたときである。従業者に対し、義務履行の委任をしているときでも、事業主本人が、自ら禁止に違反して作為犯を犯すことができる。二は、事業主が、委任をした従業者に対し違反行為を指示、命令し、又はその違反行為を知りながらこれを容認したときである。この場合には、事業主が正犯として処罰されることはすでに述べた。労働基準法一二一条二項、船員法一三五条二項は、「事業主が違反の計画を知りその防止に必要な措置を講じなかった場合」「違反行為を知りその是正に必要な措置を講じなかった場合」「違反行為を教唆した場合」は、事業主も行為者として罰する旨を規定する。この規定を、事業主が正犯として処罰される場合を確認したものと解するならば、第二の、違反行為を知り是正措置を講じなかった場合とは、継続犯(たとえば労働基準法三二条に違反して一日八時間を超える労働をさせる罪)の途中でその違反を知りながら必要な是正措置を講じなかった場合を意味し[1]、また、第三の違反行為を教唆した場合とは、独立教唆を規定したものではなく、従業者が違反行為にでたことを必要とすることになる。第三の教唆につき、独立教唆と解さなければ、刑法の教唆犯の規定のほかにあえて教唆を処罰する旨を規定した意味がないとする見解が有力であるが[2]、これは妥当ではない。教唆的行為が正犯の実行行為と評価されることを規定したものと解すべきである。「事業主も行為者として罰する」という規定の文言は、従業者が違反行為をしたことを前提として、従業者も違反行為者として処罰する趣旨を表わしているものと解されるのである。

(2) 法人である事業主が本則違反により処罰されるのは、法人の代表者について本則違反の罪が成立する場合である。法人の代表者は法人の機関であって、その行為は法人の行為とみなされる。代表者が法人に課された義務に違反したときも、その違反行為は法人の違反行為と評価されるのである。この点において、代表者の行為と代表者以外の従業者の行為との間には重大な差異がある。

両罰規定は、法人の代表者が違反行為をしたときは、その代表者を処罰するほか、法人である事業主に対しても各本条の罰金刑を科する旨を規定しているが、これは従業者が違反行為にでたときに自然人または法人である事業主に対し、過失責任を追及する旨の両罰規定とはその趣旨を異にする。後者は、事業主(法人のときはその代表者)が注意義務を怠ったことを理由として問われる、本則違反とは別の両罰規定による過失責任であるのに対し、前者は、法人の代表者の違反行為により法人たる事業主が本則に違反したこととなる結果問われる本則上の責任である。

(1) 寺本広作・労働基準法解説三九五頁参照。神山欣治・労働刑法の研究二五六頁も同旨。
(2) 末弘厳太郎「労働基準法解説(六)」法律時報二〇巻八号六一頁、吾妻光俊・労働基準法五四〇頁、慶谷淑夫・労働基準法概論三六九頁、有泉亨・労働基準法五八頁及び注(1)の文献など。

(四)　両罰規定による事業主の処罰

従業者が違反行為をしたときは、事業主もまた、両罰規定により、罰金の刑を科される。この点に関し検討すべき論点は、第一に、事業主が処罰される根拠はなにか、第二に、事業主はどういう場合に処罰を免れるか、第三に、事業主が両罰規定により処罰をうける場合と本則の違反により処罰をうける場合とはどのようにして区別されるか、第四に、事業主の業務に関し従業者が違反行為をしたというのはどういう場合か、である。第三の論点についてはすでにふれた。第二の論点は**三2**で、第四の論点は次の**3**でとりあげることとし、ここでは第一の論点のみにふれる。

労働者保護法規も、他の行政罰則と同様、いわゆる両罰規定を有している(1)(2)。

労働基準法一二一条一項はこう規定する。

「この法律の違反行為をした者が、当該事業の労働者に関する事項について、事業主のために行為した代理人、使用人その他の従業者である場合においては、事業主に対しても各本条の罰金刑を科する。但し、事業主（事業主が法人である場合においてはその代表者、事業主が営業に関し成年者と同一の能力を有しない未成年者又は禁治産者である場合においてはその法定代理人を事業主とする。以下本条において同様である。）が違反の防止に必要な措置をした場合においては、この限りでない。」

船員法一三五条一項も、右の事業主を船舶所有者と置きかえただけで、実質的にこれと同一である。

職業安定法六七条一項は次のとおり規定する。

「この法律の違反行為をした者が、法人又は人の事業又は業務について、当該法人又は人のために行為をした代理人又は被用者である場合においては、行為者を罰する外、当該法人の代表者又は人が普通の注意を払えば、その違反行為を知ることができるべきときは、その法人の代表者又は人に対しても各本条の罰金刑を科する。」

鉱山保安法五八条は、もっと簡単に次のように規定する。

「法人の代表者又は法人若しくは人の代理人、使用人その他の従業者が、その法人又は人の業務に関し、前三条の違反行為をしたときは、行為者を罰する外、その法人又は人に対して各本条の罰金刑を科する。」

以上のように両罰規定の立法形式はまちまちであるが、今日の最高裁の見解によれば、いずれも、事業主は、従業者の違反行為を防止するよう注意監督の義務を負い、この義務違反につき刑事責任を問うこととした過失犯の規定であり、かつ過失の存在を推定した規定であるとされることはうたがいない。すなわち、最判大法廷昭三二・一一・二七(刑集一一・一二・三一一三)は、両罰規定に但書(労働基準法一二一条一項のような)のない入場税法の規定について、事業主(自然人)としての選任・監督その他違反行為を防止するために必要な注意を尽くさなかった過失の存在を推定した規定であるとし、いわゆる過失推定説を採用し、その後もいろいろのタイプの両罰規定について同一の考え方を定着させていったのである。(3) したがって事業主において右の注意を尽くしたことの証明がなされない限り、事業主もまた刑事責任を免れえない。反面、鉱山保安法五八条のように但書のない場合であっても、注意を尽くしたことの証明がなされれば、過失の刑事責任を問いえない。

ついで最判昭四〇・三・二六(刑集一九・二・三七七)は、自然人たる事業主についての以上の考え方を法人たる事業主にも推及し、「右法意は、本件のように事業主が法人(株式会社)で、行為者が、その代表者でない、従業者である場合にも、当然推及されるべきである」と判示した。(4) 法人についての過失の存否は法人の代表者について判断される。(5) 法人の代表者自身が違反行為をしたときも法人は処罰されるが、それは過失に基づくものではなく、代表者の違反行為により法人が違反行為をしたと評価されるからである。

どのような場合に事業主に過失があり、どのような場合に注意義務を果したといえるかという点については、別に検討する(三2)。

(1)　両罰規定の各種のタイプについては八木胖・業務主体処罰規定の研究一三頁、一七五頁、二一三頁、二六〇—二六四頁、金沢文雄・法人の刑事責任・両罰規定四七頁参照。近時は、鉱山保安法五八条にみられる立法形式に統一されている。

(2)　ここで両罰規定の機能を要約しておくと、つぎの四つになる。

一は、従業者などの行為者を処罰する趣旨を明らかにすることである。本則の義務規定およびこれに対する罰則が、業務主など特定の身分をもつ者に限定してある場合には、「行為者を罰するほか」という文言によりはじめて従業者にまで義務の主体と罰則の主体が拡張されるのである。

二は、一の機能と関連するが、本則およびその罰則の主体が特定の身分をもつ者に限定されている場合、行為者を処罰することを両罰規定において明らかにすることにより、本則による義務者がその義務を従業者に委任(代行)させうることを明らかにすることにある。両罰規定がなければ、本来の義務者はその義務を自らの責任おいて果さなければならないとの解釈が生じうるであろう。英法における特定の事業主について課される代位責任(vicarious liability)の根拠のひとつはこの点に求められているのである。

三は、行為者が違法行為をした場合において、事業主がこれを防止すべき選任監督上の注意義務を怠るときは、過失により事業主も刑事責任を追求されることを明らかにするとともに、過失の存在を法律上推定する点にあり、両罰規定の本来の機能ともいうべきものである。

四は、法人の代表者が違法行為に出たときは、法人が違法行為をしたものとして、法人に対して刑事罰を科すことを明らかにすることにある。

(3)　最判昭三三・二・七(刑集一二・二・一一七)、最判昭三八・二・二六(刑集一七・一・一五)及び次に引用する判例参照。

(4)　この判例については内田文昭「外国為替及び外国貿易管理法第七三条の法意(両罰規定における法人の処罰)」警察研究三七巻一二号一二九頁を参照。

(5)　法人処罰及び業務主処罰の根拠と要件についての論議と文献は、八木胖・業務主体処罰規定の研究、福田平・行政刑法五三—八五頁、同・注釈刑法(1)六〇頁、金沢文雄・法人の刑事責任・両罰規定に詳しい。過失責任説に対する近時の反対説については、高橋勝好「両罰規定における業務主体処罰の原因」警察研究二九巻七号、九号参照。

3　従業者の刑事責任

(一)　問　題　点

法律上の義務に違反したとして従業者の刑事責任を追及するにはどのような条件が必要か。ここに従業者とは、法人たる事業主の代表者、自然人又は法人たる事業主の代理人、使用人その他事業主のために行為をするすべての従業者をいう。事業主以外のすべての行為者をさすのである。一般の犯罪の場合と同様、構成要件該当性、違法性、責任の要件を充たす必要があることはいうまでもないが、従業者の刑事責任を論ずる場合には、特に構成要件該当性が問題になる。構成要件該当性、つまりはその従業者について違反行為が成立するか否かに関しては、次の二点が総論的な論点として重要と思われる。

第一の論点は、問題とされている法規が、一般に、事業主のみならず、従業者をも犯罪の主体と定めているものか否かである。労働者保護法規も、他の多くの行政法規と同様、本則およびその罰則においては特定の身分のある者に主体を限定しているから、従業者について犯罪の成立を肯定するためには、従業者も犯罪の主体となるとする規定(構成要件)上の根拠を明らかにする必要がある。

第二の論点は、従業者も一般には特定の犯罪の主体になりうるとして、当該従業者をその罪についての違反行為者と認定するための条件は何かである。いいかえれば、当該従業者を特定の義務規定の主体と認定するための条件は何かである。

第三の論点は、特定の事項ないしは特定の義務規定について、重畳的に複数の義務主体が考えられる場合の法律関係についてである。炭鉱などにおける安全措置義務をめぐってこの点は実務上重要な問題となることが多い。

これらの論点のうち、ここでは第一、第二の論点を中心に検討し、第三の論点は、のちに安全・衛生管理者、保安技術管理者などの刑事責任を論ずる際にあわせてとりあげる。

(二)　従業者処罰の規定上の根拠

従業者が義務規定に違反するとして処罰される規定上の根拠については若干の見解の対立がある。労働基準法一〇条は、「この法律で使用者とは、事業主又は事業の経営担当者その他その事業の労働者に関する事項について、事業主のために行為をするすべての者をいう。」と規定し、同法の義務規定は、おおむね使用者を主体として作為、不作為の義務を規定している。すなわち事業主のために義務の履行にあたる従業者が法律上の使用者とされ、法律の各規定により直接義務を負うこととされているのである。このような場合に、従業者が処罰されるのは、直接の義務規定に違反するためであることは規定上明白である。

ところが、他の法令においては、このような立法形式は採られていない。船員法は、事業主たる船舶所有者を義務主体として義務を設定し、罰則においても、船舶所有者がこれらの規定等に違反した場合に一定の刑を科することとしている（一二九ないし一三一条）。鉱山保安法も、鉱業権者を義務主体として定めるとともに、これら規定に違反した者を処罰することとしている（五五条ないし五七条）。職業安定法も、「労働者を雇用しようとする者」（三六条、三七条一項）などと義務の主体を限定し、罰則においては義務規定に違反した者を犯罪の主体としている（六四条、六五条）。すなわちこれらの罰則は、従業者を含まない身分犯として規定されているのである。そこで、従業者が事業主のためにこれら義務規定にふれるような行為をした場合にも、これら各本条の定める身分者ではない結果、各本条に直接違反するとはいえず、両罰規定に「行為者を罰するほか」と規定されていることにより、はじめて処罰されるとする見解が生ずる。(1) 有力な反対説はあるが、判例および行政実務はこの見解に立つ。

すなわち最判昭三〇・一〇・一八（刑集九・一一・二二五三）は、古物商の従業者が古物営業法一六条に規定されている古物商が古物を買い受ける場合の相手方確認義務を怠ったという事案につき、原審が一六条とその罰則を適用したのに対し、上告理由が、被告人は古物商ではなくその従業者にすぎないからこの法の適用は違法であると主張したのを斥け、次のように判示した。

「本件真鍮棒及び車軸受真鍮製メタルが古物であることは原判決挙示の証拠によって明らかであるところ、古物の売買については、古物営業法一条二項の古物商に対してのみならずその従業者に対しても、同法一六条及び二九条が適用せられることは、同法三三条によって明らかである。従って古物商を営む養子Aの従業者たる被告人が同法違反の罪に問われたことは当然である。ただ原判決が同法三三条の適用を示さなかったことは違法たるを免れないが、この違法は判決に影響なく、刑訴四一一条により原判決を破棄しなければ著しく正義に反するものとは認められない。またその外にも同四一一条を適用すべき事由は認められない」

三三条は両罰規定である。判決は、従業者が処罰されるのはこの両罰規定があるからであり、判決にもこれを摘示すべきであるとしているから、両罰規定の「行為者を罰するほか」の文言により、本則規定の身分者が行為者たる従業者にまで拡張されるとの見解に立つことは明らかであろう。

最判昭三四・六・四（刑集一三・六・八五一）は、鉱山保安法に関してより明確にこのことを判示する。事案は、鉱業権者たる株式会社の鉱業代理人を補佐する鉱業所坑務副長、保安係長、保安係員などの従業者が意思を通じて無検定の精密可燃性ガス測定器を坑内において用いたとして鉱山保安法違反に問われたものである。判決は、鉱業権者でない従業者が処罰される根拠をこう説明した。

「同法七条一項は、鉱業権者に対する義務を定めた規定であり、同法五六条二号に「第七条第一項……に違反した者」とあるのは、右義務に違反した鉱業権者を処罰する規定と解するを相当とするけれども、同法五八条には、「……その他の従業者が、その法人又は人の業務に関し、前三条の違反行為をしたときは、行為者を罰する外」と定められており、同法に定められた鉱山事業における危害防止、安全確保の重要性に鑑み、同条所定の従業者が、法人又は人の業務に関し、同法五六条二号に掲げられた違反行為（本件においては、七条一項に違反する行為)に該当する行為をしてはならない義務を負うものとせられていると解すべきである。そして本件においては、検定有効期間最終日を経過して無検定のままの精密可燃性ガス検定器を坑内で現実に用いた者が、所論のように、被告人ら自身ではなく鉱山労働者であったとしても、被告人らが、右鉱山労働者をして前記のごとき検定器を坑内において用いさせてこれを使用したものであると認定した第一審判決を是認した原判決は、挙示の証拠に照らし正当と認められる。しからば、被告人らは、結局鉱山保安法七条一項の違反行為に該当する所為をしたものであるから、同法八五条の前記引用の規定によってこれを処罰しうることは明らかである。[(2)]」

以上の見解に対し、転嫁罰規定(従業者の業務に関する違反行為につき事業主を処罰する旨を規定し、事実上の行為者である従業者の処罰については明文の規定がないもの)についても、事実上の行為者である従業者にも義務が及び、これを処罰しうるとし、両罰規定についても、行為者たる従業者は両罰規定をまたずしてすべて直接本条により処罰しうるとする反対説がある。[(3)]しかしながら、どの範囲の者を法律上の義務者と定めるかは立法政策の問題である。従業者一般には義務を課さず、事業主又は特定の身分のある従業者のみに義務を課すことによって、義務履行の委任を禁止し、法目的を確実に達成しようとする場合もあろう。たとえば、鉱山保安法における保安技術管理者の義務がこれである。また、今日における通常の立法形式のように、従業者一般にまで義務を拡げ、これを行為者として処罰することにより法目的を達成することを企図する立法もあろう。従業者にまで義務を及ぼすか否かは、誰の責任においてこれを履行させるか、義務履行の委任を許すかという問題と関連するのであって、従業者に義務を課すことが常に法目的の達成に有益であるとは限らない。このようにして、義務者の範囲を定めることが立法政策の問題として意味があるとすれば、従業者を義務者として処罰するか否かについては立法意思に則って判断するのが妥当であり、他に行為者処罰の意思が表われていない限り、判例のとるように、両罰規定における「行為者を罰するほか」という文言にその根拠を求めるのが妥当と考える。

（1）　これに反して、当該法規の命令・禁止が一般人又は従業者を含む人に向けられているときは、従業者は両罰規定をまつまでもなく、当該規定違反として処罰される。また、当該法規の命令・禁止は一定の義務者（事業主）を対象としているが、別条で当該命令・禁止に違反する行為をした従業者等を処罰する旨を規定している場合にも、従業者は両罰規定をまつまでもなく、右の規定によって処罰される。福田平・行政刑法六一、六二頁参照。本文に挙げた労働者保護法規は右のいずれの場合にもあたらず、両罰規定をまって初めて従業者の処罰が可能となる場合である。

（2）　従業者は、両罰規定の「行為者を罰するほか」という規定により初めて処罰されるという見解をとるものに津田実「罰則の適用に関連する諸問題」財政経済弘報二二四号一一頁、神谷尚男、長谷太郎・労働関係法規罰則解説一一三頁、福田平・行政刑法六一頁、井口浩二・刑事判例評釈集一五巻二六〇頁などがある。ただし、たとえば津田・前掲一一頁が「違反行為というのは納税義務者などという身分の点を除外すれば、当然本条の違反行為となるような行為をなすことである。即ち、例えば納税義務者ではないが、その使用人としてその納税義務者のために、虚偽の確定申告をするというようなのは、納税義務者という身分の点を除いては、全く逋脱犯にあたる行為をしたわけでもあるからである。……本条によれば、義務者に該当しない者は、処罰されないのであるけれども、この規定により初めて義務者には該当しないが違反行為をなした者即ち行為者が処罰されることになるのである」とされ、両罰規定により本則の義務が従業者に及ぶことを否定されるのは妥当ではない。右の場合両罰規定により、納税義務者ではない従業者も逋脱行為をしないという義務を負うものと解すべきである。もし従業者が本則の義務を負わず、単に違反行為について責任を負うにすぎないものとすれば事業主は常に義務を負うていることになるから、不作為義務に違反する作為犯についてはともかく、作為義務に違反する不作為犯については、担当の従業者の懈怠であっても事業主は単に注意義務違反の責任のみならず常に本則違反の責任を負うという不当な結果となり、事業主が監督責任のみを負うという建前に反することとなろう。判例は、明らかに本則の義務を従業者が負うものとしているのである。

（3）　八木胖・業務主処罰規定の研究二三八頁。なお金沢文雄・法人の刑事責任・両罰規定一〇二頁。

(三)　従業者処罰の要件

第二の論点、すなわち当該従業者を特定の義務履行の主体と認定し、その不履行につき違反行為者としてその責任を追及するのに必要な要件を検討しよう。この要件としては、少なくとも次の二つがあると考える。第一は、当該従業者が、事業主のために当該義務を履行すべき地位にあることである。事業主の業務の一部を職務として分担し、その業務に伴う法律上の作為、不作為の義務を事業主に代わって履行すべきことが事業主から委任されていることである。第二は、当該従業者が義務を履行するに必要な権限の付与その他の措置が事業主によってとられていることである。前者を義務履行の委任、後者を権限の委任とよぶことができよう。この両者が備わらなければ、当該従業者は特定の義務規定の主体とはならず、したがって、その不履行に対し刑事処罰をもってのぞむことは許されないものと解される。以下それぞれの要件を検討しよう。

(1)　事業主に対して課された義務の履行を従業者に要求するためには、まずその従業者が事業主のために当該義務を履行すべき地位に立つことが必要である。事業主から従業者に対し義務履行の委任がなされることが必要なのである。不作為義務の場合には、従業者がこの義務の履行を要請される業務の遂行を分担することによって、当然にその義務を負うものと解してよい。そして当該従業者の分担する業務を遂行する過程で、従業者がその不作為義務に違反して作為に出るときは、事業主の業務に関し、あるいは事業主のために違法行為をしたと評価されるのである。作為義務の場合には、従業者がこの作為義務の履行それ自体、あるいはこれを含む業務の遂行を事業主から分担せしめられることにより、事業主に代わってその義務を履行すべき地位に立ち、この作為義務に違反するときは事業主の業務に関し違反行為をしたと評価されることになる。いずれの場合であっても、従業者が義務の履行を含めて業務の遂行を事業主のために分担することによって、初めて義務者ないしは行為者の身分を取得するのであって、この義務履行の委任がなければ、事業主が義務履行者たる地位にとどまるのである。

義務履行の委任は、事業主による事務の配分により行われるのが通常であるが、時には法律の規定により特定の従業者に特定の義務が課されることがある。これが安全管理者などの制度にほかならない。

(2)　次に、権限の委任とよんだ第二の要件について検討しよう。事業主の法的な義務とされている事項の履行を従業者に委任しただけで、直ちにその従業者が行為者としての身分を取得し、事業主が義務履行の責任を免れるものと解するのは妥当でない。不作為義務又は特段の措置を必要としない作為義務の場合には、一般にはこれで足りるであろう。しかしながら、義務の履行のために格別の権限その他の措置を必要とする作為義務の場合、たとえば賃金支払義務や施設の設置義務などの場合には、義務履行の委任のほかに、義務の履行を可能とする権限の付与その他の措置が事業主によってなされなければならない。賃金支払いのための資金の供与、施設設置のための資金の供与や権限の付与などがこれである。義務の履行を可能にする条件をととのえないで、義務の履行のみを委任しても、それは正当な義務の委任とはいえず、義務は従業者にでなくして依然として事業主にとどまるものといわざるをえない。

この関係を示唆する興味ある判例に最判昭三三・七・一〇（刑集一二・一一・二四七〔東芝川岸工場失業保険法違反事件〕）がある。事案は、東芝川岸工場の工場長（代表者でない）として工場の経営を担当していたHが、工場における失業保険被保険者の賃金から三か月間失業保険法所定の保険料合計七万円余りを控除しながら、所定の納付期日までに納付しなかったとして、会社とともに起訴されたものである。一審判決は、「被告人Hが右被告人会社の代理人として、判示の如く納付期日に右保険料を納付しなかったのは本件発生当時の被告人会社の経理状況が終戦後のインフレーションと統制経済による原料価格と、製品価格との不均衡、過剰従業員による人件費の増大等に基づく事業採算の困難、一般生活費の高騰に起因する従業員の賃上げ要求による長期間のストライキから生じた生産低下等により、ただでさえ経理の困難さが存在したのに、之がひいては金融機関よりの融資の円滑を妨げる材料となり、ますます経理状況に悪化を加えられていた事情もあって、被告人会社の本店からの送金が遅れていた反面、前記工場長たる被告人Hの自由裁量を許される手元資金もなく、又独自の権限で融資を受ける方法もなかった状態の下に起ったこと」を認めつつも、弁護人の期待可能性なしという主張を斥けて有罪としたのに対し、控訴審判決は、「かような事情たるや、被告人Hに対し本件失業保険料納付義務の履行を期待するのは不可能であったと見るのが相当である」として無罪とし、最高裁は上告を棄却してつぎのように判示した。

「(なお、念のため、本件に関する失業保険法の適用に関する当裁判所の意見を附加する。失業保険法(昭和二四年法律八七号による改正前のもの)三二条は「事業主は、その雇用する被保険者の負担する保険料を納付しなければならない」と規定し、同条の規定に違反した者に対する罰則規定として、同法五三条は、事業主が同条二号の「第三十二条の規定に違反して被保険者の賃金から控除した保険料をその納付期日に納付しなかった場合」に該当するときは、六箇月以下の懲役又は一万円以下の罰金に処することを定め、同法五五条は、法人の代表者又は法人若しくは人の代理人、使用人その他の従業者が、その法人又は人の事業に関し、前記の違反行為をしたときは、行為者を罰するの外、その法人又は人に対し、前記本条の罰金刑を科する旨を定めている。そして、右五三条が、右五五条により本件のごとき法人又は人の代理人、使用人その他の従業者に適用せられる場合の法意を考えてみるに、五三条二号に「被保険者の賃金から控除した保険料をその納付期日に納付しなかった場合」というのは、法人又は人の代理人、使用人その他の従業者が、事業主から保険料の納付期日までに被保険者に支払うべき賃金を受けとり、その中から保険料を控除したか、又は少なくとも事業主が保険料の納付期日までに、右代理人等に納付すべき保険料を交付する等、事業主において、右代理人等が納付期日に保険料を納付しうる状態に置いたに拘わらず、これをその納付期日に納付しなかった場合をいうものと解するを相当とし、そのような事実の認められない以上は、事業主本人、事業主が法人であるときはその代表者が、五三条二号、五五条により三二条違反の刑責を負う場合のあるのは格別、その代理人、使用人その他の従業者については、前記五三条に規定する犯罪の構成要件を欠くものというべきである。しかるに原判決が引用し、そしてそれを是認した第一審判決の認定事実によれば……被告人会社はその代理人たる被告人Hに、本件保険料を、その納付期日までに交付したことも認められず、その他被告人会社において被告人Hが、右保険料を納付期日に現実に納付しうる状態に置いたことも認められない。しからば、被告人Hが本件保険料をその納付期日までに納付しなかったとしても、それが失業保険法三二条違反として、同法五三条二号、五五号に該当するものと認められないことは、既に説示した同条項の法意に照らし明らかであって、被告人Hは、犯罪構成要件を欠き、無罪たるべきものであり、行為者たる同被告人が無罪たる以上、被告人会社も同法五五条の適用を受くべき限りでなく、これまた無罪たるべきものである。原判決は、その理由において当裁判所の判断と異なるところがあるが、その結論は結局正当たるに帰する)」

失業保険料の納付は本来事業主に義務づけられたものである。事業主(この場合は法人の代表者)がこれを従業者たる被告人Hに委任した点は、両罰規定が従業者を行為者として予定しているところからも適法であるといいうるが、この委任によって事業主が義務の履行を免れ、従業者Hに義務履行の責任が移行したというには、従業者が義務を履行しうるように事業主が措置をとったことが必要である。最高裁判決が判示するように、事業主においてこのような措置をとらないときは、義務を履行すべき責任は従業者には生ぜず、事業主(法人であるときはその代表者)に依然として義務が残るものというほかはない(1)。

事業主は、事業主たる立場にある限り、これに対して課された義務を果す責任を有する。これに対し、事業主のために行為する従業者は、当然に義務者となるわけではなく、事業主の業務と義務を分担する限りにおいて義務者(行為者)となるにすぎない。したがって、事業主から従業者に義務履行の責任が移ったと認めることのできない事情のもとにおいては、本来の建前どおり事業主が義務を履行すべきことはむしろ当然の結論である。

(1)　佐伯千仭・刑事裁判と人権三〇九頁は、控訴審判決についてすでに構成要件の問題であることを指摘されていた。さらに佐伯千仭、米田泰邦・期待可能性二三六頁は、最高裁判決に関連し、「可罰的違法類型としての不納付罪の構成要件が充足されていないのだというのが、この判決の真の趣旨ではあるまいか」とされ、さらに「いずれにしても、失業保険料の基本的納付義務者である事業主個人ないしそれと同等の地位にあるとみられる法人の代表者と、被告人Hのようないわば履行補助者に過ぎない者とを、あらゆる場合に同列にあつかうことは、適当でなく、両者の間には不納付罪の刑責を負う範囲について自ら差のあるのは当然であって、この判決が、往々誤まった意味で説かれる行政犯の特殊性の主張や、規定の文言にとらわれず、その法意を合理的な形で捉え、具体的に妥当た結論に達したのは正当である」と評される。犯罪の主体性ないしは行為者の問題として構成要件の該当性を否定したものと解する方がよいと思うが、右の指摘は示唆的である。

4　安全管理者、保安技術職員等の刑事責任

(一)　問　題　点

労働基準法、船員法、鉱山保安法は、事業場における労働者の安全及び衛生を確保するため、事業主に対し、広範な措置義務を課す一方、一定の資格を有する安全管理者、衛生管理者など専門の担当者の選任を命じ、これらの者に安全・衛生に関する事項を担当させるとともに、これらの者を通じて、安全・衛生上の義務を履行すべきものとしている。労働基準法における安全管理者及び衛生管理者(五三条一項)、船員法における安全担当者(八一条一項、船員労働安全衛生規則二条)、衛生管理者(八二条の二の一項)、衛生担当者(船員労働安全衛生規則七条)、鉱山保安法における保安統括者(一二条の二の一項)、保安技術管理者、副保安技術管理者、係員(以上一二条の二の三項)及び保安監督員、保安監督員補佐員(以上一五条)が選任を義務づけられている専門の安全・衛生担当者である。

これら専門の担当者の職務内容は、いずれも法令により定められており、事業主は、これら担当者に対し、職務を遂行するうえに必要な権限を付与しなければならないものとされている。

他方、法令上の義務の主体に関しては、労働基準法は、安全及び衛生の確保のため守るべき義務を原則として使用者に対して課し(四二、四三条)、安全管理者及び衛生管理者を名宛人としてこれを課してはいない。船員法の場合も、安全・衛生の確保のため守るべき義務の主体は、原則として船舶所有者と定められており(八一条一項)、安全担当者、衛生管理者は直接の義務主体とはされていない。ところが、鉱山保安法においては、保安統括者又は前記の各保安技術職員の守るべき義務が、具体的に規定されている(五条、石炭鉱山保安規則二三条ないし三五条など)。

安全管理者などの専門の担当者も、事業主のために行為をする従業者であることには変わりはない。したがって、3で述べた従業者の刑事責任についての説明が原則としてこれらの者にもあてはまる。しかしながら、以上のような特殊な法制度が採用されていることにともない、いくらか修正を要する点もある。検討を必要とする主な論点を

列記するとつぎのとおりである。

(1) これら専門の担当者の選任を義務づけ、その職務内容を法定していることの意味は何か。

(2) 法定されている職務と守るべき義務との関係はどうか。法令により事業主などに課されている義務が、これら担当者の法定された職務の範囲内の事項であるときには、その担当者は当然にその義務を履行すべき責任を負うものと解すべきか。

(3) 鉱山保安法におけるように特定の技術職員の守るべき義務が定められている場合にも、その義務は事業主の義務を代行するものと解すべきか。このような場合、両罰規定により事業主を処罰することができるか。

(4) (3)の場合において、特定の技術職員の守るべき義務につき、事業主又は右の者以外の従業者が共犯規定によらずして直接これに違反することがありうるか。

これらの論点を、労働基準法、船員法、鉱山保安法の順に、それぞれ検討してみよう。

(二) 労働基準法の安全・衛生管理者の法律上の地位

(1) まず制度を概観しよう。一定の種類及び一定の規模の事業においては、使用者は、一定の資格を有する安全管理者及び衛生管理者を選任しなければならない(五三条一、二項)。行政官庁が必要であると認める場合には、使用者に対して、これらの者の増員または解任を命ずることができる(五三条三項)。これらの規定に違反したときは五千円以下の罰金に処される(一二〇条一、二号)。安全管理者、衛生管理者に関する細目は労働安全衛生規則(以下安則と略称する)一条ないし七条、一一条ないし三三条に定められている(法五三条二項参照)。これらを選任したときは職務分担を明記したうえ労働基準監督署長に報告しなければならない(安則七条、二三条)。

安全管理者は、当該事業における安全に関する事項を管理する(安則五条一項)。主任の安全管理者は、他の安全管理者を指揮し、安全管理に関する事項を統轄する(二項)。使用者は、安全管理者に対し、安全に関する措置をなし得る権限を与えなければならない(三項)。安全管理者は左の事項を行なわなければならない(安則六条)。

一　建設物、設備、作業場所又は作業方法に、危険がある場合における応急措置又は適当な防止の措置

二　当該事業の労働者が行なう作業が他の事業の労働者が行なう作業と同一の場所において行なわれる場合における安全に関し必要な作業間の連絡及び調整その他の措置

三　安全装置、保護具、消火設備その他危害防止施設の性能の定期点検及び整備

四　安全作業に関する教育及び訓練

五　発生した災害原因の調査及び対策

六　消防及び避難の訓練

七　第十条の規定による係員その他安全に関する補助者の監督

八　安全に関する重要事項の記録及びその保存

他方、衛生管理者は、当該事業における衛生に関する事項を管理する(安則一五条一項)。主任の衛生管理者は、他の衛生管理者を指揮し、衛生管理に関する事項を統轄する(二項)。使用者は、衛生管理者に対して衛生に関する措置をなし得る権限を与えなければならない(三項)。医師である衛生管理者は、少なくとも毎月一回、医師でない衛生管理者は、少なくとも毎週一回作業場等を巡視し、設備、作業方法又は衛生状態で、衛生上有害のおそれのある場合には、応急処置又は適当な予防の処置をしなければならない(一八条)。衛生管理者は、左の事項を行なわなければならない(一九条)。

一　健康に異常ある者の発見及び処置

二　労働環境衛生に関する調査

三　作業条件、施設等の衛生上の改善

四　当該事業の労働者が行なう作業が他の事業の労働者が行なう作業と同一の場所において行なわれる場合における衛生に関し必要な作業間の連絡及び調整その他の措置
五　衛生用保護具、救急用具等の点検及び整備
六　衛生教育、健康相談その他労働者の健康保持のために必要な事項
七　労働者の負傷及び疾病、それに因る死亡、欠勤及び移動に関する統計の作成
八　衛生日誌の記載等職務上の記録の整備
九　その他衛生に関する事項
医師である衛生管理者はこの外健康診断を行なわなければならない。

(2)　以上のとおり、安全管理者の職務は「当該事業における安全に関する事項を管理する」ことであるとされ、また衛生管理者の職務は「当該事業における衛生に関する事項を管理する」ことであるとされている。これは、安全及び衛生に関する事項が、事業主が負う他の義務とは異なり、専門技術的なものであり、かつ特に重要なものであることにかんがみ、一定の資格を有する管理者に事業主に代わってその管理を委ねることを事業主に義務づけたものである。一般に、事業主は、自ら選定した従業者にその業務を分担させ、業務に関して課されている法的義務の履行をその従業者に委ねることができるが、安全及び衛生を確保するためには、これらに関する業務及び義務履行の委任を事業主の自由裁量に委ねることは適当でないため、特に一定の資格のある者に相手方を限定して「管理」業務を委任すべきことを義務づけたのである。

選任された安全・衛生管理者は、安全・衛生に関する事項を管理する職責を有する結果、安全・衛生に関し使用者の義務とされている事項を履行すべき責任を負うこととなる。もっとも、管理者が安全・衛生に関する使用者の義務をすべて直接に履行しなければならないわけではなく、別段の定めのない限り、これを他の従業者に分担させ

ることができる。

法は他方、前記のとおり、安全・衛生管理者が行なわなければならない具体的事項を列挙している。安全・衛生に関する事項のうちから、これらの事項を特にとりだしたのは、これらの事項を安全・衛生管理者に直接担当させる趣旨である。したがって、これらの事項については、補助者を用いることはできるが、他の従業者に委任することは許されないものというべきである。

以上のような安全・衛生管理者の職務に対応して、法が使用者に対し一定の安全・衛生上の措置義務を課している場合がある。たとえば安全・衛生の教育がこれである(法五〇条参照)。これらの義務は、法律上管理者の担当すべき職務とされた事項についてのものであるから、安全・衛生管理者が自ら履行すべきものであって、他の従業者に委任することは許されないものと解される。もっとも安全・衛生管理者が直接履行すべきものとされている義務も、本来、事業主が負うべき性質のものであり、法は単にその義務の履行を担当する従業者(使用者)を安全・衛生管理者に限定しているにすぎないから、管理者がこれらの義務に違反したときは、両罰規定により事業主もまた処罰を免れない。また事業主が管理者に対し、その義務の履行に必要な権限を付与せず、その結果違反行為が行なわれたような場合には、事業主自体がその義務に違反したこととなる。

㈢　船員法の安全担当者、衛生管理者の法律上の地位

(1)　船員法上の安全担当者については、法律上に直接の規定はなく、安全に関する船舶所有者の措置義務の一つとして、その選任が義務づけられている(八一条一項、船員労働安全衛生規則二条)。船舶所有者は、船内において船員安全衛生規則(以下船安則と略称する)に定める事項を行なうために、船長の意見を聞いて、甲板部、機関部、無線部、事務部その他の各部について当該部の海員の中からそれぞれ安全担当者を選任しなければならない(船安則二条一項)。船舶所有者は、つぎに掲げる事項を安全担当者に行なわせなければならない(船安則五条)。

一 作業設備及び作業用具の点検及び整備に関すること
二 安全装置、検知器具、消火器具、保護具その他危害防止のための設備及び用具の点検及び整備に関すること
三 作業を行なう際に危険な又は有害な状態が発生した場合又は発生するおそれのある場合の適当な応急措置又は防止措置に関すること
四 発生した災害の原因の調査に関すること
五 作業の安全に関する教育に関すること
六 安全管理に関する記録の作成及び管理に関すること

他方、船舶所有者は、一定規模以上の船舶については医師を(法八二条)、これに準ずる一定の規模の船舶については乗組員の中から衛生管理者(法八二条の二の一項)を選任しなければならない。医師及び衛生管理者は、次に掲げる船内の衛生管理に関する業務に従事しなければならない(船舶に乗り組む医師及び衛生管理者に関する省令一六条)。

一 船員の健康管理及び保健指導に関すること
二 船内の作業環境衛生及び居住環境衛生の保持に関すること
三 食料及び用水の衛生の保持に関すること
四 医薬品その他の衛生用品、医療書、衛生保護具等の整備及び点検に関すること
五 船内の衛生管理に関する記録の作成及び管理に関すること
六 その他船内の衛生管理に関すること

医師、衛生管理者のいない船舶については、船舶所有者は衛生担当者を選任しなければならない(船安則七条一項)。船舶所有者は、次に掲げる事項を衛生担当者に行なわせなければならない(船安則八条)。

一 居住環境衛生の保持に関すること

二　食料及び用水の衛生の保持に関すること
三　医薬品その他の衛生用品、医療書、衛生保護具等の点検及び整備に関すること
四　発生した疾病の原因の調査に関すること
五　衛生管理に関する記録の作成及び管理

(2)　安全担当者などの職務内容は以上により明らかとなった。労働基準法とは異なり、安全・衛生に関する管理という一般的な職務が法定されず、個別的、具体的な職務が列挙されている点にその特色が認められよう。これら安全担当者などの行なうべき事項については、安全担当者など自らがこれを行なうことが必要であって、履行にあたり補助者を用いることは格別(船安則一〇条参照)、他の従業者に履行を委任することは許されないものと解される。労働基準法の場合と同様、安全担当者などの職務事項の対応する法的義務が、船員法又は船安則などに規定されているときは、安全担当者などがこれを履行すべき義務を負う。もちろん安全担当者などは、船舶所有者に代わって右の義務を履行するからであるから、違反行為があったときは両罰規定により事業主たる船舶所有者も処罰されることとなるし、船舶所有者が右の義務に直接違反することもありうる。

(四)　鉱山保安法の保安技術職員等の法律上の地位

(1)　鉱山保安法は、労働基準法や船員法とその構成を異にしている。概要をまず述べると、法は、鉱山における保安を確保するため、四条などにおいて鉱業権者の講ずべき措置その他の果たすべき義務を規定するとともに、五条において保安統括者、保安技術職員その他の鉱山労働者の守るべき事項を規定し、各保安規則は、法三〇条の委任に基づき、法四条により鉱業権者の講ずべき措置と法五条により保安技術職員その他の鉱山労働者の守るべき事項を格別に規定している。そして法五八条は両罰規定となっている。

他方、法は、一二条に二ないし一八条において、鉱山における保安を確保するための特別の法制度、すなわち保

安統括者及び保安技術職員（以下保安技術職員と総称することがある）の制度を設けて、保安に関するそれぞれの職務を法定し、各保安規則はそれの細目及び保安技術職員の守るべき義務を規定している。

検討を要する主な論点はすでに指摘したが、ここに再言すると三つある。第一は、法四条などにより鉱業権者の義務とされている事項との関係である。鉱業権者の義務を定められている事項が履行されなかったときに誰がその不履行につき責任を負うかという問題である。第二の論点は、法令により保安技術職員の義務とされている事項と鉱業権者の義務との関係である。保安技術職員の法令上の義務とされている事項につき違反行為があったときには、鉱業権者を両罰規定により処罰しうるかという問題である。そして第三は、鉱業権者は保安技術職員の義務とされている事項につき自ら違反することがありうるか、という問題である。これらの論点を明らかにするためには、法が保安技術職員の制度を設け、その職務を法定していることの意味と職務の内容を明らかにすることが必要である。そこでまずこの点の概観から始めよう。

鉱業権者は、保安統括者、保安技術管理者、副保安技術管理者、係員を選任し、これを鉱山保安監督局長又は鉱山保安監督部長に届け出なければならない（一二条の二の一、三、四項）。監督局長又は監督部長は、保安のため必要があるときはこれら職員の解任を命ずることができる（一三条）。保安統括者は、当該鉱山において鉱業の実施を統括管理する者をもってあてなければならない（一二条の二の二項）。保安技術管理者、副保安技術管理者、係員は、国家試験に合格し、かつ、一定の資格を有するものでなければならない（一八条）。鉱業権者は、保安技術職員が旅行、疾病その他の事故によって、その職務を行うことができない場合に職務を行わせるため。あらかじめ代理者を選任し、届け出なければならない（一六条一項）。保安技術職員又はその代理者の選任義務に違反した者は、一年以下の懲役又は一〇万円以下の罰金に処される（五六条二号）。届出の義務に違反して届出をさせず、又は虚偽の届出をした者は、五万円以下の罰金に処される（五七条二号）。

保安技術職員の職務は、法一四条に規定されている。保安統括者は、保安に関する事項を管理する（一項）。保安技術管理者は、保安統括者を補佐して、保安に関する技術的事項を管理する（二項）。副保安技術管理者は、保安技術管理者を補佐する（三項）。係員は、保安統括者、保安技術管理者及び副保安技術管理者の指揮を受け、保安に関する技術的事項を分掌する（四項）。このほか保安統括者、保安技術管理者、副保安技術管理者及び係員の職務に関し必要な事項は、省令で定める（五項）。代理者が職務を行なう場合は保安技術職員とみなされる（一六条二項）。右の法の委任に基づき各保安規則は保安技術職員の職務を具体的に規定する。たとえば石炭鉱山についての石炭鉱山保安規則（以下石則と略称する）一九条ないし二二条などがこれである（石則一八条参照）。鉱業権者は、法四条の規定に基づいて、保安技術職員が行なうべき職務の具体的範囲を明確に定め、監督局長又は監督部長に届け出なければならない（石則二三条）。鉱業権者は、法三〇条の規定に基づいて、別に規定する場合のほか、法四条の規定により、保安統括者又は保安技術職員が行なうべき職務を当該保安統括者又は保安技術職員が行なうべき職務を当該保安統括者及び保安技術職員以外の鉱山労働者に行なわせてはならない（石則二二条の二）。

保安技術職員が石則二二条の規定による職務の範囲内において、法五条の規定により守るべき事項は、石則二四条から三五条までに定められ（石則二三条参照）、さらにその細目ならびに保安技術職員が守るべきその他の事項については石則二章から一三章までに定められている（石則三五条参照）。保安技術職員は、別に規定する場合のほか、その行なうべき職務に他の鉱山労働者を従事させてはならない（石則三四条の二参照）。

(3)　鉱山保安法が保安技術管理者などの制度を設け、その職務を法定している趣旨は、労働基準法及び船員法の場合と同様、保安の重要性にかんがみ、鉱業権者の行なう職務分担の定めに制約を加え、一定の資格のある者に保安に関する一定の事項を専門的に担当させることにある。

すでに述べたように、鉱山保安法及びこれに基づく保安規則は、法四条などにより鉱業権者の講ずべき措置その他の義務と、法五条により保安技術職員その他の鉱山労働者の守るべき義務を区別して規定している。これらの義務と、保安技術管理者などの分担すべき職務とはどういう関係に立つか。まず法四条などにより鉱業権者の義務とされている事項については、それが保安技術管理者の職務の範囲内にある限り、当該保安技術管理者の履行すべき義務となる。保安技術管理者を選任し、それに一定の範囲の職務を分担させることにより（石則二二条一項参照）、当然に、その職務の遂行上果たすべき義務の委任があったと解さなければならないからである（石則二二条の二参照）。たとえば、鉱業権者は、法四条に基づく義務として、石炭坑において、保安のため必要な分量の空気を坑内作業場に給送するため、通気施設をしなければならない（石則九三条）が、このような坑内の保安施設の設置に関しては、保安統括者がこれを管理し、保安技術管理者が統括者を補佐して技術的事項を管理し、さらに坑内保安係員が、統括者、技術管理者の指揮をうけ、坑内の保安に関する事項としてこれを分掌することとされている結果（石則一九条一項二号、二項、二〇条二号参照）、これらの技術職員が、鉱業権者に代わって、右の設置義務を履行すべき立場に立つのである。次に、法五条により保安技術職員などの守るべき義務とされているものとその職務との関係は、職務の範囲内において、その遂行過程ないしは作業過程において守るべき遵守事項とされているのが法五条による義務であるといってよい。

法五条により保安技術職員などが守らなければならないとされている義務の法的性質は何か。法五条による鉱山労働者の義務には二つの性質を異にするものが含まれている。すなわちその第一は、鉱業権者が業務を行なうにつき守るべき性質の義務であるが、その重要性と技術的、専門的な性格のゆえに、特定の保安技術職員にこれを分担させ、その守るべき義務と定めるものである。法五条による義務の大部分は、この業務に関する義務に属する。第二の義務は、鉱山労働者が、鉱山において、労働者たる立場において順守すべき義務である。前者の義務は、鉱業権者の義務と定め、これを保安技術職員の職務に関する限度で、これに履行すべき責任を負わせることも可能である。労働基準法や船員法の場合は、このような建前をとっているのである。ところが、鉱山保安法においては、保安に関する遵守事項の重要性と、技術管理職員制度の複雑さを考慮し、特定の技術職員、特に保安係員ごとにそれぞれの具体的な行為を義務づけることとしているのである。このように、これらの第一の類型の義務も、本質的には、鉱業権者の義務であって、これを保安係員などが分担しているのであるから、その違反行為につき、鉱業権者が両罰規定により刑事責任を問われることは当然である。(1)

すすんで、鉱業権者が、保安技術職員の守るべき事項とされている法五条に基づく義務規定に、自ら違反することが可能であろうか。義務規定が、特定の保安技術職員を主体として義務を定めているところから、その罰則は、定められた義務者についてのみ成立する身分犯ではないかという疑問が生ずるかもしれない。しかしながら、法五条が、保安技術職員の守るべき義務を、鉱業権者の義務と区別して規定しているのは、保安技術職員のみをその義務の主体と定める趣旨ではなく、当該保安技術職員の果たすべき義務と定めることによって、それ以外の者に鉱業権者がその義務の履行を委任することを禁止し、もって鉱山における保安を確実にさせようとする趣旨である。法五条による保安技術職員の義務であっても、鉱業権者の業務を実施するに際して守るべき義務であるかぎり、それは本来鉱業権者の義務であるといわなければならない。労働基準法や船員法においては、同様の義務は、本来事業主が履行すべきものとされているのである。したがって、鉱業権者も、法五条に基づく保安技術職員の義務規定における義務主体であって、これに自ら違反しうるものというべきである。たとえば、作為義務の規定に違反する目的で、保安技術職員を解任し、あるいはこれに対し義務の履行に必要な権限を付与せず、その結果義務が履行されなかったときは、鉱業権者につき違反が成立する。保安統括者あるいは保安技術管理者が、保安係員の義務と定められた事項に、自ら違反する場合も、もとより生じうる。

(1) 両罰規定による事業主の責任を肯定するためには、他の説明も可能である。たとえば、鉱業権者は、鉱業権者に課された義務でなくても、その業務に関して定められている義務である限り、違反のないよう注意すべき義務を負い、これを怠ったときは両罰規定により処罰を免れないという説明もありえよう。しかしながら、この説明は、両罰規定の前提とされている注意義務が生ずる根拠を十分に解明することはできないであろう。八木胖・業務主体処罰規定の研究は、これとはちがった観点から、両罰規定による事業主の処罰を肯定される。「鉱業権者はその義務として特別に規定された事項だけを遵守するの義務があるのではなく、その業務全体として保安を期して違反なからしめる義務があると為すべきであるから、鉱山労働者に特別に義務を規定してあるからといって鉱山労働者のその義務違反はそのものの責任にとどまると為すことはできない。業務内において業務に関して鉱山労働者の違反があれば業務全体において違反なからしめるよう注意監督すべき業務主体の義務違反として、所謂両罰規定によって鉱業権者も亦処罰せられることは当然である。」(二五五頁)これは、「鉱業権者も鉱山労働者も、法規が特に定めた義務事項だけを遵守するの義務があるのではなく、業務全般において鉱山保安法の命令禁止の対象者であり遵守の義務である」という前提のもとに、鉱業権者の注意義務を基礎づけるものである。しかし、一般に行政法規においては事業主も従業者も当然に義務の主体となるとする前提には疑問があるし、鉱業権者も義務者であることから直ちに鉱山労働者の違反を防止すべき注意義務が生ずるとする点にも問題がある。

5 労働者の刑事責任

(一) 問　題　点

労働者が、従業者としての立場で事業主の義務を分担し、その義務の不履行につき行為者として処罰されることがあることはすでに詳述した(**1**、**3**、**4**参照)。

労働者は、労働者保護法規において、右のような従業者としての義務のほかに、労働者として一定の義務を負い、その不履行につき、処罰されることがある。労働基準法四四条、四五条及びその罰則である一二〇条一号、船員法八一条四項及びその罰則である一二八条の二、鉱山保安法五条、三〇条及びその罰則である五六条五号がそれである。

事業主の義務を従業者の立場で履行する場合には、事業主は従業者において義務の履行を怠らないように注意する義務を負う。このような性質の義務については、両罰規定が適用され、従業者が違法行為をしたときは、これを防止しえなかった点につき事業主も処罰されることがあるのである。これに対し、労働者が労働者としての立場で法律上当然に負う義務については、両罰規定の適用はなく、事業主に対し、法律が特別に労働者の義務違反を防止すべき義務を課さないかぎり、事業主は注意義務に違反したことを理由に処罰されることはない。

このように従業者の義務か労働者の義務かにより両罰規定の適用に差異がでてくる結果、法律に定められている義務がそのいずれであるかを明らかにすることが必要となる。この点で留意を要するのは、労働基準法、船員法と鉱山保安法とでは、労働者の遵守義務とされている事項の範囲がまったく異なる点である。すなわち労働基準法においては、事業主の義務を従業者として分担する場合には、使用者の義務として規定され（四二条、四三条、四五条参照）、労働者の立場で負う固有の義務のみが労働者の義務として規定されており（四四条、四五条参照）、また船員法においても、従業者として分担する義務はすべて船舶所有者の義務として規定され（八一条一項～三項参照）、船員が労働者の立場で負う義務のみが船員の遵守義務として規定されている（八一条四項）。ところが鉱山保安法においては、鉱業権者のいわゆる措置義務（四条）を除く、いっさいの義務が、従業者たる立場で負うそれをも含めて鉱山労働者の義務として定められているのである（三〇条参照）。したがって鉱山保安法及びその規則に定める義務違反につき両罰規定を適用して事業主をも処罰しようとするときは、その義務が労働者たる立場で負わせている労働者固有の義務でないことを確認する必要がある。以下、労働基準法、船員法と鉱山保安法とに分けて説明をしよう。

㈡　労働基準法における労働者の義務

労働基準法四四条は、「労働者は、危険防止のために必要な事項を遵守しなければならない。」と規定するとともに、四五条は、「……労働者が前条の規定によって遵守すべき事項は、命令で定める。」と規定し、一二〇条一号は四五条の規定に違反した者を五千円以下の罰金に処することとしている。労働者が、遵守すべき事項は、労働安全衛生規則その他の規則に、「労働者」を義務主体として定められている。

使用者の義務と労働者の義務との区別は、労働者の保護のため事業主（使用者）が守りうるし、守るべき性質の義務が前者であり、事業主の義務と定めても事業主が守りえない事項であって、かつ労働者が守りうるし、守るべき性質の義務が後者である。たとえば、使用者は、高圧線の作業を行なうときには、労働者に絶縁用保護具を着用させなければならないと規定されているが（労安則一二七条一項）、このように労働者の行為（協力）を必要とする事項は、使用者の側の行為のみによっては法の期待する結果が常に完全に実現できるとは限らないから、使用者に義務を課する一方労働者に対してもこれに対応する協力義務を課することが必要となってくる。そこで、労働者は、高圧線の作業において絶縁用保護具を使用しなければならないとされているのである（労安則一二七条二項）。また規則は、使用者に対し、種々の作業につき、危害防止のために安全装置を設けるべきことを義務づけているが、使用者がその義務を履行しても、労働者が安全装置を取り外したりすれば、安全は確保されないこととなる。労働者が、安全装置を取り外し又はその機能を失わせない義務を負わされているのは（労安則一〇条の二の一号）、そのためである。

㈢　船員法における船員の義務

船員法八一条四項は、「船員は、船内作業による危害の防止及び船内衛生の保持に関し命令の定める事項を遵守しなければならない」と規定し、船員労働安全衛生規則はその義務の具体的内容を、「船員」を義務主体として規定している。船員がこの義務に違反したときは三千円以下の罰金に処される（一二八条の二）。船員がこの違反行為をしても、船舶所有者は両罰規定により処罰されることはない（一三五条は明文でこのことを規定している）。船員の義務とされている事項の性質は、労働基準法の場合と同様である。

㈣　鉱山保安法における労働者の義務

鉱山保安法五条は、「鉱山労働者は、鉱山においては、保安のため必要な事項を守らなければならない。」と規定し、三〇条は、「……保安統括者、保安技術職員その他の鉱山労働者が第五条の規定によって守るべき事項は、省令で定める。」と規定し、五六条五号は、「第三十条の規定による省令に違反して……第五条に定める事項を守らない者」は一年以下の懲役又は十万円以下の罰金に処すると規定する。

法五条による鉱山労働者の義務には二つの性質を異にするものがあることに留意を要する。第一は、本来、鉱業権者が業務を行なうにつき守るべき義務であって、鉱業権者の義務と規定することも可能であるが、その重要性と技術性、専門性のゆえに、専門の保安技術職員を名ざしてその履行を義務づけるものである。この場合には、鉱業権者の義務を保安技術職員が法の規定にしたがって代行するのであるから、これら鉱山労働者が違反行為をしたときは、事業主は両罰規定により処罰を免れない。第二の義務は、鉱山労働者が、鉱山において作業などをするにあたり、労働者たる立場において守るべき義務である。この場合に鉱山労働者が違反行為をしても、業務に関して違反行為をしたときにあたらないから、両罰規定を適用して事業主を処罰することはできない。

規則において定められている鉱山労働者の義務は、大部分が第一の義務である。ことに保安技術職員の義務とされているものは、わずかな例外を除いて、第一の鉱業権者の義務の代行と解してさしつかえない。保安技術職員の義務とされているもののうち、第二の義務と解されるのは、たとえば石炭鉱山保安規則一八一条一号、二号（火薬係員の、火薬類に接近して喫煙しない義務など）、一九二条の二の一項前段（発破係員の、発破による有害ガスによる危険が除去されたのちでなければ発破をした箇所に近寄らない義務）、二八四条の三の一項前段（発破係員の、けい酸質区域において発破後、粉じんが適当に薄められたのちでなければ発破をした箇所に近寄らない義務）である。これに対し、鉱山労働者を主体として規定されている義務は、一般に第二の義務である。

6　義務主体である事業主、使用者、従業者の範囲と意義

㈠　義務主体の範囲

労働者保護法規は、労働者の保護を目的とした特別の法規である。労働者の保護のためには、まずこれを使用する事業主に対し、保護のために必要な義務を課すことが肝要である。労働基準法が事業主を義務主体の中心として規定し(一〇条、一二一条参照)、船員法及び鉱山保安法がそれぞれ事業主である船舶所有者及び鉱業権者を主たる義務主体として規定しているのは当然のことといわなければならない。

ところが、複雑化する近代企業においては、必然的に多数の従業者の間に業務の分担が行なわれる結果、事業主のために行為をする従業者をも義務の主体としなければ、義務の履行が確保されないこととなる。労働基準法が、「事業主又は事業の経営担当者その他その事業の労働者に関する事項について事業主のために行為をするすべての者」を使用者と定義し(九条)、これを義務の主体として大部分の義務規定を設け、また船員法及び鉱山保安法が、事業主たる船舶所有者及び鉱業権者を原則的な義務主体としつつも、両罰規定においてこれら事業主のために行為をする代表者、代理人その他の従業者にまで義務主体を拡張しているのは、こうした事業の実態を直視し、事業主から従業者への義務履行の委任を承認するとともに、その従業者を直接の義務の履行責任者とし、もって義務履行を確実にしようとしたものである。工場法においては、工場主または工場管理人を法律上の義務者とし(二〇条)、従業者が法律違反をしたときも「自己ノ指揮ニ出テサルノ故ヲ以テ其ノ処罰ヲ免ルルコトヲ得ス」としていたのである(二二条)。

労働者の保護のためには、労働者を使用する事業主(雇用主)及びその従業者に対し義務を課すだけでは十分でない。雇用主たる事業主以外の者への義務主体の拡張は、現在、二つの方向にみられる。一つは、雇用主たる事業主の元請負人など雇用主と同様に労働者保護の義務を負わせるのを適当とする者に義務主体を拡張する場合である。

すなわち労働基準法八七条一項は、事業が数次の請負によって行なわれる場合においては、災害補償については、その元請負人を使用者とみなすと規定し、二項において、前項の場合、元請負人が書面による契約で下請負人に補償を引き受けさせた場合においては、その下請負人もまた使用者とする、と規定し、元請負人の義務を原則としている。これは、災害補償という義務の性格と請負事業の実態にかんがみ、雇用関係のない元請負人を義務者とすることが合理的であり、かつ労働者保護の見地からみて望ましいからにほかならない。さらに労働災害防止団体等に関する法律四章は、建設等その他の特定の事業における元請負人、発注者、注文者に対し、労働災害の防止に関し、特別の義務を課している。

雇用主以外の者へ義務主体が拡張されている他の場合は、労働者保護のため規制を必要とする特定の行為につき、身分を限定することなく何人をも義務主体としているものである。たとえば、職業安定法及び船員職業安定法における職業紹介、労働者供給に関する規制は、何人に対しても及ぶし、労働基準法六条における就業に介入して中間搾取することの禁止も何人に対しても適用される。安全、衛生の分野にも同様の例がある。たとえば労働基準法四六条は、危険な作業を必要とする機械及び器具の譲渡、貸与、設置、製造などに関し、規制をしているが、その行為の主体は限定されていない。

労働者保護法規が、義務規定の設定のほかに、特別の法制度を含むことはいうまでもない。たとえば労働者災害防止団体等に関する法律は、事業主の団体である労災防止団体の設置も道をひらき、これを通じての労働災害の防止を企図しているのである。他面、保護の対象となる労働者の概念にも拡張現象がみられる。家内労働法は、労働者の概念では捉えきれないいわゆる家内労働者を保護するため、その注文者に対し、雇用主たる事業主に準じた義務を課しているのである。

㈡　事業主の意義

一般に事業主(1)とは、事業の経営主体ないしは事業の利益帰属主体をいい、個人の事業の場合には経営者本人、法人の事業の場合には法人そのものをさす。労働基準法、船員法及び鉱山保安法において原則的な義務主体とされている事業主は、このうち、労働者を使用するものをいう。すなわち、労働基準法は、事業主という用語(一〇条、一二一条)の定義をかかげてはいないが、労働者の定義として、「この法律で労働者とは、職業の種類を問わず、前条の事業又は事務所(以下事業という。)に使用される者で、賃金を支払われる者をいう。」と規定することにより、この点を明らかにしている。船員法は、船舶所有者を義務主体として規定を設けるとともに、「この法律及びこの法律に基いて発する命令のうち船舶所有者に関する規定は、船舶共有の場合には、船舶管理人に、船舶貸借の場合には、船舶借入人に、船舶所有者、船舶管理人及び船舶借入人以外の者が船員を使用する場合には、その者にこれを適用する。」と規定し、船員を使用する事業主を原則的な義務主体とする旨を明らかにしている。ただ鉱山保安法の場合には、鉱業権者(鉱業権者及び租鉱権者をいう。二条一項)を主たる義務者として義務規定を設けているが、その義務は直接使用していない鉱山労働者に対する関係でも及ぶ。すなわち法は、この法律において鉱山労働者とは鉱山において鉱業に従事する者をいうと規定し(二条三項)、鉱山における請負業者及びその使用労働者も鉱山労働に従事する限り鉱山労働者に含めているのである(2)。これは鉱山という特殊な職場における安全の確保のためにとられた特別の措置である。

事業主は、事業の経営主体ないしは利益帰属主体であるというとき、通常それは、許可名義を貸した単なる名目上の経営者と区別するほか、事業主のために行為をする従業者と区別し、両罰規定による処罰の対象たる事業主にあたるか否かを確定することを意図している。そして、しばしば請負契約により事業を執行する者はその事業の主体ではなく、従業者であると説かれる。ところが、このような場合に留意を要するのは、それぞれの法律が、いかなる事業のいかなる事項に関して事業主を規律しているかにより、事業主の意味が異なり、それぞれの法の規制目的に即して事業主の範囲を確定する必要があることである。たとえば労働基準法上の事業主については、法八条所定の事業につき労働者を使用する者という観点からこれを確定する必要がある。大判大一三・四・二三(刑集三・三五三)は、耕地整理組合が耕地整理工事に使用する目的で火薬類の譲り受け及び使用の許可をうけ、その工事の施行を他に請負わせたところ、この請負人の従業者が違法な場所に火薬を貯蔵したという事案につき、銃砲火薬類取締法二一条の「許可ヲ受ケ銃砲火薬類ニ関スル事業ヲ行フ者」とは「許可ヲ受ケ銃砲火薬類ノ一時的製造販売ヲ為ス者ハ勿論火薬類ヲ使用シテ工業鉱業漁業等ヲ営ム者ヲモ指称スル」とし、請負人は従業者にすぎず耕地整理組合が事業主としての責任を負わなければならないと判示したが、これは同法が許可を受けた事業主のみを、義務者である事業主と定めているからである。もし右の請負人が雇用する従業者のした行為が、請負人が雇用する他の労働者との関係で負う労働基準法上の使用者としての義務に違反するものであるとすれば、労働基準法との関係では、請負人は、事業主としての責任を負わなければならない。建築請負業者が、労働基準法上、その使用する労働者に関して事業主としての義務と責任を負うのと異ならないのである。ところが、もし右の請負人の請負った業務が、注文主である耕地整理組合がその労働者との関係で負うている労働基準法上の義務の代行業務であれば、耕地整理組合が労働基準法の関係においても事業主であり、請負人及びその従業者は耕地整理組合の従業者にすぎないこととなる。けっきょく、事業主か従業者かは、問題となる法律上の義務の本来的な主体か、それを代行する者にすぎないかによって区別することが必要である。したがってある労働者との関係では事業主であるが、他の労働者との関係では従業者とみるべき場合もある。

労働基準法における、使用し、使用されるという関係は、雇用関係ということができる。この使用関係ないしは雇用関係の意義については、最高裁判所の判例はないが、職業安定法にいう「雇傭関係」(五条)の意義につき、「必ずしも厳格に民法六二三条の意義に解すべきものではなく、広く社会通念上被用者が有形無形の経済的利益を得て一定の条件の下に使用者に対し肉体的、精神的労務を供給する関係にあれば足るものと解するを相当とする」とした判示(最判昭二九・三・一一刑集八・三・二四〇、最決昭三五・四・二六刑集一四・六・七六八)が労働基準法上の使用関係ないし雇用関係にもあてはまるものといえよう。

労働基準法の両罰規定にいう事業主にあたるか否かが問題となった興味ある判例に大阪高昭四一・一二・二一(下級刑集八・一二・一五三五)がある。一審判決が、自己の名義で風俗営業の許可をとりパチンコ店を経営していた被告人を労働基準法上の事業主と認定して両罰規定により処罰したのに対し、弁護人が、夫に名義を貸したに過ぎない被告人を事業主と認定したのは誤りであり、また被告人がどの程度本件事業に容喙し得たのか、実際の経営を掌握していたのかにつき審議をしないで事業主と判断したのは誤りであると主張したのを斥け、右の判決は次のように判示した。

「なるほど単に風俗営業の許可名義を貸したに過ぎない場合には右条項の事業主と認めることのできないこと及び本件パチンコ店の経営の実体を掌握していたのは、被告人の夫Bであることは所論のとおりである。しかし労働基準法一二一条一項本文にいわゆる事業主とは、通常事業利益の帰属者を意味するものと解すべきところ、そのゆえんのものは利益の帰属するところに責任を帰せしめるのが、公平の原理に適合し、行政犯の取締の目的にも合致するとされているからにほかならない。そして同条一項但書は、事業主に対する科罰の根拠を、事業主自身の注意義務違反すなわち過失に求めることを明らかにしている(略)のであるから、同条の事業主というためには、事業利益の帰属者であるというだけではなく違反の防止に必要な措置をなし得る立場にあるものであることを要することは明らかである。そして前記利益帰属者を処罰する趣旨にかんがみれば、事業利益の帰属者である以上、個人事業である場合においても、それが直接であると間接であるとを問わず、何らかの意味で違反防止に必要な措置をとり得る立場にあり、またこのような措置を期待することが、社会通念上苛酷と認められないものである限り、これを同条一項にいわゆる事業主と解するのが相当である。そこでこれを本件についてみるに……被告人は、Bのそれまでの資産及びその手腕に、自らの日本人としての信用を加え、両名共同して、被告人名義で鉱山、ビリヤード、パチンコ店、喫茶店等の一連の事業を経営していたものであって、被告人は、単なる営業名義人ではなく、Bと共同して事業を経営し、右各事業によって得た利益は、そのままBとの共同の利益としてこれを取得していたものというの外はない。したがって、本件パチンコ店についても、被告人は、同店の風俗営業の許可名義人であるものとして、営業担当者の労働基準法違反行為を防止するための注意義務を負担していたものというべきであり、その義務の履行を期待することは、社会通念上決して苛酷に過ぎるものとはいえないから、被告人は右パチンコ店営業についての同条一項にいわゆる事業主といわなければならない。」

労働基準法の事業主にあたるか否かが明らかでないときは、すでに述べた事業主であることの属性ないしは事業主であることの法的効果の面から逆に判断するのが適当である。すなわち、事業の経営主体であるか、利益の帰属主体であるか、事業において労働者を使用する主体であるか否かという点から判断するのである。たとえば第一に、許可名義を貸すのみで事業の経営の主体ではなく、したがって利益の帰属主体でない者は、事業主とはいえない。第二に、事業の経営を担当する者であっても、事業主体としてではなく従業者として経営を担当し、したがって利益の帰属主体でない者は事業主とはいえない。第三に、結果的に事業から利益を受けるが、事業主体として利益が直接法的に帰属することのない者、たとえば匿名組合員は事業主とはいえない。第四に、事業に使用する労働者に対し指揮命令をする権限のある事業主体でなければ、ここにいう事業主とはいえない。判決は、事業主というためには、事業利益の帰属者であるというだけではなく違反の防止に必要な措置をなしうる立場にあることを要するのは明らかであると判示しているが、事業利益の帰属者を直接法的に帰属する者と解するならば、それは事業主たる地位にあることの一つの属性ないしは法的効果にほかならず、それだけで事業主であると判断してよい。利益の帰属主体は事業の経営主体でもあり、かつまた事業に従事する労働者を指揮監督しうる立場にあるから、当然に違反の防止に必要な措置をなし得る立場にもあるものというべく、事業主であることの認定にあたり利益の帰属主体であることのほかに違反防止の措置をとり得る立場にあり、かつこの措置を期待しても苛酷でないという要件を加える必要はないと思う。さらに、違反防止に必要な措置をなしうる立場とは、措置をなしうる法的な権限を有することを意味するのであって、事実上必要な措置をとり得る立場にあることを要しないから、この点でも右の判示には疑問がある。もっとも事業の利益帰属主体であるか否かを直接に判断することも、事業主であるか否かを直接に判断することと同時に、困難な場合があり、こうした場合には事業の利益が事実上誰に帰属しているかなどの間接事実から判断するほか、違反防止に必要な措置をとりうるような立場に事実上あるか否か、いいかえれば指揮監督する立場にあるか否かという側面や、事業の経営を行なっているか否かという側面など、事業主の別の属性の面から事業主性を判断する必要がある。右の判決の趣旨も、恐らくはこのような見解に立って事業主性を判断すべきものとしているのであろう。

（1）事業主と従業者の意義に関する判例については金沢文雄・法人の刑事責任・両罰規定一一五頁参照。
（2）昭三三・三・二五保局三六九号。加藤悌次ら・鉱業関係法二八二頁、我妻栄ら・鉱業法三一九頁も同旨。

㈢　従業者、使用者の概念

事業主のために義務を果たすべき地位にある者を（広義の）従業者という。船員法及び鉱山保安法は、事業主である船舶所有者及び鉱業権者を本来の義務主体としてその規定を設け、両罰規定において、これら事業主のために行為をする従業者にも義務の主体を拡張している。ところが、労働基準法は、これと建前を異にし、事業主と従業者をあわせた使用者という概念を用い、使用者を義務主体としてその大部分の規定を設けている。すなわち、「この法律で使用者とは、事業主又は事業の経営担当者その他その事業の労働者に関する事項について事業主のために行為をするすべての者をいう」（一〇条）としているのである。しかし、このような規定上の差異は、立法技術上の差異にすぎず、本質的な差異を導くものではない。どちらの場合も、法律により義務を負う原則的な主体は事業主であり、従業者は事業主に代わってその義務を履行すべき地位に立つ限りにおいて、義務主体となるにすぎない点で共通しているのである。

従業者と事業主の区別については前述した。従業者か否かを明らかにすることは、二つの点で意味がある。第一は、従業者が事業主の業務に関して違反行為をしたときは、行為者として義務違反の責任を問われるからであり、第二は、従業者が事業主の業務に関して違反行為をしたときは両罰規定により事業主もまた各本条の罰金刑を科されるからである。従業者の範囲と責任について、船員法は、「船舶所有者の代表者、代理人、使用人その他の従業者が船舶所有者の業務に関し……の違反行為をしたときは、その行為者を罰する外、その船舶所有者に対して、各本条の罰金刑を科する」（一三五条一項本文）と規定し、鉱山保安法は、「法人の代表者又は法人若しくは人の代理人、使用人その他の従業者が、その法人又は人の業務に関し、前三条の違反行為をしたときは、行為者を罰する外、その法人又は人に対して各本条の罰金刑を科する」（五八条）と規定し、労働基準法は、「この法律の違反行為をした者が、当該事業の労働者に関する事項について、事業主のために行為した代理人、使用人その他の従業者である場合においては、事業主に対しても各本条の罰金刑を科する」（一二一条一項本文）と規定する。労働基準法の場合に、「行為者を罰する外」という文言がないのは、従業者が本則の義務主体であって、その規定の違反により罰せられることが明らかだからである。法人の代表者とは、法令により、法人を代表する権限を有する者をいう。たとえば株式会社の代表取締役がこれにあたる（商法二六一条）。法人もしくは人の代理人とは、代表者以外の者で、法令、契約、代理権授与などにより法人又は人を代理しうる者をいい、たとえば法人の特別代理人（民法五六条）、法人又は人の支配人（商法三八条）がこれに含まれる。使用人とは、法人又は人との間に雇用関係のある者をいう。従業者

（狭義の従業者）とは、法人又は人との間に雇用関係はないが、法人または人の業務に従事する者をいう。[(1)]

これら（広義の）従業者は法令上の義務主体であるから、単に事実上事業主の業務を行なっているだけでは足りず、事業主から業務の分担を命ぜられるなどの形により、事業主のためにその業務を行ない、かつその業務に関する法令上の義務を事業主に代わって行なう権限を有する者でなければならない。事業主に代わって義務を負う者を単に補助するにすぎない者は、ここにいう従業者ではない。反面、右のような権限を有している限り、事業主との雇用関係の有無、代表権限の有無、地位の上下をとわず、法令上の義務者たる従業者ないし使用者である。[(2)] 作為義務の場合には、内部規定などにより義務履行者が明らかにされていることが多いであろうが、不作為義務（禁止）についてはそうではないこともあろう。その場合は不作為義務（禁止）が及ぶ業務を業務上分担しその執行につき責任を負っているか否かにより、義務主体である従業者か否かを判定する必要がある。権限が二人以上の従業者に付与されているときは、義務主体である従業者が、二人以上並列的又は重畳的に存在することとなる。解釈例規が、労働基準法の使用者につき、「使用者とは本法各条の義務についての履行の責任者をいい、その認定は部長、課長等の形式にとらわれることなく、各事業において、本法各条の義務について実質的に一定の権限を与えられているか否かによるが、かかる権限が与えられておらず、単に上司の命令の伝達者にすぎぬ場合は使用者とはみなされないこと」（昭二二・九・一三基発第一七号）と述べているのは、以上の意味において妥当である。[(3)]

従業者が事業主と雇用関係にあることを要しないのは、当然であろう。雇用関係になくても事業主に代わってその義務を履行する地位に立つことは可能だからである。大判昭九・四・二六（刑集一三・五・一七）は、鉄砲火薬類取締法の従業者につき、「同条ニ所謂従業者タルニハ必スシモ上叙ノ意義ニ於ケル事業施行者トノ間ニ於ケル契約ニ因リテ之カ雇人タルコトヲ要スルモノニ非スシテ其ノ監督ノ下ニ於テ右事業ニ使用セラルル者タルヲ以テ足リ」とするとしている。事業主にかわり義務を履行する地位にあると認められるかぎり、その形式上の地位のいかんをとわず、権限の付与が明示の意思表示によることも要せず、従業者といってよい。最決昭二六・一二・二〇（刑集五・一三・二五五二）は、合資会社の経営の実権をにぎっている代表社員でない有限責任社員を、労働基準法二四条（賃金支払義務）違反の責任者であるとし[(4)]、最判昭二六・九・四（裁判集五二）は、物価統制令四〇条の両罰規定における従業者の意義につき、「物価統制令第四〇条にいう「其ノ他ノ従業者」というのは、代理人、使用人等被告人との特定の関係に基いて事実上その業務に従事しているものを指称するものと解すべきものである」と判示している。事業主に代わって義務を履行すべき地位にあると認められるかぎり、事業主の雇人がさらに自己の補助者として使用している者も事業主の従業者である（大判大七・四・二四刑録二四・三九二参照）。

さきに条文を引用したところから明らかなように、労働基準法においては、使用者の定義（一〇条）と両罰規定における従業者についての規定とは一致していない。すなわち、事業主を除く使用者の範囲は、事業の経営担当者その他その事業の労働者に関する事項について事業主のために行為をするすべての者と定められているのに対し、両罰規定における従業者は、当該事業の労働者に関する事項について、事業主のために行為した代理人、使用人その他の従業者と定められているのである。解釈例規はこの点につき、使用者は従業者に限られていないが、両罰規定においては従業者に限られているから、前者の方が範囲が広いとし、「当該事業の従業者でない者で労働者に関する特定事項（たとえば、労働契約の締結）について委任された者が、事業主の関与しない法違反の行為（たとえば法第一四条違反の労働契約の締結）をする場合のごときである」としている（昭二二・九・一三基発第一七号、昭二三・三・一七基発第四六一号）。しかし両罰規定における従業者は事業主と雇用関係に立つ者に限定されておらず、右の例は、両罰規定における代理人にあたる。労働者に関する事項について事業主のために行為をするすべての者とは、両罰規定における（広義の）従業者にほかならない。また、両罰規定にいう「この法律の違反行為をした者」とは、使用者に限らない。労働者も、あるいは何人も、違反行為者となる場合がある（六条、四四条、一〇一条一項違反の罪など)。両罰規定は、そのうち事業主を除く使用者にあたる者を従業者として、通常の用例にしたがって「すべての者」の内容を具体的に規定したにすぎない。事業主に代わってその義務を履行すべき地位にある者は、使用者であると同時に、両罰規定の適用の前提となる従業者であると解さなければならない。なお労働基準法の両罰規定の本文は法人の代表者という文言を置いていないが、これは代理人に包含する趣旨であると解されている(最判昭三四・一二・二六)。法人の代表者が違反行為をしたときには、法人が違反行為をしたと評価され、両罰規定をまつまでもなく、法人は罰金刑の限度で処罰を免れないものと解される。また、従業者の違反行為につき事業主(法人のときはその代表者)を注意義務違反により処罰するのが両罰規定の趣旨であるとすれば、法人の代表者自体の違反行為につき注意義務違反を問題とする余地はない。他面労働基準法は本条において使用者という形で従業者をも義務主体としているから、法人の代表者が違反行為をしたときは法人は当然に処罰されることとなり、通常の両罰規定におけるように法人の代表者という文言を明記する必要もない。これが、法人の代表者につき明記されていない理由であると考える。ともあれ、法人の代表者が違反行為をしたときに法人が本条の罰金刑で処罰されると解すべきは当然のことである。

しばしば労働基準法における使用者の概念は相対的なものであり、労働者であっても、その者が同時にある事項につき使用者となることがあると説かれる。同法にいう労働者とは、事業主に使用されるという地位にある者をさす概念であり(九条参照)、他方、使用者とは、事業主及び一定の事項につき事業主に代わって義務を履行する権限を有する者をさす概念であり、双方は全く平面を異にしているのであるから、労働者が一定の事項について権限を付与されることにより使用者たる地位に立つことはむしろ当然である[5]。労働者でなくても使用者でありうることはすでに述べた。

(1) この点については津田実「経済法令における両罰規定」同氏ら・会社犯罪の理論と実例二四五頁参照。

(2)　建築現場の主任が工事現場における安全管理上の措置義務(労働基準法四二条、労働安全衛生規則一二八条の七)について使用者にあたるとしたものに仙台高判昭四〇・六・二八(下級刑集七・六・一二〇六)がある。会社の「仙台支店長の工事は私と建築課長の相談で現場主任を選任し、それからそれの現場主任を交えて三人で工事計画を相談し、工程表に基づいて施行に入るということになる。建築課長と現場主任との関係は原則的には建築課長の命を受けて現場主任が工事を進めることになることは間違いないが、現場が多い関係や遠隔地の現場が多い関係などの理由によって、現場運営については全般的に現場主任に任せており、建築課長が現場にタッチする面は少ない。」との供述記載、建築課長の「私が各建築現場主任を監督する立場にあるが、監督するといってもすべてについてというわけではない。大綱的なことは会社の規則に決まっているし従来からの慣習もあり、それらによって運営されている。施行上の現場での細部的な事項は、すべて現場主任の独断によって処理されている。……現場は生きているものであるし柔軟性に富んだ運営を必要とする関係で従来から現場主任が独自の判断をもって工事を指揮監督する場合が多分に多いのである。」との供述記載などにより認定されているのである。

(3)　東京高判昭二五・一二・一九(労働基準判例集一・一六〇)は労働基準法二四条の賃金支払に関する使用者についての興味のある先例である。一審判決である長野地諏訪支部判昭二五・五・三〇(労働関係刑事裁判資料四・四九九)は東芝川岸工場の工場長につき犯罪の成立を否定し、その理由として、「被告人会社は事業主として川岸工場の重要事務並びに主要経理事務を管掌し、被告人Hは同工場長としての権限は制限され本社の命令に基いて行動し、所謂命令伝達機関の一面を有し、工場全体に対する一切の権限を有していないのであるから、川岸工場という事業場の経営担当者とは言えない」し、「被告人Hは、……賃金の支払については、いずれも被告人会社の機構上、本社よりの資金送付を待って、……支払をなすもので、本社より資金の送付がない以上どうすることもできないし、自ら工場長として工場(被告人会社)の計算で、資金を借入れ若くは製品、資材等を処分換金して、……支払に充当する権限はない。さりとて、被告人H個人の計算で、これ等の資金を調達して……支払をするまでの責任はないから、本社よりこれ等資金の送付がない以上、被告人Hに……賃金全額を所定支払期日に支払を期待することは不可能である。……不払の事実に対しては、何等同被告人に責むべき点はない。従って……労働基準法違反の……犯罪を構成しない。」と判示した。高裁はこれを破棄して、「工場長たる被告人Hは原審認定のように右事業の経営担当者でないとしても同人は右事業主たる被告人会社の為同工場の従業者に対し右賃金支払の行為をする地位にあることは明らかであるからこの意味においては前示使用者の範疇に属するものと認めることができる。……要するに原審のように単に被告人が経営担当者でなく且つ会社の命令伝達機関にすぎないとの故を以て同被告人を右賃金不払の責任者に非ずとすることは理由不備であるとの譏を免れない。更に……同被告人としては本社に対し更に一段強くその送付方法を要求し、これを促進させ又これを確約させることも不可能ではなかったかも知れないし……本社からの送金なしとの理由のみにより同被告人に賃金支払の期待可能性なきものとして同人がその支払義務を尽さず漫然拱手傍観していることを許すべきではない。……しかるに判旨のように工場長には資金調達の権限もなく又本社から資金の送付がないからとてその支払責任なしとすることは平素同人の指揮下に労働に従事している従業者の権利を保護する所以とはいえない。原判決の説示は被告人Hが右賃金支払をなすべき行為義務者に該当せず又賃金支払は期待しえないが故に責任なしと判示する点において理由を尽さざるものであるとの非難を免れない。」と判示した。しかし二審判決には疑問がある。工場長である被告人Hが本社からの送金をまって賃金の支払業務を行なっていたとしても、それだけで賃金の支払につき使用者の立場に立つわけではない。いわんや平素労働者を指揮監督して労働させているからといって賃金の支払につき使用者としての義務を負うわけではない。賃金の支払につき会社の代表者でない工場長を使用者と認定するには、賃金支払の権限を会社から付与されていること、すなわち、賃金支払に必要な資金の送付をうけもしくは資金調達の権限が付与されて支払が可能な状態にあることが必要なのであって、この権限を欠くときには従業者である工場長を賃金支払に関する使用者として不払の刑責を問うことは許されないものであるというべきである。この判決において賃金不払と同時に判断をうけた失業保険金不納付の罪につき、最判昭三三・七・一〇(刑集一二・一一・二四七一)が、右の二審判決の見解を採用せず、かつ差戻後の一、二審判決が期待可能性がないとして無罪とした結論を支持しつつもその理由を採用せず、「法人又は人の代理人、使用人その他の従業者が、事業主から保険料の納付期日までに被保険者に支払うべき賃金を受けとり、その中から保険料を控除したか、又はすくなくとも事業主が保険料の納付期日までに、右代理人等に納付すべき保険料を交付する等、事業主において、右代理人等が納付期日に保険料を納付しうる状態に置いたに拘わらず、これをその納付期日に納付しなかった場合をいうものと解するを相当とし、そのような事実の認められない以上は、事業主本人、事業主が法人であるときはその代表者が……刑責を負う場合のあるのは格別、その代理人、使用人その他の従業者については、……犯罪の構成要素を欠くものというべきである。」と判示した。

(4) すなわち「労働基準法一二〇条一号にいわゆる第二四条の規定に違反したものとは、同法二四条の規定により賃金を支払うべき使用者であって、しかも、同条に違反した者をいうものと解するを相当とする。そして、労働基準法で使用者とは、同法一〇条において、「事業主又は事業の経営担当者その他その事業の労働者に関する事項について事業主のために行為をするすべての者をいう。」と規定している。されば、第一審判決が、被告人を「表面上は同会社の有限責任社員に過ぎないが、事実上は右設立以来同会社は同被告人経営の個人商店の如く同会社運営に関する実権を握って同会社の経営を担当しているもの」と認定判示して、本件行為に対し同法二四条二項、一二〇条一号等を適用したのは、その法令の適用が正当であって、所論の違法がない」と判示した。ここでは私法上の賃金支払義務者が誰かが問題となっているのではなく、賃金支払の担当者である使用者が誰かが問題となっているのであるから、賃金支払の権限と責任を有する限り有限責任社員をこの意味における使用者と認定するのは当然であって、必ずしも「個人会社の如く同会社運営に関する実権を握って同会社の経営を担当している」ことは必要でない。

（5）東京高判昭三五・二・二二（下級刑集二・二・一四二）は、年少者の時間外労働（労働基準法六〇条三項違反）につき、「被告人初夫は被告人清市の長男であるが、右清市の経営する原判示工場において、主として外交方面を担当する父清市に代わって、同工場の事務及び作業の一切を指導監督し、予定生産量を定め且つ作業計画を樹立して工員の作業につき総括的指示を与えていたことが認められるから、被告人初夫は労働基準法第十条所定中、事業主ではないが、事業の経営担当者、または、少なくとも事業の労働者に関する事項について事業主のために行為をする者として使用者に該当するものであったことは明らかであり、そしてたとえ被告人初夫が同被告人の検事に対する供述調書により認められるように一定の給料の支払を受けて被告人清市に雇われている同工場の従業員であり、同法第九条にいう労働者であったとしても、被告人初夫が同時に叙上趣旨において使用者であることを妨げないことは論を俟たないところである。」と判示している。権限を有し、したがって義務を負うものであるか否かが問題なのであるから、判旨は正当というほかない。

7　イギリス法、アメリカ法における事業主、法人の処罰

(一)　概　要

広く知られているように、従業者の行為によって自然人又は法人の事業主も処罰されるというわが国の両罰規定の法制は、大陸法系における事業主処罰の規定と、イギリス法、アメリカ法における雇主の代位責任（vicarious liability）及び法人の刑事責任（corporate criminal liability）の法制と深く関連しつつ、独自の制度として発展してきたものである。(1) それだけにその解釈、運用にはなお検討の余地が大きく、外国法制特にわが法制と近いイギリス法、アメリカ法における類似制度の動向を注視する必要性が高いように思われる。(2) そこで以下、論点を明らかにするという見地から、これら両法制を概観するとともに、わが法制との比較において注目される若干の問題点を指摘しておきたい。事業主の代位責任と法人の責任とでは、認められる範囲も要件も相違するので、両者を別個にとりあげることとする。

（1）八木胖・業務主体処罰規定の研究三九頁以下、八八頁、金沢文雄「英米法における法人の刑事責任」刑法雑誌四巻四号四九五頁、福田平・行政刑法六四頁参照。

（2） この問題に関する最近の文献として、L. H. Leigh. The Criminal Liability of Corporations in English Law（1969）（イギリス法が中心であるが、アメリカ法についてもかなり詳細な叙述を含んでいる。一一一頁以下など。）；Smith and Hogan, Criminal Law（1968）pp. 86—96; The American Law Institute, Model Penal Code TD No. 4（1955）；R. H. Hamilton, Corporate Criminal Liability in Texas, 47 Texas L. R. 60（1968）などがあり、これまでの文献が網羅的に引用されている。

㈡ 事業主の代位責任

イギリスのコモンローにおいて、事業主が、従業者の共犯としてではなくして、従業者の行為に代位して責任を負うとされているのは、公共危険罪(public nuisance)と名誉毀損罪(criminal libel)の二つに限られる。しかし制定法においては、多くの罪に関し事業主に代位責任を課すことが明文で規定され、もしくは解釈上明らかにされている。これらの制定法において代位責任が課される型ないしは根拠には二つのものがあるとされている。第一は、制定法により事業主に課された義務の履行を従業者に委任し、従業者がその義務の履行を怠った場合であり、第二は、従業者の身体的行動によりなされた行為が法律上事業主の行為とみなされる結果として事業主が処罰される場合である。

第一の型は、事業の免許を特定の者に与えるとともに、その者に各種の義務を課し、その違反を処罰する法規について多くみられるものであって、この場合に、事業主に代位責任が課される根拠は、免許は特定の条件を充した者に限定して与えるものであり、もし免許を受けた者が経営を委任してその責任を免れうるものとすれば、この免許の対象者を限定するという法目的は実現されないことになるという点にある(代表的な判例にAllen V, Whitehead〔1930〕1 K B 211, Somerset v. Hart（1884）12 Q B 360がある)。

第二の型は、「販売」の罪に典型的にみられる。たとえば店員がアメリカ・ハムを「スコッチ・ハム」として販売‘sell’した行為につき店主が虚偽の表示をして商品を販売した罪に問われた事案につき、判例は、店主は現実のセールスマンではないが、販売者であったとしてその有罪を支持した(Coppen v. Moore〔1898〕2 Q B 306)。同様の判示が、自動車の「使用」'use' や商品の「所持」'in possession' などについてもみられる（たとえば Green V. Burnett〔1955〕1 Q B 78, Melias V. Preston〔1957〕2 Q B 380)。こうした言葉は、現実の行為をさすばかりでなく、一定の機能を表わす言葉だからである。そしてこうした判例の政策的根拠は、事業主が現実に販売などを担当する従業者を雇うことによりその刑事責任を免れうるのは不当であるという点にあることはいうまでもない。

事業主が代位責任を負うときは第一級正犯として処罰されるが、現実に行為をした従業者は、正犯としての実行行為をしたと評価できる罪については共同正犯とし、評価できない罪については従犯(aider and abettor)として処罰される。

代位責任を課される多くの場合において、事業主は、従業者の違反を防止するための適切な注意(due care and diligence)を尽した旨の抗弁を提出することが許されている。

アメリカ法についてもほぼ同様の原則が行なわれている。

㈢　法人の刑事責任

イギリス法における法人の処罰は、まず故意(mens rea)を必要としない犯罪、つまり法人が、法律により法人自体に課されている作為又は不作為の義務を怠った公共危険(nuisance)の犯罪の処罰に始まった。すなわち、一八四二年に公道上に建設した橋を除去する義務に違反した non-feasance について判例上初めて法人の処罰が認められ(R. v. Birmingham and Gloucester Railway 3 QB 223)、ついで一八四六年に、公道を横ぎって鉄道を敷設して公道を妨害したという misfeasance について法人の処罰が確認された(R. v. Great North of England Railway Company 9 QB 315)。一九世紀前半における公共事業の規制立法の発達と、一九世紀後半における社会福祉立法の発達にともない、法人を対象とする犯罪の範囲が拡大した。そして、これらの犯罪の大部分が故意(mens rea)を必要としない絶対責任(strict liability)の犯罪であると解されたところから、広く法人が処罰されることとなった。

故意を必要とする犯罪につき、法人の従業者の違反行為を理由として法人の処罰を認めるという考え方は、二つの方向から発展した。第一の考え方は、自然人たる事業主の代位責任の考え方を法人に適用したものであって、自然人がその従業者の行為により代位責任を負うような場合、たとえば、法律が代位責任(vicarious responsibility)を課している場合には、法人もまたその従業者の行為により代位責任を負うべきであるというのである。この考え方は、public nuisance についての一八四六年の判例においてすでに示されていたが、故意犯について一九一七年の判例が明確にこれを採用するに至ったのである(Mousell Brothers v. London and North Western Railway Company 2 KB 836)。すなわち会社の支店の支配人らが虚偽の計算書を提出して税を免れたという罪につき、判決は、自然人である雇主ならばその従業者の行為につき代位責任を負うべき場合であるから、法人であるという理由で会社の責任を免れさせることはできないとしたのである。

故意を必要とする犯罪につき、法人の従業者の行為を理由として法人の処罰を認める第二の考え方は、法人の特殊性に着目してその独自の責任を肯定するものである。すなわち、法人の活動を管理し命令する自然人は、法人の業務に関する限り、法人それ自体とみなされ、その行為及び故意は法人の行為及び故意であり、したがって法人は、これら従業者の行為につき責任を負うのではなく、法人自体の行為につき責任を負うという考え方である。一九四四年の三つの判例により確立した(D. P. P. v. Kent and Sussex Constractors〔1944〕KB 146, Rex. v. I. C. R. Haulage Ltd.〔1944〕KB 551, Moore v. I. Bresler Ltd.〔1944〕2 All ER 515)。この考え方によると、自然人であれば責任を負うことがないような従業者の行為につき法人が処罰されることとなる点で、第一の考え方よりも一層法人の処罰に徹底したものであった。第一の判例は、会社が欺罔の意思で重要な事項につき虚偽の内容を含む文書を提出したとしてこれを有罪としたものであるが、その文書は会社の輸送支配人取締役が署名したものであり欺罔の意思も現実には同人にしか存在しなかったのである。第二の判例は、会社とその代表取締役その他の九名をコモンロー上の詐欺のコンスピラシーで処罰したのを支持したものであった。自然人はコモンロー上のコンスピラシーにつき代位責任を負うことはないから、この判例は法人に対して自然人の事業主より広い責任を負わせることを示した典型的な事例である。第三の判例は、欺罔の意思で重要な事項につき虚偽の内容を含む税の報告書を提出した罪で会社を有罪としたものであるが、この報告書は、支店の秘書と販売支配人が、会社を欺いてその財産を処分したことを隠すため作成し提出したものであった。この判例は、前二者が取締役の行為に関し会社の責任を認めたのに対し、取締役ではない「重要な役員」("important officials")の行為に関し会社の責任を認めた点で重要な意味を有している。判決によると、右の両名は、会社の機関(agent)として、その権限の範囲に属する行為をしたのであるから、その行為を会社の行為とみるほかはないというのであるが、会社の利益に反する目的で行なった行為についてまで会社の行為とみる点については批判が多い。どの範囲の役職員の行為を会社に帰責すべきかについてはなお判例は動揺しているものの、一定の上級の地位にあり、管理業務を担当する者の行為により会社が処罰をうけることは動かない原則である。

このようにして、法人に対し刑事責任が科せられないのは、罰金刑を科しえない殺人罪のような罪と、役職員が業務の範囲内で行なうことが考えられない重婚、強姦、近親相姦などの罪に限られるものと解されている。高級な管理的職員以外の従業者の行為により法人が代位責任を負う場合については、自然人である事業主の場合と同様、従業者の違反を防止するための適切な注意を尽くした旨の抗弁が認められていることが多い。

アメリカにおいても、イギリス法と同様に、連邦及びテキサス州を除くすべての州において法人の処罰が肯定されている。違法な行為をした職員その他の従業者が、法人の権限を行使し、かつ雇用の過程及び範囲内で行動したと認められるときは、法人の利益のため行動する意図のある限り、行為者の地位のいかんをとわずその行為は法人のそれであり、法人はその行為により処罰を免れないというのがその基本的な考え方であって、イギリス法よりも一層徹底しているといってよい。

しかし、近時のアメリカの立法案及び立法例においては、当然に法人が処罰される場合を限定し、イギリス法におけるように、犯罪の内容によっては従業者の範囲に限定を加えるとともに、管理的職員により違反防止のための適切な注意が尽くされたことを免責事由と認めるなどの合理化が図られている。たとえば模範刑法典（一九六二年）二〇・七条は次のように規定している。イリノイ州刑法典（一九六一年）五・四条、五・五条及びニューヨーク州刑法典（一九六七年）二〇・二〇条、二〇・二五条も同旨である。

「(1)　次の各号に定める場合には、法人に対して有罪の認定をすることができる。

(a)　その罪が秩序違反行為である場合、又は、その罪がこの法典以外の制定法に規定され、法人の刑事責任を課する立法趣旨が明白に認められる場合であって、行為が、法人のために行為をするその代理人により、その職務権限又は雇傭契約の範囲内でなされたとき。ただし、その罪を定めた法律が、法人の責に帰すべき行為をする代理人の範囲又は法人に責を帰すべき事情を特別に指定しているときは、その定めるところによる。

(b)　積極的履行を内容とする特殊の義務が法律によって法人に課せられ、これを履行しない不作為が犯罪とされているとき。

(c)　役員会が、その罪の遂行を裁可し、要求し、命令し、遂行し、もしくは軽率に容認したとき、又は、法人のために行為する高級管理職員が、その職務権限又は雇傭契約の範囲内においてこれらの行為をしたとき。

(2)　犯罪の遂行について絶対的責任が課せられているときは、反対の趣旨が明白である場合を除き、法人に刑事責任を課するのが立法趣旨であるとみなす。

(3)　（略）

(4)　本条に用いる用語の意義は、次の各号の定めるところによる。

(a)　「法人」には、政府の施策の執行のため、政府機関により又は政府機関として組織された組織を含まない。

(b)　「代理人」とは、役員、職員、使用人、雇人その他法人又は団体のために行為する権能を与えられた者をいう。（以下略）

(c)　「高級管理職員」とは、法人……の職員……その他その行為が法人……の方針を代表するものとみなすのを相当とする程度の重要な職務権限を有する法人の……代理人をいう。

(5)　絶対的責任が課せられる罪を除き、第一項(a)……にあたる罪の遂行について法人……が訴追された場合において、その罪の内容となる事項について監督責任をもつ高級管理職員により犯罪の遂行を防止するための適切な注意が尽くされた旨を、被告人が証拠の優越によって証明したときは、これを抗弁と認める。ただし、その罪を定めた立法趣旨と明白に矛盾するときは、この規定を適用しない。

(6)　(a)　何人も、法人……の名において又はそのために実行し又は実行させた行為については、自己の名において又は自己のためにその行為をした場合と同じ法律上の責任を負う。

(b)　法律が法人……に対して作為義務を課している場合において、その義務の履行について第一次的責任を負う法人……の代理人は、軽率により作為義務を怠ったことに関し、その義務が法律により直接自己に課せられていた場合と同じ法律上の責任を負う。

(c)　法人……の行為に関する法律上の責任を根拠として有罪を認定された者に対しては、自然人がその等級の罪について有罪を認定された場合に科することのできる刑を言い渡す。」（法務省刑事局の資料による）

(1)(a)において「法人のために行為をする」という要件を加えたのは、前述したイギリスにおけるMoore判決のような場合を除外する趣旨であり、(1)(c)において高級管理職員の行為に法人の責任を限定したのは前述したイギリス法における判例を参考にしたものである。(5)において高級管理職員により適切注意が尽くされたことを法人処罰の免責事由と認めたのは、法人処罰の政策的根拠が、これら職員によって下級職員を、注意、監督させる点にあり、適切注意、監督が尽くされたときにまで法人を処罰する合理性がないからである。(6)(a)において直接行為をした従業者を処罰する旨を規定したのは、たとえば法人が徴収した税を国に納付しなかったことにつき代表者が横領で起訴された事案について、ある判例が判示したように、代表者は税を徴収したことも所持したこともないから正犯とはなりえないし、法人が行ないえない罪について法人を幇助することもありえないから従犯にもならないというような解釈をふうずるためである。(6)(b)は正犯である法人に対して罰金刑しか科し得ない以上、共犯である行為者に対しても罰金刑しか科し得ないという一部判例の見解を排除する趣旨で設けられたものである。

㈣　わが国の法制との比較

わが国における法制との比較において特に注目される次の三つの問題点を指摘しよう。

第一に、イギリス法、アメリカ法における代位責任は、自然人についても法人についても認められているが、その範囲はかなり限定されており、わが国の両罰規定が、自然人であると法人であるとをとわず広く事業主を処罰することとしているのと対照的である。これは相関連する二つの理由によるように思う。一は、代位責任は、絶対的責任を課す犯罪のみならず、故意を必要とする犯罪についても認められ、かつ事業主は注意義務違反の過失責任ではなく本則の犯罪を犯したものとして処罰されるからである。二は、代位責任は、これを負わせる根拠からも知りうるように、事業主本人に義務を課し、本人に直接義務の履行を求めるための法技術であり、従業者に履行を委任させてもよい義務については適用されないからである。このようにして代位責任はわが国における転嫁罰責任にほぼ該当するものということができるように思う。推測をまじえて述べるならば、わが国における転嫁罰規定から両罰規定への展開は、事業の大規模化と法人制度の発展にともない、義務履行の責任者を事業主本人に限定することが困難となったことと深く関連しているように思われる。また両罰規定における事業主処罰の根拠を過失責任と解する実質的な根拠もまたこの点と関連しているのではあるまいか。

第二に、イギリス法及びアメリカ法においては、秩序違反行為と法人の処罰を規定した制定法の罪については、従業者がその権限の範囲内で法人のために行為した場合に法人の処罰が広く認められている。この点はわが国の法制と大差はない。注意義務の履行が、法人の代表者以外の高級管理職員によりなされた場合にも免責を認める点も、免責を認める方向ではわが法制と異ならない。わが国においても高級管理職員により注意監督義務が果されたときは、代表者に代行して義務が履行されたものとして法人は免責されるであろうからである。しかし、高級管理職員に過失があるときは代表者に過失があると否とをとわず法人が処罰されるという方向においてわが法制と異なる。わが国の場合は、免責事由としての過失の有無は代表者について検討され、高級管理職員の過失を当然に代表者の過失と認めることはできないからである。この点は立法論として検討する余地があろう。

第三に、イギリス法、アメリカ法では、おおむね積極的履行義務が法人に課されている場合の懈怠と法人の高級管理職員の違反行為については、当然に法人の刑事責任が肯定され、免責は認められない。このような場合には法人自体の違反行為と評価されるからであろう。わが国の両罰規定においてこのような結論は法人の代表者についてのみ認められ、その他の従業者については代表者の注意義務の不履行を理由とする過失責任の形で認められ、したがって免責も認められる。しかしながら、この点に関しても、代表者以外の高級管理職員の権限に基づく違反行為について法人の行為と評価することの政策上、理論上の当否を検討する余地があると思う。

第四に、イギリス法においても、アメリカ法においても、法人は、単に法人の処罰を明記した罪について処罰されるにとどまらず、一般刑法の分野においても処罰されるのであり、それ故にこそ、法人のために行為をする場合に限定したり、高級管理職員による行為の場合に限定するということが特に重要となることにも留意を要するであろう。これらはいずれも従業者の行為を法人の行為と評価するための積極的な要件にほかならないのである。

二　犯罪の実行行為

1　問　題　点

一においては、労働者保護法規の罰則につき、どのような地位（身分）にある者が、どの規定により、法令上の義務を負い、その違反につき処罰されうるかという、犯罪の主体と適用罰則をめぐる問題を検討した。二では、右の犯罪の主体となりうる者がいかなる行為にでたときに、義務に違反したと評価され、正犯として処罰されるかという問題をとりあげる。犯罪構成要件に該当する行為を実行行為といい、実行行為をする者を正犯というが、ここでは、労働者保護法規の罰則における実行行為性を考察の対象とし、これをめぐるいくつかの総論的な論点を検討するのである。とりあげる論点は大別して三つある。

第一は、これら罰則が、罰則とは別個に設けられている命令・禁止の規定に違反する者を処罰するという形で定められているところから、その義務の内容及び実行行為をどう捉えるべきかをめぐって生ずる問題である。命令規定及び禁止規定が課している義務の態様が論点の中心となる。

第二の論点は、事業主又はこれに代わって業務を分担する者が、従業者に対し、義務の違反を指示、教唆して、義務に違反させた場合、事業主らは自ら義務に違反したことになり、正犯として処罰されるか、それとも故意ある他人の行為を利用する点で、実行行為性を欠き、教唆犯となるにとどまるかという問題である。

第三の論点は、事業主らが、従業者の違反行為を黙認した場合に、正犯として処罰されるか、幇助犯にとどまるかという問題である。

以下順にこれらの論点を検討しよう。

2　実行行為の態様と特徴

(一)　概　説

労働者保護法規は、他の行政罰則と同様、まず一定の行為を命令し、又は一定の行為を禁止する規定を設けたうえ、これらの規定に違反した者を処罰する旨の罰則を設けるという二重の構造をとっている。そこで、これら罰則の実行行為を明らかにするためには、まずその前提となる義務規定の内容を明らかにする必要がある。

義務規定には、一定の行為を命令する命令規定と、一定の行為を禁止する禁止規定の二つの種類があり、これに対応して罰則の実行行為の態様が異なる。

命令規定は、「……しなければならない」という形で規定されているのが普通である。たとえば、「賃金は、通貨で、直接労働者に、その全額を支払わなければならない。」（労働基準法二四条一項）、「使用者は、機械、器具……等による危害を防止するために、必要な措置を講じなければならない。」（同法四二条）などの規定がこれである。

命令規定は、まれに「……させなければならない」という形で他人をして一定の行為をさせることを命ずる場合もある。たとえば、「一定の事業については、使用者は、労働者の雇入の際及び定期に、医師に労働者の健康診断をさせなければならない」（同法五二条一項）という規定がこれである。

これら命令規定は、いずれも一定の作為を義務として課するものであり、その違反の罪は、命令された作為義務の全部又は一部を怠る不作為によって成立する不作為犯である。たとえば、「賃金は、毎月一回以上、一定の期日を定めて支払わなければならない。」という命令規定（労働基準法二四条二項）は、毎月一回以上賃金を支払うことと、一定の期日を定めて支払うことを義務づけたものであり、これに違反する罪の実行行為は、毎月一回以上賃金を支払わないという不作為、または一定の期日を定めて支払わないという不作為である。

他方、禁止規定には、「……してはならない」という形の規定と、「……させてはならない」という形で他人をして行為をさせることを禁止する規定とがある。前者は、たとえば「危険な作業を必要とする機械及び器具は、必要な規格又は安全装置を具備しなければ、譲渡し、貸与し、又は設置してはならない。」(労働基準法四六条一項)、「使用者は、労働契約の不履行について違約金を定め、又は損害賠償額を予定する契約をしてはならない。」(同法一六条)と規定する場合であり、後者はたとえば、「使用者は、労働者に、休憩時間を除き一日について八時間、一週間について四十八時間を超えて、労働させてはならない。」(同法三二条一項)、「使用者は、必要な技能を有しない者を特に危険な業務に就かせてはならない。」(同法四九条二項)と規定する場合がこれである。

命令規定が作為義務を内容とし、その規定に違反する罪が不作為犯であるのに対し、禁止規定は、不作為義務を内容とし、その規定に違反する罪は作為犯であると説かれることがあるが、これは不正確である。禁止規定は常に不作為義務を内容とするが、そのほか、一定の作為義務をもその内容として含んでおり、したがってその禁止規定違反の罪には作為犯と不作為犯の双方が含まれているからである。禁止規定により課された不作為義務に違反する罪は、作為犯であり、禁止された行為をすることにその実行行為性が認められる。たとえば、使用者は労働契約の不履行について違約金を定める契約をしてはならないという禁止規定(労働基準法一六条)の実行行為は違約金の契約をするという作為である。禁止規定により課された不作為義務は、その要求された作為をしない不作為が実行行為であることはいうまでもない。

(二)　命令規定違反の罪の実行行為

命令規定は、一定の作為義務を課すものであり、その違反の罪は、作為義務をしないという不作為により成立する不作為犯である。不作為犯の実行行為性は、要求された作為をしないという純粋の不作為によるほか、要求された作為義務と相反する作為によって認められることがある。たとえば、「使用者は、労働者に対して、毎週少くとも一回の休日を与えなければならない。」という命令規定(労働基準法三五条一項)に違反する罪は、毎週一回も休日を与えないという不作為によって成立することはもちろんであるが、その実行行為性は休日に労働させことによっても認められる。すなわち、休日は必ずしも事前に日を特定することを要しないものと解されているが(昭二三・五・五基発六八二号参照)、一週のうち六日まで労働をさせたときは、最後の七日目が休日として特定するから、その休日に労働をさせることにより、一週に一日、休日を与えないという不作為の実行行為性が認められるのである。このことは、休日を与えることを命じた規定に違反する罪が、休日に労働させた罪であるということを意味しない。あくまで休日を与えなかったという罪ではあるが、休日として特定した日に労働させることにより、もはや休日を与えるという義務を履行する余地を失い、その時点で、休日を与えなかったと評価されることとなるのである。この点は、いわゆる代休を与えることの法定効果と関連する。解釈例規は、休日をあらかじめ特定することは要求されていないと解し、したがって休日が特定されているときも、その日を労働日として一週内の他の日を休日とする、いわゆる休日の振替えを適法と解しつつも、振替えは所定の休日の到来する前に行なわれるべきであり、事後に、一週内の他の日を休日(代休)としても、休日に労働させた罪の成立をまぬがれないとしている(昭二七・七・三一基収第三七八六号)。これは、休日に労働させたという作為犯と理解するものであろうが、三五条は休日を与えることを義務づけているのであるから、その違反の罪は休日を与えなかったという不作為により成立する不作為犯というべきであり、代休を与えれば成立する余地はないと解するほかはない。

㈢　禁止規定違反の罪の実行行為

禁止規定は、通常、一定の作為を禁止することを内容とし、その違反の罪は、作為犯である。しかし、禁止規定は、作為のほか、作為と同価値視される一定の不作為の禁止(作為義務)を内容とし、その違反の罪は、作為犯であると同時に不作為犯であると解さなければならない。「……させてはならない」という形で他人に一定の行為をさせることを禁止する規定においては、作為義務の存在を比較的容易に理解することができる。たとえば労働基準法三二条一項は、「使用者は、労働者に休憩時間を除き一日について八時間、一週間について四十八時間を超えて、労働させてはならない。」と規定している。この規定が、使用者が労働者に時間外労働を命令するなどの作為により労働させることを禁止し、作為にでないという不作為義務を課していることは明らかである。したがって、この規定に違反する罪が命令などの作為により成立することはいうまでもない。それと同時に、右の義務規定は、労働者が使用者から命令されないのに時間外労働をする場合には、これを黙認することなく、労働をさせないように措置する作為義務を使用者に課し、黙認という不作為により時間外労働をさせることを禁止していると解さなければならない。すなわち右の義務規定は、使用者に対し、時間外に労働をさせたと評価される態度にでることを広く禁止しているのであって、労働をさせる手段を積極的な使用者の作為に限定していない。したがって、黙認という不作為的態度によって時間外に労働をさせたときも、労働をさせたといえる以上、右の禁止規定に違反するものといわなければならない。黙認という不作為にでることが禁止されているということは、労働者が時間外に労働をしようとするときには、これを防止するよう措置する作為義務があるということにほかならない。このようにして、時間外労働をさせることを禁止する規定は、不作為義務のほか、右のような作為義務をも課しており、その罰則の実行行為性は、この不作為義務又は作為義務に違反する点に認めるべきものと解される。

仙台高判昭三四・五・一二(労働基準判例集二・九五六)は、年少者を有害業務に就かせる罪について、このような考え方を明らかにしている。労働基準法六三条二項は、「使用者は、満十八歳に満たない者を……爆発性、発火性若しくは引火性の原料若しくは材料を取り扱う業務に就かせてはならない。」と規定し、この規定に違反した者に対しては罰則が定められている(一一九条一号)。事案は、工場を管理する課長、工場現場主任、工場世話役の三人の使用者が満一八歳に満たない年少者六名をして有害業務である浸漬式アセチレン発生器のカーバイト詰替作業に従事させたというものであるが、一審の盛岡家裁は、被告人らがこの年少者に対し右の詰替作業に従事するよう直接又は間接に指示し、若しくは命令したことが認められない以上、犯罪の証明がないとして無罪を言渡した。前記の高裁判決はこれを破棄し次のように判示した。

「労働基準法六三条二項は、『使用者は満十八歳に満たない者を……爆発性、発火性若しくは引火性の原料若しくは材料を取り扱う業務……に就かせてはならない』と規定し使用者に対し年少者がかかる業務に従事することを防止する義務があることを明らかにしており、その法意が年少労働者の安全、衛生又は福祉を保護する目的に出でたこと更に同法一一九条一号の処罰規定が前記法条の違反を労働者の基本的人権を侵犯する意味をもつものと観念していると解せられることを考察すると、前記法条に所謂業務に就かせるとは使用者が年少者に対し直接又は間接に指示し若しくは命令してかかる業務に従事することを要求し又は促した場合のみに限らず、年少者がかかる業務に従事していることを知りながらこれを防止する措置をとらず放任することをも含むものと解すべきであり、右いずれの場合も使用者は同条違反の責任を免れない。……検察官は被告人等が違反防止並びに危険防止の措置をとらなかった事実を明らかにし且つ右の点に関する立証を尽していることが記録上明らかであって、被告人等に対しては使用者として前記年少者が右詰替作業に従事していることを知りながらこれを防止する措置をとらず放任していたことの罪責を追求していることが容易に理解され得るのであり、……被告人等の右違反の状況は優に肯認することができる。原判決は被告人等の所為が不作為による作為犯に該当するものとして起訴されたものでないことは本件公訴事実からみて明らかであるとしているが、それは右の諸点を看過したことによる誤断といわざるを得ない。」

この判示が、有害業務に就かせる罪を、命令、指示などの作為によって成立する作為犯と解したうえ、本件は放任という不作為により作為犯が成立する場合であるとしたものと理解するのは正当でない。右の罪を作為犯であると解することは、その前提となる義務規定が不作為義務を規定したと解することにほかならない。そうとなれば、放任という不作為によりこの義務規定に違反することはありえず、不作為による作為犯が成立する余地はないからである。判決が放任により罪の成立を認めたのは、義務規定が、命令などの作為により就労させることばかりでなく、放任などの不作為により就労させることをも禁止していると解し、本件においてはこのような不作為の禁止、つまりは就労を防止すべき作為義務に違反した不作為犯の成立を肯定したものというべきである。作為犯の場合も、不作為犯の場合も、業務に就かせてはならないという規定に違反して業務に就かせたことにかわりはないから、原審が、就かせたという起訴を作為によるものと解したのは妥当でない。のみならず、就かせたという文言が作為のみをさすとすれば、不作為によって禁止に違反することはありえないはずである。

以上により、「……させてはならない」という形で規定されている禁止規定が不作為義務と同時に、これと同価値視すべき作為義務を内容としていること、およびその規定に違反する罪が作為犯であると同時に不作為犯であることを明らかにしてきた。(1)同様のことは、「……してはならない」という形で規定されている禁止規定にも、当然にあてはまる。

このように、禁止規定が、不作為義務と、作為義務という二つの態様の義務を含んでいることと、事業主を主体とする義務の内容が、事業主の直接の行為のほか従業者を介しての間接の行為の規制をも予定していることの結果として、事業主らが命令、指示などの作為により従業者に違反行為をさせた場合及び事業主らが従業者の違反行為を防止する措置をせずに黙認などの不作為的態度にでた場合には、事業主らが、自ら実行行為をしたものと評価され、正犯としての責任を負うこととなるのである。この点については、**3**、**4**において詳論する。

禁止規定が不作為義務と一定の作為義務を含むとすれば、その内容は作為義務を規定する命令規定と近似してくる。たとえば、「就労させてはならない」という禁止規定は、「就労を禁止しなければならない」という命令規定に近似してくるのである。しかし両者は完全には一致しない。第一に、禁止規定の場合には、不作為義務と同価値視すべき作為義務を課するにとどまるのに対し、命令規定の場合は、一般的に作為義務を課し、これに反する不作為が広く違反行為と評価される。第二に、禁止規定の違反は、たとえば禁止に反した就労がなされた場合にはじめて生ずるのに対し、命令規定の違反は、現に就労がなされなくても、禁止すべき義務に違反する態度が存在する以上成立する。労働基準法が就労させてはならないという禁止規定の類型のほかに、就労を禁止しなければならないという命令規定の類型を設けているのは(五一条一項は、「使用者は、伝染性の疾病、精神病又は労働のために病勢が増悪するおそれのある疾病にかかった者については、就業を禁止しなければならない」と規定する。)、理由のないことではない。

(1)　大阪高判昭四五・一・二七(判例時報六〇三・一〇四)は、労働基準法六〇条三項(三二条一項)の労働時間の制限に違反して「労働させた」罪につき、使用者が黙認した場合をも含むとした。すなわち、せいぜい時間外労働を阻止しなかったとの不作為による場合をも「労働させたもの」としたのは事実誤認であるとの控訴趣意を斥け、次のように判示している。「原判示年少労働者のうちには、残業による収入の増加を希望する余り上司に頼みその許可を得て時間外労働に従事したものや、許可を求めることもなく自発的に時間外労働に従事したものもあり、しかも、原判決は、これらの場合における時間外労働の時間を含めて違反時間を認定していることがうかがわれる。しかしながら、労働基準法が時間外労働について厳格な規制をしている趣旨にかんがみると、同法六〇条三項(三二条一項)にいう「労働させ」るとは、単に使用者が労働者にこれを指令したり依頼した場合にかぎらず、労働者からの申出によって労働を許可した場合はもとより、これを黙認した場合をも含むものと解するを相当とする」

3　従業者の違反行為を利用する実行行為

(一)　概　要

事業主又はこれに代わって業務を行なう者(以下事業主らということがある)が、従業者に違反行為をするよう指示、命令をして違反行為をさせた場合、事業主らは違反行為をした正犯として処罰されるであろうか。その従業者が違反行為につき故意があり、かつ違反の主体となりうる場合には、従業者自身が正犯であり、事業主らは教唆犯にすぎないのであろうか。実行行為は、行為者自身によって直接行なわれるほか(直接正犯)、他人を道具として利用することにより間接に行なわれることがあるが(間接正犯)、被利用者が情を知っているときは、身分犯に必要な身分を欠いたり、目的犯に必要な目的を欠くときのほかは、間接正犯とはならず、教唆犯にとどまるとされているのである。しかし、この種の行政罰則においては、こうした故意ある従業者を利用する行為にも実行行為性を認めるべき場合が多い。問題の中心は、構成要件がどのような内容の行為を実行行為として予定しているか、という点にある。

作為義務を課す命令規定の場合には、その違反を指示、命令した事業主らを正犯と解するのは比較的容易である。この場合、事業主らは、作為義務を負う者であって、義務を履行しない以上、不作為犯が成立すると解されるからである。

これに対し、禁止規定違反の罪の場合には、不作為義務に違反する作為がその実行行為の主たる内容を占めるところから、故意ある従業者の作為を利用する行為に実行行為性を認めることに疑問が生ずる。しかしながら、この場合にも事業主らを正犯と解すべき場合が多いと考えられる。事業主らを正犯と解すべき場合には二つの類型がある。その一は、禁止規定における義務の本来の主体が、事業主と定められている場合に、事業主又はこれに代わって義務の履行を管理する従業者が、従業者に命令、指示をして禁止に違反する行為をさせた場合である。その二は、事業主が義務主体とされていない場合であっても、実行行為が、その概念上、本人の直接の行為ばかりでなく、他人を利用してその結果を実現する行為をも予定していると解される場合である。もともと、何が実行行為にあたるかは、それぞれの罪の構成要件の内容によって定まるのであって、右の二つの場合には、構成要件の合理的な解釈上、利用者たる事業主らに実行行為性を認めうると考えられるのである。

以下、命令規定と禁止規定に分けて検討をすすめよう。

(二)　命令規定違反の命令、指示と実行行為

作為義務を課す命令規定の場合には、その違反を指示、命令した事業主らを正犯と解するのは比較的容易である。作為義務の本来の主体は、事業主であるが、事業主は、その義務の履行を従業者にゆだね、自己にかわってこれを履行させることができる。事業主のために義務を代行する従業者は、行為者として義務違反につき責任を負い、事業主は、従業者の選任監督につき注意義務を負い、その違反につき両罰規定により責任を負う。これが通常の法律関係である。ところが、事業主又はこれに代わって義務の履行を管理すべき上級の従業者が、義務者たる従業者に義務違反を命令、指示して法令による作為義務を怠らせたときは、単に事業主が両罰規定により責任を負うにとどまるものではなく、事業主らが自ら作為義務の規定に違反したものとして、正犯の責任を負うものといわなければならない。すなわち、この場合には、事業主らが義務主体であり、自ら義務を履行しない限り、その不履行につき責任を負うのは当然であるからである。具体的な例をとろう。事業主が、賃金の支払いを、たとえば会計課長に担当させていたとしよう。この場合、賃金の支払い義務を負う使用者は会計課長であって、事業主ではない。したがって、会計課長が賃金を不払いしても、同人が正犯であり、事業主は、不払いの事実を知らない限り、注意義務違反で両罰規定による責任を負うことはあっても、賃金不払いにつき正犯として責任を負うことはない。会計課長に義務履行を代行させた事業主が不払いについて刑事上の責任を負わないのは、単に不払いについて故意がないからだけではなく、支払い義務を履行すべき使用者ではないからである。ところが事業主が、会計課長に賃金の不払いを指示、命令したような場合には、従業者たる会計課長に義務の履行を期待していないのであるから、事業主自身が、その義務を履行すべき使用者たる地位にとどまるものというほかはなく、したがって賃金を不払いした以上、これにつき直接正犯としての責任を負うのは当然である。こうした場合、実務上、会計課長も、事業主と共謀共同正犯により責任を問われることが多いが、共犯規定によらないときは、不払いの正犯とすべき場合と、義務履行を

すべき権限を失う結果、責任を負わない場合とに分かれよう。命令規定が、分担する業務にともなう作為義務を課すものであり、事業主からの特別の権限の授与を必要としないときは、通常は従業者も事業主と同様正犯としての責任をまぬがれない。

㈢　禁止規定違反の命令、指示と実行行為

事業主らが、禁止規定に違反することを従業者に指示、命令をして、違反をさせたとき、正犯として処罰される第一の場合は、禁止規定における義務の本来の主体が事業主と定められている場合である。

最決昭三四・六・四(刑集一三・六・八五一)がこの点の先例と考えられるので、まずこの判例の検討からはじめよう。事案は、石炭採掘業を営む鉱業権者、被告X株式会社の甲種炭鉱であるY鉱業所の坑務副長・保安管理者被告人A、坑務課保安係長被告人B、同課保安係員被告人C及び同課検定器係被告人Dが、共謀のうえ、被告会社の業務に関し、無検定(個別・抜取りの検定有効期間の最終日を経過)の精密可燃性ガス検定器を鉱業所検定器室から坑内保安係員に引渡し、坑内でこれら係員に使用させて使用したというものである。鉱山保安法七条一項は、「鉱業権者は、省令の定めるところにより、機械、器具又は火薬類その他の材料であって危険性の大きいものは、検定に合格したものでなければ、鉱山の坑内において使用し、又は設置してはならない」と規定し、これをうけた石炭鉱山保安規則七八条一項九号イ、二項によると、甲種炭坑においては、鉱業権者は、検定(種類別又は型式検定及び箇別又は抜取り検査)に合格した精密可燃性ガス検定器でなければ、坑内でこれを設置し、または使用してはならないとされており、この規定に違反した者は、法五六条二号により、行為者たる従業者は、法五八条により、六月以下の懲役又は三万円以下の罰金に処されることとなっている。被告人らA、B、C、Dは、これらの規定に基づき、無検定の検定器を坑内で鉱内保安係員に使用させて使用したとして、一、二審とも有罪とされた。上告の論旨は、鉱山保安法、石炭鉱山保安規則にいう「使用し」とは、現実に使用した者のことであって、本件のようにただ使用させた者をささないから、被告人らを処罰することはできず、被告人らと現実に使用した鉱山労働者との間に共謀関係も、間接正犯関係も認められないというのである。最高裁判所は、次のように判示してこれを斥けた。

「鉱山保安法七条二項にいう『使用し』の趣旨は、使用させよって使用されるに至った場合をも含むものであるとした第一審の判断を是認した原判示は正当である。……本件においては、検定有効期間最終日を経過して、無検定のままの精密可燃性ガス検定器を坑内で現実に用いた者が、所論のように、被告人ら自身ではなく、鉱山労働者であったとしても、被告人らが、右鉱山労働者をして前記のごとき検定器を坑内において用いさせて、これを使用したものであると認定した第一審判決を是認した原判決は、挙示の証拠に照らし正当と認められる。」

最高裁判所及び二審判決が是認する一審判決の右の点の判断は次のとおりである。

「鉱山保安法第五十八条によると本件のガス検定器を現実に使用した行為者を処罰することが明白であるところ被告人等は現実にこれを使用したものでないから処罰することは出来ない旨主張するが鉱山保安法第七条第一項は鉱業権者は省令の定めるところにより機械器具又は火薬類その他の材料であって危険性の大きいものは検定に合格したものでなければ鉱山の坑内において使用し又は設置してはならないと規定している鉱業権者は本件のように法人である場合のほか自然人である場合もあろうがそのいずれの場合においても鉱業権者自身又は法の定める鉱業代理人自身が坑内において弁護人のいわゆる現実に使用することは特別の場合で極く稀なことであり通常は鉱業権者の使用人従業者が現実に使用するのである従ってこの規定の『使用し』との趣旨は鉱業権者又は鉱業代理人が現実に使用した場合は勿論使用人その他の従業者に使用させよって坑内において使用された場合をも含むものと解さなければこの規定は空文に終るであろうそこでこの規定違反の罰則を定めている同法第五十六条第二号を受けている同法第五十八条の法人の代表者又は法人若しくは人の代理人使用人その他の従業者がその法人又は人の業務に関し前三条の違反行為をなしたときはとある違反行為とは本件について言うならば無検定の精

密可燃性ガス検定器をその情を知って坑内において現実に使用した坑内保安係員は勿論（ただし本件のように検定器自体に検定有効期間の表示がない場合は特別な事情のない限り検定有効期間を経過していることを知らないのが通常であろう）その情を知って鉱業権者に代って鉱業権者の業務に関しこれを坑内において使用させた被告人等の前示認定の行為をも含むものと解するを相当とするので弁護人のこの主張も採用できない。」

鉱業権者の業務に関し右の検定器を坑内で現実に用いた保安係員も、使用した者であり、故意がある限り、行為者として処罰を免れないであろう。判決は、法七条一項にいう使用は、このような現実の使用ばかりではなく、使用させて使用した場合も含むと解して、使用させた被告人らの責任を肯定した。しかし、なぜ使用させて使用した場合も使用した場合にあたるであろうか。使用という言葉が、使用させて使用する場合も含むという理由からではないことは一審の判示によって知りうる。一審判決は、義務主体として定められている鉱業権者自身が現実に使用することはごくまれなことであり、通常はその従業者が現実に使用するのが普通であるから、従業者に使用させて使用した場合も含むと解さなければ、この規定は空文に終わると説明する。これは、自主犯でないという説明としては妥当であるが、使用させて使用した場合も含むとする理由としてはやや問題がある。現実に使用する従業者も、判決も指摘するとおり、両罰規定における「行為者を罰する外」という文言により、義務者となるのであり、使用により処罰をまぬがれないのであるから、現実の使用に限定しても、規定が実効性を失うとはいえないからである。現に本件における被告人は鉱業権者ではなく、その従業者であって、その従業者が両罰規定による行為者にあたるか否かが問題とされたうえ、あたるものとして処罰されているものである。

思うに、使用させて使用したとして被告人らを処罰する根拠は、保安係員による使用が、鉱業権者及び被告人らが負うている、従業者の手をとおして使用してはならないという義務に違反するからである。いいかえれば、使用することを禁止している規定は、その義務主体の直接の行為による使用のみならず、他人の手をとおした使用をも禁止しており、被告らはこの禁止に反したものと解されるのである。鉱業権者らが、情を知らない保安係員を手足としてこれに検定器を使用させたときには、使用してはならないという禁止規定に違反することとなるのは疑いないであろう。これは鉱業権者らが自ら検定器を使用したと評価されるからにほかならない。このことは、右の保安係員が情を知っていたときにも同様といわねばならない。通常、情を知った被利用者を利用するときは、利用者は間接正犯でなく、教唆犯であるとされるから、右の場合は教唆犯にすぎないようにみえる。しかしそうではない。利用者が通常正犯ではなく教唆犯であるとされるのは、被利用者が自らの犯罪を実行した正犯であるとみなされる以上、その行為を被利用者の実行行為ないしは被利用者のためにした犯罪であると評価することができないからである。ところが、本件のような場合は、被利用者である保安係員の違反行為は、鉱業権者に代行して負う義務に違反するものであるから、被利用者自身の犯罪であるとともに、違反行為をなさしめた鉱業権者らの犯罪でもあると評価することができる。すなわち、鉱業権者らが従業者をして違反行為をさせたときは、従業者が情を知っていたと否とをとわず、鉱業権者らが禁止規定に違反したものといわなければならないのである。そうとなれば、情を知った保安係員に検定器を使用させた鉱業権者らは、教唆犯でなく、正犯として責任を負うのは当然のことというべきである。一審判決が、使用させて使用する場合も含むと解さなければ、取締規定の実効性が失われると説き、本件判決が、使用させて使用した場合も、使用に含まれると判示したのは、けっきょくこの意味において理解するならば、正当であるといわねばならない。

以上のように考えるならば、右の判示は、検定器を使用したという特定の犯罪のみならず、事業主を本来の義務主体とする禁止規定一般に適用されることとなる。すなわち、事業主またはこれに代わって義務の履行にあたる従業者が、従業者などに命令、指示をするなどして、禁止に違反する行為をさせたときは、現実の行為者の故意の有無をとわず、違反行為をさせた事業主らが正犯としての責任を負うのである。

ここで、労働基準法一二一条二項、船員法一三五条二項、職業安定法六七条二項についてふれておこう。労働基準法一二一条二項は、「事業主（一項において事業主が法人である場合においてはその代表者、事業主が営業に関し成年者と同一の能力を有しない未成年者又は禁治産者である場合においてはその法定代理人をいう、とされている。）が違反の計画を知りその防止に必要な措置を講じなかった場合、違反行為を知り、その是正に必要な措置を講じなかった場合又は違反を教唆した場合においては、事業主も行為者として罰する。」と規定する。船員法一三五条二項、職業安定法六七条二項もこれと同趣旨の規定である。違反を教唆した場合において、事業主（法人の場合は代表者）も行為者として罰するのは、前述したとおり、事業主が自ら違反したと評価される結果として当然のことであり、右の規定はこれを確定したにとどまるものと解される。事業主本人でなくても、これに代わって義務の履行を管理する者が教唆したときも、違反行為について正犯としての責任を負うことはすでに述べたとおりである。違反の計画を知りながら防止しなかった場合、違反行為を知り、その是正に必要な措置を講じなかった場合も、同様であるが、この点についてはで再びふれることとしよう。

㈣　他人の行為の利用を内容とする実行行為

事業主を本来の義務主体とはしない禁止規定においても、他人を利用して行なう行為を実行行為と評価できる場合がある。実行行為が、その概念上、本人の直接の行為ばかりでなく、他人を利用して行なう行為をも予定している場合である。労働者保護法規の罰則に関するものではないが、最判昭二五・七・六（刑集四・七・一一七八）がこの点について興味ある判示をしているので、これを概観しよう。

事業は、会社の代表取締役である被告人がWと共謀のうえ、被告人の娘Kを介して会社の使用人Sに命じて、その運転する貨物自動車で米を運搬輸送させたというもので、食糧管理法三一条及び同法施行規則二三条ノ七（昭和二二年農林省令一〇三号による改正前のもの）違反が問題となったのである。施行規則二三条ノ七は、「米麦等ハ左ニ掲グル場合ヲ除クノ外之ヲ輸送シ又ハ之ニ付輸送ノ委託ヲ為シ若ハ輸送ノ委託ヲ受クルコトヲ得ズ」と規定されており、原審は、被告人の行為がその「輸送シ」にあたると判断した。上告趣旨は、この点を攻撃し、被告人に不法輸送の罪責を負わせるには、被告人が会社使用人Sと不法輸送につき共謀したか、Sを教唆したか、情を知らざるSを自己の機関として輸送したかの三つの場合以外にはありえないところ、本件においては、共謀の事実も、教唆の事実も認定されていないし、使用人Sは情を知っていたのであるから間接正犯にもあたらず、また被告人は直接現実の運搬行為をしていないから、原判決が被告人を有罪としたのは理由不備の違法があると主張した。これに対し、最高裁判所は、次のように判示してこれを斥けたのである。

「しかし、原判決の事実摘示を挙示の証拠と対照して、これを読めば、原判決の認定事実は、判示会社の代表取締役である被告人がWと共謀の上被告人の娘Kを介して会社の使用人Sに命じて同人を自己の手足として判示米を自ら運搬輸送した趣旨であって、Sを教唆し又は同人と共謀した趣旨でないことが明白である。そして、かく認めることは、挙示の証拠に照し社会通念上適正妥当である。従って、S等がその情を知ると否とにかかわらず被告人の行為が運搬輸送の実行正犯たることに変りはないのである」

使用人Sは責任能力者であり、かつ食糧管理法、同規則に違反して米を輸送するという情を知りつつ、これを自己の運転する貨物自動車で運搬したものと推測される。通説によると、情を知った責任能力者を介して犯罪を実現する場合は、教唆犯と解され、正犯とは解されていない。それにもかかわらず、判例は、「S等がその情を知ると否とにかかわらず被告人の行為が運搬輸送の実行正犯たることに変りはない」とした。この判例をどのように理解するかについては、大別して二種類の見解がある。(1)(2)

第一は、Sを故意ある幇助道具と認定し、これを利用した被告人を間接正犯と解したものとする見解である。すなわち、西原春夫教授は、「故意はあるが自己のためにする意思(animus auctoris)はなく、他人のためにする意思

(animus sosii) のみの認められるような者をいい、正犯者意思をもってこれを利用する場合が、故意ある道具の利用の一種として、間接正犯とされるのである」とされたうえ、わが国でもこれを「暗黙裡に承認した判例」があらわれたとして、右の判例を指摘される。(3) また大塚仁教授は、「Sは責任能力者であり、かつ米麦を輸送するという情を知りつつ、これを自己の運転する貨物自動車で運搬したのである。Sを間接正犯の被利用者とみるためには、その主観面を考慮するのほかないであろう。Sには、情を知ってはいるが、みずから正犯として米を輸送しようとする故意はなく、ただ、被告人のために、米を輸送してやろうとする幇助的意思しか具備されていなかったのではなかろうか。すなわち、故意のある幇助的道具の観念を用いることによってのみ、被告人の行為を合理的に間接正犯と解しうるのである」と説かれる。(4) しかし、使用人Sに、代表取締役である被告人のために米を輸送してやろうとする意思しか具備していなかったからといって、その輸送が幇助にとどまるとはいえないであろう。Sの行なった米の運輸が「輸送」にあたるとする以上、米を運搬する意思があれば、Sは輸送の正犯といわざるをえない。(5) もし他人のために運搬してやろうとする意思で運搬した場合には幇助にすぎないとすれば、他人から命ぜられないのに他人のために運搬したときは何らの犯罪も成立しないこととなろう。かりに「輸送」という概念は、単なる運搬を含まず、輸送の利益帰属主体(本件の場合には代表取締役である被告人)による運搬その他の輸送行為を意味するものと解すれば、利益帰属主体ではない単なる運搬者(本件の場合には使用人S)の運搬は幇助にとどまることとなろうが、これでは食糧管理法および同規則の規制目的は達せられず、正当な解釈とはいえない。このようにして判例の結論を、故意ある幇助道具の考え方で理解するのは妥当でないと思う。

第二の見解は「輸送」という構成要件の解釈に判例の根拠を求めるものである。高田義文判事は、輸送という概念を分析され、直接現実の運搬行為より広い概念であるとされたうえ、被告人は「自ら運搬」輸送はしないが、しかもなお「輸送」した者にあたると解すべきではないか、とされる。(6) 団藤重光教授も、被利用者が情を知っていても、利用者の行為に実行行為としての定型性を認めることのできる場合がありえないわけではないとされ、右の判例を引用され、これは「輸送」という構成要件要素の解釈によってきまる問題であるとされる。(7) また西村克彦教授は、Sは解釈上みずから輸送したことにしている場合であるとされて、右の判例を使役型の教唆犯、すなわちいわゆる準正犯の典型的な事案としてあげられ、これを刑事犯一般にまで拡張するのはあと一歩のところではなかろうかとされる。(8) 高田判事が指摘されるとおり、輸送の概念は、輸送の委託との関係などから、直接の運搬行為よりも広いといえるであろう。しかし、輸送は、輸送の教唆一般を含むほど広い概念ではありえない。そうすれば、輸送の教唆と輸送させて輸送したといえる場合とを区別する基準は何であろうか。西村教授は、単に他人を教唆して輸送させた場合と、他人を使役して輸送させた場合とで両者を区別し、後者を(準)正犯とされる。これは示唆にとむが、食糧管理法上の輸送の罪が、自ら輸送することの他に、他人を使役して輸送させる行為を含むという積極的理由が必要であろう。

思うに、輸送という概念は、運搬という概念とは異なり、単なる事実行為のみを意味するのではなく、法的な評価をも含んだ概念であって、直接の運搬者でない者も輸送の主体でありうる。使用人その他の者を利用して自己のため輸送をさせた利益従属主体者も、輸送した者と評価してさしつかえない。規則が、輸送することの他に、輸送の委託をすることと、輸送の委託をうけることを禁止しているのも、輸送という法的概念の主体のあることを前提にしているものといえよう。いいかえれば、規則は、輸送と評価される行為にでることを禁止しているのであって、直接運搬して輸送した場合も、本件におけるように、使用人に命じて運搬させて輸送した場合も、さらには独立した地位にある輸送業者などに委託して輸送させた場合も、ともに輸送してはならないという禁止規定に違反した結果、輸送した罪により処罰を免れないものというべきである。輸送の委託及び委託をうけることが別箇に禁止されているのは、輸送の結果をまたずして委託し、及び委託それ自体を独立して処罰する趣旨であって、すすんで輸送にまで至ったときは、委託者も受託者もともに輸送した罪により処罰されるものと解される。

労働者保護法規の罰則についても同様の例を指摘することができる。たとえば、労働基準法四六条一項、二項は次のように規定している。

「危険な作業を必要とする機械及び器具は、必要な規格又は安全装置を具備しなければ、譲渡し、貸与し、又は設置してはならない。

特に危険な作業を必要とする機械及び器具は、予め行政官庁の認可を受けなければ、製造し、変更し、又は設置してはならない。」

右の規定における譲渡、貸与、設置、製造などは、いずれも単なる事実行為を意味する概念ではなく、一定の立場にある者の法的機能を意味する概念であり、直接の行為によらなくても、これらの行為をなしうることは明らかであろう。設置、製造などの概念は、事実行為をも含むものと解されるが、同時に法的な機能をも意味することは否定することができない。

(1)　被告人の行為が「輸送」にあたるとされ、「輸送の委託」にあたるとされなかったのは、委託という概念が本来独立した地位を有する委託者と受託者の存在を前提としたものであり、本件におけるように、取締役と使用人との間の命令服従関係を委託関係とみるのは困難だからであろう。高田義文・刑事判例評釈集一二巻一三二―一三三頁、大塚仁・間接正犯四七頁。

(2)　大塚仁教授は、Sを輸送者とし、被告人をその教唆者とみることに困難があるとされ、「けだし、食管法施行規則二三条ノ七が、「輸送」のほかに「輸送の委託」を独立の犯罪行為として規定している以上、それは、輸送の教唆をも含む趣旨であり、したがって、別に輸送についての教唆犯はみとめられないものと解するほかないからである」と説明される(間接正犯四七頁)。しかし。輸送の委託者以外の者が行なう輸送の教唆を処罰の対象からはずす根拠はない。規則は「輸送」のほかに「輸送の委託」それ自体を独立犯として処罰することを規定したにすぎず、したがって輸送の委託という形による教唆のみに教唆犯の処罰を限定する趣旨とは解されない。

(3)　西原春夫・間接正犯の理論一九七頁。

(4)　大塚仁・間接正犯四七頁。

(5)　西村克彦・共犯問答一九八頁。
(6)　高田義文・刑事判例評釈集一二巻一三三頁。
(7)　団藤重光・刑法綱要総論一〇八頁注(一二)。
(8)　西村克彦・共犯論序説三〇九頁。三〇頁、同・共犯問答一九七頁。

4　従業者の違反行為を黙認する実行行為

事業主又はこれに代わって義務の履行を管理する者が、従業者の違反行為の計画を知りながらこれを防止する措置をとることなく黙認した場合、又は現に違反行為を継続していることを知りながらその是正措置をとらないで黙認した場合、正犯としての責任を負うのであろうか、それとも不作為による従犯にとどまるのであろうか。労働基準法一二一条二項、船員法一三五条二項、職業安定法六七条二項は、こうした場合、事業主(法人のときはその代表者)も、「行為者として罰する」と規定している。これは正犯とする趣旨であると解されるが、このような規定のないときにはどう解すべきであろうか。従業者が正犯である以上、事業主らを正犯と解する余地はないという見解もあろうが、これは正当ではない。

作為義務を課す命令規定の場合には、従業者の違反行為を黙認した事業主らを正犯と解するのは困難ではない。すなわち、従業者により義務が代行されないことを知る事業主らは自ら義務を履行する責任を負うものと解すべきであり、いったん従業者に義務を代行させることとしたからといって義務の履行をまぬがれるものと解することはできない。そして事業主らは作為義務を履行することなく放置した以上、自らの不作為により不作為犯の成立をまぬがれることはできないからである。

他方、禁止規定の場合にも、事業主らが本来の義務主体である規定については、黙認行為に実行行為性を認めるべきことは、命令、指示した場合について**3**で述べたと同様である。

すなわち、3でみたとおり、従業者の違反行為は、事業主らに代行して負う義務に違反するものであり、事業主らが命令、指示などの作為で違反行為をさせたときは、禁止規定に含まれる作為義務に違反するものとして、事業主らが正犯としての責任を負う。事業主らが、黙認などの不作為によって、違反行為を行なわせ、又はこれを継続させるときは、禁止規定に含まれる作為義務、すなわち違反防止の措置義務に違反するものとして、正犯としての責任を免れないものというべきである。この作為義務は、禁止規定自体によって課された禁止規定の内容をなす義務であって、不作為による幇助の前提をなす作為義務のように、禁止規定の外部にあるものではないから、これに違反することにより犯罰の結果が生じたときは、実行行為にでたものと評価されるのは当然である。このように考えるならば、労働基準法一二一条二項などにいう、違反行為の是正に必要な措置をとらない場合の違反行為とは、継続犯をさすものと解されるのである。

三　故意と過失

1　故意の認定

(一)　問　題　点

行政罰則の場合も、過失犯を処罰する趣旨と解されるもののほかは、故意犯であって、犯罰の成立に故意を必要とする。この故意の存否を判断するにあたりとくに困難が伴う次の二つの場合につき、ここで検討をしてみよう。第一は、一定の行為をする前提として一定の作為義務の履行を要求し、この作為義務を履行せずして一定の行為をすることを処罰することとしている場合に、作為義務の存在を知らず、又は作為義務を履行すべきことを忘却して、不履行のまま一定の行為にでたとき、故意があるといえるか、である。たとえば、認可をうけないで特に危険な作業を必要とする機械の設置を禁止し、その違反を処罰する労働基準法四六条二項、一一九条一号の規定をめぐってこうした問題が生じうる。問題となる第二の場合は、一定の作為義務の履行を要求し、その不履行を処罰することとしている場合に、作為義務の存在を知らず、または作為義務を履行すべきことを忘却して、義務を怠ったとき、故意があるといえるかである。危害防止のため安全装置を設けるなどの措置義務を規定した労働基準法四二条に基づく各種の命令違反の罪などにつき、このような問題が生じうるのである。

(二)　検　討

まず第一の場合につき考察する。この点についての重要な先例に最判昭三四・二・二七(刑集一三・二・二五〇)があるので、この判例を手がかりとしよう。事案は物品税法一八条一項一号違反の無申告製造の罪に関するものである。すなわち同号は、「政府ニ申告セズシテ……第二種若ハ第三種の物品ヲ製造シタル者」(昭三七法四八による改正前のもの)と規定しているが、木工類の製造販売等の業をいとなんでいた被告会社の代表取締役甲が、被告会社の業務に関し、政府に申告しないで物品税の課税物品(第二種の物品)である遊戯具を製造したというものであって、右代表取締役甲はその製造物品が物品税の課税物品であることを知らず、したがってその製造について政府に申告しなければならないことを知らなかったというのである。一審判決は、この罪の故意の成立には、製造物品が物品税法の課税物品であることの認識を必要とするとし、被告人にはこの点の認識が欠けているから故意を欠くものと判断した。二審判決はこれを破棄し、つぎのように判示した。

「被告会社の代表者甲その他の従業者は、本件物品製造当時右各物品がいずれも物品税の課税物品であること従ってその製造につき政府に製造申告をしなければならないことを知らなかったというだけであって右物品を製造すること自体につきその認識のあったことは極めて明らかである。ところで本件製造物品が物品税課税物品であるかどうか従ってその製造につき政府申告をしなければならないかどうかは物品税法上の問題であるから、右代表者等において課税物品であり製造申告を要することを知らなかったとしてもそれは単に物品税法に関する法令の不知換言すれば法律の錯誤として取り上げるべきものであって、原判決のいうように犯罪事実自体に対する認識の欠如すなわち構成要件に該当する事実そのものの錯誤として取り上げるべきものではない。……いやしくも右甲その他の従業者において本件物品製造につきその認識のあった以上、無申告製造事犯についての犯意あるものと認むべきであって、これを認めなかった原判決は畢竟刑法三八条の解釈を誤った」

上告趣意は、無申告製造犯は故意犯であるから、この罪が成立するためには、行為者においてその製造物品が物品税の課税物品であることを知りながらこれを製造した場合に限られると解すべきであり、この認識を欠くときは、政府申告を必要とすることの認識も、申告をすることの意識もなく、申告を期待することも絶対に不可能であるから、故意を阻却するものと解すべきだと主張したが、最高裁判所は二審の判断を支持して次のように判示した。

「本件製造物品が物品税の課税物品であること従ってその製造につき政府に製造申告をしなければならぬかどうかは物品税法上の問題であり、そして行為者において、単に、その課税物品であり製造申告を要することを知らなかったとの一事は、物品税法に関する法令の不知に過ぎないものであって、犯罪事実自体に関する認識の欠如、すなわち事実の錯誤となるものではない旨の原判決の判断は正当である。……本件原判決によれば、単に本件製造物品が物品税物件であること従ってその製造につき政府申告を必要とすることを知らなかったという事実が認められるだけであって、被告会社代表者甲その他の従業者において本件物品製造の認識自体についてはなんら欠くるところがないというのであるから、本件は事実の錯誤をもって論ずべき場合に当らないこと明白であり……」

物品税法一八条一項一号の罪の構成要件が、「政府に申告しないで遊戯具を製造する」ことであることは疑いなく、したがってこの罪の故意には「政府に申告しないで遊戯具を製造すること」の認識を必要とするものと解さなければならない。

しかしながら、この認識は、製造物品が物品税法の課税物品であることの認識と同じではない。遊戯具が課税物品であるかどうかはあてはめの問題であって、この点の錯誤はあてはめの錯誤にすぎず、事実の錯誤ではない。一審判決はこの点で正当ではなく、申告しないで遊戯具を製造する認識があれば、この罪の故意に欠けるところはないものというべきである。(1)

問題は、どういう心理状態にあるときに、申告しないで遊戯具を製造する認識があるといえるかにある。福田教授はこの点につき、「最高裁が、遊戯具を製造する認識があれば本罪の故意として十分であるとする二審判決を支持しているのは、「政府に申告しないで」を構成要件要素ではなく違法要素と解する見解を前提としているようにおもわれるが、遊戯具を製造すれば物品税法一八条一項の構成要件に該当し、ただ申告したことにより違法性が阻却されると解することは妥当でなかろう。(2)」と述べておられる。しかしながら、最高裁および二審の判決が、「政府に申告しないで」という要素を構成要件要素とみていないと解するのは妥当でないと思う。すなわち最高裁および二審の判決は、これを構成要件要素と解しつつも、被告人が無申告のまま製造した以上、当然に申告をしていないことの認識があると解しているものと考えられるからである。(3) 教授は、申告しないという点の認識(構成要件上の不作為の認識)と申告義務の認識(作為義務の認識)とは密接に関連はするが、区別すべきであり、前者の欠如は事実の錯誤として故意(事実の認識としての)を阻却するが、後者の欠如はいわゆる法律の錯誤の問題であるとされる。(4) これは、「申告しないで」という要素の故意は、右のように単に申告をしたことがないことの認識があるだけでは足りず、申告をしないという積極的な認識を必要とされる趣旨であろう。しかし、あえて申告をしないという積極的な認識は、申告すべきことの認識が存在しなければありえないから、右のような認識を故意成立につき要求することは、申告義務の認識(作為義務の認識)を故意の成立の要件として要求することになりはしないであろうか。このように申告義務の存在について認識がないときは、必然的に、あえて申告をしないという認識も起こりえないとすれば、前者の錯誤が法律の錯誤であると解する以上、あえて申告をしないという認識を事実の認識として必要であるとするのは妥当でなく、申告をしていないことの認識があること、つまりは申告をしたという認識を有していないことをもって故意があると解すべきである。二審判決が、「いやしくも右甲その他の従業者において本件物品製造につきその認識のあった以上、無申告製造事犯についての犯意あるものと認むべきである」としているのも、無申告のまま製造していること自体により無申告で製造する罪の故意を認めうるとし、最高裁判決も、このようなものとして二審判決を是認しているものと解されるのである。

このように解するならば、かりに右の被告人が作為義務の存在は知りつつも、これを履行することを忘却して製造した場合も、故意があることになろう。申告したことの認識がない以上、無申告のまま製造することの故意があるといわざるをえないからである。

第二の、不作為犯の故意の問題にうつろう。通説、判例によると、不作為犯の故意が成立するには、作為義務を基礎づける事実及び義務とされる行為を怠ることの認識があれば足り、法が課している作為義務の認識は必要としない。作為義務の認識の欠如は法律(禁止)の錯誤にすぎないと解されているのである。たとえば使用者に課された一定の危険な機械に安全装置を設けるべき義務に違反する不作為犯の故意は、義務を課される使用者の立場にある者が安全装置を設けるべき危険な種類の機械を安全装置なしに使用しているという事実のうち、その者を義務者である使用者の地位を基礎づける職務分担などの事実及びその機械が安全装置の設置の義務を基礎づける危険性、性能、様式などの事実を認識することにより成立するのであり、安全装置の設備を義務づけられていることの認識は必要としないのである。

作為義務の認識がない場合には、すでに述べたように、あえて義務に懈怠するという意識もありえない。それにもかかわらず、作為義務を基礎づける事実を認識しつつ要求されている作為をしないという客観的事実が存在すれば、故意により不作為犯を犯したものといわざるをえないのである。このように作為義務を認識しないときは、作為義務を基礎づける事実及び不作為の事実について無関心となる結果、作為が要求された時点、すなわち不作為が成立する時点において、これらの事実を意識的に認識することもないのが通常であろうが、そのような場合であっても、故意がないとはいえないであろう。要求されている作為義務を果しているという認識がない以上、不作為の認識があるといわざるをえないからである。そうとなれば、作為義務は認識しつつ、義務を履行すべきことを忘却して履行しなかったときも、やはり不作為の故意があるものというべきであろう。この場合は、先に述べた第一の場合と異なり、一定の作為をするときの前提として作為義務が課されているわけではないから、作為義務を怠っている事実から当然に不作為の故意の存在を肯認することはできず、忘却により義務を怠ったときは一般には過失があるにすぎないのではないかという疑問もあろうが、これは正当でない。要求されている作為義務を果しているという認識がない限り、不作為の認識があるものといわざるをえないし、この場合の心理状態は、作為義務の認識を欠如し法義務に対し無関心である結果として義務懈怠の認識を欠く場合のそれと差異はなく、後者について故意があるとする以上前者についても故意の存在を肯定せざるをえないからである。要求されている作為義務を果していると誤認している場合にはじめて過失が問題となるのである。

不作為犯を、その成立時期の関係で類型を分けて考察してみよう。第一の類型は、実質的には一定の作為をすることの前提として作為義務を課し、その不作為を処罰するものであるが、構成要件としては作為義務を果さずに一定の作為をしたことを明文をもって定めておらず、単に作為義務を怠った罪として構成されている場合である。たとえば、労働安全衛生規則（労働基準法四五条に基づくもの）六三条一項は、「床面から一・八メートル以内にある動力伝導装置の車軸で接触の危険があるものには、囲、覆又はスリーブを設けなければならない」と規定しているが、これは動力伝導装置を使用し、又は使用しうる状態に置く場合に課されている義務であるから、その違反の罪は、囲、覆又はスリーブを設けないで動力伝導装置を使用し、又は使用しうる状態に置くという作為によって成立する。このような場合には囲等を設ける義務の履行を忘却していても、囲等のないままに動力伝導装置を使用するときは、さきに不申告製造罪について述べたように、当然に右の不作為犯の故意があるものというほかはないであろう。不作為犯の第二の類型は、一定の行為の状況のもとにおいて果すべき作為義務を規定し、その不履行を処罰することとしている場合である。たとえば、労働安全衛生規則一二二条が規定する、「作業のため物体が落下又は飛来して危険がある場合には、防網の設備、立入区域の設定その他適当な危害防止の措置を講じなければならない」という義務に違反する罪がこれである。この場合も、作為義務の履行を要求される状況を認識しながらこれを果していないときは、それ自体義務不履行の故意があるといってよいのであろう。不作為犯の第三の類型は、一定の行為また は状況を予定することなく課される作為義務に違反する罪である。これには、一定の期日までに一定の義務、たとえば届出をすることを義務づけ、その義務を怠った者を罰するような場合や一定の者に対し一定の作為義務を常に課しこれに違反した者を処罰する場合、たとえば外国人に対し外国人登録証明書を常に携帯していなければならないという義務を課してその違反を処罰する場合などがある。このような場合には、第一、第二の類型にくらべ、作為義務の不履行が故意によるものか過失によるものかを判断するのに困難が伴うことが多いであろう。しかしながら、先に述べた基準にしたがえば、この場合にも、作為義務を履行したことの確認を怠った結果、義務違反の時に違反の事実につき明確な認識を欠いていたとしても、それは作為義務の認識を欠く結果として違反の事実につき明確な認識を欠く場合と同様、故意を阻却しないというべきである。すなわち、たとえば一定期日までに報告義務の存在を知らない結果、報告について全く念頭になかったときに、報告をしたことの認識がないゆえに報告をしていないことの故意があるとする以上、報告義務の存在を知りつつ、これを失念して期日を途過した場合も、報告をしたことの認識を欠く点では前者と同様であるから、報告をしていないことの故意があるものというほかはないからである。

（1）　以上の点につき福田平・注釈刑法(2)Ⅱ三五九頁、足立進・最高裁判所判例解説刑事篇昭和三四年度九〇頁。
（2）　福田・注（1）三五九頁。
（3）　足立・注（1）九一頁以下も同旨と解される。
（4）　福田・注（1）三五九頁。

2　両罰規定による事業主処罰と過失の認定

(一)　問　題　点

両罰規定による事業主の処罰の根拠が、事業主において従業者の違反行為を防止するための注意を尽くさなかった過失にあること、従業者が違反行為をしたときは事業主に過失があるものと法律上推定されること、及び事業主（法人であるときはその代表者）が、従業者による違反の防止に必要な注意を払ったときは、過失の推定がやぶれ、事業主が処罰を免がれることはすでに述べた。免責事由は、これを明文で規定している労働基準法一二一条一項但書のような場合はもちろんのこと、両罰規定による事業主処罰の根拠を従業者の違反行為を防止するための注意を尽くさなかった過失と解する以上、鉱山保安法五八条一項のように明文のない場合にも、認められなければならない。問題はどのような場合に事業主に過失があるといえるか、どのような事実を明らかにすれば注意義務を果したといえるかにある。以下判例を概観したうえ、検討を加えてみよう。

(二)　判例の概観

大審院及び最高裁判所のこの点についての考え方は明らかではない。ただ大判昭三・三・二〇（刑集七・一八六）（以下①の判決という）は、蚕糸業法四四条の転嫁罰規定の「相当ノ注意ヲ為シタルトキハ此ノ限リニ在ラス」という免責規定につき、上告会社が、(1)営業に従事する雇人を採用するにあたっては、その人物、経歴を審査して採否を決定してきたこと、⑵従業者による違反行為を防止するため、閲覧に便利な場所に注意事項を掲示したこと、⑶講習会を開いたり、必要に応じて戒告をしたこと、などを主張したが、大審院は、これらは「何レモ営業上当然ノ事ニ属シ……此ノ如キ抽象的注意ヲ為シタレハトテ作業ノ実際ニ之ヲ監督スルニ非サレハ遺漏ナキヲ期スル能ハサルコト勿論ナルヲ以テ」相当の注意をなしたとはいえないとし、かなり高度の注意義務を要求していることがうかがわれるのみである。そこで次に下級審の裁判例をみよう。

高等裁判所の判決としては、免責を認めなかった次の二つが注目される。第一は、労働基準法三二条違反の時間外労働に関する大阪高判昭二五・一一・二五(労働基準判例集一・三七〇)(②の判決という)であり、第二は、鉱山保安法六条二項違反に関する福岡高判昭四五・二・一三(判例時報六〇五・九九)(③の判決という)である。

②の判決は、次のように判示する。

「所論の『違反の防止に必要な措置をした場合』とは当該違反を防止するために客観的に必要と認められる措置をした場合であって、単に一般的抽象的に労働基準法第何条の違反なきよう防止せよと注意したのみでは足りない。本件において証拠上認められるところでは被告会社代表者は原材料の仕入品の販売の面を担当して不在勝ちであり二男O取締役に会社の労務管理を含む一切の業務の指揮監督を委ね、時折時間外労働につき注意を与えていたに止り少しも具体的且つ相当な手段方法を示して違反の防止に努めていたものではないから到底法の要求する免責事由としての「必要な措置」をしたものとは認め得ない。」

③の判決は、鉱山における発破作業に際し、係員たる従業者Mが、無資格者を作業に就かせ、かつ危険を未確認のまま点火させたという違反行為につき、鉱業権者Yの過失責任を肯定し、免責を認めなかったものである。すなわち控訴趣意が、Yは、保安委員会の設置、保安規定の作成、採鉱夫の教育訓練の督励、切羽の交換、隣接鉱区との発破協定など保安法規の要求するところはすべて忠実に実施し、従業者らに対し機会ある毎に災害の防止に必要

な指導監督をして注意義務を果していたと主張したのに対し、次のように判示してこれを採用しなかった。

「被告人経営の米庄鉱山において、保安規定が定められ、保安委員会が設けられていたこと、照明や命綱の設備があり、隣接鉱区との切羽の発破協定をなし、採鉱夫の教育訓練も随時なされていたことは証拠に現われているけれども、反面、右保安規程には夜間又は薄暮時の発破若くは同時発破等に関する規定が不備で、本件事故後に規定されていることなどに徴すると、右保安規定のみでは必ずしも十分でなかったことが窺われ、更に、既存規定の遵守も完全になされていたとは認められず、照明設備が存しても、これを必要とすべき発破作業の時間に使用されていなかったことなどに照らすと、保安係又は保安委員会の活動も必ずしも十分であったことは認め難い。

ところで、本件において被告人Yの過失責任は従業者たるMが無資格者を発破作業に就かせ、且つ危険未確認のまま点火させた違反行為に関するものであるところ、右の発破作業における人選及び危険の警戒確認の如きは、鉱業権者の従業者らに対する選任監督と保安指導の基本的範囲に属するものである……。

とくに、本件の場合の如く通常の発破作業時間外にして、夜間又はこれに近い時間発破作業、かかる時間帯において大小同時発破を行なう場合の危険を考えると、一段と保安上の注意をきびしくし、違反行為を防止するためには、一般的な保安規定を定めるだけではなく、直接又は間接（保安係の系列を通じ）、作業員らに対して右に必要な具体的監督、注意を促すべきである。しかるに、同被告人においてはかかる発破作業がなされていたことを知り、又は注意を促していた事跡は認め難く、殊に、これらの点は現場に居なくても、保安日誌等の点検により十分察知でき、且つ直接又は間接に監督可能なことと認められる。

更に、発破作業に従事する資格を有しない者に対する教育訓練上、発破の点火操作をもさせる必要があ……ったとしても、これを夜間発破又は大小の同時発破の場合になすべきではない。のみならず実習ならば、単独ではなく有資格者の傍において、助手として使用訓練すべきものであって、右は妥当な方法ではなく、従業員に対する保安教育上の不注意を窺わせるものというべきである。

このようにみてくると、被告人Yの従業者らに対する選任、監督、指導その他従業員の反保安行為を防止するに必要な注意に欠くる点があった」

地方裁判所の判決のなかから、免責を認めた大阪地判昭二四・七・一五(労働関係刑事裁判例集四・五〇七)(④の判決という)をとりあげてみよう。四月一日頃から九月二〇日までの間、労働基準法六〇条三項に違反して年少者を時間外労働させた罪に関するものであってこう判示している。

「被告人は前記淀川支店の漂白課長として工場長回章により労働基準法の何たるかを知り、部下従業員に対してもその普及徹底を期したのであるが、当時同工場では進駐軍指令による輸出国有綿布の加工作業をなすうち隅々同工場保管の国有綿布類の盗難にかかること一再ならず、その為遂に綿布加工の発注停止命令を受くるが如き状態に立至り、他方加工中の織布約一万五千反にピッチに因る汚染が発見され、指定納期の問題からその修整に意外な人手不足を生ずるが如き事故あり、又当時電力事情は極度に悪化し……配電時間中を選んで突貫作業の必要に迫られるが如き実情に在って、全くやむなく従業員の自発的協力に牽かされ規定時間外労働をも敢てなされた事情が認められ……

被告会社では全国六十有余の工場を有し、……昭和二十二年四月全国各工場に指令して労働基準法準備委員会を設置し之が実施に伴う対策を研究せしめ、同年八月各工場長及び各人事課長を集合せしめて其の説明会を実施すると共に担当者を設置して其の対策の研究に当らしめた外其の施行されるに及んでは直ちに社長回章によって各工場に伝達してその普及徹底を図り、此の回章に接した前記淀川工場では……末端従業員に対しても周知徹底せしめていた事実を認定するに足る。従って会社代表者は其の違反の防止に必要な措置を講じていたものと謂うべく、隅々前掲事情に因り本件被告人Ｉの違反行為があった故をもって直ちに会社代表者がその防止に必要な措置を講じなかったものとは断じ得ない。」

㈢　検　討

事業主の過失責任は従業者によって違法行為が行なわれて初めて問題となるものである。したがって、この場合の事業主の過失は、事業主がなすべきであった一定の行為により従業者の違法行為を防止しうる可能性があったこと、及び事業主に不注意を推認させるに足る事実があったことの二点がその中心となるものといってよいであろう。免責事由の面からいえば、従業者の違法行為を防止する可能性がなかったこと、事業主が注意を払っても違法行為の発生を予見しえなかったこと、又は違法行為の発生を防止するために必要な措置をとったこと、のいずれかが証明されれば、過失がないことになろう。この場合の事業主の注意義務については、このうち特に従業者の違法行為を防止するためにとるべき措置をとっていたか否かという点が重要である。法律が規定している免責事由がもっぱらこの点をその内容とし、判例もまた一様にこの点を問題としているのはそのためである(1)。

事業主の過失と従業者の当該違法行為との間には、因果関係が存在しなければならない。要求される違反防止措置をとっていれば、その違法行為を防止できたであろうという関係が必要なのである。

どのような防止措置をとるべきであったか、その行為で違法行為を防止できたかという判断は、どのような措置をとれば当該違法行為の発生を防止できたであろうかという観点を基礎として行なうのが適当であろう。そして防止措置の程度は、違反された義務の性質、内容、ことに作為義務か不作為義務か、及び末端の現場において要求される義務か中央において履行が要求される義務かを考慮し、平均的な事業主に要求することのできる限度に決めるべきであろう。

措置義務は、必ずしも事業主（法人のときはその代表者）本人が直接従業者の行為を注意、監督することを内容とするものと解すべきではない。大規模な企業組織においては、このようなことは可能でもなければ、望ましいことでもない。違法行為の防止は、そのための制度ないしは組織を通じて行なうことができるし、それをもって足りるものと解すべきである。逆に、このような組織上の監督を怠れば、過失があるといわざるをえないのである。事業主に要求されるこのような措置義務は、さらに、違反行為を防止、監督するための制度上ないしは組織上の措置義務と、この措置が有効に機能するように注視、監督する措置義務に二分することができるであろう。この制度上の義務と機能上の義務の程度は法義務の性質、内容に即応してこれを判断すべきことは右に述べたとおりである。

免責が認められるのは、問題となる特定の種類の義務につき要求される程度の制度上及び運用上の注意を払ったのに義務違反が生じた場合である。すなわち、通常の監督機構及び運用の実態からは予見できず、又は防止できないような偶発的な義務違反が従業者によって行なわれた場合がこれである。

以上の考察をもとに、先にあげた判例を検討してみよう。

前記の判決のうち①の大審院判決が、事業主が「作業ノ実際ニ就キ……監督スル」ことを要するとしている点につき、大規模化した企業についてこれを要求するのは過大であって、無過失責任に近い責任を課することになるという批判がある。(2)しかしこの判決は、必ずしも事業主(法人のときは代表者)本人に対し右のような義務を履行するよう要求しているものではないであろう。事業主は職制を通じ義務違反のないよう作業の実際につき監督をすることが可能であるし、またそうすることが許されよう。そうとすれば、要求されている法義務の内容が従業者の行為にかかるときはその作業の実際につき監督することが必要なものである点を考慮すれば、右の判示もあながち過大な要求とは思われない。③の鉱山保安法に関する判決で問題となった法義務も、作業現場において遵守すべき義務であるが、正当にもこの判決では作業現場における監督を要求することなく、具体的な義務違反に結びつく諸々の義務違反、すなわち保安規定の不備、保安活動の不十分さ、発破作業における人選、危険の警戒確認に関する具体的指導の欠如、直接、間接の具体的監督の欠如、保安教育上の不注意など、違反防止のために要求される組織上ないしは制度上の措置義務の懈怠と運用上の注意義務の懈怠が指摘されているのである。②及び④の判決はいずれも時間外労働の事案に関するものであるが、この種の義務は職制の遵守義務であるから、事業主は必ずしもその違反の防止のため作業の現場において監督をする必要があるものではなく、報告を通じて業務の実態を知るとともに、違反防止のための具体的指示を与えることによって違反行為を防止することが可能である。また事業主は当然そのような措置をとるよう組織上、制度上の配慮をすべきである。②の判決が、事業主が労務管理を含む一切の指揮監督を委ね、時折注意を与えるのみで、具体的な防止措置を何らとらなかった点に過失を認めているのは、監督上の措置もしくは運用上の注意を怠った点を指摘したものとして正当である。④の判決は、法義務の内容について従業者に周知徹底させたことを認定しているが、問題となった具体的な時間外労働の点につき右のような制度上ないしは組織上の監督がなされたという認定はしていない。事業主の責任の基礎をなす注意義務は一般的な法の趣旨の周知によってつきるものではなく、具体的な違反を防止するについて要求されるものであるから、この判決の認定事実のみをもって注意義務が尽くされたと判断するのは困難なように思われる。

(1)　金沢文雄・法人の刑事責任・両罰規定一五八頁、鈴木義男「両罰規定による法人の刑事責任の根拠」刑法判例研究Ⅱ一九三頁参照。後者は両罰規定の免責事由に関するほとんど唯一の論文である。

(2)　金沢・注(1)一五七頁、鈴木・注(1)一九三頁。これは注意義務を事業主(法人の代表者)本人による直接の監督行為に限定する結果であろう。

11　著作権法の罰則の構造と特徴

一　保護法益と犯罪類型

本法の罰則は、著作権、著作者人格権、出版権、著作隣接権等の著作物に関する本質的な権利を主たる保護法益とし、あわせて、これらの権利に付随して本法が保護しようとする一定の利益を保護法益としている。

他方、本法の罰則は、右のような保護法益を守るため、著作権等の権利を直接侵害する行為を基本的な犯罪類型の対象とするほか、右の直接的な侵害に至る危険性の高い一定の準侵害行為を犯罪類型の対象とし、さらに、前記の付随的な利益を侵害する行為をも犯罪類型の対象としている。以上三つの犯罪類型ごとに具体的な罰則を整理すると、次のようになる。

(1)　著作権等の権利を保護法益とし、それらの権利を直接侵害する行為を処罰対象行為として定めた罰則に、一一九条一号の著作権等侵害罪がある。これが本法の罰則の中心である。

(2)　著作権等の権利を保護法益としながらも、それらの権利の直接的な侵害行為ではなく、これと実質上同一の弊害をもたらす行為等の準侵害行為を処罰対象行為として定めた罰則に、一一三条のみなし侵害行為の規定を通して適用される場合の一一九条一号の著作権等侵害罪、一一九条二号の自動複写機器違法使用罪、一二一条の外国原盤商業用レコード複製頒布罪及び一二二条の出所明示義務違反罪がある。これらの罪の対象行為は、著作権等を直接侵害する行為ではないが、侵害行為の幇助的行為であるか(自動複写機器違法使用)、又は侵害行為と実質上同様の結果をもたらす行為であるか(みなし侵害行為、外国原盤商業用レコード複写頒布、出所不明示)であるため、準侵害行為として処罰の対象としたものである。その意味で、これらの罪は、著作権等の準侵害罪といってもよいであろう。

(3)　著作権などの基本的な権利とあわせて本法が保護しようとしている利益を保護法益とし、これらの利益を直接侵害する行為を処罰対象行為として定めた罰則に、一二〇条の死後人格的利益侵害罪及び一二一条一号の著作者名詐称罪がある。

このように、本法の罰則の中心をなす著作権等侵害罪は、著作権などの無形の権利を客体とし、しかも、これを「侵害した」という抽象性の高い結果的概念をその行為として定めているため、同罪に該当する実行行為は、その構成要件の用語自体から内容を直ちに理解することができず、まず著作権等の内容を明らかにしたうえ、これに含まれる範囲内の行為を非権利者において行う際の具体的な行為を実行行為としてとらえる必要があることになる。その詳細は**3**で説明する。

二　犯罪の主体

本法の罰則は、原則として、何人も犯罪の主体となりうる非身分犯の規定である。しかし、四九条一項二号により放送事業者が複製行為をしたとみなされる場合に適用される一一九条一号の著作権侵害罪の規定は、放送事業者の身分を有する者のみが主体となりうる身分犯の規定であると解すべきである。

三　犯罪の実行行為と共犯

本法の罰則における実行行為と共犯に関して特に留意を要するのは、次の諸点である。

(1)　本法の中心的な罰則である一一九条一号の著作権等侵害罪は、著作権等を「侵害した」ことを処罰対象行為として定めている。「侵害」というのは、一般には、権利者の専権に属する領域を侵すことをいい、本法の場合には、著作権等の制限規定又は法定の除外事由にあたらないのに、著作権等の内容をなす行為を権利者の許諾を得ないで行なうことをいうと解せられる。このように、「侵害」という概念は、それ自体としては、行為の概念として具体性を有しておらず、むしろ、著作権等の権利の内容が明らかになることによりその内容が明らかになるという特質を有している。換言すれば、「侵害」という概念は、具体的な行為を表わす概念ではなく、一定の事実的状況を表わす概念であるため、侵害という事実的状況を生ぜしめる行為は何かを探ることによって初めてその内容が明らかになるのである。それは、権利者の専権に委ねられている著作権等の内容をなす行為は何かを明らかにする作業にほかならない。

右の著作権等の内容をなす行為は、本法の他の規定において、例えば「著作者は、その著作物を複製する権利を専有する。」(二一条)と定められている。そこで、著作権の侵害は、例えばその一内容をなす複製権の侵害であり、著作物を権利者の許諾を得ないで複製することが著作権を侵害する実行行為ということになる。

(2)　「複製」という実行行為は、「印刷、写真、複写、録音、録画その他の方法により有形的に再製すること」をいうと定義されている。(二条一項一五号)。この定義に関して問題となるのは、著作物(その一部も、それ自体、二条一項一号の著作物の定義にあたる以上、著作物にほかならない)をその原形どおりに再製する場合のほか、これを修正変更したものを作成する場合も、複製にあたるか否かである。

著作者は、その著作物を複製する権利(二一条)のほか、その著作物を翻訳し、編曲し、若しくは変形し、又は脚色し、その他翻案する権利(二次的著作物を創作する権利二七条)を専有している。このように、二次的著作物(二条一項一一号)を創作したといえる程度つまりは同一性を失わせる程度までに原著作物を変形することもまた、原著作者の著作権の内容に含まれるとされているのであるから、原著作物との同一性を失わせない程度にこれを修正変形することも当然原著作者の専権であると解すべきであり、その権利は、複製権（二一条）の内容をなしていると解すべきである。

もっとも、他人の著作物を利用した場合でも、これを完全に昇華吸収して自己の著作物を創作した場合には、他人の著作物を複製したといえない。そこで、他人の著作物の複製にあたるか否かの判別基準が問題となるが、判例（大判明三七・四・二一刑録一〇輯八四八頁、同昭一〇・五・二四刑集一四巻五六〇頁、最判昭五三・九・七民集三二巻六号一一四五頁、同昭五五・三・二八民集三四巻三号二四四頁）は、他人の著作物の内容及び形式を覚知させる場合、つまりは、他人の著作物における表現形式上の本質的な特徴をそれ自体として直接感得させる場合には、複製にあたると解している。漫画、映画等におけるいわゆるキャラクターを真似る行為が複製にあたるか否かなどの問題も、右の見地から判断されるべきである。

(3)　本法の罰則については、大別して二種類のみなし規定が関係している。その一は、一一三条の「みなし侵害」行為の規定である。この場合には、その行為は本来であれば一一九条一号にいう著作権等を「侵害した」といえないのに、「侵害した」ものとみなし、もって実質上犯罪の客体を拡張しているのである。その二は、四九条及び八五条二項の「みなし複製」行為の規定である。これらの規定は、法定の複製許容事由にあたるため複製物を作成し、又は出版権の効果として複製物を作成した後、その事由以外の目的でこれを頒布したり、出版権消滅後にこれを頒布した場合について、定義上は著作物を「複製」（二条一項一五号）したことにはならないのに、実体は複製したことにほかならないため、複製したとみなしているものであって、「複製」という概念を一定の内容のものと定義したことに伴う法技術的な措置を規定したものである。

(4)　実行行為につき、刑法的観点から最も重視すべき問題は、他人の著作物の複製や演奏などが行なわれた場合において、いかなる立場の者をその実行行為者（正犯）と目すべきかである。例えば、他人の書物のいわゆる海賊版を印刷した場合、その印刷を注文した者、資金を提供した者、印刷を行なった者などのうちの誰が実行行為である複製をしたと解すべきか、あるいは、キャバレーで他人の音楽を無断でバンド演奏した場合、キャバレーの経営者、バンドの演奏者などのうちの誰が演奏つまりは複製をしたと解すべきか、である。

民事の侵害責任に関し、キャバレー、ダンスホール及び音楽喫茶店における音楽の無断演奏について責任を負うのは、演奏者ではなく、営業主であると判示した裁判例がある(名古屋高決昭三五・四・二七下級民集一一巻四号九四〇頁)。すなわち、キャバレー、ダンスホール又は音楽喫茶店のような社交場営業の性格からみて、音楽演奏は、営業の不可欠的要素であること、営業主は、各営業所においてそれぞれ二つの楽団を常置し、これに営業時間中常時音楽を演奏させて客に聴取させていること、各楽団は、営業主の委嘱により、その営業計画に従い、その指図により音楽演奏に従事しているのであって、営業主から営業所を借り受けて独自の演奏興業をしているわけではないこと、曲目の選定は一応各楽団に任されているが、それも結局は営業主が自由に支配しうること、営業主は、音楽の演奏により営業上多大の効果と収益を挙げていることからみて、営業主の各営業所における音楽の演奏自体は各楽団により行なわれているとしても、これによる音楽の使用は、営業主がこれをなしていると解さなければならないというのである。また、キャバレーを営業する会社の代表取締役で業務全般を総括している者に対し、そのキャバレーにおいて音楽著作物を契約楽団・歌手等に演奏・歌唱させて多数の客に聴取させたとして、旧著作権法の著作権侵害罪(三七条)を適用した事例もある(川口簡裁略式命令昭四七・七・三一判タ二八九号三九二頁)。

右の問題を考えるにあたっては、著作権等の「侵害」及びその具体的内容をなす「複製」「演奏」などの行為がいかなる性質の行為を予定しているかを検討しなければならない。音楽を「演奏する権利」(二二条)に例をとって考察しよう。著作者は、この権利を専有するから、自らその音楽を演奏することはもとより、他人にこれを演奏させることも、演奏する権利の行使として自由に行なうことができる。著作者が演奏する権利を専有しているというのは、このように、演奏という行為を行なうか否かの決定権が専ら著作者の意思に委ねられていることを意味するのである。他方、音楽に関し著作者の演奏する権利を侵害するというのは、著作者以外の者が著作者の許諾を得ないで著作者の専権に属する行為をほしいままに行なうことをいうから、著作者以外の者が無断で自ら音楽を演奏した場合はもちろん、演奏者等に委頼してこれを演奏させた場合も、著作者の権利を侵害したことになる。このように、権利の行使も侵害も、自らの手によってばかりではなく、他人の手を通じても行ないうるのであるから、自らの手により又は他人の手を通じてそのような侵害をもたらした者は権利を侵害した者として犯罪の実行行為者になると解すべきである。このように解すると、前記裁判例のように、営業主が演奏者に対し音楽の無断演奏を命じ又は無断と知りつつこれを行なわせたときは、営業主が演奏者の演奏を通じて著作者の権利を侵害したというべきであるから、前記の結論は正当である。もっとも、この場合の演奏者も著作者の権利を直接侵害したことは明らかであり、重畳的な権利侵害が生じ、場合により共同正犯が成立することになる(この関係は、麻薬や覚せい剤の所有者がこれを他人に預けた場合、本人はその間接所持者、預った者は直接所持者となり、事情により共同正犯となるのと類似している)。書物の海賊版を出版するため印刷複製して著作者の複製権を侵害する場合も、右と同様、海賊版の出版を企図してこれを印刷させた出版責任者が複製権の侵害者であり、事情を知ってこれに関与した者は、その幇助者、重畳的な正犯又は共同正犯となると解すべきである。以上の理を明示した著作権法の判例はないが、外国商品の模造品を販売していたという商標法七八条及び不正競争防止法五条二号、一条一項一号違反の事件において、A会社の実質的経営者として業務全般を統括し、従業員Yなどに命じて販売を行わせていたXの責任が肯定された事例がある。すなわち、「模造品の販売については、Xが直接これを行ったことが確認できるものがある反面、直接販売を行った者が誰であるかは必ずしも明確でなく、Yらが販売した可能性を否定できないものもあると認められる。しかし、商標法七八条及び不正競争防止法五条二号、一条一項一号は、いずれも当該規定につきいわゆる両罰規定が置かれていることなどからみて、会社等の企業組織がその企業活動として商標権侵害ないし不正競争行為に出るような事態をも当然に予想しているものと解され、従って、本件のような模造品の販売についても、会社の経営者等が自ら直接販売する場合に限らず、企業組織内の他の者に命じ会社等のため販売させる場合をも、構成要件の中に端的に処罰対象として包含しているものと解するのが相当である。そして、前述したように、Yらは、A会社において、Xの個別的ないし包括的指示のもと、いわばその手足として販売等の業務に従事していたものと認められるから、直接模造品の販売を担当したのがYらであったとしても、同人らがそれにつき幇助犯等の責を負うことのあるは別問題として、Xが同人らの行為により商標権の侵害ないし不正競争行為を行ったというを妨げないとみるべきである。」と判示されているが（東京高判昭六〇・一・二二（昭和五九年(う)第七一七号第七刑事部））、これは前記と同様の見解に立つものと思われる。

(5) 実行行為に関する上記の説明は、本法の罰則のみならず、刑法及び特別刑法の罰則一般の構造を理解するうえで、極めて重要な意味をもつと思われるので、ここで各種の罰則における実行行為の行為者性の問題、すなわち正犯を成立させるに足りる実行行為の行為者とは自ら直接構成要件所定の行為を行なった者のみをいうのか、それ以外の者を含むのか、含むとすればいかなる者を含むのかという問題について、整理をしておきたい。この観点から罰則の実行行為の型を整理すると、現行法上、次の四種類に大別することができる。

(イ) 第一は、自ら直接に当該構成要件所定の行為を行なった者のみが実行行為者となりうる型の罰則である。いわゆる自主犯がこれであって、このような罰則は、特定の行為者が自ら構成要件所定の行為を行なったときにのみ、罰則の予定する法益侵害又はその危険性が生じ、他人を道具として利用した間接正犯の形態によっては、法益侵害又はその危険性が生じ得ない場合に認められる。例えば、無免許運転罪は、無免許者が自ら自動車運転行為を行った場合に初めて予定の危険性が生じるのであるから、そのことを犯罪成立の不可欠的要件としており、無免許者である他人を利用した間接正犯の形態では成立し得ない犯罪であるというべきであろう（岡山簡裁昭四四・三・二五刑裁月報一・三・三一〇。通説であるが、長井圓・注釈特別刑法第六巻〔交通法・通信法編Ⅰ〕二八一―二八二頁は反対）。刑法における偽証罪も同様自主犯であると解せられている。

㋺　第二は、自ら直接に当該構成要件所定の行為を行なったときのほか、「身分のない故意ある道具」以外の方法により他人を道具として利用し間接正犯の形態で右の行為を行なったときに、実行行為を行なったと認められるが、被利用者の行為が実行行為にあたり正犯を成立させるときには、利用者は正犯と認められないこととなる（共謀共同正犯となる余地はある）罰則である。大多数の犯罪においては、一定の結果的状態（殺人罪の死の結果のような結果犯における結果のほか、住居侵入罪の侵入というような挙動犯における所定の結果的状態を広く含む）の惹起を犯罪成立の要件として定めているので、自ら行為を行なわなくても、他人を道具として利用して、その要件たる結果的状態を実現することが可能となるのである。右の罰則の場合、間接正犯が成立するのは、被利用者に目的、故意、責任能力など何らかの犯罪成立要件が欠けていて正犯はもとより幇助犯の成立も認められないときであり、かつ、利用者がそのことを利用して犯罪を行なったと認められるときである。

㋩　第三は、自ら直接に当該構成要件所定の行為を行なったときのほか、「身分のない故意ある道具」を利用する間接正犯の形態で右の行為を行なったときに、実行行為を行なったと認められる罰則である。例えば、収賄罪がこれであって、公務員が妻に依頼して賄賂を要求し又は受け取らせたような場合には、妻は故意があるにかかわらず、公務員の身分が欠けているため、正犯とならず、夫が正犯となる。もっとも、学説中には、このような場合の妻には強い規範的障害があり、夫に完全な行為支配がないから、夫に間接正犯の成立を認めることはできないとする見解がある。しかし、このような規範的障害は、正犯と意思を通じ、その犯罪を実現するうえで必須の幇助行為を行なう者についても、存在している。それなのに、そのような幇助行為を行なう者を従犯と解し（共謀共同正犯と解する場合も、実行行為者とみていない点では変りはない）、犯罪を実現した者を正犯と解して疑わないのは、幇助者の行為が構成要件所定の行為にあたらず、正犯の行為がこれにあたるという理由からである。公務員の妻が夫の意を受けて賄賂を要求し又は収受するような場合も、その要求行為は、道具である妻にとっては、あくまで幇助行為なのであり、ただその行為が、同時に夫にとっての要求行為の実質を有しているため、夫の関係では実行行為と認められるにとどまる。つまり、被利用者たる妻にとって幇助行為であるものが、同時に利用者たる夫にとって実行行為と評価されるという二重の構造をもつ結果として、利用者たる夫について間接正犯の成立が認められることになるのであり、道具たる妻の実行行為を利用者たる夫の実行行為とみなす結果として、夫に間接正犯の成立が認められることになるわけではない。したがって、被利用者たる妻にとって存在する規範的障害は、前記のような必須の幇助行為を行なう幇助者のそれと実質的な差異はないというべきである。要するに、「身分のない故意ある道具」を利用する間接正犯が認められるのは、被利用者の幇助行為を通じて間接的に利用者が実行行為を行なったと認められるからであり、かつ、当該罰則がそのような間接的な形態で実行行為を行ない得る種類の罰則であるからである。これに対し、被利用者に規範的障害がない場合ないしは被利用者が行為支配を受けている場合において、利用者を間接正犯と認めることに疑念が生じず、かつ、罰則の種類を問わず広くそのような間接正犯を認めうるのは、そのような場合には常に利用者が間接的に実行行為を行なったと認めることに疑念が生じないからであって、規範的障害の有無が直接に間接正犯の成否を決しているわけではないのである。

右のように解すると、「身分のない故意ある道具」を利用する間接正犯は、前記㋺の罰則における間接正犯と後記㊁の罰則における他人の正犯行為を利用する正犯の中間形態に位置することになる。この場合の被利用者が、利用者の意を受けてその者のため構成要件所定の行為に出た点で、常に利用者と共謀したことになり、常に共謀共同正犯の責を負うことになるのも、その実行行為の特殊な性質に由来するということができる。

㈡　第四は、自ら直接当該構成要件所定の実行行為を行なうこと及び他人を道具として利用する間接正犯の形態で実行行為を行なうことのほか、他人の故意行為を利用し当該構成要件所定の実行行為を行なわせることを通して、同時に自ら実行行為（単なる教唆行為でなく）を行なうこととなる罰則である。特別刑法の中には、自ら直接当該構成要件所定の実行行為を行なう直接正犯的行為と、他人の行為を利用して自らの実行行為を行なう間接正犯的行為とを併わせて実行行為に定めている罰則が相当数存在している。すなわち、当該構成要件が一定の具体的な行為を行なうことではなく、一定の事実的状態を生じさせることを実行行為としている場合がこれであって、このような罰則の場合には、具体的な行為を行なってその事実的状態を直接生じさせた者のほか、その行為を行なわせた利用者の利用行為の故に、利用者もまたその事実的状態を間接的に生じさせたと評価されることになるのである。このような実行行為は、いわば重畳的実行行為と呼ぶことができよう。

代表的な例を挙げると、覚せい剤取締法その他における法禁物の不法所持罪、不法製造罪、不法使用罪などが挙げられる。例えば覚せい剤所持罪における所持という実行行為は、覚せい剤を握持又は携帯するという具体的行為のみを指すものではなく、覚せい剤の保管に対し実力支配関係を有するという事実的状態を広く指すから、他人に命令又は依頼してこれを保管させていても、間接にこれを所持していることになる。もちろん、直接の所持者も、所持の実行行為者であるが、その者に故意があっても、間接の所持者につき所持の実行行為性を否定することはできず、両者とも重畳的な実行行為者となるのである（拙著・覚せい剤取締法〔注解特別刑法5〕一二二頁以下参照）。この場合、直接の所持者が情を知らないときは、利用者にとって間接正犯の形態による所持が成立したと同様の状況であるから、これを「正犯を利用した間接正犯」とみる見解もあるが、間接正犯ではなく直接正犯であるとみるのが正当と考える。

最高裁の判例にも、同様の結論を示した例がある。すなわち、最高裁は、食糧管理法違反の米を「輸送した」罪について、実際に運搬をしたトラック運転手が情を知っていたと否とにかかわらず、運搬を指示した会社の代表取締役が輸送の実行正犯にあたると判示した（最判昭二五・七・六刑集四・七・一一七八）。この場合、運転手については、「故意ある幇助道具」にあたるとする見解、「輸送した」という実行行為にはあたらないため幇助にとどまるとする見解など見解の分れがあるが（臼井滋夫「特別刑法と共犯」注釈特別刑法第一巻四七二—四七四頁参照）、恐らくは右に述べた重畳的実行行為にあたると解するのが最も正当と考える（拙著・行政罰則と経営者の責任一〇七—一〇八頁、本書**10**論文参照）。すなわち、「輸送」という概念は、運搬という概念とは違って、物を移動していくという具体的行為を意味するものではなく、物を移動したという結果的な状態を意味するものであり、したがって、直接の運搬者でない者も十分にその主体となりうると解せられるのである。そして、右の場合、ヤミ米の輸送により実質的利益の帰属する会社の代表取締役が、使用人たる運転手に命じてヤミ米を運搬させて輸送の結果を実現させたわけであるから、その輸送が運転手にとって実行行為にあたると同時に、代表取締役にとっても実行行為にあたるとみるのが相当である。

業務主処罰罰則において、禁止規定又は命令規定の義務者である業務主が、従業者に命じて違反行為を行なわせた場合には、従業者に故意があると否とを問わず（故意があるときは、従業者も両罰規定の行為者処罰罰則の正犯となる）、業務主自ら実行行為をしたものとして正犯の責任を負うと解すべきである（拙著・前掲書九六—一〇四頁、本書**10**論文参照）。

刑法の罰則についても、同種の例は存在する。例えば、刑法一七五条のわいせつ文書販売罪、頒布罪、販売目的所持罪は、これにあたるであろう。また、公務員が、自らの名で作成する公文書につき、担当の下僚に命じて虚偽内容で作成させた場合、情を知りつつ公文書を作成した下僚も上司も共に刑法一五六条の虚偽公文書作成罪の正犯と解すべきであろう。文書を作るという行為は、単なる文書の作成行為を超えて、文書を作出するという結果的な状態を意味し、他人の手を借りて自らの責任で文書を作出させた場合も、文書を作ったといいうるからである。

著作権法の罰則についても、権利侵害罪に関して同様のことがいいうる。前記(4)で挙げた例を用いるならば、キャバレーの営業者が、著作者に無断で、音楽を演奏者に命じて演奏させた場合には、たとえ演奏者が無断であることを知っていたときでも、営業者に著作権侵害罪の正犯が成立する(演奏者が無断演奏の事実を知っていたときは、同様正犯となる)。また、書物の海賊版の出版を企図した者が、他人に命じて多数の複製を印刷させ、他人を通じて広範に販売した場合には、出版を企図した者が著作権侵害罪の正犯であり、印刷販売等に関与した者は、その関与の態様に応じて、幇助者、重畳的正犯、共同正犯等になると解すべきである。商標法、不正競争防止法に関する前記(4)の東京高裁判決は、まさにこの理を明らかにした点で、その先例的価値が大きいと考える。

この型の罰則の場合、被利用者は、一般には、単独の故意があるときは単独正犯、共同実行の意思連絡のあるときは実行共同正犯となり、故意がないときは、幇助者となる。この点につき、「故意ある幇助的道具」の理論(大塚仁・総合判例研究叢書間接正犯四三頁以下参照)を用いて被利用者を一般に幇助犯と解する考え方があるが、これは、前記(4)の(二)の重畳的実行行為の型に属する罰則に関しては、十分に検討に値する考え方である(臼井滋夫・前掲書四七二頁以下は、右の理論に好意的である)。しかし、一般的に幇助犯と解するのはやはり妥当とは思われず、むしろ、被利用者の行為の内容に応じて、次のように三つの場合に区分して考える方が妥当と思われる。すなわち、その一は、被利用者の行為がそれ自体で当該構成要件を充足するには足りず、その一部を構成するにとどまる場合である。例えば、覚せい剤製造罪において、製造過程の一部に関与したにとどまる場合、著作権侵害罪において、海賊版の印刷過程の一部に関与したにとどまる場合など、実行行為の一部のみを行なった場合である。このような場合、被利用者は、正犯となる利用者との間に犯罪全体の遂行について共謀又は共同実行の意思連絡があるときに共同正犯の責任を問われるのは格別、一般には幇助犯にとどまると解すべきである。その二は、被利用者の行為が、それ自体で当該構成要件を充足させてはいるが、正犯となる利用者の一個の犯罪の一部を構成するにとどまる場合、つまりは、集合犯、営業犯、職業犯などの包括的一罪の一部を構成するにとどまる場合である。この場合、被利用者の行為は、行為の及ぶ限度においては、利用者との共同意思連絡の有無により、実行共同正犯又は単独正犯を成立させるものというほかないが、利用者の犯罪全体との関係においては、幇助的性格をもつにすぎないのが通常である。そこで、この場合の被利用者は、「故意ある幇助的道具」とみても差支えないであろう。実務上も、このような犯行の一部実行者は、共謀共同正犯等の対象外とされるのが普通である。無許可医薬品製造罪、無許可医業罪などの過程で一時期行為を担当した者など右の事例にあたる場合は実際上かなり多い。その三は、被利用者の行為がそのまま完全に利用者の実行行為と重なり合う場合である。例えば、覚せい剤所持罪において、利用者に命じられた輩下が覚せい剤を保管する場合、著作権侵害罪において営業主に命じられた演奏家が無断演奏する場合などがこれである。このような場合にも、被利用者を「故意ある幇助的道具」と解する見解があるが（大塚・前掲。地裁判例の中にも、これを肯定した事例がある〔臼井・前掲四七四―四七五頁参照〕）、利用者との間の共同意思連絡の有無により、共同正犯又は単独正犯となると解すべきである。

四　故　意

本法の罰則は、すべて故意犯であり、構成要件該当事実について故意が存在していなければ成立しない。

本法の罰則の中心をなす著作権等侵害罪の場合、その故意としていかなる内容の事実認識が必要であるかは、罰則の文言からは明らかでない。すなわち、その文言をみると、著作者人格権、著作権、出版権又は著作隣接権という権利のあること及びこれらの権利のいずれかを侵害することを認識している必要があるように見える。しかし、この罪にいう「侵害した者」とは、既に述べたように、著作権等を「侵害することになる行為をした者」という意味と解すべきであるから、その罪の故意は、著作権等の権利を侵害する結果となる具体的な行為をすることの認識つまりは著作権等の権利の内容に含まれる具体的行為（例えば無断複製、無断演奏など）を権利者の許諾を得ないで行なうことの認識をいい、著作権というような権利が成立していること又はこれを侵害していることの認識は不必要というべきである。無断複製、無断演奏の事実を認識しつつ、この程度では著作権の侵害とはならないと考えていたとしても、法律の錯誤であって、故意を阻却しない。

五　犯罪成立阻却事由

本法の罰則の構成要件に該当するように見えながら、一定の要件の該当性を阻却し又は罰則の適用を排除されて犯罪を成立させなかったり、違法性が阻却されて犯罪を成立させない場合がある。本法にはこのような特別規定が多いので、以下それらを性質の差違に着目して整理しておこう。

(1)　まず、著作権等の本来的内容を限定して定義する規定がある。例えば、増改築に伴って建築物を改変しても設計者の著作権の侵害とはならない旨を定める二〇条二項二号の規定は、設計図の著作者人格権の本来的内容（二〇条、二条一項一五号ロ）を限定する一種の定義規定である。同旨の規定は、他にも多い（著作者人格権にいての一九条二項、三項、二〇条二項、著作隣接権についての九一条二項、九二条二項、九三条一項但書、九五条など）。これらの規定にあたる行為は、構成要件たる「権利」を侵害する余地がないため、犯罪を構成しない。

(2)　著作権等の本来的内容に含まれる行為ではあるが、公益上その他の理由により、一定の目的による場合に権利者以外の者にこれを許容する規定がある。著作権の制限についての本法第二章第三節第五款の規定、出版権の制限についての八一条の規定及び著作隣接権の制限についての一〇二条二項の規定がこれである。これらの規定にあたる行為は、権利を「侵害」しないため、構成要件にあたらず、犯罪を成立させない。

(3) 文化庁長官の裁定があった場合に著作物の利用が許される旨の規定(六七条ないし六九条)も、その性質は(2)の規定のそれと同じである。

(4) 私的使用の目的をもって自ら著作物又は実演等の複製を行なうことは、原則として許容されている(三〇条)。しかし、公衆の使用に供することを目的として設置されている自動複製機器を用いる場合には、右のような目的の複製でも、例外として許容されていない(三〇条の除外規定)。そこで、後の場合には、違法な複製となり、一一九条一号の著作権侵害罪の要件にあたることになるが、本法は、特に明文によりその行為を同罪の適用除外としているので(一一九条一号の括弧書)、結局は同罪の構成要件にあたらず、その罪を構成しない。

(5) 刑法の規定する原則的な違法阻却事由(刑法三五条以下)が著作権法の罰則に関して問題となる余地はほとんどない。出版権者が第三者に対して出版を許諾し、その第三者が出版をした場合、出版権者には自ら出版する権利があるのみで第三者に対し右のような許諾を与える権利を有しないところから、第三者による出版は出版権侵害罪の構成要件にあたり、ただその違法性が阻却されるという見解が有力である(加戸四九六頁、板東四〇頁。なお、その行為が著作者の著作権(複製権)侵害になることは当然である)。しかし、出版権の「侵害」は、出版権者の意思に反して出版をした場合に初めて起ることであるから、その許諾を得て行なう右のような出版は、違法性を阻却する以前に、出版権を「侵害」したという構成要件にあたらないというべきである。

六 犯罪の成立時期

本法の罪は、無断複製、無断演奏などの権利侵害行為を行なった時(一一九条一号の罪)、対象物を輸入又は頒布した時(一一三条一項のみなし侵害行為による一一九条一号の罪)、自動複製機器を当該複製に使用させた時(一一九条二号の罪)など所定の行為をした時に成立するが、全体を通じ、複製又は頒布の時がほぼその成立の時期といってよい。未遂罪の規定はないが、本法の罪は、複製、頒布などの挙動によって成立する挙動犯であり、しかも、民事上は未遂段階でもこれを阻止することができるから、不都合は生じない。

複製は、印刷、写真、複写、録音、録画その他の方法により有形的に再製することをいうと定義されている（二条一項一五号）。海賊版を一冊再製すれば複製行為がなされたことになるし、著作物の一部分がそれ自体で著作物性を有している場合は、その一部分を再製しただけで複製行為がなされたことになるから、複製による犯罪の成立時期はかなり早い（但し、建築の著作物については、建築に関する図面に従って建築物を「完成すること」と定義されているので〔二条一項一五号ロ〕、他の著作物についてその犯罪成立時期より遅いことに注意を要する）。もちろん、計画に従って海賊版全冊の印刷がなされた場合又は著作物全体の複製が行なわれた場合にでも、全体として一個の罪が成立するにとどまる。

頒布は、有償であるか又は無償であるかを問わず、複製物を公衆に譲渡し、又は貸与することと定義されている（二条一項二〇号）。公衆とは、不特定又は特定多数の者（二条五項）をいう。問題は、複製物を現実に不特定又は多数の者に譲渡又は貸与することを要するのか、それとも、不特定又は多数の者に譲渡又は貸与する目的でその内の一人以上の者に譲渡又は貸与すれば足りるのかである。判例は、公職選挙法一四二条、二四三条三号にいう法定外文書の頒布の意義について、不特定又は多数の者に配布する目的でその内の一人以上の者に配布することをいい、特定少数の者を通じて当然又は成行上不特定又は多数の者に配布されるような情況のもとで右特定少数の者に配布した場合も、これにあたるとしている（最決昭五一・三・一一刑集三〇巻二号一〇二頁）。しかし、著作権法の場合には、頒布の意義について前記のような定義規定が置かれているので、複製物を不特定又は多数の者に現実に譲渡又は貸与しなければ頒布をしたとはいえないと解せられるが、少数の不特定の者に譲渡又は貸付しても右の要件は充たされるのであるから、頒布の罪の成立時期が不当に遅れることはない。

七　親告罪

本法の罰則のうち、一一九条の著作権等侵害罪等及び一二一条一号の外国原盤商業用レコード複製頒布罪は、著作権者などの処分可能な権利をその侵害から保護するためのものであり、しかも、その成立の余地が極めて広く捜査機関の覚知が困難であるため、権利者の告訴を待って論ずる親告罪とされている(一二三条)。

八　両罰規定

本法の罪は、事柄の性質上、会社等の組織を通じてその従業者によって犯される場合が多いため、いわゆる両罰規定により、会社等の組織にも処罰が及ぶこととされている(一二四条)。

九　国外犯

著作権法の罪は、刑法三条の例に従うものとされている(刑法施行法二七条一号)。刑法三条の例とは、日本国外において罪を犯した日本国民に罰則を適用するという原則をいう。日本国内において罪を犯した者は、日本国民のみならず、外国人でも、刑法その他のわが国の罰則の適用を受け、また、日本国外において罪を犯した者は、外国人はもとより、日本国民でも、特別の規定がなければ日本国の罰則の適用を受けないのが建前であるが、著作権法の罪については、右の特別の規定により、日本国外において罪を犯した日本国民もその適用を受けるものとされているのである。著作権法は、日本国民の著作物、最初に日本国内において発行された著作物又は条約によりわが国が保護の義務を負う著作物につき、これを保護することとしているので(六条)、国外犯の規定とあいまち、法の保護はかなり手厚いものとなっている。

〔参考文献〕

最小限度のものを掲げておく。その余は、7の一六八頁以下を参照されたい。
1　半田正夫・改訂著作権法(昭和五三年、一粒社)
2　加戸守行・三訂著作権法逐条講義(昭和五四年、著作権資料協会―加戸として引用)
3　佐野文一郎＝鈴木敏夫・改訂新著作権法問答(昭和五四年、出版開発社―佐野らとして引用)
4　半田正夫＝紋谷暢男編・著作権ノウハウ(昭和五七年、有斐閣―半田らとして引用)
5　東季彦監修・改訂著作権法(昭和五七年、学陽書房)
6　板東久美子・著作権法(昭和五七年、注解特別刑法4、青林書院新社―板東として引用)
7　文化庁・最新版著作権法ハンドブック　一九八四(昭和五九年、文化庁)
8　別冊ジュリスト・著作権判例百選(昭和六二年、有斐閣―判例百選として引用)

12　覚せい剤取締法の罰則の構造と特徴

一　本法による禁止の法定除外事由

1　問題点

本法は、個人に対しても、覚せい剤又は覚せい剤原料を輸入、輸出（以上につき一三条・三〇条の六）、所持（一四条一項・三〇条の七）、製造（一五条一項・三〇条の八）、譲渡、譲受（以上につき一七条三項・三〇条の九）、使用（一九条・三〇条の一一）することを禁止しながらも、覚せい剤の輸入、輸出を除く行為については、特定の場合に限りこれらの禁止を解除する旨の法定除外事由を定めている（覚せい剤原料の輸入、輸出については三〇条の六第一項、二項、覚せい剤又は覚せい剤原料の所持については一四条一項二項・三〇条の七、製造については一五条一項・三〇条の八、譲渡、譲受については一七条一項ないし四項、三〇条の九、使用については一九条・三〇条の一一）。例えば、覚せい剤の使用については、「左の各号に掲げる場合の外は何人も、覚せい剤を使用してはならない」（一九条）と定めるとともに、「覚せい剤製造業者が、製造のため使用する場合」など五つの場合を掲げ、同条に違反した者を処罰する旨の罰則を設けているのである（四一条の三）。

右のような法定除外事由について問題となるのは、第一に、これら事由の法的性質いかんであり、第二に、これらの事由の不存在の証明方法いかんである（平成三年法律九三号による第一〇次改正の前は、覚せい剤輸入罪、輸出罪、製造罪、所持罪、譲渡罪、譲受罪は、輸入等の禁止規定に違反する行為を処罰するという形で定められ、その禁止について法定除外事由が定められていたが、右の改正の後は、「みだりに」輸入等をする行為を処罰するという形で定められることになり、罰則と法定除外事由との関係は間接的なものになった。しかし、法定除外事由にあたるときは、当然「みだりに」にあたらないので、依然としてその事由は罰則の関係でも法定除外事由としての性質を帯びている)。

2　法定除外事由の性質

覚せい剤についての法定除外事由は、概括的にいえば、(イ)　覚せい剤製造業者、覚せい剤施用機関の開設者・管理者・医師等の関係者、覚せい剤研究者がそれぞれ本法で許容されている範囲内で覚せい剤の所持、製造、譲渡、譲受、使用、施用の行為をする場合、(ロ)　主体のいかんを問わず法令に基づいてこれらの行為をする場合である。また、覚せい剤原料についての法定除外事由は、概括的にいえば、(イ)　覚せい剤原料輸入業者、覚せい剤原料輸出業者、覚せい剤原料取扱者、覚せい剤原料研究者、覚せい剤研究者がそれぞれ本法で許容されている範囲内で覚せい剤原料の輸入、輸出、製造、譲渡、譲受、使用の行為をする場合、(ロ)　医師、歯科医師、獣医師、薬剤師等本法に定められている者がそれぞれ本法で許容されている範囲内で業務のため覚せい剤原料の所持、譲渡、譲受、使用、施用の行為をする場合、(ハ)　主体のいかんを問わず法令に基づいて覚せい剤原料の所持、譲渡、譲受、使用の行為をする場合である。

これらの法定除外事由は、特殊な例外を除き(二〇条違反の不法施用罪が成立する場合についても譲渡、使用などに関しては法定除外事由としているが、これは立法技術上の理由に基づくものであるから、ここでの考察からはずして差し支えない)、本法による所持、製造、譲渡などの禁止を解除し、適法に所持、製造、譲渡などを行いうることを定めているのであるから、それらが違法性阻却事由としての性質を有していることは明白である。しかし、法定除外事由は、単に違法性阻却の効果を有するにとどまらず、その該当行為を本法の禁止行為の対象から除外することを通して罰則の構成要件該当行為から除外するという効果をも有している。

そこで、法定除外事由が有している右の第二の点での法的性質について検討すると、これには二つの見解がありうると思う。その一は、構成要件該当性阻却事由を定めたものとする見解であって、この見解によると、構成要件要素となるのは法定除外事由以外の要素であり、法定除外事由は構成要件該当性を阻却する要素として定められているにとどまることになる。その二は、いわゆる消極的構成要件要素を定めたものとする見解であって、この見解によると、法定除外事由が存在しないという消極的要素が犯罪を成立させるための構成要件要素であることになる。そして、このどちらを採るかによって、そのもたらす法的効果に相違が生じてくると考えられる。第一に、立証の必要性の点で差が生じる。法定除外事由の不存在が証明されない限り、当該行為が禁止行為にあたることが証明されないことになるので、どちらの見解を採っても、法定除外事由の不存在の証明は必要である。しかし、構成要件該当性阻却事由と解すれば、違法性阻却事由に類するその性質に照らし、違法性阻却事由の場合と同様、その事由の存在が疑われるような状況となったときに始めてその不存在を立証すれば足りることになるのに対し、法定除外事由の不存在を構成要件と定めたものと解すれば、最初からその不存在を立証する必要があることになろう。第二に、故意及び錯誤の点でも結論に差が生じることになる。すなわち、構成要件該当性阻却事由と解すれば、法定除外事由が存在しないことにつき故意は必要でなく、その事由が存在することについて積極的な錯誤があった場合に初めて、違法性阻却事由の錯誤と同様、犯罪の成立が阻却されることになるのに対し、法定除外事由の不存在を構成要件としたと解すれば、その事由の不存在についても故意が必要であることになろう。第三に、判決の判示においても差が生じる。すなわち、構成要件該当性阻却事由と解すれば、判決においてその不存在を積極的に示す必要はなく、その事由が存在する旨の主張があったときに、刑訴法三三五条二項にいう法律上犯罪の成立を妨げる理由となる事実の主張として、これに対し判断を示せば足りることになるのに対し、法定除外事由の不存在を構成要件に定めたと解すれば、その不存在を常に判決に示す必要があることになろう。

最高裁の判例は、他の法律に定められた法定除外事由についてではあるが、これを構成要件該当性阻却事由と解してきた。すなわち、(旧)銃砲等所持禁止令が、法令に基づき職務のために所持する場合又は所定の許可を受けて所持する場合のほかは、銃砲等を所持することを禁止し、その違反を処罰していたことにつき、「銃砲等所持禁止令第二条所定の犯罪は、銃砲等を所持するによりて直ちに成立するもので、積極的に法定の除外事由あることはその犯罪の成立を阻却する事由たるに過ぎないものである。されば同条の積極的犯罪の要件たる罪となるべき事実は単に銃砲等を所持する事実に過ぎないものである」から、その事由の主張は刑訴法三三五条二項の犯罪成立阻却事由にあたり、したがって、その不存在を罪となる事実中に判示する必要はないと判示し(最判昭二四・三・一〇刑集三巻三号二八一頁)、その後も、物価統制令違反(最判昭二四・九・一五刑集三巻一〇号一五八六頁)、食糧管理法違反(最判昭三二・七・一一刑集一一巻七号一八二〇頁)などの法定除外事由についても同旨の判断を示してきたのである。覚せい剤取締法の法定除外事由についても、その不存在について補強証拠を必要とするか否かを判断する前提として、これと同旨の判断を示した高裁判例がある。すなわち、「覚せい剤取締法は、その規定の形式に照らしても明らかなように、一般的禁止の形で各種の不作為義務を課し、その除外事由を極めて限定的に列挙しているのであるから、法定の除外事由の不存在は、同法違反罪の積極的犯罪構成要件要素ではなく、覚せい剤を自己使用し、所持し又はこれを譲り渡すという事実があれば直ちに同法違反罪を構成し、法定の除外事由があるということは、その犯罪の成立を阻却する事由であるにすぎないと解するのが相当である」というのである(東京高判昭五六・六・二九判時一〇二〇号一三六頁)。麻薬取締法についても、麻薬所持罪に関し、麻薬取扱者でなかったこと及び法定の除外事由がなかったことについては積極的な証明をする必要はなく、証拠を挙示しなくてもよいとした高裁判例がある。すなわち、「麻薬は、通常これを所持し、製造し、譲渡したり譲受けたりすることはできないものであるが、その例外として、麻薬取扱者がその業務の目的内で右の行為をすることは許されている外、麻薬取締法により認められた行為を除く他の行為は禁止せられているのである。従って通常麻薬を所持していれば、犯罪となるもので、これが有罪を認定するには、麻薬を所持、譲渡等をした行為を認定すれば足るもので、犯罪の阻却事由となるすべての事実までも証拠によって認定する必要はないのである。……本件において、被告人並に原審弁護人は、被告人が麻薬取扱者であったとか又は法律で認められた範囲内の行為をしたと主張又は立証していないから、原審が一般の原則により、被告人が麻薬取扱者でなかったこと及び法定の除外事由なく麻薬を所持していたことを認定したもので、この点について、証拠説明の必要はないものと解すべきである。即ち、被告人側で反証を出さない限り、又は反対の主張を為さない限り、一般的な事項は、これを証明することを要しないものと解するべきものである」というのである(名古屋高判昭二六・二・二二高判特二七号二七頁)。もっとも、高裁判例の中には、以上の判例とは反対に、法定除外事由を積極的な犯罪構成要素であると解するものもあった。すなわち、(旧)麻薬取締規則における麻薬所持につき、「麻薬取締規則第四十二条には麻薬取扱者その他同法第三十三条、第三十四条、第三十七条の規定によって交付を受けた者以外の者は麻薬を所有又は所持することが出来ない旨規定してゐる。故に麻薬の不法所持の罪の判示にはその所有者が法定の資格者でないことを示さねばならないが、これを具体的に詳細明示する必要はない。判文上その所有者が法定の資格者でないことが自らわかれば足りる」と判示したもの(東京高判昭二三・一〇・一一高刑集一巻二号二三〇頁)、また、(旧)麻薬取締法三条一項の麻薬所持罪等の犯罪事実を判示するには、被告人が麻薬取扱者でないことを明示する必要があるとし、「同法第五十七条所定の同法第三条第一項の違反罪は、麻薬取扱者でない者が、同項に列記する麻薬の所持その他の行為をすることによって成立するものであって、同違反罪の主体は、麻薬取扱者でないことを要件とするもの、言い換えれば、麻薬取扱者でないことは、同法第三条第一項の違反罪の特別構成要件に属するものと解すべく、従って、同違反罪の公訴事実につき審理するには、必ずや、被告人が、麻薬取扱者でなくして、同法第三条第一項掲記の一種又は数種の行為をしたことを具体的に判示するを要するものと言わなければならない」と判示したもの（東京高判昭二六・一〇・一九高判特二四号一四五頁）がある。学説上は、むしろ後の反対説を支持するものが多く、これら行政法規において禁止されている行為は、性質上当然に違法なものではなく、特に法によって禁止されたため違法となるものであり、したがってまた、法定除外事由にあたらない場合に初めて違法となるものであるから、右事由の不存在は積極的な構成要件要素であると解すべきであると主張されている（正田満三郎・刑事判例評釈集一一巻一〇五頁、浦辺衛＝柏井康夫「有罪判決の理由」総合判例研究叢書刑事訴訟法(7)一三頁、坂本武志「法定の除外事由」判時八六九号二〇頁。ただし、註釈刑事訴訟法三巻四六一頁〔柴田孝夫〕は反対であり、松本時夫「補強証拠の要否」実例法学全集・続刑事訴訟法二八二頁も本法の法定除外事由につき明確に前説を説いている）。

二つの見解のいずれが正当かを決するには、まず、法定除外事由と違法性阻却事由との間の異同に着目する必要があると思う。本法の法定除外事由についてみると、そこに掲げられている場合は、すべて本法自体が特に有資格者に限り禁止を解除して適法と認めている行為又は業務上、法令上の正当行為であって、かりに法定除外事由として構成要件のレベルで罰則の適用を除外されないとすれば、すべて違法性阻却事由に該当する場合である。したがって、それらの場合を法定除外事由として明記する絶対的な必要性はないのである。それにもかかわらず、本法においてそれらを法定除外事由として規定しているのは、一般に禁止している行為を適法に行いうる場合を明確に定めるとともに、他の法令に基づく正当行為及び業務上の正当行為と本法による禁止との間の優劣関係についても明確に定めることにより、解釈上の疑義を一掃し、もって適正な法運用を実現しようとしたものであって、立法技術上の配慮に出たものと解される。現に、例えば麻薬及び向精神薬取締法は、覚せい剤取締法の場合とは異なり、他の法令に基づいて麻薬の所持、譲渡などの行為をする場合及び麻薬施用者などの補助者が麻薬の所持などをする場合を法定除外事由として定めておらず、このことが例証するように、法令によって法定除外事由の範囲は区々であって、違法性阻却事由のすべてを含んでいるわけではないのである。このようにして、本法の法定除外事由は、その実質上の性質においては違法性阻却事由と同一であり、類型的、典型的な違法性阻却事由を構成要件のレベルで規定したものであるといってよい（このことは、第一〇次改正法の下では一層明白である）。他方、法定除外事由の範囲についてみると、本法におけるそれは、主体などの点において極めて限定されており、規定の形式上も禁止が一般的であるといってよいほどの原則になっているばかりか、実際の適用の場面においても、その事由の有無が問題となる場合は極めてまれである。その結果として、通常の場合、行為の状況や外形的事情から法定除外事由の不存在を推認しても決して不当ではなく、その事由の不存在につき故意を要求する格別の必要もないことになる。そうすると、本法における法定除外事由は、所定の禁止行為が行われたことにより、原則としてその違法性が推認されることを前提としたうえ、その構成要件該当性を阻却する事由を特に定めたものと解するのが、相当と考えられるのである。これに対し、例えば無免許運転罪の場合には、単なる運転行為を犯罪と定めてその行為から直ちに違法性を推認し、運転免許を有する者に限り違法性阻却を認めるという法構造をとることは、立法形式として著しく妥当性を欠くばかりか、運転免許の法定要件がさほど厳格でなく、実際にも膨大な数の者がこれを得ている点からみて、実質的にも極めて不当である。そうすると、無免許運転罪においては、運転免許を有している者が運転する場合を構成要件該当性阻却事由として定めることもまた、不当ということになり、結局、同罪における「運転免許を有しない」という要件は、単に違法性を確認するためのものではなく、積極的に違法性を基礎づけるものであり、積極的な構成要件要素つまり消極的構成要件要素であるということになる。

以上の理由により、本法の法定除外事由は、構成要件該当性阻却事由を定めたものと解するのが相当と思う。

3　法定除外事由の不存在の証明

本法の法定除外事由が、前述のように、構成要件該当性阻却事由であるとすれば、輸入、所持、製造、使用などの罪が立証されれば、それだけで法定除外事由の不存在が推定されることになり、その事由の存在を疑うべき事情が現われるまでは、その不存在を積極的に立証する必要がないことになる。

本法の法定除外事由を構成要件該当性阻却事由と解した前掲高裁判例（東京高判昭五六・六・二九）は、本法における所持、譲渡、使用の各罪の法定除外事由がないことに関しても、自白のほかに補強証拠を必要とする旨の主張を斥けるにあたり、(イ)前記のとおり、「法定の除外事由の不存在は、同法違反罪の積極的犯罪構成要件要素ではなく、覚せい剤を自己使用し、所持し又はこれを譲り渡すという事実があれば直ちに同法違反罪を構成し、法定の除外事由があるということは、その犯罪の成立を阻却する事由であるにすぎない」と判示したうえ、(ロ)「一般にも、補強証拠の範囲は、必ずしも、自白にかかる犯罪事実の全部にわたってもれなくこれを裏付けるものでなくても、自白にかかる事実の真実性を保障し得るものであれば足りるとされているのであって、本件のように犯罪の成立阻却事由にすぎない事実の存否について補強証拠を必要とすると解することのできないことは明らかである」とし、(ハ)さらに、「道路交通法六四条、一一八条一項一号のいわゆる無免許運転の罪については、運転行為のみならず、同法所定の運転免許を受けていなかったという点についても、被告人の自白のほかに補強証拠の存在を必要とする、とするのが最高裁の判例であることは所論のとおりであるけれども、右の罪は、一般的禁止の形で人に対しておよそ車両を運転してはいけないという義務を課すものではなく、車両の運転が無免許である場合だけを禁圧する趣旨であるから、同法所定の運転免許を受けていないことを犯罪構成要件要素としていると解すべきであり、法定の除外事由の存在が犯罪の成立を阻却する事由であるにすぎない覚せい剤取締法違反の罪の場合を同一に扱うことのできないのは当然である」とし、(ニ)最後に、「本件覚せい剤の入手、隠匿、使用、処分の仕方、当時の被告人の生活環境、生活状態は、法定の除外事由がなかったことを優に推認させるに足る情況証拠であって補強証拠としても十分であると認められる」と判示している。右の(イ)、(ハ)の判示は、前記のとおり正当と考えられるのであり、この判示を基礎とすると、特に争いの生じた場合のほかは、法定除外事由の不存在について積極的な立証の必要性が生じないことになり、したがって、(ロ)、(ニ)の判示は、論理的には必ずしも必要でなかったことになろう。しかし、(ロ)、(ニ)の判示は、実務上の説得手段としては有益であるし、理論的にいっても、法定除外事由の性質に照らすと、かりにその点に積極的な立証の必要性が生じた場合であっても、自白のみでその不存在の証明がついているとしてよく、また、覚せい剤の入手、隠匿、使用の状況などからも十分その点の証明がついていることを判示したものとして有益である（松本・前掲論文は、つとに右高裁判例と同旨の見解を示していた。たお、本判決の研究のうち、木藤繁夫・警察学論集三五巻四号一四六頁は、自白のほか補強証拠を要しないとした結論部分に賛成し、岡部泰昌・判例評論二七九号一九八頁は、補強証拠は必要であると批判する）。

本法の法定除外事由の立証方法としては、実務上、二つの方式がある。第一は、法定除外事由の存在が争われる場合であると否とを問わず、被告人が覚せい剤製造業者、覚せい剤施用機関の関係者、覚せい剤研究者でない旨を記載した被告人の住居地の都道府県からの回答書を証拠申請し、取調べる方式であり、第二は、被告人の自白などから法定除外事由の不存在が明白であるとして、特に争いが生じた場合のほかは、右の回答書を証拠申請せず、取調べもしない方式である。第一の方式について付言すると、覚せい剤製造業者の指定を受けようとする者は、製造所ごとに、その製造所の所在地の都道府県知事を経由して厚生大臣に申請書を提出しなければならず、また、覚せい剤施用機関又は覚せい剤研究者の指定を受けようとする者は、病院若しくは診療所又は研究所ごとに、その所在地の都道府県知事に申請書を提出しなければならないとされている（四条）。そして、右の指定がなされたときは、製造業者に対しては、厚生大臣から都道府県知事を経由し、また、覚せい剤施用機関又は覚せい剤研究者に対しては、都道府県知事から、それぞれ指定されることとされている(五条)。そして、都道府県知事は、厚生大臣の代理機関とし、又は自らの権限として、これら指定された者に対し行政上の監督を行いうることとされているので、その管内において右の指定を受けた者について実情を把握しており、その回答は証拠上最も信頼性がある。ただ、右の申請は、被告人の住居地の都道府県になされているとは限らないため、厳密にいえば、全国の都道府県知事からの回答がなければ完全な立証がついていないことになるが、そのような立証がなされた例はおそらく実務上皆無と思われる。

二　本法違反罪の行為と実行の着手

1　問題点

本法違反罪の構成要件として定められている行為(結果を含む)がいかなる内容のものであるかを明らかにすることは、構成要件該当性の判断の対象とされる具体的行為がこれらの罪の実行行為といいうるものか否か(実行の着手があったか否か)、その行為が既遂に達しているか否かを決定するうえで必要不可欠であるばかりか、共犯関係、罪数など各般の犯罪論上の論点を処理するうえでも必要不可欠である。

2　本法違反罪の行為の内容

本法違反罪の各行為の内容は、各本条において明らかにすることとし、ここでは、犯罪構成要件の行為の内容を確定するうえで基本的に重要と思われる二つの視点を指摘しておきたい。

第一の視点は、一般に、未遂罪(刑四三条)又は共同正犯(刑六〇条)において問題となる犯罪の実行行為という概念と既遂罪の犯罪構成要件に定められている行為の概念との関係を明確に意識することである。例えば、住民侵入罪における「侵入シ」という行為は、その文言自体からみて住居内に身体を入れることを意味するのは明らかであって、住居内に身体を入れるまでは「侵入シ」という概念にあてはまらないことは疑いがない。しかし、住居侵入罪には未遂罪の定めがあるのであるから、刑法自体が、住居内に身体を入れる以前にすでにこの罪の実行行為が開始されることを予定していることは明白である。また、犯罪が未遂に終った場合にももとより共同正犯が成立するのであるから、住居内に身体を入れる以前に住居侵入の共同正犯における実行行為が開始されるものであることも、刑法が当然に予定しているところといわなければならない。そうすると、犯罪の実行行為の内容は、犯罪の構成要件に定められた行為の厳密な意味内容よりも広いということになる。

そこで、第二の視点として、犯罪構成要件の行為はいかなる観点から記述されているのか、また、その行為と実行行為とがいかなる論理的関係に立っているのかを検討する必要が生じる。犯罪構成要件に定められた行為には、大別して、二つの種類がある(中野次雄・刑法総論概要第二版六五頁以下参照)。その一は、一定の挙動(身体の動静)を内容とし、その挙動に出ただけで直ちに犯罪が既遂に達するものであり、その二は、その行為により一定の結果的状態を生じさせることを内容とし、結果的状態が生じたときに初めて既遂となるものである。もっとも、この結果的状態とは、必ずしも一定の法益侵害又は法益侵害の危険を内容としているわけではなく、行為が一定の段階に達し又は一定の状態を伴うことを広く意味しており、したがって、右の二つの区別は、いわゆる単純行為犯(挙動犯)と結果犯との区別と一致するものではない。例えば、住居侵入罪は、通常単純行為犯とされているが、右の区別によると後者の類型に含まれる。そして、右の結果的状態は、犯罪構成要件の行為の文言中に表現されているのが通例であるが、結果的状態を生じさせる挙動(身体の動静)の点は、右の文言中に表現されているとは限らず、むしろ、所定の結果的状態を生じさせる挙動を広く包含する趣旨などからその文言中では特定されていない場合が多い。例えば、放火罪においては、失火罪と区別する必要から、建造物等を焼燬したという結果のほか、「火ヲ放テ」という手段たる挙動が要件として規定されているが、殺人罪においては、「人ヲ殺シタ」という結果的状態に重点がおかれた規定となっており、その手段である挙動については格別に限定が加えられていないのである。右のように、行為がもたらす一定の結果的状態に重点をおいて構成要件の行為が規定されていて、その状態を生じさせる手段となる行為の挙動の面については完全な記述がされていない場合には、犯罪構成要件が予定している全体的な実行行為の内容については、解釈によってこれを確定する必要があり、その際には、犯罪構成要件上明らかにされている行為の結果的状態に着目し、そのような状態を生じさせる手段たる挙動は何かという角度から検討する必要があることになる。

以上のとおり、犯罪構成要件の行為の内容は、結果の存否及び結果の内容に応じ、それぞれの行為がいかなる具体的所為をその意味内容として予定しているかという観点から、これを確定する必要がある。

3　本法違反罪の実行の着手

㈠　一般的考察　すでに検討したところから明らかなように、実行の着手（刑四三条）の時期は、一般に、特定の犯罪を実行する意思で、当該犯罪構成要件の行為の内容として予定されている所為を開始することをいう、と定義することができよう。

この見地に立つならば、右の着手の時期は、当該犯罪構成要件の行為がいかなる結果的状態を生じさせるものとして記述されているかに着目し、そのような状態を生じさせる手段たる所為に着手して部分的にその状態を現出し始めたと認められる時点を探ることによってこれを決すべきであろう。例えば、窃盗罪の場合、財物の占有の取得という結果的状態を生じさせることが窃取という行為概念の中心をなしているから、窃取の実行行為としては、財物に対する他人の占有を侵害し始めてから、占有を取得するまでの一連の手段たる所為がその内容に予定されているということができる。したがって、たとえ物を取る所為それ自体を開始しなくても、物を取るために物を探すという所為も開始すれば、物に対して有している他人の占有すなわち事実上の支配が侵害され、これに伴い犯人の方に物に対する事実上の支配が移行し始めるのであるから、実行行為に入ったものと認めることができる。そして、物の占有すなわち物に対する事実上の支配は、占有の具体的状況によって異なるから、実行の着手の時期も、その状況に応じて異なるのは当然であり、例えば、通常の居宅の場合、住居侵入の時点で直ちに物に対する事実上の支配を侵害し始めるわけではないので、その時点で実行の着手を認めることができず、目的物の物色行為ないしは目的物が存在している居室への侵入行為に入って始めて実行の着手があったと認めることができるのに対し、商品を陳列した店舗ないしは品物を収蔵した土蔵の場合には、その内部に侵入した時点から直ちに物に対する他人の事実上の支配を侵害し始めたと解しうるので、その時点で実行の着手があったと認めることができよう。右のような判断の方法は、実質的客観説の説くところと共通する点が多いと思われるが、危険という概念を、犯罪構成要件として記述された行為に即応してより客観化しうる点で、一層明確であり、実務上の使用にもよく耐えられると思う。

実行の着手に関する判例は、形式的客観説すなわち犯罪構成要件に定められた行為がされたときに実行の着手があったと解する立場から、窃盗罪についてこれを若干拡張する中間の段階を経て、実質的客観説すなわち犯罪構成要件に定められた行為又はこれに接着する行為で結果が発生する切迫した危険がある行為がされたときに実行の着手があったと解する立場に移行したと説かれている(大沼邦弘「実行の着手」判例刑法研究４一頁)。確かに、判例の文言ないしは理由に着目するとそのような経緯を認めることもできようが、各判例が対象とした犯罪構成要件と具体的行為に着目すると、いずれの判例においても、犯罪構成要件の行為の内容として実質上予定されている所為に出たときに実行の着手があるものと解したうえ、犯罪構成要件に定められた行為の文言のみでその内容をなす所為が明らかである場合には、具体的行為がこれに含まれるか否かという形式的客観説と共通する判断形式をもって実行の着手の有無を判断する一方、犯罪構成要件に定められた行為の文言のみではその内容をなす所為が明らかでない場合には、まず構成要件の行為の内容をなす所為を実質的危険説と共通する立場から確定し、次いで具体的所為がこれに含まれるか否かによって実行の着手の有無が判断されてきたと考えられる。いいかえると、判例は、終始、犯罪構成要件の行為に該当する所為に出た場合に実行の着手があるとする形式的客観説と共通する立場を基礎としつつ、右の所為の範囲を行為の文言のみから画することなく、行為の内容として実質的に予定されている所為を探るという、実質的客観説と共通する立場からこれを画してきたと解されるのであって、現に、形式的客観説によったとされる判例の結論はいずれも実質的客観説によっても支持されるものであったのである。そして、判例が実行の着手の有無を判断する際の方法をみると、窃盗罪については、「他人の財物に対する事実上の支配を侵すにつき密接な行為をしたとき」であるとし(最判昭二三・四・一七刑集二巻四号二九一頁)、「被害者のズボン右ポケットから現金をすり取ろうとして同ポケットに手を差しのべその外形に触れた以上窃盗の実行に着手したものと解すべきことというまでもない」と判断し(最決昭二九・五・八刑集八巻五号六三四頁)、「懐中時計で店内を探り、現金の置いてあると思われる煙草売場の所在を確かめ、これに近づく行為」は実行の着手にあたると判断しているのであって(最決昭四〇・三・九刑集一九巻二号六九頁)、その判断方法において、前述したところと共通していることが看取できるのである。また、判例は、強姦罪について、ダンプカーの運転手とその友人が、一人で帰宅途中の女性を他所に連行して強姦しようとしてダンプカーの運転席に引きづり込んだ事例につき、「被告人が同女をダンプカーの運転席に引きづり込もうとした段階においてすでに強姦に至る客観的な危険性が明らかに認められるから、その時点において強姦行為の着手があったと解するのが相当である」と判断しており(最決昭四五・七・二八刑集二四巻七号五八五頁)、文言上は具体的客観説の判断方法との類似性が顕著であるが、右の所為に出たことにより、強姦の目的で相手方女性の反抗を抑制するに足る所為を開始したと認められる点で、強姦罪の手段である暴行行為の実行に着手したものと解しうるのであるから、前記の判断方法によっても同じ結論を導き出すことができたと思われる。

㈡　本法違反罪の実行の着手　以上の判断方法によって、本法違反罪の実行の着手を検討すると、例えば、覚せい剤輸入罪の場合には、輸入という行為が、外国などからきた覚せい剤をわが国の領土外から領土内に搬入することを内容とする行為をいうと解されるので、その実行の着手は、覚せい剤の搬入の所為を開始した時点、つまりは、輸入の結果たる領土上への覚せい剤の移動に向け現に移動を開始した時点にこれを認めるのが相当である。また、覚せい剤譲渡罪の場合には、譲渡という行為が、相手方に対し、物についての法律上又は事実上の処分権限を付与し、かつ、その所持を移転することを内容とする行為をいうと解されるので、その実行の着手時点は、相手方に対し自ら有する所持を移転するため移転行為の一部と認められる所為に着手し、又は、相手方に対し法律上又は事実上の処分権限を付与する目的で付与行為の一部と認められる所為に着手した時点であるというべきである。

三　本法違反罪の故意

1　問題点

特別刑法の犯罪の多くは、刑法犯と異なって法定犯であり、構成要件の内容に非日常的、技術的な事柄が取り入れられているところから、その故意についても、どの程度の事実及びどの範囲の事実の認識があれば故意の成立を認めうるか問題となることが多い。さらに、特に覚せい剤取締法のような薬物関係法の犯罪においては、犯罪の客体である薬物の名称、性質、社会的属性が故意の成否にかかわり、しかも、外観からだけではそれらを直ちに認識することができないところから、故意の認定には一層の困難が伴う。加えて、これらの犯罪は隠密に遂行されるところから、犯人らの事実の認識が不正確となることがあり、錯誤を生じることもまれではない（覚せい剤事犯における故意については、前田雅英「覚せい剤事犯の多発化と刑法理論」刑法雑誌二七巻二号五一頁、同「薬物事犯と故意概念」

研修五〇七号三頁、情況証拠による覚せい剤の認識についての事実認定については、中谷・三六頁以下参照)。

本法違反罪について故意の成否が問題となる場合は、大別して五つある。第一は、対象物質についての一定の事実の認識が、本法違反罪の客体である覚せい剤又は覚せい剤原料の確定的又は未必的故意として十分なものか否かが問題となる場合であって、対象物質の法令名、化学名、一般名、隠語などの認識で足りるか否かがここでの問題の中心である。第二は、対象物質についての一定の事実の認識が、覚せい剤又は覚せい剤原料の概括的故意として十分なものか否かが問題となる場合であって、例えば、覚せい剤と覚せい剤原料のいずれであるかを認識せずに違反行為に出たような場合に客観的な事実に照応した故意の成立が認められるかがここでの問題の中心である。第三は、構成要件事実中のどの範囲まで故意を必要とするかが問題となる場合であって、例えば、覚せい剤原料である塩酸エフエドリンの含有量が法の許容する一〇％以下であるか否かについても故意を必要とするかという形で問題が生じる。第四は、特定の作為義務に違反する不作為犯について、作為義務を認識せず又は忘却してその履行を怠った場合の故意の成否の問題であって、例えば、覚せい剤製造業者の報告義務(二九条)違反の罪についてこの点が問題となる。第五は、本法違反罪の行為、特に所持、譲渡、使用について、正犯の成立を認めるためにはどの程度の意思が必要であるかが問題となる場合である。

本法違反罪についての錯誤の問題は、専ら、覚せい剤を麻薬と誤認した場合のように犯罪の客体に関して生じるものである。

2　覚せい剤・覚せい剤原料についての故意

㈠　名称と故意　本法においては、「覚せい剤」及び「覚せい剤原料」という法律上の名称で犯罪の客体を特定したうえ、それぞれ定義規定において、それらの内容をなす薬物を「フエニルメチルアミノプロパン」、「その塩類」あるいは「一―フエニル―二―メチルアミノプロパノール―一」、「その塩類」などの化学名で掲げている（覚せい剤については二条一項、覚せい剤原料については二条二項、別表）。ところが、右の覚せい剤の一つとして掲げられている「フエニルメチルアミノプロパン」は、「メタンフエタミン」という一般名を持ち、その塩酸塩は、「ヒロポン」という商品名で製造されている。また、「覚せい剤原料」の一つとして掲げられている「一―フエニル―二―メチルアミノプロパノール―一」も、「エフエドリン」という一般名をもち、その塩酸塩は、「塩酸エフエドリン」という一般名をもつ医薬品である。そのほか、覚せい剤には「シャブ」などの隠語もある。そこで、対象物を「覚せい剤」のような法律上の名称、「フエニルメチルアミノプロパン」のような化学名、「メタンフエタミン」などの一般名、「ヒロポン」のような商品名、「シャブ」のような隠語で認識している場合、それぞれ犯罪の客体に関する故意として十分といえるか否かがまず問題となる。

法の認識を処罰の条件とせず、故意のみを処罰の条件としているのは、法については当然に認識があるものと擬制しつつ、たとい法を認識している者であっても事実の認識を欠いた結果違法行為に出たときには、その者に責任を帰せしめるのは相当でない、と判断されるからであろう。そうとすれば、故意の成立を認めるために必要な認識の対象事実の範囲は、法を知っているという前提の下で、自己の行為が犯罪にあたることを知ってこれを避けうると認められる範囲の事実であり、たとい法を知っていても、自己の行為が犯罪にあたると判断することのできる程度の事実認識さえないときには、故意の成立を否定すべきことになろう。そしてこのような考え方によると、覚せい剤取締法違反罪においては、覚せい剤であることは当然故意を成立させるに必要な事実ということになる。

それでは、どのような場合に覚せい剤の認識があったといいうるのかを検討すると、判例は、当該構成要件に該当する事実（覚せい剤であること）をそれとして認識していることを要し、その一部である違法性の意識を喚起しうる範囲の事実を認識していること（例えば、「シャブ」という隠語や違法な薬物であるという認識）は故意特に未必的故意の存在を認めるうえでの証拠にとどまると解している。つまり、故意の成立を認めるには、当該構成要件にあたる種概念としての事実そのものを認識していることを要し、これを含む類概念を認識していることは種概念を認識していることの証拠にとどまると解している。また、判例は、右のような種概念としての事実を認識しているというためには、その事実が構成要件にあたることの意味を認識していることを要するものと解している。そして、このような意味の認識は、対象物(例えば覚せい剤の粉末)を目のあたりにするなどの方法でその自然的事実を認識することから間接的に生じる場合と、対象物が何であるかを知らされるなどの方法で直接にその意味を認識することから生じる場合とがある。自然的事実を認識すれば、多かれ少なかれその意味を認識することができる。例えば、人を目のあたりにすれば、目が不自由であるというような特異な事情でもなければ、当然これを人であると認識することができ、したがって、人を目撃した事実から人を認識したとの事実を認定することができる。しかし、覚せい剤のような場合には、通常人がその物を目のあたりにしても、覚せい剤という意味を認識することのできない場合が多いので、右の自然的事実の認識から故意の存在を認定するには、その者が日ごろ覚せい剤を取扱っていたことなどの特別の事情が必要であろう。意味の認織に関しても、事情は同じであって、薬物の法令名、一般名、隠語などを認識していることから覚せい剤の故意の存在を認定することができるか否かという問題は、右のような事実の認識から覚せい剤という意味の認識の存在を認定することができるか否かの問題ということになる(判例の分析については、香城敏麿・最高裁判例解説平成元年二五四頁(本書**4**論文)と引用文献を参照)。

以上のような観点から検討すると、「覚せい剤」又は「覚せい剤原料」という用語は、今や、「覚せい作用を有する物質」又は「覚せい剤の原料となる物質」という単なる普通名詞としての意味を超え、覚せい剤取締法に規制されている薬物という意味に広く認識されているので、同名異物であると誤解するような特異な事情でもない限り、その名称を認識しているだけで故意を認めるのに十分である。

「フエニルメチルアミノプロパン」などの法令上の化学名を認識している場合には、故意多くは確定的故意があることは当然であり、それが法律上規制されていることを認識していなくても法律の錯誤として犯責を免れない。「メタソフエタミン」、「エフエドリン」などの一般名又は「ヒロポン」のような商品名で認識している場合にも、それら一般名や商品名で呼ばれる薬品が法令上の薬品と完全に対応するものであり、かつ、その対応関係が一般に認識されている以上、通常故意を認めるのに十分である。

さらに、「シャブ」というような隠語も、そのような隠語が通用する特殊社会において、覚せい剤取締法によって規制されている違法な覚せい剤を指すという認識が定着し、それゆえにこそそのような隠語で取引が行われているのであるから、特別の事情のない限り、その隠語による認識があれば覚せい剤の故意を認めるのに十分といえよう。

以上に対し、例えば「塩酸エフエドリン」のような通称名を認識していたにとどまり、それが覚せい剤の原料であることの認識を欠いていた場合には、この薬品が鎮咳剤として市販薬に含まれており、それが覚せい剤の原料となるという性質は特殊な社会的属性にすぎないところから、故意を認めえないのではないかとの疑問の生じる余地があり、現に高裁判例のなかには、故意の成立を認めるためには、対象物が「覚せい剤の原料であること」の認識が必要であり、「塩酸エフエドリンが劇薬であって、常用すれば中毒となり習慣性の出る危険があるため、他に譲渡できないものであること」を認識していただけでは足りないと判示したものがある(東京高判昭四九・一一・一一刑裁月報六巻一一号一一二〇頁。この研究として亀山継夫・研修三二三号五三頁、三二四号五三頁)。しかし、多くの判例は、対象物を塩酸エフエドリンと認識していれば故意として十分であり、覚せい剤の原料であることを知らないことは法の不知にとどまるものと解している(東京高判昭三六・四・二四麻薬等裁判例集三四二頁、大阪高判昭四八・一〇・三〇麻薬等裁判例集三四三頁、東京高判昭四九・七・九麻薬等裁判例集四二三頁、福島地判昭四九・一一・二九麻薬等裁判例集三四三頁、東京地判昭五〇・一・三一村上裁判例集二九〇頁など）。対象薬物が覚せい剤の原料であることについてまで認識が必要であるとすれば、その法令名を認識していた場合にも、それだけでは故意の成立を認めえないことになり、結局は法規の認識を必要とすることになるから、前者の立場をもって妥当としよう（亀山継夫「薬物乱用取締法上の諸問題㈤」警察学論集三三巻一号一〇三頁以下参照）。

結局、上述したような薬物の法令名、一般名、隠語などの認識があるときには、その名称が法の規制物以外の物を指すことの認識が一般化しているなどの特殊な場合を除き、故意（少なくとも未必的故意）を認めるのに十分というべきである。

㈡　対象薬物の概括的認識と故意　　対象薬物が麻薬か覚せい剤のいずれか、あるいは覚せい剤か覚せい剤原料のいずれかであると認識しているような場合には、いわゆる概括的故意（これまで概括的故意という用語は、主に結果の発生は確定的であるが結果の発生する客体の個数又は範囲が不確定である場合に用いられていたが、客体の属性に関する認識が不確定である場合を含めて、複数の未必的故意がある場合を広く概括的故意と呼ぶこととするのが妥当と思われる。内田文昭「もう一つの『概括的故意』について㈠㈡」警察研究六〇巻一二号三頁、六一巻一号三頁、同「覚せい剤輸入・所持罪と概括的故意」判タ七二六号六四頁、井田良「覚せい剤輸入罪および所持罪における覚せい剤であることの認識の程度」判例評論三八四号五一頁参照。なお、これを択一的故意と呼ぶ論者もある。例えば、中義勝・刑法総論一一一頁、町野朔・刑法総論〔講義案〕Ⅰ一九七頁など。しかし、択一的故意という用語は、二つのうちの一つの結果が発生する場合に限定して用いる論者も多い。例えば、内田文昭・改訂刑法Ⅰ（総論）一二二頁、井田・前掲五四頁など。そこで、二つ以上の未必的故意があり、そのなかの一つ以上の結果が発生する場合を、広く概括的故意と呼ぶのが妥当と思われる）が成立し、対象薬物の真の性質に従って犯罪が成立すると解すべきである。行為者の認識がもっと抽象的なものとなり、違法な薬物であることを知りつつも、それがどの規制薬物にあたるかを認識することなく行為した場合にも、認識された事実の範囲がどこまでかを考え、例えば麻薬又は覚せい剤の類いであるとの認識があるときには、その範囲内で対象薬物の性質に応じた故意があると解すべきであろう。

最高裁判例は、右に述べたような考え方を採用した。すなわち、アメリカ国籍の被告人が、台北市内で、ある物を日本に運ぶことを頼まれ、覚せい剤約三キロを隠した腹巻きを着用して成田空港から日本に覚せい剤を密輸入したという事案について、東京地裁(昭六二・一〇・四判タ六九四号一七八頁、判時一三〇九号一五七頁)は、「日本には輸入することのできない物で、これを首尾よく密輸することにより莫大な利益の上げられるようなものであるとの認識を十分に有していた」、「外部から触った手触りが粉末状の物を平らに固く詰めたものと感じたというのであるから、過去にコカイン等の薬物を使用した経験を有する被告人としては、その形状や感触等から、少なくとも、それが、日本に持ち込むことを禁止されている違法な薬物である、との認識まで持った」と認定して、被告人には覚せい剤輸入罪の故意に欠けるところはないと判示した。東京高裁(平元・七・三一判タ七一六号二四八頁。その研究として、中森喜彦・判タ七二一号七三頁)は、「覚せい剤輸入罪・所持罪が成立するためには、輸入・所持の対象物が覚せい剤であることを認識していることを要するが、この場合の対象物に対する認識は、その対象物が覚せい剤であることを確定的なものとして認識するまでの必要はなく、法規制の対象となっている違法有害な薬物として、覚せい剤を含む数種の薬物を認識予見したが、具体的には、その中のいずれの一種であるか不確定で、特定した薬物として認識することなく、確定すべきその対象物につき概括的認識予見を有するにとどまるものであっても足り、いわゆる概括的故意が成立する」、「概括的故意が成立するための対象物に対する認識予見は、単に抽象的になんらかの違法有害な薬物類を漠然と認識予見していたという程度では足りず、麻薬、覚せい剤、大麻等法規制の対象となっている具体的な違法有害な薬物の認識予見とその中に覚せい剤が含まれていることが必要である。言葉を換えていえば、確定すべき対象物に対して、具体的な違法有害な薬物を概括的に認識予見する際に、認識予見の対象から覚せい剤が除外されていないことが必要である」と判示した。最高裁(最決平二・二・九判タ七二二号二三四頁、判時一三四一号一五七頁。その研究として、原田国男・ジュリ九五八号八〇頁、内田文昭・判タ七二六号六四頁、曾根威彦・法セミ四二八号一一六頁、井田良・判例評論三八四号五一頁、その研究を含む一般的な研究に、秋葉悦子「覚せい剤取締法違反罪の故意㈠㈡」警察研究六一巻九号三六頁、一〇三四頁、前田雅英「薬物事犯と故意概念」研修五〇七号三頁、宮崎一八四頁以下)は、「被告人は、本件物件を密輸入して所持した際、覚せい剤を含む身体に有害で違法な薬物類であるとの認識があったというのであるから、覚せい剤かもしれないし、その他の身体に有害で違法な薬物かもしれないとの認識はあったことに帰することになる。そうすると、覚せい剤輸入罪、同所持罪の故意に欠けるところはないから、これと同旨と解される原判決の判断は、正当である」と判示した。右の各判示は、表現に差はあるが、いずれも前記の概括的故意をもって故意の成立に十分であるとしたものと解される。もっとも、このような概括的故意については、反対説もあるので、以下、反対説の検討を通してさらに概括的故意の意味を明らかにしたい。

第一に、「当該問題とされる構成要件を他のそれから区別し、特定するに足りるだけの事実の認識」まで必要であるとする見解がある。すなわち、「構成要件が違法類型であること及びいわゆる構成要件要素としてその故意の機能が、ある特定の構成要件を他の違法類型から区分特定することにあることを考えれば、故意の内容として要求される事実の認識としては、当該問題とされる構成要件を他のそれから区別し、特定するに足りるだけの事実の認識が必要とされ、かつ、事実の認識としてはそれだけで足りるものといえよう。これを、行為者の主観面から見れば、行為者の認識していたところだけで、ある特定の構成要件を区別し、特定しうるかということがメルクマールとなるものと考える」とし、この観点から薬物の正式名あるいは一般名を認識しているような場合でなければ構成要件の特定として不十分であり、故意が成立しないというのである(亀山継夫「薬物乱用取締法上の諸問題㈤」警察学論集三三巻一号一〇八頁以下)。少なくとも覚せい剤かも知れないとの認識が現実に行為者の脳裏をよぎったことが必要であると説く見解(林幹人「抽象的事実の錯誤」上智法学論集三〇巻二、三号二五〇頁、曾根・前掲二一六頁など。岡野光雄「被告人において、密輸入した麻薬がヘロインであると認識していたという証明が不十分であるとして、一般麻薬輸入罪が成立するとされた事例」判例評論三四一号五二頁)もこれと同旨であろう。この基準は、明快であり、これに合致する場合に故意があると解する点にも異論がない。しかし、右の基準に合致しない場合にすべて故意がないと解すべきであるとする点には異論がある。すなわち、前述したとおり、例えば対象薬物を麻薬か覚せい剤かのいずれかにあたることを認識しつつ行為に出た場合、行為者の認識だけでは該当する構成要件を特定することはできないが、この場合にその薬物の性質に応じて麻薬又は覚せい剤の故意があることは明らかだからである。結局、右の基準は、特定の構成要件についての確定的又は未必的な故意の存否を判断する場合には有効であるが、二つ以上の構成要件にまたがる概括的故意の存否を判断する場合には適切でないと考えられるのである。

第二に、「特に有害な依存性薬物」であることの認識を必要とすべきであるという見解がある(秋葉・前掲、町野・前掲)。覚せい剤取締法の核心は、精神的、身体的依存状態を惹起する薬物である覚せい剤の規制にあるから、同法違反罪の故意の成立にはこの点の認識が不可欠であり、また、同法違反罪の刑は、覚せい罪がヘロインと並んで特に有害であるため他の依存性薬物の罪の刑より重く定められているのであるから、同法違反罪の故意の成立にはこの点の認識も不可欠であるというのである。しかし、右のような認識がある場合に覚せい剤の故意があることは明らかであるが、そのような明確な認識がない場合でも覚せい剤の故意のある場合があると思われる。なるほど依存性薬物の中には、例えばコカインのように覚せい剤より処罰の軽い薬物もあるから、依存性薬物であることの認識があることから常に覚せい剤の故意があると結論づけるわけにはいかないであろう(コカインの認識があることから覚せい剤の認識があるといえないのと同様である)。しかし、覚せい剤という種概念の故意を覚せい剤を含む類概念の故意を通して認定するという場合、その類概念の故意とは覚せい剤などの種概念の総体の故意をいうのであって、単にそれらの種概念に共通する概念(例えば依存性薬物、法禁物という概念)の故意をいうわけではない。ただ、そのような意味での類概念の故意の存否は、それに含まれる種概念に共通する概念の認識(例えば依存性薬物の認識)のほか、そのときの状況を加味して、これを認定するほかなく、また、そのような状況的認定は、問題となる種概念の故意が類概念の故意の中から除外されていないかという角度からするほかない。例えば、何らかの依存性薬物であることを認識しながら、そのいずれでもかまわないと考え、中身を確かめることなく運び屋を勤めたところ、覚せい剤であったというような場合には、覚せい剤であれば運び屋を勤めなかったというような特殊な事情のない限り、覚せい剤を含む依存性薬物類の概括的故意があったといいうるであろう。

第三に、概括的故意を肯定する場合において、その内容をどう理解すべきかである。複数の未必的故意がある場合にそのいずれについても故意があることは、当然であるから、問題は、どのようにしてその概括的故意の存在を認定すべきかに帰する。

覚せい剤という種概念を含む類概念には、身体に有害な物、法禁物、違法薬物、違法な依存性薬物、特に有害な依存性薬物など各種のものがある。そして、先に掲げた概念ほどそれに含まれる種概念の数が増大するので、その類概念を認識しながら覚せい剤という種概念を認識していないという可能性が高くなるので、その可能性を否定するための状況証拠が必要になる。学説上、違法な依存性薬物であることの認識があれば足りるという見解が有力であるが(井田・前掲など)、そのような認識を持っているときには、その薬物が覚せい剤などの重い薬物ではないと認識していたと認めるべき特別の事情がない限り、通常覚せい剤の故意を含む概括的故意があると認定してよいので、その見解は支持してよい。

もっとも、違法な依存性薬物であることは、覚せい剤の故意を認定するための一つの証拠と考えるべきであるから、そのような認識がなければ覚せい剤の故意を認定することができないわけではない。例えば、前記一審判決が粉末の輸入禁制品であることの認識と他の状況とを併せて覚せい剤の故意の存在を認定したのも、方法として誤っているわけではない。

(三) 覚せい剤原料の含有率についての故意　覚せい剤原料のうち、別表一号の「一―フエニル―二―メチルアミノプロパノール―一」(一般名エフエドリン)及び三号の「一―フエニル―二―ジメチルアミノプロパノール」(一般名メチルエフエドリン)については、各号の但書において、右の薬物として一〇%以下を含有する物は、本法にいう覚せい剤原料に含まれない旨が定められているが、対象物件が右の特定許容率以上の薬物を含有していることについても故意を要すると解すべきであろうか。

右の場合、薬物の含有量が一〇%を超えることが積極的な構成要件要素であるわけではなく、その含有量が一〇%以下であることが構成要件該当性阻却事由であるとの見解がある(亀山継夫「薬物乱用取締法上の諸問題(五)」警察学論集三三巻一号一一〇頁以下)。すなわち、この場合、行為者が右の含有量について問題があると気付いても、本人には確認のしようがないのが普通であるから、この点にも故意が必要であるとすれば、ほとんどすべて故意がないことになり、法の目的が達せられないこととなることが明白である。しかも、例えば塩酸エフエドリンを一〇%以下しか含まない薬物であっても、これが不正に流通すれば、法が抑止しようとする薬物乱用の危険性が十分にあり、したがって行為の違法性も存するのであり、法がこれを規制の対象からはずしているのは、これが治療薬として有用性をもち流通を認めるのが相当であると判断したからにほかならない。このように、本来法が予定する違法性を具備している行為につき、他の理由から一定の要件下にその違法性を解除している場合には、これを構成要件該当性阻却事由と解するのが相当であり、犯罪の成立には右の条件の存在又は不存在を積極的に認識する必要はなく、その条件の存在につき積極的に錯誤があったときにのみ、違法性阻却事由の錯誤と同様責任を阻却するものと解すべきである、というのである。

しかし、右の見解には、疑問がある。まず、含有量が一〇%以下の物についての行為は明らかに違法ではなく、含有量が一〇%を超える物であって初めて違法となるのであって、その点で、例えば酒気帯び運転が一般に違法であり、アルコールの体内保有量によって処罰の態様が異なってくるにとどまる場合とは基本的に相違している。したがって、違法とされる事実につき故意が必要であるという原則を適用すれば、右の含有率についても故意が必要と解すべきである。およそ犯罪の対象にする違法行為の選定にあたっては、行為の積極、消極の両面につき価値評価がなされるのであるから、一〇%以下の含有率の物を対象外としたことが前記のような立法の理由、動機に基づくからといって、直ちにその事実を故意の対象から除外するのは妥当でないと思われる。また、前記の見解は、含有率が一〇%を超える点についても故意を要するとすれば、含有率に問題があると気付いていた場合でも、一〇%以上であることの認識がなければ故意がないことになって、法目的が達成できないとの見解を前提としているが、一〇%を超えているかもしれないと思いつつ、敢えて行為に及んだ場合には、もちろん未必の故意を認めてよいし、含有率が一〇%以下であるかどうかをまったく顧慮せずに行為に及んだ場合にも、犯罪にあたる場合のあることを認識しつつ敢えてその行為に及んだ点で故意の成立を認めてよいと解されるから（**2**(二)参照）、この点に故意が必要であると解しても不当に処罰を免れさせることにはならない。

3　本法違反罪の行為についての故意

(一)　不作為犯の故意　本法違反罪のなかには、一定の作為義務を課し、その違反を処罰する形の不作為犯の罰則がある。例えば、覚せい剤製造業者に対し所定の日まで所定の事項を報告することを義務づけ（二九条）、その違反を処罰しているのがこれである。

右のような場合、作為義務の存在を知らなかったとしても、右義務を生ぜしめる基礎となる事実（例えば、覚せい剤製造業者である事実)及び義務とされた行為(例えば、報告)を怠ることの認識があれば、故意の成立に十分である。

また、作為義務は認識しつつも、作為義務を生ぜしめるうえで基礎となる事実を忘却した結果、義務の履行を怠ったとき(例えば、覚せい剤を譲渡した事実を忘れてその事実を報告しなかったとき)は、故意がないと解すべきであろうが、基礎となる事実は認識しつつも単に義務を履行すべきことを忘却したとき(例えば、報告期限を忘れて徒過したとき)は、原則として故意の成立を免れないと解すべきであろう。すなわち、この場合においては、義務の履行をしていないという自然的な事実そのものについては認識があるというほかはなく、ただ法律上履行すべき義務があるという認識を欠いていたため、法律上の義務に違反して履行を怠るという積極的な意識が認められないにとどまる。そして、右の法律上履行すべき義務があるという認識が欠けたのは、法律上その義務が課されているという事実を忘却したためであって、法の不知に属する認識の欠如の結果というべきであるから、故意がなかったということはできないと解されるのである(以上の点につき香城敏麿・行政罰則と経営者の責任一一五頁以下、特に一一九頁以下、本書**10**論文参照)。なお、この種の不作為犯の規定については、判例上、故意犯のほか過失犯をも処罰する趣旨であるとの判断が示されることがあるが(外国人登録令の登録証明書不携帯罪についての最決昭二八・三・五刑集七巻三号五〇六頁、古物営業法の帳簿不記載罪についての最判昭三七・五・四刑集一六巻五号五一一頁、外国人登録法の登録原票確認不申請罪についての最決昭三九・三・三一裁判集刑事一五〇号九三一頁)、道路交通法の免許証過失不携帯罪のように過失犯を処罰するときには明文でその旨の規定を置くようになった近時の立法動向に照らすと、明文の根拠のない限り、不作為犯であっても原則として故意犯であると解するのが妥当であり、そのように解しても、不作為犯の故意を上記のように解する限りは、取締上も実質的な不都合は生じないと思われる。

(二) 正犯の成立に必要な故意　覚せい剤所持罪、譲渡罪、使用罪などについては、直接覚せい剤に手を触れた者ばかりでなく、これに手を触れていない者についても正犯が成立することが多い。そこで、直接手を触れていないが実質上主導的立場にあたる者について正犯の成立が認められる場合において、直接手を触れてはいるが実質上従的立場にあった者に対しては正犯意思を欠くという理由で幇助犯の限度で罪の成立を認める方が妥当ではないかという考えが生じることがある。裁判例のなかからこの種の実例を拾うと、①「覚せい剤の所持者から、その所持にかかる覚せい剤の携行を依頼されたものが、自からこれを支配する意思なくして、その依頼に応じてその依頼者に随伴してこれを携行した所為は覚せい剤取締法第十四条第一項第四十一条第一項第二号所定の所持罪を構成することなく、同罪の幇助罪を構成するものである。けだし、物の所持とは人が物を実力的に支配する状態を指称するものであるから、物を実力的に支配している者からこれが携行を依頼されてこれに随伴してその物を携行する場合、その物に対する実力的支配は依然としてその依頼者に存し、依頼を受けたものにおいてこれを自ら支配する意思がない限り、その物に対する実力的支配関係を設定するものではなく、単に依頼者のその物に対する実力的支配を容易ならしめているに過ぎないからである」と判示したもの（福岡高判昭二七・六・一一高判特一九号一〇〇頁）、②被告人が、Aから一グラム一万円の覚せい剤五〇グラムの買入方を世話してほしいと頼まれ、売主であるBに連絡をとったが、Bが自分で取引するため約束の場所に行くというので、相手と引き合わすため自らもその場所に赴いたところ、Bが相手が快く思っていないAであることを知って顔を合わせることを嫌い、被告人に覚せい剤を手渡したので、被告人がこれを受け取ってAに渡し、Aから代金五〇万円を受け取って全額Bに渡したという事案につき、被告人が単独でBから覚せい剤を購入してAに転売したものでも、Bと共謀してAに覚せい剤を売却したものでもないとしたうえ、「被告人が覚せい剤五〇グラムをAに手渡した客観的事実は動かしえないものであるところ、右所為における被告人は、覚せい剤譲渡の正犯意思を欠き、BのAに対する右譲渡行為を幇助する意思のみを有したに過ぎないと認めざるをえないので、いわゆる正犯の犯行を容易ならしめる故意のある幇助的道具と認むべく……、これを正犯に問擬することはできない」と判示したもの（横浜地川崎支判昭五一・一一・二五判時八四二号一二七頁）、③「被告人は、Ａにおいて自ら覚せい剤の水溶液を注射しようと試みる途中で、同人に頼まれるままその手で同人に注射をしてやったというもので、結局、同人の身体に注射をしたのは被告人自身であるけれども、しかし右所為における被告人は、自らまたは他人に覚せい剤を使用させようとの積極的意図を有していたとは認め難いのであって、覚せい剤使用の正犯意思を欠き、Ａの覚せい剤使用行為を帮助する意思を有したにすぎないと認めざるを得ないから、いわゆる正犯の犯行を容易ならしめる故意のある帮助的道具と認めるべく、これを正犯に問擬することはできない」と判示したもの（大津地判昭五三・一二・二六判時九二四号一四五頁。この研究として小西秀宣・研修三七一号六七頁）などがある。しかしながら、これらの場合は、いずれも、行為の点では構成要件的行為に完全に該当しており、かつ、その行為に出ることの故意があるのであるから、判例通説の正犯概念に従えば、正犯の成立があるというべきである（同旨、②について千葉八〇頁以下、②③について小西・前掲）。

4　覚せい剤・覚せい剤原料についての錯誤

覚せい剤のような違法薬物の不法取引事犯は、人の目をかすめて隠密裡に行われるところから、対象とした薬物を誤認し、例えば、ヘロインを覚せい剤と思い込んで取引をするような場合が生じる。このような場合、いかなる条件の下で故意が阻却されないことになるのか、法定刑に軽重のある構成要件間の錯誤（いわゆる抽象的事実の錯誤）に関する刑法三八条二項の規定の適用関係はどうなるのか、が問題となる。近時の最高裁判例の採る見解によると、この問題の処理は、法定刑を同じくする別個の構成要件間の錯誤の場合と、法定刑を異にする別個の構成要件間の錯誤の場合とによって違ってくるので、以下この二つの場合に分けて判例を概観したうえ、それらに含まれる理論上の問題を検討することにしよう。

(a)　法定刑が同一の構成要件間の錯誤　　覚せい剤取締法における覚せい剤と麻薬及び向精神薬取締法における

ヘロインについては、現在では、各犯罪類型ごとに法定刑が同一に定められているが、最高裁判例は、営利の目的でヘロインを覚せい剤と誤認して輸入した場合につき、営利の目的によるヘロインの輸入罪（麻薬六四条二項・一項・一二条一項）が成立すると解すべきであり、これに対する刑も同罪のそれによると解すべきであって、刑法三八条二項により覚せい剤輸入罪の刑に従って処断すべきものではないと判示している（最決昭五四・三・二七刑集三三巻二号一四〇頁。この研究として岡次郎・最高裁判例解説昭和五四年三五頁、亀山継夫・研修三七一号五五頁、福田平・判例評論二四九号一八四頁、中谷瑾子・Law School 一八号五九頁、大谷實・ジュリ昭和五四年度重要判例解説一八三頁）。

右判例がこのように解した根拠は、ヘロイン輸入罪と覚せい剤輸入罪の構成要件は「実質的には全く重なり合っている」ので、ヘロインを覚せい剤と誤認した錯誤があっても、同一構成要件内での具体的事実の錯誤の場合と同様、生じた結果であるヘロイン輸入罪の故意を阻却しないというのである。右判例が両罪の構成要件を「実質的には全く重なり合っている」とみた理由は、(イ)　両罪は、その目的物が覚せい剤か麻薬かの差異があるだけで、その余の犯罪構成要素は同一であること、(ロ)　麻薬と覚せい剤との間には、実質的には同一の法律による規制に服しているとみうるような類似性があること、(ハ)　両罪の法定刑も全く同じであることである。(ロ)について、判文に即して詳しくみると、「麻薬と覚せい剤とは、ともにその濫用による保健衛生上の危害を防止する必要上、麻薬取締法及び覚せい剤取締法による取締の対象とされているものであるところ、これらの取締は、実定法上は前記二つの取締法によって各別に行われているのであるが、両法は、その取締の目的において同一であり、かつ、取締の方式が極めて近似していて、輸入、輸出、製造、譲渡、譲受、所持等同じ態様の行為を犯罪としているうえ、それらが取締の対象とする麻薬と覚せい剤とは、ともに、その濫用によってこれに対する精神的ないし身体的依存（いわゆる慢性中毒）の状態を形成し、個人及び社会に対し重大な害悪をもたらすおそれがある薬物であって、外観上も類似したものが多いことなどにかんがみると、麻薬と覚せい剤との間には、実質的には同一の法律による規制に服しているとみうるような類似性がある」というのである。

前記(イ)及び(ロ)の条件は、犯罪構成要件の重なり合いを肯定するためのものである。輸入禁止物件の輸入罪にも種々のものがあり、その法益や趣旨も多様であるから、輸入禁止物件を輸入するという点で構成要件上共通しているからといって、直ちに構成要件の重なり合いを肯定し、その限度で故意の阻却を否定するのは妥当でない。そこで、右判例は、さらに対象物件の共通性に目を向け、前記(ロ)の理由から両構成要件の重なり合いを肯定したのである。二つの構成要件の重なり合いを肯定し、少なくとも刑の軽い限度で故意の成立を認めるということは、一方の構成要件の故意が他方の構成要件の故意を内包していることを肯定することにほかならないから、これを肯定するには、二つの構成要件が同質ないしは同方向のものであり、単にその程度ないしは量において違いがあると認められるものでなければならないであろう。したがって、右判例が、輸入禁制物件の輸入あるいは輸入禁制薬物の輸入という要件の共通性だけで構成要件の共通性を肯定せず、麻薬と覚せい剤の薬物としての性質などの類似性を理由としてこれを肯定したのは、妥当であったと思われる。

前記(ハ)の法定刑が同一であるという条件は、(イ)、(ロ)の条件から両構成要件の重なり合いを肯定することができる場合において、完全な重なり合いを認めて刑法三八条二項の適用を排除するためのものである。もし、法定刑に軽重がある場合には、(b)で検討するとおり、刑法三八条二項により軽い罪の限度で故意が認められることになる。もっとも、この点については、右判例の事案の場合、かりに覚せい剤輸入罪の刑が軽かったとすれば覚せい剤輸入罪の故意が成立することとなるのに、たまたま法定刑が同一であったところから、ヘロイン輸入罪の故意が成立することになるのは、不整合ではないかという疑問が生じよう。そこで、(c)でこの点をさらに検討することにしよう。

(b)　法定刑が相違する構成要件間の錯誤　覚せい剤取締法の覚せい剤についての罰則と同法の覚せい剤原料又は麻薬取締法のヘロイン以外の麻薬についての罰則との間には、犯罪類型ごとの法定刑に軽重の差があり、覚せい剤についての法定刑の方が重くなっている。そこで、覚せい剤を覚せい剤原料と誤認して輸入したような場合の犯罪の成否が問題となる。

前記最高裁判例の考え方によると、この場合には、覚せい剤輸入罪と覚せい剤原料輸入罪との間に構成要件の重なり合いが肯定されるので、軽い覚せい剤原料輸入罪が成立することになろう。現に、右判例は、関税法上の軽い無許可輸入罪(一一一条一項)を犯す意思で、同法の重い輸入禁制品輸入罪(一〇九条一項)の結果を発生させた場合につき、「両罪の構成要件が重なり合う限度で軽い覚せい剤を無許可で輸入する罪の故意が成立し同罪が成立する」と判示しているのである。なお、この場合、刑法三八条二項の適用はあるが、同条項がなくても結論は同じであって、共犯の錯誤が問題となった他の最高裁判例も、暴行、傷害を共謀した共犯者のうちの一人が殺人罪を犯した場合、殺意のなかった他の共犯者については、傷害致死罪の共同正犯が成立する旨を判示しているのである(最決昭五四・四・一三刑集三三巻三号一七九頁)。

ついで、判例は、右の考え方を明確にし、「被告人は、覚せい剤であるフェニルメチルアミノプロパン塩酸を含有する粉末を麻薬であるコカインと誤認して所持したというのであるから、麻薬取締法六六条一項、二八条一項の麻薬所持罪を犯す意思で、覚せい剤取締法四一条の二第一項一号、一四条一項の覚せい剤所持罪に当たる事実を実現したことになるが、両罪は、その目的物が麻薬か覚せい剤かの差異があり、後者につき前者に比し重い刑が定められているだけで、その余の犯罪構成要件要素は同一であるところ、麻薬と覚せい剤との類似性にかんがみると、この場合、両罪の構成要件は、軽い前者の罪の限度において、実質的に重なり合っているものと解するのが相当である。被告人には、所持にかかる薬物が覚せい剤であるという重い罪となるべき事実の認識がないから、覚せい剤所持罪の故意を欠くものとして同罪の成立は認められないが、両罪の構成要件が実質的に重なり合う限度で軽い麻薬所持罪の故意が成立し同罪が成立するものと解すべきである(最高裁昭和五二年(あ)第八三六号同五四年三月二七日第

一小法廷決定・刑集三三巻二号一四〇頁参照）。」と判示した（最決昭六一・六・九刑集四〇巻四号二六九頁。この研究として、安廣文夫・最高裁判例解説昭和六一年七七頁、山口厚・法学教室七三号一二六頁、大谷實・法学セミナー三八三号一〇〇頁、河村博・研修四六一号三七頁、福田平・判例評論三三七号六四頁、川端博・ジュリスト八八七号一四八頁、伊東研祐・警察研究五八巻九号七二頁、林弘正・法学新報九三巻一一・一二号一二三頁、正田満三郎・判例時報一二五八号三頁、一二五九号三頁、一二六一号一〇頁）。

右判例において、被告人が所持していたのは覚せい剤であり、一般麻薬（コカイン）でないのに、なぜ一般麻薬所持罪の成立が認められたのかという疑問が生じよう。そこで、(c)でこの点をさらに検討することにしよう。

(c) 検討すべき理論上の問題点は、二つある。第一は、ヘロインを覚せい剤と誤認したような場合、ヘロインの認識がないのになぜヘロインの罪が成立するのかという故意の問題であり、第二は、覚せい剤をコカインと誤認したような場合、覚せい剤をコカイン等の麻薬であるとはいえないのになぜ麻薬の罪が成立するのかという構成要件の問題である。

右の問題については、主として第一の問題に関し、(イ) 覚せい剤輸入罪とヘロイン輸入罪の両規定を包摂する加重薬物輸入罪という上位の構成要件を考え、覚せい剤をヘロインと錯誤した場合には、同一構成要件内の具体的事実の錯誤にとどまると解する見解（平野龍一・刑法総論Ⅰ一八〇頁、柏木千秋・刑法総論二一九頁以下、山口厚・法学教室七三号一二六頁など。上位構成要件説と呼んでおこう）、(ロ) 構成要件が規定する違法責任の認識があれば故意が成立すると解したうえ、覚せい剤輸入罪とヘロイン輸入罪の不法責任の質量が同じであるので、その間の薬物の錯誤は具体的事実の錯誤にとどまることになると解する見解（町野朔「法定的符号説について(上)(下)」警察研究五四巻四号三頁、五号三頁、特に(下)一七頁、後記最決昭六一・六・九刑集四〇巻四号二六九頁の谷口正孝裁判官の補足意見。不法・責任符号説と呼ばれている）、(ハ) 抽象的事実に関する構成要件的符号説（ないしは法定的符号説）の錯誤理論の適用として、実際の薬物の故意があったものとしてその薬物輸入罪が成立すると解する見解（福田平・判例評論三三七号六四頁など）、㈡抽象的事実に関する抽象的符号説の錯誤理論の適用として、実際の薬物の故意があったものとしてその薬物輸入罪が成立すると解する見解（中野次雄・刑法総論概要第二版一二〇頁、安廣文夫・最高裁判例解説昭和六一年七七頁、特に九三頁以下）がある。

以上のいずれの見解も、判例と矛盾するとはいえないし（安廣・前掲）、その実質においても共通するところがあるので、相当程度にこれを統合した説明をすることが可能なように思われる。すなわち、刑法一六二条一項は、「行使ノ目的ヲ以テ公債証書、官符ノ証券、会社ノ株券其他ノ有価証券ヲ偽造又ハ変造シタル者ハ三月以上十年以下ノ懲役ニ処ス」と規定しているが、このような場合には、「有価証券」の偽造等が構成要件であって、公債証書等の偽造等はその例示にとどまるから、例示されている公債証書等の相互の錯誤は、具体的事実の錯誤であって、もとより故意を阻却しない。かりにこの場合、例示された有価証券の偽造等とその他の有価証券の偽造等とで刑を区別するとすると、「行使ノ目的ヲ以テ公債証書、官符ノ証券又ハ会社ノ株券ヲ偽造又ハ変造シタル者ハ」という加重規定と、「行使ノ目的ヲ以テ前条（又ハ前項）ニ記載シタル以外ノ有価証券ヲ偽造又ハ変造シタル者ハ」という一般規定になるであろう。これが被補充、補充関係の規定にほかならない。このような形で規定されると、両条の各概念の間には、包摂関係はないことになるが、それにもかかわらず、加重規定にあたる有価証券を一般規定にあたる有価証券と錯誤した場合に一般規定を適用することに異論はないであろう。刑法二六一条から二六四条までの器物毀棄罪は、このような補充関係規定の実例である。問題は、どのような場合に補充関係を認めることができるかである。例えば、窃盗罪と占有離脱物横領罪、強盗罪と恐喝罪とでは、相互に概念の包摂関係はない。しかし、占有離脱物横領罪、他人の占有する物でなくても、他人の物である場合に、その領得行為を処罰する趣旨の規定であって、窃盗罪の補充規定と解されるので、他人の占有する物を占有していないと錯誤して領得した場合に点有離脱物横領罪を適用することに障害はないであろう。また、恐喝罪は、相手の反抗を抑圧して物を奪取した場合でなくても、相手の反抗を困難にして相手から物の交付を受ける場合にも処罰する趣旨の規定であって、強盗罪の補充規定と考えるのが相当である。そして、このような補充関係が認められる場合においては、それらに共通する上位概念で構成される構成要件があると考えるほかなく、刑法はこれを当然の前提として構成されていると考えられるのである。

補充関係は、刑を異にする規定の間で成立するほか、刑を同じくしながら何らかの理由で別個に定められた規定相互の間でも成立する場合がある。それが択一関係にほかならない。一項詐欺と二項詐欺がその例である。

加重麻薬であるヘロインとその他の麻薬であるコカイン等との関係を考えると、かりにヘロインとコカイン等との間に刑の区別をしないとすれば、両者は当然同一の罪として規定されることになるので、加重麻薬の罪とその他の麻薬の罪との間には被補充・補充の関係があることになる。すなわち、両罪は、麻薬という下位の構成要件を共通にしているのである。したがって、ヘロインをコカインと誤解した場合には、一般の麻薬の罪の故意があり、その構成要件を充たすことになるので、一般の麻薬の罪が成立する。

次にヘロインと覚せい剤との関係を考えると、これらは歴史的な経緯と行政的な規制の相違から別個の法律で定められているが、実質的には一つの法律で規制されてしかるべき相互補充ないしは択一的な関係にあることは明らかである。そうすると、両者の罪は、ヘロイン又は覚せい剤という加重薬物を上位の構成要件とするのであり、したがって、ヘロインを覚せい剤と誤解したような場合には、具体的事実の錯誤と同様に、故意があることになり、実際の薬物にしたがった罪が成立することになる。

さらに覚せい剤とヘロイン以外の麻薬との関係について考えると、以上のことから、ヘロイン以外の麻薬の罪は、ヘロインの罪の補充規定であるばかりか、覚せい剤の罪の補充規定であることになり、結局、通常薬物の罪という下位の構成要件が形成されることになる。そうすると、覚せい剤をコカインと誤解した場合には、通常薬物の罪（一般麻薬の罪）の故意があり、その構成要件を充たすことになる。

上述したところを総合すると、上位構成要件説は、上位下位構成要件説として再構成することができ、また、不法・責任符号説は、補充・被補充関係を認めることができる場合の実質的な基準を呈示するものとして、いずれも正当であり、その限りで構成要件的符号説と共通するものと理解することができる。抽象的符号説も、以上の限度で共通する見解であるが、例えば傷害罪と器物毀棄罪とを被補充・補充関係にあると解する点で、相違している。

四　本法違反罪における営利の目的

1　問題点

営利の目的で本法の違反行為をした者に対しては、その目的のなかった者に対するよりも一段と加重した刑が定められている。覚せい剤の輸入、輸出、製造の各行為に対する四一条二項、その所持、譲渡、譲受の各行為に対する四一条の二第二項、その使用及び施用の各行為並びに覚せい剤原料の輸入、輸出、製造の各行為に対する四一条の三第二項・覚せい剤原料の所持、譲渡、譲受、使用の各行為に対する四一条の四第二項による刑の加重がそれである。

これらの加重規定については、これまで解釈上種々の問題点が指摘されてきたが、これを整理すると、①営利の目的がある場合に刑が加重されるのは、違法性が強いからなのか、責任が重いからなのか、②営利の目的による罪は、その目的のない場合の罪とは別個独立の犯罪類型であるのか、単にその罪の刑を加重する趣旨にでた刑法六五条二項の身分犯の規定であるのか、③営利の目的による罪は、共犯に営利の目的があることを知って犯罪に加担した場合にも成立するのか、本人に営利の目的がある場合に初めて成立するのか、④営利の内容をなす財産上の利益とは何か、という四点に集約することができよう。これらの問題点は、密接な関連性を有しているが、必ずしも完全に重なり合うわけではないので、以下、右の順に個別に検討しておくことにする。

2 「営利の目的」の性質

営利の目的がある場合に刑が加重されるのは、その目的があることにより犯罪の違法性が強くなるからなのか、犯人の責任が重くなるからなのか。

犯罪を手段として財産上の利得を得又は得させようとする心理が、そのような心理のない場合に比して、より強い道義的非難に値するものであることは明白であろう。その意味において、本法の営利の目的が責任加重要素であると解することにもともと理由がある。しかし、そのことはすべての犯罪に通じていいうることであって、覚せい剤取締法や麻薬及び向精神薬取締法に違反する犯罪など特定の類型の犯罪に限っていいうることではない。しかも、これらの法律における営利の目的の有無による法定刑の差は、はなはだ大きく、単なる責任の差で説明し尽すことは困難である。そこで、違法性の点に目を移すと、覚せい剤取締法違反等の犯罪は、ある種の動機によって行われる動機犯の一種であるうえ、その動機が財産上の利益を得るという動機であることが際立って多い犯罪である。そのことは、とりもなおさず、財産上の利益を得るという動機が、この種犯罪行為を積極化し、これを反覆継続させ、さらには、その規模を拡大させるなどの種々の形で、この種犯罪の動因となり、覚せい剤等の乱用の危険を増大させる要因となることを意味する。そうであるとすれば、このような動機を行為の違法性を強める違法要素として捉え、営利の目的という要件のもとで刑の加重要素として規定することは、もとより可能であり、また、その趣旨でこれらの法律中に規定されたと解することは、これらの法律の犯罪の特殊性によく照応する解釈でもある（同旨、亀山継夫「他人に利益させる目的と刑法第六五条」研修三七六号六三頁、六五頁）。

3　「営利の目的」と身分

営利の目的による罪は、その目的のない場合の罪とは別個独立の犯罪類型であるのか、それとも、単にその罪の刑を加重する趣旨に出た刑法六五条二項の身分犯の規定であるのか。

最高裁判例は、麻薬取締法上の営利の目的についてであるが、後者の身分犯の規定であると解し、「麻薬取締法六四条一項は、同法一二条一項の規定に違反して麻薬を輸入した者は一年以上の有期懲役に処する旨規定し、同法六四条二項は、営利の目的で前項の違反行為をした者は無期若しくは三年以上の懲役に処し、又は情状により無期若しくは三年以上の懲役及び五百万円以下の罰金に処する旨規定している。これによってみると、同条は、同じように同法一二条一項の規定に違反して麻薬を輸入した者に対しても、犯人が営利の目的をもっていたか否かという犯人の特殊な状態の差異によって、各犯人に科すべき刑に軽重の区別をしているものであって、そうすると、営利の目的をもつ者ともたない者とが、共同して麻薬取締法一二条一項の規定に違反して麻薬を輸入した場合には、刑法六五条二項により、営利の目的をもつ者に対しては麻薬取締法六四条二項の刑を、営利の目的をもたない者に対しては同条一項の刑を科すべきものといわなければならない」と判示した(最判昭四二・三・七刑集二一巻二号四一七頁。この研究として、坂本武志・最高裁判例解説昭和四二年四八頁、福田平・刑事判例評釈集二九巻六一頁、臼井滋夫・刑法判例研究Ⅱ一七一頁、筑間正泰＝中谷瑾子・法学研究四三巻五号一〇八頁)。しかし、学説上は、前者の見解すなわち営利の目的による犯罪を独立の犯罪類型とみる見解も有力である(例えば、前掲の福田・評釈のほか、大塚仁・注解刑法四五四頁、西村克彦・犯罪形態論三五頁、井上祐二「共犯と身分」判例演習刑法総論〔増補版〕二八一頁はこの立場をとる)。

右の二つの見解は、営利の目的による罪を身分犯と解する場合には、本人に営利の目的があったときにのみ加重された刑が科せられ、単に共犯にその目的があることを知っていたにとどまるときには通常の刑が科せられるのに対し、営利の目的による罪を独立の犯罪類型と解する場合には、本人に営利の目的がなく、共犯にその目的があることを知っていたにとどまるときでも、重い刑が科せられることになる点で、実質的な差異を生じる(なお、この点は、「営利の目的」の中に他人に対し財産上の利益を得される目的が含まれるか否かという**4**で取り扱う問題とは別個に考えなければならない)。そして、**2**で述べたように、営利の目的を違法要素であると解する立場に立つときは、「違法は連帯的に、責任は個別的に」という命題からみて、営利の目的による罪を身分犯と解するのは妥当でなく、独立の犯罪類型と解する方が妥当であるかにみえる(これとは裏腹に、平野龍一・刑法総論Ⅱ三七二頁は、営利の目的を責任要素と解して判例の結論を支持し、西田典之・共犯と身分一六八頁以下は、営利の目的を責任要素と解すれば判例の立場も理論上維持しうるとする)。しかし、営利の目的を、**4**で述べるとおり、単なる財産上の利益を得ることの認識と理解せず、より積極的に財産上の利益を得るという動機の意味に理解するならば、自らその動機で犯罪に出た者である場合に初めて違法性の高い犯罪行為に出たものと評しうるのであるから、これを刑の加重事由とすることに、実質的な理由があるし、違法性の連帯的性質にも反するものではないといいうるであろう。

4　「営利の目的」と他人の利益を図る目的

営利の目的は、犯人自らが財産上の利益を得ることを目的とする場合(すなわち自利目的の場合)に限るのか、他人に財産上の利益を得させることを目的とする場合(すなわち他利目的の場合)も含まれるのか。

3に引用した最高裁判例は、前掲の引用部分に続き、「原判決およびその是認する第一審判決は、共犯者であるKが営利の目的をもっているものであることを知っていただけで、みずからは営利の目的をもっていなかった被告人に対して、同条〔麻薬取締法六四条〕二項の罪の成立を認め、同条項の刑を科しているのであるから、右判決には刑法六五条二項の解釈適用を誤った違法がある」と判示しているところから、この判例は営利の目的を犯人自らが財産上の利益を得ることを目的とする場合に限るとした趣旨であるとの解釈が生じた(大阪地判昭五六・八・二七判時一〇三四号一四三頁、千葉一一五頁)。しかし、その後の最高裁判例は、このような立場をとらず、右の判例は、「麻薬の輸入に関し、共犯者が営利の目的をもっていることを知っていただけで、みずからは財産上の利益を得る動機・目的のないままに犯行に加担した場合について、麻薬取締法六四条二項にいう『営利の目的』の存在を否定したにとどまり、本件のように自己以外の第三者に財産上の利益を得させることを犯行加担の動機とした場合について『営利の目的』を否定する趣旨までも含むものとは解されない」と判示するとともに、進んで「覚せい剤取締法四一条の二第二項にいう『営利の目的』とは、犯人がみずから財産上の利益を得、又は第三者に得させることを動機・目的とする場合をいう」と判示した(最決昭五七・六・二八判時一〇四五号七四頁。なお、それ以前にも東京高判昭五三・六・二七判時九〇二号一二三頁、東京高判昭五四・一〇・一六判時九五九号一三一頁、亀山・前掲判例研究はこれと同旨の見解を示していた)。

右の問題は、「営利の目的」の「目的」をどう理解するかと深く係わっている。すなわち、もし、この目的を単なる認識で足りると解し、かつ、営利の目的に他利目的が含まれると解するならば、共犯者が営利の目的をもっていることを知って犯罪に加担すれば当然に営利の目的で犯罪に出たことになり、営利の目的による犯罪を独立の犯罪類型と解したのと同じ結果を認めることに帰し、営利の目的を刑を加重する身分と解することと矛盾する結果になる。そこで、営利の目的を自利目的に限るとする解釈も生じることになるが、この解釈には、一般の財産犯において自利目的と他利目的とが同列に取り扱われていることと調和しないこと、両者とも違法要素という点で格別の差異がない点で実質的にも妥当性を欠くこと、共犯の成否の面から逆に営利の目的の内容を限定するという方法論上の難点があること(亀山・前掲六八頁参照)などの欠点を伴う。そうすると、営利の目的には自利目的のほか他利目的も含むと解したうえ、「目的」の点を単なる認識をもって足りると解さず、より積極的にこれを「動機」と解するのが相当ということになる。そして、この解釈は、**2**で指摘したとおり、財産上の利益を得るという動機で犯罪に出ることに行為の違法性を高からしめる理由があることとともよく調和するであろう。もっとも、営利の目的は、基本的構成要素を超過する主観的な構成要件要素であるから、一般の目的罪における目的と同様、意欲、動機までを必要と解するのは妥当でないという見解があるかもしれないが、本法におけるような身分としての営利の目的を単なる認識で足りるとすれば、前述のように、営利の目的による犯罪を独立の犯罪類型と解した場合の目的の認識とまったく変りがないことになり、不当である。むしろ、営利の目的を身分と解することの実質的意味は、その目的を動機と解することにあるといってよいのである。

5　営利の目的の態様

営利の目的とは、犯人が自ら財産上の利益を得、又は第三者にこれを得させることを動機、目的とする場合をいう(前掲最決昭五七・六・二八)。反覆継続して利益を得る目的があることを要せず、一回限りでもよい(最決昭三五・一二・一二刑集一四巻一三号一八九七頁。この研究として寺尾正二・最高裁判例解説昭和三五年四四〇頁。東京高判昭三〇・一〇・一七高刑集八巻七号九四六頁、麻薬につき東京高判昭四一・九・一四判時四八三号八二頁も同旨)。以下、これを自利目的と他利目的とに分けて考察しておこう。

(a)　いかなる場合に自利目的が認められるかは、**2**で述べた営利の目的を刑の加重事由とした趣旨から決定すべきであろう。そして、これにはさらに次のような類型を区別することができる。

第一は、その犯罪を手段として直接に財産上の利益を得ようとする動機、目的がある場合であって、これにはさらに、(イ)　覚せい剤の所有者がこれを処分することにより処分利益をあげようとする場合、(ロ)　覚せい剤の所有者以外の犯罪加担者が覚せい剤の処分利益のなかから分配を受けようとする場合、(ハ)　報酬を得る動機、目的で犯罪に加担した場合などに分かれる。(イ)、(ロ)の場合には、営利の目的があることは明白であり、実務上その存在が争われるのは、一定の証拠関係からそれらの目的の存在を推認することができるか否かという観点においてである（この観点からそれらの目的が推認された事例を挙げると、輸入罪についての神戸地尼崎支判昭五〇・一二・四麻薬等裁判例集四三六頁、大阪高判昭五三・一・一八麻薬等裁判例集四三九頁、譲渡罪についての東京高判昭三一・一一・二七高裁特三巻二三号一一二八頁がある）。(ハ)にあたるとされた事例としては、礼をするからといわれ、それを欲しさに覚せい剤を預って所持して売先を探しに出かけた場合（東京高判昭三〇・一〇・一七高刑集八巻七号九四六頁）、日当を得る約束で麻薬を受取り次の運び屋に交付した場合（東京高判昭三四・一一・一八麻薬等裁判例集一七八頁）があるほか、「相応の謝礼」を期待するのが当然であったという事情から(ハ)の目的の存在を推認された事例もある（浦和地判昭五三・三・一五麻薬等裁判例集三八三頁）。

第二は、その犯罪により間接的に財産上の利益を得ようとする動機、目的がある場合であって、これにはさらに、(イ)　将来転売等の処分利益を得るため間接的な手段として犯罪に出た場合、(ロ)　共犯者から融資を受ける動機、目的がある場合、(ハ)　共犯者に融通してある金員の回収を図る動機、目的がある場合、(ニ)　共犯者から将来の寝食の面倒をみてもらうという動機、目的がある場合などに分かれる。(イ)のなかには、将来の覚せい剤の販路を開拓、拡張する目的で覚せい剤の見本、試用品を提供、所持する場合（見本、試用品の所持につき東京高判昭五一・五・一〇刑裁月報八巻四・五号二四七頁）、同様の目的で最初の取引の際に仕入値と同一価格またはそれ以下で覚せい剤を譲渡する場合などが含まれる。後者の場合につき、「その譲渡行為自体では損失であって利益を得ていない場合があったとしても、その後に同種の譲渡取引行為が継続されることが予測されていて、それによって前の損失を回復して利益を得ることを企図してなされた場合、すなわち将来の利益を得る方法として当該の損失のある譲渡をしたような特段の事情のある場合においては、その行為に営利性を認めることは妨げない」とした高裁判例がある（大阪高判昭五六・九・一判時一〇三五号一五〇頁。もっとも、この判決は、転売で利益を得る目的で覚せい剤を仕入れたところ。

たまたま本業の貴金属商の関係で腕時計が盗難にあったため、その決済にあてる目的で仕入価格を下回る価格で覚せい剤を譲渡するに至ったという事情があり、取引を継続して利益を得る見とおしがなかったとして、営利の目的を否定している）。(ロ)については、貸金の返済を督促したところ、麻薬を処分したら返すから急ぐならその売買の世話をしてほしいといわれて譲渡した事案につき、「自己が当然取得すべき貸金とその利息を回収したに止まり、売買そのものによっては何等の利益を得ていないのみでなく当初よりその意図はなかったものと認むべきであるから之が営利の目的に出でたものということはできない」とした高裁判例があったが（広島高判昭二九・六・二四高判特三一号六二頁）、最高裁判例は、これも営利の目的に含まれると解し、「被告人が犯行に加担した動機が、共犯者に融通していた金員の回収を図ることにあった以上、営利の目的があったものと認むるに妨げない」と判示した（最決昭四二・三・三刑集二一巻二号三八三頁。この研究として、海老原震一・最高裁判例解説昭和四二年三六頁、森本益之・別冊ジュリ七巻三号二七〇頁、仲地哲也・刑事判例評釈集二九巻四六頁）。このような目的であっても犯罪の動因となる財産上の利益獲得の目的にあたるから、積極に解した最高裁判例は正当というべきであろう。(ハ)、(ニ)も同様に営利の目的というに妨げないが、特に(ニ)については他の目的との関係でその目的の存在を証拠上認め難い場合もある（(ハ)の目的が認められた事例としては、東京高判昭五三・三・一六麻薬等裁判例集四四一頁があり、(ニ)の目的の存在が否定された事例としては、「被告人とRとの関係は被告人が属していた山口組系小天竜組西島会の組員と西島会の本家筋に当る小天竜組の組員との間柄に加えて、いわゆる食客と主人との関係にあることからして、被告人がRから本件覚せい剤を隠し持つことを求められた際、被告人においてこれを拒絶することは、その行為の容易さからして組関係の世界に生きる者の道理に反する行為であって、経験則上到底出来難い」ことであって、これが第一義的動機であったとし、「被告人において本件犯行に加担することにより寝食等の便宜を受けるという財産上の利益を得られることの期待」は二次的なもので本件犯行の誘因ではなかったとし、営利の目的を否定した大阪地判昭五三・六・七麻薬等裁判例集四四二頁がある）。動機が競合するときは、財産上の利益を得るという動機がなくても他の動機から犯罪に出たと認められるときは、営利の目的を否定し、財産上の利益を得るという動機がなければ犯罪に出なかったと認められるときは、営利の目的を肯定すべきことになろう。

(b)　他利目的には自利目的を伴う場合が多いが、自利目的を伴わない純粋の他利目的もないわけではない。それは、他利目的で犯罪に関与するについて自ら財産上以外の利益がある場合であって、例えば、①　共犯者に受けた「恩義に報いるなどの気持から」、共犯者による覚せい剤譲渡に加担した場合(前掲最決昭五七・六・二八)、②　共犯者である暴力団組長による覚せい剤の譲受に際し、組若頭が共犯者に財産上の利益を得させる意図でこれに積極的に関与した場合(大阪地判昭五六・八・二七判時一〇三四号一四三頁)などが典型的なものであろう。

6　適条関係

共犯者の一方のみに営利の目的がある場合の他方についての適条はどうあるべきか。

(a)　まず、正犯に営利の目的があり、共犯に営利の目的がない場合については、①　営利の目的のある者についてもない者についても通常の刑の罪が成立し、刑法六五条二項により、営利の目的のある者には重い刑の規定を、ない者には通常の刑の規定をそれぞれ適用して処断すべきであるとする見解(坂本・前掲解説五一頁以下)、②　営利の目的のある者についてもない者についても営利の目的による罪が成立し、ただ営利の目的のない者に対しては刑法六五条二項により通常の刑をもって処断すべきであるとする見解(亀山・前掲七一頁以下)、③　営利の目的のある者については営利の目的による罪が、その目的のない者については通常の刑の罪がそれぞれ成立し、両者は構成要件が重なり合う範囲において共犯となるとする見解が成立つが、刑法三八条二項に関する最高裁判例の動向に照らすと、③の立場が採られるものと思われる。

(b)　次に、教唆犯、幇助犯にのみ営利の目的がある場合についてみると、常習者が非常習者の賭博行為を教唆又は幇助した場合と同様(大判大三・五・一八刑録二〇輯九三二頁)、営利の目的による罪の教唆犯、幇助犯が成立すると解すべきであろう。

五　本法違反罪の共犯

1　特徴点

本法違反罪の共犯の特徴点は、実行共同正犯に関しては、間接所持者と直接所持者との間の所持罪共同正犯のように、各人に独立した罪が成立する場合の共同正犯が多いことであり、共謀共同正犯に関しては、これが成立する典型的な場合が多いことである。以下、本法違反罪に共謀共同正犯の典型的な事例が多くみられることを考慮し、本法違反罪を素材としながら、最も問題を含む共謀共同正犯の一般的成立要件について検討することにしよう(覚せい剤事犯の共犯の問題については、山口厚「覚せい剤事犯と共犯論」刑法雑誌二六巻二号一六六頁がある)。

2　本法違反罪の共謀共同正犯

共謀共同正犯と幇助犯との区別は、前者が実行共同正犯を通じて自己の犯罪を実行した者であるのに対し、後者は単に共同正犯の犯罪の実行を容易にした者である点にある。したがって、共謀共同正犯を認めるためには、実行共同正犯を通じて自己の犯罪を実行したと認めるに足りる事情、つまりは、実行共同正犯による犯罪の実行を自己の犯罪の実行と同視するに足りる事情がなければならない。そして、この事情は、共謀者と実行者との間に犯罪実行の意思連絡があることのほか、共謀者がその犯罪の実行を自ら意欲し、実行者を通じてこれを実行することを意欲していたと認められる状況があり、実行者が右の状況を知りつつ犯罪の実行に出たと認められることを意味するものといってよいであろう。このような状況は、私見によると、大別して次の三つの場合に認めることができる

（共謀共同正犯についての近時の論議については、西田典之「共謀共同正犯について」平野龍一先生古稀祝賀論文集上巻三六一頁、村上光鵄・大コンメンタール第三巻四五四頁以下などを参照）。

(イ)　その一は、使役型（又は間接正犯型）ともいうべきものであって、その犯罪の実質上の主体である共謀者が実行行為者を利用して犯罪を実行させた場合である。これにはいくつかの類型がある。第一は、共謀者のみが法律上犯罪の実質上の主体と考えられる場合である（共謀者が構成的身分犯の身分者であり、実行行為者が非身分者であるときが典型的な例である）。第二は、共謀者が専ら又は主として犯罪の利益を受け、実行行為者の利益が従的であるかほとんど存在しない場合である（後記(a)参照）。第三は、共謀者がその地位、財力、威力等を利用して実行行為者を支配し、犯罪を実行させる場合である（暴力団の親分が子分に命じて有無をいわさずに犯罪を実行させたときが典型的な例である）。

(ロ)　その二は、代表実行型ともいうべきものであって、共謀者も実行行為者もともに犯罪の完成と結果に重大な関心を有しており、実行行為者が両者の代表として犯罪を実行した場合である。実行行為者の実行行為が代表実行と認められるのは、主として次の三つの類型においてである。第一は、共謀者が実行行為者と意思を通じて犯罪の予備にあたるような行為を行うとともに、犯罪の完成と結果に重大な利害関係を有していると認められる状況がある場合である（(b)参照）。第二は、共謀者が実行行為者と意思を通じて犯罪の陰謀にあたるような行為を行うとともに、犯罪の完成と結果に重大な利害関係を有していると認められる状況がある場合である（共同謀議による共謀共同正犯がその典型的な例である）。第三は、共謀者が実行行為者と意思を通じて犯罪の幇助にあたるような行為を行うとともに、犯罪の完成と結果に重大な利害関係を有している状況が認められる場合である（(c)参照）。

(ハ)　その三は、準共同実行型ともいうべきものであって、それ自体では厳密な意味での実行行為にあたらない行為ではあるが、仮に実行行為者が実行行為と併せてその行為をするときには実行行為の一部と評価してよい場合において、共謀者が実行行為者の実行行為の際にその行為を分担して実行行為の効果を高めたときである。例えば、共謀者が新聞を掲げてすりの実行行為者の幕をつくる場合、共謀者が店員の注意をそらしている間に実行行為者が万引をする場合、共謀者が見張りをして実行行為者が実行行為に専心する場合などである。

以下、本法違反罪に即して、共謀共同正犯が成立する典型的な場合を概観しておこう。

(a) 第一は、前記(イ)の第二類型に属する場合であって、覚せい剤を所有しまたは処分する権限をもつ者が実行行為者との間に犯罪実行につき意思の連絡をしていたと認められる場合である。このような場合には、犯罪の実質上の主体は右の権限者であり、実行行為者は権限者のために犯罪を実行し、権限者は実行行為者を通じて自己の犯罪を実行したと認められるから、権限者に対し共謀共同正犯の成立を肯定することは比較的容易である。

輸入罪についてこれをみると、外国から輸入される覚せい剤につき輸入行為に着手する以前から所有又は処分の権限を有していたと認められる者は、当然、輸入途中の物的な危険も自ら負担していたと認められるのであるから、原則として、輸入実行者を通じて自らの犯罪として輸入をした共謀共同正犯者にあたるといってよい。同様に、所持、製造、譲渡、譲受の行為についても、対象物である覚せい剤の所有者又は処分権者が実行行為者と意思を通じて犯罪に出たと認められる場合には、それらの者に対し共謀共同正犯の成立を肯定することができる。

(b) 第二は、(ロ)の第一類型に属する場合であって犯罪の完成と結果とに重大な利益関係を有している者が実行行為者と意思を通じて犯罪の予備にあたるような行為を行った場合である。単に実行行為者と意思を通じて予備にあたるような行為をしただけでは、実行行為者を幇助したにとどまり、共謀共同正犯は成立しないが、進んで、犯罪の完成と結果とに重大な利害関係を有していると認められる状況があれば、実行行為者と意思を通じて自らの犯罪を予備の段階まで遂行し、その後完成まで実行行為者の手を通して遂行したと認めて差し支えないであろう。

例えば、輸入罪において、覚せい剤を入手し、あるいは、これを船舶でわが国の領海内まで運搬しても、これを陸揚げする前に他人に譲渡し、その後における輸入の完成と結果とに利害関係をもたないような場合には、輸入罪の幇助をしたにとどまるといってよいが、輸入の実行行為者らと意思を通じ、輸入の完成後に覚せい剤の分配にあずかり、又は報酬を得るなどの約束のもとに右の行為に出たような場合には、輸入の共謀共同正犯が成立するというべきであろう。

(c)　第三は、(ロ)の第三類型に属する場合であって、犯罪の幇助者たる立場を超えてその完成と結果とに重大な利害関係を有している者が実行行為者と意思を通じて幇助にあたるような行為を行った場合である。幇助行為も、犯罪の実行にとって重要な役割ときには必要不可欠な役割を果たすものであるから、単に犯罪の実行にとって重要な役割を果たしたというだけでその者を直ちに共謀共同正犯者とみることはできないのはもちろんである。共謀共同正犯者と認めるには、さらに、幇助者の立場を超えて主体的に犯罪の実行に関与し、その成功と結果とに重大な利害関係を有していたと認めるべき事情がなければならないのである。

例えば、輸入罪についてこれをみると、覚せい剤の入手資金を貸与し、その入手先を斡旋し、又はその処分を引受けるという幇助的行為に加えて、輸入後に利益の分配を受けることなどの合意があったと認められれば、その犯罪はもはや他人の犯罪ということはできず、自己の犯罪というのが相当であって、共謀共同正犯の成立を肯定するのが相当であろう。また、二つ以上の幇助的行為が複合的に行われた場合には、それだけで当然に正犯性を基礎づけることができないにしても、右の意味での共同実行の共謀を裏づける重要な指標とみることができよう。

六　本法違反罪の罪数関係

1　問題点

本法違反罪の罪数をめぐる最初の問題は、それぞれの罪の個数を決定する基準いかんであって、特に所持罪についてはこの点は決定的に重要である。しかし、その検討は各本条の行為に即して行う方が妥当なので、ここでは本条違反罪に共通する罪数問題として、異なる罪の間において包括一罪、吸収一罪、牽連犯の成否が問題となる場合を取り上げて検討しておくことにしよう。

2　本法違反罪と包括一罪

本法違反罪のうち異なる二罪間において包括関係の有無が問題となるのは、輸入罪、製造罪、譲受罪を犯した結果として覚せい剤の所持罪をも成立させるに至った場合に輸入罪などと所持罪とが包括一罪を構成することになるのかという形においてである。

右の場合、とりわけ譲受罪と所持罪との関係については、高裁判例において、規定や行為態様を異にするとはいえ同一の法益に向けられている点で実質上一罪を構成するものといいうるとして、包括一罪を認めるものがかなりあったが、これらは、昭和二二年政令第一六五号(連合国占領軍その将兵又は連合国占領軍に附属し若しくは随伴する者の財産の収受及び所持の禁止)一条一項・三条の罪にいう収受と所持の関係について最高裁判例が判示したところを本法に適用した結果であった。すなわち、右政令一条一項は、連合国占領軍等の財産は、「何人も、公に認められた場合を除く外、これを収受し、又は所持してはならない」と定め、その三条一項は、右の違反に対する罰則を定めていたが、最高裁判例は、この政令の違反行為である収受と所持とは包括一罪をなすものであって(最判昭二五・七・一三刑集四巻七号一三一九頁。最判昭二六・二・二〇刑集五巻三号四〇三頁も同旨)、ただ最初の所持と態様を異にする別個の所持が開始されたと認められるときには別個の所持罪が成立すると判示していた(最大判昭二四・五・一八刑集三巻六号七九六頁)。そこで、前記高裁判例は、この考え方を本法の譲受罪と所持罪との関係にも適用して包括一罪と解したのである。しかし、最高裁判例が右政令における収受と所持とを包括一罪と解したのは、同政令の趣旨が収受と所持という行為を区別して処罰することにあったのではなく、占領軍等の財産を保護するためには態様のいかんを問わずこれを保有する行為を禁止しようとすることにあったと解したからであるから、各種の行為をそれぞれのもつ危険に着目して個別的に禁止しようとしている覚せい剤取締法の罰則に右判例の考え方を適用するのは妥当ではなかった。それ故、最高裁判例は、後に、覚せい剤の譲受とその後の所持とは併合罪となる旨を判示して（最決昭三一・一・一二刑集一〇巻一号四三頁。）、その間の包括関係の存在を否定するに至ったのである。輸入罪、製造罪とその後の所持についても、同様、包括一罪を認めるべきではない（製造と所持について最決昭三〇・一・一四刑集九巻一号四五頁は包括関係を否定している。）。

3　本法違反罪と吸収一罪

本法違反罪のうち異なる二罪間において吸収関係の有無が問題となるのは、輸入罪、製造罪、譲受罪に引続く所持罪は前者に吸収されるのではないか、使用罪に先立つ所持罪、譲受罪は使用罪に吸収されるのではないかという形においてである。

高裁判例のなかには、所持は製造の結果として必然的に行われるものであるから覚せい剤製造後そのままの態様においてこれを所持する場合には所持罪に吸収されると解し、月の初めころに製造した覚せい剤を一五日ころまで所持していた場合（名古屋高判昭二八・一一・二三高判特三三号二頁）、あるいは、覚せい剤を製造後その場で数日間これを所持していた場合（名古屋高判昭二九・五・二四麻薬等裁判例集四七七頁）につき製造罪のみの成立を認めたものがあった。また、譲受後の所持についても、譲受のなかにはこれによって当然生ずべき所持を包含するとの理解に基づき、譲受の三日位後に所持した場合でも所持は譲受に吸収されるとしたものがあった（大阪高判昭二八・一〇・二六高判特二八号六二頁）。

しかし、最高裁判例は、製造、譲受と所持とは、それぞれ取締の目的と法益とを異にする別個独立の取締対象行為であるとし、「製造に伴う必然的結果として一時的に所持せられるに過ぎない」場合（最決昭三〇・一・一四刑集九巻一号四五頁）、又は、「譲受に一連する包括的行為」と見られる所持（最決昭三一・一・一二刑集一〇巻一号四三頁。最判昭三三・六・三刑集一二巻九号一九五八頁も同旨）は、製造又は譲受に吸収されるが、それを超える所持は別個に所持罪を構成する旨を判示している。本法は、覚せい剤の乱用をもたらす危険のある製造、譲受、所持など各段階における行為をことごとく禁止し、その違反を処罰することにしているのであるから、いやしくも所持の事実が認められる限り、製造、譲受直後の所持であってそれらの行為の一部と認められるような場合のほかは、別個に所持罪の成立を肯定するほかはなく、製造、譲受直後の所持と態様を異にする別個の所持がある場合に初めて別個の所持罪の成立を認めるのは妥当とは思われない。なお、麻薬の譲受とその直後の所持につき、「被告人が本件塩酸モルヒネをAから譲受けて判示の場所において所持したのは、同日午後二時頃から夕刻までの僅か数時間に過ぎず、被告人はこれを中国人Bにその売却方を依頼して手交した事実が認められる。かくの如き場合、右麻薬の所持は、麻薬譲受の罪に当然吸収せられ、別に所持の一罪を構成するに至らないものと解するのを相当とする」と判示した最高裁判例があるが（最判昭二八・一二・一八刑集七巻一二号二五六五頁。この研究として大塚仁・刑事判例評釈集一五巻三七二頁、本田正義・警察時報九巻六号六四頁）、これは前記最高裁判例と調和しない点があるばかりか、Aから譲受けた趣旨がBに売却依頼をしてほしいということにあり、数時間その目的でBを探していたという特殊な事案についてのものであったことに留意すべきであろう（法律上Bに対する譲受が成立しており、それ以前の所持はその一部とも解しうる場合であったのである）。現に、その後の最高裁判例（最決昭四二・六・二三裁判集一六三号七五頁は）は、「たとえ行為者が麻薬中毒者であっても、麻薬を他人から譲り受ける行為とこれを自己に施用する行為とは併合罪の関係になると解すべきである」と判示している。

4　本法違反罪と牽連犯

本法違反罪においては、ある罪が他の罪の通常の手段又は結果の関係にあるのではないかと思われる場合がかなり多い。すなわち、(イ)輸入罪、製造罪、譲受罪を手段として犯した譲渡罪、あるいは所持罪、譲受罪を手段として犯した使用罪、(ロ)輸入罪、輸出罪、製造罪、譲受罪の結果として犯した所持罪などがそれである。そこで、こうした場合には両罪が牽連犯の関係にあるのではないかという疑問が生じることになる。しかし、判例は、こうした場合においても、一貫して牽連犯の成立を否定し、併合罪になると解している（輸入と譲渡については、東京地判昭五二・七・二八麻薬等裁判例集四六八頁、製造と譲渡については、最判昭三七・六・一五刑集一六巻七号一二五〇頁、譲受と所持については、高松高判昭二九・四・一四高判特三六号三三頁、福岡高判昭二九・一〇・一二麻薬等裁判例集五〇一頁、最決昭三二・一・一二刑集一〇巻一号四三頁、最判昭三三・六・三刑集一二巻九号一九五八頁、大阪高判昭和四七・三・一〇麻薬等裁判例集五〇五頁、東京高判昭五二・六・二〇麻薬等裁判例集五一〇頁、譲受と譲渡については、東京高判昭五二・二・二八麻薬等裁判例集五一三頁）。

右のように判例が併合罪と解することの理由づけには、二つの方向があるように思われる。第一の理由づけは、手段又は結果とみうるような行為であっても、それらが必然的な手段又は当然の結果とは認められないというものである。例えば、①前記(イ)の輸入罪と譲渡罪との関係について、「輸入がその性質上譲渡の手段として通常用いられるものとは言えず、また、譲渡が輸入の当然の結果とは言い難いことも明らかである」としたもの（東京地判昭五二・七・二八麻薬等裁判例集四六八頁）、②同じく前記(イ)の所持罪と使用罪との関係について、「覚せい剤の所持は、使用のためのほか譲渡を目的とする場合もあることなどを考えると、右両罪の間に通常刑法五四条一項後段にいう犯罪の手段、結果の関係があるということもできない」としたもの（東京高判昭五二・六・一麻薬等裁判例集四七二頁）、③前記の譲受罪と所持罪との関係について、「被告人の本件覚せい剤の譲受、所持の目的は、必ずしも、自己使用のためのみに限らず、時宜によっては有償または無償譲渡のためであったものとも認められ、このようにその目的が多様にわたっていて特定し難い場合における覚せいの譲受の所為と所持の所為との間には、通常手段結果の関係があるものとは認め難」いとしたもの（福岡高判昭二九・一〇・一二麻薬等裁判例集五〇一頁）などがこれである。確かに、譲渡は、輸入を手段として行われるほか、譲受、製造などを手段として行われることがあるし、使用も、所持を手段として行われるほか、譲受などを手段として行われることがあるから、輸入は譲渡の必然的な手段ということはできず、所持も使用の必然的な手段ということはできないであろう。しかし、牽連犯の関係が認められている住居侵入と窃盗又は偽造有価証券行使と詐欺の場合にも、住居侵入又は偽造有価証券行使は、窃盗又は詐欺の必然的な手段であるわけではなく、屋内窃盗又は有価証券を利用した詐欺という特殊な状況のもとで普通に用いられる手段であるに過ぎないのであって、この程度の手段、目的の関係は、前記の(イ)の場合にも十分に認められるといってよい。したがって、本法違反罪について、ある行為の外にも手段たる行為があることをもって、その行為と目的たる行為との間の牽連性を否定するは妥当ではない。さらに、譲受と所持の間には、必然的ともいうべき原因、結果の関係が認められるのであって、所持の目的が多様であるからという理由でその間の牽連性を否定するのは妥当とは思われない。現に、麻薬取締法違反罪についてのかつての高裁判例のなかには、営利の目的による譲受と譲渡の間又は譲受と所持との間に牽連犯の関係があるとしたものが相当数あったのであり（営利の目的による譲受と譲渡については、広島高判昭二九・三・一一高刑集七巻三号二九五頁、広島高判昭三〇・三・二三麻薬等裁判例集一九九頁、東京高判昭三七・九・七麻薬等裁判例集二〇〇頁、譲受と所持については、札幌高判昭二六・一二・一〇高刑集四巻一二号一六四五頁）、実務上併合罪の処理が一般化したのは、覚せい剤取締法に関する一連の前記最高裁判例が示されたからであったと解されるのである（なお、営利の目的による麻薬の所持とその交付を併合罪と解した最決昭四二・三・三刑集二一巻二号三八三頁、及び営利の目的による麻薬の譲受と譲渡を併合罪と解した最判昭五四・一二・一四刑集三三巻七号八五九頁によってこの解釈は完全に確立したといってよい)。

併合罪とする第二の理由づけは、覚せい剤取締法の趣旨にその根拠を求め、法自体が牽連犯の成立を否定していると解するものである。もっともこの立場をとった判例は、いずれも麻薬に関するものであるが、その理由づけはもとより覚せい剤取締法にも妥当する。主要な判例は四つある。① 最初は、(旧)麻薬取締規則違反の所持と使用に関するものであって、「麻薬取締規則は所持の外尚使用をも処罰するの法意に鑑み、且所持は単に使用の為めのみに所持するものとは限らない点にも鑑みるときは、右所持行為と使用行為との間には刑法第五四条第一項後段の牽連犯の関係は認められないものと解せられる」と判示された(最判昭二五・七・二一刑集四巻八号一五一三頁)。② 次は、麻薬取締法違反の営利の目的によるヘロインの譲受と譲渡に関するものであって、「営利の目的にでた本件麻薬の譲受及び譲渡の各所為が牽連犯の関係にあるか否かについて審究するに、麻薬取締法第一二条が麻薬に関する禁止行為としてその輸入、輸出、製造、製剤、譲渡、譲受、交付、施用、所持、廃棄の各行為にわたって規定しているのは、麻薬が社会に極めて重大かつ深刻な害悪を流す特質を有するところから、その害悪の流布を防止するため、あらゆる角度から麻薬に関する行為を列挙してこれを処罰の対象としたものと解するのが相当である。そして、右規定の趣旨に鑑みれば、右各行為はその行為自体が個別的に一罪として(その行為が包括一罪をなす場合を含む)処罰せられるべきであって、よしんばそれらの行為が営利の目的に出た場合であったとしても、その間に牽連関係の存在を認めないのが相当である」と判示した(東京高判昭三七・七・一八高刑集一五巻五号三七七頁)。③ 第三は、麻薬取締法違反の営利の目的によるヘロインの所持と交付についてのものであって、高裁判例(東京高判昭和四一・七・四)が、①と同様、「麻薬取締法第一二条が、麻薬に関する禁止行為として、その輸入、輸出、製造、製剤、譲渡し、譲受け、交付、施用、所持、廃棄の各行為にわたって規定しているのは、麻薬が社会に極めて重大且つ深刻な害悪を流す特質を有するところから、その害悪の流布を防止するためあらゆる角度から麻薬に関する行為を列挙し、これを処罰の対象としたものと解するのが相当」であるとしたうえ、この趣旨にかんがみると、これらの各行為については「その行為自体が個別的に一罪として処罰せらるべきもの」であると判示し、最高裁(最決昭四二・三・三刑集二一巻二号三八三頁)は、牽連関係を否定して併合罪とした原判断は正当であると判示した。④最後は、麻薬取締法違反の営利の目的によるその他麻薬の譲受と譲渡に関するものであって、「麻薬取締法は、麻薬の濫用による保健衛生上の危害を防止するため、麻薬の輸入、輸出、製造、製剤、譲渡し、譲受け、所持等の各行為を個別に規制し、営利の目的を刑の加重事由として設け、これを麻薬の譲受け、譲渡しのみならず他の違反行為についても付加していることにかんがみれば、麻薬の譲受けとその麻薬の譲渡しは、たとえそれが営利の目的で行われたものであるとしても、犯罪の通常の形態として手段又は結果の関係にあるものと解することはできず、右両罪は併合罪とするのが相当である」と判示した(最判昭五四・一二・一四刑集三三巻七号八五九頁)。

右の第二の方向が正しいと考えられる。すなわち、もともと牽連犯は、単にある所為が他の所為の通常の手段又は結果の関係にあることのみを根拠として、それらの所為の罪を科刑上一罪として処断すべきものとしているのではなく、ある罪が他の罪の通常の手段または結果として犯される関係にあることを根拠として、それらにあたる罪を科刑上一罪として処断すべきものとしていると解されるのであって、牽連犯を肯定するための基本的条件は、右のような罪と罪との間に存する特殊な関係である。このことは、銃砲刀剣類不法所持と強盗殺人未遂につき牽連関係を否定した判例(最大判昭二四・一二・二一刑集三巻一二号二〇四八頁)に最もよく判示されている。「牽連犯は元来数罪の成立があるのであるが、法律がこれを処断上一罪として取扱うこととした所以は、その数罪間にその罪質上通例その一方が他方の手段又は結果となるという関係があり、しかも具体的にも犯人がかかる関係においてその数罪を実行したような場合にあっては、これを一罪としてその最も重き罪につき定めた刑を以て処断すれば、それによって、軽き罪に対する処罰をも充し得るのを通例とするから、犯行目的の単一性をも考慮して、もはや数罪としてこれを処断するの必要なきものと認めたことにもよるのである。従って数罪が牽連犯となるためには犯人が主観的にその一方を他方の手段又は結果の関係において実行したというだけでは足らず、その数罪関係にその罪質上通例手段結果の関係が存在すべきものたることを必要とするのである。然るに所論銃砲等所持禁止令違反の罪と強盗殺人未遂とは、必ずしもその性質上通常手段又は結果の関係にあたるべきものとは認め得ないのであるから」牽連犯とは認められないというのである。そして、右のような意味において罪と罪との間に通常の手段又は結果の関係があるというためには、ある罪が他の罪の手段又は結果として通常犯されるというだけでは足りず、その罪が刑、要件、罪質などの点に照らして他の罪の手段又は結果として犯されることを予想して設けられたものと認められなければならないことになる。これを覚せい剤取締法違反の罪についてみると、営利の目的による譲受と譲渡又は譲受と所持との間にはなるほど犯罪類型の点では通常の手段、結果の関係があるといいうるにしても、前記諸判例が明らかにしているのと同様な同法の立法趣旨、特に同法が覚せい剤の乱用を招くおそれのある各種の行為を網羅的に取り上げてそれぞれに重い刑を設けており、ある罪を他方の罪の手段、結果とみて罰則を設けたことをうかがわせるような事情がまったくないことを考慮するときは、同法はこれら各罪をそれぞれ別個独立のものとして設けたと解するのが妥当である。そうすると、同法の罪につき、判例がことごとく牽連関係の存在を否定しているのは、正当と思われる。

5　本法違反罪と観念的競合

本法違反罪のうち、観念的競合の成否が問題になるのは、本法の覚せい剤・覚せい剤原料輸入罪と関税法の輸入禁制品輸入罪(一〇九条。平成元年法律一三号関税定率法等の一部を改正する法律により、同年四月一日から、覚せい剤・覚せい剤原料は、関税定率法二一条一項一号の輸入禁制品になった。それ以前は、関税法一一八条三項の輸入制限貨物等であって、その輸入は、関税法一一一条の無許可輸入罪及び同法一一〇条の関税ほ脱罪で処罰されていた。ただし、罪数関係においては変化はない)との関係においてである。

正規の通関手続を経由することなく、海岸線などから密かに覚せい剤を本邦の領土内に搬入する場合には、両罪は、その実行行為が重なるので、当然観念的競合になる。しかし、正規の通関線を突破して密かに覚せい剤を本邦内に搬入する場合については、高裁段階では併合罪説が有力であったが(東京高判昭四九・三・二七東高刑時報二五巻三号二一頁は、「それぞれその、既遂の時期を異にし、両者は観念的競合ではなく、併合罪と解すべきである」と判示し、東京高判昭五二・六・六麻薬等裁判例集三一三頁、東京高判昭五二・六・八麻薬等裁判例集三一四頁も、同じ理由で両罪を併合罪としている。なお、大麻取締法の大麻輸入罪と関税法の無許可輸入罪との関係についても、福岡高那覇支判昭四九・七・八麻薬等裁判例集五四一頁、東京高判昭五二・七・六麻薬等裁判例集五四〇頁、東京高判昭五二・一一・二麻薬等裁判例集五三八頁は、同じ理由で両罪を併合罪としており、麻薬取締法の麻薬輸入罪と関税法の禁制品輸入罪の関係についても、福岡高那覇支判昭四九・五・一三刑裁月報六巻五号五三三頁、東京高判昭五二・三・二高刑集三〇巻一号一三七頁は、同じ理由で両罪を併合罪としている)、最高裁判例(最判昭五八・九・二九刑集三七巻七号一一一〇頁。この研究として金築誠志・最高裁判例解説昭和五八年二九九頁、土本武司・判時一〇九二号三頁、同・法学新報九一巻=九=一〇号四一七頁、古田祐紀・法律のひろば三七巻一号六八頁、岡野光雄・判例評論三〇三号六五頁、小松進・昭和五八年重要判例解説一四九頁、堀内捷三・法学教室四二号一〇四頁)は、覚せい剤輸入罪と当時の無許可輸入罪に関し、次のように判示して観念的競合説を採用した。

「右のような場合において、無許可輸入罪の既遂時期は、覚せい剤を携帯して通関線を突破した時であると解されるが、覚せい剤輸入罪は、これと異なり、覚せい剤を船舶から保税地域に陸揚げし、あるいは税関空港に着陸した航空機から覚せい剤を取りおろすことによって既遂に達するものと解するのが相当である。けだし、関税法と覚せい剤取締法とでは、外国からわが国に持ち込まれる覚せい剤に対する規制の趣旨・目的を異にし、覚せい剤取締法は、覚せい剤の濫用による保健衛生上の危害を防止するため必要な取締を行うことを目的とするものであるところ（同法一条参照）、右危害発生の危険性は、右陸揚げあるいは取りおろしによりすでに生じており、通関線の内か外かは、同法の取締の趣旨・目的からはとくに重要な意味をもつものではないと解されるからである。そこで、進んで覚せい剤輸入罪と無許可輸入罪（未遂罪を含む。）との罪数関係について考えるに、右のように、保税地域、税関空港等税関の実力的管理支配が及んでいる地域を経由する場合、両罪はその既遂時期を異にするけれども、外国から船舶又は航空機によって覚せい剤を右地域に持ち込み、これを携帯して通関線を突破しようとする行為者の一連の動態は、法的評価をはなれ構成要件的観点を捨象した自然的観察のもとにおいては、社会的見解上一個の覚せい剤輸入行為と評価すべきものであり（最高裁昭和四六年(あ)第一五九〇号、同四七年(あ)第一八九六号、同年(あ)第七二五号同四九年五月二九日各大法廷判決・刑集二八巻四号一一四頁、一五一頁、一六八頁、同五〇年(あ)第一五号同五一年九月二二日大法廷判決・刑集三〇巻八号一六四〇頁参照）、それが両罪に同時に該当するのであるから、両罪は刑法五四条一項前段の観念的競合の関係にあると解するのが相当である。よって、刑訴法四一〇条二項により、原判決と相反する所論引用の各高裁判例を変更し、原判決を維持することとする。したがって、所論は、原判決破棄の理由にはならない」。それ以前にも同様の少数意見があった（覚せい剤を隠匿携帯して空路本邦に搬入して税関を通過する際これを発見されたという事案につき、「右行為の全動態は、自然的観察のもとにおける社会的見解上明らかに事象を同じくする一個の覚せい剤輸入行為として評価することができ」るので、前記両罪は観念的競合の関係にあるとする最高裁の少数意見があった。最決昭五一・一二・一七判時八三九号一二四頁における天野武一裁判官の意見〔服部高顕裁判官同調〕。最決昭五二・一二・二二判時八九三号一〇二頁における吉田豊裁判官の意見も同旨。また、この場合覚せい剤無許可輸入罪が成立するか否かについては論議があったが、最決昭五二・一二・二二判時八九三号一〇二頁、最決昭五三・二・二二判時八九三号一〇二頁、最判昭五四・五・一〇刑集三三巻四号二七五頁はこれを肯定する。反対、土本武司「密輸入をめぐる法律問題(二)」警察研究四九巻一号二三頁以下)。

これに対し、併合罪説の根拠は、両罪の実行行為に重なり合いがないことにある。右判例における谷口裁判官の反対意見は、その理について、「被告人がその携帯にかかる覚せい剤をその搭乗した航空機から機外に持ち出した時点において覚せい剤取締法上の輸入罪は既遂に達し、その後は同罪の構成要件の評価の対象外となり、関税法上の無許可輸入罪は、右の被告人の機外持ち出し後被告人が通関線を通過すべく旅具検査場に向かって行動を開始した時から通関線通過の時までを同罪の構成要件の評価の対象としているのであるから、両罪の評価の対象となる行為が一個・同一であるとはいい難い。」と説明する(平野龍一ほか編・注解特別刑法第五巻Ⅱ一一六頁以下でも、このような見解を採った)。

しかし、最高裁判例が採る観念的競合の一般的見解を前提にすると、この場合には観念的競合と解するのが相当と考える。すなわち、最高裁判例は、一個の行為とは「法的評価をはなれ構成要件的観点を捨象した自然的観察のもとで、行為者の動態が社会的見解上一個のものとの評価を受ける場合をいう」とされているが、ここにいう「法定評価をはなれ構成要件的観点を捨象した自然的観察のもとで」行為者の動態を評価するというのは、法的評価の対象となる構成要件的な実行行為すなわち実行の着手時から既遂時までの動態を一個性の判断における評価の対象とすることなく、実行行為の前後にまたがる動態を広く評価の対象とすることを意味するのであり、また、「行為者の動態が社会見解上一個のものとの評価を受ける場合」というのは、右のような実行行為の前後にまたがる動態のうち、社会的見解上すなわち社会の一般的見解において一個の犯罪行為と評価されるような場合を意味すると解されるのである。そして、このような考え方によると、覚せい剤取締法上の覚せい剤輸入罪については、航空機から機外に覚せい剤を持ち出した時点において、法的見解上のみならず、社会的見解上も、輸入という犯罪行為は終っていたと認められるかも知れないが、関税法上の無許可輸入罪については、法的見解上の実行の着手時より以前において、通関線を突破する意図で航空機から機外に覚せい剤を持ち出そうとした時点ですでに社会的見解上の犯罪行為は開始していたと考えるのが妥当であるから、結局両罪の社会的見解上の行為は一個のものであると評価すべきことになる。

法的見解における実行行為と社会的見解における犯罪行為との関係をみると、右の無許可輸入罪のように、実行行為の開始すなわち実行の着手の時点の前に社会的見解における犯罪行為が開始されると評価される場合と、公職選挙法上の戸別訪問罪のように、実行行為の終了すなわち既遂の時点の後になお社会的見解における犯罪行為が続いていると評価される場合とがある(戸別訪問罪と供与罪との間に観念的競合を認めた大判昭七・四・一四刑集一一巻四四六頁、大判昭一三・五・一七刑集一七巻三八四頁、戸別訪問罪と法定外文書頒布罪との間に観念的競合を認めた最判昭四三・一二・二四刑集二二巻一三号一五六七頁については、これを疑問視する見解もあるが、本文のような見解によると自然なものと理解することができる。すなわち、戸別訪問罪は、法的見解からは戸別に訪問した時点で既遂に達し、終了するが、社会的見解からは訪問先で選挙運動を行うことがまさに戸別訪問の犯罪行為の一部であるから、その選挙運動の一環として供与又は法定外文書頒布が行われたときは、当然観念的競合と解されることになろう)。そして、甲乙の罪の社会的見解における犯罪行為が重なり合う場合、一個の行為として観念的競合が認められることになると解されるのである(甲の実行の着手以前における犯罪行為が乙の実行行為にあたる場合、甲の実行行為が乙の実行行為にあたる場合、甲の既遂後の犯罪行為が乙の実行行為にあたる場合、甲の既遂後の犯罪行為が乙の実行の着手前の犯罪行為にあたる場合があり得よう。中山善房「観念的競合と牽連犯」判例刑法研究4三二〇頁は、実行行為の相互依存性、合一性、発展的結合性のいずれかがある場合に一個の行為性が認められると説くが、これは私見と方向を同じくするものと思う)。

なお、右のような考え方によると、小切手を偽造し、これを行使し、現在を騙取した場合、あるいは、住居に侵入し、窃盗をした場合にも、観念的競合になるとの批判がある(坂本・前掲一三頁、古田・前掲七四頁)。右のうち、偽造小切手の行使と詐欺、住居侵入と窃盗との間には、確かに観念的競合とすべき関係があるといえるが、このような場合は、法律自体が牽連犯の成立を予定しているため、牽連犯が優先して成立すると解するのが相当と思う。

七　本法違反罪の合憲性

覚せい剤がもたらす公衆衛生上の危害について広く認識されるに至ったためか、近時、本法違反罪中のいわゆる実質犯に対する違憲の主張は、ほとんどみられないようになった(判例としても、わずかに、所持、使用の禁止を合憲とした名古屋高判昭五七・八・三一高検速報六二一号があるにとどまる)。

この点に対する最高裁判例は、二つある。その一は、覚せい剤の譲渡、譲受の禁止、処罰が憲法一三条に違反しないとしたものであって、「覚せい剤取締法にいわゆる『覚せい剤』は、これを濫用するときは習慣性を生じ進んで慢性中毒症となり肉体上、精神上病的状態に陥り、遂には非行、犯罪を犯し、社会公共に危害を及ぼす虞のあることは明らかである。従って覚せい剤取締法が、一方において覚せい剤の適正な使用の途を開きつつ、法定の資格以外の者によるその譲渡、譲受等が濫用の因をなしやすいことに鑑み同法一七条三項をもって法定の場合の外一般に覚せい剤を譲り渡し又は譲り受けることを禁止し、同法四一条一項四号をもってこれが違反に対し罰則を定めても公共の福祉のために必要なものであるから憲法一三条に違反するとはいえない」と判示している(最大判昭三一・六・一三刑集一〇巻六号八三〇頁。この研究として田原義衛・最高裁判例解説昭和三一年一六二頁)。その二は、覚せい剤の所持、譲受の禁止、処罰が憲法二二条に違反しないとしたものであって、「覚せい剤取締法が一方において覚せい剤の適正な使用の途を開きつつ、他方において、法定の資格者以外の者によるその譲渡、譲受、所持等が濫用の因をなしやすいことに鑑み、法定の場合の外一般に覚せい剤を所持し、又は譲り渡す行為等を禁止し、これが違反に対し罰則を定めても公共の福祉のために必要なものであることは当裁判所大法廷判決（昭和二八年(あ)第四三二九号、昭和三一年六月一三日言渡判決）の趣旨に徴し明らかである。それ故、法定の資格者でない者が覚せい剤を所持譲渡しても必ずしも公共の福祉に反するものでないことを根拠として、原判決が憲法二二条に違反するとの主張は、その理由がない」と判示している（最判昭三一・九・一一刑集一〇巻九号一三四一頁）。

13　白地刑罰法規と刑の廃止

一　問題の所在

憲法三一条は、ある行為を処罰するには、その行為に対する刑罰を定めた法律が存在しなければならないばかりでなく、裁判所が裁判をするときまでその法律が継続して存在していなければならない旨を定めたものである。「犯罪後の法令により刑が廃止されたとき」には判決で免訴の言渡しをしなければならないと刑事訴訟法が規定しているのは(三三七条二号)、右の憲法上の要請を法律化したものにほかならない。

ところで、特別刑法の罰則の中には、いわゆる白地刑罰法規が極めて多い。これは、罰則を定めた法律規定が、犯罪対象行為を完全に指定することなく、他の法規又は行政処分に違反したことを構成要件とし、あるいは、構成要件の要素の内容を他の法規又は行政処分の定めに依ることとして、犯罪対象行為の全部又は一部の指定を他の法規に委ねている場合をいう。この場合、他の法規又は行政処分の内容をみなければ、具体的な犯罪対象行為が何かは分らないので、少なくとも外観上は、それらの内容が罰則の構成要件又はその要素を構成しているようにみえる。そこで、行為後裁判前にそれらの法規又は行政処分が改廃されると、法律の罰則規定が改廃された場合と同様、刑の廃止があったのではないかが問題となるのである。

右の問題は、憲法論からいえば、憲法三一条が保障している法律の定める手続により刑罰を科するという場合の法律すなわち罰則とは何を意味するのかという問題であり、刑法論からいえば、白地刑罰法規における犯罪構成要件はいかなる部分を指すのかという問題である。

二　白地刑罰法規の構造

本論に入る前提として、白地刑罰法規にみられる種々の型を区分したうえ、白地刑罰法規の構造を明らかにしておきたい。

1　白地刑罰法規の型

白地刑罰法規の相当多数は、法律が政令、省令その他行政機関が定める法規である命令に対して法規たる定めを行うことを委任するという形式をとっている。しかし、それ以外にも、一般的行政処分である告示に経済統制価格等を定めることを委任する場合、具体的行政処分である下命、禁止等により個別的な必要に応じて作為、不作為義務を課すことを授権する場合（例えば、①建築基準法九条は、違反建築物につき除却、改築その他違反を是正するに必要な措置をとるよう命ずることを特定行政庁に授権し、九九条三号は、この命令に違反した者に刑罰を科する旨を規定しており、②道路交通法六条二項は、通行の著しい停滞で交通混乱のおそれがある場合において、警察官に対し、混雑緩和のために必要な限度で車両等の通行禁止や法定外の通行方法を命ずることを授権し、一二〇条一号は、その命令に従わなかった車両等の運転者に対し刑罰を科する旨を規定し、③覚せい剤取締法三一条は、覚せい剤取扱関係機関から必要な報告を徴することを厚生大臣等に授権し、四一条の二第七号は、右の規定による報告をしなかった者に対し刑罰を科する旨を規定している。こうした規定は、行政罰則ではむしろ通例である）、他の法律の規定を罰則の要素として援用する場合（例えば、関税法一〇九条一項は、「関税定率法第二十一条第一項（輸入禁制品）に掲げる貨物を輸入した者は、五年以下の懲役若しくは五十万円以下の罰金に処し、又はこれを併科する」と規定する）がある。これらの場合のうち、刑の廃止が論議されているのは、委任命令が改廃された場合と一般的行政処分たる告示が改廃された場合についてであって、具体的な犯罪対象行為の指定という役割を果す点ではこれらと少しも異なるところのない個別的行政処分による場合についてはさほど関心が持たれてこなかった。

2　委任命令に対する委任の形式

法律の委任のうち罰則の内容に係わるものを特に罰則の委任と呼ぶことがあるが、その形式には大別して二つがある。第一は、犯罪対象行為及び刑罰の双方につき法律が命令に対し規定を委任している形式である。古くはこの形式の委任が多かったが、今日では例外的であり、砂防法(明治三三年法律二九号)四一条が、「此ノ法律ニ規定シタル私人ノ義務ニ関シテハ命令ヲ以テ二百円以内ノ罰金若ハ一年以下ノ禁錮ノ罰則ヲ設クルコトヲ得」と定め、漁業法(昭和二四年法律二六七号)六五条が、一項において、「主務大臣又は都道府県知事は、漁業取締その他漁業調整のため、左に掲げる事項に関して必要な省令又は規則を定めることができる」と定めて「水産動植物の採捕又は処理に関する制限又は禁止」など四つの事項を掲げたうえ、二項において、「前項の規定による省令又は規則には必要な罰則を設けることができる」と定め、三項において、「前項の罰則に規定することができる罰は、省令にあっては二年以下の懲役、五万円以下の罰金、拘留若しくは科料又はこれらの併科、規則にあっては六箇月以下の懲役、一万円以下の罰金、拘留若しくは科料又はこれらの併科とする」と定めているのが目立つ程度である。第二は、授権法律において、命令等に対し一定の事項を規定することを委任し、この命令等に違反したことを犯罪構成要件とし又はその要素の一部とする旨を定めると共に、一定の刑罰をも定めている形式であり、この形式で定められた罰則は通常白地刑罰法規と呼ばれる。今日ではこの形式が一般であって、その例として、労働安全衛生法(昭和四七年法律五七号)が、二七条において、二〇条から二五条までの規定により事業者が労働者の危険又は健康障害を防止するために講ずべき措置については労働省令で定める旨を定め、一一九条一号において、二〇条から二五条までの規定に違反した者は六月以下の懲役又は五万円以下の罰金に処する旨を定め、道路交通法(昭和三五年法律一〇五号)が、一一九条一項七号の二において、六五条(酒気帯び運転等の禁止)一項に違反して車両等を運転した者で、その運転をした場合において身体に政令で定める程度以上にアルコールを保有する状態にあった者を、三月以下の懲役又は三万円以下の罰金に処する旨を定めているのを挙げることができる。

3　委任命令規範の性質

2で述べた第一の委任形式による委任命令すなわち犯罪対象行為と刑罰とを共に定める形式の委任命令の場合は、その規範自体が刑罰規範であり、その規範の要件は構成要件以外の何物でもない。これに対し、第二の委任形式による委任命令の場合は、その規範は第一次的には刑罰規範ではなく行為規範である。すなわち、右の第二の形式の委任は、委任する法律規定の位置や文言からも明らかなとおり、命令に対し行為規範つまり国民に対し一定の作為、不作為をする規定を設けることを委任する趣旨のものであり、したがって、これに基づいて定められた委任命令の規範は、それだけでは刑罰規範としての意味を持たず、その違反に対し刑罰を科する旨の法律の規定を待って初めて刑罰規範としての意味を帯びるにとどまる。そのことはまた、この種の委任命令の規範がその違反に対し罰を科する旨の規定の有無に拘らず独立した存在意義を有し、その制定後その違反に対し刑罰を科する旨の規定を制定、廃止することが可能であることにも表われている。さらに、委任命令の場合、これを改廃するに際し、従前の違反行為に対する罰則の適用をいかに処理するかについての経過規定を命令に設けることは許されず、単に命令の廃止後も処罰の関係においてだけ従前どおり存続しているものとするという趣旨の経過規定を設けることが許されるだけである(中野次雄・刑事判例評釈集一三巻六八頁以下参照。委任命令中に罰則に関する経過規定が置かれることは稀ではないが、それは原則としてこの趣旨のものと解すべきである。もちろん、法律が命令に対し罰則の経過規定を設けることを委任している場合は別であって、例えば、労働安全衛生法一一三条は、「この法律の規定に基づき命令を制定し、又は改廃するときは、その命令で、その制定又は改廃に伴い合理的に必要と判断される範囲内において、所要の経過措置(罰則に関する経過措置を含む。)を定めることができる」と規定している。このような規定に基づく命令中の経過規定は、罰則の適用についても直接的効力を有することはいうまでもない)。

以上の論議を基礎として、白地刑罰法規において下位の命令又は行政処分が改廃された場合に刑の廃止が認められるか否かを考察して行こう。

三　学説の対応

ここでこの問題に対する学説の対応をみると、刑の廃止を認める範囲の広い順に次の四つに大別することができる。

第一は、罰則とあいまって処罰対象行為の内容を特定するものと予定されている他の法規又は処分に変更があった結果、行為時において処罰の対象とされていた行為が処罰の対象から除外されるに至った場合には、すべての刑の廃止を認める立場である(田中二郎・法律による行政の原理二九一頁以下、同・法律時報一四巻五号四一頁)。この立場によると、犯罪対象行為を定めた委任命令が廃止された場合のほか、尊属殺の罰則につき民法の改正により尊属の範囲が縮小された場合、あるいは、価格統制に関する罰則につき告示に委ねられた統制価格が上った場合にも、刑の廃止があったことになるが、通貨偽造罪につき通貨に関する法規が変更された場合のように、処罰対象行為を特定しているとは認められない法規に変更があったにとどまるときは(同罪は通貨に関する法令をその内容として予定してはおらず、何らの根拠で流通の通貨と認められるものの偽造を広く罰する趣旨であるから)、刑の廃止があったとは認められないことになろう。

第二は、罰則とあいまって処罰対象行為の定型性（構成要件）そのものを規定している法規に変更があった場合には、刑の廃止を認めるべきであるが、単に右の定型（構成要件）にあたる事実の面において法規の変更があったに過ぎない場合には、刑の廃止を認めるべきではないとし、犯罪対象行為を完全な形で定めた委任命令が廃止された場合には前者の構成要件に変更があった場合にあたるとする立場である（団藤重光・刑法綱要総論（改訂版）七二頁以下、福田平・行政刑法（新版）六七頁以下）。法律又は命令に変更があった場合には法規の変更があったのであるから、刑の廃止を認めるべきであるが、告示のような一般的行政処分に改廃があった場合には、法規の変更があったとはいえないので、刑の廃止を認めるべきではないとする場合も、同じ結論となろう（小野清一郎・民商法雑誌一〇巻三号一七三頁、同・刑事判例評釈集一巻四二五頁、三巻二一〇頁、三巻二一八頁、四巻二一〇頁、一五巻二二三頁、一六巻三四二頁、一六巻四〇二頁）。これらの立場によると、先の価格統制法規の場合には刑の廃止はないことになる（尊属殺の場合は、結論が分れ、団藤・前掲七二頁は刑の廃止を認めず、小野・刑事判例評釈集一六巻四〇八頁は直系尊属の概念に変更があったとして刑の廃止認める）。

第三は、第二の立場と同様、委任命令等の改廃が構成要件そのものを定める法規等の変更にあたるときは刑の廃止を認め、単に構成要件にあたる事実の面における法規等の変更にあたるときには刑の廃止を否定するという基本的立場をとりつつも、両者を行為規範ないしは可罰的評価に変更があったか否かによって区別し、構成要件つまりは規範に係わる下位法規に変更があった場合に刑の廃止を認めるという立場である（平野・刑法総論Ⅰ七二頁以下）。この立場によると、第二の立場のように、下位規範が犯罪対象行為を完全な形で定めている場合にこれが廃止されたときに直ちに構成要件の変更があったとはせず、変更の動機が可罰的評価の変更によるものであって単なる事実の変更を超える行為規範の変更があったと認められる場合に限り、構成要件の変更があったとして刑の廃止を肯定することになる。その反面、構成要件の概念に係わる法規の変更があった場合でも、第二の立場のように、すべて構成要件にあたる事実の面における法規の変更に過ぎないとはせず、それが構成要件事実の概念の縮小をもたらす限度で刑の廃止を肯定することになる。

第四は、委任命令が特定の行為を命令禁止する旨を定め、法律中の罰則がこれに違反した者を処罰する旨を定めている場合、犯罪構成要件は右の委任命令に違反するということ自体であり、委任命令が定める具体的な命令禁止に反する行為をするということではないから、委任命令が改廃されても、構成要件に変更はなく、常に刑の廃止は認められないという立場である（中野「いわゆる限時法に関する最高裁判所判決について」法律時報二二巻一二号六三頁、同・刑事判例評釈集一三巻六六頁、一七巻二五〇頁、二四巻五〇頁、二七巻一二一頁、木村亀二・刑法総論一一五頁）。この立場によると、第二、第三の立場と同様、単に構成要件の要素に関する法規に変更があった場合は、もとより刑の廃止とは認められないし、下位規範で命令禁止行為が規定されている場合における下位規範の変更も、実は、右のように捉えた構成要件にあたる事実の面における法規の変更にとどまると解されることになるのである（中野・刑事判例評釈集二四巻五七頁）。

四　判例の対応

次に、この問題に対する判例の対応（判例の詳細な分析は、柏木千秋「時際刑法」刑法講座第一巻四七頁、木村亀二＝大野平吉「限時法」総合判例研究叢書刑法(25)、西原春夫「刑罰法規の適用範囲」判例刑法研究1一一頁参照）を、委任命令に関するものに限定したうえ、構成要件の要素に関する委任命令の場合と完全な行為規範の委任命令の場合（この区別については**二2 3**参照）に分けて概観してみよう。

1　構成要件の要素に関する委任命令の改廃

まず、構成要件の要素に関する委任命令が改廃された場合の判例をみよう。

① 輸出入品等ニ関スル臨時措置法(昭和一二年法律九二号)二条は、政府は支那事変に関連し国民経済の運行を確保するため特に必要と認めるときは需給関係の調整を必要とする物品につき当該物品又はこれを原料とする製品の配給譲渡使用又は消費に関し必要な命令をなすことを得べき旨を定め、五条は、その命令若しくは処分又はその命令に基づいてなす処分に違反した者に対しては一年以下の懲役又は五、〇〇〇円以下の罰金を科する旨を定めていた。そして、二条に基づく委任命令である物品販売価格取締規則(昭和一三年商工省令五六号)は、商工大臣の指定した物品を販売する者に対し商工大臣地方長官等の指定した価格を超えて物品を販売してはならない旨を定め、同年商工省告示二六一号により故又は屑の鉄の販売価格を指定した。行為後の右の告示の廃止が刑の廃止にあたるか否かが争われた事件において、判例(大判昭一五・七・一刑集一九・四〇八、同昭一五・七・一八刑集一九・四四九、四五九)は、行為当時の指定価格を規準として犯罪の成否を決すべきであって、刑の廃止はないと判示した。

② その後、(旧)国家総動員法(昭和一三年法律五五号)及びこれに基づく価格等統制令の委任を受けた行政官庁の指定価格に変更があった場合にも、同じ立場がとられた(大判昭一六・五・二〇刑集二〇・三〇五)。

③ 最高裁判所になってもこの立場が維持され、指定の統制額があるときにこれを超える額での契約、支払、受領を禁止し、その違反に対し刑罰を定める物価統制令(昭和二一年勅令一一八号)とこれに基づき果実の統制額を指定した大蔵省告示との関係につき、行為後に告示の廃止があっても刑の廃止は認められないと判示された(最大判昭二五・一〇・一一刑集四・一〇・一九七二)。

④ 続いて、最高裁判所は、食糧管理法(昭和一七年法律四〇号)に基づく農林省令の改正で馬鈴薯が主要食糧輸送禁止違反罪の対象食糧から外された場合についても、刑の廃止ではないと明言した(最判昭二六・三・二二刑集

五・四・六一三）。

⑤ また、麦が右食糧管理法に基づく農林省令により規制対象食糧から外された場合についても、④と同様の判示をした（最判昭二九・一一・一六刑集八・一一・一二五、同昭二九・五・一四刑集八・五・六八六）。

⑥ さらに、（旧）関税法（明治三二年法律六一号）上の密輸出入罪に関し、犯行当時命令で同法の適用につき外国とみなされていた本邦の地域が、その後命令の改正により本邦の地域とされた場合において、その地域と本邦との間に輸出入行為がなされたのに対し、密輸出入を禁止する規範は命令により外国とみなされる地域が変更された前後を通じて依然として存続していたから刑の廃止にあたらないと判示していた当初の判例（最判昭三〇・七・二〇刑集九・九・一九二二）を変更し、命令の変更でその行為は何ら犯罪を構成しなくなったから、行為の可罰性は失われたとして刑の廃止を認めた（最大判昭三二・一〇・九刑集一一・一〇・二四九七。同旨、同昭三二・一〇・九刑集一一・一〇・二五〇九、同昭三七・一二・一二刑集一六・一二・一六七二）。

前記学説の第一の立場によると、これらの事例についてはすべて刑の廃止を認めるべきであり、⑥の判例のみが正当ということになり、第二の立場によると、⑥の判例については外国という概念の変更があったとみる余地があるがなお問題があり、他の判例は正当ということになり（平野・前掲）、第三、第四の立場によると、すべての事例について刑の廃止を認めるべきでなく、⑥の判例は不当であるということになる（団藤・中野・各前掲）。

2 犯罪対象行為の内容を定める行為規範を規定した委任命令の改廃

次に、委任命令が具体的な行為規範を定めている場合の判例をみよう。

⑦ （旧）臨時馬の移動制限に関する法律（昭和一二年法律八九号）に対する判例（大判昭一三・一〇・二九刑集一七・

八五三）が最初である。同法一条は、馬の移動にして馬の徴発に支障を生ずる虞のある事項を制限することを命令に委任し、二条は、委任命令の制限規定に違反したことを犯罪として刑罰を定めていた。行為時の省令では行為地は馬を移動するのに許可が必要な地域に含まれていたが、その後の省令の変更でその地は許可が不必要な地域となった。判例は、制限規定を適用しない場合として「追加規定セラレタル場所内ニ於ケル行為ハ右制限規定ノ適用ヲ受ケサルニ至ル結果右法律第二条所定ノ犯罪構成要件ヲ具備セサルコトトナリ結局同条所定ノ刑罰ヲ科スヘカラサルニ至ルハ理ノ看易キ所ニシテ是即チ該行為ニ付テハ後ノ委任命令ニ依リテ刑ノ廃止アリタルニ外ナラサルナリ」と判示した。

⑧　最高裁判所になってからは、（旧）占領目的阻害行為処罰令（昭和二五年政令三二五号）に関する判例がある。同令は、「占領目的に有害な行為」を「連合国最高司令官の日本国政府に対する指令の趣旨に反する行為、その指令を施行するために連合国占領軍の軍、軍団又は師団の各司令官の発する命令の趣旨に反する行為及びその指令を履行するために日本国政府の発する法令に違反する行為」と定め、その行為につき罰則を定めていた。そして、アカハタ発刊停止に関する連合国最高司令官の指令違反行為の占領後の処罰の適否につき、刑の廃止を認めた（最大判昭二八・七・二二刑集七・七・一五六二。同旨のものとして、同昭二八・一二・一六刑集七・一二・二四五七、同昭三〇・四・二七刑集九・五・九四七、同昭三一・一・二五刑集一〇・一・八九）。

⑨　続いて、政令三二五号に関する海外旅行の覚書違反行為の占領後の処罰の適否についても、刑の廃止を認めた（最大判昭二九・一二・一刑集八・一二・一九一一。同旨として同昭三〇・二・二三刑集九・二・三四四）。

⑩　しかし、政令三二五号と性格を同じくする、（旧）連合国占領軍の占領目的に有害な行為に対する処罰等に関する勅令（昭和二一年勅令三一一号）については、朝鮮人等の登録に関する覚書違反行為の占領後の処罰に関し、刑の廃止を否定して処罰を認めた（最大判昭三〇・一〇・一二刑集九・一一・二一五九）。

⑪　また、(旧)道路交通取締法(昭和二二年法律一三〇号)二三条一項は、「諸車の乗車、積載又はけん引の制限について必要な事項は、命令でこれを定める」と規定し、三〇条は、「……第二三条一項……の規定に基づく命令には、三、〇〇〇円以下の罰金又は科料の罰則を設けることができる」と規定していた。これに基づいて、政令である道路交通取締法施行令四一条は、「公安委員会は、自動車(そのけん引する諸車を含む。)及び前条第一項の荷車以外の諸車につき、道路における危険防止その他の交通の安全を図るため必要と認める乗車人員又は積載重量若しくは積載容量の制限を定めることができる」と規定し、七二条は、「左の各号の一に該当する者は、三、〇〇〇円以下の罰金又は科料に処する。……三　……第四一条……の規定に基く公安委員会の制限……に違反した者」と規定していた。続いて、新潟県公安委員会は、新潟県道路交通取締規則八条で、「令第四一条の規定により、道路において第一種原動機付自転車又は一人乗り二輪自転車の運転者は、他人を乗車させてはならない」とした。第二種原動機付自転車及び二輪の自転車に二人以上乗車してはならない」と規定したが、後にこれを改正し、「道路において第一種原動機付自転車又は一人乗り二輪自転車の運転者は、他人を乗車させてはならない」とした。第二種原動機付自転車には二人乗りをしてもよいことになったのである。判例(最大判昭三七・四・四刑集一六・四・三四五)は、右公安委員会規則の改正前に第二種原動機付自転車に人を乗せて逮捕され、改正後に裁判を受けた被告人の事件につき、刑の廃止を認めず有罪を肯定した。

政令三二五号違反の⑧⑨の判例については特殊な問題が介在するので(後記**六**参照)、別論としても、⑦と⑩⑪との間には、明らかに矛盾があり、⑦は、下位の命令により空白を補充される場合にその廃止があったことを刑の廃止とみる前記第二の学説に立つのに対し、⑩⑪は、刑の廃止を否定する第四の学説(第三の学説も、可罰的評価の変更による場合であるとして刑の廃止を認める。平野・前掲七四頁以下)に立っているということができる。

五　罰則・構成要件の範囲

さて、問題の核心は、冒頭で指摘したとおり、罰則又は構成要件とは何かにある。

前記第一の学説は、いかなる行為に対し刑罰が科せられるのかを問題とし、この処罰対象行為を特定するものはすべて罰則又は構成要件であるという理解に立っている。しかし、これは、処罰対象行為と構成要件とを混合するものではないであろうか。警察官が交通状況に応じて交通規制を命じ、その命令に反したことを処罰の対象とする場合(道路交通法六条二項、一二〇条一号)や、特定行政庁が違法建築をする者に対し必要な是正措置を命じ、その命令に反したことを処罰の対象とする場合(建築基準法九条、九九条三号)などのように、具体的な行政処分に違反したことを処罰対象行為とする罰則においては、行政処分がなされて初めて処罰対象行為が具体化することになるが、この場合に行政機関がした行政処分の内容が構成要件又は罰則となるものでないことは明らかであり、事柄の性質上刑の廃止が問題とならないこともまた明らかである。これは、行政処分の内容をなす命令禁止に反する具体的な行為をしたことを犯罪の構成要件としているのではなく、その内容のいかんにかかわらず行政処分に従わなかったこと自体を犯罪の構成要件としているからにほかならない。換言すれば、この種の罰則は、行政処分の一般的実効性を担保するためのものなのである。

前記第二、第三の学説は、下位法規が規範そのものを定めている場合にはそれが法律の規定の内容を補充する規範となるという理解に立っている。しかし、この場合にも、二つの種類があると思う。その一は、法律が行為規範と刑罰の双方の定めを下位法規に委任している場合であり、この場合の法律上の罰則は、通常の行政法規たる法律規定が行為規範を定めると共にその違反を処罰する旨を定めている場合と同様、行為規範の内容に反する行為をしたことを構成要件とする趣旨であることが明白である。その二は、法律が刑罰を定め、行為規範の定めを下位法規に委ねている場合であり、この場合の法律上の罰則は、下位法規の定めた命令禁止の行為をしたこと自体を直接犯罪の要件とはせず、下位法規に従わなかったこと自体を犯罪の要件とする趣旨であり、換言すれば下位法規の一般的実効性を担保するための罰則であることが明らかである。そのことは、下位法規が直接には行為規範の定めの委任によるものであって、罰則の定めの委任によるものではなく、従って、下位法規が罰則としての効力について経過規定で定めることは許されないことにも表われている(二3参照)。それが罰則の対象行為を特定することになる効力は、法律上の罰則によって生ずる付随的な効力であるにとどまるのである。第二、第三の学説が説く事実と規範との区別は、もとより基本的には維持すべきであるが、それは事実と刑罰規範の区別として理解するのが正当であり、下位法規の規範に反するという抽象的事実を構成要件とする罰則の場合における下位法規の変更は、刑罰規範の変更でなく、要件事実を構成する行為規範の変更にとどまると解すべきであろう。

以上のように解するときは、基本的には、前記の第四の学説をもって正当というべきである。

六　下位法規等の変更による刑の廃止

前記第四の学説の下でも、下位法規等の改廃が刑の廃止を導く場合はもとより肯定される。それは、下位法規自体が罰則自体の内容をなしているため、その改廃が罰則の廃止と認められる場合であって、それには次のような場合が含まれる。

第一は、法律が、命令に対し、犯罪対象事実及び刑罰の双方の規定を委任している場合(二2の第一の委任形式の場合)において、命令が犯罪対象事実の範囲を縮小したときである。この場合、命令自体(例えば、漁業法六五条に基づく漁業法施行規則)が罰則そのものを定めているのであるから、命令自体で罰則の改廃を独自に行いうることはもちろんであり、それに伴い罰則の廃止が生じるのは当然である。その反面、当然のこととして、命令自体が経過規定を設けて罰則の適用につき将来にわたり改廃した規定の効力を維持することができる。この第一の場合に罰則の廃止を認めるべきことには、異論がないであろう。

第二は、法律が、行政機関に対し、犯罪対象行為の要素をなす処分を行うことを授権し、その処分に違反した者を処罰する旨を定めている場合において、処分を行うべき行政機関が廃止され、経過規定も設けられなかったときである。委任命令に対し犯罪対象行為又はその要素の指定を委任している場合において、委任命令を発すべき行政機関が廃止され、経過規定も設けられなかったときも、同様であるが、この場合は極めて稀にしか生じ得ない。こうした場合、法律は行政機関が処分を行い又は命令を発することを前提として、行われた処分又は発せられた命令に違反したという事実を犯罪対象事実としているのであるから、処分又は命令の権限主体である行政機関が廃止されれば、処分又は命令に違反するという事実が起り得ないばかりか、その事実を対象として処罰するという罰則の内容自体が無意味となって失効するものと解さなければならないのである。(旧)警察法に基づく市町村の公安委員会が現行の警察法(昭和二九年法律一六二号)によって廃止されたことに伴い、集団行動の許可管掌機関である「静岡市公安委員会」がなくなったことから、静岡県公安条例中で同委員会の許可を受けない集団行動を処罰する旨の罰則が死文化したとして、刑の廃止が認められた判例(最大判昭三五・七・二〇刑集一四・九・一二一五。同種の判例として最判昭四一・三・三〇刑集二〇・三・五七)、これに対し集団行動の許可管掌機関が「集団行動をする地域を管轄する公安委員会」と抽象的に規定されていたときには、刑の廃止が認められないとされた判例(最判昭三九・九・二九刑集一八・七・四七二)は、この場合の先例として参考になろう。

第三は、罰則の構成要件の概念を定めた法規に改廃があり、概念が減縮された場合である。例えば、刑法二四二条は、「自己ノ財物ト雖モ他人ノ占有ニ属シ又ハ公務所ノ命ニ因リ他人ノ看守シタルモノナルトキハ本章ノ罪ニ付テハ他人ノ財物ト看做ス」と規定して、窃盗及び強盗の対象物である「他人ノ財物」の概念を拡大して定めているが、仮に右の条文が廃止されたとすれば、窃盗及び強盗の罪が減縮されて「他人ノ財物」についてしか成立しないこととなり、その限度で罰則の廃止が行われたことになる。同様の現象は、罰則以外の法規が改廃された際にも生じうる。関税法一〇九条一項は、「関税定率法第二十一条第一項(輸入禁制品)に掲げる貨物を輸入した者は、五年以下の懲役若しくは五十万円以下の罰金に処し、又はこれを併科する」と規定し、禁制品輸入罪の対象物を関税定率法二一条一項の規定するところによることとし、同条項は、「あへんその他の麻薬及びあへん吸煙具」などの輸入禁制品を列記している。この場合、関税定率法の規定が禁制品輸入罪の対象物の概念を定めているとみるほかはないから、関税定率法が改正されて輸入禁制品の品目が減少し、経過規定による手当てがなされなかったとすれば、その限度で禁制品輸入罪の一部が廃止されたと解するべきであろう。もっとも、他の法規が罰則の構成要件の概念を定めたものか、一般的、抽象的な構成要件にあたる事実の確定に係わる法規にとどまるかについては、微妙に判断が分れる可能性がある。これを判例上争われた二つの例について検討してみよう。

初めの判例は、尊属殺に関するものである(最判昭二七・一二・一五刑集六・一二・一四四二)。旧民法の下では継親子の間にも親子と同一の親族関係が生じるものと規定されていたが、現行民法ではこの規定が廃止された。そこで、民法改正前に継父母を殺した継子に対し尊属殺の罰則を適用することができるかが問題となり、右判例はこれを肯定し、通説(団藤・前掲七二頁、大塚仁・刑事判例評釈集一四巻二四二頁など)もこれを支持するが、尊属の概念に変更が加えられたのではないかと疑問を呈する有力説もある(平野・前掲七二頁)。刑法が「直系尊属」という一般的、抽象的概念を用いたと解すれば、尊属の範囲を定めた民法の規定は単にその概念へのあてはめを判断する際に作用する非刑罰規定にすぎず、刑の廃止はなかったことになるが、仮に民法の概念を尊属の定義規定に予定していたとすれば、民法の概念の変更に伴って当然に尊属殺の概念に変更があり、一部の刑の廃止が行われたことになる。「尊属」といった概念は当然に技術的な概念であり、当時の民法の概念を当然に予定していたと解することも十分に可能であるから、刑の廃止があったのではないかとする疑問にも相当の根拠がある。今後同種の問題が生じる場合には、必要に応じ、明文の経過規定を設けて処罰意思を明確にしておくべきであろう。

次の判例は、(旧)関税法の密輸出入罪に関する一連の判例である。同法七六条は、「免許ヲ受ケスシテ貨物ノ……輸入ヲ為シタル者」を処罰し、一〇四条は、「本法ノ適用ニ付テハ本州、北海道、四国、九州及命令ノ定ムル其ノ附属島嶼以外ノ地域ハ当分ノ間之ヲ外国ト看做ス」と規定していた。この規定に基づく政令は、当初「北緯三〇度以南の南西諸島」は外国とみなすと規定していたが、その後の改正で「北緯二七度以南の南西諸島」だけを外国とみなす旨を規定し、そのため、これまで外国とみなされた奄美大島は、外国とみなされなくなった。被告人は、この改正前に奄美大島から貨物を九州に運んだことで改正後に裁判を受けた。判例は、同種の事案につき改正後も処罰をすべきであるとしていたのを(最大判昭三〇・二・二三刑集九・二・三四四)変更し、何ら犯罪を構成しなくなったとして刑の廃止を認めるに至った(最大判昭三二・一〇・九刑集一一・一〇・二四九七)。この場合、密輸入を処罰するという刑罰法規には変更がなく、ただ外国とされた奄美大島が外国でなくなったに過ぎないから、事実の変更にとどまるとの有力な批判がある。しかし、罰則を定めた法律自体、外国という概念の定義を下位法規に委ね、下位法規の定めたところを罰則の概念に用いる趣旨を明らかにしているのであるから、下位法規の変更に伴って罰則の内容に変更があったと解するのが正当と考えられる(平野・前掲七三頁参照)。

第四は、下位法規が行為時から裁判時までの中途で違憲となった場合である。下位法規が行為時において既に違憲であるとすれば、刑の廃止を問題とするまでもなく、これに違反した事実を要件又はその要素とする罰則を適用することが許されないのは当然であるが、何らかの特殊事情により下位法規が行為時には違憲といえないときには、刑の廃止が問題となるのである。わが国の占領下におけるポツダム命令につきこうした例外的事情が生じた。既に述べたとおり(**四**参照)、判例は、アカハタ発行禁止指令違反の政令三二五号事件では刑の廃止を認めながら、朝鮮人等の登録に関する覚書違反にかかわる、同じ性質の勅令三一一号事件では刑の廃止を認めなかったが、この差は、前者の指令の内容が占領後であれば憲法違反とされるのに対し、後者の覚書の内容はそうではないという、いわゆる指令内容説によって初めて理解が可能であった。もっとも、占領中の指令は占領終了によって失効していて、占領後にその憲法的効力を問題とする余地はなく、ただ占領中に違反行為があった事実につき占領後に処罰をするにとどまるから、右の法で処理するのは、存在しない指令を存在しているとして判断する誤りを犯し、行為規範と裁判規範とを混同するものであるとの批判がある（中野・刑事判例評釈集一七巻二五三頁）。しかし、確かに下位法規中の行為規範の内容は構成要件の内容となるものではないが、下位規範に反したという事実を理由に処罰するには、その規範の内容が合憲なものであることを要するというべきであり、行為後にそれが違憲であるとの判断を下すことが可能となった場合には、その時点で処罰の要件が失われ、刑の廃止となると解して差し支えないのではあるまいか。

三　刑法罰則の解釈

三 [illegible]の探求

14 平安神宮社殿を放火罪における一個の現住建造物とした最高裁判例

〔判　決〕
平成元年七月一四日第三小法廷判決（昭和六三年(あ)第六六四号現住建造物放火等被告事件）刑集四三巻七号六四一頁
〔判示事項〕
複数の建物が廻廊等により接続されていた神宮社殿が一個の現住建造物に当たるとされた事例
〔決定要旨〕
本殿、拝殿、社務所等の建物が廻廊等により接続され、夜間も神職等が社務所等で宿直していた本件平安神宮社殿は、全体として一個の現住建造物に当たる。

一　事件の概要と経過

1　事件の概要

本件は、神社本庁等連続爆破事件と通称されている事件であって、昭和五一年一月六日平安神宮にガソリンを撒いて放火し、翌五二年中に神社本庁、東本願寺など六ヵ所で時限爆弾を爆発させて合計一二名を負傷させたことなどを内容とするものである。

一、二審では爆発物取締罰則違反に関しても争われたが、上告審での争いは平安神宮の現住建造物放火の点に絞られており、その社殿が一体として現住建造物を構成していたか否かが主な争点であった。

2　一審判決

一審判決は、平安神宮の社殿は全体として一個の現住建造物を構成していたと認め、次のような犯罪事実を認定した。すなわち、被告人は、「平安神宮の本殿等を焼燬しようと決意し、昭和五一年一月六日午前三時過ぎころ、京都市左京区岡崎西天王町九七番地宗教法人平安神宮（代表役員三條實春）において、宿直員等が現住し、東西両本殿、祝詞殿、内拝殿、齋館、社務所等が東西各内外廻廊、東西各歩廊等により接続している構造の平安神宮社殿の一部である祭具庫西側板壁付近にガソリン約一〇リットルを散布したうえ、所携のガスライターでこれに点火して火を放ち、右祭具庫及びこれに接続する西翼舎、内拝殿、祝詞殿、東西両本殿等に燃え移らせて、その全部または一部を炎上させ、もって、人の現住する建造物（焼燬面積約五一二平方メートル）を焼燬し」た。

一審判決は、前記の争点については次のように判示した。すなわち、「被告人が放火した祭具庫、西翼舎、東西両本殿、内拝殿等の建物と宿直員の現住していた社務所、守衛詰所とはかなりの距離があるものの、堅固な造りの東西各内外廻廊や東西各歩廊等が中央の広場を囲むように方形に連なり、廻廊や歩廊づたいに各建物を一周し得る機能、構造となっているうえ、その途中には蒼龍楼その他の楼閣等が存しており、これらの建造物を全体としてみた場合、その接続性は優に肯認することができる。また、右廻廊、歩廊等は、前記のとおり、屋根及び柱、壁の一部に不燃材料が使用されているとはいえ、屋根の下地、透壁及び柱等に多数の木材が使用されているほか、蒼龍楼その他の楼閣等も木造のものであり、このような建物の構造、材質や本件火災時にみられる前記のとおりの焼燬状況などに鑑みれば、風向、風速、湿度その他の気象条件や火災の発見、消火状況等のいかんによっては、社務所や守衛詰所への延焼の可能性も否定し得ない。したがって、以上を総合して考察すると、被告人の放火した祭具庫、西翼舎、東西両本殿、内拝殿等の建物部分と人の現住していた社務所、守衛詰所の部分とは、これを一体のものとして、その全体について現住建造物性を肯定することができるものというべきである。」

3　二審判決

二審判決は、一審判決の理由も結論もともに正当であるとしてこれを支持し、さらに、次のような説明を付加した。「複数の建築物が廊下などで結ばれている一連の建造物群があり、そのうちの一部に人が居住し、あるいは現在している場合において、犯人がそのうち人が居住し、あるいは現在しない建造物に放火したときに、その全体が単一の建造物であって、その所為が現住建造物放火罪にあたるのか、それぞれが別個独立の建造物であって、その所為は非現住建造物放火罪にすぎないとみるべきかは、その構造上の接着性の有無・程度、個々の建物の機能的関結性の有無・強弱、及び相互の連絡、管理方法などに加えて、副次的にはその火災が人の居住の用に供されている建物部分に延焼する蓋然性や火災により発生した有毒ガスが右部分に波及する蓋然性などをも一つのファクターとして考慮し、これらの諸事情を総合的に考察して決すべきものと思料されるのであるが、この場合における、その火災が人の居住の用に供されている建物に延焼する蓋然性なるものは、所論のように、その放火当時における風向、風速、気温、湿度、さらには右建造物群自体のその時点における消火態勢やその地域における消防署の一般的消火態勢の充実度とその時点における待機出動態勢などの一過的、現在的な具体的諸状況をふまえて、人の居住の用に供されている個所にまで延焼する現実的で切迫した蓋然性、危険性が果してあったかどうかという角度から判定すべきものではなく、かかる犯行時の具体的状況を捨象して一般的、定型的に判断すべきものといわなければならない。」

4　上告趣意

弁護人は、被告人の放火により焼燬したのは本殿、祭具庫、西翼舎等の建物であり、人が現住していた社務所等の建物までは延焼しておらず、かつ、放火箇所の建物と社務所等の建物とは廻廊等で接続していたとはいえ、廻廊等の経由で二〇〇メートル以上離れていて、社務所等の建物まで延焼する可能性はなかったから、本件では非現住建造物放火罪が成立するにとどまると主張した。

二　本決定の判示

本決定は、弁護人の上告趣意は適法な上告趣意に当たらないとしたうえ、職権により次のとおり判示した。

「弁護人の所論は、平安神宮社殿は一体として現住建造物を構成していたわけではなく、被告人が放火により焼燬した本殿、祭具庫、西翼舎等の建物と人が現住していた社務所等の建物とは別個の建造物であったから、本件においては非現住建造物放火罪が成立するにとどまると主張しているので、以下職権によりこの点につき判断する。

原判決及びその支持する第一審判決の認定によると、(1)　平安神宮社殿は、東西両本殿、祝詞殿、内拝殿、外拝殿(大極殿)、東西両翼舎、神楽殿(結婚儀式場)、参集殿(額殿)、齋館、社務所、守衛詰所、神門(応天門)、蒼龍楼、白虎楼等の建物とこれらを接続する東西の各内廻廊、歩廊、外廻廊とから成り、中央の広場を囲むように方形に配置されており、廻廊、歩廊づたいに各建物を一周しうる構造になっていた、(2)　右の各建物は、すべて木造であり、廻廊、歩廊も、その屋根の下地、透壁、柱等に多量の木材が使用されていた、(3)　そのため、祭具庫、西翼舎等に放火された場合には、社務所、守衛詰所にも延焼する可能性を否定することができなかった、(4)　外拝殿では一般参拝客の礼拝が行われ、内拝殿では特別参拝客を招じ入れて神職により祭事等が行われていた、(5)　夜間には、権禰宜、出仕の地位にある神職各一名と守衛、ガードマンの各一名の計四名が宿直に当たり、社務所又は守衛詰所で執務をするほか、出仕と守衛が午後八時ころから約一時間にわたり東西両本殿、祝詞殿のある区域以外の社殿の建物等を巡回し、ガードマンも閉門時刻から午後一二時までの間に三回と午前五時ころに右と同様の場所を巡回し、神職とガードマンは社務所、守衛は守衛詰所でそれぞれ就寝することになっていたというのである。

以上の事情に照らすと、右社殿は、その一部に放火されることにより全体に危険が及ぶと考えられる一体の構造であり、また、全体が一体として日夜人の起居に利用されていたものと認められる。そうすると、右社殿は、物理的に見ても、機能的に見ても、その全体が一個の現住建造物であったと認めるのが相当であるから、これと同旨の見解に基づいて現住建造物放火罪の成立を認めた原判決の判断は正当である。」

三 説 明

1 問題の所在

刑法一〇八条の現住建造物等放火罪の対象となる建造物(広義の現住建造物)には、「現ニ人ノ住居ニ使用」する建造物(狭義の現住建造物又は住居)と、「人ノ現在スル」建造物(現在建造物)の二種類がある。本決定は、このうち狭義の現住建造物(以下、現住建造物というときはこれを指す)又は住居についての判例であるが、その判旨は当然現在建造物にも及ぶと解される。

放火箇所が現住建造物(住居)の一部である場合には、その箇所を焼燬すれば現住建造物放火罪の既遂となるのに対し、放火箇所が非現住建造物の一部である場合には、その箇所を焼燬しただけでは、たとえ現住建造物に延焼することの認識があっても現住建造物放火罪の未遂となるにとどまり、現住建造物に延焼することの認識がなければ非現住建造物放火罪の既遂となるにとどまる。そのため、一個の現住建造物の範囲がどこまでか、その範囲をいかなる基準で判断すべきかが問題となる。

本件の場合、平安神宮社殿は、東西両本殿、祝詞殿、内拝殿、外拝殿等の多数の建物とこれらを接続する東西の各内廻廊、歩廊、外廻廊とから成る広大な建造物であり、被告人が放火した、社殿北方に位置する祭具庫(西本殿、内拝殿の近くにあった建物)と神職、守衛等が宿直し、社殿南方に位置していた社務所、守衛詰所までの距離は、社務所までは廻廊、歩廊沿いで約二三一メートル、直線で約一六五メートルあり、守衛詰所までは廻廊、歩廊沿いで約二三五メートル、直線で約一四四メートルあった。そして、被告人の放火により、祭具庫に比較的近い外拝殿より北方にあった建物（東西両本殿、祝詞殿、内拝殿等）は延焼したが、外拝殿とそれより南方にあった建物は社務所、守衛詰所を含めて延焼を免れた。このような事情があったため、弁護人は、平安神宮社殿は全体として現住建造物を構成していたわけではなく、被告人が放火により焼燬した祭具庫、東西両本殿等の建物と人が現住していた社務所、守衛詰所等の建物とは別個の建造物を成していたものであり、また、被告人には後者の建物に延焼することの故意がなかったから、非現住建造物放火罪が成立するにとどまると主張したのである。

右の問題は、現住建造物（住居）に対する放火が現在建造物に対する放火と並んでその他の建造物に対する放火より重く処罰される理由は何かという観点から検討するのが妥当であろう。すなわち、その理由は、(イ)　住居が生活の根拠であるからなのか、(ロ)　住居に対する放火により人の生命、身体に危険が生じるからなのか、(ハ)　住居中の人の居住部分に火が及ぶことにより人の生命、身体に危険が生じるからなのか、が問題の決め手になると考えられるのである。住居という財物の特殊性に着目する(イ)の見解に立つと、住居の一部を成す限りは、その部分の放火により当然現住建造物放火罪が成立すると解されるが、住居と非住居とが一棟を成し、非住居への放火により住居の居住者の生命、身体に危険が及ぶ場合でも、当然には同罪が成立することはない。他方、延焼による危険に着目する(ハ)の見解に立つと、住居の一部に対し放火をした場合でも、住居中の居住部分に延焼する危険がない限り、当然には現住建造物放火罪が成立することはない。そして、住居の居住者の生命、身体の危険に着目する(ロ)の見解に立つと、住居の一部に放火すれば当然右の危険が生ずることになるので現住建造物放火罪が成立し、また、住居の一部ではない非住居への放火であっても、住居と非住居とが一棟を成していて住居に当然右の危険が及ぶ場合にも、同罪が成立することになる。

2 本決定の要点

本件決定は、「右社殿は、その一部に放火されることにより全体に危険が及ぶと考えられる一体の構造であり、また、全体が一体として日夜人の起居に利用されていたものと認められる。そうすると、右社殿は、物理的に見ても、機能的に見ても、その全体が一個の現住建造物であったと認めるのが相当である」と判示し、現住建造物放火罪の成立を認めた二審判決の判断を支持した。

「一部に放火されることにより全体に危険が及ぶと考えられる一体の構造」という点は、物理的な観点から見た場合の現住建造物の構造上の一体性をいい、「全体が一体として日夜人の起居に利用されていたもの」という点は、機能的な観点から見た場合の現住建造物の構造上の一体性をいうものであって、これら二つのどちらかの観点から見て構造上の一体性が肯認される場合に一個の現住建造物といいうることを判示した趣旨と解される。

本件決定は、物理的な観点から見た場合の本件平安神宮の構造上の一体性については、(1) 平安神宮社殿の各建物は、廻廊、歩廊づたいに一周しうる構造になっていたこと、(2) 右の各建物は、すべて木造であり、廻廊等にも多量の木材が使用されていたこと、(3) そのため、被告人が放火した祭具庫、西翼舎等に放火された場合には、神職等が宿直していた社務所等にも延焼する可能性を否定することができなかった、という一、二審判決の関係認定事実を引いている。すなわち、延焼の可能性は、物理的な一体性を判断する際の一つの考慮要素とされているのである。

他方、本件決定は、機能的な観点から見た平安神宮の構造上の一体性については、(4) 昼間は拝殿で礼拝や神事が行われていたこと、(5) 夜間には神職、守衛らが宿直し、社殿の建物等を巡回していたこと、という関係認定事実を引いている。

このように見てくると、本件決定は、現住建造物放火が重く処罰される理由につき、現住建造物(住居)に対する放火により人の生命、身体に危険が生じることにあるとの見解(前記1(ロ))を採っているものと考えられる。

3　本決定の検討

(一)　従前の判例との整合性

従前の判例について検証すると、まず「人」の住居に使用するという点については、犯人以外の者をいい(大判明四二・一二・六刑録一五輯一七三五頁、大判昭七・五・五刑集一一巻五九五頁、最判昭三二・六・二一刑集一一巻六号一七〇〇頁)犯人以外の者の住居であっても、犯人が居住者全員を殺害して放火した場合には、人の住居には当たらないと解されている(大判大六・四・一三刑録二三輯三一二頁)。この考えもまた、前記1の(イ)ないし(ハ)のいずれの見解とも整合性を保ちうるであろう。もっとも、犯人の住居であっても、来訪者等が中に立ち入り、放火により生命身体に危険を被るおそれがないとはいえないが、人が現在しないことを犯人が確かめたうえで放火したような場合には、右の危険は小さいので、他人の住居や現在建造物の場合のように重く処罰する必要はないということができよう。

次に、現に人の「住居ニ使用」するという点については、現に人の起臥寝食の場所として日常使用していることをいい、必ずしも昼夜間断なく使用している必要はなく、居住者がたまたま外出して一時その家にいない場合でもよいと解されている(大判明四四・一二・二五刑録一七輯二三一〇頁、大判大二・一二・二四刑録一九輯一五一七頁、大判大一四・二・一八刑集四巻五九頁、大判昭九・一一・一五刑集一三巻一五〇二頁)。ここに人の起臥寝食の場所として使用しているというのは、人の生活の本拠としているという意味ではなく、単に何らかの人が日常生活の場所として使用していることを意味するにすぎず、したがって不特定の客が寝泊りする待合の離座敷(後記⑤の最判昭二四・六・二八刑集三巻七号一一二九頁)や学校の宿直室(後記①の大判大二・一二・二四刑録一九輯一五一七頁)も含んでいるから、判例の立場は、前記(イ)の見解とは両立しないことになろう。

さらに、一部が住居、他が非住居の建物から成る建造物について一個の現住建造物(住居)と認めた判例を検討すると、これには外観上一個の建造物であるときのように物理的な観点から見て一個の構造をもつ建造物の場合と、物理的な観点からは二個の建物から成るが、それが一体として使用されているなど機能的な観点から見て一個の構造をもつ建造物の場合との二種類がある。まず、物理的な観点から見て一個の構造を持つと認められる建造物であった場合には、全体として一個の現住建造物(住居)になると解されている。

① 大判大二・一二・二四(刑録一九輯一五一七頁) 私立工学校の校舎二階に放火した事案につき、一階の一部に宿直室があり、夜間宿直員が宿泊していたことを理由として、「右校舎ハ現ニ同人ノ住居ニ使用スル建造物ナルコトヲ認ムルニ足ル」と判示した。

② 大判昭三・五・二四(新聞二八七三号一六頁) 棟割長屋の一軒に人が住まい、他の一軒は空き家である建造物につき、一棟の家屋はたとえ数戸に区画されていても一個の家屋にほかならないから、空き家の方に放火してその部分のみを焼燬した場合でも現住建造物放火罪が成立するとした。

③ 大判昭一四・六・六(刑集一八巻三三七頁) 灘中学校の放火事件である。放火により焼燬したのは人のいない校舎であったが、これと廊下により接続していた本館と小使室には人が現在していた。上告趣意は、接続廊下は、バラック式屋根のある雨除け程度のものであるから、校舎は本館等とは独立した建造物であると主張したのに対し、「本館及小使室ト連接一体ヲ成シ居ルタルコトヲ認ムルヲ得ベク既ニ斯ノ如ク一体ヲ成セル以上……是等建物ハ一体トシテ刑法第百八條ニ所謂人ノ現在スル建造物ニ該当スルコト明カ」であると判示した。

これらの判例は、物理的な観点からみて一個の建造物であり、「その一部に放火されることにより全体に危険が及ぶ」ような構造をもつものについては、たとえそれが現住部分と非現住部分とから成る場合であっても、全体が一個の現住建造物（住居）になると解するものである。したがって、この判例の立場は、住居という財物の性質に着目する前記**1**の(イ)の見解とは両立せず、また全体への延焼の可能性を明示の考慮要素としていない点で(ロ)の見解に近いが、なお(ハ)の見解を排除してはいないというべきであろう。

他方、物理的な観点からみると二個の建造物から成るが、機能的な観点からみると一個の構造を持つと認められる建造物の場合、つまりは「全体が一体として日夜人の起居に利用されていた」と認められる建造物の場合は、全体として一個の現住建造物（住居）になると解されている。

④　大判大三・六・九（刑録二〇輯二四七頁）　今治区裁判所には、放火（未遂）された本館のほか、別棟の附属建物が数棟あり、その一つに宿直室の建物があったが、本館と宿直室の建物とは相当離れていた。上告趣意は、現住建造物とは一個の建造物をいうのであって、一区画内の建造物をいうわけではないから、現住建造物放火罪には当たらないと主張したのに対し、本判決は、被告人は本館のほか宿直室などの附属建物をも焼燬する意思で放火に出たばかりか、「宿直員ハ非常ヲ警戒スヘキ責任ヲ有スルヲ以テ執務時限後ト雖モ庁中ノ各部分ヲ巡視スルヲ通例ト為スカ故ニ宿直室カ庁舎ト独立シタル建造物内ニ在リタル場合ト雖モ庁舎ヲ以テ人ノ住居ニ使用セル建造物ナリト謂フヲ妨ケス」と判示した。この判例については、建造物侵入罪にいう人の看守する建造物であるにとどまり、現住建造物とはいえないのではないかという批判も多い（例えば、大場茂馬・刑法各論下巻七八頁など）。しかし、別の場所に住む管理人が定時に裁判所に来て中を見廻る程度の場合には人の看守する建造物にとどまるであろうが、右の事案のように常時宿直人が敷地内に住込んで裁判所を巡視しているような場合には、その裁判所の内部は宿直人の居住空間に含まれるのであり、裁判所の棟と宿直人の棟とは機能的に見て一体の現住建造物を構成すると考えるのが妥当である。右の判例が宿直室への延焼の危険などに言及せずに全体としての現住建造物性を肯定したのは、その趣旨であると解される。

⑤　最判昭二四・六・二八（刑集三巻七号一一二九頁）　待合業を営む家の離れ座敷で、営業上客が出入りし起臥寝食の場所として使用している建物は、昼夜間断なく人が使用するものでなくても、現住建造物に当たると判示された。この場合、離れ座敷は、それ自体が独立した現住建造物に当たるとされたのであるが、その判旨を推すと、たとえその独占性が薄くても、母屋との機能的な一体性を理由として現住建造物の一部に当たると解されることになろう（中義勝「『待合業』を営む家の別棟の営業用の座敷と刑法一〇八条にいわゆる『現ニ人ノ住居ニ使用スル建造物』」刑法雑誌一巻二号二〇五頁、二〇七頁）。

⑥　最決平元・七・七（判例時報一三二六号一五七頁）　一二階建集合住宅であるマンション内部に設置されたエレベーターのかご内で火を放ち、その側壁として使用されている化粧鋼板の表面約〇・三平方メートルを燃焼させた場合につき、現住建造物等放火罪の成立を認めた。すでに述べたとおり、これまでは、物理的な観点からみて一体を成していた建造物であれば、通常、全体として現住建造物性が肯定されてきた。しかし、近時、耐火性建造物が発達したことにより、マンションのような場合には、各居室ごとに部分的に独立した現住建造物性を肯定すべきではないかという論議が起ってきた。右決定は、この論議に直接応えるものではないが、エレベーターがマンションの各居室と一体として機能し、いわば各居室の玄関の延長として使用されていることを根拠として、その現住性を肯定した原判断を支持したものであって、本件決定と同様に機能上の一体性を重視する立場に立つものということができる。

以上のようにみてくると、機能的な観点から見て一個の構造の建造物であって、「全体が一体として日夜人の起居に利用されていた」ものであれば、たとえ物理的な観点から見て二個の建物からなる場合であっても、全体を一個の現住建造物と考えるのが判例の流れであると結論づけることができるであろう。そして、この判例の立場は、建造物全体への延焼の可能性を現住建造物の一個性を肯認するうえでの必要要素としていない点で、前記**1**の(ハ)の見解を排し、(ロ)の見解に立つものといいうるであろう。

このようにして、本件最高裁決定は、物理的観点及び機能的観点を総合して現住建造物性を判断する従前の判例の流れに立ち、これを一層明確にしたものということができる[1]。

(1) 高裁判例の中にも、現住建造物の一体性を物理的な観点から判断したものと、機能的な観点から判断したものとがある。

まず、物理的な観点に立つものに、東京高判昭二八・六・一八(東高時報四巻一号五頁)がある。人のいない工場に放火をしたが、これと中廊下を通じてつながる寄宿舎には工員が居住していた事案に関し、右判決は、この廊下には羽目板及び壁があり、「構造上一建物内を通じるいわゆる中廊下の関係にあるものと認められ、従って叙上の建物全部は構造上不可分一体をなしておった」と判示した。ここにいう構造上の一体性とは物理的な観点からみた一体性をいうものであり、現に木造トタン葺廊下と連接する寄宿舎については、右廊下は渡り廊下にすぎないとして現住建造物から除外している。

他方、機能的な観点に立つものに、東京高判昭三一・七・三一(判例タイムズ六一号八〇頁)がある。人の現在しない木工場に放火したが、これと渡り廊下で連なる組立工場等の一部である機械仕上工場には人が現在していたという事案につき、右判決は、「機械仕上工場から木工場に至る建物は構造上一体を為す一個の建造物と認められる」と判示し、「なるほど奥の方に建てられた木工場は機械仕上工場との距離が二十米以上もあるし、機械工場から組立工場に通じる渡り廊下は柱がなく、ただ鉄骨の桁が渡してありトタンの屋根で雨や雪を防ぐようにしてあるだけで、其の下をトラックが自由に往来できるようになっている」ことは、「構造上一個の建造物と認定する妨げにならない」し、人が現在した機械仕上工場まで全焼する可能性がなかったとしても現住建造物放火罪の成否に影響を来すものではないと判示した。ここにいう構造上の一体性とは、前の判例とは違って機能的な観点からみた構造上の一体性をいうもののようである。そのことは、「各工場は互に接続して順次連絡交通できるようになっていて、工場の名称は作業部門が違うことを表現するだけで、工場単位毎に独立した建造物があるわけではない」とする判文と、人が現在した工場を焼失させる可能性がなくても現住建造物放火罪が成立するとした判文から推認しうるであろう。

(二) 学説の動向と本決定の位置

学説の主流は、現住建造物放火罪がその他の非現住、非現在建造物放火罪より重く処罰される理由を人の生命、身体に対し重大な危険が及ぶことに求める前記**1**の(ロ)又は(ハ)の見解を採っているものと考えられる。ただ、現住建造物(住居)の一体性を物理的な観点から判断すべきか、機能的な観点から判断すべきかについては、かなり古くから見解の分れがあった。そのうち、物理的な観点から一体性を判断すべきであるという見解が多数説であり、その代表は、「現住者カ建造物ノ一小部分ヲ住居トシテ使用スル場合ト雖モ其建造物ニシテ住居トシテ使用セラルル部分ト一体ヲ成ス以上ハ其全部ハ本罪ノ客体ナリ」としつつも、「現住者カ住居トシテ使用セル建造物ト独立セル別個ノ建造物ハ本罪ノ客体タル能ハサルモノトス」として前記㈠②の判例を批判していた（前掲大場茂馬・刑法各論下巻七八頁。同旨、泉二新熊・日本刑法論下巻一四一頁など）。

これに対し、「同一建造物が部分を限って住居と他の目的とに使用されている場合に於ては、各部分について客体の性質を論じなければならない。従って斯かる建造物に放火した場合に於ては、一個の行為をもって住居たる建造物と然らざる客体とに放火したことになる」（宮本英脩・刑法大綱四三一頁）と説く見解は、住居の空間として使用されている場所内で放火がなされた限度で公共の危険が抽象的に発生するとみなされていると解するものであって、機能的な観点から現住建造物性を判断するという立場を徹底した見解と見ることができよう。

その後、右の両方の観点から判断すべきであるとする見解が生じた。まず、廊下で連接した校舎に関する前記㈠③の判例に関し、その結論に反対しつつも、数棟の建物を包括して同種一体の建造物とみなしうるか否かは、もとより物理的な標準のみでは律しえられず、各個の用途、主従関係を含む諸般の事情を綜合して判断しなければならないとする見解が現われた（中西彦二郎「接続せる二棟の建物と刑法一〇八条」刑事判例評釈集二巻一五二頁、一五四―一五五頁）。次いで、前記㈠⑤の判例に関し、本来の住居と一体をなす以上、たとえこれと別棟独立の建造物であっても、一体ということを物理的にのみ解さずに規範的に解すれば、等しくこれを含めた全体をもって住居と考えてよいという趣旨と解されるとし、㈠④の判例のように庁舎と宿直室が離れている場合にも、元来宿直室を設けた理由は執務時限後庁舎を保護警戒するためであり、庁舎から切り離しては宿直室の存在理由がないので、両者一体となってその機能を果しているとと考えてよいとする見解が発表された（中義勝・前掲刑法雑誌二一〇七頁）。

さらに、延焼の危険性を考慮要素とする見解が現われた。前記㈠③の校舎の判例に関し、人の現在しない建物でも、人の現在する他の建物と一体を成しているときは、全体として人の現在する建造物と認めるべきであるとして判例を支持したうえ、中廊下、渡り廊下という構造上の区別から問題を論ずべきではなく、廊下の長さやその建築材料及び四囲の状況などにかんがみ、その一方の建物に放火した場合、他方にも延焼の危険性があるかどうかを考慮して、全体として一個の建造物と見られるか否かを決すべきであるとする見解(大塚仁・刑法各論下巻七五一頁)、構造上の一個性という基準は、一個であるという物理的側面自体に意味があるのではなく、従来の木造建築物ではその一部への放火により全体に延焼するおそれが強かったことに意味があるとし、延焼の可能性がほとんどない耐火建造物については一戸ごとに住居性を認めてよいとする見解(坂本武志「耐火建造物の一部分に対する放火」判例時報九一七号二二頁、同説、吉田敏雄「放火罪」刑法の基本判例一七六頁、一七八頁)などである。しかし、これに反対の見解もある(岡本勝・小倉得雄外編刑法講義各論二八四頁、木藤繁夫・末尾評釈五六―五八頁)。

以上のように人の生命、身体への危険を重視する主流の見解とは異なり、人の生活の本拠を奪うことを重視し、前記1の(イ)の見解を採る有力説もある。すなわち、「現住建造物が非現住建造物と区別されるのは、人が『現在』する場合は、その生命・身体に対する危険が大きいからであろう。しかし、『住居』に使用している場合になぜ区別をするのかは必ずしも明らかでない。住居に使用していない場合よりも『重要』だからであろうが、しかし、どのような意味で『重要』なのだろうか。住居には貴重な物があることが多いという理由だとすると、倉庫・店舗と比べてちがいがあるとは思われない。おそらく、生活の本拠すなわち臥寝の場所を奪われるというのがその理由であろう。そうだとすると、宿直室までも住居だとする判例にはかなり疑問があるように思われる。」と説くのである(平野龍一・法学セミナー一九七四年三月号四六頁、同・刑法概説二四七頁)。

本件最高裁決定を含む判例は、これらの学説のうち、人の生命、身体への危険を重視する主流的見解に与し、かつ、その危険を物理的観点と機能的観点の双方から判断するという見解に与しているものといいうるであろう。

㈢　考　察

本件最高裁決定の根拠につき、以下の点を付加しておきたい。

第一点は、刑法一〇八条の現住建造物放火罪の保護法益をいかに理解すべきかである。同条の刑が死刑を含む極めて重いものであること、刑法二六〇条の建造物損壊罪によっても生活の本拠である住居を奪うという結果が生じうるのに、その最も重い刑が懲役五年にとどまること、旧刑法では住居に対する放火のみを厳罰に処していたが、危険性において現在建造物等に対する放火もこれと異ならないとの理由から、現行刑法において現住建造物放火罪を補充する趣旨で現在建造物等放火罪が新設されたという沿革があること（岡本勝『抽象的危険犯』の問題性」法学三八巻二号一頁、一二六―一二七頁）を考え併わせると、刑法一〇八条は、建造物等を住居として使用している人あるいはそれらに現在する人の生命、身体に危険が及ぶことを防止するため設けられたものというべきであろう。住居の居住者が不在でも同条の罪が適用されるのは、住居であれば、いつ何時居住者や来訪者が中に立ち入り、放火により生命身体に危険を被るかもしれないことが考慮されているためであると解される（同旨、藤木英雄・刑法講義各論九〇頁、木藤繁夫・末尾評釈四七頁、大谷實・末尾評釈六六頁、野村稔・末尾評釈一五一頁、林美月子・末尾評釈三六頁等）。

第二点は、右のように、人の住居に使用する現住建造物への放火が、人の現在する建造物への放火と並んで、その他の建造物への放火より重く処罰され、しかも、具体的な公共の危険の発生を要件とせずに処罰されているのは、右の放火により人の生命身体に対し危険を発生させるおそれが生じると考えられるからであるとすると、現住部分と非現住部分とがある建造物について、非現住部分への放火により現住部分に右の危険が生じると考えられるのは、右の二つの部分が一つの現住建造物と同視すべき構造上の一体性を備えている場合ということになる。これには、次の二つの場合がある。

その一は、現住部分と非現住部分とが物理的観点から見て一体を成した一個の建造物であるため、非現住部分への放火により直ちに現住部分にも公共の危険が生じると考えられる場合である。例えば、一軒は住居、他の一軒は空き家になっている木造の棟割長屋の場合がこれであって、この場合には、たとえ空き家に放火したとしても、その危険は、火炎、煙、熱、物理的毀損などを通して直ちに住居にも及ぶと考えられるので、長屋全体が一個の現住建造物に当たるとするのが自然である。刑法一〇八条の法文との関係では、右の建造物は、(全部又は一部を)人の住居に使用する建造物に当たると解することになる。

その二は、現住部分と非現住部分とが機能的な(使用上の)観点から見た構造上一体として一個の現住建造物の用を果しているため、独立して見れば非現住部分のように見える部分に放火したとしても、実質上現住部分の一部への放火にほかならず、直ちに公共の危険が生じると考えられる場合である。例えば、便所、風呂、台所などが母屋と別棟になっている住居の場合がこれである。便所などは、それだけを切り離せば起臥寝食の用に供されているといえないかも知れないが(公衆便所が現住建造物でないのと同じ)、母屋と一体として居住者等の日常生活の用に供されているのであるから、それらへの放火により居住者等に直ちに公共の危険が生じる。したがって、右の場合には、自由に往き来して一棟の住居と同様に使用している点で、機能上全体が一個の現住建造物を構成しているものと考えられる。刑法一〇八条の法文との関係では、右の建造物は、人の住居に使用する建造物(の一部)に当たると解することになる。

右の二の場合は、居住者等が日常生活上使用している居住空間であり、その内部のどの場所にも居住者等が往き来して現在している可能性があるゆえに、放火により全体に公共の危険が生じると考えられる場合であり、一の場合は、放火された場所がそのような居住空間でなくても、建造物の物理的構造上居住者等の居住空間にも当然公共の危険が及ぶと考えられる場合であって、いずれも、放火により、他の事情が加わらなくても当然に公共の危険が生じる構造を有している点で共通しており、そこに現住建造物性を肯認しうる根拠を求めることができる。

第三点は、延焼の可能性が現住建造物放火罪において果す役割である。結論を述べると、その可能性の有無は、現住建造物性を肯認するための十分条件でも必要条件でもないが、物理的な観点から現住建造物性を検討するときの補助的な認識手段であると解される。

延焼の可能性が極めて高い、近接した二つの木造建物であっても、それぞれが別人の建物であって、物理的な独立性を保っているときは、全体を一個の現住建造物と見ることはできないから、延焼の可能性があるからといって一個の現住建造物であるということはできない。他方、いかに延焼の可能性がない部分が含まれていても、一個の居住空間を成す住居であることが明らかな建造物であれば、機能的に見て一個の現住建造物というほかはないから、延焼の可能性を現住建造物と認定するうえでの必要条件と見ることもできない。しかし、物理的な観点から一体性を判断する場合には、およそ延焼の可能性がない部分をも含めて一個の現住建造物であるということは妥当でないであろう。そうすると、延焼の可能性は、物理的な観点から現住建造物の一体性を判断する場合の一つの考慮要素というべきであろう。

4　補　論

近時、不燃性建物であるマンションの空き部屋などが現住建造物に当たるか否かが問題にされ、下級審の判断も分かれている。(2)

この場合は、外観上一個の建物であっても、物理的な観点から見た一個性が認められないときがあるのではないかが問題となる場合であるといってよい。したがって、本件最高裁決定の考え方によると、マンションの空き部屋のような場合、そこに放火したときにマンションの居住部分に危険（例えば延焼の危険）が及ぶと考えられる構造か否かという物理的な観点から一個の現住建造物か否かが決せられることになろうが、もちろん、この点の確定は今後の判例の課題である。

（2）　仙台地判昭五八・三・二八（判例時報一〇八六号一六〇頁、判例タイムズ五〇〇号二三二頁）は、現住建造物放火罪の成立を否定した。この事案では、鉄筋一〇階建マンションの一室を昼間医師が医院として使用し、夜間は居住していなかった。被告人は、この室内で放火し、マンション内の他の居室にまで延焼させる故意はなかった。起訴はマンション全体に対する現住建造物放火であったが、右判決は、医院一室の非現住建造物放火にとどまると判示し、その理由として、右医院が他に延焼しにくい防火構造であり、構造上及び効用上の独立性が強いことを挙げた。通常、物理的観点から見て一棟の建造物であれば、その一部への放火により全体に危険が生じるが、防火構造で他への延焼等の危険がなく、しかも、機能上の一体性もないときは、例外として、各室を独立の建造物として取扱うのが妥当であるというのであろう。そうとすれば、この判決も、物理的又は機能的に見て構造上の一体性があるときは現住建造物と認めうるという基本原則の点では他の判例と異なるところはないと思われる。

東京高判昭五八・六・二〇（判例時報一一〇五号一五三頁）は、鉄筋コンクリート造三階建のマンションの空き室内に放火したという事案につき、「いったん内部火災が発生すれば、火炎はともかく、いわゆる新建材等の燃焼による有毒ガスなどがたちまち上階あるいは左右の他の部屋に侵入し、人体に危害を及ぼすおそれがないとはいえず、耐火構造といっても、各室間の延焼が容易でないというだけで、状況によっては、火勢が他の部屋に及ぶおそれが絶対にないとはいえない構造のものがある」として現住建造物放火罪の成立を認めた。右の判例も、物理的に見た構造上の一体性を重視したものである。

（評釈）　本件決定に対する評釈として、林美月子・「複数の建物が廻廊等により接続されていた神宮社殿の現住建造物性」法学教室一一三号別冊付録判例セレクト'89三六頁、川端博・「複数の建造物の現住建造物性」法学セミナー四二三号一〇九頁があり、本件決定に対する評釈を含むものに、佐伯仁志「放火罪の論点」法学教室一三二号二二頁がある。

なお、本件一審判決に対する評釈として、木藤繁夫「刑法一〇八条の現住建造物と認められた事例」研修四六二号四七頁、大谷實「いわゆる神社本庁等連続爆破事件第一審判決」判例評論三三九号六四頁、本件二審判決に対する評釈として、大谷實「複数の建造物の現住建造物性」法学セミナー四〇七号一〇九頁、野村稔「複数の建造物の現住建造物性」昭和六三年度重要判例解説一四九頁がある。

15　放火罪における建造物の一体性

一　問題点

(1)　放火罪において建造物の一体性が問題となるのは、一体性が認められる建造物の一部に放火すれば、その建造物全体への放火となり、放火した部分を焼損すればその建造物全体への放火罪の既遂となるからである。例えば、一〇八条の現住建造物放火罪の場合、放火した箇所が現住建造物の一部と認められれば、現住建造物への放火となり、その箇所を焼損した時点で現住建造物放火罪の既遂となるのに対し、放火した箇所が非現住建造物であれば、たとえ現住建造物に延焼させる意図があったとしても、現住建造物を焼損するまでは現住建造物放火罪の未遂にとどまる。

(2)　この問題は、判例によって提起されたもので、最初、複数の建物から構成されてはいるが機能的には一体性のある複合建造物の場合に問題となった。例えば、非現住の校舎とこれに併設されている現住の宿直室から構成される学校や、非現住の社殿、回廊とこれに接続する現住の宿直室から構成される神社について、これを一体性のある現住建造物と認めるべきか否かの観点から取り上げられた。

(3)　次いで、物理的には単一の建物ではあるが耐火構造で延焼の可能性が相対的に低いマンション、ビル等の建造物の場合に問題になった。その中の非現住の一室やエレベーターに放火した事案について、これを独立した建造物と認めて非現住建造物放火罪とすべきか否かの観点から取り上げられた。

こうした判例を契機として、学説において研究が深められることになったのである。

二　判例の概要と学説の対応

(1)　そこで、代表的な判例を概観すると、まず物理的な観点から見て一個である建造物について、一個の建造物であるという理由で、部分的には非現住の建造物全体を現住建造物と認めている。

すなわち、①建造物の一部のみ住居に使用している場合でも、住居に使用していない部分を含めて全体が現住建造物になるとし、人が寝泊まりしている劇場に接着して設けられた便所のみを焼損する意思で放火した事案を現住建造物放火罪にあたるとしている(最判昭二四・二・二二刑集三巻二号一九八頁)。同様に、②一階の一室に宿直室があって夜間宿直員が寝泊まりしている学校校舎の二階に放火した場合(大判大二・一二・二四刑録一九輯一五一七頁)、③一棟の家屋が数軒に分割され、一軒が住居に使用され、他が空家である棟割長屋の空家部分に放火した場合(大判昭三・五・二四新聞二八七三号一六頁)について、いずれも放火箇所だけの焼損で現住建造物放火罪の既遂になるとしている。

このように、少なくとも、物理的な観点から見て一個の建造物であって、その一部への放火により全体に危険が及ぶような構造をもつものについては、判例上、全体として一個の現住建造物になると解されており、学説にも異論はない。

(2)　次に判例は、物理的な観点から見て一体性が認められるか否かが問題となった複合建造物の事案について、接続性があることを理由として一固の建造物であることを認めている。

例えば、④放火により焼損したのは人のいない校舎であったが、これと廊下により接続していた本館と小使室には人が現在していた事案について、上告趣意で接続廊下はバラック式屋根のある雨除け程度のものであるから校舎は本館等と独立した建造物であると主張したのを斥け、本館等と連続一体を成していたと認められるので、これらは一体として現住建造物にあたることが明らかであるとしている(大判一四・六・六刑集一八巻三三七頁)。

また、⑤複数の建物が廻廊等により接続されていた平安神宮の社殿を一個の現住建造物にあたるとしている(最決平元・七・一四刑集四三巻七号六四一頁)。すなわち、この社殿は本殿、拝殿等の多数の建物と宿直員が現住する社務所等が廻廊で方形に結ばれ、建物はすべて木造で廻廊にも大量の木材が使われているため、本殿等の建物に放火することにより社務所等にも延焼する可能性が否定できないこと、昼間は拝殿等で拝礼が行われ、夜間は宿直のほか社殿の巡回が行われていたことなどの事情を認定した上、「右社殿は、その一部に放火されることにより全体に危険が及ぶと考えられる一体の構造であり、また、全体が一体として日夜人の起居に利用されていたと認められる。そうすると、右社殿は、物理的に見ても、機能的に見ても、その全体が一個の現住建造物であったと認めるのが相当である」と判示した。この判例については、学説上、物理的一体性があるとしたことは妥当としつつも、機能的な一体性を根拠として一体性を認めることには異論があり、多くの論議を呼んでいる。

(3) さらに、判例は、物理的な観点から見ると複数の建造物である複合建造物についても、全体が一体として日夜人が起居に利用されていたという機能的な観点を重視し、一個の建造物と認めている。例えば、⑥放火された裁判所の庁舎本館と宿直室のある別棟について、宿直員が執務時間後も巡視していたことを理由として、放火した本館も現住建造物にあたるとしている(大判大三・六・九刑録二〇輯一一四七頁)。この判例については、学説上、物理的な一体性が認められない建造物について、機能的な一体性を理由に一個の建造物と認めることの正当性について当時から異論も提起されていた。

(4) 近時、判例は、物理的に一個の建造物の部分的独立性の問題に直面することになった。物理的に見て一個の建物であれば一個の建造物であるという前記(1)の原則的な理解について、耐火性建造物に関して部分的独立性を認めることの可否という観点から再考する機会が訪れたのである。

そして、⑦一〇階建マンションの一階で夜間無人となる医院に放火した場合について、二階以上の居住部分を含む全体が一個の建造物であるという検察官の主張を斥け、すぐれた防火構造のために居住部分への延焼の可能性が極めて少ないことを理由に、非現住建造物放火罪の成立のみを認めた地裁判決が出される一方(仙台地判昭五八・三・二八刑月一五巻三号二七九頁)、以後は同様の主張を斥けるものが続き、⑧三階建てマンションの空き部屋の一部を焼いた場合について、耐火構造ではあるが新建材等の燃焼による有毒ガスが他の部屋に侵入して人体に危害が及ぶおそれがないとはいえず、また、火勢が他の部屋に及ぶおそれが絶対にないとはいえない構造であるとして、全体を一個の現住建造物と認め、その放火未遂罪とした高裁判決(東京高判昭五八・六・二〇刑月一五巻四＝六号二九九頁)、⑨東京交通会館の地下二階の塵芥処理場に放火した場合について、耐火構造で火が燃え広がることが容易でなくても、火勢が可燃性の部分に及ぶおそれが絶対にないとはいえないとして、会館全体に対する現住建造物放火未遂罪を認めた地裁判決(東京地判昭五九・六・二二刑月一六巻五＝六号四六七頁)、⑩一二階建マンション内のエレベーターの「かご」の側壁約〇・三平方メートルを焼損した場合について、マンション全体の現住建造物放火罪が成立するとした最高裁決定(最決平元・七・七判時一一九八号一五七頁)が出ている。これらの判例に関しては、延焼の可能性が果たす役割、機能的一体性が果たす役割等が論議の対象となっている。

三　論点の検討

(1)　現住建造物の一体性を認めるための条件について順次検討してみよう[(1)]。

最初に、現住建造物放火罪が予定している危険の内容を取り上げるよう。同罪は、現住建造物への放火が人の生命、身体に対して及ぼす危険を理由として特に重く処罰しており、その適用範囲については「現住」という要件の内容が決定的に重要な限定的機能を果たすからである。

この点については、第一に、危険をこうむる人の範囲が問題となるが、住居の性質上、たとえ居住者が不在でも、いつ何時居住者や来訪者が中に立ち入り、放火による危険をこうむるかもしれないのであるから、人の範囲を限定することは正当でないと考えられる。もっとも、そう解すると、犯人以外の者の住居に居住者全員を殺して放火した場合でも、犯人のみが住居としている場合でも、「現に人が住居に使用し」ているという要件にあたることになり、これにあたらないとする判例（前者につき大判大六・四・一三刑録二三輯三一二頁、後者につき最判昭三二・六・二一刑集一一巻六号一七〇〇頁）と異なる結果になるとの疑問が生じよう。確かに、危険の有無という点では、どちらの場合にもあるというほかはないが、危険の程度という点では、類型的に低いことは否定しがたく、かつ、現在性について故意があるときは現住建造物放火罪を適用できるので、これらを考慮して限定的に解釈したものと理解するのが相当であり、通説が支持するとおり妥当な結論とすべきであろう。

第二に、危険の発生源が問題となるが、放火行為、燃焼、焼損の全過程から生じる危険、すなわち火力、ガス、煙、熱、崩壊等による危険をすべて含むと解すべきである。もっとも、既遂の時期は焼損の時期と解するほかはないから、例えば、媒介物から生じたガスや煙による危険の発生だけで既遂と解することはできないが、現住建造物放火罪が予定している危険としては、それで足りる。学説上、延焼の危険に重点を置いた説明が多いが、上記のような考えを排除する趣旨とは解されない。

第三に、放火による危険が及ぶ範囲と一個の建造物の範囲とは一致するのか否かが問題となる。一軒の住居に放火すれば当然利用されている一軒全体に前記の危険が生じるし、二軒の木造棟割長屋の一方に放火すれば延焼による危険のほか火力、煙等による物理的な危険が他方にも当然生じるから、上記の二つの範囲は通常一致する。しかし、二軒の耐火性建造物が隔壁で繋がる一個の建造物である場合には、他方への危険がおよそ想定されないために二個の建造物と解すべき場合も皆無とはいえないであろう。そうすると、建造物の一体性は、危険が生じうる根拠が延焼可能性、物理的一体性、機能的一体性その他いかなる観点から認められるのかを検討して決すべきことになる。

(2)　そこで、現住建造物の一体性の認定において延焼の可能性が果たす役割を検討してみよう。

一軒の建物の場合には、居住部分と非居住部分があっても、後の部分への放火により前の部分に延焼する可能性があれば、放火による危険は、全体に及ぶ。また、延焼の可能性が低いとしても、前記のとおり、放火による危険は、延焼に伴うものに限定されず、ガス、煙等を含むのであるから、危険は建物の全体に及ぶことになる。延焼の危険性は、このようにして、物理的な一体性から生じる危険の全体性を基礎づける十分条件ではあるが、必要条件ではない。[2]

さらに、住居に使用している建造物であれば、居住者等が何らかの理由で放火場所に居合わせることによる危険も当然存在する。その意味で、建造物の機能的一体性は、建造物の一体性を基礎づけるものというべきである。[3]

マンションのような耐火性建造物の場合、延焼の可能性が低い一室等の部分を独立した建造物と解すべきか否かについては、判例（前記⑦ないし⑨）も学説も分かれている。この場合には、延焼の可能性のみならずガス、煙等による危険を考えれば、他に危険が及ぶのが通常であるから、物理的な観点から一体性があるというべきである。しかし、およそ危険が及ばないときは独立した建造物というべきであり、危険が一定程度に低いときにも独立した建造物と解する余地をすべて否定すべきではないであろう。[4]

一方、マンションのエレベーターのような場合⑩は、延焼等により危険が全体に及ぶ可能性がある場合は物理的な観点から一体性が認められるし、他の居住場所と一体として使用されていて利用者等に危険が及ぶ点で機能的な観点からも一体性が認められるであろう。

(3)　物理的一体性の検討に移ろう。

現住建造物放火罪が重く処罰されるのは、現住建造物への放火により居住者等の生命、身体に危険が及ぶからであるから、同罪にいう現住建造物とは、その一部への放火により延焼その他の理由で居住者等に危険が及ぶこととなる範囲のものをいうと解すべきである。物理的一体性とはこれを判断するための基準であって、現住部分を含む外観上一個の建造物であるからといって常に物理的一体性があるとはいえない。そうすると、物理的一体性という概念は、(1)で検討した現住建造物放火罪が予定している危険の有無を現住建造物という要件にあてはめるための解釈上の中間概念であるということができる。

(4) 最後に機能的一体性について検討しよう。

機能的一体性については、三面的な理解が可能である。第一は、火災箇所とは遠い住居者等がその場に来合わせて火災の危険にさらされることから生じる危険、つまりは住居の利用に伴う危険に着目し、物理的一体性を基礎づける一要素とする理解である。[5] 第二は、物理的一体性のほかに機能性の一体性がある場合に初めて建造物の一体性があるとする理解である。[6] 第三は、⑤⑥の判例が問題とするように、物理的一体性とは独立して機能的一体性があれば建造物の一体性があるとする理解である。[7] 学説上は、第一又は第二の理解が多い。

「住居として使用し」という要件は、判例上、日常生活に使用されていることを意味し、生活の本拠であることまでは要しないと解されており(前掲②の学校の宿直室、最判昭二四・六・二八刑集三巻七号一一二九頁の不特定の客が寝泊りする待合の離れ座敷等)、近時の学説はこれを支持している。そこで、複合建造物のそれぞれがこの要件を充たす程度に日常生活に使用されていれば、それぞれが現住建造物になるから問題は生じないが、別棟の宿直室の職員が夜間いつも校舎の内部を見回っている場合(前掲⑥)や、便所、台所、風呂等が寝室等の母屋と別棟になっていたりする場合には、寝食の実体までは備えていない点で独立した現住建造物と解することに疑問があるとしても、寝食部分と一体の現住建造物というべきではないか、これが機能的一体性を独立した判断基準と解する立場である。

この場合、一棟の建造物内であれば寝食部分とそれ以外とが機能的に一体性をもつものとして当然全体が現住建造物になることと対比して危険の程度が低いかを見ると、確かに一棟の建造物内であれば放火箇所がどこであっても物理的一体性のゆえに延焼その他の危険が全体に及ぶのに対し、別棟の建物であれば放火箇所がどちらかで他方に延焼その他の危険が及ばないこともあろう。しかし、それはそれぞれの建物に住居の一部として使用しているといえる程度の実体があるか否かという問題、つまりはそれぞれに独立した危険が認められるか否かという問題に帰着する。

その点に関連し、判例は必ずしも機能的一体性のみで現住建造物とは認めていないという指摘があり、その証左として、母屋に放火する目的で隣接する離れ便所に放火して目的を達しなかった案件(大判昭八・七・二七刑集一二巻一三八八頁)等につき、現住建造物放火罪の未遂とした例が挙げられている。しかし、それらは便所等が現住建造物にあたらないと判示したものではなく、原審が未遂としたのは誤りで未遂にもあたらないと主張したのを斥けたにとどまるから、判例とはいえない。もっとも、便所等については、構造上放火により現住建造物放火罪を適用する程度の実体を備えておらず、非現住建造物として処理すべき場合もあると思われる。また、校舎を夜間巡視することと倉庫を看守することとの間は程度の差である。したがって、機能的一体性という概念で現住建造物の概念を拡張することには慎重であるべきであるという指摘には、危険の認定を行う上で特に留意すべきであろう。

結局、そうした点に留意しつつ、現住建造物としての実体を備えていると認められる複合建造物について、現住性を肯定するのが妥当と考えられる。また、そのように解しても、現住建造物放火罪を適用することができるのは、一体性のある現住建造物であることについて故意がある場合に限られるのであるから、過酷な結果とはならないと考えられる。

(1)　引用した判例を視野に入れた総合的研究として、井田良「放火罪をめぐる最近の論点」刑法基本講座第六巻(一九九三年)一八二頁、特に一九一頁以下、西田典之「放火罪」刑法理論の現代的展開各論(一九九六年)二八〇頁、特に二八三頁以下、大塚仁ほか編・大コンメンタール刑法第七巻(第二版、二〇〇〇年)三六頁以下〔村瀬均〕、村井敏邦・刑法判例百選Ⅱ(第五版、二〇〇三年)一五八頁以下、甲斐克則・同前一五八頁以下、北川佳世子・同前一六〇頁以下等があり、学説の状況も詳細である。筆者も、⑥の判例解説として最高裁判所判例解説刑事篇平成元年版二三四頁を発表した。近時の論点に詳しく触れる教科書等を例示的に挙げると、前田雅英・刑法各論講義(第三版、一九九九年)三一六頁以下、中森喜彦・刑法各論(第二版、一九九六年)二〇一頁以下、曽根威彦・刑法各論(第三版補正版、二〇〇三年)二二一頁以下、西田典之・刑法各論(第二版、二〇〇二年)二八六頁以下、林幹人・刑法各論(一九九九年)三三三頁以下、山口厚・問題探究刑法各論(一九九九年)二三〇頁以下、斎藤信治・刑法各論(二〇〇一年)二二四頁以下、木村光江・刑法(第二版、二〇〇二年)三六六頁以下がある。以下では姓のみで引用する。

(2) 例えば、斎藤は、明確に物理的一体性と延焼の可能性のある範囲とを区別して用いている。

(3) 例えば、西田、山口、斎藤。

(4) 例えば、井田は、延焼の可能性(さらには、有毒ガスや煙等による影響の可能性)の有無・程度が決定的であり、それが否定されないのに機能的一体性が認められないことを考慮して犯罪の成否が否定されることは実際上ありえないであろうと説き、前田も、延焼の可能性がまったくないといった特殊事情の立証がない限り一体性のある現住建造物にあたると説く。ただ、井田、山口が指摘するように、延焼の可能性がごくわずかなために未遂と解すべき場合はありえよう。

(5) 例えば、井田、西田。

(6) 例えば、山口。

(7) 例えば、前田、斎藤。斎藤は、火が移らなくても、人が移って被害に遭う危険が相当程度にある限り、機能的に一体性を認めることができると説く。

16　公文書偽造罪（補助公務員による公文書作成）に関する最高裁判例

〔判　決〕

昭和五一年五月六日最高裁第一小法廷判決（昭和五〇年(あ)第一六二一号公文書偽造被告事件）刑集三〇巻四号五九一頁

〔判示事項〕

補助公務員による手続違反の公文書作成につき公文書偽造罪の成立が否定された事例

〔判決要旨〕

市長の代決者である課長を補助し、一定の手続に従って印鑑証明書の作成にあたっていた補助公務員が、右手続の要求する申請書の提出と手数料の納付をせずに、自己の用に供するため印鑑証明書を作成した行為は、判示の事情のもとにおいては、作成権限に基づくものとして、公文書偽造罪を構成しない。

一　事件の概要と経過

1　本判決は、原判決が是認する第一審判決の認定した犯罪事実を、次のとおり要約して判示している。

「被告人は、秋田市役所本庁（以下、単に本庁という。）の市民課調査係長であったが、自宅の新築資金を借り入れるために印鑑証明書が必要になったことから、自らこれを作成して使用しようと考え、(一)　昭和四七年九月一日、同課の事務室において、備付けの印鑑証明書用紙に、Aの氏名、生年月日、住所を記入し、同女の印鑑を押捺したうえ、作成年月日をゴム印で押捺し、さらに作成名義人である秋田市長Bの名下に戸籍住民基本台帳専用秋田市長之印と刻した市長公印を押捺して、秋田市長作成名義のA宛印鑑証明書一通を偽造したほか、これと同じ場所、方法で、同日及び同年一一月一日、被告人宛印鑑証明書各一通を、同月一三日、C宛印鑑証明書一通をそれぞれ偽造し、㈡同月一日、右と同じ場所において、あらかじめDにその氏名、生年月日、住所を記入して印鑑を押捺してもらった印鑑証明書用紙を用い、これに作成年月日をゴム印で押捺したうえ、右秋田市長の公印を押捺して、秋田市長作成名義のD宛印鑑証明書一通を偽造したほか、これと同じ場所、方法で、同月二日、E宛印鑑証明書一通を偽造し、㈢これらの印鑑証明書を行使した。」因みに、Aは被告人の妻、Cは被告人の岳父である。

2　本判決は、ついで、原判決及びその是認する第一審判決が認定した関係事実を、次のとおり要約している。

「㈠秋田市役所における印鑑簿の保管及び印鑑証明書の作成発行の事務は、本庁に住民登録をしている市民については、本庁が取り扱い、太平地区に居住する市民については、太平出張所が取り扱っていた。

㈡前記の六通の印鑑証明書のうち、C宛のものは、右太平出張所において作成発行すべきものであり、本庁においては作成発行することができないものであった。

㈢被告人は、A及びCからも、印鑑証明書の交付を受けることにつき承諾を得ていた。

㈣印鑑証明書は、秋田市長名義で作成発行されるものであるが、本庁におけるその作成発行は、秋田市事務決裁規程により、市民課長の専決事項とされていた。

㈤本庁における印鑑証明書の作成発行手続は、次の⑴ないし⑹のとおりであったが、⑴ないし⑷の手続は、同一の職員がこれを取り扱うこともあった。

⑴　申請者が、市民課市民係に備え付けてある申請書用紙及び印鑑証明書用紙の所定欄に記載及び押印をして、受付に提出する。

⑵　受付係が、記載事項を点検して、これらの書類を照合係に回付する。

(3)　照合係が、印鑑証明書用紙に押捺された印影と市民課保管の印鑑簿の印影とを照合し同一と認めると、その用紙に作成年月日と秋田市長名のゴム印を押捺して、これを認証係に回付する。

(4)　認証係が、申請書用紙と印鑑証明書用紙の記載内容を再確認したうえ、市長名下に市長公印を押捺して、これを交付係に回付する。

(5)　交付係が、手数料と引換えに、申請者に印鑑証明書を交付する。

(6)　申請書は、一日分を一括し、翌朝、市民課長又はその代理者がこれを決裁する。

(六)　本庁における印鑑証明書の作成発行の事務は、市民課の市民係が分掌していたが、慣行上、一般的には、被告人を含む市民課員全員がその事務をとる権限を有していた。

(七)　被告人は、前記の各印鑑証明書を、申請書を提出せずに自ら作成し、手数料を納付せずにこれを取得したものであり、申請書が提出されていないことの結果として、これに基づく市民課長又はその代理者の決裁も行われていない。

(八)　C宛印鑑証明書に押捺された印影は、太平出張所に保管されている印鑑簿の同人の印影と同一であり、その余の五通の印鑑証明書に押捺された各印影も、本庁に保管されている印鑑簿の各印影と同一であって、正規の手続によるときは、当然に印鑑証明書が交付されるはずのものであった。」

3　本判決は、一、二審判決の法律判断を次のとおり要約して判示している。

「第一審判決は、C宛印鑑証明書については、本庁において作成することができないものであるから、被告人がこれを作成したことが公文書偽造罪にあたるのはもちろんであり、また、その余の五通の印鑑証明書についても、市民課の市民係に属しない被告人によって、単に正規の手続を省略するという恣意から作成されたものであって、本来の権限をもつ者の承諾があるか又は承諾が当然に予想されるような状況のもとで、正規の手続により作成されたものではない、との事実を認定し、そうである以上被告人の右の行為は印鑑証明書作成事務の正当な分担援助による作成ということはできないので、公文書偽造罪の成立は免れない、と判示した。原判決は、右五通の印鑑証明書につき、前記の事実認定のとおり、慣行上、一般的には、被告人を含む市民課員全員に、印鑑証明書の作成事務をとる権限があったが、被告人は、申請手続をはじめ正規の手続を履践せず、かつ、専ら自分の住宅新築資金を得るために、自分の立場を利用してこれを作成したものであって、権限の濫用というべきであるから、公文書偽造罪の成立は免れない、と判示した。」

4　上告趣旨は、「正規の手続なるものが、果して被告人の行為を公文書偽造と評価しなければならないほど重要なものかどうか疑問なきを得ない」、「被告人は、秋田市役所市民課調査係長として、随時印鑑証明書発行事務を分担援助していたものであるから、申請書用紙および印鑑証明書用紙の記載事項の点検、印影の照合、市民係に備付けられているゴム印および市長公印を押捺する権限を有していたものであり、被告人がこのように信じていたことについても十分合理的理由がある。そうすると、被告人がなした本件各所為について正規の手続をしなかったというのは、精々証明に関する申請書を事前に作成し窓口に提出しなかったことぐらいのものである」、「安易な気持から正規の手続を省略した嫌いはあるが、秋田市役所市民課市民係の所掌事務の分担援助の範疇に属するものと評価して妨げない」、「被告人と雖も自己の住宅新築資金を得るため印鑑証明書の交付を受ける権利を有するものであって、自己のためであるか第三者のためであるかによってその印鑑証明書が偽造文書になったり真正な文書になったりするいわれはない」などと主張した。

二　本判決の判示

職権により、上述の判示に続き、次のとおり判示して、原判決を破棄し、原審に事件を差し戻した。

「問題は、被告人に本件の各印鑑証明書を作成する権限があったかどうかに帰着するが、C宛印鑑証明書については、右の権限のなかったことが明らかであるから、その余の五通の印鑑証明書について、これを検討することとする。

㈠　公文書偽造罪における偽造とは、公文書の作成名義人以外の者が、権限なしに、その名義を用いて公文書を作成することを意味する。そして、右の作成権限は、作成名義人の決裁を待たずに自らの判断で公文書を作成することが一般的に許されている代決者ばかりでなく、一定の手続を経由するなどの特定の条件のもとにおいて公文書を作成することが許されている補助者も、その内容の正確性を確保することなど、その者への授権を基礎づける一定の基本的な条件に従う限度において、これを有しているものということができる。

㈡　これを本件についてみると、本庁における印鑑証明書の作成は、市民課長の専決事項とされていたのであるから、同人が、作成名義人である秋田市長の代決者として、印鑑証明書を作成する一般的な権限を有していたことはいうまでもないが、そのほか被告人を含む市民課員も、市民課長の補助者の立場で、一定の条件のもとにおいて、これを作成する権限を有していたことは、これに対する市民課長の決裁が印鑑証明書の交付された翌日に行われる事後決裁であったことから、明らかにこれを認めることができる。そして、問題となる五通の印鑑証明書は、いずれも内容が正確であって、通常の申請手続を経由すれば、当然に交付されるものであったのであるから、被告人がこれを作成したことをもって、補助者としての作成権限を超えた行為であるということはできない。確かに、被告人が、申請書を提出せず、手数料の納付もせずに、これを作成取得した点に、手続の違反があるが、申請書の提出は、主として印鑑証明書の内容の正確性を担保するために要求されているものと解されるので、その正確性に問題のない本件においてこれを重視するのは相当でなく、また、手数料の納付も、市の収入を確保するためのものであって、被告人の作成権限を制約する基本的な条件とみるのは妥当でない。してみれば、被告人は、作成権限に基づいて、本件の五通の印鑑証明書を作成したものというべきであるから、正規の手続によらないで作成した点において権限の濫用があるとしても、そのことを理由に内部規律違反の責任を問われることはかくべつ、公文書偽造罪をもって問擬されるべきではないと解するのが相当である。原判決は、その認定事実を前提とする限り、法令に違反しており、これを破棄しなければ著しく正義に反するものといわなければならない。」

三　説　明

1　公文書偽造罪における偽造とは、公文書の作成名義人以外の者が、権限なしに、その名義を用いて公文書を作成することを意味する。

ところで、公文書は、大量かつ迅速これを作成発行しなければならない場合が多いにかかわらず、その作成に関しては、作成名義人が法令上特定の公務員に限定されていたり、作成名義人の地位を下僚に委譲することに制約があるなどの隘路が伴っている。そのため、下僚にその作成の代決(専決)権限を与えて作成名義人の名でこれを作成させたり、下僚にその起案や事実上の作成事務を担当させて作成名義人は決裁するにとどめるという方法が用いられることになる。公文書の作成権限をめぐり困難な解釈問題が生ずる背景には、こうした事情が横たわっている。

本決定は、公文書作成の代決権限を有しないいわゆる補助公務員が公文書の作成権限を有すると認められる場合があるかという論点を中心に、右の作成権限の意義につき判示したものである。

2　まず、従来の判例が、公務員の地位と作成権限との関連につき判示しているところを概観しておこう。

(イ)　公文書の作成名義人である公務員の場合には、その地位を濫用して公文書を作成したときでも、作成権限に基づく行為であるため、公文書偽造罪は成立せず、その内容が虚偽であるときに限り、虚偽公文書作成罪が成立する。村収入役についての大審院大正一一年一二月二三日判決(刑集一巻八四一頁)及び村長についての最高裁昭和三三年四月一一日第二小法廷判決(刑集一二巻五号八八六頁)は、いずれもこのような理由で虚偽公文書作成罪の成立を認めている。

文書偽造罪の保護法益を考慮するときは、文書の作成権限とは、有効な文書を作成する法律上の権限をいうのではなく、有効な名義人名義の文書として成立させる権限をいう、と解すべきであるから[1]、右の結論はもとより当然のことであろう。

(ロ) 公文書の作成名義人から代決権限を与えられてこれを作成する公務員の場合も、作成名義人本人の場合と同様、その権限を濫用して公文書を作成しても公文書偽造罪は成立せず、その内容が虚偽であるときに限り、虚偽公文書作成罪が成立するにとどまる。大審院大正五年一二月一六日判決(刑録二二輯一九〇五頁)は、「町村長ノ臨時代理タルニアラスシテ單ニ町村長ノ命ニ依リ戸籍事務ヲ担任セル町村役場書記カ行使ノ目的ヲ以テ当該町村役場名義ノ戸籍簿ニ虚偽ノ記載ヲ為シタルトキハ刑法第百五十五條第一項ノ文書偽造罪ニ問擬スヘキモノニシテ公務員其職務ニ関シ虚偽ノ文書ヲ作成シタルモノトシ之ヲ同法第百五十六條ニ問擬スルヲ得ス」と判示しているのは、右の解釈を前提とするものというべきである。

本判決も、「作成名義人の決裁を待たずに自らの判断で公文書を作成することが一般的に許されている代決者」は当然に作成権限を有するものとしている。

これに対しては、代決権限は正当な範囲内においてのみ許容されるものであるから、代決者が権限濫用をした場合は、権限逸脱をしたものというほかなく、公文書偽造罪の成立を認めるべきである、との反論もありえよう[2]。しかし、代決者は、名義人にかわってその名義の文書を作成すべきか否かを判断する権限を有しているのであるから、前述した意味での作成権限、すなわち有効な名義人名義の文書として成立させる権限を有しているものとみるのが妥当と思われる[3]。

(ハ)　代決権限を有しない補助公務員の場合には、作成名義人又は代決者の決裁を待たずに虚偽の内容の公文書を作成したときは、公文書偽造罪が成立する。(4)また、補助公務員がその職務上起案すべき公文書につき虚偽の内容を記載して、情を知らない作成権限者に署名・捺印等をさせたときは、虚偽公文書作成罪の間接正犯が成立する。前者の判例には、前記大審院大正五年一二月一六日判決のほか、大審院昭和八年一〇月五日判決(刑集一二巻一七四八頁)、最高裁昭和二六年一〇月二六日第二小法廷判決(裁判集刑事五五号七八五頁)、最高裁昭和二七年一二月二五日第一小法廷判決(裁判集刑事七一号四六三頁)、最高裁昭和三四年六月三〇日第三小法廷決定(裁判集刑事一三〇号三五一頁)などがあり、後者の判例には、大審院昭和一一年二月一四日判決(刑集一五巻一一三頁)、大審院昭和一五年四月二日(刑集一九巻一八一頁)、最高裁昭和三二年一〇月四日第二小法廷判決(刑集一一巻一〇号二四六四頁)などがある。

3　それでは、補助公務員が、内容の正確な公文書を作成した場合に、作成手続に違反があるときは、どう評価すべきであろうか。この点については、従来の判例は見当らず、本判決が初めてのものということができる。

本判決は、「一定の手続を経由するなどの特定の条件のもとにおいて公文書を作成することが許されている補助者も、その内容の正確性を確保することなど、その者への授権を基礎づける一定の基本的な条件に従う限度において、これを有しているものということができる。」としたうえ、(イ)被告人は、事前に代決者である課長の決裁を受けずに、一定の手続にしたがって、印鑑証明書を作成することを許されていたのであるから、一定の条件のもとにおいてその作成権限を有していたものというべきであること、(ロ)申請書を提出せず、手数料の納付もせずにこれを作成した点に、手続の違反はあるが、それらの手続の遵守をもって、被告人の作成権限を制約する基本的な条件とみるのは妥当でないこと、(ハ)被告人が作成した印鑑証明書五通は、内容が正確であって、通常の申請手続を経由すれば、当然に交付されるものであったこと、などの事情を指摘し、被告人は、作成権限に基づいてこれを作成したものというべきである、と判示している。

検討してみるのに、補助公務員の文書作成上の職務には、さらに二つの種類を区別することができる。第一は、単なる機械的な作成事務や起案を担当するにとどまり、作成権限者又はその代理者の事前の決裁を受けずに公文書を作成することは許されていない場合であり、第二は、代決権限を与えられてはいないものの、作成権限者又はその代理者の事前の決裁を受けずに、一定の手続に従って公文書を作成することが許されている場合である。そして、第一の場合には、決裁を受けずに勝手に補助公務員が公文書を作成すれば、いうまでもなく公文書偽造罪が成立する。しかし、第二の場合には、さらに立ち入った考察が必要である。

補助公務員が事前の決裁を受けずに公文書を作成することを許されているとしても、その場合の権限は、代決者の作成権限と同じではない。代決権限に基づく作成権限は、公文書を作成するかどうか、その内容をどうするかについてまで判断を下しうる権限であるのに対し、補助公務員の右の権限は、作成権限者の手足として、その意思に反しない限度でこれを作成することのできるものにとどまるからである。補助公務員が、公文書を作成するかどうか、その内容をどうするかについてまで判断することができると解することは、代決権限を特定公務員に限定している法令の趣旨に合致しないというべきである。

問題は、右の範囲内で、さらにどのような条件のもとで、補助公務員が公文書を作成する権限を有していると解すべきかである。本判決は、「その内容の正確性を確保することなど、その者への授権を基礎づける一定の基本的な条件に従う限度において」という一般的な基準を判示するとともに、公文書の正確性を担保するためのものでその不遵守が正確性に影響を及ぼさない手続や収入確保のための手続は、右の基本的な条件には含まれず、これを怠っても公文書偽造罪は成立しないとしている。これは、規則上必要とされている手続を二分し、公文書の作成それ自体を限界づけ、その違反があるときは有効な名義人名義の公文書としての成立を否定するような手続と、他の行政上の必要性から要求し、その違反があっても内部規律違反の責任を問いうるにとどまり、有効な名義人名義の公文書としての成立までは否定しえないような手続とに区分したものと理解することができるであろう。(5)(6)

(1) 平野龍一「刑法各論の諸問題15」法学セミナー二二二号六九頁。川端博「代理名義の冒用と文書偽造罪」法律論叢四八巻四・五・六合併号一九九頁も参照。
(2) 柏木千秋・刑法各論(中)二七一頁。
(3) 同旨、江家義男・刑法各論一四九頁、小野清一郎ほか・ポケットコンメンタール刑法三一八頁〔中野次雄〕注釈刑法(4)五五一六頁、一二八頁〔大塚仁〕。
(4) 前注小野ほか三一八頁、大塚一二八頁。泉二新熊、日本刑法論各論(三七版)二七九頁、平井彦三郎・刑法論綱各論一五六頁が、補助機関の地位にある者につき同様の見解を述べるのも、同旨と思われる。
(5) 本人の意思に反して作成されても、本人に対して効力がある場合には、有形偽造罪が成立しないとすべきことについて、平野・前掲六九頁参照。
(6) 本件の差戻審である仙台高裁は、昭和五一年(う)第一三二号事件として、同年一一月一八日、本件判決が要約したと同旨の事実認定に立ち、これと同一の法律判断をしたうえ、被告人の控訴を容れて一審判決を破棄し、被告人を懲役六月、二年間執行猶予に処し、五通の印鑑証明書偽造の点は無罪とする判決を言い渡し、この判決は上告棄却決定により確定した。
(追記) 本判決の評釈として、村山弘義・捜査研究二六巻一号四八頁、中谷瑾子＝橋本雄太郎・法学研究五〇巻二号四一頁、羽山忠弘・警察公論三二巻四号一四一頁、S・H・E・時の法令九六八号五四頁が出た。

17 窃盗(所有権を持つ金融業者による自動車の引揚)に関する最高裁判例

〔決　定〕
平成元年七月七日最高裁第三小法廷決定(昭和五九年(あ)第一一六八号窃盗被告事件)刑集四三巻七号六〇七頁

〔判示事項〕
自動車金融により所有権を取得した貸主による自動車の引揚行為と窃盗罪の成否

〔決定要旨〕
買戻約款付自動車売買契約により自動車金融をしていた貸主が、借主の買戻権喪失により自動車の所有権を取得した後、借主の事実上の支配内にある自動車を承諾なしに引き揚げた行為は、刑法二四二条にいう他人の占有に属する物を窃取したものとして窃盗罪を構成する。

一　事件の概要と経過

1　被告人は、貸金業を営んでいた者であるが、借主との間に買戻約款付自動車売買契約を結び、借主が買戻権を喪失した直後、借主の事実上の支配内にあった自動車(合計三一台)を無断で引き揚げ、窃盗罪に問われて一、二審とも有罪とされた。

2　二審判決は、右の自動車の引揚行為が窃盗罪を構成することにつき、次のような判示をした。

「㈠当初の買戻約款付売買契約が内容において暴利的要素を含むのみならず、方法においても借主側の無知窮迫に乗じた悪質なものであり、契約の無効ないしは取消の可能性も大いに考えられ、所有権が被告人側に移転しているかどうかにつき法律上紛争の余地を十分に残していることや、㈡仮りに契約が有効だとしても、担保提供者は、被告人側の了解のもとに、従前どおりその自動車を平穏かつ独占的に利用保管していたものであり、しかも、返済期日の前日又は当日の未明に無断で引き揚げたものについては未だ買戻権が喪失していない時期に権原なくしてなされた不法のものであり、また、プラザが営業しておらず、従つて返済金の受領態勢にない休日等が返済期日に当つていたものにつき、その当日又は翌日の未明のうちに無断で引き揚げたことについても買戻権喪失事由が発生しているかは疑問であり、少なくとも権利濫用とみられないではなく、また、返済期日当日ないし数日のうちに無断で引き揚げたものについても、被告人らにおいて受領遅滞、あるいは権利濫用により買戻権喪失事由が発生しているかは疑問があり、その他返済期日の延伸を承諾したことにより同様の疑問のあるものがあって、担保提供者において、返済期日の前日はもとより、当日ないしは数日のうちに承諾もなく、これが引き揚げられるとは予想もし難い事情にあったものであることなど、右㈠、㈡の事情を考慮すると、担保提供者の占有はいまだ法律上の保護に値する利益を有していたものと認められるので、被告人らの行為が窃盗罪を構成するものであることは明らかというべきである。」

3　上告趣意は、被告人は、権利の行使として自動車を引き揚げたものであるから、窃盗罪の責めを負わないと主張した。

二　本決定の判示

本決定は、上告趣意を不適法としたうえ、職権により次のとおり判示した。

「所論は、被告人は、相手方との間に買戻約款付自動車売買契約を締結し、相手方が買戻権を喪失した後、権利の行使として自動車を引き揚げたものであるから、窃盗罪の責めを負わないと主張するので、この点について判断する。

原判決によると、次の事実が認められる。

1　被告人は、いわゆる自動車金融の形式により、出資の受入、預り金及び金利等の取締等に関する法律による利息の制限を免れる外形を採って高利を得る一方、融資金の返済が滞ったときには自動車を転売して多額の利益をあげようと企て、「車預からず融資、残債有りも可」という広告を出し、これを見て営業所を訪れた客に対し、自動車の時価の二分の一ないし一〇分の一程度の融資金額を提示したうえ、用意してある買戻約款付自動車売買契約書に署名押印させて融資をしていた。契約書に書かれた契約内容は、借主が自動車を融資金額で被告人に売渡してその所有権と占有権を被告人に移転し、返済期限に相当する買戻期限までに融資金額に一定の利息を付した金額を支払って買戻権を行使しない限り、被告人が自動車を任意に処分することができるというものであり、さらに本件の三一台の自動車のうち二台に関しては、買戻権が行使された場合の外は被告人は「自動車につき直接占有権をも有し、その自動車を任意に運転し、移動させることができるものとする。」という条項を含んでいた。しかし、契約当事者の間では、借主が契約後も自動車を保管し、利用することができることは、当然の前提とされていた。また、被告人としては、自動車を転売した方が格段に利益が大きいため、借主が返済期限に遅れれば直ちに自動車を引き揚げて転売するつもりであったが、客に対してはその意図を秘し、時たま説明を求める客に対しても「不動産の譲渡担保と同じことだ。」とか「車を引き揚げるのは一〇〇人に一人位で、よほどひどく遅れたときだ。」などと説明するのみであり、客には契約書の写しを渡さなかった。

2　借主は、契約後も、従前どおり自宅、勤務先等の保管場所で自動車を保管し、これを使用していた。また、借主の中には、買戻権を喪失する以前に自動車を引き揚げられた者もあり、その他の者も、次の営業日か短時日中に融資金を返済する手筈であった。

3　被告人又はその命を受けた者は、一部の自動車については返済期限の前日又は未明、その他の自動車についても返済期限の翌日未明又は数日中に、借主の自宅、勤務先等の保管場所に赴き、同行した合鍵屋に作らせた合鍵又は契約当日自動車の点検に必要であるといって預かったキーで密かに合鍵屋に作らせたスペアキーを利用し、あるいはレッカー車に牽引させて、借主等に断ることなしに自動車を引き揚げ、数日中にこれらを転売し、あるいは転売しようとしていた。

以上の事実に照らすと、被告人が自動車を引き揚げた時点においては、自動車は借主の事実上の支配内にあったことが明らかであるから、かりに被告人にその所有権があったとしても、被告人の引揚行為は、刑法二四二条にいう他人の占有に属する物を窃取したものとして窃盗罪を構成するというべきであり、かつ、その行為は、社会通念上借主に受忍を求める限度を超えた違法なものというほかはない。したがって、これと同旨の原判決の判断は正当である。」

三　説　明

1　刑法二四二条にいう「他人の占有」の意義

(1)　刑法二三五条は、他人の財物を窃取した者を窃盗の罪とする旨を規定し、刑法二四二条は、自己の財物であっても他人の占有に属したものは他人の財物とみなす旨を規定している。この「他人の占有」については、かねてから解釈上の争いがあり、賃借権、質権などの法的権限に基づいて占有をしている場合をいうと解する本権説と法的権限の有無を問わず財物に対し事実上の支配をしている状態をいうと解する所持説とが対立していた。そして、戦前は、判例も通説も本権説であった。

(2) しかし、最高裁は、一連の判例によって所持説を採ることを明らかにし、ことに最二小判昭和三四・八・二八(刑集一三巻一〇号二九〇六頁)は、法令上担保に供することを禁止されている国鉄公傷年金証書を担保として差し入れ、金員を借り受けた後、欺罔手段を用いてこれを交付させた事案につき、「その所持者が法律上正当にこれを所持する権限を有するかどうかを問わず物の所持という事実上の状態それ自体が独立の法益として保護され、みだりに不正の手段によって侵害することを許さないとする法意である」として詐欺罪の成立を認め、ほぼ同様の事案について本権説に立って無罪としていた大審院判例(大正七・九・二五刑録二四輯一二一九頁)を明示的に変更した。次いで、最三小判昭和三五・四・二六(刑集一四巻六号七四八頁)は、譲渡担保によって自動車の所有権を取得した債権者が、債務者側に自動車を引き続き使用させていたところ、債務者に会社更正手続が開始されたため、これを無断で運び去った事案につき、「他人の事実上の支配内にある本件自動車を無断で運び去った被告人の行為」は窃盗罪を構成すると判示した。

(3) 判例の転換に伴って通説にも変化が生じ、「他人の占有」というためには必ずしも法的権限のあることを要しないという中間説が通説となった。同時に、事実上の占有ないし所持を奪う場合のすべてを窃盗罪により処罰すべきではなく、窃盗犯人から所有者が盗品を取り戻すような一定の場合を処罰の対象から除外すべきであるという理解がほぼ共通になった。ただ、そのような結論を導く法律構成の点では、大別して二つの方向に分かれた。

第一の方向は、事実上の占有ないし所持という概念に絞りをかけ、構成要件の面から妥当な結論を導こうとするものであった。①「一応理由のある占有」(小野清一郎「自己の財物について、窃盗罪はどういう条件の下に成立するか」警察研究三三巻一号一〇五頁は、弁済充当関係が不明確で所有権の帰属が明らかでない状態での占有などがこれに当たるとし、藤木英雄・刑法演習講座二〇〇頁は、一旦正当な法律関係に基づき成立した占有が後に不法占有となったような場合がこれに当たるとする)、②「民事法上保護された適法な占有」(林幹人・財産犯の保護法益一二三七頁)、③「法律的・経済的見地において財産的・経済的利益と称しうる占有」（団藤重光・注釈刑法6一三八―一三九頁）、④「平穏な占有」（平野龍一・判例演習刑法各論一九一頁）、⑤「外見上、一応、本権に基づくものとみうけられる占有」（大塚仁・刑法各論上巻〈改訂版〉三八二頁）、⑥「占有の不法なことが一見して明白で権利回復のために権利者の自力救済を認めてよいような例外的な場合を除く占有」（阿部純二・刑法の判例〈第二版〉一二二頁）などがこれである。

第二の方向は、事実上の占有については絞りをかけず、違法性阻却の面から妥当な結論を導こうとするものである。例えば、窃盗犯人から被害者が物を取り返したり、他人に貸した物を賃貸借期限が切れた後に取り返す場合のような権利行使型の事案については、取り返す根拠とそれに用いられた手段、取り返す必要性、緊急性を相関的に考慮して違法性阻却を認めるべきか否かを判断すべきであるとする近時の学説（木村光江・財産犯論の研究、特に五〇七頁以下。この文献は本件のような問題全体についての総合的な研究である）がこれである。

もっとも、右の二つの方向の関係は、流動的であって、現に、第二の方向を採ることも十分に可能であるとしつつも、一般の法感情に合わない結論が生じる場合を避けるため、いわばデフィニショナル・バランシングにより、第一の方向を採る方がよいとする見解がある（平野・前掲一九一頁）。

(4)　本件最高裁決定の結論は、本件事案に関しては、中間説のいずれによっても支持されるものと思われる。しかし、右決定は、その判文において、「借主の事実上の支配内にあったこと」を理由として窃盗罪の構成要件該当性を認め、かつ、「その行為は、社会通念上借主に受忍を求める限度を超えた違法なもの」であったとして違法性を肯定していることからみて、中間説の第二の方向を採っていることが明らかであろう。その方向を採る理由としては、次のものが考えられる。

一つに、前記第一の方向を採り、しかも、被害者以外の第三者による窃盗犯人らからの窃取などを窃盗罪などの構成要件に当たると解すると、被害者との関係においてのみ相対的に構成要件該当性を否定するという不自然な法律構成を採ることになる点である。もちろん、第三者の場合には刑法二三五条などにより犯罪が成立し、被害者の場合には刑法二三五条などにも二四二条にも当たらないため犯罪が成立しないことから生ずる相対的な結果にすぎないと説明することもできるが（小野・前掲一〇八頁。内田文昭・刑法各論〈第二版〉二五〇―二五一頁は、第一窃盗の被害者の所有権が第二窃盗によりさらに侵害されたと考えればよいと説く）、同一の事実上の所持が保護されたり、されなかったりする結果になるのは、法律構成としてやはり不自然であろう。

二つに、第三者が窃盗犯人から盗品を盗むような場合には、学説上もほぼ異論なく窃盗罪の成立が認められているが、これは、このような事実上の所持であっても刑法上の保護には値することを示すものである。恐喝罪、強盗罪が暴行脅迫と窃盗との結合以上に重く処罰されているのは、暴行脅迫が財物奪取の手段に用いられる場合には、財産の喪失以上の重大な法益侵害があると考えられるからであろう。そうすると、これを事実上の所持という保護客体でとらえておくことにも十分な合理性があると思われる。

三つに、事実上の占有が保護法益であるとすれば、本権者が占有回復を図るような場面では、すでに財物に接していて、ある程度本権者に事実上の占有が回復されていると認められることが多いので、その回復行為について違法性阻却を肯認しやすいことである。盗まれた自転車や自動車を窃盗犯人宅前の路上から取り戻すような場合に通常違法性があるとは考えられず、他方、たとえ被害者であっても窃盗犯人宅に忍び込んで盗品を取り戻すような場合には、通常違法性があると考えられるのは、そのためであろう。このような具体的な事情に応じた処理は、所持の状態、取り戻しの態様、取り戻しの緊急性などを考慮し、違法性阻却の面で行うのが妥当と思われる。被害者が盗品を取り戻す事例は、時折新聞などに報じられており、必ずしも少なくないと思われるのに、これまでの判例にそうした事例や窃盗罪などを適用するのが酷と思われる事例がほとんど見当たらないのは、起訴の段階で具体的な事情に即した処理がされてきたからであろう。

四つに、刑法二四二条が適用される他の共通分野における最高裁判例との整合性をも図りうることである。最二小判昭和二四・二・八(刑集三巻二号八三頁)は、窃盗犯人から盗品を喝取した事案につき、「正当の権利を有しない者の所持であっても、その所持は所持として法律上の保護を受ける」と判示し、最二小判昭和三〇・一〇・一四(刑集九巻一一号二一七三頁)は、権利行使と恐喝罪に関し、「債権取立のために執った手段が、権利行使の方法として社会通念上一般に忍容すべきものと認められる程度を逸脱した恐喝手段である場合には、債権額のいかんにかかわらず、右手段により債務者から交付を受けた金員の全額につき恐喝罪が成立する」旨を判示しているが、これらは右の方向と一致する。また、刑法二四二条が適用されない場合においても、最三小決昭和六一・七・一八(刑集四〇巻五号四三八頁)は、「他人の『建造物』というためには、他人の所有権が将来民事訴訟等において否定される可能性がないということまでは要しない」と判示しているが、これとも通ずる点があろう。

2　権利行使に伴う占有回復行為と違法性阻却

(1)　本件最高裁決定のような立場に立つと、いかなる場合に違法性阻却を認めるべきかが重要な問題になる。この点については、各種の権利行使に伴う行為の違法性阻却に関し従来の最高裁判例が示してきた基準が参考になろう。

右のような行為につき違法性阻却を考慮しうる場合は、権利とその実現手段との法的関係に着目すると、次の三つに細分されると考えられる。

第一の場合は、逮捕のための実力手段のように、当該手段それ自体を権利と認めた法令は存在しないものの、目的たる権利を実現又は維持するためにはその手段が必要不可欠であり、かつ、目的たる権利の内容としてすでにこの手段と同質の行為が予定されていると解される場合である。判例も、こうした考え方に立ち、逮捕をしようとして犯人から抵抗を受けたときは、逮捕をしようとする者は、警察官であると私人であるとを問わず、その際の状況からみて社会通念上逮捕のために必要かつ相当であると認められる限度内の実力を行使することが許され、たとえその実力の行使が刑罰法令に触れることがあっても刑法三五条により罰せられないと判示している(最一小判昭和五〇・四・三刑集二九巻四号一三二頁)。こうした場合には、権利を実現又は維持するための手段は、権利を付与した規定自体から正当性を推認できる限度において、それ自体が刑法三五条における法令による行為となり、これと抵触する罰則の保護法益に優越する法的地位を占めることになる。

第二の場合は、警察官による犯罪の予防、鎮圧、捜査の権限のように、その本質上一定の実力手段の行使をも当然に予定しながら、個別にその要件を定めず、特に重大な強制権限に限って具体的要件を定めてこれを規制するにとどめている場合である。この場合には、法は、右の特別の強制権限にわたらない限り、一般的権限に応じた必要かつ相当な手段をとることを許容する趣旨であると解される。例えば、警察官の任意捜査の場合、法は、強制処分につき特別規定によるべきことを定めるのみで(刑訴一九七条但書)、任意捜査として許容される手段については定めていないが、これは、一切の有形力等の行使を否定する趣旨ではなく、強制手段にわたらない限り、捜査の必要性、緊急性などをも考慮したうえ、具体的状況のもとで相当と認められる限度においてこれを許容する趣旨であると解されるのである(最三小決昭和五一・三・一六刑集三〇巻二号一八七頁)。

第三の場合は、私人の債権の取立手段のように、法令上特別の保護を与えられてはいないものの、相手方が権利者の要求に応じず又は権利者の権利の享受を妨げるときに、権利を実現又は維持するための手段を行使することが社会通念上一定の限度で許容される場合である。権利を実現又は維持するためにやむなく一定の手段をとる必要がある場合のあることも否定できないから、罰則に触れるおそれのある手段の一切が禁止されていると解することは、権利を否定する結果となりかねない。反面、権利を実現又は維持するという名のもとに広く自力による手段を許容することは、実力の支配を肯定する結果となり、明らかに法秩序に反する。したがって、右のような手段は、社会通念上当然権利に付随するものと認められる限度においてのみ許容されると解するほかはない。もともと、右のような権利の場合は、前記の二つの権利とは異なり、他の権利や法益に優越する内容を含んでおらず、原則としてこれと同列に位置するにすぎないから、権利を実現、維持するための手段もまた、右のように、他の権利や法益との調和を乱さない限度においてのみ許容されるにとどまると解するほかはないのである。判例も、このような立場を採り、債権の実行行為は、その権利の範囲内でありかつその方法が社会通念上一般に認容すべきものと認められる程度を超えない限り、違法の問題を生じないが、右の範囲程度を逸脱するときは権利行使たる性質を失って違法となり、恐喝罪等を成立させることがあると解しているのである(前掲最二小判昭和三〇・一〇・一四刑集九巻一一号二一七三頁)。

所有権は、右の第三の場合に属するので、これを実現するためにした占有回復手段の正当性は、所有権者と相手方の双方の事情に即し、社会通念上是認しうるものであるか否かの見地から判断すべきことになろう。

(2)　本件最高裁決定は、いかなる場合に違法性阻却を認めるべきかについて一般的な判示をしていないが、事案の概要に掲げた事実を指摘しているので、その重視している事実が何かを窺うことができる。

すなわち、その事実によると、①　借主が持つ事実上の所持の内容、すなわち、契約当事者の間では、借主が契約後も自動車を保管し、利用することが当然の前提とされており、現に、借主は、契約後も、従前どおり自宅等の保管場所で自動車を保管し、これを使用していたこと、②　被告人の持つ権利利益の内容、すなわち、被告人は、借主が買戻権を行使しないときは自動車の所有権を終局的に取得してこれを任意に処分することができる立場にあったこと、③　被告人の行為態様、すなわち、被告人は、借主が返済期限に遅れれば直ちに自動車を引き揚げて転売するつもりであったが、客に対してはその意図を秘し、自動車を引き揚げるのは極めて稀であると説明しつつ、密かにスペアキーを作るなどして返済期限の数日以内に借主の保管場所から勝手に自動車を引き揚げて転売を図ったことが重視されている。

刑法二四二条が事実上の占有を保護しているとすれば、その内容いかんが第一の考慮要素となることは明らかであろう。そして、前記中間説のすべてが「平穏な占有」等を犯す場合に犯罪の成立を肯定している点は、重要な示唆を与えよう。すなわち、相手方にそのような占有があるときは、たとえ本権者であっても平穏な法的手段によって占有の回復を図るべきであろう。また、相手方の占有が窃盗等に基づく場合でも、相手方の居宅内で占有しているようなときには、たとえ本権者であっても、居宅内に立ち入って占有を回復することは違法というべきであろう。これに対し、相手方の占有が窃盗等に基づく場合であって、路上等で占有しているようなときには、本権者による権利の実現を相手方に受忍させてよいときがあろう。

次に、占有を回復する者の権利利益の内容が重要な考慮要素であって、本権のない者が相手方の占有を奪うことは原則として違法とすべきであろう。

さらに、占有回復の手段も重要な考慮要素であって、格別相手方のあらたな法益を侵害しないような場合には、相手方の占有の内容いかんにより、本権者による占有の回復を相手方に受忍させてよいであろう。

（評釈）　本件最高裁決定に対する評釈として、前田雅英「本権説と所持説」法学セミナー四二二号九〇頁、木村光江「所持説と違法性の阻却」ジュリスト平成元年重要判例解説一五五頁、同「自動車金融により所有者を取得した者による自動車引揚行為と窃盗罪」判例評論三七五号六三頁、同「奪取罪の保護法益」法学教室一三二号一八頁、川端博「自動車金融により所有権を取得した貸主による自動車の引揚行為と窃盗罪の成否」法学教室一一三号別冊付録判例セレクト'89三四頁、同「自動車金融による所有権取得者の車の引揚行為と窃盗罪の成否」法学セミナー四二四号一二五頁がある。

18　背任罪――各要件の意義と関係――

一　検討の重点

背任罪の判例については、未だ統一的な理解は存在していない。それは、論議の節目に対する一般的で明快な判例に乏しいからでもあるが、学説上の対応にも一因があるように思われる。すなわち、背任罪の本質や要件に関して幾多の難問があるため、学説は、その解明に追われ、判例の論理をそれ自体として分析することには比較的関心が薄かったように思われる（もちろん、藤木英雄「背任罪」総判研刑法⑾一〇二頁以下、内藤謙・注釈刑法⑹二六五頁以下のような優れた総合的分析もある）。

そこで、以下においては、学説上の分析の枠をあまり意識せず、判例に内在する論理をそれ自体として明らかにするよう努めてみた。

二　事務処理者

一　背任罪は、他人（本人）のため他人の事務を処理する者のみが主体となりうる身分犯である（大判昭和四・四・三〇刑集八巻二〇七頁）。この「他人の事務」は、「自己の事務」と排他的な関係にある概念ではない。運送業者や会社役員を思い浮かべれば容易に分かるように、他人の事務を処理することが同時に自己の事務を処理することでもあるからである。問題は、その事務が、他人のためにする自己の事務であるにとどまる場合と、他人のためにする他人の事務の性格を帯びる場合との識別にある。

大審院及び最高裁は、右の識別にあたり、(イ)　売買等に基づき売主等が負う登記申請義務、給付義務等の履行は、背任罪で強制されるべきものではないから常に自己の事務にとどまり、その不履行は、債務不履行となるにすぎない、(ロ)　しかし、売買等に基づき代金、融資金の授受が終わるなどして既に財産の実質的処分権限が買主等に移転した以後は、形式的処分権限をもつ売主等は、その財産を買主等のために保全する義務を負い、その義務の履行は、他人たる買主等のため代行する事務となると解すべきであるから、二重売買、二重登記等の保全義務違反行為は、背任罪の対象となる、(ハ)　司法書士その他の事務代行者が他人から委任等を受けて登記申請等の義務を負う場合には、その義務の履行は、他人の事務として行うものであり、買主等が売買等の契約以外の特別の原因でその義務を負った場合も、これと同様である、という基準を立てているものと解される。

すなわち、大審院は、**大正四年六月一〇日判決**(**新聞一〇二五号三〇頁**)において、債務の担保に供することを約束した物品を他に処分したとして背任罪に問うた原判決を破棄し、「所有者タル被告カYノ為メ之ヲ担保ニ供シタル事実アリトテ之カ為メ直チニ被告ニ保管ノ任務生スヘキ理由ナケレハ被告ニ保管ノ任務アリトスルニハ其ノ任務ノ生シタル事由即チ売渡担保(信託売買)ノ如キ法律行為アリテYカ現実物品ノ引渡ヲ受ケタル上之ヲ被告ニ寄託若クハ賃貸シタルカ或ハYカ現実ノ引渡ニ代ヘテ占有ノ改定ニ依リ被告ヲシテ代理占有ヲ為サシメタルカ等ノ点ニ対シ具体的事実理由ノ説明ナカルヘカラス」と判示した。これは、明らかに、担保提供の約束を守らなかったにすぎない場合は債務不履行にとどまるという前記(イ)の基準と、他人に実質的な財産処分権限が移転した後にその保全義務に反した場合は背任になるという前記(ロ)の基準とを示したものである。次いで、**大正八年七月一五日判決**(**新聞一六〇五号二一頁**)においては、鉱業権譲渡人が売買契約に基づき譲受人に対して負う権利移転登録の申請義務に違反したとして背任罪に問うたかに見える原判決を理由不備であるとして破棄し、「売買契約ニ基ク権利移転ノ登録申請ハ被告カ登録義務者タル資格ニ於テ登録権利者タルMト共同シテ之ヲ為スモノニシテ売買完成ノ手続ニ外ナラサルヲ以テ被告カ此手続ヲ為スハ買主タルMノ為メニ其事務ヲ処理スルモノニ非ス」と判示したうえ、他の原因に基づき登録申請の任務を負ったとする趣旨としても「原判決ハ被告カ上記ノ任務ヲ負ヒタル原因ヲ説示スルコトナキヲ以テ理由不備ノ違法アル」と結論付けた。この前段は、明らかに、前記(イ)の基準を示したものであり、後段は、(ハ)のような特別の事情のあるときは契約当事者に関しても背任罪が成立する余地があることを示した趣旨と解されるのである。さちに、**昭和七年一〇月三一日判決（刑集一一巻一五四一頁）**においては、電話加入権の名義人から贈与を受けた者のため名義書替をする任務を負った者が、名義人と共謀のうえ、これを第三者に売却してその旨の名義変更請求書を郵便局に提出したが、書替を終わらなかったという事案につき、背任未遂罪の成立を認めた。これは、明示の判示こそないが、他人が贈与により既に電話加入権の実質的処分権限を取得し、単に対抗要件を欠いていたにすぎないことと、名義書替の任務を負った者が契約当事者以外の第三者であったことが考慮された結果と解されるのであり、前記(ロ)(ハ)の基準と適合している。

最高裁も、**昭和三一年一二月七日判決（刑集一〇巻一二号一五九二頁）**において、いわゆる二重抵当の事案につき、抵当権設定の登記義務は設定者である自己の事務であって抵当権者である他人の事務ではないから背任罪は成立しない旨の主張を斥け、「抵当権設定者はその登記に関し、これを完了するまでは、抵当権者に協力する任務を有することはいうまでもないところであり、右任務は主として他人である抵当権者のために負うものといわなければならない」と判示した。この判決は、抵当権者に協力する任務という抽象的文言を用いているので、やや不明確なところがあるが、既に他人が登記の一件書類を受け取り抵当権者の地位に就いていた事案についての判決であることと、第二の抵当権を先に登記したことに任務違背行為を求めていることとを併せ考えると、前記(ロ)の基準に従ったものとみるべきであり、最初の抵当権者の一番抵当権を保全する義務つまりはこれと矛盾する行為をしないという協力義務を債務者に対し認めた趣旨と解することができる。次いで、**昭和三八年七月九日決定（刑集一七巻六号六〇**

八頁）においては、県知事の許可があることを条件として農地を他人に売り渡し、代金を受け取った者が、許可前に第三者のため抵当権を設定して登記を了した事案につき、「被告人の所論担保権設定行為は背任罪を構成するとした原判決の判断は正当である」と判示した。これは、買主が代金を支払って既に実質上農地の処分権限を得ていることに着目し、形式的所有者である売主に対し買主である他人の権利を保全しておく義務を認めたものであって、前記(ハ)の基準に従った判例ということができる。かりに代金又は融資金の授受等の行われる前に所有者が第三者に抵当権設定登記をしていた場合であるとすれば、右の二判決は、恐らく単なる債務不履行とみて背任罪の成立を否定したであろう。

このように見てくると、判例は、他人が自らなし得る事務を自己が代わって行う場合のみを他人の事務であるとは解さず、他人が自らはなし得ない事務を他人に代わって行う場合にも、これに含める立場を採っていることになるのであり、この点で反対趣旨の有力学説と相違している。

二　「事務」の内容については、判例上未だ確定していない問題が多い。

第一に、事務と認めるにはいかなる性質の信頼関係が必要かについて判例は明確な立場を示していない。そこで、非財産的事務例えば医師が患者のために治療する事務や弁護士が身分訴訟に関する依頼を処理する事務も含まれるのか争われている。この問題は、「財産上の損害」を任務違背行為から直接生じる財産的損害のみと解すべきか、その行為と因果関係のあるすべての財産的損害と解すべきかという論点、及び事務の必要要素として他人に対する義務という要素のみで足りるか、財産的利益を直接左右しうる立場ないしは実質的権限の要素も求めるべきかという論点と密接に関連していると思われる。そして、判例は、損害を任務違背行為から直接生じる財産的損害と解し、事務の成立には財産的損害を左右し得る実質的立場が必要であると解する方向に傾いているので、少なくとも医師が故意に不当な治療をして治療費を増大させたような場合にまで背任罪の成立を認めることはないであろう。

第二に、事務と認めるのに必要な信頼関係の程度についても判例は明確でなく、そのため財産の保管等の単純で機械的な事務でもよいか、包括的、裁量的な事務に限られるかが争われている。学説上、背任の信頼関係は横領のそれより高度で狭く、単なる財物の受寄者は含まないという見解が有力であるが、他人の財物の受寄者が重い横領罪の主体となるのに、軽い背任罪の主体とならないと解するのは合理的ではなく、背任罪が横領罪の補充規定として定められたという立法経緯とも合致しない。判例は、古くから倉庫業者の受託事務（大判明治四四・一二・一九刑録一七輯二二三二頁）、運送業者の受託運送事務（大判昭和七・一一・二四刑集一一巻一七〇三頁）を背任罪の事務にあたるとしているので、単に機械的な事務であるという理由で事務性を否定することはないであろう。むしろ、右の問題は、後に述べるとおり、事務の「処理」といえるか否かの観点から検討されるべきである。

第三に、近時、部内者がフロッピーディスク等に記録されている秘密のデータを外部に流す事案が発生したことから、秘密のデータの管理事務に関しいかなる範囲の者が事務処理者となるのかが争われている。秘密のデータないし資料が財産上の価値をもつ場合において、これを管理する事務が背任罪の事務にあたることは、疑問の余地がない（東洋レーヨン事件に対する神戸地判昭和五六・三・二七判時一〇一二号三五頁は、製品開発改良のための調査研究及びその際知った秘密の保管秘匿を本罪の事務と解し、綜合コンピューター事件に対する東京地判昭和六〇・三・六判時一一四七号一六二頁は、新聞販売店購読者管理システムのプログラムを入力したフロッピーシートの管理を本罪の事務と解した）。問題は、秘密の管理を担当しない一般職員でも、雇用契約等に基づく秘密保持の義務を負っているところから、偶然又は窃用等の不正手段により知り得た秘密についてもこれを保管秘匿すべき事務処理者の立場に立つかであるが、その秘密の管理者が特定されているときには、その者に対してのみ秘密に化体された財産的利益の処理が委ねられているので、一般職員については特段の事情のない限り消極に解すべきであろう（前掲東洋レーヨン事件判決も、そう解したが、地位に関連して一般職員が特に入手することができた秘密資料についてまで保管秘匿の任務を否定した点には疑問が残る)。

三　事務の「処理」の内容は、事務の内容と重なり合う点が多いが、独立して検討を要する点もある。

第一に、行為者が独立固有の権限をもって他人の事務を処理することは必要でなく、補助者として事務を代行する場合でもよい。**大審院大正一一年一〇月九日判決(刑集一巻五三四頁)**は、運送業者の雇人が貨物引換証の交付を受けないで荷受人に貨物を引き渡して貨物に対する質権者に損害を与えた事案につき、「他人ノ事務ヲ処理スル者トハ単リ固有ノ権限ヲ以テ其ノ処理ヲ為ス者ヲ指スノミナラス其ノ者ノ補助機関トシテ直接其ノ処理ニ関スル事務ヲ担当スル者ヲモ包含スル」と判示したうえ、「運送業者ノ雇人ニシテ雇主ノ命ニ依リ直接貨物ノ保管並ニ引渡ノ事務ヲ取扱フ者ハ一面雇主ニ対シ命シラレタル事務ヲ処理スヘキ任務ヲ負フト同時ニ他面質権者ニ対シテモ亦貨物ノ保管並ニ引渡ノ任務ヲ有スル」と判示した。代行権限が与えられることにより、他人に対する関係で直接事務処理に任ずることになるのであるから、代行者である補助機関が事務処理者となるのは当然である。

第二に、行為者が単独の意思で事務を処理する権限を有することも必要でない。**大審院大正四年二月二〇日判決(刑録二一輯一三〇頁)**は、会社が購入する物品を実価より高く上司に報告して購入の決裁を受け、差額を領得した事案につき、「背任罪ノ成立ニハ必スシモ行為者カ自己単独ノ意思ヲ以テ其事務ヲ左右スルノ権限即チ論旨ニ所謂決裁権ヲ有スル事務ニ関シ背任行為アルコトヲ必要トスルモノニアラス仮令他ニ其事務ノ遂行ニ付キ指揮監督其他決裁ノ権限ヲ有スル者アルモ苟クモ其行為者ノ担当セル事務ノ範囲内ニ属スル以上ハ之ニ関シ背任ノ行為アリタル場合ニ於テ本罪ヲ成立スルモノト謂ハサルヘカラス」と判示した(同大正一二・三・二一刑集二巻二四二頁、昭和九・五・二八刑集一三巻七六九頁も同旨)。そのような行為者は、代行者である補助機関とは異なり、上司と同じ内容の事務を処理するわけではないが、他人に対する関係で独自に一定の範囲の事務を分担し、その範囲内で独自にこれを処理しているのであるから、事務処理者と解することができる。

第三に、事務処理者の補助者が他人に対する関係においては事務処理の義務を負わず、事務処理者に対する関係においてのみ補助の義務を負う場合がある。他人の財産的利益の得失を招来する者つまりは事務を処理する者でなければ、任務違背行為により財産的損害を与えることはできないから、他人の事務を処理する雇主の下で機械的仕事（合鑑と物品との照合など）を担当する補助者については、雇主に対する関係ではともかくとして、他人に対する関係では背任罪の成立を否定すべきであろう。この場合と第二の場合との区別は、補助者の仕事が他人の事務の本来的内容に含まれているか否かである。

四 事務処理の原因は、法令、契約その他いかなるものであってもよいが、客観的な信任関係を生じさせるものでなければならない。大審院大正三年四月一〇日判決（刑録二〇輯四九八頁）は、慣習でもよいとしているが、その事案は、身分上職務権限の定めのない裁判所雇が登記判事の命により登記事務を取扱い中、不当に低価な印紙を貼用した申請書を受理して登記を了したというものであって、職務命令により具体的権限が付与されていた場合であった。同大正三年九月二二日（刑録二〇輯一六二〇頁）は、義務なしに他人のために事務管理をする者でもよいとしているが、町役場書記が収入役代理拝命前に事実上の収入役代理として事務を処理していた事案についてであって、無権限で事務管理をした場合ではない。他人との間に法令、契約等による信任関係を得た者の授権により雇人等が事務を代行する場合でもよいことは、いうまでもない。

三　図利加害の目的

一 背任罪は、目的犯であり、「自己若クハ第三者ノ利益ヲ図リ」又は「本人ニ損害ヲ加フル目的ヲ以テ」行為に出ることを要件としている。これは、その反面において、本人（他人）の利益を図る目的で行為に出た場合には任務に違背して本人の損害を加えても背任罪を構成しないことを規定したものである。**大審院大正三年一〇月一六日**

判決（刑録二〇輯一八六七頁）は、そう解し、「若シ其目的ニシテ本人ノ利益ヲ図ルニ在リトスレハ之ヲ罰セサルモノト云ハサルヲ得ス」と判示し、銀行取締役が不当な利益配当をした場合でもその目的が銀行の信用面目を保持することにあったとすれば背任罪を構成しないとした。

図利加害の目的又は本人図利の目的の内容については、心情的要素である動機とみる見解と知的要素である認識とみる見解とがあるが、その点については正面から判示した大審院又は最高裁の判例がない。もっとも、**大審院昭和七年九月一二日判決（刑集一一巻一三一七頁）**は、銀行取締役が主として株主に配当利益を与える目的で回収不能の不良貸付金を欠損として計上せず、不当な利益配当をし、傍ら銀行の信用を維持する目的があった場合につき、背任罪の成立を認めて、「従タル目的ノ有無ハ同罪ノ成否ニ影響ナ」しと判示し、**最高裁昭和二九年一一月五日判決（刑集八巻一一号一六七五頁）**も、信用組合理事が主として第三者の利益を図る目的で任務に背いて第三者に不法な融資をし、従としてその融資により組合の貸付金回収を図る目的があった場合につき、背任罪の成立を認めて、右大審院判例を踏襲した。目的の主従によって背任罪の成否が決せられるということは、いずれの目的が行為の動機をなしていたかにより背任罪の成否が決せられることを意味する。そして、図利加害の目的が主であったということは、その目的がなければ行為に出なかったということであり、本人図利の目的が主であったということは、その目的がなければ行為に出なかったということである。このようにして、右の二判例は、目的の内容を動機と解したものということができる。

図利加害の目的も本人図利の目的も存しない場合又は二つの目的に主従の関係がない場合については、右の二判例は語るところがないが、これらの場合には、任務違背により本人に損害を加えることを正当視する理由がないのであるから、図利加害の動機がなくても、その認識がある限り、背任罪の成立を肯定するのが相当である。

結局、図利加害の目的は、図利加害の動機があること又は図利加害の認識しかないが本人図利の動機がないことを意味すると解すべきである。

二 「利益」と「損害」は、財産上のそれに限られず、自己の面目を維持する利益などのすべての利益と本人の面目を失墜させる損害などのすべての損害を含んでいる。前掲大審院大正三年一〇月一六日判決は、「自己ノ利益ヲ図ル目的トハ身分上ノ利益其他総テ自己ノ利益ヲ図ル目的ナルヲ以テ足レリトシ、必スシモ其財産上ノ利益ヲ図ル目的ナルコトヲ要セス」と判示している。

四 任務違背行為

一 任務違背行為であるか否かは、第一に、事務の一般的な性質、内容により異なるが、それぞれの事務に応じて不当な損害を防ぐよう努める任務はある。**最高裁昭和五八年五月二四日決定（刑集三七巻四号四三七頁）**は、担保力の弱い中小企業を援助するための信用保証協会の職員が不当な債務保証をした事案に関し、「常態においても同協会に……損害を生じさせる場合の少なくないことは、同協会の行う業務の性質上免れ難いところであるとしても、同協会の負担しうる実損には資金上限度があり、倒産の蓋然性の高い企業からの保証申込をすべて認容しなければならないものではなく、同協会の役職員は、保証業務を行うにあたり、同協会の実損を必要最小限度に止めるべく、保証申込者の信用調査、資金使途調査等の確実を期する……任務がある」と判示している。

二 任務違背行為であるか否かは、第二に、事務担当者の具体的な役割や地位によっても異なる。もとより、その判断は、具体的状況の下で個別的に行うほかはないが、法令、契約のほか、内規に違反しているか否かによっても影響を受けるため、事務担当者の地位、役割が異なることによって、許される行為の範囲が異なってくるのである。前記最決は、「内規により役職に応じて定められた保証決定をなしうる限度額を遵守すべき任務がある」と判示している。

三　第三に、任務違背行為は権限を濫用する場合にのみ成立し権限を逸脱する場合には成立しないとする有力説があるが、判例は少なくとも財産的利益についての権限逸脱行為を背任罪に問うているから、右の区別は判例の採るところではない。

五　財産上の損害

一　財産上の損害をめぐる第一の問題は、損害をいかなる見地から判断すべきかである。かつて大審院及び最高裁は、損害には「実害発生の危険」を生ぜしめた場合も含むと判示し（大判昭和一三・一〇・二五刑集一七巻七三五頁、最決昭和三八・三・二八刑集一七巻二号一六六頁）、経済的見地から損害の有無を判断すべき旨を示唆していたが、前記最高裁昭和五八年五月二四日決定は、その立場を明確にし、「経済的見地において本人の財産状態を評価し、被告人の行為によって、本人の財産の価値が減少したとき又は増加すべかりし価値が増加しなかったときをいう」と判示したうえ、保証協会をして返済能力のない者の債務を保証させたことにつき、「同人の債務がいまだ不履行の段階に至らず、したがって同協会の財産に、代位弁済による現実の損失がいまだ生じていないとしても、経済的見地においては、同協会の財産的価値は減少したものと評価される」と判示した。

二　損害をめぐる第二の問題は、背任罪の本質に係わるものであって、ここにいう損害とは任務違背行為との間にいかなる関係のあるものをいうのかである。明確な判例はないが、前記最決が、任務違背行為によって財産状態が低下したことを損害というと判示していることと、従前の背任罪の運用状況とをみると、判例は、ここにいう損害とは、任務違背行為と因果関係のあるすべての財産的損害ではなく、任務違背行為から直接生じる財産的損害のみをいうと解していると考えられる。そのことは、背任罪の事務が、任務違背行為により直接財産上の損害を生じさせるようなものに限定されることを意味する。

〈**参考文献**〉

内田文昭「横領と背任」刑法講座六巻九五頁
平野龍一「横領と背任」犯罪論の諸問題(下)三四八頁
林　幹人・財産犯の保護法益二四三頁以下
中山研一「横領と背任」判例刑法研究6三二七頁
大谷　實「背任罪における『他人の為め其事務を処理する者』の意義」判例タイムズ六〇〇号三八頁

19 背任罪の成立要件

一 問題の提起

背任罪は、旧刑法にはなく、現行刑法で新たに設けられた罪である。また、その刑は、横領罪よりも軽く定められている(商法等には、取締役等に対し刑を加重する特別背任罪の規定が設けられているが、その刑も、業務上横領罪より軽い)。さらに、委託により他人の事務を処理する者が任務に違背して他人に損害を与えるという背任罪の成立要件は、委託により他人の物を占有する者がこれを領得するという横領罪の成立要件を含んでいると考えられる。そこで、判例・通説は、背任罪と横領罪とは、他人の信頼に背いて財産的損害をもたらす点で共通の性質を持ち、一般法と特別法の関係に立つと理解している。このような理解は、背信説と呼ばれている。

ところが、背信説を極端に抽象化すると、債務不履行により他人に損害を与える行為をも処罰することになりかねない。判例・通説は、このことに留意し、背任罪の成立要件の解釈を通して、その処罰範囲の合理化に努め、他の学説もまた、これと同様の関心から、背任罪の成立要件とその処罰範囲の限定化を試みてきた。

合理化ないしは限定化を図る方向は、次の三つに要約することができる。(1) 第一は、背信説を採りつつも、「他人の事務を処理する者」の要件を合理的に解釈しようとする方向であって、判例・通説はこの方向を採っている。第二は、背信説を採らず、背任罪の本質を法的代理権の濫用により他人に財産的損害を与えることであると理解する方向である。このような理解は、権限濫用説と呼ばれている。(2) 第三は、背信説も権限濫用説も採らず、背任罪の本質を他人の信頼に背いて権限を濫用し他人に財産的損害を与えることであると理解する方向である。このような理解は、背信的権限濫用説または新権限濫用説と呼ばれている。[3] 第四は、以上のいずれの説をも採らず、背任罪の本質を事務処理者が任務に背いて自ら財産処分についての瑕疵ある意思を生じることにより犯される財産犯であると理解し、事務処理者を本人の財産処分についての意思内容決定を委託された者に限定する方向である。このような理解は、かりに意思内容決定説と呼ぶことができよう。[4]

以上の四説のうち処罰範囲が最も狭いのは第二の権限濫用説であって、この説によると、法的代理権を行使した法律上有効な行為であって、本人との関係で代理権の濫用にあたるものについてしか背任罪が成立しない。次に処罰範囲が狭いのは第三の背信的権限濫用説（新権限濫用説）であって、この説によると、法的代理権を含む財産処分の権限がある場合において、これを濫用した法律上有効な行為について背任罪が成立し、その権限を踰越した行為については背任罪が成立しない。これより処罰範囲が広くなるのは第四の意思内容決定説であって、この説によると、以前のような財産処分の権限がある者のほか、売却のための不動産評価を委託された者、上司に払下げ価格を報告する下僚など本人の意思内容決定を事実上左右する権限を有する者および会社の監査役、後見監督人など本人の意思内容決定の過程を監督する者の行為が背任罪の対象になる。最も処罰範囲が広くなるのは第一の背信説であって、この説によると、内部に異説はあるものの、以上の行為のほか、物の保管や運送の委託を受けた者など法律行為以外の事務処理者や二重抵当の場合の抵当権設定者の行為も背任罪の対象になる。

以下、背任罪の各成立要件に即して判例・学説を跡づけた上、残された課題とその解決の方向に触れてみたいと思う。

二　判例の状況

1　事務処理者——「他人」の事務

背任罪は、他人(本人)のため他人の事務を処理する者のみが主体となりうる身分犯である(大判昭四・四・三〇刑集八巻二〇七頁)。この「他人の事務」は、「自己の事務」と排他的な関係にある概念ではなく、併存し得る概念である。問題は、その事務が、他人のためにする自己の事務にとどまる場合と、他人のためにする他人の事務になる場合とをいかにして識別するかである。

判例は、右の識別にあたり、次のような基準を立てているものと解される。すなわち、(イ)売買等に基づき売主等が負う登記申請義務、給付義務等の履行は、背任罪で強制されるべきものではないから常に自己の事務にとどまり、その不履行は、自己の債務の不履行となるに過ぎない、(ロ)しかし、売買等に基づき代金、融資金の授受が終わるなどしてすでに財産の実質的処分権限が買主等に移転した以後は、形式的処分権限(処分能力)を持つ売主等は、その財産を買主等のために保全する義務を負い、その義務の履行は、他人である買主等のために代行する事務となると解すべきであるから、二重売買、二重登記等の保全義務違反行為は、背任罪の対象となる、(ハ)司法書士その他の事務代行者が他人から委任等を受けて登記申請等の義務を負う場合には、その義務の履行は、他人の事務の処理であり、買主等が売買等の契約以外の特別の原因でその義務を負った場合も、これと同様である、という基準である。

(イ)については、債務の担保に供することを約束した物品を他に処分したとして背任罪の成立を認めた原判決を破棄し、「所有者タル被告カYノ為メ之ヲ担保ニ供シタル事実アリトテ之カ為メ直チニ被告ニ保管ノ任務生スヘキ理由ナケハ被告ニ保管ノ任務アリトスルニハ其ノ任務ノ生シタル事由即チ売渡担保(信託売買)ノ如キ法律行為アリテYカ現実物品ノ引渡ヲ受ケタル上之ヲ被告ニ寄託若クハ賃貸シタルカ或ハYカ現実ノ引渡ニ代ヘテ占有ノ改定ニ依リ被告ヲシテ代理占有ヲ為サシメタルカ等ノ点ニ対シ具体的事実理由ノ説明ナカルヘカラス」と判示した判例(①大判大四・六・一〇新聞一〇二五号三〇頁)、鉱業権譲渡人が売買契約に基づき譲受人に対して負う権利移転登録の申請義務に違反したとして背任罪に問うたかに見える原判決を理由不備であるとして破棄し、「売買契約ニ基ク権利移転ノ登記申請ハ被告カ登録義務者タル資格ニ於テ登録権利者タルＭト共同シテ之ヲ為スモノニシテ売買完成ノ手続ニ外ナラサルヲ以テ被告カ此手続ヲ為スハ買主タルＭノ為メニ其事務ヲ処理スルモノニ非ス」と判示した上、他の原因に基づき登録申請の任務を負ったとする趣旨としても、「原判決ハ被告カ上記ノ任務ヲ負ヒタル原因ヲ説示スルコトナキヲ以テ理由不備ノ違法アル」と結論づけた判例（②大判大八・七・一五新聞一六〇五号二一頁）がある。

(ロ)については、すでに前記①の判例があり、担保提供の約束を守らなかったに過ぎない場合には債務不履行にとどまるという(イ)の基準と併せて、他人に実質的な財産処分権限が移転した後にその保全義務に違背した場合には背任罪を構成する旨を判示していた。そのほか、いわゆる二重抵当の事案に関し、抵当権設定の登記義務は設定者である自己の事務であって抵当権者である他人の事務ではないから背任罪は成立しない旨の主張を斥け、「抵当権設定者はその登記に関し、これを完了するまでは、抵当権者に協力する任務を有することはいうまでもないところであり、右任務は主として他人である抵当権者のために負うものといわなければならない」と判示した判例（③最判昭三一・一二・七刑集一〇巻一二号一五九二頁）がある。この判例は、抵当権者に協力する任務という抽象的文言を用いているので、やや不明確なところがあるが、抵当権者である他人がすでに登記の一件書類を受け取っていた事案についてのものであることと、第二の抵当権を先に登記したことに任務違背を求めていることとを考え併せると、(ロ)の基準に従ったものであり、最初の抵当権者の一番抵当権を保全する義務を債務者に認めた趣旨と解することができる。さらに、県知事の許可を条件として農地を他人に売り渡し、代金を受け取った者が、許可前に第三者のため抵当権を設定して登記を了した事案に関し、「被告人の所論担保権設定行為は背任罪を構成するとした原判決の判断は正当である」と判示した判例（④最決昭三八・七・九刑集一七巻六号六〇八頁）も、同様の立場に立つものと見ることができる。すなわち、この判例は、買主が代金を支払ってすでに実質上農地の処分権限を得ていることに着目し、形式的所有者である売主に対し買主である他人の権利を保全しておく義務を認めたものと解されるのである。

以上の③④の事案において、かりに代金または融資金の授受等が行われる前に所有者が第三者に抵当権設定登記をしていたとすれば、恐らく単なる債務不履行と見て背任罪の成立を否定したと思われる。

(ハ)については、前記②の判例の後段の判示において、鉱業権譲渡人が譲受人に対し売買契約以外の特別の事情に基づいて権利移転登録申請の義務を負っていた場合には背任罪の成立する余地のあることが示唆されていた。さらに、電話加入権の名義人から贈与を受けた者のため名義書替えをする任務を負った者が、名義人と共謀のうえ、これを第三者に売却してその旨の名義変更請求書を郵便局に提出したものの、書替えを終わらなかったという事案につき、背任未遂罪の成立を認めた判例（大判昭七・一〇・三一刑集一一巻一五四一頁）も、その趣旨の判例と解される。すなわち、明示の判示こそないが、他人が贈与により電話加入権の実質的処分権限を取得しており、単に名義書替えという対抗要件を欠いていたに過ぎないことと、契約当事者以外の第三者が他人から名義書替えの任務を委託されたことが考慮された結果であって、(ロ)と併せて(ハ)の基準が用いられたものと解されるのである。

このように見てくると、他人の事務か否かの区別の問題は、物または登記登録等の保全義務を事務と認めるか否かの問題と表裏一体をなしているのであり、後の問題が肯定されるときには前者の問題も肯定される関係にあるといいうる。そして、判例は、物または登記登録等で対抗要件が定まる権利に関しては、他人の所有物を賃借して占有する賃借人、他人から売買代金を受け取って物の実質上の権利を他人に譲渡した売主、実質上の権利者から登記登録等の申請を委託された事務代行者などに対し、所有者または権利者のために占有ないしは権利を保全しておくべき義務を認め、これを他人の事務と解して、義務違反の行為を背任罪に問うているものと考えられるのである。

2 事務処理者——他人の「事務」

「事務」の内容については、判例上確定している点と確定していない点とが混在している。

第一に、事務と認めるのに必要な信頼関係の程度については、判例上限定が付されていない。すなわち、判例は、質権者から委託を受けて質物の保管をする事務（大判明四四・一〇・一三刑録一七輯一六九八頁）、倉庫業者の受託事務（大判明四四・一二・一九刑録一七輯二二三一頁）、運送業者の受託運送事務（大判明四五・六・一七刑録一八輯八五六頁、大判昭七・一一・二四刑集一一巻一七〇三頁）など裁量の余地のない、いわゆる機械的事務をも背任罪の事務にあたるとしている。

第二に、事務と認めるのに必要な信頼関係の性質については、判例は明確な立場を示していない点がある。先に述べたように、判例は、義務者が権利者に対し物または権利の保全義務を負う場合か否かについては、かなり明確な立場を示している。すなわち、県知事の許可を条件として農地を他人に売り渡し、代金を受け取った者に対し、他人の権利を保全する義務を認め、その保全行為を事務にあたるとしているので（前記**1**④の判例）、物の受託者と同様、物の実質的処分権限を他人に移転した後、その形式的処分権限を保持する者も、他人のため保全事務を処理する者と解していることになる。さらに、判例は、登記登録等の制度を伴う抵当権、鉱業権、電話加入権などの権利に関しても、その実質的処分権限を他人に移転した後、形式的処分権限を保有する者を権利の保全事務を処理する者にあたると解している（前記**1**④②③の判例）。これに対し、判例は、単なる債務者については、債務の履行義務を超える他人の権利の保全義務を認めず、これを事務とは解していない。

他方、判例は、事務の中に非財産的事務、例えば医師が患者のために治療をする事務や弁護士が身分訴訟に関する依頼を処理する事務も含まれるか否かについては、明確な立場を示していない。

3　事務処理者――事務を「処理」する者

事務の「処理」の内容は、事務の内容と重なり合う点が多いが、独立して問題となる点もある。

第一に、判例は、行為者が独立固有の権限で他人の事務を処理することは必要でなく、代行者として事務を行う場合でもよいとしている。すなわち、運送業者の雇人が貨物引換証の交付を受けないで荷受人に貨物を引き渡して貨物の質権者に損害を与えた事案につき、「他人ノ事務ヲ処理スル者トハ単リ固有ノ権限ヲ以テ其ノ処理ヲ為ス者ヲ指スノミナラス其ノ者ノ補助機関トシテ直接其ノ処理ニ関スル事務ヲ担当スル者ヲモ包含スル」と判示したうえ、「運送業者ノ雇人ニシテ雇主ノ命ニ依リ直接貨物ノ保管並ニ引渡ノ事務ヲ取扱フ者ハ一面雇主ニ対シ命シラレタル事務ヲ処理スヘキ任務ヲ負フト同時ニ他面質権者ニ対シテモ亦貨物ノ保管並ニ引渡ノ任務ヲ有スル」と判示した（大判大一一・一〇・九刑集一巻五三四頁）。代行権限が与えられることにより、他人に対する関係で直接事務処理に任ずることになるのであるから、代行者である補助機関が事務処理者となるのは当然である。

この関係で近時問題とされているのは、部内者がフロッピーディスク等に記録されている秘密のデータを外部に流した場合における背任罪の成否である。秘密のデータが財産上の価値を持つ場合にこれを管理保全する事務が背任罪の事務にあたることは当然であるから、問題は、どの範囲の職員がその事務を「処理」する立場にあるかである。一審判例においてであるが、秘密の管理を担当していない一般職員については、原則として背任罪が成立しないとされている（東洋レーヨン事件に対する神戸地判昭五六・三・二七判時一〇一二号三五頁）。

第二に、判例は、行為者が単独の意思で事務を処理する権限を有することも必要ではないとしている。すなわち、会社が購入する物品を実価より高く上司に報告して購入の決裁を受け、差額を領得した事案につき、「背任罪ノ成立ニハ必スシモ行為者カ自己単独ノ意思ヲ以テ其事務ヲ左右スルノ権限即チ論旨ニ所謂決裁権ヲ有スル事務ニ関シ背任行為アルコトヲ必要トスルモノニアラス仮令他ニ其事務ノ遂行ニ付キ指揮監督其他決裁ノ権限ヲ有スル者アルモ苟クモ其行為者ノ担当セル事務ノ範囲内ニ属スル以上ハ之ニ関シ背任ノ行為アリタル場合ニ於テ本罪ヲ成立スルモノト謂ハサルヘカラス」と判示している（大判大四・二・二〇刑録二一輯一三〇頁、同大一二・三・二一刑集二巻二四二頁、同昭九・五・二八刑集一三巻七六九頁も同旨)。そのような行為者は、代行者である補助機関とは異なり、上司と同じ内容の事務を処理するわけではないが、他人に対する関係で独自に一定の範囲の事務を分担し、その範囲内で独自にこれを処理しているのであるから、事務処理者と解することができる。

第三に、事務処理者の独立補助者が他人に対する関係においては事務処理の義務を負わず、事務処理者に対する関係においてのみ義務を負う場合があるが、この点を明確に判示した判例はまだない。

4　図利加害目的

図利加害目的についても、判例上、確定している点と確定していない点とが混在している。

第一に、「利益」と「損害」は、財産上のそれに限られず、自己の面目を維持する利益などのすべての利益と本人の面目を失墜させる損害などのすべての損害を含んでいると解されている。すなわち、「自己ノ利益ヲ図ル目的トハ身分上ノ利益其他総テ自己ノ利益ヲ図ル目的ナルヲ以テ足レリトシ、必スシモ其財産上ノ利益ヲ図ル目的ナルコトヲ要セス」と判示されている(大判大三・一〇・一六刑録二〇輯一八六七頁)。

第二に、本人(他人)の利益を図る目的で行為に出た場合には、任務に違背して本人に損害を加えても背任罪を構成しないと解されている。銀行取締役が不当な利益配当をした場合でも、その目的が銀行の信用面目を保持することにあったとすれば背任罪を構成しないとされているのである(前掲大判大三・一〇・一六)。

第三に、主として自己または第三者の利益を図る目的があれば、従として本人の利益を図る目的があっても背任罪は成立すると解されている。すなわち、銀行取締役が主として株主に配当利益を与える目的で回収不能の不良貸付金を欠損として計上せず、不当な利益配当をし、傍ら銀行の信用を維持する目的があった場合につき、背任罪の成立を認めて、「従タル目的ノ有無ハ同罪ノ成否ニ影響ナ」しと判示され(大判昭七・九・一二刑集一一巻一三一七頁)、信用組合理事が主として第三者の利益を図る目的で任務に背いて第三者に不法な融資をし、従としてその融資により組合の貸付金回収を図る目的があった場合についても、背任罪の成立が成立すると判示されている(最判昭二九・一一・五刑集八巻一一号一六七五頁)。

第四に、図利加害目的を肯定するには、意欲ないしは積極的認容までは要しないと解されている(最決昭六三・一一・二一刑集四二巻九号一二五一頁)。

5　任務違背行為

任務違背行為の一般的な考え方については、判例の立場は確定している。

第一に、任務違背行為であるか否かは、事務の一般的な性質、内容により異なるが、それぞれの事務に応じて不当な損害を防ぐよう努める任務があると解されている。すなわち、担保力の弱い中小企業を援助するための信用保証協会の職員が不当な債務保証をした事案に関し、「常態においても同協会に……損害を生じさせる場合の少なくないことは、同協会の行う業務の性質上免れ難いところであるとしても、同協会の負担しうる実損には資金上限度があり、倒産の蓋然性の高い企業からの保証申込をすべて認容しなければならないものではなく、同協会の役職員は、保証業務を行うにあたり、同協会の実損を必要最小限度に止めるべく、保証申込者の信用調査、資金使途調査等の確実を期する……任務がある」と判示されている(最決昭五八・五・二四刑集三七巻四号四三七頁)。

第二に、任務違背行為であるか否かは、事務担当者の具体的な役割や地位によっても異なると解されている。例えば、前掲判例において、「内規により役職に応じて定められた保証決定をなしうる限度額を遵守すべき任務がある」と判示されている。

6　財産上の損害

財産上の損害についても、判例の立場は明確である。

第一に、損害をいかなる見地から判断すべきかについては、かつて大審院および最高裁は、損害には「実害発生の危険」を生ぜしめた場合も含むと判示し（大判昭一三・一〇・二五刑集一七巻七三五頁、最決昭三八・三・二八刑集一七巻二号一六六頁）、経済的見地から損害の有無を判断すべき旨を示唆していたが、最高裁は、その立場を明確にし、「経済的見地において本人の財産状態を評価し、被告人の行為によって、本人の財産の価値が減少したとき又は増加すべかりし価値が増加しなかったときをいう」と判示したうえ、保証協会をして返済能力のない者の債務を保証させたことにつき、「同人の債務がいまだ不履行の段階に至らず、したがって同協会の財産に、代位弁済による現実の損失がいまだ生じていないとしても、経済的見地においては、同協会の財産的価値は減少したものと評価される」と判示した（前掲最決昭五八・五・二四）。

第二に、ここにいう損害と任務違背行為との間にいかなる関係が必要かについては、明確な判例はないが、前記最決が、任務違背行為によって財産状態が低下したことを損害というと判示していることと、従前の背任罪の運用状況とをみると、判例は、ここにいう損害とは、任務違背行為と因果関係のあるすべての財産的損害ではなく、任務違背行為から直接生じる財産的損害のみをいうと解していると考えられる。そのことは、背任罪の事務が、任務違背行為により直接財産上の損害を生じさせるようなものに限定されることを意味する。

三　学説の状況

1　事務処理者――「他人」の事務

背任罪をめぐる学説上の争いの中心は、「他人の事務」と「他人のためにする自己の事務」との区別をどうするかである。

権限濫用説は、他人の法的代理権を有効に行使する場合のみが「他人の事務」であると解するが、そう解する根拠が明らかではないばかりか、背任罪の適用範囲を不自然に狭くするため、今日では支持されていない。

背信的権限濫用説（新権限濫用説）は、権限の内容を法的代理権から財産処分権限一般に広げるとともに、権限の濫用があった場合にのみ背任罪の適用を認める。これは、権限逸脱を内容とする横領罪との区別を明確にし得る利点を持つが、物以外の権利その他の財産上の利益に関する事務を処理する際に権限逸脱行為があった場合に、これを不処罰とする点で、不自然な点が残る。

意思内容決定説は、財産処分についての意思内容決定を委託されて行為をする場合のみを「他人の事務」と解する。これは、「他人の事務」の中核的部分を明確にした点で優れていると考えられるが、本人が自由に自己の財産を処分することを保障しようとするところに背任罪の主眼があるという主張の前提からすると、本人の財産と認められるものをその意思を無視して処分する場合に背任罪の成立を否定する理由はない。物の保管者の処分や二重抵当を背任罪の適用から排除するには、それらが本人の財産の処分行為ではないといえなければならないであろう。

背信説の中の有力説は、「他人の事務」と「他人のためにする自己の事務」との区別は、「他人が自らなし得る事務を自己が代わって行う場合」と「他人が自らはなし得ない事務を自己が行う場合」との区別であると説く。他人が自らなし得る事務を他人がその気になれば自ら現実になし得る事務と解すれば、右の基準は明確であるが、二重抵当の事案を含めてかなり広い範囲の行為が背任罪の対象から外れることになる。しかも、会社の役員や未成年者の親権者の行為など、当然背任罪の対象に含められるべきものが対象から外れることになるであろう。

2　事務処理者――他人の「事務」

学説上、背信説を採るものを含め、個別的、機械的な事務は「事務」にあたらず、包括的、裁量的な事務のみがこれにあたるとする見解が有力である。また、背任罪の委託関係は、横領罪のそれより高度のものであり、単なる物の受寄は含まないという見解も有力である。これらの見解は、権限逸脱は横領罪、権限濫用は背任罪とする区別と照応している点に長所があるが、物以外の財産的利益に関する権限逸脱行為を背任罪の対象から外すことになる点で、背任罪が横領罪を補充する罪として定められた立法経緯と調和しないように思われる。なお、背任罪の事務は、財産的事務に限られ、非財産的事務を含まないという見解が支配的である。

3　事務処理者――事務を「処理」する者

学説上、「処理」の内容について深く触れたものは見あたらず、「事務」の内容を包括的、裁量的なものに限定するという学説と併せて、「処理」という文言がその根拠の一部に援用されているにとどまる。

4　図利加害目的

学説上、図利加害目的の内容として、(イ)図利加害の認識(未必的認識を含む)で足りるとする説、(ロ)図利加害の確定的認識を必要とする説、(ハ)図利加害の意欲を要するとする説、(ニ)図利の点は認識で足りるが、加害の点で意欲を要するとする説、(ホ)図利加害の認識の存在と本人図利の動機の不存在とする説などがあるが、未だ通説というべきものは見あたらない。

5　任務違背行為

任務違背行為については、判例と異なる特別の主張は見うけられない。

6　財産上の損害

損害については、判例と異なる特別の主張は見うけられない。

四　理論の展開

1　事務処理者――「他人」の事務

判例の状況を述べる際に触れた基準によって「他人」の事務の内容を絞るならば、処罰範囲が不当に拡がることはないと考えられる。

実際上問題となるのは、賃借等に基づく他人の物の保管および抵当権設定後の抵当権者のための権利保全行為が背任罪の事務にあたるか否かであるが、前者については、物の領得により横領罪が成立するので、背任罪の事務からこれを外しても実質上不当な結果にはならない。しかし、後者については、事務に含まないとすると背任罪にも横領罪にもあたらないことになり、いわゆる二重譲渡が横領罪を構成することとの対比上、実質的に不当な結果になる。したがって、前者も後者も、ともに背任罪の事務にあたり、物の領得については特別法である横領罪が成立するため背任罪が適用されないと解するのが妥当と思われる。

2　事務処理者――他人の「事務」

第一に、背任罪の「事務」を包括的、裁量的な事務に限るべきか否かについては、二つの角度から検討する必要があると考えられる。その一は、そのような限定を付さなければ処罰対象行為に違法性のないものが含まれることになるか否かであるが、図利加害目的による任務違背で故意に他人に損害を与える行為が違法性に欠けるとは思われない。その二は、そのような限定を付さなければ横領罪等との間に刑のバランスを失することになるか否かである。ドイツ刑法のように背任罪の刑が横領罪よりも重い場合であれば、背任罪の信任関係を横領罪より狭いと解するのが妥当であるが、背任罪の刑が横領罪よりも軽い日本刑法のもとでは、背任罪の信任関係の方が横領罪より広いと解する方がむしろ妥当と思われる。

第二に、事務の中に非財産的事務が含まれるか否かについては、消極に解する学説が妥当と考えられるが、その理由は、非財産的事務が事務にあたらないからではなく、「他人」の事務にあたらないか、「損害」をもたらすものではないからであると解される。すなわち、医師が患者のために治療をする事務は、患者のためにする医師の事務であるにとどまり、患者の事務を代行して行うものではない。また、弁護士が依頼者のためにする身分訴訟の事務は、依頼者の事務ではあるが、その処理により直接、財産的損害をもたらすものではなく、間接的に損害をもたらすにとどまるものである。

3　事務処理者――事務を「処理」する者

判例の状況を説明した際に用いた三区分、すなわち、(イ)事務処理を直接委託された者の義務を代行する代行者、(ロ)委託された者またはその代行者を委託により補助する者、(ハ)本人(他人)とは無関係に、委託された者またはその代行者との間の独立の委託により事実上事務を行う独立補助者の区別が重要であり、(イ)(ロ)は、本人の事務を処理する者にあたるが、(ハ)は、本人から直接委託された者またはその代行者との関係で、その者の事務を処理する者となるにすぎないと解すべきである。

部内者が内部秘密を外部に流した場合の背任罪の成否も、右の区分により決することができる。すなわち、秘密の管理保全の職務を担当する役職員は、職務の分配に応じ、(イ)の本人である企業主体の事務の代行者または(ロ)の補助者のいずれかにあたるから、その行為は、背任罪の対象となり得る。しかし、職務の分配上、秘密の管理保全の職務を担当していない職員は、本人の事務を行っていないので、その行為は、特別にその事務を担当した場合のほかは、背任罪の対象にはならない。もちろん、そのような職員でも、雇用契約等に基づき秘密保持の義務を負っているが、それは、債務の履行義務と同様、本人のためにする自己の義務である。

4 図利加害目的

図利加害目的の論点の解明は、任務違背により故意に損害を与えるという違法性のある行為を定めた客観的要件のほかに、なぜこのような主観的要件が加えられているのかについての理解にかかっている。それは、特に背任罪にのみ加えられていることを考えると、図利加害目的により非難が増すという責任の観点からのものではなく、違法性の観点からのものであると解すべきであり、また、図利加害目的により当然に違法性が高まるとはいえないことを考えると、たとえ任務違背により故意に損害を与えた場合でも、本人(他人)の利益を図る目的で行為に出たときには違法性を否定し、背任罪を構成しないこととするのが妥当であるとの判断から、その趣旨を示すために加えられたものと解すべきであろう。

右の観点から検討すると、本人の利益は財産的なものより非財産的なものに重点があることになるから、第一に、本人の信用面目を保持するという非財産的目的から行為に出た場合にも不処罰とすべきであり、反面、本人の信用面目を失墜させたり、自己の信用面目を保持するために行為に出た場合にも処罰すべきことになる。

第二に、自己または第三者の利益を図る目的と本人の利益を図る目的の主従により背任罪の成否が決せられるという判例の結論も、自然に理解ができる。

目的の主従によって背任罪の成否が決せられるということは、いずれの目的が行為の動機をなしていたかにより背任罪の成否が決せられることを意味する。そして、図利加害の目的が主であったということは、その目的がなければ行為に出なかったということであり、本人図利の目的が主であったということは、その目的がなければ行為に出なかったということである。このようにして、判例は、目的の内容を動機と解したものということができる。

図利加害の目的も本人図利の目的も存しない場合または二つの目的に主従の関係がない場合については、判例は語るところがないが、これらの場合には、任務違背により本人に損害を加えることを正当視する理由がないのであるから、図利加害の動機がなくても、その認識がある限り、背任罪の成立を肯定するのが相当である。

結局、図利加害の目的は、図利加害の認識があり、かつ、本人図利の動機がないことを意味すると解すべきである。

5　任務違背行為と損害

判例・学説がほぼ一致しており、特に説明を付加する必要はないであろう。

（1）　判例・学説の分析については、藤木英雄「背任罪」『総合判例研究叢書刑法⑾』（有斐閣、一九五八）、内田文昭「横領と背任」日本刑法学会編『刑法講座六巻』九五頁（有斐閣、一九六四）、内藤謙『注釈刑法⑹』（団藤重光編）二六五頁以下（有斐閣、一九六六）、平野龍一「横領と背任」『犯罪論の諸問題㈦』三四八頁（有斐閣、一九七七）、中山研一「横領と背任」西原春夫ほか編『判例刑法研究6』三二七頁（有斐閣、一九八三）、林幹人『財産犯の保護法益』二四三頁以下（有斐閣、一九八四）、大谷實「背任罪における『他人の為め其事務を処理する者』の意義」判タ六〇〇号三八頁（一九八六）、香城敏麿「背任罪」芝原邦爾編『刑法の基本判例』一五六頁（有斐閣、一九八八）、日比幹夫『大コンメンタール刑法第一〇巻』二四七頁以下（青林書院、一九八九）、芝原邦爾『新版注釈会社法⒀』五五八頁以下〔上柳克郎ほか編〕（有斐閣、一九九〇）、上嶌一高「背任罪」法教一三二号二〇頁（一九九一）、同「背任罪（刑法二四七条）理解の両構成（1）～（4）」法学協会雑誌一〇七巻一二号一頁（一九九〇）、一〇八

巻二号八五頁、八号一頁、一一号一頁(一九九一)などを参照。特に、最後の文献は、立法史、学説史、判例史についての網羅的な文献である。詳しい文献等の参照はこれらの業績に譲る。

(2)　瀧川幸辰『瀧川幸辰刑法著作集四巻』四六六頁以下(世界思想社、一九八一)。

(3)　植松正『再訂刑法概論II』四五二頁(勁草書房、一九七五)、内田・前掲注(1)論文、前田雅英『刑法各論講義』三三〇頁(東大出版会、一九八九)など。

(4)　上嶌・前掲注(1)論文。

20　公用文書毀棄罪（違法な取調のもとでの供述調書の毀棄）に関する最高裁判例

〔判　決〕
昭和五七年六月二四日最高裁第一小法廷判決（昭和五四年(あ)第一六四七号、公文書毀棄被告事件）刑集三六巻五号六四六頁

〔判示事項〕
違法な取調のもとで作成中の供述録取書と刑法二五八条にいう「公務所ノ用ニ供スル文書」

一　事件概要と経過

被告人は、「昭和五三年三月二七日午後五時五五分頃、京都市右京区峰岡町所在京都府太秦警察署刑事課取調室において、同署勤務の警部補Wが被告人の使用していた乗用自動車につき盗難被害届が出されていたことに関して事情を聴取のうえ録取した参考人調書を読み聞かせていた際、約六時間にわたる長時間の取調で腹立ちまぎれに右調書を摑みざま引き裂き、もつて公務所の用に供する文書を毀棄したものである」という公訴事実で起訴された。

一審判決（京都地裁）は、この事実を認めて被告人に対し懲役六月の実刑を科し、弁護人、被告人から主張された「警察官の被告人に対する取調がむしろ違法であり被告人の所為には違法性がなく正当行為というべきである」という論旨を斥け、その理由として、(イ)　警察官が被告人を任意同行するに至った経過が自然であること、すなわち、被告人は、前夜モーテルに覚せい剤常習者の女性と泊り、本人もシャブ呆けと認められる幻覚症状を呈してモーテルから太秦警察署に連絡されたことから、その自動車に盗難届がでていることが判明するに至り、正午前に事情聴

取のため署に任意同行されたこと、(ロ)事情聴取中の被告人の態度が良好ではなかったこと、すなわち、被告人は、盗難車両の入手経過についてはかばかしい弁明をせず、「こんな車要らん、返したら済むことやろ」などと不逞腐れて車の任意提出を拒んだり、狸寝入りをしたりしていたことなどの経緯に徴すると、「捜査の始まつたばかりの時点において、たとえ被告人に対する盗犯の嫌疑が薄らいだとしても尚賍物犯の疑が解消し去つたとは思われず少なくとも右自動車に関する犯罪の重要な参考人であつたことは明白であつて、太秦署員が殊更に被告人の退去を阻止した形跡の存しない以上午後六時近くまで裏付捜査と併行しつつ被告人に対する事情聴取を続けたことは当然の成行で何等適法な任意捜査の域を逸脱したものとは認められず、叙上のいきさつに鑑みると被告人が腹立ちまぎれに本件調書を引き裂いた所為は如何なる意味においても正当な行為ということはできない」と判示した。

しかし、原判決(大阪高裁)は、弁護人の事実誤認、法令適用の誤りの主張の一部を認め、一審判決を破棄して被告人を無罪とした。すなわち、原判決は、右主張のうち、「本件の文書である参考人調書は、未だ供述者である被告人の署名押印を了しておらず、従つて未だ公務所の用に供する文書とはいえない」という調書の文書性を争う点については、これを斥け、その理由として、「本件文書は自動車窃盗被疑事件の参考人として取り調べられた被告人の京都府太秦警察署の司法警察員Wに対する供述調書で、二枚ずつ複写したもの三葉からなり、未だ供述者は勿論、右司法警察員の署名押印もなされていない作成中の未完成のものである。そしてこれを調書作成の手続からみれば、読み聞けが二葉についてなされ次いで三葉目に移ろうとした段階に在つたものであつて、このとき突如被告人がWの手から先の二葉(複写の分を含めて計四枚)を奪うようにとつて、右調書の右辺中央よりやや上あたりから左辺上部のあたりへかけて二つに引き裂いたことが認められる。従つて、右供述調書は未完成のものではあつても、司法警察員Wが同警察署の公権力作用として、職務権限に基づいて作成中のもので、本文は一応完成して文書としての意味、内容を備えるに至つていたものであるから、本来公務所において現に使用している文書にあたるものとして、刑法二五八条にいう公務所の用に供する文書に該当する」と判示したが、「この調書は違法な参考人取り調べのもとに作成されつつあつたものであるから、被告人の原判示所為は違法性を欠如する」という行為の違法性を争う点については、一審判決とは異なり、被告人に対する取調手続が違法であったと判断したうえ、これを理由として、右調書は公務所において現に使用している文書とはいえないと判示し、行為の違法性について判断するまでもなく無罪であると結論づけた。

原判決が本件取調手続を違法と判断したについては、次のような事情が総合勘案されていた。すなわち、(イ)その第一は、任意同行の手続に関する事情である。被告人は、本件当日の午前零時三〇分ころからモーテルに覚せい剤常習者の女性と泊ったが、部屋の天井裏で物音がするとか部屋を覗く者がいるとかいって騒ぎ立てたため、同日午前一〇時二五分ころモーテルから警察署に「もめごと事案発生」の電話があり、警察官が急行したが、被告人が異常に興奮していたため、何ら処置をとることができず帰署した。しかし、その後、モーテルに駐車中の被告人の車が盗難被害届のでている車であることが判明したので、警察官が再びモーテルに行き、被告人に署まで同行するよう求めたが、被告人は、これを拒否して部屋から警察官を追い出し、後に事情を説明されてようやく同行を承諾してパトカーの後部座席に両側から警察官に挟まれる形で乗車して一二時五〇分ころ署に到着した、というのである。(ロ)第二は、取調中における警察官の同席、監視に関する事情である。被告人は、直ちに刑事部屋の奥にある四畳半余りの取調室に入れられて入口に向いた形で奥に坐らされ、その左側の通路入口に近いところにはW′巡査が坐り、被告人と机を挟んで対面してY巡査部長が坐るという状況で取調を受け、以後も取調中は二人の警察官が同室し、昼食、用便、牛乳購入のときにも常に警察官が監視していた、というのである。(ハ)第三は、取調の態度に関する事情である。被告人は、取調に対し知っている限りの事実を少しずつ供述し、これに応じてY巡査部長が方々に電話で照会したり被害者を署に呼んだりして裏付けをとった結果、午後四時ころになってやっと被告人が窃盗犯人でないことが判明した。その後、W警部補が代って被告人を窃盗の参考人として取調べ、それまでの供述を参考人調書にすることになり、午後五時ころまでに本件調書の本文の記載をほとんど終えた。しかし、それから先の調書の記載は、押問答となって進まず、被告人の方では、必要なら車を署に置いて帰ると主張し、あげくには、このように調書の作成が進まないのなら取調をやめて続きは明日来るのでその時にしてくれ、帰れないなら署に泊めて欲しいなどといって滞留を拒否する旨を告げたが、W警部補の方では、執拗に質問を続け、特に車の任意提出書は今日書くようにと要求し、書けば帰すといって説得と押問答を繰り返した。こうした状態が四、五〇分続いた後の午後五時五〇分ころ、W警部補は、取調を打切って調書の続きを翌日とることにし、ひとまず調書を完成するため、被告人が署名押印をしないと明言しているのにかまわず読み聞けを続け、調書の三葉目に移ろうとしたとき、被告人が長時間の取調による疲労とW警部補の強引さ執拗さに対する憤慨から、「こんなもんなんじゃ」といいざま前の二葉を奪って二つに引き裂き、公務執行妨害と公文書毀棄で現行犯逮捕された。他方、被告人は、署に来る前から警官に対して非協力的で、採尿を拒否したり、取調室で大声を挙げて反抗したり、質問を無視して黙り込んだり狸寝入りをしたり、大声で警察を非難して警官に取囲まれて机上にあった帽子やメガネを投げ飛ばされたりするようなことがあった、というのである。原判決は、こうした事情を総合勘案すると、「被告人が右窃盗事件の重要な参考人であつて、未だW独自の取り調べ事項も残つていたこと、さらに任意提出により自動車を確保しておくのが普通の捜査方法であつたこと、Wにおいて被告人を右のように追及した熱意・気持については理解の余地があること、捜査に非協力的のみならず反抗的な参考人の取り調べであつても説得によつて捜査に協力させるよう努力を続けることは当然許容されること等の事情を充分斟酌しても、少なくとも本件自動車窃盗犯人の嫌疑が晴れて後の被告人に対する取り調べ、従つてWの取り調べは、参考人である被告人の意思を制圧し、身体的自由を拘束した実質的逮捕と同視し得る情況下においてなされたものというべきである。このことは被告人が取り調べを受けるにあたり非協力的・反抗的態度をとりつづけたことによつても何ら消長を来すものでない。ちなみに、被告人は反抗をしたけれども、被告人としては、即刻退去したり取り調べを峻拒したりすることのできない、すなわち、これらをあきらめざるを得ない情況下に置かれていたものである。従つて被告人に対する右取り調べは、任意捜査である参考人取り調べの限界を逸脱した違法なものであつて、その程度も何人も不法に逮捕されないという基本的人権を侵害する重大なものである。すると、本件参考人調書は、右違法を取り調べの過程において作成中のものであり、まさに公務員たる司法警察員Wが公務所の作用としてその職務権限に基づき、被告人を前叙窃盗被疑事件の参考人として任意に取り調べるという職務行為にあたり、この職務を違法に執行しながら作成中の未完成文書であり、換言すれば、これを完成させるために現に違法に使用中とされる文書であるから、このような取り調べが続行している限り、かかる未完成文書はこの取り調べに包含される作成行為すなわち使用行為とともに、刑法上の保護に値するものではないと解するべきである。しかして、右調書は、公務所において現に使用している文書といえず、刑法二五八条の保護の対象としての『公務所ノ用ニ供スル文書』に該当しないと解するべきである」と判示した。

これに対し、検察官は上告し、被告人に対する取調が任意捜査である参考人取調の限界を逸脱した違法なものであるとしたのは、その前提となる事実に関する評価の点ですでに誤っているばかりか、最高裁の判例と相反する判断をしたものであり、また、右取調が違法であるから本件参考人調書が「公務所ノ用ニ供スル文書」に該当しないとしたのは、大審院及び最高裁の判例と相反する判断をしたものであると主張した。最高裁は、所論引用の判例は事案を異にするとしつつも、職権により原判決の刑法二五八条についての解釈は誤りであるとして原判決を破棄し、一審判決についてもその刑が重いとして破棄し、懲役三月、一年間執行猶予の刑を言渡した。

「原判決の右判断のうち、被告人に対する警察官の取調方法が違法であるとした点は、一件記録に照らし必ずしも首肯しえなくはないが、違法な取調のもとに作成されつつあつた供述録取書が、そのことの故に、直ちに刑法二五八条の公務所の用に供する文書にあたらなくなるとした点は、にわかに肯認することができない。なぜならば、同条にいう公務所の用に供する文書とは、公務所において現に使用し又は使用に供する目的で保管している文書を総称するものであつて（昭和三七年(あ)第一一九一号同三八年一二月二四日第三小法廷判決・刑集一七巻一二号二四八五頁、同五一年(あ)第一二〇二号同五二年七月一四日第一小法廷判決・刑集三一巻四号七一三頁）、本件供述録取書のように、これを完成させるために用いられた手段方法がたまたま違法とされるものであつても、原判示のように既にそれが文書としての意味、内容を備えるに至つている以上、将来これを公務所において適法に使用することが予想されなくはなく、そのような場合に備えて公務所が保管すべきものであるというべきであり、このような文書も刑法二五八条にいう公務所の用に供する文書にあたるものと解するのが相当だからである。原判決は、本件供述録取書の作成過程がたまたま違法であることから、直ちに右供述録取書が公務所の用に供する文書にあたらないとの結論を導き出している点で、刑罰法令の解釈を誤つているといわざるをえず、右誤りが判決に影響を及ぼすことが明らかであり、これを破棄しなければ著しく正義に反するというべきである。

よつて、刑訴法四一一条一号を適用して原判決を全部破棄することとするが、なお、第一審判決についてみると、同判決が刑法二五八条の罪の成立を認めた点は正当であるというべきであるけれども、被告人の本件犯行が警察官による違法かつ執拗な取調によつて直接誘発されたものであることに徴すると、被告人を懲役六月に処した一審判決の刑は重きに失するので、刑訴法四一三条但書、三九七条一項、三八一条により第一審判決をも破棄し被告事件

二　本判決の判示

について更に判決することとする。」

三　評　釈

1　刑法二五八条にいう公務所の用に供する文書が「公務所において現に使用し又は使用に供する目的で保管している文書を総称するもの」であることについては、本件最高裁判決が引用する二つの最高裁判例が既に明確に判示しており（このうち、昭和三八年一二月二四日第三小法廷判決は、国鉄の助役らが列車の遅延、運休を告げてこれを詫びる旨を白墨で記載し、駅待合室に掲示した急告板を、被告人が勝手に取り外し、記載文言を抹消した事案についてのものであり、昭和五二年七月一四日第一小法廷判決は、警察官が被疑者の弁解録取書を作成中、被疑者がこれをひったくり、まるめたり、踏みつけたり、引きちぎったりした事案についてのものである）、書面が未完成でも「文書としての意味内容を備えるに至つた」ときには同条にいう文書にあたることについても、既に最高裁判例が明確に判示している（前記昭和五二年七月一四日第一小法廷判決）。原判決は、本件最高裁判決とは異なり、公務所の用に供する文書について前記最高裁判例が下している定義を援用していないものの、これと異なる定義を下しているわけでもなく、当然右の定義を前提としているものと解せられる。また、未完成である本件供述調書が同条にいう文書の性質を有するに至っているか否かの判断に関しては、本件最高裁判決と同様、従前の最高裁判例に示された基準を提示したうえ、これにあてはめて本件供述録取書が文書にあたる旨を判断している。それにもかかわらず、原判決が本件供述録取書を公務所の用に供する文書にあたらないと判断し、最高裁判決がこれにあたると判断して、結論が分れることになったのは、いかなる理由に基づくのであろうか。以下、この理由の検討から始めて、本判決の意義を明らかにしてみたいと思う。

2　原判決が本件供述録取書を公務所の用に供する文書にあたらないと判断した論拠は、判文上は必ずしも明確でないが、次の三点に求められていると思う。第一点は、本件供述録取書が、公務所の保管する文書にはあたらず、公務所が現に作成に用いているという形で現に使用している文書にあたるにとどまると解したことであり、第二点は、公務所において文書を現に使用している、その使用の行為自体が違法である場合には、その文書は刑法上保護に値いしないので公務所の用に供する文書とはいえないと解したことであり、第三点は、参考人としての被告人に対する警察官の取調は、事実上その身体を拘束し実質上逮捕と同視し得る状態において行われた違法なものであり、このような違法な取調のもとに作成されつつあった本件供述録取書は、現に違法に作成、使用されつつあった文書であると解したことである。

第一点についてみると、原判決は、本件文書は、「司法警察員Wが同警察署の公権力の作用として、職務権限に基づいて作成中のもので」、「本来公務所において現に使用している文書にあたるもの」であるが、本件の場合には「これを完成させるために現に違法に使用中とされる文書であるから、このような取り調べが続行している限り、かかる未完成文書はこの取り調べに包含される作成行為すなわち使用行為とともに、刑法上の保護に値するものではな」く、したがって、「右調書は、公務所において現に使用している文書といえず、刑法二五八条の保護の対象としての『公務所ノ用ニ供スル文書』に該当しない」と判示しているので、原判決が右の第一点を前提として結論を導いていること及び本件文書を公務所が現に使用している文書と解した理由は明らかである。しかし、本件文書が公務所の使用中の文書にあたるほか、その保管中の文書にもあたるのではないかという疑問については明示の判断はなく、結論として消極に解したものと推定されるにとどまる。

第二点についてみると、原判決は、警察官が参考人取調という職務を違法に執行しながら供述録取書を作成する場合、その作成行為は取調に包含されているため、取調とともに違法となって刑法上の保護を失うこと、また、職務を違法に執行しながら作成中の未完成な供述録取書は、完成を目ざして現に作成中であるために使用中とされる文書であるから、取調及び作成行為が違法であることにより、その使用行為も違法となって刑法上の保護を失うに至ることを判示しているが、刑法二五八条の「公務所ノ用ニ供スル文書」に関し何故「用ニ供スル」ことについての適法性を必要要件と解したかについては深く説明するところがない。そこで、その理由について考えてみるのに、右の結論は、同罪を公務執行を保護する規定であると解する一部学説の立場に立っても、財産権を保護する規定であると解する通説の立場に立っても、一応は説明が可能と思われる。

まず、本罪を文書の毀棄を手段とする公務執行妨害罪の本質をもつものと解する学説(例えば、宮本英脩・刑法学粋六七五頁は、「本質上公務執行妨害罪タリ。刑法第九五条ノ罪カ人ニ対スル暴行又ハ脅迫ヲ手段トスルモノナルニ反シ、本罪ハ第九六条ト共ニ物ニ対スル侵害ヲ手段トスルモノニ外ナラス」と説いている)を徹底させると、本罪は、公務所の用に供する文書を毀棄し、もって「公務の執行を妨害した」という隠れた要件を含んでいることになり、公務所の用に供するという行為そのものが違法であるときには、公務執行妨害罪において公務が違法であるときと同様、もはや本罪の成立を認めることができないことになろう。このような考え方は、同罪が旧刑法においては公文書偽造罪と一括して規定されており、現行刑法において毀棄罪に移された際にも通常の毀棄罪と公務執行妨害罪との中間的性格の罪であるとの論議がなされていたこと(刑法沿革総覧一二〇七頁)、刑法改正草案においては本罪が公務の円滑な遂行を保護するという観点から公務執行妨害罪の章に移されていること(改正刑法草案・附説明書一八五頁)、本罪の対象文書は、その所有権が私人にあると公務所にあるとを問わず、公務所が使用、保管中のものを広く包含しているため、通説も認めているとおり、本罪は、実質上公務を保護する規定となっていることを考慮すると、右のような理解にも一理があるというべきであろう(この角度から原判決の根拠を詳細に分析し、結論的にはこれを維持し難いとした本件最高裁判決の評釈に、木村静子・判例評論二九〇号六一頁〔判例時報一〇六七号二三一頁〕、特に六二、六三頁がある)。

他方、同罪を財産権保護の規定であると解する通説に立っても、原判決と同様の結論を導くことは可能と思われる。すなわち、刑法二五八条は、一般の文書について適用される二五九条、二六一条、二六二条の毀棄罪の加重規定であると解されるが、その加重理由は、公務所の用に供されている文書が私人の用に供されている文書に比して公共的な効用が高く、刑法上より厚く保護するに値するということにあることは疑いがない。そうすると、文書を公務所の用に供するという行為自体が違法であって特別の厚い保護に値しないとなると、その文書の毀棄を私人の用に供する文書以上に厚く保護する理由がないことになる。殊に、毀棄罪は、窃盗罪などの領得罪とは違って、事実上の占有又は適法な占有という事実的状態を保護するものではなく、所有権などの本権を保護するものであり、それ故にこそ、その客体は、他人の所有物とされているのであり、例外として二六二条が、差押を受け、物権を負担し、又は賃貸した物にこれを拡張しているのも、他人の財産上の権利を保護するためであって、物権や賃貸が無効であったり、差押が不存在又は当然無効であったときには、同条の保護の対象とはならないと解されているのであるから、それら一般の毀棄罪の特別規定である二五八条についても、公務所において文書を使用又は保管することと自体が違法、無効と解される場合(例えば、警察官が全く無権限に私人の文書を奪って使用又は保管している場合)には、その文書を同条の保護の対象から除外するのが自然であろう。

第三点については、原判決の詳細な判文に照して、その趣旨は明白であろう。

3　そこで、以上のような考え方の当否を、最高裁判決との対比を含めて検討すると、まず、原判決が本件文書を公務所において現に使用している文書にあたるとした第一点の判断は、それとしては誤りではなく、現に前記昭和五二年七月一四日第一小法廷判決も、作成中の被疑者の弁解録取書について、「当該公務員が公務所の作用として職務権限に基づいて作成中の文書は、それが文書としての意味、内容を備えるに至つた以上、右にいう公務所において現に使用している文書にあたるものと解すべきである」(傍点追加)と判示しているのである。しかし、本件文書は、単にそれだけのものではなく、供述者の署名押印を欠く点で直ちに刑法上の参考人調書として利用することはできないにしても、今後の捜査資料として用いたり、場合によっては捜査の適法性に関して部内調査を行い人事管理をする際の資料に用いるなどして利用する価値があるものであり、少くとも捜査の過程を示す文書として警察署が保管しておくべきものである。そうとすれば、かりに本件文書の作成過程に違法があるとしても、それはその作成行為ないしはこれに伴う使用行為が違法となり、公務所において現に使用している文書にあたらないこととなるにとどまり、それを保管することまでもが違法となるわけではないから、公務所において保管している文書であることを否定するのは相当でないことになろう。こうみてくると、最高裁判決が、「本件供述録取書のように、これを完成させるために用いられた手段方法がたまたま違法とされるものであつても、原判示のように既にそれが文書としての意味、内容を備えるに至つている以上、将来これを公務所において適法に使用することが予想されなくはなく、そのような場合に備えて公務所が保管すべきものである」という理由に基づき、「原判決の判断は、違法な取調のもとに作成されつつあつた供述録取書が、そのことの故に、直ちに刑法二五八条の公務所の用に供する文書にあたらなくなるとした点は、にわかに肯認することができない」と結論づけたのは、正当であったと思われる。

原判決の第二点の判断について述べた法律構成を考察してみると、刑法二五八条の罪を公務執行妨害の規定と捉えてその結論を導く法律構成は、規定自体その犯罪客体を明確に「公務所ノ用ニ供スル文書」と定めていることからしても、支持することはできないであろう。むしろ、右の規定は、そのような文書を毀棄することが当然に公務の執行を妨害するおそれを生じさせるという認識のもとで設けられたとみるべきであり、また、公務所の用に供する文書を毀棄から保護することにより守ろうとする法益は、現にこれを使用又は保管しているという執行中の公務ばかりではなく、これを保管しておくことにより将来使用するという公務も含まれていると解すべきであるから、

「公務の執行を妨害した」という隠れた構成要件を解釈上付け加える必要性も妥当性もないというべきである（前掲の宮本博士の所説も、本罪が一般の文書の毀棄罪より加重されている根拠を特に強調された趣旨にとどまるものとみるのが正当と思われる）。

他方、本罪の財産犯的性格を肯認しつつ原判決の第二点の判断を導く法律構成については、現行法の解釈として十分の正当性を認め得ると思う。すなわち、公務所において文書を使用し又は保管すること自体が違法、無効である場合、例えば当然無効な押収により私人所有の文書を取得して使用、保管しているような場合には、これを毀棄しても、公務所の用に供する文書としての保護を与える必要はなく、文書の性質に従って二五九条又は二六一条の一般の毀棄罪により処罰すれば足りるのであり、かつ、そう解することが毀棄罪の性質及び構造に適合するといい得るのである。しかし、本件の場合には、供述録取書は警察官が職務上作成中のものであって、その所有権は公務所側に帰属していたのであり、しかも、これを将来の使用のために保管しておく公共的な利益も十分に認められるのであるから、原判決のように、単にその作成過程に違法があるからという理由でこれを本罪の保護の対象から除外するのは、妥当ではないというべきである。

原判決が警察官による本件取調を違法とした第三点の判断については、上告趣意が詳しく反論しており、興味ある問題が含まれているが、最高裁判決において、「必ずしも首肯しえなくはないが」という消極的な形で維持されたにとどまるし、事件の結論に直接影響するものとも思われないので、論評は差し控えておきたい（なお、最高裁判決が、一審判決の量刑を破棄するに際して、「被告人の本件犯行が警察官による違法かつ執拗な取調によつて直接誘発されたものであることに徴すると、被告人を懲役六月に処した一審判決の刑は重きに失する」と積極的に取調の違法につき判示している点は、前記の消極的な判示と対比すると不調和とも思われるが、この量刑上の判断は、二審判決を消極的ながらも肯認した後のものであるため、二審判決の判断を前提とし、これを再現したものと理解することもできよう）。

4　刑法二五八条の解釈としては、最高裁判決の方が原判決より正当であるとしても、警察官の取調が実質上参考人を逮捕したのと同じような違法性の高い情況下で行われたものとすれば、控訴趣意が主張したように、これに抵抗した被告人の行為を直ちに違法ということはできないのではないかという問題が残るであろう。一般論としては、取調の違法性が高く、これを中止させるために他に適当な手段がないというような場合には、参考人が調書を奪ったり、これを毀棄したとしても、違法性の阻却を認めるべきであろう。しかし、本件の場合には、警察官が被告人の意向に従って調書作成を打ち切り、読み聞けを始めた時点で、被告人が毀棄に及んだというのであるから、その違法性阻却を認めるのは困難であったと思われる。最高裁判決が、控訴趣意で問題とされながら二審判決では明示の判断が示されなかった右の論点にあらためて触れることなく、有罪を維持したのは、こうした事実関係を配慮したためであって、その自判の中で実質的に右の控訴趣意が斥けられたものと解されるのである。

本件の二審判決の評釈として、宇津呂英雄・研修三七七号七三頁、最高裁判決の評釈として、飛田清弘・警察学論集三五巻九号一六七頁、木村静子・判例評論二九〇号六一頁〔判例時報一〇六七号二三一頁〕がある。

21　盗品保管罪（保管の途中で盗品であることを知った場合）に関する最高裁判例

〔決　定〕

昭和五〇年六月一二日最高裁第一小法廷決定（昭和四九年(あ)第一一六一号贓物寄蔵被告事件）

刑集二九巻六号三六五頁

〔判示事項〕

保管の途中で贓物であることを知り保管を継続する場合と贓物の寄蔵

〔決定要旨〕

贓物であることを知らずに物品の保管を開始した後、贓物であることを知るに至ったのに、なおも本犯のためにその保管を継続するときは、贓物の寄蔵にあたる。

一　事件の概要と経過

1　第一審判決は、二個の贓物寄蔵、四個の贓物故買、一個の贓物収受の事実を認定し、被告人を懲役六月及び罰金二万円の刑に処した。贓物寄蔵のうちの一個の事実が本件で争いになったものであって、その要旨は、自室においてTから背広三つ揃等五点を預り保管中、昭和四八年二月二六日にそれがTが他から窃取してきた物であることの情を知るに至ったのに、同年四月一七日ころまでの間自室でその保管を継続し、もって贓物の寄蔵をした、というのである。

2　原判決は、単に保管物が贓物であることを知っただけでその後の保管行為につき贓物寄蔵罪が成立するとはいえないとの弁護人の控訴趣意を斥け、次のように判示して、第一審判決を支持した。「物品を預り保管中、それが贓物であることの情を知るに至ったが、その後もそのまま保管を継続したに過ぎず、その保管場所を変える等の積極的な行為をしていないことは所論のとおりである。しかしながら、かかる場合においても、贓品の返還が不能であるとか、或いは贓品につき質権が効力を生ずる等贓品を留置し得る権利が生じた場合を除いては、贓物寄蔵罪が成立すると解するのが相当である。けだし、窃盗罪の事後従犯として、盗品に対する被害者の追及権を保護し、かつ、窃盗本犯を助長する行為を禁ずる等の贓物罪の保護法益および立法理由に徴すれば、贓品の返還が可能であり、かつ、法律上これを拒否する理由がないのに拘らず、知情後においてもなお保管を継続する行為と、当初より贓物であることの情を知りながらこれを預り保管する行為とを区別する理由はないからである。所論は、右見解は、贓物であることを知ったという、単なる心理的事実のみで刑罰を科すこととなり、近代憲法の原則（憲法三一条）に反するというのであるが、しかし、知情前の保管行為についても、客観的には贓物寄蔵の外形的事実は存在しているのであって、ただ犯意がないために犯罪が成立しないのに過ぎず、これが知情後においては、右客観的事実に加えて、犯意が生ずるため犯罪が成立するに至るものであって、けっして所論のように心理的事実のみで犯罪の成立を認めるものではないのである。」

3　弁護人の上告趣意は、「寄蔵は物品を受取り、保管し、返還するものであり、受取と返還とは作為であるが、保管は不作為であり、一旦物品を受領した後はこれを返還するまで何らの作為を必要としない意味において作為と不作為の混合形態であるのだから、贓物であることを知らずに受領した後にそれを贓物であることを知ったというだけで直ちに返還の義務を生ずるとはいえない。」「贓物であることを知った後も置き場所を変えるとか、他人の目にふれない場所に隠匿するとかの作為をなしたわけではないのであるから、これだけで返還の義務を生ずるとはいえない。」と主張した。

二　本決定の判示

上告趣意は適法な上告理由にあたらないとしたうえ、職権により、「賍物であることを知らずに物品の保管を開始した後、賍物であることを知るに至ったのに、なおも本犯のためにその保管を継続するときは、賍物の寄蔵にあたる」と判示した。

三　説　明

1　問題は、寄蔵という行為が何を意味しているか、知情後隠匿などの積極的行為をせずに保管を継続することもこれに含まれるか、という点にある。

寄蔵の意義については、最高裁昭和三四年七月三日二小判決(刑集一三巻七号一〇九九頁)[1]が、「委託を受けて本犯のために賍物を保管することをいう」と判示している。本件と関わりがあるのは、右の判示のうちの「委託を受けて」という部分である。すなわち、もしそれが賍物の引渡しないしは占有移転という積極的行為を要件とする趣旨であるとすれば、占有移転を受けた後に知情が生じて保管を続けても、保管自体を寄蔵と評価することが困難となるからである。保管自体を占有移転と評価するためには、返還をしないという不作為を占有移転という作為と評価するほかなく、そのためには特別の返還義務を肯定しなければならないので、結局寄蔵と認めるのは困難となるのである。この関係は、情を知らずに賍物の贈与を受けた後に情を知っても収受と評価することができない[2]のと同様である。しかしながら、右の「委託を受けて」という部分は、保管が保管者の一方的な意思から行われたものではなく、依頼を受けて行われたものであることを示す趣旨と解するのが、妥当である。すなわち、寄蔵を処罰するのは、保管自体が被害者による賍物の追及を困難にし、かつ、盗犯を助長するからであり、占有移転という点は重要な意味をもつものではなく、また、寄蔵という文言は、もともと寄託蔵匿を意味し、占有移転という概念を当然に含むものではないからである。

以上のように解するときは、寄蔵は、贓物であることを知りながら委託を受けて本犯のためにその物を保管することを意味し、寄蔵罪は、その保管を内容とする継続犯である、ということになる。したがって、保管の開始後に知情を生じ、なおも保管を継続する場合にも、寄蔵行為があるといってよい。学説も、右の解釈を支持している(3)。

贓物寄蔵罪に関する立法例には、保管行為を処罰するものと、隠匿行為を処罰するものとがある。わが国の刑法と同様に前者に属するものに、例えばニューヨーク州刑法があり、後者に属するものに、例えば西ドイツ刑法がある。一九五二年の西ドイツの判例(BGH St. 2 138)は本件と類似の事案につき、知情後に作為がない限り、保管の継続だけでは刑法二五九条の罪は成立しないと判示したが(但し、他罪の成立することを示唆している)、それは、同条が隠匿する(verheimlichen)という行為を構成要件としており、わが国の刑法のように単なる保管を構成要件としていないからである。

2　原判決は、贓物の返還が不可能である場合又は贓物を留置する権利がある場合には、贓物寄蔵罪が成立しない、と判示している。学説も、同様である(4)。

贓物の返還が不可能な場合には、寄蔵そのものが本犯のためにするものとはいえないことになるので、寄蔵行為がなく、その点で贓物寄蔵罪が成立しないと解すべきである。

これに対し、贓物につき質権その他の占有権限が生じた場合には、寄蔵行為があるけれども、それが権限に基づくものであるため、違法性が阻却され、贓物寄蔵罪が成立しないと解すべきである。

いずれにしても、知情が生じた後に本犯のために保管を継続するときは、寄蔵行為にあたるというべきであり、右のような事情は、犯罪の成立を阻却する事由として考慮すれば足りるものと解される。本決定が、賍物を返還することが不可能の場合又は賍物につき占有権限が生じた場合につき判示するところがないのも、右の事情を寄蔵の内容とは別の問題とみたからであろう。

（1）　吉田由己夫・最高裁判例解説昭和三四年度六三事件参照。

（2）　注釈刑法(6)五六八頁〔内藤謙〕、中谷瑾子「賍物罪」刑法講座六巻一五九頁、大塚仁・刑法各論上巻五一三頁など参照。

（3）　発表順に挙げると、小野ら・ポケット注釈全書刑法四五三頁、新版刑法五四七頁〔伊達秋雄〕、福田平・刑法各論二七八頁、同増訂版三二〇頁、柏木千秋・刑法各論五一六頁、青柳文雄・刑法通論Ⅱ各論五六二頁、中谷瑾子・前掲一五八頁、滝川春雄＝竹内正・刑法各論講義二三三頁、注釈刑法(6)五六四頁〔内藤謙〕。

（4）　小野ら、福田、注釈刑法の各前掲書。

四　行政罰則の解釈

四　自然原則の解釈

22　逋脱罪（所得秘匿工作をした上での不申告）に関する最高裁判例

〔決　定〕

昭和六三年九月二日最高裁第三小法廷決定（昭和六〇年(あ)第一五二八号会社臨時特別税法違反被告事件）刑集四二巻七号九七五頁

〔判示事項〕

所得秘匿工作をしたうえ逋脱の意思で会社臨時特別税確定申告書を税務署長に提出しなかった場合における会社臨時特別税法二二条一項にいう「偽りその他不正の行為」とその判示方法

〔決定要旨〕

所得秘匿工作をしたうえ逋脱の意思で会社臨時特別税確定申告書を税務署長に提出しなかった場合、会社臨時特別税法二二条一項にいう「偽りその他不正の行為」に当たるのは、所得秘匿工作を伴う不申告の行為であり、また、その判示に当たっては、右の行為があったことを摘示すれば足り、所得秘匿工作の具体的な日時、場所、方法などについては摘示することを要しない。

一　事件の概要と経過

1　事　案

本件は、いわゆる虚偽過少申告による法人税の逋脱といわゆる虚偽不申告による会社臨時特別税の逋脱の事案である。

2　一審判決

一審判決が認めた罪となるべき事実の要旨は、次のとおりであった。

被告会社は、不動産の売買、斡旋等の事業を営む資本金一、〇〇〇万円の株式会社であるが、代表取締役において、被告会社の業務に関し、① 法人税を免れようと企て、昭和四八年一〇月一日から昭和四九年九月三〇日までの事業年度における被告会社の実際所得が五億八、一六九万八〇五円であり、これに対する税額が二億八、一二二万六〇〇〇円であったのに、公表経理上架空の売上原価を計上するなどして真実の所得を秘匿したうえ、同年一一月三〇日所轄税務署において、税務署長に対し、被告会社の所得は九、三一一万三、八一四円であり、これに対する税額は二、〇三六万三、六〇〇円である旨の虚偽過少の法人税確定申告書を提出して虚偽の申告をし、そのまま法定納期限である同日を徒過し、もって右不正の行為により被告会社の右事業年度における税額二億六、〇八六万二、四〇〇円を免れ、② 会社臨時特別税を免れようと企て、右事業年度における被告会社の実際の所得が右のとおり五億八、一六九万八〇五円であり、これに対する税額が三一四万七〇〇〇円であったのに、右の方法により所得を秘匿したうえ、同税の法定納期限である昭和四九年一一月三〇日までに所轄税務署長に対して会社臨時特別税申告書を提出せず、そのまま右法定納期限を徒過し、もって右不正の行為により被告会社の右事業年度の税額三一四万七〇〇〇円を免れた。

3　控訴趣意

控訴趣意は、多岐にわたるが、その中に本件判旨に関する部分があり、右の罪となるべき事実の摘示は「偽りその他不正の行為」の該当事実の摘示として不十分であり、犯罪事実の特定に欠けているので、一審判決には理由不備の違法があるとの主張がなされていた。

4　控訴審判決

控訴審判決は、右の主張を斥けて次のとおり判示し、控訴を棄却した。

一審判決は、前記①の法人税の過少申告につき、「(イ)税逋脱の意思、(ロ)実際所得金額(その計算の基礎となる勘定科目の明細を記載した修正損益計算書を添付)、(ハ)所得の秘匿及び(ニ)虚偽過少申告及びその日の各事実」を摘示し、②の会社臨時特別税の虚偽不申告につき、「右(イ)ないし(ハ)及び無申告の各事実」を摘示しており、これらは「偽りその他不正の行為」の摘示として十分であり、犯罪事実の特定にも欠けるところはない。「なお、原判決は、所得の秘匿につき具体的事実を摘示していないけれども、本件においては虚偽過少申告及び虚偽無申告自体が偽りその他不正の行為にあたると解すべきであるから、右の原判示は右結論を左右するものではない」。

5　上告趣意

上告趣意も、多岐にわたるが、その中に本件判旨に関する法令違反の主張があり、甲という所得秘匿工作がなされたか、乙という所得秘匿工作がなされたかにより、実行行為の内容が異なることになるから、判決が所得秘匿工作の具体的内容を摘示しない限り罪となるべき事実の記載に欠けることになるとの主張がなされた。

二　本決定の判示

最高裁決定は、上告趣意はすべて適法な上告理由に当たらないとしつつも、職権により次のような判示をしたうえ、上告を棄却した。

1　虚偽過少申告による法人税の逋脱

「真実の所得を秘匿し、所得金額をことさら過少に記載した法人税確定申告書を税務署長に提出する行為は、それ自体法人税法一五九条一項（昭和五六年法律第五四号による改正前のもの）にいう「偽りその他不正の行為」に当たると解すべきであるから（最高裁昭和四六年(あ)第一九〇一号同四八年三月二〇日第三小法廷判決・刑集二七巻二号一三八頁、同昭和四七年(あ)第一五八八号同四九年一二月一三日第三小法廷決定・裁判集刑事一九四号三四一頁参照）、所得を秘匿したうえ内容虚偽の法人税確定申告書を税務署長に提出した旨を判示した第一審判決には、逋脱犯の実行行為についての判示に欠けるところはなく、これを支持した原判決の判断は正当である。」

2　虚偽不申告による会社臨時特別税法の逋脱

「右の所得を秘匿するため所得秘匿工作をしたうえ逋脱の意思で会社臨時特別税確定申告書を税務署長に提出しなかった場合には、所得秘匿工作を伴う不申告の行為が会社臨時特別税法二二条一項にいう「偽りその他不正の行為」に当たると解するのが相当であるから、所得秘匿工作を伴う不申告の行為があったことを判示すれば足り、所得秘匿工作の具体的な日時、場所、方法などについては判示することを要しないものというべきである。そうすると、公表経理上架空の売上原価を計上するなどして所得を秘匿したうえ申告期限までに申告書を税務署長に提出しなかった旨を判示した第一審判決には、逋脱犯の実行行為についての判示に欠けるところはなく、これを支持した原判決の判断は正当である。」

三　説　明

1　問題点

1　各種の税法に置かれている租税逋脱犯の規定は、いずれも「偽り（詐偽）その他不正の行為」（以下単に不正の行為ともいう）を実行行為として定めているが、その意義に関しては、終戦直後から論争があり、今なお定説を見ていない。それは、逋脱犯の持つ次の三つの特徴が複合的に作用したためと思われる。

第一は、所得秘匿工作を伴わない単純不申告が違法で多くは処罰を受ける行為であるのに、法にはこれを不正の行為と見ていないと解すべき根拠が窺われること、第二は、逋脱犯が不正の行為を手段とする作為犯の規定であるのに、しばしば不申告という不作為による逋脱犯の成否が問題になること、第三は、逋脱犯が逋脱という結果の発生を要する結果犯であり、かつ、その実行行為が逋脱を招く行為一般を包含するように無限定に規定されておらず、不正の行為という特定の行為に限定して規定されているため、ある行為によって逋脱の結果が生じていてもその行為が不正の行為でなければ逋脱犯は成立せず、逆に一般的性質からいって不正の行為に当たるものが行われていても逋脱の結果との間に因果関係がなければその行為を実行行為ということができないことである。

第一の特徴から、いわゆる単純不申告（所得秘匿工作をしないで単に申告を怠ること）又は虚偽過少申告（所得秘匿工作をし又はしないで過少な所得を申告すること）でも不正の行為に当たるかの問題が生じ、第一、第二の特徴から、いわゆる虚偽不申告（所得秘匿工作をしたうえ申告をしないこと）も不正の行為に当たるのかの問題が生じ、第三の特徴から、事前の所得秘匿工作に続いて不申告又は過少申告をした場合に実行行為に当たるのは所得秘匿工作と不申告・過少申告のどちらか一方か双方かという問題が生じた。

2　本件決定には、これらの問題のうち、虚偽過少申告及び虚偽不申告が不正の行為に当たるか否か、当たるとすれば所得秘匿工作は実行行為の一部なのか否かという問題について広く判示がなされている。そのうち虚偽過少申告に関する判示については既に判例があるので、虚偽不申告に関する判示のみが判例集の判示事項に取り上げられているが、全体の問題が密接に関連しているので、本解説ではやや広い視点から問題を取り上げることとしたい。

3　右の逋脱犯の実行行為をめぐる問題には、レベルを異にする二種類のものが混在している。その一は、不正の行為に当たるとするには、その行為がいかなる性質のものでなければならないかという実行為の一般的性質を問う問題である。単純不申告、虚偽過少申告あるいは所得秘匿工作は不正の行為に当たるかというような問題は、この種類に属する。

その二は、右の不正の行為に当たる行為が複数ある場合において、逋脱の結果と因果関係をもつ不正の行為が何であったかを明らかにするという実行行為の具体的確定の問題である。

不正の行為となりうる一般的性質をもつ行為が存在していなければ、たとえ逋脱の結果が生じており、しかも、これと因果関係のある行為があっても、逋脱犯は成立しない。また、不正の行為となりうる一般的性質をもつ行為が存在していても、その行為と逋脱の結果との間に因果関係がなければ、その行為は逋脱犯の実行行為とはいえない。そこで、右の二つの種類の問題は、別個に検討されなければならないことになる。

2　単純不申告

1　不正の行為とは何かは、まず単純不申告をめぐって争われた。単純不申告であっても、それにより逋脱の結果は生じるから、単純不申告が不正の行為となりうる性質を備えていれば、それにより逋脱犯は成立する。しかし、最高裁は、以下の①ないし⑤の判例を通じて、単純不申告は不正の行為に当たらないとの判断を示し、それによる逋脱犯の成立を否定した。

①　昭和二四年七月九日第二小法廷判決（刑集三巻八号一二一三頁）　旧所得税法（昭和二二年法律二七号）は、旧所得税法（昭和一五年法律二四号）の賦課課税方式を改め、申告納税方式を採用したが、「詐偽その他不正の行為」により所得税を免れた者を処罰する旨の逋脱犯の規定については、従前どおりこれを定めていた。被告人

は、賃貸料所得があったのに確定申告書を提出せず、所得税を免れたため、逋脱犯として起訴されたが、二審判決は、無罪とし、検察官が上告した。しかし、最高裁は、無罪を支持し、「現行法第六九条第一項は詐偽その他不正の行為によって所得税を免れた行為を処罰しているがそれは詐偽その他不正の手段が積極的に行われた場合に限るのである。それ故もし詐偽その他の不正行為を用いて所得を秘し無申告で所得税を免れた者はもとより右規定の適用を受けて処罰を免れないのであるが、詐偽その他の不正行為を伴わないいわゆる単純不申告の場合にはこれを処罰することはできないのである。」と判示した。そして、単純不申告によっては逋脱犯は成立しない理由として、従前の法律では単純不申告は犯罪とされておらず、現行法になってこれを処罰することとしたと認めるべき趣旨は法律上どこにも窺われないこと、申告納税方式を採用したからといって、不申告という「消極的な行為」を不正の行為に含めるように解釈を変えるのは妥当でなく、処罰が必要であればその旨の立法をすべきであることを指摘した。この判例の背後には、未だ申告納税義務の意識が定着しておらず、悪質な逋脱意識をもたない国民が多数存在するのに、これらを広く罪に問うことになる解釈は避けるのが至当であるとの配慮もあったと推察される。

② 昭和二四年一二月一三日第三小法廷判決（刑集三巻一二号一九六二頁）　物品税その他の間接税については、昭和三七年に申告納税方式に改められるまでは賦課課税方式が採られており、詐偽その他不正の行為により税を免れた者を処罰する規定のほか、賦課決定の前提として課される課税標準の申告義務に違反して申告を怠り又は申告を偽った者を処罰する規定が置かれていた（昭和三七年の申告納税方式の採用と同時に偽り犯の規定部分は削除された。）。本判例は、その種の税法のひとつであった旧物品税法（昭和一五年法律四〇号）の逋脱犯の成否に関するものである。ただ、事案は、単純不申告ではなく虚偽不申告の事案であって、一般会計のほか特別会計等の秘密会計を設け、葡萄糖の移出数量の一部を故意に政府に申告せず、その数量に相応する物品税を免れ

たというのである。本判例は、その場合には逋脱犯が成立すると判示し、偽り申告犯が成立するにとどまる旨の上告趣意に関して、その罪は「物品税を不正に免れ又は免れようとした場合でなく、他の目的を以て虚偽の申告を行ったような場合に適用される一種の秩序罰的な規定と解すべきものである」との判示を付した。そこで、この付された判示は、逋脱の意図による不申告はそれだけでも不正の行為に当たるとする趣旨であるとの見方が生じた。加えて、前記①の判例が、単純不申告が不正の行為に当たらないと解すべき理由のひとつとして、当該法律の中に不申告を処罰する趣旨が窺われないことを挙げていたため、不申告の処罰規定のある税法についてはその判旨が及ばないのではないかとの理解もあったところから、右の見方は、かなりの支持を得た。しかし、以下の③④の判例でこれは結局否定されることになった。

③　昭和三八年二月一二日第三小法廷判決（刑集一七巻三号一八三頁）　①の判決を契機として、翌昭和二五年、旧所得税法に「正当な事由がなくて確定申告書……を当該申告書の提出期限内に提出しなかった者」を処罰する旨の不申告犯の規定が新設され、逋脱犯よりも軽い刑が定められた。そのため、右の不申告犯の新設後は、単純不申告も不正の行為となり、逋脱の目的で単純不申告に及んで逋脱をした場合にも逋脱犯を成立させるという解釈が生じた。そして、現に右の解釈に従い、単純不申告により所得税を免れた被告人が逋脱犯により起訴され、一、二審判決においては有罪とされた。しかし、最高裁は、これを誤りとし、「『詐偽その他不正の行為』により所得税を免れた行為が処罰されるのは、詐偽その他不正の手段が積極的に行われた場合に限るのであって、たとえ所得税逋脱の意思によってなされた場合においても、単に確定申告書を提出しなかったという消極的な行為だけでは、右条項にいわゆる『詐偽その他不正の行為』にあたるものということはできない（昭和二四年（れ）第八九三号同年七月九日第二小法廷判決、集三巻八号一二一三頁参照）。」と判示した。

④　昭和三八年四月九日第三小法廷判決（刑集一七巻三号二〇一頁）　本判例は、②と同様旧物品税法（昭和一五

年法律四〇号)の下における逋脱犯の成否が問題となったものであるが、事案は②と異なって単純不申告の事案であった。一、二審判決は、逋脱犯の成立を認めたが、本判例は、これを否定し、①の判例にいう不正の行為とは積極的な行為を伴う場合のみであるから、一、二審判決は①の判例に違背していると判示し、そのような積極的な行為を伴わない単純不申告によっては逋脱犯は成立しないことを明らかにした。

③④の判例により、単純不申告は、これを処罰する規定があると否とを問わず、それだけでは不正の行為には当たらないことが明確になったが、それらの判例が、その理由として、単純不申告の行為は「積極的な行為」でなくて「消極的な行為」にとどまることを挙げていたため、今度は不作為的な行為であればすべて不正の行為に当たらないのかという疑念を生じさせることになった。この疑念を払ったのが、次に掲げる⑤の大法廷の判例である。

⑤　昭和四二年一一月八日大法廷判決(刑集二一巻九号一一九七頁)　この判例は、単純不申告の事案についてのものではなく、旧物品税法の下での虚偽不申告の事案についてのものであるが、単純不申告が不正の行為に当たらないことを明らかにした点でも注目を集めた。すなわち、不正の行為とは「逋脱の意図をもって、その手段として税の賦課徴収を不能もしくは著しく困難ならしめるようななんらかの偽計その他の工作を行なうことをいう」と判示したうえ、①③④の判例が不正の行為と認めるには不申告以外に詐偽その他不正の手段が積極的に行われることを必要とするとしているのは、「単に申告をしないというだけでなく、そのほかに、右のようななんらかの偽計その他の工作が行なわれることを必要とするという趣旨を判示したもの」と解すべきであり、所得秘匿工作を伴う不申告すなわち虚偽不申告は不正の行為に当たることになると判示したのである。

2　以上の判例を通じて、単純不申告は、これを処罰する規定があると否とを問わず不正の行為には当たらないことが明らかにされた。同時に、その理由は単純不申告が不作為であるからではなく、所得秘匿工作と同視しうるような不正を帯びた行為ではないからであることと、不申告に所得秘匿工作が伴う場合には逋脱犯を成立させるに足りる不正の行為になることも明らかにされた。

なお、①②の判例との関係において、逋脱犯の規定とは別に不申告犯の規定が設けられていることの意味について理解が分れているので、この点について考えてみると、不申告犯の規定は、単純不申告がそれだけでは逋脱犯を成立させるに足りないところから設けられたものであって、単純不申告をそれだけで処罰することとした逋脱犯の補充規定であると解するのが相当であろう。すなわち、①の判例は、不申告を処罰する趣旨が当時の法律中に窺われないことを理由として単純不申告による逋脱犯の成立を否定したが、これは、単純不申告が何ら刑罰の対象とされていないことを逋脱犯不成立の理由としたものではなく、単純不申告を不正の行為に当たるとみて逋脱犯によりこれを処罰する趣旨が窺われないことを逋脱犯不成立の理由としたものと解される。また、②の判例は、偽り申告犯の規定は逋脱以外の目的で申告した場合に適用されるものであると判示したが、これは、偽り申告が不正の行為に当たることを前提としつつ、偽り申告犯は、逋脱犯が成立する場合には逋脱犯に吸収され、逋脱犯が成立しない場合に限り補充的に成立するという当然の事理を明らかにしたにとどまり、逋脱目的での単純不申告が逋脱犯を成立させることまでを含意してはいないと解されるのである。(1)

(1)　兵庫琢真・刑事判例評釈集一五巻三四～三五頁参照。堀田力「租税ほ脱犯をめぐる諸問題(一)」法曹時報二二巻二号三三頁、四五頁は、単純不申告罪は逋脱罪の特別規定であって、単純不申告による逋脱罪を特に軽い法定刑を定めたものであると説明する。この説明は、現在のように逋脱罪と単純不申告罪とが対となって規定されている場合には、よく妥当する。しかし、①の判例の当時のように逋脱罪の規定のみがあり、単純不申告罪の規定がない場合には、右の説明によると単純不申告は逋脱犯で処罰されることになる。したがって、本文のように補充関係と解した方が妥当ではないかと思う。なお、④の判例の意義については、千葉裕・最高裁判所判例解説昭和三八年度三七頁参照。

3　虚偽過少申告

1　実際の所得よりも少ない所得をことさらに申告して税を逋脱する虚偽過少申告を不正の行為に当たると解することについては、二つの観点から疑問視されてきた。第一に、前記⑤の判例が不正の行為を定義するに際して「工作」という文言を用いたため、事前に所得秘匿工作を行うことなしに過少申告した場合、これを逋脱犯を成立させるに足りる不正の行為といいうるかという疑問があった。第二に、所得の全部を申告しない単純不申告が不正の行為に当たらないのに、所得の一部を申告した過少申告が不正の行為に当たるとするのは均衡を失しないかという疑問もあった。最高裁は、これまで、以下の⑥において、主として第一の疑問に答える形で、たとえ所得秘匿工作を伴わない場合でも過少申告は不正の行為に当たることを明らかにしていた。

⑥　昭和四八年三月二〇日第三小法廷判決(刑集二七巻二号一三八頁)　旧所得税法(昭和二二年法律二七号)の下での過少申告による逋脱犯の事案につき、二審判決は、二重帳簿の作成、正規帳簿の秘匿などの特別の所得秘匿工作のみならず、ことさらに所得税額を過少に記載した所得税確定申告書を提出することも不正の行為に当たると判示した。上告趣意は、この判示は前記⑤の大法廷の判例に違反すると主張したのに対し、本判例は、「真実の所得を隠蔽し、それが課税対象となることを回避するため、所得金額をことさらに過少に記載した内容虚偽の所得税確定申告書を税務署長に提出する行為……自体、単なる所得不申告の不作為にとどまるものではな……、右大法廷判決の判示する『詐偽その他不正の行為』にあたる」と判示した。

2　今回の決定は、法人税法違反の判示部分において、⑥の判例を再確認し、事前の所得秘匿工作の有無を問わず、過少申告をすること自体が不正の行為に当たることを明らかにした。

3　全額の逋脱を生じる単純不申告が逋脱犯として処罰されないのに、一部の逋脱しか生じない過少申告が逋脱犯として処罰されるのはなぜか。

第一に、単純不申告も過少申告もともに逋脱との間に因果関係のある行為であるから、この点では差はない。

第二に、過少申告は、作為であり、税務調査のときに所得はないと答えた場合と同様不正の行為といわざるをえないが、単純不申告も、不作為とはいえ、刑罰が科せられる行為であるから、過少申告などの作為と同視しうる違法性を帯びているといいうるので、この点でも両者を区別する理由はない。ただ、税の関係では、税務調査があるので、事情が異なる。不申告であれば当局が税務調査を行うことにより正確な額の税を課することができるのに、過少申告であればそれを信じて税務調査を行わない危険があるからである。この点では両者には差がある。

第三に、過少申告は、逋脱の意図で詐欺的な行為に出る場合であるから、逋脱犯として処罰することにためらいを感じないが、単純不申告は、悪質とはいえない場合を含み、これを逋脱犯として処罰することにためらいを感じるため、立法上軽い不申告罪で処罰することとしたと解することができる。そうすると、この点でも両者には差があることになる。

判例は、第二と第三の理由を併用しているものと思われる(2)。

4　過少申告のみでも不正の行為に当たるのであるから、事前に帳簿の不正記載などの所得秘匿工作が行われていた場合には、もちろん過少申告は不正の行為に当たる。この結論については、当初から学説上も実務上も異論はなかった。問題は、後の場合に逋脱犯の実行行為となるのは、過少申告のみであるのか、それと事前の所得秘匿工作の双方であるのかである。最高裁は、これまで、次の⑦の判例において、過少申告のみが実行行為に当たると判示していた。

⑦　昭和四九年一二月一三日第三小法廷決定（裁判集刑事一九四号三四一頁）　上告趣意は、二審判決が所得税法上の過少申告による逋脱犯の事案につき実行行為は過少申告をしたこと自体であると判示したのは、前記⑤の大法廷判例に違反すると主張した。しかし、最高裁は、これを斥け、「真実の所得を秘匿して内容虚偽の所得税確定申告書を提出した本件につき、原判決が過少申告逋脱犯における『詐偽その他不正の行為』とは過少申

告それ自体をいうとした判断は、なんら引用の当裁判所大法廷の判例(昭和四二年一一月八日判決・刑集二一巻九号一一九七頁)と相反する判断をしたものでないことがきわめて明らかであり(昭和四八年三月二〇日第三小法廷判決・刑集二七巻三号一三八頁参照)」と判示した。

5　今回の決定は、法人税法違反の部分において、右の点に関し⑦と同旨の判断を明確に示し、これまでの立場を確認した。この事案では、実際には公表経理上架空の売上原価を計上するなどの事前の所得秘匿工作が行われていたが、一、二審判決にその具体的な日時、場所、方法などが摘示されていなかったため、理由が不備であると主張されたのに対し、本決定は、真実の所得を秘匿し、所得金額をことさら過少に記載した法人税確定申告書を税務署長に提出する行為はそれ自体「偽りその他不正の行為」に当たるので、その旨を判示した判決には実行行為についての判示に欠けるところはないとしたのである。

6　事前の所得秘匿工作と過少申告の双方が全体として実行行為としての不正の行為に当たるとする考え方は、包括説と呼ばれ[3]、事前の所得秘匿工作は逋脱犯の準備行為に過ぎず、過少申告のみが実行行為に当たるとする考え方は、制限説と呼ばれ[4]、学説上及び高裁判例上長らく対立してきた。⑦の最高裁判例は、虚偽過少申告について制限説を採用したものと解されるが、判例集に登載されておらず、事前の所得秘匿工作がいかなる役割を果たすのかについての説明も欠けていたため、定説を形成するまでの力をもつに至らなかった。

本件の決定は、⑦の判例に続き、虚偽過少申告に関して制限説を支持したが、後に見るとおり、虚偽不申告に関しては制限説を採用せず、より徹底した制限説的立場を明らかにしている。したがって、最高裁判例の立場は、純粋制限説とでも名付けるのが正当であろう。

最高裁判例の立場を敷衍すると、次のとおりであろう。すなわち、帳簿の不正記載などの事前の所得秘匿工作が不正の行為に当たり、実行行為となる場合のあることは明らかであるが、それだからといってその工作を伴う過少申告があった場合に、その工作が実行行為の全部又は一部をなすことになるわけではない。具体的な実行行為は、あくまで逋脱の結果との間に因果関係のあった行為に限られるべきである。

例えば、三億の所得があるのに、二億につき所得秘匿工作をし、その後二億の申告をして一億の逋脱をした場合、逋脱との間に因果関係があったのは、一億過少に申告した行為のみであるといわざるをえない。また、一億の所得秘匿工作をし、一億の申告をして二億の逋脱をした場合にも、逋脱との間に因果関係があったのは、二億過少に申告した行為のみである。結果との間に因果関係のある行為でなければ実行行為とはいえないから、これらの場合の実行行為は、過少申告の行為のみであるといわざるをえない。

もっとも、右のような考え方には、包括説(5)からの次のような批判がある。第一の批判は、二番目の例の場合には、所得秘匿工作をしたことが心理的な支えになってそれを上回わる過少申告を行わせたのであるから、所得秘匿工作も逋脱との間に間接的な因果関係を有していたことになるというのである。しかし、そのような因果関係で実行行為性を認めてよいのであれば、殺人のためにピストルを用意しただけで殺人未遂の実行行為を認めてよいことになるであろう。

第二の批判は、事前の所得秘匿工作が不正の行為に当たるのに、その後右の工作分を下回わる過少申告があったからといって、右の工作が不正の行為たる性質を失うことになるとするのは奇妙であり、正しくは、この場合には単に右の工作が逋脱の結果との間に因果関係を失って構成要件を充たさなくなったに過ぎないというべきであるというのである。しかし、この場合、事前の所得秘匿工作があっただけでは当然に逋脱の結果をもたらしうるわけではないから、それにより実行の着手があったということはできず、したがって、右の工作はそもそも実行行為の一部を構成する不正の行為には当たっていなかったものというべきである。

第三の批判は、制限説は虚偽過少申告の場合には事前の所得秘匿工作は実行行為に当たらないと解し、虚偽不申告の場合には事前の所得秘匿工作も不申告とともに実行行為に当たると解しているが、(6) このように所得秘匿工作がその後の申告の有無によって実行行為になったりならなかったりするのは奇妙であるというのである。この批判は正当と思う。しかし、所得秘匿工作は、後に検討するとおり、その後に不申告となった場合にも実行行為になるわけではなく、不申告を不正の行為とするための事情となるにとどまる。所得秘匿工作が不正の行為に当たるというのは、事後の税務調査などの場合にそうなることがあるというにすぎず、常に実行行為に当たるということを意味するわけではない。したがって、制限説の右説明は、その限度で誤りというべきであり、本件判決の採るところではない。

(2)　もっとも、所得秘匿工作を伴わない過少申告を不正の行為とみることに対しては批判もある。例えば、板倉宏・昭和四八年度重要判例解説一四八頁、同・税経通信三四巻二号三〇頁、三四頁、同・租税判例百選二二八頁などは、全体的、実質的に評価しても積極的な逋脱手段といえない場合には不正の行為から除外すべきであると主張し、北野弘久・税法解釈の個別的研究三四三～三四四頁は、所得秘匿工作を伴わない過少申告は不正の行為に当たらないと解するのが妥当であると主張する。これらに対する再反論としては、堀田・(1)二四二～二四三頁が正当と考えられる。

(3)　安原美穂「税法罰則における故意と過失」税経通信一一巻二号七三頁、七七頁、堀田・(1)二四五～二五〇頁、松本照徳・租税法講座(3)租税行政法三五六頁、小島建彦・直税法違反事件の研究(司法研究報告書二四輯二号)六四～七〇頁など。

(4)　忠佐市「租税関係判決の検討」財政経済弘報一五四号四頁、六頁、同・租税法の基礎理論三三五～三三八頁、河村澄夫・税法違反事件の研究(司法研究報告書四輯八号)二三二～二三七頁、竹沢喜代治・租税刑法の実際的研究八五頁、戸塚岩夫「税法における詐偽その他不正の行為の意義」税経通信一一巻一号八四頁、八五～八六頁、田中二郎・租税法(新版)三八四頁など。

(5)　河村・(4)二三四頁は、「思うに、包括説は、逋脱犯を、抽象的に、即ち構成要件的に観察した場合におけるその構成要件要素としての不正行為の概念と、これを、具体的に、即ち現実に審判の対象として採り上げた場合における当該逋脱犯の実行行為の概念とを混同している点に理論的な欠陥が見出される。およそ、一つの犯罪が現実に審判の対象として採り上げられる場合に、その犯罪における実行行為というのは、当該犯罪に際して行われた構成要素としての行為のすべてを指すのではなく、単に、現実に、発生した結果に対して因果関係を持つ行為にのみ限られるべきである。」としたのは、本文と同様の指摘をしたものであろう。ただ、虚偽過少申告の事案における事前の所得秘匿工作も「当該犯罪に際して行われた構成要素としての行為」のひとつであるかのような主張を含んでいる点は、不正確であり、再反論を招く原因となった。正確には、右の工作はおよそ構成要素としての行為には含まれず、その行為に出ただけでは逋脱権の実行の着手に当たらないと説明すべきであったと思う。田中・(4)三八六頁をも参照。

(6)　河村・(4)二二五頁。

4　虚偽不申告

1　虚偽不申告すなわち事前に所得秘匿工作をしたうえ不申告をすることが不正の行為に当たることは、判例学説が一致してこれを認めてきた。

①　前出昭和二四年七月九日第二小法廷判決　この判例は、前記のとおり、単純不申告は不正の行為に当たらないことを明らかにしたものであるが、その理由中において、「もし詐偽その他の不正行為を用いて所得を秘し無申告で所得税を免れた者はもとより右規定の適用を受けて処罰を免れない」と判示し、右の結論を認めていた。

②　前出昭和四二年一一月八日大法廷判決　物品移出の事実を別途手帳にメモしながら、正規の帳簿にことさらに記載せず、申告をも怠ったという虚偽不申告による旧物品税法上の逋脱犯の事案につき、「逋脱の意図をもって、その手段として税の賦課徴収を不能もしくは著しく困難ならしめるような工作を行なったと認められる」と判示し、虚偽不申告による逋脱犯の成立を認めた。

2　本件の決定は、会社臨時特別税法に関する部分において、事前の所得秘匿工作をしたうえ逋脱の意図で申告をしなかったときは、「所得秘匿工作を伴う不申告の行為」が不正の行為に当たる旨を判示し、従前の判例の立場を明確に再確認した。

3　逋脱犯は、「偽りその他不正の行為」という作為を通常の実行行為に予定している作為犯の規定である。

右の作為は、税務調査の際に税務官吏に対し虚偽の答弁をしたり、虚偽の書類を見せたりして逋脱をするという所得秘匿工作においては、明白に存在する。また、ことさらに実際の所得より少なく申告して逋脱をするという過少申告においても、存在しており、それにより逋脱の結果が生じているのであるから、事前の所得秘匿工作の有無にかかわらず逋脱犯が成立することは明らかである。

しかし、不申告という不作為により逋脱をする場合には、作為は存在していないので、これを逋脱犯に当たるというためには、その不作為が作為と同視しうるようなものであること、つまりは、その不作為が逋脱の結果を防止すべき作為義務に違反しているものであることを論定しなければならない。この問題は、殺人、放火などの作為犯において、いかなる場合に不作為が犯罪を成立させるかという不真正不作為犯(不作為による作為犯)の問題の一環である(7)。ただ、当該不作為が法律上の作為義務に反しているときには、通常、不真正不作為犯を成立させるに足りると解されているのに対し、逋脱犯の場合には、単純な申告義務の違反では逋脱犯を成立させるに足りる違法性を認めえない特殊な立法趣旨が窺われるところから、他にいかなる事情が加われば逋脱犯を成立させるに足りる作為義務が生じるのかという特殊な考慮が加わる点に特色があるのである。そして、この事情が事前の所得秘匿工作にほかならない。

すなわち、所得秘匿工作を自ら行ったことにより逋脱の結果を招来する危険を生ぜしめた場合には、その結果を防止すべき義務が生じ、この義務を果たすためには正しい所得を申告するほかにないところから、事前の所得秘匿工作をしている状況の下での不申告という不作為が不真正逋脱犯としての逋脱犯を成立させることになると解されるのである。

4　虚偽不申告については、制限説も、包括説と同様、所得秘匿工作と不申告の双方が実行行為に当たるとしていた。

これに対し、本件決定は、虚偽不申告による逋脱犯の実行行為は「所得秘匿工作を伴う不申告の行為」であるとし、したがって、判決にも「所得秘匿工作を伴う不申告の行為があったことを判示すれば足り、所得秘匿工作の具体的な日時、場所、方法などについては判示することを要しない」し、「公表経理上架空の売上原価を計上するなどして所得を秘匿したうえ申告期限までに申告書を税務署長に提出しなかった旨を判示した第一審判決には、逋脱犯の実行行為についての判示に欠けるところはなく、これを支持した原判決の判断は正当である」とした。これは、虚偽不申告による逋脱犯は、不真正不作為犯であり、所得秘匿工作を伴うという状況は、不申告という不作為を実行行為とするための付随事情にとどまることを明らかにしたものである。

5　三億の所得があるのに、一億について所得秘匿工作をし、全額を不申告した場合、逋脱との間に因果関係があるのは不申告自体であり、結果としての逋脱額も三億である。制限説は、この場合の実行行為は所得秘匿工作であると解し、一億の限度で逋脱を認めるが、所得秘匿工作をしてもしなくても結果は同じであったのであるから、所得秘匿工作は実行行為とはいえない。

不申告のみが実行行為であるとすると、所得秘匿工作は何であるのか。それは、不申告という不作為が逋脱犯を成立させるために必要な作為と同視されるために必要な状況であり、いいかえれば、逋脱の結果を防止する義務を生じさせるのに必要な状況である。

それでは、所得秘匿工作をした場合になぜ不申告が実行行為の性質を帯びるのであろうか。それは、所得秘匿工作をしながら申告をしないと、税務調査でも正確な税の賦課がなされない危険があるため、その危険を生じさせた者は、危険を除去する義務を負うからである。ロウソクに火をつけた者は、火が燃え広がるのを認めたときは可能な限り火を消す義務を負い、ことさらに放置したときは放火の実行行為をしたと認められるのと同様である。右の義務を果たすには所得秘匿工作を解消して元に戻すことでもよいが、そうしないときは正確に申告をするほかはない。

それでは、所得の一部についてしか所得秘匿工作をしなかった場合にも、なぜ所得全額について逋脱犯が成立するのであろうか。それは、税務調査でもその一部の所得が見付からず、逋脱の結果を招く危険があるため、その一部を申告する義務が生じるが、その一部だけを申告すると過少申告になるので、結局全額の申告をする義務を負うことになるからである。

このように解すると、右の場合の逋脱犯の実行行為は、不申告という不作為のみであり、所得秘匿工作という状況は、不申告を実行行為たらしめる付随事情であるにとどまるので、判決にもその事情があることを抽象的に判示すれば足り、その具体的内容を判示する必要はないことになる。そればかりか、右の付随事情は、逋脱の危険に結びつく所得秘匿工作があったという事実で足り、必ずしも特定の工作である必要はないことになる。もちろん、所得秘匿工作の内容についても攻撃防禦をつくさせる必要があるから、冒頭陳述などの形でその内容が示され、立証がなされなければならない。

（7）　松沢智「逋脱犯の訴追・公判をめぐる諸問題」租税法研究第9号五一頁、六三～六六頁、松沢智、井上弘通・租税実体法と処罰法四二～四五頁は、虚偽不申告による逋脱犯を不真正不作為犯として捉えるべき旨を主張していた。

（補注）　本決定の評釈として、①松沢智「所得秘匿工作を伴う虚偽不申告と租税逋脱犯の実行行為」ジュリスト九四八号一二五頁、②佐藤英明「虚偽無申告による逋脱犯の実行行為とその判示方法」警察研究六一巻五号五二頁がある。

23　過失公害罪（健康を害する物質の排出と監督過失）に関する最高裁判例

〔判　決〕

昭和六三年一〇月二七日最高裁第一小法廷判決（昭和五九年(あ)第一二三八号人の健康に係る公害犯罪の処罰に関する法律違反被告事件）刑集四二巻八号一一〇九頁

〔判示事項〕

一　人の健康に係る公害犯罪の処罰に関する法律三条一項にいう「工場又は事業場における事業活動に伴って人の健康を害する物質を排出し」の意義

二　人の健康に係る公害犯罪の処罰に関する法律三条の罪が成立しないとされた事例

三　工場において原料の液体塩素の受入れ作業に従事していた未熟練技術員が過失により塩素ガスを放出させて起した事故につき右技術員を受入れ担当の班に配置した製造課長と班の責任者にも業務上過失傷害罪が成立するとされた事例

〔判決要旨〕

一　人の健康に係る公害犯罪の処罰に関する法律三条一項にいう「工場又は事業場における事業活動に伴って人の健康を害する物質を排出し」とは、工場又は事業場における事業活動の一環として行われる廃棄物その他の物質の排出の過程で、人の健康を害する物質を工場又は事業場の外に何人にも管理されない状態において出すことをいい、事業活動の一環として行われる排出とみられる面を有しない他の事業活動中に、過失によりたまたま人の健康を害する物質を工場又は事業場の外に放出するに至らせたとしても、同法三条の罪には当たらない。

二　工場において、タンクローリーで運搬されてきた液体塩素を貯蔵タンクに受け入れるに際し、その作業に従事していた未熟練技術員が右タンクの受入れバルブを閉めようとして誤ってパージバルブを開け、大量の塩素ガスを大気中に放出させて付近住民に傷害を負わせた事故については、人の健康に係る公害犯罪の処罰に関する法律三条の罪は成立しない。

三　タンクローリーで運搬されてきた液体塩素を工場の貯蔵タンクに受け入れる作業に従事中の未熟練技術員が単独で受入れバルブを閉めようとし、一緒に受入れ作業に従事中の熟練技術員がこれを了承したため、未熟練技術員が誤ってパージバルブを開け、大量の塩素ガスを大気中に放出させて付近住民等に傷害を負わせた事故については、未熟練技術員を配置した製造課長と班の責任者にも、事前に双方の技術員に対し、未熟練技術員が単独でバルブ操作をしないよう留意すべき旨の安全教育を行い、少なくとも配置の際にその旨の指示を行うべき注意義務を怠って、未熟練技術員を配置した過失があり、業務上過失傷害罪が成立する。

一　事件の概要と経過

本件は、公害罪法（人の健康に係る公害犯罪の処罰に関する法律）三条の過失公害罪に当たるとして最初に起訴された日本アエロジル株式会社四日市工場における塩素ガス流出事故の事件である。

事故の概要は、タンクローリーで運搬されてきた原料の液体塩素を工場の貯蔵タンクに受け入れるに際し、その作業に従事していた未熟練技術員Aがタンクの受入れバルブを閉めようとして誤ってパージバルブを開け、大量の塩素ガスを大気中に放出させて運転手、付近住民等に傷害を負わせたというものである。起訴されたのは、被告会社と、右の未熟練技術員A、これを指導監督しつつ作業に当たっていた熟練技術員B、受入れ作業担当班の責任者であった技師C、これらの総括者で人員配置や安全教育の責任者でもあった製造課長Dの四名である。

一審判決は、公害罪法違反罪（但し、タンクローリーの運転手に対する関係では業務上過失傷害罪）の成立を認め、被告会社を罰金二〇〇万円、被告人ＡＢＣＤを各禁錮四月、執行猶予二年に処した。二審判決も、これを支持した。

二　一、二審判決の判示

1　一、二審判決の事実認定は、本件最高裁判決が要約しているとおりであるが、後記**五2**の中でその要点を掲げる。

2　公害罪法三条一項の要件については、三条一項にいう「工場又は事業場における事業活動に伴って人の健康を害する物質を排出し」とは、およそ工場又は事業場における事業活動の過程で、人の健康を害する物質を一般公衆の生活圏に排出することをいうものと広く解し、本件事故につき同法三条が適用されると判断した。

3　被告人ＣＤの過失については、被告人ＡＢに過失があったことはもちろん、被告人ＣＤにも過失があったとし、その理由として、右の両被告人は被告人Ａを技術班に配置して液体塩素の受入れ作業に従事させるに当たり次のような注意義務を果すべきであったのに、これを怠った旨を判示した。

(イ)　両被告人は、受入れ作業に当たる熟練技術員に対して、被告人Ｄにあっては自ら又は被告人Ｃを通じ、被告人Ｃにあっては自ら、当該熟練技術員の直接の指導監督の下でなければ被告人Ａにバルブ操作をさせてはならない旨を指示すべきであり、また、被告人Ａに対しても、熟練技術員の直接の指導監督の下でなければバルブ操作をしてはならない旨を指示すべきであったのに、これを怠ったまま漫然と被告人Ａを技術班に配置した。

(ロ)　両被告人は、右の指示どおりに作業が行われているか否かを確認するため、適宜作業現場を巡回して監視し、作業終了後にはバルブの開閉状況を点検すべきであったのに、これを怠った。

(ハ)　両被告人は、塩素ガスの漏出後は、迅速かに貯蔵タンク上の各バルブを点検すべきであったのに、タンクの安全弁の異常作動が事故原因であると速断して、タンク上の受入れバルブ及びパージバルブの点検をすることなく時間を経過させた。

三　上告趣意

上告趣意は、一、二審判決の公害罪法三条一項の解釈適用は誤っており、また被告人ＡＢＣＤの過失を認めたのは事実誤認であると主張した。

四　本判決の判示

1　結　論

上告趣意は不適法である。しかし、職権で判断すると、公害罪法三条の罪が成立するとした一、二審判決は法令の解釈適用を誤っており、被告会社については、一、二審判決を破棄して無罪とすべきである。しかし、被告人ＡＢＣＤについては、同罪のかわりに業務上過失傷害罪が成立するので、一、二審判決を破棄しなくても著しく正義に反するとはいえず、上告を棄却すべきである。

2　公害罪法三条一項の要件（判示事項一）

「公害罪法三条一項にいう「工場又は事業場における事業活動に伴って人の健康を害する物質を排出し」とは、同法制定の趣旨・目的、その経過、右規定の文理等に徴すると、工場又は事業場における事業活動の一環として行われる廃棄物その他の物質の排出の過程で、人の健康を害する物質を工場又は事業場の外に何人にも管理されない状態において出すことをいうものと解するのが相当であり、人の健康を害する物質の排出が一時的なものであることは必ずしも同法三条の罪の成立の妨げにならないが、事業活動の一環として行われる排出とみられる面を有しない他の事業活動中に、過失によりたまたま人の健康を害する物質を工場又は事業場の外に放出するに至らせたとしても、同法三条の罪には当たらないものというべきである（最高裁昭和五五年(あ)第二〇一四号同六二年九月二二日第三小法廷判決・刑集四一巻六号二五五頁参照）。」

3　公害罪法三条の罪の成否（判示事項二）

「そうすると、本件事故は、アエロジルの製造原料である液体塩素を工場内の貯蔵タンクに受け入れる事業活動の過程において発生した事故であって、事業活動の一環として行っている廃棄物その他の物質の排出の過程において人の健康を害する物質を排出したことによって発生した事故ではないのであるから、本件事故につき公害罪法三条を適用することはできないものというべきである。したがって、被告人D、同C、同B及び同Aに対し同法三条二項の罪の成立を認め、かつ、これを前提として被告会社に対し同法四条を適用した第一審判決及びこれを支持した原判決は、いずれも法令の解釈適用を誤ったものというべきである。そして、被告会社に対しては、本件は罪とならないものとして無罪の言渡しをすべきであるから、右の誤りは判決に影響を及ぼすことが明らかであり、原判決及び第一審判決を破棄しなければ著しく正義に反するものと認められる。」

4　被告人ＣＤの過失と業務上過失傷害罪の成否（判示事項三）

「被告人D、同C、同B及び同Aについては、公害罪法三条二項の罪が成立しない場合であっても、原判決が支持する第一審判決の認定した事実の範囲内で業務上過失傷害罪（刑法二一一条前段）が成立することがあるので、以下所論が争う同被告人らの過失の有無について更に検討する。」

「原判決及び第一審判決が被告人B及び同Aについて過失を認めたのはもとより正当であり、また、被告人D及び同Cについて(イ)の過失を認めたのも正当であるが、両被告人について(ロ)及び(ハ)の過失を認めたのは正当とはいえない。

すなわち、被告人D及び同Cは、未熟練技術員である被告人Aを技術班に配置して液体塩素の受入れ作業に従事させるに当たっては、同人が知識経験の欠如から単独で不的確なバルブ操作をして事故を起す危険が予見されたのであるから、同人に対する安全教育を徹底して行い、熟練技術員の直接の指導監督の下でなければバルブ操作をしないことなどを十分に認識させておくべきであり、少なくとも急遽同人を技術班に配置するに際してはその旨を同人に注意しておくべきであった。また、両被告人は、未熟練技術員である被告人Aとともに液体塩素の受入れ作業に当たる熟練技術員に対しても、その直接の指導監督の下に被告人Aを作業に従事させ、決して単独でバルブ操作をさせることのないよう安全教育を徹底し、少なくとも被告人Aを急遽技術班に配置するに際してはその旨を熟練技術員に対し注意しておくべきであった。しかるに、両被告人は、これらを怠ったまま漫然被告人Aを技術班に配置して液体塩素の受入れ作業に当たらせるという危険な行為に出て本件事故を招来したものであるから、両被告人に過失があったことは否定すべくもない。所論は、被告人Aの犯したバルブ操作上の二重の過誤は極めて単純な過誤であって、作業現場にいた同被告人及び被告人Bにおいてこれを防止することが期待できたと主張するが、むしろ極めて単純な操作上の過誤であるからこそ安全教育が不徹底である場合には起りがちであるとみるべきであり、しかも、本件事故の経緯に照らすと、安全教育を受けていない者でも日常の常識から当然単独ではバルブ操作をしないと期待することはできない。そして、本件の場合、もし未熟練技術員が単独でバルブ操作をすることの危険を意識した安全教育が十分になされているか、あるいは少なくとも被告人Aを技術班に配属するに際してそのことについて適切な指示がなされており、被告人Aか同Bかがその危険に思い及んでいたとすれば、本件事故は起きなかったと考えられる。したがって、原判決及び第一審判決が以上と同旨の見解を示す限度においては、その判示は正当である。

しかしながら、これらの判決が、両被告人は右の安全教育又は指示を行っただけでは足りず、液体塩素の受入れ作業の現場を巡回して監視する義務がある旨を判示している点は、過大な義務を課すものであって、正当とはいえない。すなわち、右の安全教育又は指示を徹底しておきさえすれば、通常、熟練技術員らの側においてこれを順守するものと信頼することが許されるのであり、それでもなお信頼することができない特別の事情があるときは、そもそも未熟練技術員を技術班に配置すること自体が許されないということになるからである。また、これらの判決は、塩素ガスの漏出後、両被告人が受入れバルブ、パージバルブの点検を速かに行わずに応急の除害活動に気を取られて漏出の阻止を遅らせた点でも過失があった旨を判示するが、これもまた過大な義務を課すものであって、正当とはいえない。すなわち、両被告人は、事故直後ガスマスクを装着して事故現場に臨んだ熟練技術員の報告などから、貯蔵タンクの安全弁の異常作動が事故原因である可能性が高いとの見方を強め、当面最も必要な応急の除害措置として漏出個所に生石灰や中和剤を投入させるなどして漏出阻止のため懸命の努力をしていたと認められるのであり、その措置は、事故原因の解明のためにいかなる手法を採ることが最も有効適切であるかについての一義的な判断基準が存在せず、これらの判決の指摘するような措置を採って応急の除害措置を遅らせることがかえって事故の拡大に結びつく場合もありうることを考えると、決して不適切であったとはいえないのであるから、事後的な判断に立ってこれを不適切であったとし、両被告人に過失の責任を問うことはできない。

そうすると、被告人D及び同Cの過失の範囲を過大に認めた点において、原判決及び第一審判決には法令の解釈適用の誤りがあるというほかはない。ただ、これらの判決が認めた傷害の結果は、正当に認めうる両被告人の過失と因果関係があることが明らかであるから、右の誤りは、両被告人に業務上過失傷害罪の成立を認めるうえで何ら支障となるものではない。」

五　説　明

1　本判決の公害罪法の解釈

㈠　はじめに

本判決は、公害罪の解釈について、大東鉄線工場塩素ガス噴出事件に対する最高裁第三小法廷判決（昭和六二年九月二二日刑集四一巻六号二五五頁）と同一の判断を示して最高裁の立場を固めた。一、二審判決は、公害罪法三条にいう「工場又は事業場における事業活動に伴って人の健康を害する物質を排出し」とは、およそ人の健康を害する物質を一般公衆の生活圏に排出することをいうとの広義説を採ったが、本判決は、この説を斥け、判示事項一、二のとおりの判断を示して被告会社を無罪とした。判示事項一の判文は、前記第三小法廷判決のそれと同文である。検討すべき問題は多いが、ここでは以下の二つの問題に触れるにとどめる。

㈡　公害罪法三条と業務上過失致死傷罪との関係

1　第一の問題は、公害罪法三条は、業務上過失致死傷罪が予定する以上の注意義務を公害発生のおそれのある企業の従業者に課しているのか、その処罰範囲を死傷の結果を生ぜしめた場合のほか死傷の危険を生ぜしめた場合にまで拡大し、かつ、死傷の結果を生じさせた場合に刑を加重したにとどまるのかである。死傷の危険が予見される場合には、当然死傷の結果も予見されるというべきであるから、業務上過失致死傷罪は、公害罪法三条の罪と同じく、死傷の危険を生ぜしめないようにする注意義務のあることを当然の前提とし、ただその処罰範囲を死傷の結果を生ぜしめた場合に限定している趣旨と考えられる。そうすると、公害罪法三条は、注意義務を加重した規定ではなく、公害発生の危険に着目して業務上過失致死傷罪の処罰範囲を拡大し、刑を加重したにとどまる規定であり、同条一項は、実質上、所定の場合に業務上過失致死傷罪の未遂罪を定めた規定であることになる。

2　もっとも、右の点については、公害罪法三条の「業務上の注意」とは、事業主が事業活動において払うべき注意をいい、個々の従業者が偶発的に犯す過誤を防止するよう注意することまでを含まないという有力説がある。(1) 前段の見解は、基本的に妥当と思うが、従業者は、事業主の委任により、その業務を代行しているのであるから、従業者の業務上の注意も、事業主が事業活動において払うべき注意に含まれるというべきであろう。(2)

(1)　内田文昭「公害罪法三条の罪の成否と業務上過失傷害罪の成否」判例評論三六六号七一頁

(2)　堀内捷三「特別刑法と真正不作為犯」警察研究六〇巻四号三頁参照

㈢　公害罪法三条の要件と立法根拠との関係

1　第二の問題は、公害罪法はなぜ「工場又は事業場における事業活動に伴って人の健康を害する物質を排出し」て公衆の生命又は身体に危険を生じさせた場合に業務上過失致死傷罪の未遂罪を処罰することにしたかである。右の排出の要件については広狭さまざまな説があるが、それらをそれぞれの基礎にある立法根拠と関係させて再構成し、本判決の根拠に及びたいと思う。

前提として、次の点を確認しておくことが必要であろう。それは、すべての説が、公害罪法三条一項にいう「工場又は事業場における事業活動」の意義につき、「工場又は事業場内で行われている事業活動」をいい、「工場又は事業場が行っている事業活動」をいうものではないと解していることである。

2　いわゆる広義説は、排出の意義につき、工場又は事業場において管理する有害物質を、何人にも管理されない状態において、工場又は事業場外に出すことをいうと解する。(3) これは、工場又は事業場には有害物質の発生源が多いので、事業関係者に対し、有害物質を排出して公害を発生させることのないよう特段の注意を喚起するため公害罪法の罪が設けられたと解するのであろう。

しかし、有害物質の排出により公害を発生させる事業活動は、工場又は事業場内の事業活動に限られない。例えば、工場内で液体塩素のタンクローリーを運転する工場運転手が過失により液体塩素を流失させた場合でも、工場から液体塩素の運搬を請負ってタンクローリーを運転していた運送業者が公道上で過失により液体塩素を流失させた場合でも、結果は同一であり、両者を区別すべきものとは思われない。前記第三小法廷判決における坂本裁判官の補足意見は、「有害物質の管理強化という観点からであれば、工場又は事業場からの放出に限定すべき理由はなく、公道上等におけるそれも処罰の対象にしてよいはずであるのに、そうはなっていない」と指摘している。また、広義説によると、工場の失火でその新建材が燃えて有害物質が排出されて公害が発生した場合のように、工場又は事業場における事業活動であることと直接関係のない事故についても、本罪が適用されることになるが、これは不自然であろう。前記補足意見は、この点について、「公害罪法の適用範囲が余りにも広がり過ぎる」と指摘している。

3　次に、事業活動説ともいうべき説は、排出の意義につき、工場又は事業場における事業活動に伴って、その管理する有害物質を、何人にも管理されない状態において、工場又は事業場外に出すことをいうと解する。事業活動は、生産過程、排出過程、付随過程のいずれの過程でもよいが、事業活動とはいえない工場の失火はこれに含まれない。これは、前記第三小法廷判決における長島裁判官の反対意見が採る見解であって、これによると、本罰則は、「公害を発生させるおそれのある企業及びその従業員に対し、その発生の防止のために必要な注意を強く喚起する」ためのものということになる。

この見解は、文理上は最も自然と思われるが、広義説と同様、本罪がなぜ工場又は事業場内での事業活動に伴う事故のみを対象とし、その外での同種の事業活動に伴う事故を対象にしていないのかについて、十分な説明ができないように思われる。

4　本判決は、事業活動説をさらに限定して、いわば排出事業活動説ともいうべき説を採り、排出を排出事業活動中に行われる排出であるとした。これは、工場又は事業場における事業活動のうち、廃棄物その他の物質を排出する活動には、有害物質を排出する危険の高いものが多く、しかも排出活動自体が業務であるから、その従業者に対し有害物質を排出して公害を発生させることのないよう特段の注意を喚起するため特別の規定を設けたと解するのである。

排出という事業活動を行う者に対し、無害な排出活動を行い、有害物質を排出させないよう特段の注意を喚起することは、排出業務という工場又は事業場特有の業務についての合理的な取扱いであって、不当な差別とはいえないであろう。(4)

5　いわゆる狭義説は、排出の対象を廃棄物（不要物）たる有害物質に限定する点で排出事業活動説よりさらに限定的である。(5)これは、本罰則の立法根拠について排出事業活動説と同様の理解に立ちつつ、他の公害規制立法と歩調を合わせた解釈をしようとしたものであるが、事前の規制立法と本罰則のような事後処罰法とを同じに解釈する必要はないであろう。前記長島裁判官の反対意見に示された後記極端狭義説に対する批判は、この説に対しても当てはまる。

6　上告趣意が主張するいわば極端狭義説は、狭義説にさらに継続的に排出するという要件を付加する。この説に対しては、前記長島裁判官の反対意見が明快な批判を加えている。

（3）　藤木英雄「人の健康に係る公害犯罪の処罰に関する法律」註釈公害法大系一巻二七七頁、石堂功卓「排出行為の意義」公害犯罪と企業責任四六頁など

（4）　この点を含む前記第三小法廷判決の見解に対する批評としては、板倉宏・法学セミナー三九七号一八頁、同・法学教室八九

号八〇頁、金築誠志・警察研究六〇巻四号四五頁、新村繁文・法学新報九五巻七・八号一〇頁がある。本判決に対する批評は、末尾の後注に掲げた。

(5) 前田宏・佐藤道夫・堀田力「『人の健康に係る公害犯罪の処罰に関する法律』について」法曹時報二三巻二号二五、二八頁など

2　本判決の過失の判断

(一) はじめに

本判決は、被告会社のほか、被告人ＡＢＣＤの四名についても、公害罪法の罪の成立を否定したが、この四名については業務上過失傷害罪が成立しうる場合であるから一、二審判決を破棄しなくても著しく正義に反するとはいえないとし（刑訴法四一一条）、四名の上告を棄却した。

本判決においては、結果を惹起した直接行為者Ａについては直接過失、その現場での監督者Ｂについては監督過失、Ｂの上級の監督者ＣＤについては監督過失が認められたが、ＣＤの監督過失の一部と直接過失については否定されている。

ここでは、本判決のこれらの点を要約的に示し、若干の解説を付加しておきたい。

(二) 未熟練技術員Ａの直接過失

1　被告会社（日本アエロジル株式会社）は、プラスチック、シリコンゴム等の添加剤であるアエロジルの製造を主たる業務とし、四日市工場では、その原料である液体塩素を納入業者のタンクローリーから工場内の貯蔵タンクに受け入れていた。液体塩素の受入れに関する業務は、四日市工場の製造課が分担し、受入れの現場作業は、同課内の技術班が担当していた。

2　Ａは、本件事故の約三か月半前に採用された未熟練技術員であり、本件事故の四日前に技術班の人手不足を

補うため同班に急遽配属され、熟練技術員の指導監督を受けながら安全に液体塩素の受入れ作業を行う職責を有していた。

3　Aは、それまで技術班の実習を受けたことがなく、液体塩素の受入れ作業についての知識経験が皆無であり、貯蔵タンクに接続するパイプ上のバルブの配置や操作方法を知らなかったうえ、その作業に当たり熟練技術員の直接の指導監督を受けずに単独でバルブの操作等をすることが危険である旨の安全教育も受けておらず、もとより技術班に配置された際にその旨の注意を受けることもなかったので、そうすることの危険についてはほとんど念頭になかった。そのため、本件事故当日、熟練技術員Bとともに、納入業者がタンクローリーで運搬してきた液体塩素を工場内の貯蔵タンクに受け入れる現場作業に従事中、Bがタンクローリーの運転手から「液の元を閉めてくれ」と告げられた際、Bに対し「あっちのバルブを閉めようか」と貯蔵タンク上の受入れバルブを閉めることを安易に申し出てしまい、その承諾を得て貯蔵タンク上の受入れバルブを単独で閉めようとしたが、隣接するパージバルブを受入れバルブと誤解し、しかも閉まっていたパージバルブを開けるという過失行為を犯してしまった。そして、貯蔵タンク内の液体塩素をパージライン配管に流出させて大量の塩素ガスを大気中に放出させ、タンクローリーの運転手二名と付近住民四四名に対し塩素ガスの吸入に基づく傷害を負わせた。

4　Aが右のような過失行為に出たことについては、次のような背景事情があった。すなわち、一審判決の認定によると、Aは、技術班に配置された当日、熟練技術員Hに伴われて、液体塩素の受入れ作業に立会い、Hの指示によりその目の前で受入れ開始の際に開くバルブの一部の操作をし、さらに、その四日後の本件事故当日の受入れ作業の際にも、最初、右のHの指示によりその目の前で受入れ時のバルブ操作の手順に従って順次受入れ関係バルブを開く操作をし、これによって液体塩素の受入れが貯蔵タンク上のバルブ又はこれと接続するバルブの開閉によって行われることをほぼ認識したが、未だ各バルブの機能や配管の仕組みについての知識は全く得ていなかった。

また、二審判決の認定によると、Aは、受入れバルブの左隣りにあったパージバルブ（液体塩素の放出バルブ）を受入れバルブと誤解し、初めこれを右に回して閉めようとしたが、閉まっていてそれ以上バルブが右に回らなかったため、バルブが開いているものと思い込んでいたことから、バルブが回る左の方向が閉まる方向であると誤解して左に回し、パージバルブを開けてしまった。さらに、遡って、未熟練技術員Aが単独でバルブ操作をしないことにつき、CDから、A本人にも監督者であるHBにも、安全教育や注意がされていなかったという事情があり、本判決によるとこれが本件事故の間接的な原因であり、CDの監督過失を基礎づけるものであった。すなわち、もしAが単独でバルブ操作をすることの危険を意識した安全教育が十分になされているか、あるいは少なくともAを技術班に配属するに際してそのことについて適切な指示がなされており、AかBかがその危険に思い及んでいたとすれば、本件事故は起きなかったと考えられるというのである。

5　本判決は、以上のような事情に基づき、一、二審判決がAの過失を認めたのはもとより正当であると判示している。当然の判示と考えられるので、解説を要しないが、Aが本件のような過失行為に出た原因に関し、CDからAかBに対し、未熟練技術員を受入れ作業に当たらせる際の基本的な教育、注意がなされていなかったことが深く関係している旨の判示がある点に留意をしておきたい。

㈢　熟練技術員Bの監督過失

1　Bは、製造課の熟練技術員であり、液体塩素の受入れ作業を担当する技術班には属していなかったが、本件当日労働組合の団体交渉に参加するため液体塩素の受入れ作業を途中で離れた技術班所属の熟練技術員Hと交代して臨時にその作業を担当し、未熟練技術員であるAを指導監督する職責を有していた。

2　Bは、受入れ作業の終りころになり、タンクローリーの運転手から「液の元を閉めてくれ」と告げられたので、高圧空気を送るパイプのバルブを閉め始めたところ、Aが「あっちのバルブを閉めようか」と貯蔵タンク上の受入れバルブを閉めることを申し出たので、特に不安を覚えることもなく「おお閉めてくれ」とこれに応じ、何らの具体的指示を与えることなく、これを了承した。そのため、Aは、前記のとおり、受入れバルブを閉めようとし、誤って、閉まっているパージバルブを開き、本件事故を起してしまった。Bには、その職責上、Aの右の過失行為を予見してこれを防止すべき注意義務があったのに、これを怠ったものというべきであるから、監督過失がある。

3　Bについては次のような背景事情があった。Bは、前記のとおり、技術班に所属しておらず、本件事故当日Hが受入れ作業の途中、Aを塩素室に残して行くとだけBに言い残して作業を離れたため、作業を臨時に引き継いだという事情があった。さらに、遡って、Bは、その監督者であるCDから、Aに単独でバルブ操作をさせないことについての安全教育や注意を受けていなかった。こうした事情があいまって、安易にAに単独でバルブ操作をすることを許してしまったのである。

4　かりにAが熟練技術員であって、受入れバルブを閉める作業を分担中に偶然の作業ミスから塩素ガスを漏出させたのであれば、BがAの上司であっても、Bには原則として監督過失はないというべきであろう。それは、熟練技術員であれば、通常、受入れバルブを閉めるという作業を単独で安全に行うことができるため、BとしてはAの技能を信頼することが許されるからである。ところが、実際にはAには右のような信頼すべき技能はなかったのであるから、Bは、Aを補助者として作業を行わせるときには、その技能不足を補って安全に作業を進めさせる監督上の注意義務があったというべきである。また、技能不足のAを作業に立会わせることにより、かえって本件のように危険を増大させる面もあるのであるから、Bには、そのマイナス面を補うという監督上の注意義務もあったというべきである。

本判決は、「本件事故の経緯に照らすと、安全教育を受けていない者でも日常の常識から当然単独ではバルブ操作をしないと期待することはできない」と判示しているが、これは、BにおいてAの技能を信頼することが許されないことを判示したものであり、その反面において、信頼が許される場合においては過失が否定される趣旨を含意しているものと理解される(この点は、後に見るとおり、ＣＤの監督過失の一部を否定した箇所で明示的に判示されている)。

㈣　製造課技師Ｃ及び製造課長Ｄの監督過失

１　Ｃは、製造課の係員(技師)であり、液体塩素の受入れ作業を担当する技術班に関しては、その責任者として、担当の技術員を指揮監督し、必要な安全管理及び安全教育を行う職責を有していた。Ｄは、製造課長であり、同課所属の従業員を指揮監督して同課の業務を遂行し、液体塩素の受入れに関しても、保安管理及び安全教育を実施する職責を有していた。

２　Ｄは、液体塩素の受入れ作業を担当する技術班の熟練技術員が本件事故当月から従前より一名少ない三名になっていたうえ、本件事故当時そのうちの二名が出張と休暇で技術班が人手不足となっていたため、他の部署で実習中のＡを急遽本件事故の四日前から技術班に配置することとし、Ｃも、この配置を受け入れていた。このように、未熟練技術員であるＡを技術班に配置して液体塩素の受入れ作業に従事させるに当たっては、ＣＤとしては、Ａが知識経験の欠如から単独で不的確なバルブ操作をして事故を起す危険が予見されたのであるから、同人に対する安全教育を徹底して行い、熟練技術員の直接の指導監督の下でなければバルブ操作をしないことなどを十分に認識させておくべきであり、少なくとも急遽同人を技術班に配置するに際してはその旨を同人に注意しておくべきであった。また、ＣＤは、Ａとともに液体塩素の受入れ作業に当たる熟練技術員に対しても、その直接の指導監督の下にＡを作業に従事させ、決して単独でバルブ操作をさせることのないよう安全教育を徹底し、少なくともＡを急遽技術班に配置するに際してはその旨を熟練技術員に対し注意しておくべきであった。しかるに、ＣＤは、これらを怠ったまま漫然Ａを技術班に配置して液体塩素の受入れ作業に当たらせるという危険な行為に出て本件事故を招来したものであるから、ＣＤに過失があったことは否定すべくもない。

３　ＡＢに対する信頼の許否とＣＤの監督過失の限度につき、本判決は、次のように判示している。

①　弁護人の所論は、Ａの犯したバルブ操作上の過誤は極めて単純な過誤であって、作業現場にいたＡ及びＢにおいてこれを防止することが期待できたと主張するが、むしろ極めて単純な操作上の過誤であるからこそ安全教育が不徹底である場合には起りがちであるとみるべきであり、しかも、本件事故の経緯に照らすと、安全教育を受けていない者でも日常の常識から当然単独ではバルブ操作をしないと期待することはできない。

②　しかしながら、一、二審判決が、ＣＤは右の安全教育又は指示を行っただけでは足りず、液体塩素の受入れ作業の現場を巡回して監視する義務がある旨を判示している点は、過大な義務を課すものであって、正当とはいえない。すなわち、右の安全教育又は指示を徹底しておきさえすれば、通常、熟練技術員らの側においてこれを順守するものと信頼することが許されるのであり、それでもなお信頼することができない特別の事情があるときは、そもそも未熟練技術員を技術班に配置すること自体が許されないということになるからである。

４　右の信頼の原則についての判示は、極めて重要である。すなわち、受入れ作業は、熟練技術員であれば安全にこれを行うことができるのであり、かりに未熟練技術員が補助者としてこれに加わった場合でも、未熟練のゆえに生じる危険を除去する注意さえ払えば、安全性は保たれる。そして、未熟練技術員が受入れ作業に加わることにより生じる危険とは、その者が単独でバルブ操作をするなどの作業を行うことに伴う危険である。そうすると、この危険を除去するためには、①未熟練技術員に対しては、安全教育を徹底して行い、熟練技術員の直接の指導監督の下でなければバルブで操作をしないことなどを十分に認識させ、少くともその者を急遽技術班に配置して受入れ作業を補助させるに当たってはその旨を同人に注意しておくべきであり、②熟練技術員に対しては、同様、未熟練技術員に単独でバルブ操作をさせることのないよう安全教育や注意をしておくべきである。もし、①を怠ると、未熟練技術員が熟練技術員の目のとどかない所で過失行為に出る危険があり、②を怠ると、本件のように熟練技術員の方に未熟練技術員の技術についての思い違いが生じて過失行為に出る危険があるからである。

本件の工場でも、通常未熟練技術員を技術班に配置する前にマンツウマン方式での安全教育がなされていた。そして、このような通常の安全教育がなされていれば、あえて①②のような注意義務は不必要であったと思われる。しかし、本件の場合には、人員配置と安全教育に責任を負う立場にあったCDが、技術班の人手不足のため、右のような安全教育をしないままに未熟練技術員を技術班に配置したのであるから、CDは、それに伴って生じる危険を除去するに足りる注意義務を負うものとしなければならない。これが前記の注意義務にほかならない。

他方、本判決は、CDの注意義務は前記の限度にとどまり、受入れの作業現場を巡回する義務まではないとし、これを課した一、二審判決は過大な義務を課すものであると断じた。

未熟練技術員が作業に加わる場合でも、前記の注意義務を果せば、それに伴う危険を除去することができるため、熟練技術員らの方が安全に作業を進めるものと信頼してよいからである。

以上のとおり、本判決は、現場の作業担当者を信頼することができる限り、その上位の監督者に監督責任が生じず、現場の作業担当を信頼することができない場合には、これを補うに足りる監督義務を監督者が負うことを明らかにしたものであって、職務上の責任分担のほか、信頼の原則を監督過失を認定するうえでの基準とした点において、注目されるのである。

㈤　製造課技師C及び製造課長Dの直接過失

1　一、二審判決においては、塩素ガス漏出後における事後処置に関し、CDの直接過失の責任も問われていたが、本判決においては、この責任は否定された。

すなわち、午後三時二〇分過ぎごろ、未熟練技術員Aが誤ってパージバルブを開けたため、貯蔵タンク内の液体塩素は、受入れバルブ、パージバルブ等を経て塩素ガスとなり、間もなく工場内外の大気中に放散した。工場側は、直ちに課長Dの指揮の下に、所要の箇所に生石灰や中和剤を投入するなどの適切な応急の除害作業に従事する一方、Cを含む熟練技術員が数回にわたりガスマスクを装着して貯蔵タンク付近を点検するなど懸命の努力をしたが、当初安全弁に連結するパイプ等に霜が付着していて安全弁の異常作動が事故原因と考えられたことなどから真の事故原因が分らず、午後五時過ぎころになりCがガスマスクを装着してバルブを点検し直して初めて受入れバルブが開いていることを発見し、これを閉めたことにより、午後六時二〇分ころに至り漸く塩素ガスの漏出を止めることができた。一、二審判決によると、CDは、塩素ガスの漏出後は、速やかに貯蔵タンク上の各バルブを点検すべきであったのに、タンクの安全弁の異常作動が事故原因であると速断して、タンク上の受入れバルブ及びパージバルブの点検をすることなく時間を経過させた点において、過失があるというのである。

本判決は、右の判断はCDに対し過大な義務を課するものであって、正当とはいえないと判示する。すなわち、両被告人は、事故直後ガスマスクを装着して事故現場に臨んだ熟練技術員の報告などから、貯蔵タンクの安全弁の異常作動が事故原因である可能性が高いとの見方を強め、当面最も必要な応急の除害措置として漏出箇所に生石灰や中和剤を投入させるなどして漏出阻止のため懸命の努力をしていたと認められるのであり、その措置は、事故原因の解明のためにいかなる手法を採ることが最も有効適切であるかについての一義的な判断基準が存在せず、これらの判決の指摘するような措置を採って応急の除害措置を遅らせることがかえって事故の拡大に結びつく場合もありうることを考えると、決して不適切であったとはいえないのであるから、事後的な判断に立ってこれを不適切であったとし、CDに過失の責任を問うことはできないというのである。

2　本件のガス漏出の原因が判明していた場合であれば、漏出を止める手段も明らかであるから、その手段を早急に講ずべきであり、これを遅延すれば過失責任を免れない。しかし、本件の場合には、右の原因自体が判明していなかったのであるから、ＣＤとしては、その最善の判断により、ガス漏出を早急に止めるべく努力をするほかなく、現にそうしていたのであるから、要求される結果回避義務は尽していたというべきである。

3　監督過失の構造

㈠　はじめに

１　本判決は、判例法上未だその内容が未確定な段階にある監督過失について、最高裁として初めての判断を示した点で、特に注目すべき意義を有している。もちろん、その判断は、具体的な事件の解決に必要な限度で示されたものであり、その範囲も、監督過失のすべての問題にわたるものではないが、今後この種の問題に対する先例として重要な役割を果すことは疑いがないと思われる。そこで、以下、もとより私見にとどまるが、本判決で示唆されている判断を発展させて監督過失の構造を試論的に示し、今後の論議の参考に供することとしたい。

２　監督過失についての研究は近時とみに盛んとなり、貴重な成果が挙がっているが、なお研究の余地は残されている。そのことは、これまでの研究に用いられている分析概念の多様さにも表われているように思う。そこで、その点について、まず触れておくのが適当であろう。

①「監督過失」は、広狭二義に用いられている。「狭義の監督過失」は、直接に結果を発生させる過失（「直接過失」）をした行為者（「直接行為者」）に対し、これを監督すべき地位にある者（「監督者」）が右の過失を防止すべき義務を怠ったことを理由に過失責任を問われる場合をいう。この場合の監督過失は、「間接過失」であり、「監督上の過失」である。他方「広義の監督過失」は、監督者が過失責任を問われる場合一般をいう。この場合には、狭義の監督過失のほか、監督者が直接果すべき義務、特に物的、人的な管理措置を講じて結果の発生を防止すべき義務を怠り、直接行為者の過失と競合し又は単独で結果を発生させたときを含んでいる。後の場合の監督過失は、直接過失

であり、「監督者自身の過失」である。

監督過失が問題となる火災その他の災害においては、従業者等の直接行為者による行動上の直接過失（「行動過失」）と競合し、管理者たる直接行為者による物的、人的な管理措置義務に違反した直接過失（②における「管理過失」）が認められることが多い。この二つの直接過失がそれぞれ前提とする義務は、相互補完的であり、総合的に検討しなければそれぞれの内容を確定することが困難である。また、従業者等の直接行為者が負う義務とその違反を防止すべき監督者の監督上の義務も、相互補完的であるため、結局、これらの三つの義務を総合的に考察することが必要となる。狭義の監督過失に加えて広義の監督過失を研究の視野に入れるのは、このような事情があるためである。もっとも、結果を発生させる直接過失に従業者等のそれと管理者側のそれとがあることを認識しつつ、それぞれの過失の有無や内容を確定し、これらを基礎として監督過失の有無や内容を考察するという手順を守るならば、あえて広義の監督過失を独立して問題とする必要はないと考えられる。

② 「監督過失」と「管理過失」とが対で用いられる場合がある。この場合の監督過失とは、従業者等の直接行為者に対する指導監督上の不適切さが直接行為者の過失に結びつく場合をいい、管理過失とは、従業者等の行為という中間項を介さずに管理者等による物的設備、人的体制等の不備それ自体が結果の発生に結びつく場合をいう(6)。

この区別は、一見①における広義の監督過失を二分した区分のように見えるが、そうではない。管理上の措置義務についても、管理上の措置義務を直接分担する管理者による直接過失のほか、さらに上位に位置する監督者の監督過失が問題となりうるからである。そして、右にいう管理過失についての監督過失は、①の区分では狭義の監督過失の一部を構成するのに対し、②の区分では監督過失にも管理過失にも含まれないことになる。したがって、右にいう管理過失は、従業者等の行動上の直接過失（①における「行動過失」）とならぶ管理者側の物的、人的な管理上の直接過失と理解し、それらの双方につき監督者の監督上の間接過失を考える方が妥当と思われる。

③「結果発生に接着した時点における直接行為に対する監督義務」、「直接行為者が過失行為に出る以前においてこれを防止すべき監督義務」、「直接行為の過失行為を防止し又はその過失行為が結果に結びつかないような保安体制を整備すべき義務」の区分がある。(7)

この区分は、①の狭義又は広義の監督過失における注意義務の性質、程度に関する区分であって、①②の区分より具体的であるが、これを活用するには、その前提として、いかなる場合にそれぞれの義務が発生するのかを明らかにすることが必要である。

④「間接防止型」監督過失と「直接介入型」監督過失とが区別されている。(8) 間接防止型とは、監督者から独立した責任主体であってなお監督者の監督を受ける関係にある者が直接行為者である場合における監督者の監督過失であり、直接行為者が直接過失を犯さないように監督すべきであったという監督上の注意義務の懈怠が結果と間接的に結びついている場合をいう。他方、直接介入型とは、被監督者が監督者の補助者である場合における監督者の監督過失であって、直接過失が加わっても加わらなくても、被監督者に一定の措置を採らせるべきであったという監督者としての注意義務の懈怠が結果と直接に結びついている場合をいう。この区分も、③と同様、①の狭義又は広義の監督過失における注意義務の性質、程度に関する区分であって、①②の区分より具体的であるが、それだけにまた、独立責任主体と補助者の区別を含めて区分の実質的妥当性が確認されなければならない。

⑤　以上の結果、監督過失の構造を検討するにあたっては、さしあたり次のような分析概念を用いるのが適当であろう。

すなわち、「監督過失」は、直接行為者の「直接過失」を防止すべき義務を懈怠した監督者の間接過失の意味に限定して用いる。

「直接過失」は、従業者等の直接行為者による「行動過失」と管理者側の直接行為者による「管理過失」とから成るものとする。

ただ、右の「監督過失」と「管理過失」とは相互補完的な関係にあるので、両者を総合的に考察する必要がある。

（6）　三井誠「管理・監督過失をめぐる問題の所在」刑法雑誌二八巻一号一八頁

（7）　吉田敏雄「熱量変更計画最高責任者の監督責任」ジュリスト八六七号一一一頁。石塚章夫「監督者の刑事過失責任について」判例時報九四五号三頁、九四六号三頁、九四八号一〇頁も、ほぼ同旨

（8）　佐藤文哉「監督過失」別冊法学教室・刑法の基本判例四八頁

㈡　監督関係の存在

1　監督過失における監督関係の意義

監督過失を認めるには、まず、結果に結びつく直接過失に出た直接行為者とこれを監督すべき立場にある者とが存在しなければならない。過失責任が直接行為者にとどまらず、監督者にまで及ぶのは、直接行為者のみならず、監督者もまたその結果を防止すべき義務を負う立場にあるためであるから、この監督関係の存在は、監督過失を認めるうえでの第一の条件であるというべきである。

2　監督義務の根拠

それでは、なぜ監督者が結果を防止すべき義務を負うのか。それは、直接行為者の行う行為が、本人の責任のみで行うべき行為ではなく、監督者の責任のもとで行うべき行為でもあるからである。この監督義務は、種々の根拠から生ずる。指導教官の監督のもとで行う乗り物等の練習、契約発注者の監督のもとで行う受注者の建設工事における義務なども その例であるが、最も重要なのは、事業主の職制に基づき監督者の監督のもとで行う従業者の行為に対する監督義務である。ところで、従業者が直接行為者として負う義務には、安全に行動するという行動義務と人的、物的な管理を適切に行うという管理義務とがある。管理義務は、末端の従業者に委ねられることは稀であろ

うが、中間の管理者に委ねられる場合は稀ではないので、管理義務についてもその上級者の監督過失の問題は生ずる。ただ、論議を明確にするため、以下、行動義務を中心として検討を進めよう。

自然人である事業主が一人で事業活動を行う場合には、直接過失の問題のみで過失責任が処理される。それなのに、従業者を用いて同じ事業活動を行わせる場合に従業者の直接過失に加えて監督過失の問題が生じる理由は、事業主が自己の事業の全部または一部を従業者に代行させるときには、それにより自己が本来負っている注意義務の履行水準を低下させることが許されず、もし従業者に事業を代行させたことに伴いその低下が生ずるときは、事業主がこれを補うため監督上の注意義務を負うことになるからである。

法人または自然人の事業主の多くは、多数の従業者を用いて事業活動を行い、職制に基づき順次その活動と責任を下位の従業者に委任している。それに伴い、下位の従業者を監督する立場にある監督者は、下位への委任に伴い注意義務の履行水準が低下しないよう注意すべき義務を負い、履行水準が低下するときは、順次これを補うために監督義務を負うことになる。

右の法律関係は、事業主に課せられた事業法上の作為、不作為の義務をめぐる下位の従業者、中間の管理者、最終的な事業主の義務の関係と同質である。すなわち、多くの事業法は、事業主に対し一定の作為、不作為の義務を課し、その不履行を罰する規定を置いているが、それと併せて、両罰規定中に行為者を処罰する旨の規定を設け、従業者が事業主の職務に関して義務に反する行為をしたときは、違反行為をした従業者を罰することとしている。この場合、従業者が処罰されるのは、事業主の義務を代行して履行すべき立場にあったのにこれを怠ったからであり、その前提として、法律上事業主を名宛人とされた義務であっても、職制に基づき、これを従業者に順次代行させうることが予定されている。他方、事業主から管理者、管理者から下位の従業者へと順次この委任が行われるに伴い、上位の者には、下位の者が自己が義務を履行するのと同様に確実に履行するよう監督する注意義務が生じる。

そのため、もし下位の者が委任された義務を履行せず、または、履行することができないときは、上位の者が自らこれを履行すべきであり、これを怠ったときは、故意のあることを条件として故意責任が生じる。そして、最終的には、事業主がその責任を負うことになる(9)。

なお、事業主は、両罰規定により、従業者の違反行為について過失責任を問われることがある。この過失責任の基礎にある注意義務は、右の監督過失の場合と同様、従業者に自己の義務を代行させることに伴い当然負うものではあるが、その内容は、右の監督過失の場合とは異なり、万一にも違反行為が起らないように人員配置などの面において安全体制を確立しておくべき広義の結果回避義務であり、結果に対する具体的な予見可能性の存在を前提にするものではない。

3　法令の中には、事業者に対し、一定の資格者を防火管理者（消防法八条）、安全管理者（労働安全衛生法一一条）などに選任して所定の安全業務を行わせることを義務づけているものがある。これは、重要な安全業務の履行の委任について、受任者の資格を法定するとともに、事業者に対し、その者への委任を義務づけたものである。ただ、実際の委任がこれと異なるときには、実際の職制に即して注意義務を負う者を確定しなければならない。

4　通常の職制上では監督関係にない管理者であっても、事情によって監督関係に立つ場合があることは、いうまでもない。

(9)　堀内・(2)文献参照

㈢　監督義務の存在

(1)　行動義務と監督義務の関係

監督義務を認めるには、監督関係が存在しているだけでは不十分である。すなわち、監督義務は、従業者に事業活動を行わせることに伴い注意義務の履行水準が低下して危険が生ずることに由来するものと考えるべきであるから、監督義務を認めるには、第二の条件として、右の注意義務の履行水準が低下していることを確定する必要がある。

これまで一人で行っていた個人の事業主甲が従業者乙を雇い、これに事業を代行させた場合、乙が甲と同様法の要求する水準の注意義務を果たしうる者であるときは、特別の事情から乙において注意を怠ることが予見されるときを除き、甲には乙の過失を予見することができず、注意義務が残らないといってよいであろう。同一の危険に対しては同一の注意義務が課せられるべきであり、従業者乙が雇用されている事業であるからといって、特に高い水準の注意義務が事業主甲に課せられるべき根拠はなく、要求される注意義務は、通常、担当者である従業者乙によって履行されうるからである。(10)

しかし、従業者乙が要求される注意義務を果たしえない者である場合には、事業主甲には乙の過失により結果を生じさせることの予見可能性があり、乙の不注意を補うための注意義務が残るといわなければならない。そして、甲から乙、乙から丙へと順次下位に委任がなされるときは、下位の従業者の注意が水準を充たさない限度において、その上位者が順次監督義務を負うものというべきである。

(2)　監督義務と信頼の原則

監督義務の根拠が以上のようなものとすれば、監督過失について信頼の原則が適用されるのは明らかであろう。すなわち、下位の従業者の注意が法の要求水準を充たすものであれば、上位の監督者に監督義務が残らないことになり、そのため、監督者は下位の従業者を信頼することができるからである。

例えば、運送業を営む事業主が運転手を従業者として事業を行う場合、事業主が過労を強いて従業者の注意力を散漫にしたというような特別の事情がない限り、事業主は運転手の運転について信頼することができ、事業主に監督義務は残らないといってよい。

事業の委任先が従業者でなく、独立の責任主体である場合には、法令、契約その他により監督義務が残る場合のほかは、信頼の原則が広く適用されるといってよい[11]。

(3)　監督義務の形態

監督義務として要求される注意内容は、要求される理由が異なることにより様々であるが、大別すれば、次の二種類になるであろう。すなわち、①　従業者が直接行為者として直接過失を犯すことのないように、事前に安全教育をするなどの予防措置を講ずる予防義務、②　直接行為者が直接過失を犯すことのないように、その時点で注意を補う補充義務である。

これらのいずれが要求されるかは、従業者に欠けた注意の性質、程度とその事業に要求される注意の水準によって決まるといってよい。予防義務を果たしただけでは危険を防止することができないときは、補充義務を果たすべきであろう。

(10)　もっとも企業体責任論を説く板倉宏「企業体と刑事責任」企業犯罪の理論と現実二〇頁は、企業体における注意義務の程度は監督義務が加わる分だけ個人の注意義務よりも重いとし、これを基礎として監督過失論を構築する。同様の論議は、伝統的な過失論者の中にも見られる。

(11)　監督過失における信頼の原則の役割を重視する見解として、米田泰邦「医療における未知の事故とチーム医療における医師の刑事責任」判例タイムズ三一五号一九頁、三一六号四九頁、特に三一六号五六頁以下、同「刑事過失の限定法理と可罰的監督義務違反」判例タイムズ三四二号一一頁、三四五号一九頁、三四六号三四頁、特に三四五号二一頁以下、同「過失処罰の実情と過失犯理論」ロースクール二六号三六頁、西原春夫「監督過失の限界設定と信頼の原則」法曹時報三〇巻二号一頁、三号一頁、山中敬一「信頼の原則」現代刑法講座三巻八六頁、内藤謙「監督過失」法学教室一〇二号四〇頁、特に四五頁以下がある。なお、営業における監督責任について、山中敬一「西ドイツ刑法における監督責任論」関西大学法学部編・法と政治の理論と現実四〇一頁、監督過失と信頼の原則との関係を含む近時の分析として、福田平＝大塚仁・対談刑法総論(上)二三九頁以下が注目される。

(四)　監督義務の不履行による結果の発生と監督者による具体的な予見・回避可能性

(1)　監督義務の不履行による結果の発生

監督責任を認めるには、第三に、監督者が監督義務の履行を怠ったことにより被監督者たる直接行為者が結果を発生させたことと、監督者にその結果の発生について具体的な予見可能性と回避可能性があったことである。

まず、前者についてみると、監督者において直接行為者を信頼することが許される領域内で直接過失が生じたときは、その責任は専ら直接行為者が負うべきであるが、監督者において直接行為者を信頼することが許されず、監督義務を負うべき領域内で直接過失が生じたときは、監督者の監督過失が問題となる。

(2)　監督者による予見・回避可能性

この場合の予見可能性は、直接行為者を信頼することができずにその過失行為を疑うべき事情と直接行為者が発生させるかもしれない結果について存在しなければならないであろう[12]。ただ、監督過失の領域では、通常、前者について予見可能性があれば、後者についても予見可能性があるといえよう。また、予見可能性は、直接行為者が犯す具体的な過失行為や発生させる具体的な事故の内容についてまで存在する必要はないと解される[13]。

論争のある二つの問題について触れておこう。その一は、監督者に予見可能性があったというためにはどの程度に具体的な状況を認識していなければならないかである。結果を発生させる危険のある状況を認識していただけでは足りず、その危険が具体化する状況について認識していなければならないという意見もある。しかし、右の危険な状況を認識していれば、当然これを予防するための措置を採ることができるのであるから、予見可能性があるといってよい。

その二は、その一と関連する問題であって、過失の実行行為と故意の実行行為との開始時期が同じか否かである。前者の時期は、かりに故意があれば殺人または傷害の実行の着手といいうる時期と同じであるという意見もあるが、これは正当とは思われない。故意犯である殺人または傷害は、通常特定の人を対象とする犯罪であるため、その人に死傷の危険を生じさせる行為に出たときに初めて実行の着手があったといいうるのに対し、過失犯である業務上過失致死傷罪等は、不特定の人を対象とする犯罪であるため、死傷の危険を生じさせる行為に出たと認めうる時期が故意犯より早くなるといいうるからである。

(12)　これまでの監督過失をめぐる研究の多くは、この点に焦点をあてている。すでに引用した文献のほか、三井誠「過失犯における予見可能性と個人の監督責任の限界」ジュリスト五五二号三六頁、井上裕司「監督過失と信頼の原則」法政研究四九巻一・二・三合併号二七頁、松宮孝明・刑事過失論の研究二三八頁以下、前田雅英「過失と予見可能性」藤木英雄編・刑法Ｉ二二七頁、町野朔「過失犯における予見可能性と信頼の原則」ジュリスト五七五号七二頁、真鍋毅「過失犯論の現代的課題」刑法雑誌二〇巻三・四号三五一頁、内田文昭・刑法解釈論集（総論Ｉ）一四六頁以下、同「大洋デパート火災事件控訴審判決」法律のひろば四二巻二号六五頁、土本武司・過失犯の研究九五頁以下、芝原邦爾「監督過失」法学セミナー四〇四号七二頁、四〇五号九八頁などを参照

(13)　前田雅英「『結果』の予見可能性」ジュリスト七八四号五〇頁は、結果発生の予見が十分に可能な事実を「中間項」として選別し、この事実の予見可能性の有無を判断することにより結果の予見可能性の有無を判断すべきことを提唱する。監督過失の場合には、この中間項は、直接行為者である被監督者の過失になろう（芝原邦爾「監督過失(下)」法学セミナー四〇五号九九頁も同旨）。

㈤　管理義務が介在する場合の監督過失

(1)　行動義務と管理義務との関係

結果の発生を防止すべき注意義務には、多くの場合、行動に当たり注意をすべき行動義務のほか、物的、人的な条件を整備すべき管理義務が含まれている。例えば、自動車の運転のような日常的なものについても、前方を注視するといった行動義務のほか、自動車を安全な状態に保つといった管理義務がある。特に、多数の従業者が関与する事業においては、そうである。

管理義務は、行動義務とならんで直接過失を基礎づける直接義務であるが、行動義務が果たされる場合において

なお結果発生の危険があるときに行動義務を補充して結果の発生を防止すべき管理者側の注意義務を含む点において、監督義務と共通するところがある。また、管理上の措置を講ずることによって監督義務を果たすことができる場合がある。

(2)　管理義務の内容

管理義務には、①　従業者の行動義務が果たされる場合において、なお結果発生の危険が残るときに、その危険を除去するための補完的措置義務、②　従業者の行動義務が果たされない場合においても、なお結果が発生しないように安全措置を採るべき安全措置義務がある。前者は、例えばホテルにおける避難口の設置義務であり、後者は、特に重大な結果の発生が危ぐされる事業における特別な義務、例えば猛獣園における安全柵の設置義務である。

(後注)　本件一審判決に対する評釈として、中川研一・判例タイムズ三八五号四五頁、石堂功卓・ジュリスト昭和五四年重要判例解説二〇七頁、立石雅彦・三重法経四六号一頁、板倉宏・法令解説資料総覧一〇号二一九頁がある。

本件最高裁判決に対する評釈として、土本武司・判例タイムズ六八七号四六頁、川端博・法学セミナー四一三号一二〇頁、井上祐司・法学教室一〇三号九四頁、板倉宏・ジュリスト昭和六三年重要判例解説一五九頁、内田文昭・判例評論三六六号七一頁、伊東研祐・ジュリスト九二六号四二頁、同・法学教室別冊、判例セレクト'89三〇頁がある。

24　森林窃盗罪（岩石の窃取と産物の窃盗）に関する最高裁判例

〔決　定〕

昭和五〇年三月二〇日最高裁第一小法廷決定（昭和四九年(あ)第一五一三号森林法違反被告事件）刑集二九巻三号五三頁

〔判示事項〕

森林法一九七条にいう産物の意義

〔決定要旨〕

森林法一九七条にいう産物とは、無機物たると有機物たるとを問わず、森林から産出する一切の物をいい、岩石もこれに含まれる。

一　事件の概要と経過

被告人は、共同して国有の保安林の中から青石五トン位を窃取したとして、森林法一九七条、一九八条の森林窃盗の罪で起訴された。

一審は、右の罪の成立を認め、累犯加重をしたうえ、被告人を懲役四月に処した。

原審は、青石は谷川にあった流転石で森林の産物とはいえない旨の弁護人の控訴趣意に対し、「その石が水力等により上流から移動してきたものか、もともとそこに埋没していた岩石が、水力で露出し、永年谷川に洗われてそのはだがなめらかになったにすぎないものか、これを知るに由ないものであるとともに、仮にそれが、山の歴史の或る時点において、上流から移動してきたものであるとしても、その時期は遙かに遠くその期および元の所在地を知ることができず、現にそれが本件山林内に他の土石と混在し、その土地の一部となっている以上、これを流転石として他の土石と区別し、法律上別個の取扱をなすべきものとすることは相当でない。そして森林法一九七条が、森林においてその産物を窃取した場合を、刑法二三五条の窃盗と区別し、特に軽く処罰することとした立法趣旨に鑑みると、同条の産物中には、森林内より取出して利用し得る土石、砂利等の無機的産出物をも含むものと解するのを相当とするので、本件青石を森林の産物と解し、被告人を森林法違反に問擬した原判決には、法令の解釈適用を誤った違法はない」いと判旨し、控訴を棄却した。

弁護人は、憲法違反、判例違反を主張して上告した。「森林の産出物とは、本来、当該山林に生育した竹木類、下草、落葉、落枝、樹実、菌蕈類等山林より発生生育する有機的産出物を指称するものである。これを拡張するとしても当該山林地を組成する岩石、熔岩類等、一般人にとっても、山林の産物性が肯認できる範囲に止むべきである。しかるに本件青石は山間の河川の流転石であって、洪水等によって流下し来り、また流下し去る性質のものである。かような青石は、河川の組成物ではあっても山林の産物ではありえない。」「かような類推解釈を施すことは適法手続を定めた憲法第三一条に違反すること明白である。」また、「基本タル山林地ヲ組成セル土砂岩石ノ如キハ所謂産物ノ中ニ入ラサルモノト解スヘク」と判示した大判大正九年一〇月一九日（刑録二六輯七二三頁）と相反する判断をしていることは明白である、というのである。

二　本決定の判示

憲法三一条違反の主張については、実質は単なる法令違反の主張にすぎないとし、判例違反の主張については、「もし所論のように、岩石が同条にいう産物に含まれないものとすれば、被告人の行為は同条の罪よりも重い刑法二三五条の窃盗罪を構成することになるから、所論は自己に不利益な主張であって上告理由として不適法なものといわなければならない」としながらも、職権をもって次の判断を示した。

「なるほど、所論引用の判例（大審院大正九年(れ)第一七〇〇号同年一〇月一九日判決・刑録二六輯七二三頁）は、右規定と同趣旨の旧森林法（明治四〇年法律第四三号）八三条につき、同条にいう産物には、森林の土地を組成する岩石は含まれないと判示したものであるから、所論のとおり、原判決は右判例と相反するものといわなければならない。しかしながら、森林法一九七条の趣旨、文言及び沿革を考慮すると、同条にいう産物とは、無機物たると有機物たるとを問わず、森林から産出する一切の物をいい、岩石もこれに含まれると解するのが相当であり、原判決の結論は正当というべきである。したがって、所論引用の大審院の判例を変更し、原判決の判断を維持することとする。」

三　判例と学説

大審院は、初め旧森林法（明治四〇年法律四三号）八三条の森林窃盗の産物につき、「基本タル山林地ヲ組成セル土砂岩石ノ如キハ所謂産物ノ中ニ入ラサルモノト解スヘク」と判示していたが（上告趣意が援用する後記**1**の判例）、後に同法六二条三号（森林組合ハ左ノ各号ノ一ニ該当スル場合ニ於テ必要ナル事業ヲ為ス為一定ノ地区ヲ限リ之ヲ設立スルコトヲ得〔中略〕三　森林産物ノ運搬ニ必要ナル工事ヲ為シ又ハ之ヲ維持スル為関係者ノ協同ヲ必要トスルトキ）の森林産物につき、石灰石もこれに入ると判示した（後記**2**の判例）。東京高裁は、現行森林法一九七条の森林窃盗の産物につき、土石もこれに入ると判示した（後記**3**の判例）。この東京高裁の判例は、前の大審院判例が後の大審院判例により実質的に変更されたと解しているが、後の判例は、前の判例について言及しておらず、かつ、森林窃盗についてのものではないので、(1)そう解することには無理がある。本件決定も、前の判例が生きているものと解してこれを変更したのである。(2)

1　大判大正九年一〇月一九日（刑録二六輯七二三頁）

「森林ノ産物トハ天然ニ生育シタルト殖樹ノ方法ニ因ルトヲ分タス竹木類ノ根幹枝葉ハ勿論下草落葉落枝樹実菌蕈等山林地ヨリ発生生育スル一切ノ物ヲ包括スルモ之ヲ生スル基本タル山林地ヲ組成セル土砂岩石ノ如キハ所謂産物ノ中ニ入ラサルモノト解スヘク」

2　大判昭和六年一二月二日（民集一〇巻一一七五頁）

「森林ノ産物ハ土地ヨリ生スル毛上其ノ他ノ産物ヲ指称シ森林地区内ニ石灰石存在シ採取シ得ルモノナルトキハ之ヲ産物ト解スルニ妨ケアルコトナシ」

3　東京高判昭和四六年一〇月二六日（高刑集二四巻四号六四一頁）

「産物とは森林より産出する一切の物をいい、有機的産出物はもち論無機的産出物をも含むものと解するのが相当である。従って森林の無機的産出物である土石、砂利等は有機的産出物である竹木、樹皮、枝葉、樹実、雑木、疏菜、菌蕈等と並んで森林の産物ということができる。」

学説には、土石が森林窃盗の産物に含まれないとするものは見当らず、一致して含まれるとしている。例えば、旧森林法の森林窃盗の産物に関し、野守広・改正森林法要義（明治四二年）四一〇頁は、「産物トハ主産物タル立木竹ハ勿論副産物タル樹皮、樹実、樹葉、柴草、疏菜、菌蕈、土石等ヲ含ミ……且其森林内ニ存在スルモノヲ指称ス」と述べ、高山三平・日本森林法（大正一一年）一二九頁は、「森林産物ノ主副ハ勿論客観的標準ニ依リ之ヲ区別スベク即木竹ヲ以テ主トシ其他樹皮、樹実、樹葉、脂液、柴草、菌蕈、土石等ヲ副トス」と述べ、三笠義孝・森林法に就て（司法研究報告書一八輯五号、昭和九年）六一頁、一七一頁は、「石灰石、北役石の如き土石は勿論苟も林地を組成する土砂岩石は凡て森林の産物なりとの結論を得度い。」と述べ、現行森林法の森林窃盗の産物に関しては、林野庁経済課編・森林法解説（昭和二六年）四一二頁以下は、「森林から産出する鉱物その他のいわゆる土石がこの「森林の産物」に含まれるかどうか疑問であるが、森林の概念中に土地が含まれること及び森林窃盗の規定の趣旨等から考えて、肯定的に解すべきであろう」と述べている。

四　森林窃盗の沿革

森林窃盗は、新律綱領では、人工を加えた物についてだけ成立すると定めており、旧刑法でも、普通の窃盗より著しく軽く処罰することにしていた。明治一五年の森林法草案に既に森林窃盗の規定が見られるが、旧旧森林法において、制定法として初めて今日のような森林窃盗の規定が設けられて刑が旧刑法よりは重くなり、旧森林法でさらに刑が重くなり、現行森林法にこれが引継がれたが、一般の窃盗の刑よりずっと軽い刑であることには変りはない。

1　新律綱領（明治三年）

「賊盗律」の中に次のとおり「盗二田野穀麦一」と題する特別規定を設け、人工を加えた物に限り森林窃盗を罪とし、自然に生じた物については罪とならない旨を定めていた。

凡田野ノ穀麦菜菓。及ヒ人ノ看守スルコト無キ。器物ヲ盗ム者ハ。并ニ贓ニ計ヘ。竊盗ニ準シテ論ス。罪。流三等ニ止ル。

若シ山野ノ柴草木石ノ類。他人。已ニ工力ヲ用ヒテ。斫伐積聚スルヲ。擅ニ取去スル者モ。罪亦同。

2　改定律令（明治六年）

特別の規定は見当らない。

3　旧刑法（明治一三年）

山林産物窃盗の特別規定を設け、田野産物窃盗、牧場窃盗と同様に、その刑を普通窃盗の刑より著しく軽くした。

三七三条　山林ニ於テ竹木礦物其他ノ産物ヲ竊取シ又ハ川沢池沼湖海ニ於テ人ノ生養シ若シクハ営業ニ関スル産物ヲ竊取シタル者ハ亦前条ニ同シ

三七二条　田野ニ於テ穀類菜菓其他ノ産物ヲ竊取シタル者ハ一月以上一年以下ノ重禁錮ニ処ス

三六六条　人ノ所有物ヲ竊取シタル者ハ竊盗ノ罪ト為シ二月以上四年以下ノ重禁錮ニ処ス

4　明治一五年森林法草案

農商務卿西郷従道から左大臣熾仁親王にあてた明治一五年五月八日付「森林法ヲ定ムルノ議」によると、「本省夙ニ林野取調吏員ヲ定メ該吏員ヲシテ各府県ニ派出セシメ旧藩施制ノ蹟ヲ温ネ併セテ地方官ノ意見諮ヒ普ク欧州現行ノ法律ヲ捜リ彼是参酌考量シ二三ノ星霜ヲ積ミ茲ニ森林法草按一巻及其参考書四巻ヲ編成シ以テ進呈ス謹テ裁定アランコトヲ請フ」とある。二〇一条に及び、その内容は旧森林法に近い(3)。

一三五条　森林ニ於テ竹木ヲ竊取シタル者ハ一月以上二年以下ノ重禁錮ニ処シ十円以上百円以下ノ罰金ヲ附加ス

一三六条　森林ニ於テ鉱物土石ヲ竊取シタル者ハ一月以上二年以下ノ重禁錮ニ処ス

一三七条　森林ニ於テ左ノ諸件ヲ犯シタル者ハ十五日以上一年以下ノ重禁錮ニ処シ二円以上二十円以下ノ罰金ヲ附加ス

一　竹林ノ枝梢ヲ竊取シタル者
二　竹筍ヲ竊取シタル者
三　樹皮樹脂樹液ヲ竊取シタル者
四　竹木ノ根株ヲ竊取シタル者

一三八条　森林ニ於テ樹実樹葉菌蕈竹籜其他ノ産物ヲ竊取シタル者ハ十一日以上三月以下ノ重禁錮ニ処シ又ハ三円以上三十円以下ノ罰金ニ処ス

一三九条　他人ノ森林ニ於テ竹木鉱物其他ノ産物ヲ詐取シタル者ハ一月以上三年以下ノ重禁錮ニ処シ五円以上百円以下ノ罰金ヲ附加ス

5　家屋外竊盗者処罰ニ関スル法律（明治二三年法律九九号）

明治二三年の裁判所構成法により区裁判所の管轄権が二月以下の禁錮にあたる軽罪と定められたことに伴い、一定限度の森林窃盗その他の屋外窃盗の刑を二月以下の禁錮に下げた。

二条　田野、山林、川沢、池沼、湖海ニ於テ其産物ヲ竊取セントシ又ハ牧場ニ於テ其獣類ヲ竊取セントシテ未タ遂ケサル者又ハ已ニ竊取シタルモ其贓額五円ニ満サル者亦前条ニ同シ

一条　家屋其他ノ建造物外ニ於テ犯シタル竊盗ニシテ未タ遂ケサル者又ハ已ニ遂ケタルモ其贓額五円ニ満タサル者ハ十二日以上二月以下ノ重禁錮ニ処ス

6　旧旧森林法（明治三〇年法律四六号）

森林における主副産物の窃取を森林窃盗とする特別規定を設けた。その刑は、普通窃盗のそれよりは軽いが、こ

れまでの森林窃盗の刑より相当重くした。三八条の加重規定（保安林の盗伐など）の刑は、二円以上贓額二倍以下の罰金及二月以上二年以下の重禁錮であった。

三七条　森林ニ於テ其ノ主副産物ヲ竊取シタル者ハ森林竊盗トシ二円以上贓額二倍以下ノ罰金又ハ十一日以上二年以下ノ重禁錮ニ処ス其ノ主副産物ニシテ人工ヲ加ヘタルモノニ係ルトキ亦同シ但シ罰金ハ贓額以下ニ下スコトヲ得ス

7　旧森林法（明治四〇年法律四三号、明治四一年一月一日施行）

旧旧森林法の全面改正であり、森林窃盗について刑を従前より重くした。八四条の加重規定（保安林内の森林窃盗など）の刑は、二月以上三年以下の重禁錮及贓額以上贓額二倍以下の罰金であった。

八三条　森林ニ於テ其ノ産物ヲ竊取シタル者ハ森林竊盗トシ三年以下ノ重禁錮又ハ贓額二倍以下ノ罰金ニ処ス其ノ産物ニシテ人工ヲ加ヘタルモノニ係ルトキ亦同シ

8　現行刑法（明治四〇年法律四五号、明治四一年一〇月一日施行）

旧刑法の全面改正であって、旧刑法に定められていた森林窃盗等の特別規定を廃止し、窃盗の刑を一〇年以下の懲役とした。

9　現行森林法（昭和二六年法律二四九号）

旧森林法の全面改正であり、森林窃盗については、罰金刑の部分が改められるとともに、加重規定が保安林内の森林窃盗のみに限定された。

一九七条　森林においてその産物(人工を加えたものを含む。)を窃取した者は、森林窃盗とし、三年以下の懲役又は三万円以下の罰金に処する。

一九八条　森林窃盗が保安林の区域内において犯したものであるときは、五年以下の懲役又は二十万円以下の罰金に処する。

五　森林窃盗の趣旨

森林窃盗を普通窃盗より軽く処罰する理由は、すくなくとも伝統的には、(イ)入会慣行などのため森林窃盗の反社会性、反倫理性が比較的に弱いこと、(ロ)森林の産物に対する占有の程度が比較的に弱いこと、(ハ)森林産物には自然発生的なものが多いこと、(ニ)被害額も比較的に少いことを考慮したためである。現行森林法も、こうした伝統を考慮し、(ロ)(ハ)の理由を重視して森林窃盗を存続させたものと考えられる。以下若干の資料に基づいてこの点を検討する。

1　旧森林法までの資料

旧刑法の規定については、屋外窃盗は「其取リ易キノ故ヲ以テ」「家屋ニ入リ盗ミタル者トハ情状大ニ差等アリ」と説明されている(村田保・刑法註釈巻七(明治一三年)一九―二〇丁、同旨、宮城浩蔵・刑法正義下巻(明治二六年)八二〇―八二一頁)。

旧旧森林法についての帝国議会の審議では、森林窃盗を設けることについての特別の論議はなされていないが、政府委員の著書(高橋琢也・森林法論(明治三一年)一五七頁以下)によると、「夫レ竊盗等ノ為ニ処刑ヲ受ケタル者ハ、其ノ町村人民挙ツテ之ヲ歯セサルヲ常トスルニ、独リ森林ノ盗伐犯ニ限リ其ノ地元人民ハ之ヲ待ツニ犯罪者ヲ以テセズ、甚シキハ入檻出獄ノ際之ヲ送迎スルニ至ル、下層社会ノ単純ナル想念ニ於テハ廉恥ノ何物タルヲ弁識セザルヨリ、他人ガ犯罪者ヲ認メテ悪漢視セサルノミナラズ、本人ト雖、自ラ罪悪ヲ犯セシモノトセサルノ情アリ、禁錮監視ノ刑ヲ受クルモ靦トシテ慙色ナキモノ少ナシトセス、蓋シ古来需要ノ薪材等ハ地元ニ山林保護ノ義務アルカ為メ之ヲ取ルコトヲ黙許セラレタル地方多ク、因襲ノ久シキニ終ニ森林盗伐ヲ以テ真心ヨリ悪事視セザリシニ由ルモノカ、特ニ此ノ性習ハ欧州ニモ之アリシコト、見エ……森林犯罪ノ処刑ヲ軽寛ニスル所以ノ主因実ニ此ニアリ、我刑法第三百七十三条ノ林産物ノ竊盗ノ型モ、普通ノ竊盗ヨリ大ニ軽ク、特ニ二十三年法律九十九号ハ一層之ヲ寛ニシタルヲ見レハ、従来トテモ寛刑ヲ主トスルノ精神ナリキ」という。

旧森林法についての野守広・改正森林法要義（明治四二年）四〇五頁以下には、「犯罪者ノ心意、犯罪ノ体様並ニ旧慣ヲ斟酌裁量」した結果であるとし、旧刑法の規定は入会慣習の存在したためであろうと推論したうえ、森林窃盗の刑が厳しくなったのは、「森林ノ所有権漸次確立シ今ヤ森林ノ価値ハ経済上重要ナル地位ヲ占ムルニ至レル反響ニ外ナラス」と説明している。永田漸・改正森林法釈義（増訂版、大正八年）一四一頁の説明も同旨である。(4) 三笠義孝・前掲書一五二頁は、実務上森林窃盗の大部分は被害額五〇円以下で初犯が多いと述べている。

2　現行森林法の資料

林野庁経済課編・前掲書四一一頁は、「(一)森林の占有（管理）の状態が他の財物の占有（管理）の状態に比して非常に盗み易い状態に置かれていること、(二)森林の産物の財産的価値は、それと同量位の他の財物の財産的価値に比して割合少いということ等が挙げられる」と説明し、日出英輔・森林法（昭和四八年）三四〇頁は、「森林所有権の内容が他の所有権と比べて排他的でないこと、森林産物には人工によらない自然発生的なものが多いこと等の理由」によるとしている。

六　関係法令中の「産物」の用例

1　旧森林法関係

旧森林法は、四〇条一項（産物を運搬するための他人の土地の使用）、六二条三号（森林組合の目的）、八三条（森林窃盗）の三か条において「産物」の用語を用いているが、これに石が入るかどうかは規定上は明確でない。「土石」という用語も、一三条、二〇条、二六条に用いられている。ただ、大正一五年農商務省訓令二号国有林野事業規程に基づく山林局長の通牒は、土石を森林の副産物としていた。

2　現行森林法関係

「産物」という用語は七九条二項（森林組合の目的）と一九七条（森林窃盗）の二か条で用いられており、他に「林産物」という用語が、四条二項、五条二項、七九条二項に用いられている。「土石」という用語は、三一条、三四条二項に用いられているが、これらの規定だけからでは、石が産物にあたるかどうか明らかでない。ただ、国有林野の産物売払規程（昭和二五年農林省告示一三二号）二条、八条では土石も産物としている。

七　石と森林の産物

森林窃盗の沿革、趣旨からみて、森林の石の窃盗を普通窃盗として重く処罰する理由にとぼしい。森林法の規定自体から結論を下すのは困難であるが、石を産物と解することのさまたげとなる規定はなく、むしろそう解する方が合理的と思われるものがある。すなわち、同法二条一項の森林の定義は、土地も森林の一部であるとしており、その構成物である土石を土地の産物すなわち産物と解する方が自然である。七九条二項によると森林の「産物」は「林産物」より広い概念として用いられており、土石を含めて解することが不自然でない。三一条、三四条二項が木竹の採取と並んで土石の採取を規定していること、旧森林法四〇条、六二条における産物に土石を含めることが合理的であったこと、その他新旧の関係法令において森林の産物に土石を含めていることも参考になろう。

森林の産物という用語は、普通に解釈して、森林が生成し産出するものという意味のほかに、森林から産出するものという意味をもっており、後者の意味に解するならば、石を森林の産物に含めることは類推でない。かりに類推だとしても、被告人に有利に解釈する場合であるから、不当とはいえないであろう。

八　付　論

本決定の判旨は、一般的な文言で森林の産物につき法解釈を示したものであり、先例としての価値が大きいものと思われる。ただ、「森林から産出する」という限定が付されていることに留意を要するであろう。

また、本件では、決定で判例変更が行われた。これは、初めての事例である。

本決定は、石が森林窃盗の対象物である産物にあたらない旨の上告趣意を被告人に不利益な主張であって、上訴の利益がないとした。上告趣意が、原判決の認めた罪の成立を否定するばかりでなく、積極的に他のより重い罪の成立を主張した場合には、上訴の利益を欠き、適法な上告理由にあたらないとすることは、大審院以来の一貫した判例の態度である。ただ、本件のように、上告趣意が、原判決の認めた罪が成立しないと主張するにとどめ、積極的により重い罪が成立すると主張していない場合については、両説がありうる。昭和二六年一月一七日大法廷判決（刑集五巻一号一頁）は、原判決が被告人を金融緊急措置令違反の間接正犯と認定したのに対し、上告趣意が身分犯については身分のない者は間接正犯たりえないと主張したのをいれ、原判決を破棄してより重い詐欺罪を適用して自判した。訴因制度をとる現行法のもとでは、訴因・罰条の変更がなされない結果、無罪となる可能性があることを理由に、かような主張を認めてもよいと思われる見解もあるが(中野次雄・上訴の利益(総合判例刑訴)四四頁)、訴因制度のもとでも、上告趣意がより重い罪が成立すると主張した場合には、主張しなかった場合と同様に、無罪となる可能性はあるから、この点で両者を区別するのは合理的ではないと思われる。むしろ、上告趣意をいれて原判決の認定した罪が成立しないと解すれば、当然により重い罪が成立することになる場合には、上告趣意でその点を主張していると否とを問わず、不適法な主張と認めるのが合理的であろう。

(1)　農商務省山林局の行政解釈は、大審院判例とは逆に、旧森林法の森林窃盗の産物は主産物である竹木のほか副産物である土石を含むと解しながら、同法四〇条(森林の産物を搬出するための他人の土地の利用に関する規定)及び六二条三号の産物は主産物のみをいうと解していた。三笠義孝・森林法に就て(司法研究報告書一八輯五号、昭和九年)六一頁以下参照。

(2)　森林法は、戦後全面改正されたが、森林窃盗に関する部分は旧規定をそのままひきついでおり、他の部分の改正もこの大審院判例の解釈に影響を及ぼすものとは認められないので、旧法の判例ではあるが、右判例は刑訴法四〇五条三号の判例にあたるわけである。旧法令に関する大審院判例を同号の判例と認めた例として、昭和四一年七月一三日大法廷判決(刑集二〇巻六号六二三頁)がある。

(3)　林野庁保安課・森林法の沿革に収められている。

(4)　入会慣行と森林窃盗との関係については、「シンポジウム・倫理的な罪と法律的犯罪」法社会学10(昭和三二年)八七頁以下、潮見俊隆・農村と基地の法社会学五二頁以下をも参照。石材採取の入会権を認めた判例として、大判大正六年一一月二八日(民録二三輯二〇一八頁)、大判昭和九年二月三日法学三巻六七〇頁がある。

25　爆発物取締罰則(コーズマイトの製造による三条の罪)に関する最高裁判例

〔判　決〕

昭和五〇年四月一八日最高裁第二小法廷判決(昭和四九年(あ)第二一九三号爆発物取締罰則違反被告事件)刑集二九巻四号一四八頁

〔判示事項〕

一　爆発物取締罰則三条の罪の成立要件

二　爆発物取締罰則にいう爆発物の意義

〔判決要旨〕

一　爆発物取締罰則三条の罪が成立するためには、治安を妨げ又は人の身体財産を害する目的をもって、爆発物又はその使用に供すべき器具を製造、輸入、所持又は注文することを必要とし、かつ、それをもって足り、製造などをする者が、自ら直接その爆発物などを使用する意思であると、他人に交付して使用させる意思であるとを問うものではない。

二　爆発物取締罰則にいう爆発物は、理化学上の爆発現象を惹起するような不安定な平衡状態において、薬品その他の資料が結合した物件であって、その爆発作用そのものによって公共の安全をみだし又は人の身体財産を害するに足りる破壊力を有するものであることを要し、かつ、それをもって足り、雷管その他の起爆装置が装備又は準備されていることを要するものではない。

一　事件の概要と経過

㈠　一審は、「被告人は、Kと共謀のうえ、治安を妨げ、かつ人の身体財産を害しようとする目的をもって、昭和四六年四月一五日大阪府……山陽荘アパート二階七号室の自室において、爆発物であるコーズマイト二号一二五本を所持した。」という事実を認定し、被告人を禁錮四年に処した。

㈡　原審は、弁護人の量刑不当の主張をいれて一審判決を破棄し、被告人を禁錮三年六月に処したが、他の法令違反、事実誤認の主張はこれを斥けた。本判決の判示事項に関連する判断は次のとおりである。

判示事項一に関し、治安を妨げ、かつ人の身体財産を害する目的の点については、「被告人が本件コーズマイトを使用して危害を加える目標を決め、右加害の日時、方法等について具体的な計画を有していた事実を認めるに足りる証拠はない」。しかし、「日本の暴力革命を政治目的とし、反米愛国闘争を戦術として武装闘争の展開を呼びかけ、火炎びん或いはダイナマイト等を武器とする遊撃戦争（政治ゲリラ闘争と称している。）を行うこと及び武器の準備を行うことを呼びかけ、米軍基地爆破闘争、武器奪取闘争を支持、称揚していた」日本共産党革命左派神奈川県委員会の党員或いはその指導下にある京浜安保共闘を組織する団体の構成員らと密接な連絡を持ち、その「行動隊員を獲得し、又は同種の組織との連絡協調のためのオルグ活動に従事していた」。「本件コーズマイトは、被告人からその活動について助言を得ていた中京安保共闘の指導的地位にあったOが前記の武器の準備の呼びかけに応ずる行動として他から窃取してきた二二五本のうち、同人が被告人及びKと相談のうえ、被告人らにその処分を委ねる趣旨で前記アパートに置き、被告人らが保管することになった一二五本であって、被告人らは、自らこれを使用する意思はなかったが、近い将来、京浜安保共闘の構成員に何らかの方法で送り届け、行動隊員らの武装闘争のための武器として使用させる意思で保管していたこと、本件当時までの行動隊の攻撃目標は、米軍基地、在日外国施設その他日本の公共施設であったことがそれぞれ認められるので、これらの事実を総合し、なお爆発物のごときは普通一般の市民には無縁のものであることや被告人には爆発物である本件コーズマイトを所持するにつき何ら正当な事由がないことをも考え合わせると、被告人自身が公共の安全と秩序すなわち治安を妨げ、これに附随して人の身体財産を害しようとする目的を確定的な認識として有していたものと認められる。」

次に、一審判決が被告人自ら本件コーズマイトを使用する意図がないことを認め、また被告人が間接正犯として人にこれを使用せしめる意図があったことを認定せずに罰則三条を適用したのは法令の適用を誤ったとの主張に対しては、「本罰則五条の行為とも対比し、本件のように、治安を妨げ又は人の身体財産を害せんとする目的をもって爆発物を所持するものというには、右爆発物を将来自ら使用し又は人をして使用せしめる意思を有する場合でなければならないと解すべきである。……被告人は、本件コーズマイトを将来自ら使用する意思を有していたとは認められないが、これを人に交付して同人をして使用せしめる意思を有していたものと認められるので、被告人が治安を妨げかつ人の身体財産を害しようとする目的を有していたものと認めるに妨げはない。所論は、本罰則一条の「人をして之を使用せしめる」とは、爆発物使用の間接正犯の場合をいうものと主張するが、その文理上は単に爆発物使用の間接正犯だけでなく、「人を教唆して犯罪を実行せしめる」刑法上の教唆犯をも含むものと解することができ、本罰則四条が爆発物の製造、所持、譲与等の外形的行為を伴わない単純な教唆にとどまる行為を独立に処罰の対象としていることと対比すると、右のように解釈するのが相当である。そして、前記の本罰則三条の場合に要する人をして使用せしめる意思も教唆の意思を含むものと解釈すべく、これは自ら所持する爆発物或いは製造、輸入、注文によって得た爆発物を人に交付して教唆する意思であるから、その危険性の程度からいって、これを自ら使用する意思の場合と同一類型の行為として、同一罰条により処罰することにしても、必ずしも処罰の範囲を不当に拡張するものとはいえない。」

判示事項二に関しては、本件コーズマイトは、雷管等の起爆装置がなく、そのままでは爆発可能性がないものであるのに、これを爆発物にあたるものと認定したのは事実誤認、法令違反であるとの主張に対し、一審判決が「本件コーズマイトは、雷管を使用しない場合でも完全に密封した鉄パイプに詰め、これを二〇〇度以上で熱するか、あるいはライフルに射ち込む等の方法によって不完全ではあるが爆発するものである、と判示した点は、右の不完全爆発に特殊の器具、条件を必要とする点で、これが本件コーズマイトに起爆装置がなくても爆発物である旨の判示とすれば必ずしも適切な説明ではない」としつつ、「本罰則三条は、爆発物の使用に着手する以前の一定の類型の予備行為を処罰の対象とする規定であり、同条が「爆発物」と「其使用に供すべき器具」とを区別し、それぞれに対する製造、所持等の行為を独立に処罰の対象としており、「其使用に供すべき器具」には雷管等の起爆装置を含むと解されることから考えると、当該物体が前記の構造、性能を有し、爆発可能性を有する限り、起爆装置を備えていて、単なる点火、摩擦、衝撃を加えることによって直ちに爆発する状態になくとも、本罰則三条の爆発物にあたるものと解すべきである。」

㈢　判示事項一に対応する上告趣意は、罰則三条の所持罪は、自分で爆発物を使用する意思のある者、又は間接正犯として他人に爆発物を使用させる意思のある者が爆発物を所持する場合にのみ成立し、他人に使用を教唆して使用させる意思のある者がこれを所持する場合は含まれないと法令違反を主張した。(イ)三条の所持罪は、一条の使用罪の予備罪であるから、一条の使用罪が成立する者についてしか成立する余地がない、(ロ)一条の使用罪は、爆発物を自ら直接使用する者(前段)、又は間接正犯として他人にこれを使用させる者(後段)についてしか成立しない、(ハ)したがって、他人を教唆して爆発物を使用させる者については一条の使用罪は成立しないこととなり、その意思でこれを所持しても三条の所持罪は成立せず、教唆した段階で四条の教唆罪が成立するにとどまる、というのである。

判示事項二に対応する上告趣意は、コーズマイトは、雷管を用いなければ爆発しない性質のものであるが、本件の場合には、雷管が装備されておらず、被告人が雷管を所持していなかったから、爆発物とはいえない、という判例違反、法令違反の主張である。

二　本判決の判示

判示事項一につき。「爆発物取締罰則の文言及び趣旨を考慮すると、同罰則三条の罪が成立するためには、治安を妨げ又は人の身体財産を害する目的をもって、爆発物又はその使用に供すべき器具を製造、輸入、所持又は注文することを必要とし、かつ、それをもって足り、製造などをする者が、自ら直接その爆発物などを使用する意思であると、他人に交付して使用させる意思であるとを問うものではないと解するのが、相当である。」

判示事項二につき。判例違反の主張は前提を欠くとしたうえ、「爆発物取締罰則三条及び五条において、爆発物と「其使用ニ供ス可キ器具」とが別々に取締の対象とされている規定の文言などを考慮すると、同罰則にいう爆発物は、理化学上の爆発現象を惹起するような不安定な平衡状態において、薬品その他の資料が結合した物体であって、その爆発作用そのものによって公共の安全をみだし又は人の身体財産を害するに足りる破壊力を有するものであることを要し、かつ、それをもって足り（最高裁昭和二九年(あ)第三九五六号同三一年六月二七日大法廷判決・刑集一〇巻六号九二一頁、昭和二八年(あ)第二八七八号同年一一月一三日第二小法廷判決・刑集七巻一一号二一二一頁参照）、雷管その他の起爆装置が装備又は準備されていることを要しないものと解するのが、相当である。」

三　罰則三条の罪の成立要件（判示事項一）

(一)　「第一条ノ目的」が、第一条の罪を犯す目的ではなく、「治安ヲ妨ケ又ハ人ノ身体財産ヲ害セントスルノ目的」を意味することは、規定の文理から明らかであろう。この区別は、第一条の爆発物の使用罪を、使用の直接正犯と間接正犯とに限定して理解しない場合には、さほど重要ではないが、そのように限定して理解する場合には、決定的に重要である。三条の罪は、爆発物の使用の直接正犯又は間接正犯についてしか成立しないことになるからである。ただ、右の目的を本判決のように解した場合であっても、結局は何人かによる爆発物の使用を通じて達成するものであることを要するのは、もちろんである。

(二)　三条の罪が一条の罪の予備罪的性質をもつことは、規定の体裁からいっても、立法当時の説明からいっても、疑いないと思われる。明治一七年一二月一一日付参事院上申の爆発物取締罰則説明[1]によると、「本条ハ爆発物ヲ使用セントシテ其準備ヲ為スモノヲ罰スルモノトス」とされている。問題は、一条の罪の成立を爆発物使用の直接正犯及び間接正犯に限るべきかどうかにある。いいかえると、一条後段にいう「人ヲシテ之ヲ使用セシメタル者」は使用の間接正犯をいうのかどうかである。

間接正犯に限ると解する見解は、使用の教唆及び幇助が独立罪として四条及び五条で別に処罰されることを根拠とする[2]。しかしながら、使用の教唆及び幇助を独立罪として処罰することは、使用罪の成立をまたないでこれらを処罰するというにすぎず、使用罪が成立したときに教唆者及び幇助者をどう取扱うかとは無関係である。むしろ、四条の「第一条ノ罪ヲ犯サントシテ脅迫教唆煽動ニ止ル者及ヒ共謀ニ止ル者」という文理からいうと、四条の脅迫教唆煽動等の行為の結果として他人が爆発物を使用したときは、四条の行為者は一条の罪を犯したことになり、一条後段の「人ヲシテ之ヲ使用セシメタル者」として処罰されるものと解するのが、自然であろう[3]。前記爆発物取締罰則説明も、「本則ニ於テ最モ悪ンテ痛ク禁遏ヲ加ヘント欲スルノ主眼ハ……其危害ヲナスノ大小軽重ニアラスシテ爆発物ヲ使用スルノ目的ト又其使用シタル物品ノ爆発物タルトヲ悪ミテナリ此場合ニ於テハ自カラ之ヲ使用シタルモ人ヲシテ之ヲ使用セシメタルモ又其目的ヲ遂ケタルモ目的ヲ遂ケ得サルモ総テ本条ニ拠テ処断スルモノトス」

と述べ、第一条の目的のために爆発物を使用する行為である限り、自ら直接使用する場合であると他人を介して使用する場合であるとを問わず、等しくこれを処罰する趣旨であることを明らかにしている。[4] 一条後段を使用の間接正犯と解したとしても、刑法の共犯規定により、それぞれの態様に従い、一条の教唆犯、幇助犯の成立が認められるから、[5] 一条の罪の適用に関しては、右のように解するのと大差はないが、かりに三条の罪の成立範囲を限定する趣旨まで意味することになると、その差は大きい。

(三)　一条の罪を使用の直接正犯及び間接正犯に限定しない場合には、三条の罪は、当然、他人に使用させる意思で製造、所持等をする行為をも含むことになる。しかしながら、かりに右のように限定するとしても、三条の罪は、判旨のように他人に交付して使用させる意思でする場合も含むものと解するのが妥当であろう。

まず、三条の罪は、一条の目的すなわち治安を妨げ又は人の身体財産を害する目的をもって、爆発物を製造などすることを処罰しており、自ら直接その爆発物などを使用する意思であることを要件としていない。

また、他人にそれを交付して使用させる意思で製造などをする場合であっても、予備的行為のもつ危険性においては、自ら直接それを使用する意思で製造などをする場合と、画然たる区別はない。

さらに、原判決が指摘するとおり、四条が爆発物の製造などの外形的行為を伴わない単純な脅迫教唆煽動にとどまる行為を独立に処罰の対象としていることと対比すると、右のように解するほうが調和がとれている。

もし、人に交付して使用させることにより治安を妨げ又は人の身体財産を害する目的をもって爆発物を製造などした者が三条の罪にあたらないとすると、教唆などの行為がない結果として四条の罪も成立せず、それ自体では幇助行為とならない結果として五条の罪も成立せず、せいぜい六条の罪が成立するにとどまることとなり、単なる幇助をも重く処罰する五条との均衡をも失することになる。しかも、六条は、「爆発物ヲ製造輸入所持シ又ハ注文ヲ為シタル者第一条ニ記載シタ犯罪ノ目的ニアラサルコトヲ証明スルコト能ハサル時ハ六月以上五年以下ノ懲役ニ処

ス」と規定しており、一条の目的で製造などをしたときは当然に三条の罪が成立することを前提としているのである。(6)

本判決が、一条の罪の解釈には触れずに、三条の罪の成立要件を判旨のとおり示したのには、こうした点が考慮されたものと思われる。

㈣　判旨のように解した場合、五条の幇助としての製造などとの区別は、自ら一条の目的を達成するために製造などをする者については三条の罪が成立し、単なる幇助の意思で製造などをする者については五条の罪が成立することに求められるであろう。

他人に交付して使用させる意思は、教唆の意思を含むが、これに限定されないと考えられる。一条の目的を達成するためにした場合であれば、実行に関与しない共謀共同正犯又は使用との関係では幇助にとどまる者であっても、よいであろう。福岡高判昭和三四年九月一二日(高刑集一二巻七号七二四頁)が、「第三条にいわゆる所持等の予備行為をなした者は、爆発物等を自ら直接使用しようとして、その予備行為をなした者であれ、自らは、共謀共同正犯又は幇助犯の意図の下に、その予備行為をなした者であれ、その意図如何にかかわらず、等しく予備行為をなした者といい得るからである。」と判示しているのも、同旨と思われる。

四　爆発物の意義(判示事項二)

㈠　爆発物の意義については、すでに本判決の引用する各最高裁判例があり、(7) 判旨の前段部分のような判示をしている。本判決は、爆発物というためには、これら判例にいう「その爆発作用そのものによって公共の安全をみだし又は人の身体財産を害するに足りる破壊力を有するもの」であれば足り、「雷管その他の起爆装置が装備又は準備されていることを要しない」旨を新たに判示したものである。

(二)　三条及び五条は、爆発物とその使用に供すべき器具とを区別し、そのいずれについても製造などを処罰している。そして、雷管、導火線などの起爆装置が後者の使用に供すべき器具にあたることには、異論がない。そうすれば、原判決の説くとおり、前者の爆発物は、ダイナマイトやコーズマイトなど判例がいう程度の破壊力を有する物体それ自体をいい、起爆装置の装備又は準備のあることを要しないことは、明らかである。

起爆装置の装備又は準備を要するか否かは、もともと、爆発物の要件の問題ではなく、その使用又は製造などの処罰対象行為にあたるかどうかを判断する場合の問題である。たとえば、三条が処罰する行為は、使用に至らない準備段階の行為なのであるから、直ちに爆発するような物体の準備でなくてよいのは、むしろ当然であって、予備にあたるかどうかという法律的観点からみても、ダイナマイト等と雷管とも別々に保管している場合、あるいはまずダイナマイト等を用意し、次いで雷管等を用意しようとする場合に、ダイナマイト等の用意を予備にあたらないというのは著しく不当である。五条の場合も、同様である。これに対し、一条の罪は、爆発物を使用すること、すなわち爆発するような状態に置く行為を対象としているから(最高裁昭和四二年二月二三日一小判・刑集二一巻一号三一三頁)、起爆装置の装備が必要であり、二条の罪は、その準備が必要であることになろう。このように、爆発物か否かは、客観的に決定されることであり、起爆装置の装備、準備とは関係のないことがらである。

ただ、その時代の科学の水準からいって、起爆装置を考案することができないと認められる物体(例えば、かつての原子爆弾)は、爆発物とはいえないが、それは起爆装置を欠くために爆発物にあたらないことになるわけではなく、元来そうした物体は判例にいう破壊力を有するものにあたらないからである。なお、どの程度の爆発可能性があれば爆発物といえるかは、別に考えるべき問題である。

(三)　大判大正七年五月二四日(刑録二四輯六一三頁)は、「爆発物中ニ爆発ヲ惹起スヘキ装置ノ存在スルコトヲ要スルヤ論ヲ竢タス」と判示しているが、これは爆発可能性のあるもの、すなわち爆発する機能又は構造を備えた物体でなければ爆発物とはいえない旨を判示したにとどまり、そのような物体につきさらに起爆装置の装備又は準備を要する旨を判示したものではない。このことは、通常の人力では爆発しないてき弾を爆発物を認めた判例であること、及び人力でも爆発せずかつ起爆装置が開発されていない物体は爆発可能性がなく爆発物とはいえない旨の所論に対応する判示であって物体そのものの爆発可能性を問題としたものであることから、容易に理解することができる。

名古屋高裁金沢支部判昭和三〇年九月二七日（高刑集八巻一〇号一二八四頁）の判決要旨は、「ラムネ弾を所持した三条の罪につき、「ラムネ瓶に水分を与える動作の如きは、恰もマッチをもって火縄に火を点じまたは導線に電流を通ずると同様一挙手一投足の労に過ぎないから、水を除外すれば爆発を惹起する一切の装置を整え、水分を吸収しさえすれば数秒後に炸裂するよう調整されたいわゆるラムネ弾は爆発物取締罰則にいう爆発物であると解するのが相当である。」と判示し、東京高判昭和四八年一二月二五日（高刑集二六巻五号六二八頁）は、起爆装置を欠く鉄パイプ爆弾を製造、所持した三条の罪につき、「たとえ、起爆装置を欠くとしても、手許に起爆に必要な資料が収集されていて、これを用いて起爆装置を付加することが容易であり、それによって容易に爆発現象を惹起しうるものであれば、同罰則三条にいう爆発物に該当するものと解するのが相当である」と判示し、さらに東京高判昭和四七年一一月一七日（東高時報二三巻一一号二二一頁）は、起爆装置が不完全又は不装備の手製爆弾及びダイナマイトを所持した三条の罪につき、「たまたま起爆に必要な資料をその中に保有していなくても、その他の点において爆発を惹起するに必要な装置を備え、かつその資料が容易に入手可能であり、これを添加することによって爆発現象を惹起できるように調整されている場合には、右爆発物というに妨げないと解するのが相当である」と判示し、いずれも起爆装置がなければ爆発物とはいえない旨を積極的に判示してはいないが、容易に入手可能であることなどを理由に付加して爆発物にあたることを認定していた。これに対し、最高裁昭和三四年六月四日一小判（刑集一三巻六号八八四頁）[8]は、水を注水しない限り爆発しないことを根拠にラムネ弾は爆発物にあたらないとした原判決を破棄し、この水を注入又は準備せずにカーバイドだけをラムネ瓶に入れたものでも爆発物にあたると判示した。本判決は、この考えを一般化したものである。仙台高判昭和三〇年四月一九日（高裁特報二巻九号三四七頁）は、「必ずしもその爆発物中に起爆装置の存することは必要でなく、これを他に施されてある起爆装置を利用することにより右の爆発を惹起すべき状態に置くときは、同罰則第一条にいわゆる「爆発物を使用した」ことに外ならない」と類似の判示をしているが、これは無煙火薬を発動機のシリンダーに入れて爆発させようとした一条の罪の事案についてであって、むしろ起爆装置が存在した場合とみるべきであるから、厳密にいうと、本判旨と同じとはいえない。

㈣　原判決の認定によると、「本件コーズマイトは、中国化薬株式会社において、一般産業用すなわち採石現場等で発破に使用するため製造されたトリニトロトルエンを主成分とする爆薬であること、本件コーズマイトを雷管を使用して爆発させた場合の爆速は一秒間に、五、〇〇〇ないし五、五〇〇メートル位で充分の爆発性を有し、一〇〇グラムのコーズマイト一本で二立方メートルのコンクリートブロックを破壊する力があることがそれぞれ認められ、本件コーズマイトは、その構造において、理化学上の爆発現象を惹起する物体であって、その性能は、右爆発作用によって、公共の安全をみだし又は人の身体財産を害するに足りる破壊力を有するものであることが明らかである。すなわち、爆発可能性という用語を使うとすれば、本件コーズマイトはそれ自体で爆発可能性を有する物体であるということができる。」

（1）　司法資料別冊第一七号三二一頁。なお、爆発物取締罰則に関する一般的文献には、草野豹一郎「爆発物取締罰則」岩波法学辞典四巻、大塚仁・特別刑法、団藤重光・刑法綱要各論一八二頁、木宮高彦・特別刑法一巻、高田治・爆発物取締罰則（法務総合研究所特別法シリーズ第一号）、木藤重夫「爆発物取締罰則の最近の判決例」警察学論集二六巻三号一一七頁がある。
（2）　大塚・前掲六九頁。
（3）　木宮・前掲三四九頁は、「「使用セシメタル」とは、爆発物を所有しまたは占有する等の権限を有する者が、その爆発物を他人に使用せしめるに止まらず、広く他人が爆発物を使用することに対して働きかける直接的な一切の意欲的行動があれば足りると解する。」とし、四条との対比を根拠にあげる。

（4）こうした例は他にもあり、国家公務員法一一一条及び地方公務員法六二条は、違反行為を企て、命じ、故意にこれを容認し、そそのかし、又はその幇助をした者などを、違反行為の実行行為者と同じく処罰する旨を規定している。

（5）大塚・前掲七〇頁。

（6）なお、爆発物の製造などが同時に火薬類取締法に触れる場合がある。

（7）高田義文・昭和三一年度解説54参照。

（8）吉川由己夫・昭和三四年度解説50参照。

26　銃砲刀剣類所持等取締法・火薬類取締法(所持罪)に関する最高裁判例

〔決　定〕

昭和五二年一一月二九日最高裁第一小法廷決定(昭和五二年(あ)第一〇六九号銃砲刀剣類所持等取締法違反、火薬類取締法違反被告事件)刑集三一巻六号一〇三〇頁

〔判示事項〕

一　銃砲刀剣類所持等取締法及び火薬類取締法にいう所持の意義

二　拳銃及び実包の所持にあたるとされた事例

〔決定要旨〕

一　銃砲刀剣類所持等取締法及び火薬類取締法にいう所持とは、所定の物の保管について実力支配関係をもつことをいい、たといそれが数分間にとどまる場合であっても、所持にあたる。

二　拳銃及び実包の買入れ方を依頼され、室内で自分が買主であるかのように振舞ってこれを買い入れた上、売主が帰った後、廊下に出て依頼者に手渡した場合には、拳銃等を受け取ってから依頼者にこれを手渡すまでの間の現実の保管行為は、所持にあたり、売買の際に依頼者が同席しており、かつ、保管が数分間であったことは、所持を認める上で障害となるものではない。

一　事件の概要と経過

1　一審判決の認定事実の要旨は、「被告人は、法定の除外事由がないのに、昭和五一年四月五日午後二時ころ、

大阪市所在喫茶店『エデン』二階の居室において、二五口径自動式拳銃一丁及び拳銃実包五〇発を所持した」というものである。

なお、同判決の共同被告人Hに対する認定事実の要旨は、「被告人Hは、法定の除外事由がないのに、前同日午後二時ころ、前記喫茶店『エデン』二階の事務所の通路において、前記二五口径自動式拳銃一丁及び拳銃用実包五〇発を所持した」というものである。

2　弁護人の控訴趣意のうち、判旨事項に関連する部分を二審判決の要約によって述べると、「本件は、被告人が、知人のKに頼まれて原判示のけん銃及び実包の売主であるOに買主のHを紹介し、その取引の際、単なる仲介者として、これらを、右Oから受取ってHに手渡すまで数分間把持したに過ぎない事案であるのに、原判決は、右売買に至る経緯や取引時における被告人の行動(買主としてではなく仲介者としての行動)につき正当な認定をしておらず、そのため、法令の適用をも誤まり、これらに対する所持罪の成立を肯認した」というのである。

3　二審判決は、右主張を容れず、控訴を棄却し、次のように判示した。

「右の取引は、いわゆる堅気であるHが好奇心からけん銃などを入手しようとしたが、自分が直接買うのは怖いところから被告人に代金三〇万円を渡してその買入れ方を依頼し、被告人がこれを了承して右Hや他の買手の同席する部屋でOからこれを買入れたうえ、同人が帰った後右の部屋を出たところの廊下でHにこれらを手渡したものであって(この間に被告人が右けん銃等を把持していた時間は数分間と認められる)、取引の実態をみると、たしかに被告人はOとHとの間に入った仲介者といえなくはないが、取引の場所においては被告人が終始買主として行動しており、売主であるOらの眼にも買主が被告人以外の者であると明らかにわかるような状況にはなかったことが認められる。このような売買に至る経緯や被告人が買主として振舞った行動などに徴すると、被告人がけん銃等を把持していた時間が数分間程度のものであり、かつ売買の際Hが同席していたとしても、この間被告人は独立して自主的にこれらを自己の実力支配下に置いていたものというべきであって（仮にHの重畳的支配を認めるとしても、被告人が第一次的ないし主導的にこれらを支配していたことは明らかである。）、同人につき右けん銃等の所持罪が成立することは否定できない。所論の引用する当庁昭和四二年六月一二日判決（東京高等裁判所判決時報一八巻六号一八四頁）は、本件と異なり、けん銃把持の自主性が極めて薄弱な事案に関するものと理解できるのであって、これと本件とを同一に論じることは適切でない。」

4　弁護人の上告趣意は、「被告人が現実に拳銃を握持していたのはわずか数分間であって、然も真実の買受人たるHが終始同席していたのであるから、被告人が右Hから独立に当該拳銃等につき実力支配関係を開始し、これを持続する行為を為した場合には該当しない」と述べ、判例違反を主張した。

二　本決定の判示

本決定は、所論引用の各判例は本件のような事案について所持罪の成否を具体的に判断しているものではないから適切でないとしつつも、職権で次のとおり判示した。

「銃砲刀剣類所持等取締法及び火薬類取締法にいう所持とは、所定の物の保管について実力支配関係をもつことをいい、たといそれが数分間にとどまる場合であっても、所持にあたるものと解するのが相当である。

原判決の判示するところによると、被告人は、拳銃及び実包の買入れ方を依頼され、依頼者の同席する部屋で自分が買主であるかのように振舞ってこれを買い入れた上、売主が帰った後、廊下に出て右依頼者にこれを手渡したというのである。これによると、被告人が売主から拳銃等を受け取った後、これを依頼者に手渡すまでの間は、売主及び依頼者のいずれにも右拳銃等に対する排他的な実力支配関係はなかったものというべきであるから、これを現実に保管していた被告人にその間の実力支配関係があったと認めるのが相当である。売買の際、依頼者が同席しており、かつ、被告人が拳銃等を握持していたのが数分間であったことは、被告人に所持を認める上で障害となるものではない。」

三　説　明

1　「所持」の定義について（判示事項一）

銃砲刀剣類所持等取締法及び火薬類取締法の「所持」について一般的な定義を下した最高裁判例はこれまでなく、本決定が最初の判例になる。

他の法令の「所持」に関する判例をみると、(イ)　最三判昭和二三年九月二一日（刑集二巻一〇号一二一三頁）は、「銃砲等所持禁止令にいわゆる『所持』とは自分の支配し得べき状體に置くことをいう」と判示し、(ロ)　最一判昭和二四年五月二六日（刑集三巻六号八九六頁）は、銃砲等所持禁止「令に所謂所持とは、かかる物件に対しこれが保管につき支配関係を開始しこれを持続する所為をいう」と判示し、(ハ)　最大判昭和二四年五月一八日（刑集三巻六号七九六頁）は、昭和二二年政令第一六五号に関し、「物の所持とは、人が物を保管する実力支配関係を内容とする行為である」と判示し、(ニ)　最大判昭和三〇年一二月二一日（刑集九巻一四号二九四六頁）は、「覚せい剤取締法一四条の『所持』は、人が物を保管する実力支配関係を内容とする行為をいう」と判示している。

右の各定義のうち、「自己の支配し得べき状體に置くこと」という定義は、保管上の支配と処分上などの支配とを区別しておらず、不当に狭く後者の意味に理解されるおそれがあるように思われる。また、「関係」という文言は、いくらか明確さを欠くきらいがあるが、前記判例に用いられているように、すでに慣用化され、その意味が固っているとみられるし、他人に保管を委託して間接的に物を所持する場合を所持に含めるために必要でもある。本決定の定義は、前記判例をふまえた上、こうした点にも配慮して下されているものと理解されるのである。

2　数分間の握持と所持の成否について（判示事項一）

次に問題となるのは、物の握持が数分間というような短時間である場合にも、右の定義にいう実力支配関係があるといえるかである。

この点については二つの関連判例がある。最一判昭和二四年一一月一〇日（刑集三巻一一号一七五六頁）は、「銃砲等所持禁止令違反罪は銃砲等を所持するを以て直に成立するものであるから、本件拳銃の所持携帯が仮りに数時間に過ぎなかったとしても、犯罪の成立を妨げる理由とはならない。」と判示し、東京高判昭和四二年一二月二一日（東京高判時報一八巻一二号三三一頁）は、拳銃と銃砲を買入れて手にとり、数分後に配下に預けた事案について、所持罪の成立を認めている。

考えてみるのに、銃砲を買入れて手にした直後に現場で逮捕されたような場合において、握持が短時間であるという理由で所持罪の成立を否定するのは、明らかに不当である。このことは、所持の概念、つまりは実力支配関係という概念の中に、一定時間以上の握持という要素を持ち込むことが不当であることを示すものである。右最判が所持の成否とその時間的継続とを切り離して論じており、また、右東京高判が所持の成否を握持の時間という観点からではなく独立の実力支配の有無という観点から論じているのは、この意味において正当と思われる。

本決定が、実力支配関係があったといいうる以上、たといそれが数分間にとどまる場合であっても、所持にあたる、と明確に判示しているのは、上述したような点を配慮した結果であると考えられる。

3　売買の仲介に伴う握持と所持の成否（判示事項二）

最後の問題は、被告人の握持が売買の仲介に伴うものであって、独立の実力支配関係とはいえないのではないか、ということである。売買のあっ旋をした者について所持罪の幇助犯が成立することは、最二決昭和四二年一二月一四日（刑集二一巻一〇号一三九六頁）の判示するところであるが、そのほかにどのような場合に右の者について独立の所持罪が成立するのかという問題である。

この点については二つの高裁判例が参考になる。先に引用した東京高判昭和四二年一二月二一日は、拳銃、銃砲を買入れていったんこれを手にし、数分後に配下に預けた事案について、所持罪の成立を認めたものであるが、その判決理由中に、「授受の仲介者として、いわゆる右から左へと受渡しを取り次ぎ、その間被告人……に独立の実力支配を認め得ないような瞬間的な握持と評すべきものでなかった」との判示がある。一方、東京高判昭和四二年六月一二日（東京高判時報一八巻六号一八四頁―本件原判決が引用するもの。）は、仲介者が売渡人、買受人と一緒に自動車の中に入り、売渡人から拳銃を受取ってこれを点検した上買受人に手渡したという事案につき、独立の実力支配関係がなかったとして所持罪の成立を認めなかったものである。

検討してみるのに、所持には、実力支配関係の実態に応じて、排他的な所持（非重畳的な所持）と重畳的な所持（保管者と依頼者の所持のようなもの）との二つが区別される（そのいずれについてもさらに単独所持と共同所持とを区別することができるが、その点はここではふれない）。そして、なんぴとかに排他的な所持が認められる場合は、他の者に独立した実力支配関係すなわち所持が認められない。仲介に関してこの区別を利用すると、売渡人、買受人のいずれかに排他的な実力支配関係が認められる場合には、仲介者の握持をもって、独立した実力支配関係すなわち所持というることはできないことになる。これに対し、売渡人がすでに実力支配関係を失い、いまだ買受人に排他的な実力支配関係が移っていないときは、仲介者の握持をもって、独立の実力支配関係すなわち所持と認めることができる。

この考え方で最初の高裁判例をみると、仲介者が売渡人から拳銃等を受取ったのは、売渡人、買受人のいる自動車内であり、しかも、その間の授受の準備ともいうべき点検のためであるから、その段階ではいまだ売渡人の排他的な実力支配を脱していないとみるべきであって、仲介者の所持を認めなかったのは相当である。同様に、双方の判例が説くとおり、売渡人と買受人との中に入り、仲介者が右から左に物を受渡したような場合にも、売渡人から買受人へ直接に排他的な実力支配関係が移ったとみるのが相当であり、一時的な仲介者の握持をもって、所持というのは相当ではなかろう。これに反し、仲介者が売渡人から物を預って買受人方に持参したような場合、あるいは買受人の依頼で売渡人から物を受取って買受人方に持参したような場合には、その物が仲介者の手にある間は、売渡人又は買受人の排他的な実力支配の下にあるとはいえないので、その間の握持について仲介者の所持を認めるのが相当である。

本件二審判決は、第二の高裁判例は握持の自主性の極めて薄弱な事案に関するものであるが、本件は取引の場所で被告人が終始買主として行動し、売主もそう理解していた事案であるとし、そのことを主たる根拠に、被告人に独立の実力支配関係すなわち所持を認めた。確かに、被告人が買主として振舞ったという事実は、売渡人から被告人に対して拳銃等の引渡しが行われた時点において、売渡人の排他的な実力支配関係が失われたことを認めうる点で、重要である。しかし、このような事実だけで買主として振舞った仲介者の所持を常に認めうるかは疑問であろう。すなわち、仲介者が買主として振舞っていても、その場で直ちに真の買受人にその物を引渡したような場合には、仲介者の握持を通して真の買受人の排他的な実力支配関係が生じたとみることができるのであって、仲介者に独立した所持を認める必要はないように思われる。ただ、本件の場合は、仲介者が買主として振舞ったばかりでなく、いったんこれを自己の握持に置いた後、売渡人が帰るのを待って買受人にこれを引渡しているのであるから、その間は、買受人にはすくなくとも排他的な実力支配関係は生じていないとみるのが相当であろう。

（追記）　本決定に対する評釈として、羽山忠弘・警察公論三三巻八号一五六頁がある。

27　道路交通法の無免許運転罪（不正に入手した国際免許証による運転）に関する最高裁判例

〔決　定〕
昭和五三年三月八日最高裁第一小法廷決定（昭和五二年(あ)第一二一五号道路交通法違反被告事件）刑集三二巻二号二六八頁

〔判示事項〕
不正手段で入手された国際運転免許証と無免許運転罪

〔決定要旨〕
自動車運転者の所持する国際運転免許証が不正手段で入手されたものであるからといって、直ちに無免許運転罪の成立を認めることはできないが、適性を有することを実証した上で発給を受けたものでない場合には、無免許運転罪の成立が認められる。

一　事件の概要と経過

被告人は、公安委員会の運転免許を有しないAが自動車の運転を希望していることを知り、四名と共謀のうえ、Aに対し、不正手段で入手したフィリピン自動車協会発給にかかるAあての国際運転免許証一通を供与し、以後同人をして自動車運転資格を有するように装わせて、一二回にわたりAが普通乗用自動車を運転するのを容易にし、もって各無免許運転行為を幇助した、として起訴された。

一審は、起訴どおりの事実を認めて被告人を有罪とし、二審も、被告人の控訴を棄却した。

弁護人の上告趣意は、一、二審で争われていなかった正犯Aについての無免許運転罪の成立を争い、次のように主張した。

「本件国際運転免許証は、関係証拠及び本件国際免許証自体より明らかなとおり、発給権限ある機関に発給を申請した本件免許証所持人にたいし発給されたものである。免許証自体は、偽造でも、他人名義のものでもない。適法な様式を備えた立派に適格な免許証である。このような免許証の取得手続の過程において、仮りに『不正手段』が使用されたとしても、免許証自体の適格性には何ら影響を及ぼすものではないと解すべきである。」

二　本決定の判示

「自動車運転者の所持する国際運転免許証が不正手段で入手されたものであるからといって、直ちに無免許運転罪の成立を認めることはできないが、本件の国際運転免許証は、適性を有することを実証した上で発給を受けたものでない以上、道路交通に関する条約(昭和三九年条約第一七号)二四条一項の運転免許証ということはできず、したがってまた、道路交通法一〇七条の二の国際運転免許証ということはできないので、これを所持する自動車運転者について無免許運転罪の成立を認めた第一審判決及び原判決は、結論においては正当である。」

三　説　明

1　事実関係

1　争いのない証拠によると、事実関係は概ね次のとおりである。すなわち、共犯者Bは、フィリピンの芸人を招致する仕事などをしているうち、華僑の実業者某と知り合い、同人を通じて金で同国の国際運転免許証を入手することができるようになった。被告人は、他の共犯者を通じこの事実を知ってAに伝え、その頼みで右BにA名義の免許証の入手方を依頼した。Bは、これに応じて共犯者Cに手続をするよう命じ、同人は、フィリピンに渡航した際に右実業家に七五〇ペソ（三万三、七八〇円位相当）を渡して免許証を受け取った。AはBに二五万円ないし三〇万円を渡し、利益は同人らの間で分配された。

2　本件国際運転免許証は、道路交通に関する条約（昭和三九年条約第一七号）附属書十に定める様式に合致しており、その発給機関はフィリピン自動車協会（フィリピン・モーター・アソシエーション）となっている。同協会は、大統領の授権により国際運転免許証の発給権限を有する民間機関である。

3　A及び共犯者四名については、いずれも有罪判決が確定している。

2　法律問題

1　最初に、わが国の国内の運転免許証についてみると、(イ)　偽りその他不正の手段によって免許証の交付を受ける行為に対しては無免許運転罪より重い特別の罪が設けられていること（道路交通法一一七条の三第二号）、(ロ)　不正の手段によって運転免許試験を受け又は受けようとした者に対する試験の停止又は合格決定の取消し、及び法律違反を理由とする免許の取消しについては、それぞれ特別の手続が設けられていること（同法一〇〇条及び一〇三条二項以下）、(ハ)　無免許運転罪（同法一一八条一号）の文言からみると、免許の効力が停止されているなどの所定の場合を除き、免許を受けている者については、同罪は成立しないと解されることを考慮すると、たとい不正手段で入手された運転免許証であっても、それを所持する者については無免許運転罪は成立しないというべきであろう。

2　しかしながら、道路交通法一〇七条の二で問題となる外国の国際運転免許証に関しては、わが国の運転免許証の場合と同一に取扱うことはできない。

まず関係法令をみておくと、道路交通法六四条は、何人も公安委員会の運転免許を受けないで自動車を運転してはならない旨を規定しているが、同法一〇七条の二は、その例外として、道路交通に関する条約二四条一項の運転免許証で条約附属書九又は十に定める様式に合致したもの（国際運転免許証）を所持する者は、六四条の規定にかかわらず、本邦に上陸した日から起算して一年間、当該国際運転免許証で運転することができることとされている自動車を運転することができる旨を規定している。他方、右条約（昭和三九年条約第一七号）二四条一項は、「締約国は、自国の領域への入国を許可された運転者で、附属書八に定める条件を満たしており、かつ、他の締約国若しくはその下部機構の権限ある当局又はその当局が正当に権限を与えた団体から、適性を有することを実証した上で、発給を受けた有効な運転免許証を所持するものに対し、附属書九及び附属書十に規定する種類の自動車でその運転免許証の発給の対象となっているものを、新たな試験を受けることなく、自国の道路において運転することを認めるものとする。」と規定している。附属書九の免許証とは、締約国の発給する「国内運転免許証」であり、附属書十の免許証とは、締約国の発給する「国際運転免許証」であって、本件で問題となっているのもこれである。右条約二四条三項前段は、この「国際運転免許証」に関し、さらに、「国際運転免許証は、運転者が適性を有することを実証した後、締約国若しくはその下部機構の権限のある当局又はその当局が正当に権限を与えた団体が、シール又はスタンプを施した上で、発給したものでなければならない。」と規定している。

右にみたように、道路交通法一〇七条の二には、「道路交通に関する条約……第二四条第一項の運転免許証……を所持する者」と定められている。そして、条約二四条一項には、国際的に通用する運転免許証の要件として、「適性を有することを実証した上で、発給を受けた有効な」ものであることが、明定されている。ところが、本件の場合、Aは、フィリピンに渡航したことはないので、運転の適性を有することを同国内で実証した事実はないというほかはない。また、Aは、わが国の国内の運転免許証を所持していないので、これを示して運転の適性を有することを実証した事実もないというほかはない。そして、これらの点は、一審において、Aが不正手段で国際運転免許証を入手した事実の内容として証拠上確定されている。そうしてみると、本件の国際運転免許証は、条約の前記要件を欠き、したがってまた、道路交通法一〇七条の二の前記要件を欠くことになる。

3 さらに、道路交通法一〇七条の二には、「本邦に上陸した日から起算して一年間……運転することができる」と規定されている。ところが、本件の場合、Aが運転時よりさかのぼって一年以内に海外から本邦に上陸したという事実はない。そうしてみると、この点からいっても、本件の場合、Aについて無免許運転罪が成立することは、明らかである。もっとも、この論拠は、わが国で通用する有効な国際運転免許証が発給されているときに問題とすれば足りるから、本決定においては取り上げられていない。

4 一、二審判決が以上の点をどのように解しているかは、明らかでない。もし、国際運転免許証を「不正の手段で入手した」場合には常に無免許運転罪が成立するという趣旨であるとすれば、本決定が判示するとおり、それは正当とはいいがたい。入手手段に不正があっても、条約二四条一項の要件に合致する免許証である限りは、道路交通法一〇七条の二にいう国際運転免許証と認めるべき場合があり、常に無免許運転罪が成立するとはいえないからである。

（追記） 本決定に対する評釈として、堀内捷三・警察研究五〇巻六号九七頁が公表された。

28　労働基準法の危害防止措置義務違反罪（義務が及ぶ範囲）に関する最高裁判例

〔決　定〕

昭和四七年六月六日第三小法廷決定（昭和四六年(あ)第九八九号、労働基準法違反被告事件）刑集二六巻五号三三三頁

〔判示事項〕

労働基準法四二条により使用者が危害防止の措置を講ずべき機械、器具等の範囲

一　事件の概要と経過

公訴事実の要旨は、被告人は、家屋建築請負業を営み、加賀市所在の小原産業の工場増築工事を請負い、配下の労働者を右工事現場で働かせていたところ、昭和四四年二月一八日配下の労働者であるT、Mほか二名に天井下地作業および既設工場と増築工場との境をなしている間仕切下見板の取り外し作業を行なわせるに際し、天井下地作業のための足場板の上方約六五糎のところに右間仕切下見板を貫き一・〇七米突出し回転している右既設工場の織機動力用シャフトに、右T、Mらの配下労働者が作業中接触する危険があるにもかかわらず、囲、覆またはスリーブを設けなかった、というのであり、これが労働基準法四二条、四五条、一一九条一号、労働安全衛生規則六三条一項（昭和四五年労働省令第二一号による改正前のもの。現在は五九条一項に同旨の規定がある）にあたるとして起訴された。第一審福井簡易裁判所（昭和四五年三月一三日言渡）は、これを無罪とし、その理由として、「労働基準法四二条の使用者が講ずべき危害防止措置の対象は、使用者の使用する労働者が右使用者の工場、事業場等の作業において

労働者が直接取扱い、または接触する使用者の機械・器具その他の設備であると解するところ、本件動力用シャフトは、被告人が配下労働者であるT、M等に使用させる機械・器具その他の設備と解することはできない」と判示した。控訴審名古屋高等裁判所金沢支部（昭和四六年四月八日言渡）は、これを破棄して罰金五、〇〇〇円に処し、その理由として、「法及び規則制定の趣旨は、使用者が、その使用する労働者を作業上の危害から防護するために講ずべき措置を設け、使用者にその遵守を命ずることによって、労働者の作業上より生ずる危害の発生を最少限度にとどめようとすることにあり、規則一〇九条の二第一項六号、一二七条の八、一六三条の七等が、当該危険な設備を所有管理する者のみを対象として設けられたものではなく、労働者をして右のような危険な設備に接近して作業をさせる場合の使用者に対しても、その設備等による危害防止のために講ずべき措置の基準を定めていると解されること等に徴すれば、法四二条、規則六三条一項により使用者が講ずべき危害防止の措置は、当該動力伝導装置の所有或は管理する使用者が、その労働者をしてその作業場において直接これを取扱わせている場合に限定されるものではなく、また、当該物件の所有管理が何人に帰属するかを問わず、広く労働者をして右のような危険な設備に接近して作業をさせる場合の使用者に対しても、これを要求されるものと解するのが相当である。」と判示した。弁護人は、労働基準法四二条により危害防止の措置を義務づけられているのは、機械、器具その他の設備を自分の使用する労働者に生産用具として使用させている使用者にかぎられるなどと主張して上告した。

二　本決定の判示

上告棄却。「（なお、労働基準法四二条、四五条、昭和四五年九月二八日労働省令第二一号による改正前の労働安全衛生規則六三条一項により使用者が講ずべき危害防止措置の対象たる当該動力伝導装置等は、当該労働者が作業上接触する危険があるかぎり、その労働者の使用者が所有または管理するものにかぎられるものではなく、また、その労働者をしてその作業場において直接これを取り扱わせるものであると否とを問わないものと解するのを相当とする。）」

三　評　釈

判旨は妥当と思う。以下、問題点を指摘し、あわせて判旨の論拠につき検討しておきたい。

1　労働基準法四二条は、機械、器具その他の設備（以下機械等という）による危害を防止するため必要な措置を講ずることを使用者に義務づけ、同法四五条は、その具体的な内容を命令に委任している。本件で問題となった点は二つある。第一点は、右の措置義務の対象となる機械等は使用者（終局的には事業主。以下同じ）が所有または管理しているものであることを要するかであり、第二点は、その機械等は使用者の下で働く労働者が取り扱うものであることを要するかである。本件の動力シャフトは、建築注文主がその工場に設置し、使用しているものであって、工場の増築を請負った被告人の所有、管理に属するものではなく、被告人の配下の労働者に使用させているものでもない。そこで、右の第一点を積極的に解し、機械等の所有者、管理者でなければ措置義務を負わないとし、または第二点を積極に解し、配下の労働者に取り扱わせている機械等でなければ措置義務を負わないとすると、被告人は無罪となる。

第一審判決は、やや不明確な判文ではあるが、第一点と第二点をともに積極に解し、措置義務の対象となる機械等は、使用者の所有または管理に属するものであって、その労働者の作業に使用させているものでなければならないとした趣旨と思われる。これに対し、控訴審判決は、第一点、第二点ともに消極に解し、配下の労働者が作業の際に接触する危険のある機械等であれば措置義務があるとした。本件最高裁決定は、この控訴審判決を支持したものである。

2　第一の問題点から検討しよう。本件決定は、労働者が作業上接触する危険があるかぎり、使用者が所有または管理する機械等でなくても措置義務が及ぶとした。この結論は、次のような根拠からみて妥当だと考える（以下の根拠は、すでに本件の一審判決につき、拙著・行政罰則と経営者の責任（昭四六年）二二四―二二七頁において述べておいた。本件控訴審判決は、このうち㈠、㈡を指摘している）。

㈠　法四二条は、労働者に対する危害の源となる機械等から労働者を守るために、使用者に安全確保の措置義務を課しているのである。そうとすれば、労働者が作業上接触する危険のある機械等であるかぎり、その所有者、管理者が誰であるかをとわず、使用者は措置義務を負うと解するのが妥当である。

㈡　法四二条の文言をみても、使用者の機械等にかぎっていない。この点は法四三条の建物についての規定も同様である。そして、法四五条にもとづき設けられている労働安全衛生規則の中には、明らかに使用者が所有または管理しない機械等についての措置義務の規定が散見される。たとえば、一〇九条の第一項六号（架空電路に近接して足場を設ける場合の接触防止の措置）、一一六条（崩壊の危険がある地盤の下で作業させる場合の危害防止の措置）などである（なお、家内労働法（昭和四五年法律第六〇号）一七条一項、二項が、家内労働に関する類似の措置義務につき、右と同様の理解で文言を書きわけていることを参照されたい。また、労働基準法関係の文献のなかには、機械等の範囲を限定するかのごとき記述を含むものがあるが、これは本件のような問題を意識したうえでの記述ではなく、通常の場合を説明したにすぎないと解される）。

㈢　労働基準法は、労働者の労働条件の最低基準を定めた法律であり（一条）、その労働条件のなかには、当然、安全衛生に関する措置など労働者の職場における待遇に関する基準を含んでいる。したがって、労働者の作業上の安全を確保するために、広く労働者が接触する危険のある機械等につき使用者に措置義務を課しても何ら不当ではなく、むしろ当然のことである。

㈣　他人の機械等についていては、その同意がなければ使用者の側で措置することが不可能なことが多い。そこで、こうした機械等につき使用者に措置義務を課し、違反に刑罰を科すのは妥当でないという見解がありえよう。しかしながら、措置義務は就労を前提とし、就労させる条件として課されるものである。労働者を就労させるにあたっては使用者は危害防止の措置をしなければならないとされているのである。措置義務を果せないときは、労働者を就労させるべきではないし、そうすることは常に可能である。こう解するならば、他人の所有または管理する機械等について使用者に措置義務を課すことに何の問題もない(仙台高裁昭和四〇年六月二八日判決、下級刑集七巻六号一二〇六頁はおそらく同旨であろう。最決昭和四七年二月一〇日刑集二六巻一号二三五頁は、費用支出の権限のない者でも労働基準法四二条にいう使用者というをさまたげないとしたが、措置義務を上記のように解するならば、費用支出の権限の有無は、措置義務の有無と関連しないことは明らかであり、右の結論は正当というべきである)。

3　第二の問題に移ろう。第一審判決は、措置義務の及ぶ機械等は使用者の下で働く労働者が取り扱うものでなければならないとしているようであるが、これは二で検討したと同一の理由により妥当でないと思う。本件決定が、当該労働者が作業上接触する危険があるかぎり、労働者をしてその作業場において直接これを取り扱わせるものであると否とを問わないとしたのは正当である。

4　本件決定は、「当該労働者が作業上接触する危険があるかぎり」という限定を付した(規則六三条の要件の中にも接触の危険が定められているが、これとは別の限定であろう)。措置義務は、二(四)で述べたとおり、労働者が就労により危害を受けることを防止するために課されるのであるから、本件の義務について右の限定を付したのは正当である。ただ、一般的にいうと、危害は機械との接触からのみ生ずるわけではないから、すべての措置義務につき右の限定をあてはめるのはもちろん不当である。各義務の及ぶ範囲は、それぞれの規定の趣旨にそくして決定すべきである。

5　労働安全衛生法(昭和四七年法律第五七号)付則四条により、労働基準法四二条ないし五五条の規定が改正され、その内容はすべて右の法律に吸収された。本件で問題となった機械等についての措置義務は、同法二〇条一号に規定されている。本件決定の趣旨が右の法律にもあてはまることはいうまでもない。

本件については向井哲次郎調査官の解説（法曹時報二四巻九号二一〇頁）がある。

29　公職選挙法の供与罪（選挙運動者と労務者）に関する最高裁判例

〔判　決〕

昭和五三年一月二六日最高裁第一小法廷判決（昭和五二年(あ)第三〇八号公職選挙法違反被告事件）刑集三二巻一号一頁

〔判示事項〕

一　公職選挙法一九七条の二にいう「選挙運動のために使用する労務者」の意義

二　候補者の氏名を連呼して投票を勧誘する行為に従事した者と公職選挙法二二一条にいう「選挙運動者」

〔判決要旨〕

一　公職選挙法一九七条の二にいう「選挙運動のために使用する労務者」とは、選挙民に対し直接に投票を勧誘する行為又は自らの判断に基づいて積極的に投票を得又は得させるために直接、間接に必要、有利なことをするような行為、すなわち公職選挙法にいう選挙運動を行うことなく、専らそれ以外の労務に従事する者をいう。

二　候補者の氏名を連呼して投票を勧誘する行為に従事した者は、公職選挙法二二一条にいう「選挙運動者」に該当し、同法一九七条の二にいう「選挙運動のために使用する労務者」には該当しない。

一　事件の経過と概要

本判決は、以下のとおり事件の経過と概要を判示している。

第一審判決は、その理由の冒頭において、「被告人Aは、昭和五〇年四月二七日施行の富山市議会議員選挙に際し、同選挙に立候補したMの選挙運動者で、かつ、同候補者の出納責任者であり、被告人Bは、同候補者の選挙運動者である」としたうえ、第三事実として、「被告人A、同Bの両名は、共謀のうえ、同年四月二六日ころ、富山市大泉東町二丁目一九番地M選挙事務所において、右候補者Mに当選を得させる目的で、同候補者のため投票取りまとめの選挙運動をしたことの報酬として、同候補者の選挙運動者である　一　Cに対し、現金五万円　二　Dに対し、現金四万五、〇〇〇円　三　Eに対し、現金四万五、〇〇〇円　四　Fに対し、現金六万円を各供与した」と認定し、これらの行為は公職選挙法二二一条一項三号（被告人Aについては、さらに同条三項三号）に該当すると判断した。原判決は、これを支持し、右各現金供与は選挙運動に使用する労務者に対して実費の弁償及び報酬の支払をしたにすぎないので事後報酬供与罪には該当しない旨の弁護人の主張につき、次のとおり判示した。「C、D、E、Fらはいずれも原判示選挙の立候補者であるMの街頭宣伝車による宣伝放送を依頼され、別に日当額も取決めないでこれを引受けたが、同女らは選挙区内を廻り、自動車上から、予め指示されたところに従い『M、M、Mです。』『この度市議会議員に立候補いたしましたMです。』『熱と実行のMです。』などといって、同候補の氏名を宣伝するとともに住民や通行人に対し同候補への投票を依頼する旨の放送を繰り返したことが認められるところ、右の行為は、いずれも特定の選挙に関し、不特定多数の選挙人に対し、特定の候補者の氏名を告知し、該候補者に投票されたい旨直接働きかけて投票を勧誘するものであり、また、通行人や場所的状況に応じてその呼びかけの回数、方法、演出等にも裁量の余地がないわけではないから、これが単なる機械的労務行為ではなく、その行為自体の内容及び性質に照らして、候補者に当選を得しめるためになされたもので、正しく選挙運動にほかならず、そうすると、前記C、同D、同E、同Fに供与された原判示の各金員は各その選挙運動に対する報酬といわねばならない。」と。所論は、この判断は所論引用の判例に違反するというのである。

二　本判決の判示

所論引用の判例（名古屋高等裁判所昭和三〇年(う)第二七八号、第二七九号同年五月三一日判決・高刑集八巻六号七四九頁）は、公職選挙法二二一条一項四号（三号）の事後受供与の事案につき、受供与者が、本件と同様、自動車上の拡声器を使って候補者に投票をするよう連呼したことを認定し、かつ、このような連呼行為が選挙運動としての本質を有するものであることを肯定しつつも、それは機械的な労働であるから、これを行う者は「選挙に使用する労務者」として適法に報酬の支給を受けることができる旨を判示している。したがって、原判決は、所論のとおり、右判例と相反する判断をしたものといわなければならない。

そこで検討するのに、公職選挙法一九七条の二が「選挙運動のために使用する労務者」を「選挙運動に従事する者」としていないこと、同法一三七条の二が「選挙運動のための労務」を「選挙運動」として取り扱っていないこと、及び衆議院議員選挙法（大正一四年法律第四七号）以来労務者に関し現在と同様の立場が維持されてきたことを考慮すると、「選挙運動のための労務」とは選挙運動にあたらない行為をいい、したがって、「選挙運動のために使用する労務者」とは公職選挙法二二一条にいう「選挙運動者」にあたらないものをいう、と解するのが相当である。

ところで、同法における選挙運動とは、特定の公職の選挙につき、特定の立候補者又は立候補予定者のため投票を得又は得させる目的をもって、直接又は間接に必要かつ有利な周旋、勧誘その他諸般の行為をすることをいい（当裁判所昭和三八年(あ)第九八四号同年一〇月二二日第三小法廷決定・刑集一七巻九号一七五五頁、同四九年(あ)第一七〇九号同五二年二月二四日第一小法廷判決・刑集三一巻一号一頁参照）、同法二二一条にいう選挙運動もこれと同様である。そして、選挙に関し候補者のために行われる行為は、たとい機械的な労働であっても、一般には、当該候補者のため投票を得又は得させるために直接又は間接に必要かつ有利な行為であることを否定しがたく、その行為の目的のいかんによっては選挙運動にあたるものといわなければならない。そこで、この目的の点について考えてみると、右にいう投票を得又は得させる目的とは、そのために直接又は間接に必要かつ有利な行為を行うことの認識をもって足りるものではなく、その行為の性質からみてより積極的に右の目的のもとに当該行為に出たと認められる場合をさすものと解するのが相当である。すなわち、選挙演説のような、選挙民に対する投票の直接の勧誘行為については、その行為に出ること自体をもって右の目的があるものと認定することができるが、ポスター貼りや葉書の宛名書きのような、選挙民に対する投票の直接の勧誘を内容としない行為については、これらの行為を自らの判断に基づいて積極的に行うなどの特別の事情があるときに限り、右の目的があるものと認定することができるのである。そうしてみると、「選挙運動のために使用する労務者」とは、選挙民に対し直接に投票を勧誘する行為又は自らの判断に基づいて積極的に投票を得又は得させるために直接、間接に必要、有利なことをするような行為、すなわち公職選挙法にいう選挙運動を行うことなく、専らそれ以外の労務に従事する者をさすものと解すべきことになる。

本件についてみるに、候補者の氏名を連呼して投票を勧誘する行為は、選挙民に対し直接に投票を勧誘するものであって、右の選挙運動にほかならず、したがって、その行為に従事した者は、同法二二一条にいう選挙運動者に該当し、同法一九七条の二にいう「選挙運動のために使用する労務者」には該当しないものというべきである。原判断は、その結論においてこれと異ならないので、所論引用の判例を変更し、原判決を維持するのが相当である。

三　説　明

1　「選挙運動者」と「選挙運動のために使用する労務者」との関係

(1)　本判決は、「選挙運動のための労務」とは「選挙運動」にあたらない行為をいい、「選挙運動のために使用する労務者」とは「選挙運動者」にあたらないものをいう、と判示し、その根拠として、公職選挙法の規定の文言と衆議院議員選挙法以来の経緯を挙げている。そこで、以下、これらの根拠について考察してみよう。

(2) まず、現行の公職選挙法をみると、一九七条の二(昭和二七年法律第三〇七号により新設されたもので、以後何度か改正されている。)は、「選挙運動に従事する者」と「選挙運動のために使用する労務者」とを区別し、前者に対しては報酬の支払を認めずに実費の支給のみを認め、後者に対しては一定の基準による報酬及び実費の支給を認めている(もっとも、昭和三七年法律一一二号の改正により、「選挙運動に従事する者」のうち「選挙運動のために使用する事務員」に対しては報酬の支給が認められるようになった)。また、一三七条の二は、未成年者が選挙運動をすること及び未成年者を使用して選挙運動をすることを禁止する一方、「選挙運動のための労務」に未成年者を使用することはこれを許容している。

右の一九七条の二は、法文上明らかなように、「選挙運動のために使用する労務者」を「選挙運動に従事する者」にあたらないものとして取り扱っている。また、一三七条の二は、「選挙運動のための労務」をすること自体は選挙運動ではないけれども、この労務を利用して選挙運動をすることはありうるという理解のもとで(例えば、ポスター貼りや葉書の宛名書きを計画、指揮するなど)、未成年者を使用して選挙運動をすることの禁止についてのみ、その例外として「選挙運動のための労務」に使用することを明文で許容しているものと解されるのである。

(3) この点の高裁判例は分れていた。

本件の上告理由にあげられ、本判決で変更された名古屋高裁昭和三〇年五月三一日判決(高刑集八巻六号七四九頁。確定)は、「選挙運動のための労務」も「選挙運動」にほかならないとし、ただその特殊な性質からこれに対する報酬の支払を認めているにすぎないと解していた。すなわち、「一般に、ポスター貼り、葉書の発送の如き、行為自体の性質上それが選挙運動に包含せられないものの如く解する傾があるが誤りで、これ等も同じく投票を集める為の行為であり、それが若し立候補届出前に為された場合には、当然所謂事前の選挙運動として取締の対象となることを免れ得ないものであることを考えれば容易に理解し得らるるところというべく、結局右ポスター貼り等の行為は、その本質は選挙運動であるも、法がかかる機械的な行為まで一切を無報酬の選挙運動者に期待するのは選挙運動の円滑な運営を期する所以でないとする見地から、これ等労務に服せしめる為労務者を認め、これに対する報酬の支払を認めている結果それ自体は一種の選挙運動報酬の授受なるに拘らず公職選挙法の前記罰則には触れないものと解されるに過ぎない」、「連呼行為は、それ自体如何に選挙に有効であっても、その機械的な労動であることは先に記載のポスターの貼付行為等と何等変るところはな」い、と判示していたのである。

これに対し、大阪高裁昭和三六年一二月二〇日判決（下刑集三巻一一・一二号一〇三七頁。確定）、名古屋高裁昭和四八年九月一三日判決（刑裁月報五巻九号一二五一頁。最高裁昭和四八年(あ)第二一七三号同四九年六月一三日第一小法廷決定で上告棄却）、東京高裁昭和四一年九月二二日判決（高刑集一九巻六号六六五頁。確定）、大阪高裁昭和五一年一一月二五日判決（昭和五一年(う)第四四三号。最高裁昭和五一年(あ)第二二〇八号同五二年四月二一日第三小法廷決定で上告棄却）、東京高裁昭和五二年二月一五日判決（昭和五一年(う)第八八九号。昭和五二年(あ)第五三〇号として第二小法廷に係属中）は、いずれも、「選挙運動」にあたるものは「選挙運動のための労務」とはいえないと判示している。

(4)　次に、衆議院議員選挙法下の法制と判例を概観してみよう。古く明治二二年法律第三号及び同三三年法律第七三号（その後の改正法でも同じ。）の各衆議院議員選挙法においては、選挙運動の方法についての規制の定めはなく、供応、利害誘導などについての罰則があるのみであった。また、労務者という概念も用いられていなかった。ところが、大正一四年以降、選挙運動の方法について法律上規制が加えられ、その一環として選挙運動を行いうる者が限定されるとともに、それ以外の者の選挙運動が処罰されるようになったため、選挙運動にあたらない機械的労務という概念又はこの労務を行う労務者という概念が法律上問題とされるに至った。

すなわち、大正一四年法律第四七号の衆議院議員選挙法（いわゆる普通選挙法）は、(イ)　選挙事務長の制度を設け、議員候補者が一名の選挙事務長を選任し（八八条）、選挙事務長のみが選挙事務所を設置し、選挙委員又は選挙事務員を選任することができるものとし（八九条一項、罰則は一三一条）、(ロ)「議員候補者、選挙事務長、選挙委員又ハ選挙事務員ニ非サレハ選挙運動ヲ為スコトヲ得ス但シ演説又ハ推薦状ニ依ル選挙運動ハ此ノ限ニ在ラス」と規定し（九六条、罰則は一二九条）、(ハ)選挙委員及び選挙事務員を議員候補者一人について通じて五〇人以内とし（九三条一項、罰則は一三〇条二項）、(ニ)「選挙事務長、選挙委員又ハ選挙事務員ハ選挙運動ノ為ニ要スル飲食物、船車馬等ノ供給又ハ旅費、休泊料其ノ他ノ実費ノ弁償ヲ受クルコトヲ得演説又ハ推薦状ニ依リ選挙運動ヲ為ス者其ノ運動ヲ為スニ付亦同シ　2選挙事務員ハ選挙運動ヲ為スニ付報酬ヲ受クルコトヲ得」と規定した（九七条）。このように選挙運動を行いうる者が法律によって限定された結果、資格のある選挙運動者以外の者の行為のうちどのようなものが許容外の選挙運動として処罰の対象になるかという問題が生じ、そのこととの関係で、選挙運動にあたらない行為をさすものとして「機械的労務」という用語が実務上又は講学上用いられるに至った。

次いで、昭和九年法律第四九号の改正により、衆議院議員選挙法の中に「選挙運動ノ為使用スル労務者」という用語が登場した。この改正法は、(イ)選挙事務員の制度を廃止し、(ロ)選挙委員の数を二〇人（異動があっても通じて五〇人）に減らし、(ハ)右の労務者の制度を設けて、「選挙事務長ニ非サレハ選挙事務所ヲ設置シ又ハ選挙委員若ハ選挙運動ノ為使用スル労務者ヲ選任スルコトヲ得ス」（八九条一項）と規定し、その数を三〇人以内とし（九三条ノ二第一項）、「第八十九条第一項ノ規定ニ依リ選任セラレタル労務者ニ非サレハ選挙運動ノ為労務ヲ提供スルコトヲ得ス但シ議員候補者ト同居スル親族、家族及常傭ノ使用人ハ此ノ限ニ在ラス」（九六条二項）と規定したのである。この改正は、選挙費用の減少をねらいとするもので、選挙運動のための労務に対する規制もその観点からのものであったが、いずれにせよこれによって右の労務が選挙運動に含まれないことが法文上も明らかになった。

なお、戦後、昭和二〇年法律第四二号による改正で、法定選挙運動者制度、労務者の選任、第三者による選挙運動の制限が撤廃された。

大審院昭和三年一〇月二九日判決(刑集七巻一一号七一四頁)は、昭和九年の改正前の衆議院議員選挙法について、また、同昭和一一年三月一〇日判決(刑集一五巻三号二二二頁)は、右改正後の法律について、選挙運動にあたる行為が機械的労務又は労務者の行いうる行為にあたらない旨を判示している。

2　「選挙運動」と「選挙運動のための労務」との区別

(1)　「選挙運動のための労務」と「選挙運動」とが二律背反の関係に立つものとした場合、さらに、それぞれの概念の内容の相違を明らかにしなければならない。そこで、まず、この点についての従来の判例(いずれも前出のもの)を通覧しておこう。

①　大審院昭和三年一〇月二九日判決　昭和九年の改正前における衆議院議員選挙法についての判例である。特定の議員候補者のため、その宣伝用張紙を宣伝に有利な場所かどうかを自ら考量して適当と認めた場所に貼付する行為が無資格者の選挙運動にあたるか否かが争われた事案につき、「一時機械的の労務を供したると異り右候補者の為選挙運動を為したるものと認めさるへからす」と判示し、その理由につき、「単に他人より命ぜられたる場所に貼付する行為と異り機械的労務の範囲を超越せるものにして特定の議員候補者を当選せしむへく投票を得しむる目的を以て之に必要且有利なる行為を自ら判定実行するものに外ならす」と判示している。

②　大審院昭和一一年三月一〇日判決　昭和九年の改正後の衆議院議員選挙法についての判例である。選挙事務長、選挙委員が、労務者に対し、最も有利有効と思われる場所を判断選択し、所有者、管理者の承諾を得て、演説会の張札を貼付するよう命じ、これを実施させたことにつき、無資格者の選挙運動の教唆になるかどうかが争われた事案において、「単なる機械的労務の範囲を超越し特定の議員候補者の為其の当選を得しめるに付必要且有利な

る行為を自ら判定実行するものにして衆議院議員選挙法に所謂選挙運動に属し最早右労務者の為し得る所に非す」と判示している。

③　大阪高裁昭和三六年一二月二〇日判決　演説会会場係に関するもの。「選挙労務者が労務を提供してその対価を得ることを直接の目的とするのに対し、選挙運動者の直接の目的はこれと異なり、その候補者の当選である」としたうえ、時にはポスター貼りをもした演説会会場係を選挙運動者と認めている。

④　東京高裁昭和四一年九月二二日判決　宣伝放送員（うぐいす嬢）に関するもの。渡された放送原稿に基づいて候補者の氏名、スローガン及び投票されたい旨を放送車から放送した行為を選挙運動と認めたものである。「とりもなおさず選挙人を勧誘する演説類似の行為であって、単なる労務行為とはその性質を異にし、正しく選挙運動であり、またその放送は、その行為自体、およびその内容よりして当然同候補者に当選を得しめるために為されたものであって、右六万円はその運動に対する報酬といわねばならない。」と判示している。

⑤　名古屋高裁昭和四八年九月一三日判決　宣伝放送員（うぐいす嬢）に関するもの。「特定の選挙に際し、不特定多数の選挙人に対し、特定の候補者の氏名を連呼し、該候補者に投票せられたい旨直接働きかけて投票を勧誘する行為をしたものにほかならず、その際、場所に応じた呼びかけ回数、候補者に有利な即席文句や任意の動作による宣伝、演出等裁量の余地がないとはいえないし、そしてかかる行為も明らかに同候補者への投票獲得の手段をなすものであって、その行為自体候補者を当選させる目的が存したことを否定しえない性質のものであるから、……右行為は、公職選挙法にいう選挙運動に該ると認めるのが相当であり、右両名の行為を目して所論のいう如く単なる機械的労務とは認めえない。」と判示している。

⑥　大阪高裁昭和五一年一一月二五日判決　宣伝放送員（標旗隊員）に関するもの。標旗隊を組織させて街頭での呼びかけなど投票取りまとめの選挙運動をさせ、その運動の報酬の目的で供与をした事案について、右各行為を選

挙運動と認めた。判例集不登載なので判決の関係部分をすこし詳しく引用しておこう。「七名のアルバイト学生はAに雇われ、甲会館内のM候補の選挙事務所に出勤し、被告人Bや理事らの指示に従い、昭和四九年六月二二日から同月二九日ごろまでの間数日間ずつ、いわゆる標旗隊を組織し、選挙運動員の腕章をつけ、標旗をかかげた自動車に乗りこんで街頭にくり出し、被告人Bなどより交付されたプリントを参考にしつつ、『社会福祉、社会保障の専門家Mをよろしく』『老人福祉の改善をめざすM』『〇〇党公認候補の全国区のMです。よろしくお願いします』などと同候補に投票せられたい趣旨で候補者の氏名や所謂スローガンなどを通行人に印象づけることに重点をおいた呼びかけを一日の選挙運動時間中継続して行なったこと……が認められる。」「なるほど右学生アルバイトはいわゆる日当稼ぎが目当てであったにしても、右学生アルバイトのなした標旗隊を組織して街頭で呼びかけた行為は、いずれも昭和四九年七月七日施行の参議院議員選挙に際して、不特定多数の選挙人に対し、特定の候補者の氏名を連呼し、該候補者に投票せられたい旨直接働きかけて投票を勧誘する行為をしたものにほかならず、その行為自体候補者を当選させる目的が存したことを否定しえない性質のものである……から、右各行為は、いずれも公職選挙法にいう選挙運動に該ると認めるのが相当であり、右の者らの行為をもって所論のいう如く単なる機械的労務とは認められ」ない。

⑦　東京高裁昭和五二年二月一五日判決　宣伝放送員（うぐいす嬢）に関するもの。自動車上から拡声器を通じて多数の選挙人に対し候補者の氏名、人柄、スローガン等を述べ、候補者への投票を依頼する放送を行ったことを選挙運動と認め、これに対する供与罪の成立を肯定したものであるが、一審判決の説示をおおむね肯認できるとしているのみで、詳細な理由を示していないので、一審判決の理由の説示を次に引用しておく。「『選挙運動のために使用する労務者』とは、候補者、選挙運動者の命令に基づき裁量権のない機械的な、そしてそのため一般的類型的にみて当選目的を欠くと認められるような行為を行なう者をいうと解すべきところ、……女性遊説隊員（いわゆるうぐ

いす嬢)は判示のように全国各地を遊説し選挙用自動車内から拡声器を通じY候補の氏名や人柄、スローガン等を述べ、同候補に投票されたい旨の呼びかけを行なったものであって、このような放送はとりもなおさず選挙人を勧誘する演説類似の行為であるから……右放送につき……裁量権があったか否かにかかわらず、一般的類型的にみて当選目的を欠くと認められるような行為でないことが明らかである。」

(2)　他方、大審院昭和三年一月二四日判決(刑集七巻六頁)は、衆議院議員選挙法九六条の「選挙運動」の意義について、「一定の議員選挙に付一定の議員候補者を当選せしむへく投票を得若しくは得せしめるに付直接又は間接に必要且有利なる周旋勧誘若くは誘導其の他諸般の行為を為すことを汎称し」と判示し、最高裁昭和三八年一〇月二二日第三小法廷決定(刑集一七巻九号一七五五頁)は、公職選挙法における「選挙運動」について、「選挙につきその人に当選を得しめるため投票得若くは得しめる目的を以って、直接または間接に必要かつ有利な周旋、勧誘若くは誘導その他諸般の行為をなすことをいう」と判示し、最高裁昭和五二年二月二四日第一小法廷判決(刑集三一巻一号一頁)も、これを踏襲している。

(3)　右に引用したとおり、判例上、選挙運動は、当選目的という主観的要件と当選のために必要、有利な行為という客観的要件とから成り立つものとされている。ところで、当選のために必要、有利な行為という客観的要件は、極めて広い概念であって、選挙活動として行われるほとんどすべての行為を含むといってよい。そこで、かりに右のような行為であることを認識してその行為に出るだけで当選目的という主観的要件が当然に充たされるものと解すれば、主観的要件を特に付加する意味がないことになる。また、明白な機械的労務を含むほとんどすべての選挙活動が選挙運動に含まれ、「選挙運動のための労務」という概念を容れる余地がないことになる。これでは、法の建前にも、判例の趣旨にも反するから、当選目的という主観的要件は、客観的要件を超過するものと解さなければならない。

(4)　このように考えた場合にも、右の主観的要件の理解の仕方には、大別して二つのものがありうる。第一は、当選目的を純粋に主観的な要件ないしは動機と解し、当選の意欲、願望とみたり、前記③の高裁判例のように報酬目的と対立する意味での当選目的とみるものである。しかし、これでは単なる意識が刑罰の対象とされることになる。のみならず、報酬目的で選挙運動を行う場合のあることを予想している公職選挙法二二一条の規定と矛盾するし、「労務」について、専ら行為の性質を問題とし、特定の目的の有無は問うて来なかった立法経緯とも調和しない。そこで、当選目的についての第二の理解の仕方、すなわち、行為の性質に関連させての当選目的の理解の仕方が登場することになる。

(5)　当選目的を行為関係的要件と解した場合、「選挙運動」と「労務」との区別はどうなるであろうか。この点については、さらに、選挙活動の種類が関連してくるように思われる。

すなわち、まず、選挙活動の中には、選挙演説のような、選挙民に対する投票の直接の勧誘行為と、ポスター貼りや葉書の宛名書きのような、選挙民に対する投票の直接の勧誘を内容としない行為の二種類がある。そして、前記④ないし⑦の判例が指摘するように、「労務」という概念は、すくなくともその一内容として後者の行為を予定しており、前者の行為は予定していないとみるべきであろう。これに対し、前者の行為は、それ自体直接に当選に結びつく性質のものであるから、その行為に出るときは、そのこと自体で当然に当選目的があるとみなければならないのである。その意味で、後者の行為は、絶対的な選挙運動と呼ぶことができよう。

次に、選挙活動の中には、裁量に基づき自ら判定実行する裁量的行為と、選挙運動者から指示されたとおりに行う機械的行為(非裁量的行為)との二種類がある。前記①②⑤の判例はこの区別を重視している。そして、ポスター貼りのような、選挙民に対する投票の直接の勧誘を内容としない行為であっても、自らの判断で進んでこれを行うときは、主体的、裁量的行為を行うという点で、当選目的に出たものと認めることができる。それは、ポスター貼りについて立案し、他を指揮してこれを実施させる者が、従来異論なく選挙運動者とみなされていたのと、異なるところはないのである。ところで、裁量による行為は、「選挙運動」といえるが、裁量のない行為は、必ずしも「労務」とはいえない。前記の選挙演説のような行為は、たとい指示されたどおりの草稿に基づいてこれを行っても、「選挙運動」にあたるといわなければならないからである。その意味でも、前記名古屋高裁昭和三〇年五月三一日判決は、妥当でないというべきであろう。

以上を要するに、選挙民に対して直接的な働きかけをしない行為を指示に従って機械的に実施する場合、すなわち性質上非主体的な行為が当選目的を欠く「労務」であり、性質上主体的な行為が当選目的による「選挙運動」であるということができよう。

(6) 行政解釈をみると、自治省選挙部選挙課長、管理課長・公職選挙法逐条解説(昭和五〇年改訂新版)は、一三七条の二について、「第一項の規定は、選挙運動を禁止しているのであって、選挙運動のための労務に従事することを禁止しているものではない。『労務』というのは、選挙事務所において文書の発送、授受にあたるとか、湯茶の接待にあたるとか、物品の運搬に従事するごとき機械的作業をいうのである。これに対し、連呼行為や街頭演説を行なったり、個人演説会において弁士として演説する如く、選挙人に直接働きかける行為は、たとえ、それが与えられた原稿をそのまま読み上げ、あるいは丸暗記して単純に機械的にこれを繰り返すにすぎないものであっても、選挙運動と解すべきものである。」と説明し(六〇六頁)、また、一二九条について、「当選を得る上に有利な行為であっても、当選を目的としてなされたものでなければ、選挙運動に該当しない。日当を得ることを目的としたポスター貼りや選挙運動用物資の運搬等単純な機械的労務に従事する労務者の行為や、運転手が料金を得ることを目的として候補者や運動員を乗せた自動車を運転する行為のようなものは、それだけでは選挙運動とはならない。」と説明している(五六二―三頁)。自治省では、この解釈で一九七条の二及び二二一条の行政運用をも行っているようである。この解釈は、本判決の判示と共通するところが多いが、報酬目的を当選目的と対立するものと解する点では、これと異なっている。田口俊夫・選挙における買収事犯の研究（六六頁以下）、小林充・選挙犯罪の研究（四六頁以下）の見解も、本判決と同旨の点が多いが、報酬目的を当選目的と対立するものとする点で、相違している。

(7) なお、「選挙運動者」という概念は、一種の身分概念であるから、選挙運動と労務とも共に行う者は、「労務者」ではなく、「選挙運動者」にあたるものと解すべきであろう。東京高裁昭和四七年三月二七日判決（高刑集二五巻一号五一頁）も、このように解して選挙運動に従事する者（事務員を除く）が、たまたまあわせて単なる事務又は労務をも行ったからといって、これに対して労務者としての報酬を支給することはできない旨を判示している。本判決が、「労務者」とは専ら選挙運動以外の労務に従事する者をいうと判示しているのは、この趣旨を含むものと解される。

（追記）　本決定に対する評釈として、平本喜禄・研修三五九号七一頁、林修三・時の法令一〇〇五号五四頁、吉田淳一・警察学論集三一巻七号一六五頁、加川帯刀・法と秩序八巻七号四〇頁、田口俊夫・判例タイムズ二九巻一四号一〇五頁、日高義博・警察研究五〇巻五号一〇六頁、沼野輝彦・ジュリスト六九三号（昭和五三年度重要判例解説）一八三頁が公表された。

なお、本判決の後、昭和五三年法律第七五号により公職選挙法一九七条の二第二号が改正され、選挙運動に従事する者（選挙運動のために使用する事務員及び専ら一四一条（自動車、拡声機及び船舶の使用）の規定により選挙運動のために使用される自動車又は船舶の上における選挙運動のために使用する者に限る。）については、実費弁償のほか、公職の候補者の届出のあった日からその選挙の期日の前日までの間に限り、公職の候補者一人について一日三〇人を超えない範囲内において、一定基準内の報酬を支給することができる旨の規定に変った。

刑法と行政刑法　香城敏麿著作集 Ⅲ

初出一覧

刑法と行政刑法

一　刑法総論の展開

1　正当防衛の意思に関する最高裁判例……法曹時報二九巻八号一四六頁（一九七七年、法曹会）、『最高裁判所判例解説　刑事篇』昭和五〇年度二八一頁（一九七九年、法曹会）

2　正当防衛の侵害の急迫性に関する最高裁判例……法曹時報三二巻四号一三三頁（一九八〇年、法曹会）、『最高裁判所判例解説　刑事篇』昭和五二年度二三五頁（一九八〇年、法曹会）

3　弁護活動としてした名誉毀損行為と刑法三五条に関する最高裁判例……法曹時報二八巻一〇号一八五頁（一九七六年、法曹会）、『最高裁判所判例解説　刑事篇』昭和五一年度九〇頁（一九八〇年、法曹会）

4　公衆浴場無許可営業罪の故意に関する最高裁判例……法曹時報四二巻四号二二〇頁（一九九〇年、法曹会）、『最高裁判所判例解説　刑事篇』平成元年度二五四頁（一九九一年、法曹会）

5　交通事故の過失と信頼の原則に関する最高裁判例……刑事判例研究会編『刑事判例評釈集』第三二・三三巻二〇九頁（一八八五年、有斐閣）

6　交通事故の過失と道路交通法の義務（明らかな広路・赤色燈火点滅信号）に関する最高裁判例……法曹時

報二八巻五号一七九頁（一九七六年、法曹会）、『最高裁判所判例解説　刑事篇』昭和五〇年度二一三頁（一九七九年、法曹会）

7　罪数（覚せい剤とその原料の所持）に関する最高裁判例……法曹時報二七巻九号二九七頁（一九七五年、法曹会）、『最高裁判所判例解説　刑事篇』昭和五〇年度八頁（一九七九年、法曹会）

8　罪数概論……獨協法学六一巻一頁（二〇〇三年、獨協大学）

9　追徴（漁業法）に関する最高裁判例……法曹時報二七巻三号一七三頁（一九七五年、法曹会）、『最高裁判所判例解説　刑事篇』昭和四九年度一〇二頁（一九七七年、法曹会）

二　行政罰則と刑法総論との交錯

10　行政罰則と経営者の責任―労働者保護法規を中心に―……『行政罰則と経営者の責任―労働者保護法規を中心に―』（一九七一年、帝国地方行政学会）のうち序章から第三章まで（一頁から一三〇頁まで。一部の表現を改めた）

11　著作権法の罰則の構造と特徴……「著作権法」（庄子邦雄、小野慶二、伊藤栄樹編『註釈特別刑法』第四巻文教編、一九八八年、立花書房、八三七頁）の前注二以下

12　覚せい剤取締法の罰則の構造と特徴……「覚せい剤取締法」（平野龍一、佐々木史朗、藤永幸治編『注解特別刑法』第五巻Ⅱ、一九九二年、青林書院所収）の前注

13　白地刑罰法規と刑の廃止……「特別刑法と憲法」（庄子邦雄、小野慶二、伊藤栄樹編『註釈特別刑法』第一巻総論編、一九八五年、立花書房、一二二頁）のうち一〇八頁から一二二頁まで

三　刑法罰則の解釈

14　平安神宮社殿を放火罪における一個の現住建造物とした最高裁判例……法曹時報四二巻九号三一二頁（一

九九〇年、法曹会)、『最高裁判所判例解説　刑事篇』昭和五〇年度二八一頁(一九七七年、法曹会)
15 放火罪における建造物の一体性……現代刑事法五一号一一頁(二〇〇三年、現代法律出版)
16 公文書偽造罪(補助公務員による公文書作成)に関する最高裁判例……法曹時報二八巻一一号一五九頁(一九七六年、法曹会)、『最高裁判所判例解説　刑事篇』昭和五一年度一五五頁(一九八〇年、法曹会)
17 窃盗(所有権を持つ金融業者による自動車の引揚)に関する最高裁判例……法曹時報四二巻九号三〇一頁(一九九〇年、法曹会)、『最高裁判所判例解説　刑事篇』平成元年度二二二頁(一九九一年、法曹会)
18 背任罪―各要件の意義と関係―……原題は「背任罪―各要件の意義と関係―」別冊法学教室『刑法の基本判例』(一九六八年、有斐閣)一五六頁
19 背任罪の成立要件……『刑法基本講座』第五巻(一九九三年、法学書院)二五一頁
20 公用文書毀棄罪(違法な取調のもとでの供述調書の毀棄)に関する最高裁判例……刑事判例研究会編『刑事判例評釈集』第三四巻五七頁(一八八五年、有斐閣)
21 盗品保管罪(保管の途中で盗品であることを知った場合)に関する最高裁判例……法曹時報二八巻四号二〇二頁(一九七六年、法曹会)、『最高裁判所判例解説　刑事篇』昭和五〇年度一一六頁(一九七九年、法曹会)

四　行政罰則の解釈

22 逋脱罪(所得秘匿工作をした上での不申告)に関する最高裁判例……法曹時報四一巻五号二〇八頁(一九八九年、法曹会)、『最高裁判所判例解説　刑事篇』昭和六三年度三一三頁(一九七七年、法曹会)
23 過失公害罪(健康を害する物質の排出と監督過失)に関する最高裁判例……法曹時報四一巻九号二九七頁

（一九八九年、法曹会）、『最高裁判所判例解説　刑事篇』昭和六三年度四〇四頁（一九九〇年、法曹会）

24　森林窃盗罪（岩石の窃取と産物の窃盗）に関する最高裁判例……法曹時報二七巻七号一八四頁（一九七五年、法曹会）、『最高裁判所判例解説　刑事篇』昭和五〇年度二四頁（一九七九年、法曹会）

25　爆発物取締罰則（コーズマイトの製造による三条の罪）に関する最高裁判例……法曹時報二七巻八号一七五頁（一九七五年、法曹会）、『最高裁判所判例解説　刑事篇』昭和五〇年度七〇頁（一九七九年、法曹会）

26　銃砲刀剣類所持等取締法・火薬類取締法（所持罪）に関する最高裁判例……法曹時報三〇巻五号一三八頁（一九七八年、法曹会）、『最高裁判所判例解説　刑事篇』昭和五二年度二九五頁（一九八〇年、法曹会）

27　道路交通法の無免許運転罪（不正に入手した国際免許証による運転）に関する最高裁判例……法曹時報三〇巻七号一六〇頁（一九七八年、法曹会）、『最高裁判所判例解説　刑事篇』昭和五三年度九八頁（一九八二年、法曹会）

28　労働基準法の危害防止措置義務違反罪（義務が及ぶ範囲）に関する最高裁判例……刑事判例研究会編『刑事判例評釈集』第三四巻五七頁（一八八五年、有斐閣）

29　公職選挙法の供与罪（選挙運動者と労務者）に関する最高裁判例……法曹時報三〇巻七号一四六頁（一九七八年、法曹会）、『最高裁判所判例解説　刑事篇』昭和五三年度一頁（一九八二年、法曹会）

［著者紹介］

香城敏麿（こうじょう・としまろ）

1935（昭和10）年生まれ、1958年東京大学法学部卒業、同年司法修習生（12期）、1960年東京地裁判事補、以後法務省刑事局付検事、最高裁調査官、大阪高裁判事、東京高裁判事、東京地裁部総括、最高裁調査官、大分地裁兼家裁所長、静岡地裁所長、東京高裁部総括、福岡高裁長官を経て2000年８月定年退官。2001年獨協大学法学部教授・兼大学院法学研究科教授、2004年同大学法科大学院教授・兼大学院法学研究科教授。総務省電気通信紛争処理委員会委員長、法務省司法試験考査委員（憲法）を歴任。

（主要著作、本著作集に全部収録したものを除く）
『量刑の実証的研究』（中利太郎と共著、1966年、司法研修所、法曹会）、『判例公安労働刑事法』（村上尚文・藤永幸治と共著、1960年、警察時報社）、『行政罰則と経営者の責任―労働者保護法規を中心に―』（1971年、帝国地方行政学会）、『覚せい剤取締法』『あへん法』（平野龍一・佐々木史朗・藤永幸治編『注解特別刑法５―Ⅱ　医事・薬事法編(2)［第２版］』、1983年、青林書院所収）、『刑事事実認定―裁判例の総合的研究―』上下巻（小林充と共編、1992年、判例タイムズ社）、『講座　日本の警察』全４巻（田宮裕・河上和雄と共編、1992―1993年、立花書房）、『注解刑事訴訟法［新版］』全７巻（伊藤栄樹・亀山継夫・小林充・佐々木史朗・増井清彦と共著、著者代表、1996―2000年、立花書房）

刑法と行政刑法　　香城敏麿著作集 Ⅲ

2005年７月30日　第１版第１刷発行

著　者　香　城　敏　麿
発行者　今　井　　貴
発行所　株式会社 信　山　社
〒113-0033 東京都文京区本郷6-2-9-102
電　話 03（3818）1019
FAX 03（3818）0344
出版編集　信山社出版株式会社
販 売 所　信山社販売株式会社
Printed in Japan

印刷・製本／松澤印刷・大三製本

ISBN 4-7972-3228-5　C3332
1936-012-050-010
NDC 分類 328.501

日本裁判資料全集　1

東京予防接種禍訴訟

全2巻

廣田富男・山川洋一郎
秋山幹男・河野　敬　編

◆被害の救済を求めて◆
ワクチン接種禍訴訟26年間の裁判記録

第1編　訴訟の概要・経過

■1　**訴訟の概要**■2　**弁護団座談会「被害の救済を求めて」**■3　**年譜**
■4　主張書面等■5　参考資料［①判決評釈リスト／②3つの最高裁判決／③厚生大臣談話／④判決確定と年金調整等確認に関する資料］

第2編　第一審　訴訟関係資料

■1　原告の主張［①訴状／②準備書面／③意見陳述］■2　被告（国）の主張［①答弁書／②準備書面］■3　書証目録■4　書証（白木論文）■5　証人調書等［①原告側証人の証言／②被告側証人の証言／③原告本人の陳述］
■■**【以下下巻】**6　第1審判決

第3編　控訴審　訴訟関係資料

■1　被控訴人（原告）の主張 ①主張書面②意見陳述■2　控訴人（被告国）の主張　3 書証目録（控訴人）■4 書証（白木意見書、ドイツ判例）
■5　証人調書等［①被控訴人（原告）側証人の証言／②控訴人（国）側証人の証言／③原告本人の陳述］■ 6 控訴審判決

第4編　上告審　訴訟関係資料

■1　上告人（原告）の弁論要旨■2 被上告人（国）の答弁書■3　上告審判決■4　差戻審和解調書

予価：上巻　本体30,000円／下巻　本体28,000円

信山社